KB142672

Constructive Guidance and Discipline

Birth to Age Eight

SEVENTH EDITION

Marjorie V. Fields
University of Alaska, Southeast

Patricia A. Meritt
University of Alaska, Fairbanks

Deborah M. Fields
Agape Adoptions

 Pearson

330 Hudson Street, NY NY 10013

제 7 판

구성주의
유아생활지도 및 훈육

Constructive Guidance and Discipline
Birth to Age Eight

Marjorie V. Fields

Patricia A. Meritt

Deborah M. Fields

이희영 옮김

Merrill

Prentice Hall

 21세기사

저자 소개

마저리 필즈[Marjorie Fields]

30년 이상 유아교육 분야에서 가르치다가 최근에 은퇴했다. 처음에는 유치원에서 가르쳤고 그런 다음 1학년 아이들을 가르쳤으며, 그 후 교사들을 가르쳤다. 자신의 자녀 덕택에 다양한 아동 보호 센터에서 일한 경험이 있다. 부모 참여에 관한 연구로 유아교육학 박사 학위를 받았다. 유아교육 관련 전문 단체에서 활발한 활동을 해왔고, 유아교사 교육협회의 회장을 역임했으며, 유아교육학회의 운영위원으로도 활동하였다. 아동지도 분야뿐 아니라 유아 문학 분야에서도 많은 저서와 논문을 발표하였다. 이 책은 그가 지난 25년간 유아 훈육 과목을 개발하고 가르치면서 읽고 생각한 결과이다. 자신의 두 아들이 아동생활지도와 훈육에서 무엇이 가장 중요한지를 배우도록 도움을 준 것에 대해 고마워하고 있으며, 지금도 손자, 부모 그리고 은사로부터 계속 배우고 있다.

패티 메리트[Patty Meritt]

알라스카 대학 유아교육학과의 교수로 재직하고 있다. 대학 내에서 여러 번 올해의 교수상을 수상한 바 있다. 면대면 수업뿐만 아니라 워크숍이나 웹을 활용한 수업 등 다양한 방식으로 아동생활지도를 가르쳐왔다. 부모협동조합에서 처음 일을 시작했으며 이후 자신의 어린이집을 개원하기 전까지 교사로 일했다. 후일 비영리 아동보호센터의 장으로 일했고 이 책에 언급된 기술을 규칙적으로 사용하는 것이 요구되는 가족을 돕는 법인을 다수 설립했다. 보육학 준 학사, 아동발달 학사, 교육학 석사를 받았으며 유아의 성차를 밝히는 것을 주 연구 분야로 하고 있다. 현재는 어머니 또는 할머니의 시각으로 모든 아이들을 존중하는 태도로 대하는 방법을 배우고, 나누고, 향상시키는 일을 계속하면서 즐기는 삶을 살고 있다.

데보라 필즈[Deborah Fields]

정신건강 상담자이고 국제 입양 기관의 디렉터로 일하고 있다. 외국에서 아이를 입양하기를 원하는 가족을 평가하고 그들의 입양을 돕는 일을 하고 있다. 입양 후의 적응이나 애착 문제 그리고 훈육 기술 개발 과정에서 부모를 돕는 지원 서비스를 제공하기도 한다. 신뢰 기반 관계 처치(Trust-Based Relational Intervention: TBRI) 훈련을 받았으며 애정을 가지고 세심하게 배려하는 보호자가 아동의 심리적 치유와 정서 발달에 미치는 엄청난 효과를 보는 것을 좋아한다. 그는 결혼, 가족 및 아동 상담 분야 석사 학위를 가지고 있는데, 구체적으로는 애착 문제와 관련하여 훈련을 받았으며 아동 및 가족과의 상담에서 문화적 차이를 고려한 실제를 개발하는 데 초점을 맞추고 있다. 십대 부모를 대상으로 일을 함과 동시에 초등학교 상담센터에서 일하고 있다.

역자 서문

학생들에게 '유아생활지도'라는 교과목을 가르치기 위해 어떤 책을 교재로 사용할 것인가를 고민하던 중 Fields 박사 등이 저술한 'Constructive Guidance and Discipline'을 만나게 되었다. '유아생활지도'라는 교과목에서 어떤 내용을 다룰 것인가에 대해 많이 고민하였다. 이 과정에서 국내 저자에 의해 발간된 유아생활지도나 이와 유사한 제목을 달고 있는 많은 교재들을 검토했다. 대부분의 교재에서 다루는 공통된 내용도 있었지만, 교재마다 독특한 내용도 담고 있었다.

역자는 유아생활지도는 유아 교사나 관련 종사자들이 실제로 적용할 수 있는 실천적인 내용으로 구성되어야 한다고 생각한다. Fields 박사 등의 'Constructive Guidance and Disciple'은 이런 나의 기대를 충족시켜주는데 부족함이 없는 책이었다. 뿐만 아니라 이 책은 기존의 행동수정적 생활지도 방식에서 벗어나 구성주의적 관점에서 생활지도 방안을 제시하고 있다는 점도 아주 매력적이었다.

아이들의 인권이 강조되면서 최근 유아교육현장에서 아이들을 지도하기가 힘들다고 하소연하는 교사들이 많다. 본인들이 배웠던 행동수정 방법을 적용하기가 어렵게 되었다는 것이다. 교사의 입장에서는 이러한 현실이 무척 힘들 것이다. 이러한 유아교육현장의 생활지도 상황에 조금이라도 보탬이 되고자 이 책을 번역하게 되었다. 역자의 견해로는 기존의 생활지도 방식은 4차 산업혁명 시대를 살아가야 할 우리 아이들에게는 적절하지 않다고 생각한다. 이제 새로운 시도를 해야 할 때가 되었다고 본다. 이 책은 그러한 시도를 하고자 하는 교사에게 훌륭한 벗이 되어 주리라 믿어 의심치 않는다.

이 책의 가장 큰 특징은 생활지도나 훈육을 바람직하지 못한 행동을 멈추도록 통제하는 것으로 보지 않고, 아이들이 책임감 있는 행동을 배우도록 가르치는 과정으로 본다는 것이다. 이 책은 또한 생활지도의 이론과 방법을 단순히 기술하는 것에 그치지 않고 사례를 풍부하게 제공해 주기 때문에 교육현장에서 아이들을 지도할 때 실제적인 도움을 얻을 수 있을 것이다.

이 책에는 많은 교사와 아이들이 등장한다. 저자가 제시한 이름대로 번역하는 것이 원칙이겠으나, 가독성 때문에 외국 이름을 우리 이름으로 바꾸어 제시하였다. 양해를 구한다.

　새로운 시도를 한다는 건 누구에게나 힘든 일이다. 이 책에서 제시하는 생활지도 및 훈육 방식을 실천한다는 것은 교사 입장에서는 많은 노력이 요구된다. 모쪼록 용기를 내어 시도해 보기를 권한다.

　이 책을 번역하는 과정에서 여러 사람의 도움을 받았다. 먼저 현장의 입장에서 긴 원고를 꼼꼼하게 읽어주고 어색한 표현을 지적해 주었던 강연지, 부수안, 김문정선생에게 고마움을 전한다. 그리고 학생의 입장에서 원고를 읽어주고 조언해 준 큰 딸 수민이에게도 고마움을 전하고 싶다. 끝으로, 약속한 시간을 제대로 지키지 못했음에도 느긋하게 기다려 주신 21세기사의 이범만 사장님께 감사드린다.

2019년 5월
역자 이희영

서문

이 책은 유아교육 종사자와 부모에게 유아가 행복하고, 책임감 있고, 생산적인 사람으로 성장할 수 있도록 돕는 최선의 방법을 제시하고자 했다. 우리는 아동발달, 발달적으로 적절한 실제 및 구성주의적 교육이라는 틀 내에서 생활지도와 훈육의 개념을 제시했다. 다시 말해, 여기에서는 이러한 틀의 세 가지 측면과 일치하는 훈육 방법만을 제안하였다. 우리는 다양한 훈육 방식을 단순히 개괄하기보다는 무엇이 유아들에게 최선인가에 대한 명확한 입장을 취했다. 우리는 어른들이 처벌이나 행동수정의 강압적인 방법으로는 아이들의 도덕적 발달을 효과적으로 도울 수 없다고 확신한다.

이 책은 유아기의 전 시기를 다루기는 하지만 3~8세 유아를 위한 생활지도를 특히 강조했다. 생활지도 및 훈육은 아이의 발달 수준에 맞추어 적절하게 이뤄져야 한다. 영아나 걸음마기 아동의 발달은 3~8세의 전조작기 아동들의 발달과는 다르다. 3~8세를 위한 생활지도의 원리 중 상당 부분은 0~2세 아이에게도 적용된다. 하지만 이 책에서 제시한 일부 방법들은 0~2세 아이들이 보여주는 정서적, 사회적, 인지적 성숙 이상의 것을 요구한다.

주요 이론적 영향

이 책에 제시된 정보와 아이디어는 높게 평가되는 많은 문헌에 근거한 것이다. 우리는 4명의 이론가(Alfred Adler, Carl Rogers, B. F. Skinner, Jean Piaget)가 이 세기의 아동 생활지도 개념에 많은 영향을 주었다고 생각한다. Rudolf Dreikurs는 Adler가 제안한 개념을 확장하여 논리적 결과와 자연적 결과라는 개념을 제안하였고, Thomas Gordon은 자신의 부모효율성 훈련을 통해 Rogers의 아이디어를 대중화시켰으며, Skinner의 연구는 광범위한 행동수정기법의 기초가 되었고, Constance Kamii와 Rheta DeVries와 같은 Piaget 학파 학자들은 도덕성 발달에 대한 Piaget의 견해를 널리 전파하고 있다. 우리는 Skinner의 접근은 거부하는데, 이유는 9장에서 설명할 것이다. 하지만 나머지 세 이론가는 양립할 수 있는 견해를 가졌다고 믿고 있다. Adler와 Rogers 그리고 Piaget는 모두 아동을 적극적으로 이해를 추구하는 존재로 인식한다. 이러한 관점은 교육을 외부 자원으로부터 아동에게 발생하는 어떤 것이라고 보는 Skinner 학파의 견해와 대조를 이룬다. Piaget뿐만 아니라 Adler와 Rogers도 사회적 이해 개발의 비율 및 양상에 있어 개인차를 존중한다. 이들 세 이론가는 적절한 성인의 역할은 아이들을 통제하는 것이 아니라, 사회의 건전한 구성원으로서 점진적으로 발달하도록 촉진시키는 것이라고 생각한다. Piaget의 이론적 틀은 Rogers나 Adler보다 훨씬 광범위하며, 인지 발달뿐만 아니라 도덕성 발달도 포함한다. 따라서 Adler와 Rogers의 개념은 Piaget 학파가 취하는 관점의 한 부분으로 포함될 수 있다. 그러나 Piaget의 관점을 Adler나 Rogers의 관점의 한 부분으로 포함할 수는 없다.

이 책에서 전달하고자 하는 메시지의 중심에는 지적 자율성 및 도덕적 자율성에 관한 Jean Piaget와 구성주의적 학자들의 연구가 있다. 또한 효과적인 의사소통을 위한 Thomas Gordon의 권고와 Rudolf Dreikurs의 논리적 및 자연적 결과의 개념 해석을 훈육에 대한 구성주의 접근의 논의 속에 포함시켰다. 이에 덧붙여, Erik Erikson의 정서 발달에 대한 연구, NAEYC의 지침 및 Rheta DeVries의 연구를 참조하였다. 이 책에서 사용된 많은 다른 자료는 각 장의 마지막(끝)에 제시하였다.

우리는 생활지도와 훈육을 가르치는 활동으로 본다. 그러므로 효과적인 유아교육의 원리는 학업 영역뿐만 아니라 생활지도 및 훈육에도 그대로 적용될 수 있다. 덧붙여 우리는 효과적인 유아교육의 원리를 활용하여 훈육 문제를 예방하거나 감소시키는 방법에 대해서도 논의한다. 가르침의 다른 측면과 마찬가지로, 생활지도에서도 아이들 간의 다양성을 인정해야 한다. 우리는 타고난 기질이나 개인의 신체적·지적 능력에 기인한 개인차를 고려한다. 또한 우리는 문화, 성, 계층 그리고 가족 문제가 생활지도에 주는 함의에 대해서도 논의한다.

우리는 교사가 종종 위기에 처한 아동을 다루어야 한다고 생각한다. 이것은 교사의 입장에서 볼 때 생활지도와 훈육의 새로운 도전 과제가 된다. 그래서 우리는 담당 학급의 어려운 생활 상황으로 인해 사회적 또는 정서적 곤란을 겪을 가능성이 높은 아이들 혹은 장애가 있거나 학습에 어려움이 있는 아이들을 두고 있는 교사를 위한 배경 지식을 1부의 2장과 3장에 제시하였다. 그런 다음 우리는 3부의 13장과 14장에서 배경 지식을 다시 살펴본 후 도움이 가장 필요한 아이들을 어떻게 지원할 것인지에 대해 자세히 살펴본다.

이 책의 구성

이 책의 1부에 있는 세 개의 장(1~3장)은 이 책 전체의 기초를 구성하고 있다. 1장에서는 훈육은 자존감을 증진시킴과 동시에 자율성과 자기훈육을 가르치는 것으로 정의한다. 1장에 소개된 개념은 이 책 전반에 걸쳐 보다 자세하게 다룰 것이다. 2장과 3장에서는, 아이들의 신체적, 정서적, 인지적, 사회적 발달 단계를 훈육 문제 및 해결책과 결부시켜 살펴볼 것이다. 이 책의 나머지 부분은 이 지식을 기반으로 한다. 우리는 훈육을 논의하기 위해서는 훈육에 대한 명확한 정의와 목표 그리고 아동발달에 대한 지식이 있어야 한다고 생각한다.

2부(4~10장)에서는 훈육에 대한 다양한 접근을 가장 긍정적인 전략에서부터 가장 부정적인 전략의 순서로 제시할 것이다. 이러한 순서는 또한 개입이 가장 덜한 전략에서부터 개입이 가장 많은 전략의 순서로 생각될 수도 있다. 4장에서는 아동들의 건강한 발달을 가장 잘 지원해 주는 정서적·신체적 환경을 구성함으로써 행동 문제를 예방하는 방법에 대해 논의할 것이다. 5장에서는 훈육 문제의 예방에 있어 발달적으로 적합한 프로그램의 역할에 대해 설명할 것이다. 6장에서는 성인이 보여주는 본보기가 어떻게 아이의 행동에 영향을 주는가에 대해 설명하고, 아이들이 갈등 상황에서 이러한 본보기를 사용할 수 있도록 돕는 방법을 보여줄 것이다. 7장에서는 갈등을 예방하고 발생한 문제를 다루기 위해 아이들과 효과적으로 의사소통하는 방법과 발생한 문제에 대한 해결책을 모색하는 방법을 제시할 것이다. 8장에서는 왜 어떤 행동은 수용될 수 없는지를 아이들이 이해하도록 돕기 위해 유아교육 종사자들이 관련된 결과를 사용하여 어떻게 비생산적인 행동을 바꾸는 데 도움을 줄 수 있는지에 대해 설명할 것이다. 9장에서는 행동수정기법을 분석하고 왜 보상과 심지어 칭찬까지도 자기훈육이라는 목표 달성에 방해가 되는지를 설명할 것이다. 처벌의 위험성은 10장에 제시할 것이다.

3부는 11장에서 부터 15장까지로 구성되어 있으며 1부와 2부의 내용을 기반으로 한다. 1부의 아동발달에 대한 지식은 행동 문제의 원인을 결정하는 데 사용되고, 2부의 생활지도 전략에 대한 지식은 적절한 반응을 선택하는 데 사용된다. 3부는 훈육 문제의 전형적인 원인을 분석하고 그 원인을 적절한 전략과 매치시킨다. 11장에서는 성숙 수준과 수용되는 행동 간의 관계를 다루고, 12장에서는 충족되지 못한 욕구가 어떻게 문제 행동을 발생시키는지에 대해 살펴볼 것이다. 13장과 14장에서는 교실 밖에 원인이 있는 심각한 문제를 탐색해 보고 교사와 보호자에게 도움이 되는 제언을 한다. 마지막인 15장에서는 훈육 문제의 원인을 전체적으로 개관하고 어떤 원인이 특별한 상황과 관련 있는지를 알아볼 것이다. 이 장에서는 또한 개별 원인에 대해 가장 효과가 있을 것 같은 훈육 전략을 대응시키기 위한 지침을 제공한다.

사례 제공

이론적 설명과 실생활의 예가 균형을 이루도록 하고 싶었기 때문에, 우리는 긍정적인 훈육 전략을 통해 자기훈육과 도덕적 자율성을 촉진시키는 방법을 예증하는 전형적인 시나리오를 사용하였다. 이러한 방법은 교사가 단순히 행동만을 보고 반응해서는 안 되며 행동의 원인과 관련되어 있을지도 모르는 많은 요인을 반드시 고려해야 한다는 우리의 메시지와 일치한다. 이 책에 제시된 사례는 추상적인 개념과 씨름하면서 내용의 실제적 적용을 시각화하려고 애쓰는 대학생들에게 아주 유용하다는 것이 입증되었다.

이 책에 등장하는 인물들을 만나보자. 먼저 미드웨이 아동 센터에 근무하는 스텝들을 소개한다. 센터장 수잔, 3~4세 담당 교사 데니스, 가브리엘라, 쉐리, 낸시 그리고 영아와 걸음마기 아동을 담당하는 케이샤와 가브리엘라를 소개한다. 이들은 영유아의 훈육에 대한 사례를 제공해 주었다. 다음으로 유치원 교사 산체스, 1학년 교사 젠센, 2학년 교사 데이비스와 교생 베스 그리고 3학년 교사 가르시아는 초등학교 저학년 아동들의 훈육에 대한 사례를 제공해 주었다. 방과 후 교사 앤도 잠시 등장한다. 이들은 모두 아이들을 진심으로 사랑하고 효과적으로 학급을 운영하는 교사들이다.

바람직한 실제와 바람직하지 못한 실제를 대비시키는 것이 바람직한 것을 정의하는 데 종종 도움이 되기 때문에, 우리가 추천하지는 않지만 보편적으로 많이 행해지고 있는 예 또한 제공하였다. 이런 목적을 위해, 우리는 가공의 인물을 2명 만들었다. 유치원 교사 조앤과 1학년 교사 윌러가 그들이다. 윌러는 젠센과 같은 초등학교에 근무하는 것으로 기술되어 있고, 조앤은 데니스와 같은 아동센터에 근무하는 것으로 기술되어 있다. 조앤은 방과 후 교실을 책임지고 있고, 데니스는 오전 수업의 주임 교사이다. 데니스와 조앤이 같은 학생을 담당하는 것으로 기술함으로써 다른 훈육 방식이 어떻게 같은 아동들에게 영향을 주는 지에 대한 예를 제공해 준다. 모든 교사는 가공된 것이다. 하지만 여기에 기술되어 있는 좋은 상황과 나쁜 상황은 모두 사실이다.

사실 독자들이 실제로 경험한 예가 가장 유익할 것이다. 우리는 아이들과 진정한 관계를 형성할 수 있을 만큼 많은 시간을 보내는 것이 생활지도와 훈육에 대한 이론을 내면화하는 데 필요하다고 믿는다. 우리는 또한 유아이든 성인이든 관찰과 개인적인 경험이 학습에 아주 중요하다고 생각한다. 우리는 아동보호시설에 근무하고 있는 성인들이 교사들만큼이나 아동발달에 대해 잘 알고 있어야 한다는 확고한 믿음을 가지고 있다. 어린 아이들이 어른들에 의해 받는 영향은 지대하기 때문에, 모든 교사는 아이들에게 긍정적으로 영향을 주는 방법을 잘 이해하고 있어야 한다.

Marjorie Fields

감사의 글

먼저 구성주의와 도덕적 자율성을 더 잘 이해할 수 있도록 노와날라는 요청에 인내심을 가지고 지도해 주신 Constance Kamii 박사께 감사를 드린다. 또한 내가 방문했던 모든 교실의 선생님들과 구성주의적 훈육의 모델을 제공해 주신 모든 선생님들께도 감사의 말씀을 드린다. 여기에는 나의 여동생 Deborah Grams 뿐만 아니라 Jennifer Thompson, Kathy Hanna, Chris Thomas와 Linda Torgerson도 포함되어 있다. 무엇보다도 나는 아이들로부터 가장 많은 것을 배웠다. 지난 20년 동안 내가 담당했던 교실에 있었던 모든 아이들이 내가 아동발달과 지도를 이해하는 데 도움을 주었다. 내 두 아들을 기르면서도 많은 것을 배웠고 나의 종단 연구의 대상이 되어 준 것에 대해 아들에게 고마움을 전하고 싶다. 현재 나에게는 아동발달에 대해 더 많은 것을 가르쳐 주는 5명의 손주가 있다.

나는 이 책의 새 저자로 참여한 Patty Meritt가 보여준 아이디어와 기여에 크게 고마움을 느끼고 있으며 그녀와 함께 즐겁게 일하고 있다. 나의 며느리 Debby Fields와 함께 책 작업을 하는 것은 즐거움의 연속이었다. 그녀의 자녀이자 나의 손주인 아이들에 대한 우리의 상호 관심은 우리의 연구에 개인적인 관점을 제공해 준다. 교실에서 사진을 찍을 수 있도록 허락해 주고 부모의 동의서를 받는데 도움을 준 많은 선생님들께 심심한 사의를 표한다. 특히 Traci Sauvage와 Danielle Delinno가 제공해 준 사진은 이번 책 작업에 많은 도움이 되었다. 이 책의 출판에 기술적인 도움을 준 출판사의 Julie Peters, Jon Theiss, Michell Gardner에게 고마운 마음을 전한다. 끝으로 인내심을 가지고 지원을 해 준 나의 남편 Don에게 고마움을 전한다.

Marjorie Fields

Marjorie Fields와 Debby Fields와 함께 책 작업을 한것은 큰 영광이고 즐거운 일이었다. 나에게 이 책의 이전 판에 대한 검토를 요청한 Pearson 출판사에 심심한 사의를 표한다. 그런 인연으로 나를 공동저자로 초대해 준 Marjorie Fields에게 뭐라 감사를 해야 할지 모르겠다. 유아들의 세계에 대한 Marjorie의 멘토링과 통찰은 이 작업을 하기 훨씬 전에 이루어졌다. 이 작업뿐만 아니라 그동안 내가 받았던 학문적 인지도 또한 결코 잊지 못할 것이다. Bunnell House 유아 실험학교의 지속적인 지원에 감사하고, EC 행정 보조원 Kelly Peissner에게 감사한다. 나를 유아의 세계로 소개해 준 Bernice Clayton를 포함한 나의 은사님과 이 작업을 하는 동안 도움을 주었던 나의 동료들에게도 감사한 마음을 전한다. 마지막으로, 나의 남편 Bob과 나의 아이들과 손주들에게 고마움을 전하고 싶다.

Patty Meritt

먼저 나를 지도해 주고 지원해 주고 신뢰해 준 데 대해 Marjorie에게 감사한다. 그녀는 정말 좋은 교사이고 아이들을 사랑하는 교사이다. 이 작업을 하면서 그녀에게서 검토했던 논문과 문헌으로부터 뿐만 아니라 Marjorie 박사님으로 부터 배울 기회를 가진 데 대해 감사한다. 나를 지원해 준 나의 양육 파트너 남편 Mike에게도 고마움을 전하고 싶다. 나는 영감을 주는 두 딸 Sarah와 Caroline으로부터 계속 배우고 있다.

Deborah M. Fields

목차

제 1 부   훈육의 기초

제 2 부   훈육 방식

제 3 부   훈육 원인에 따른 훈육 방식

제1부
훈육의 기초

이 책의 첫 세 장은 훈육이라는 주제를 공부하는 데 필요한 기본적인 지식을 제공한다. 1장에서 우리는 이 책에서 훈육을 어떤 의미로 사용할 것인지를 밝히고, 구성주의적 훈육 개념을 행동주의 훈육 및 성숙주의 훈육과 비교한다.

2장과 3장은 아동 훈육에 직접적으로 영향을 주는 아동발달 문제에 초점을 둔다. 아이들이 어떻게 성장하고, 배우고, 생각하는지를 이해하는 것은 어른들이 아이들과 좀 더 조화롭게 살아가는 데 도움을 준다. 이러한 이해를 하게 되면 정상적인 어린아이 같은 행동에 대해 좀 더 인내심을 발휘하게 되고 부적절한 성인의 기대를 줄일 수 있다. 우리는 훈육에 대한 효과적인 접근이 아동의 개별적 특성뿐만 아니라 아동의 신체적, 정서적, 인지적 사회적 발달에 대한 지식에 기초해야 한다고 생각한다.

제 1 장
생활지도와
훈육에 대해 생각하기

학습 목표

- 생활지도 및 훈육의 장기 목표와 단기 목표를 구별할 수 있다.
- 행동주의적, 구성주의적, 성숙주의적 생활지도 및 훈육 모형을 비교하고 대조할 수 있다.
- 구성주의적 생활지도 및 훈육의 주요 특징을 요약할 수 있다.
- 세심한 관찰 후 문제 행동의 원인을 분석할 수 있다.

사례 1-1

 당신이 몇몇 아이들이 타임-아웃되어 있는 교실로 들어간다고 생각해 보자. 선생님은 벌을 줘서 다른 아이들을 위협하고 있고 교실 분위기는 긴장되어 있으며 불편하다. 여기서 무엇이 잘못되었는가? 이 상황을 어떻게 개선할 수 있겠는가? 이 책은 당신이 이런 질문에 대한 답을 찾도록 돕는 것을 목적으로 하고 이 장은 그 과정의 출발점이다.

훈육은 거의 모든 교사의 주요 관심사이다. 당신이 무엇을 가르치려고 하든 그렇게 하기 위해서는 아이들이 당신에게 주목해야 하고 협조해야 한다. 이것은 쉬운 일이 아니다. 아이들이 자기 자리에 조용히 앉아 있도록 하거나 아이들이 관심이 없는 무언가에 주목하도록 해야 할 경우 특히 더 그러하다. 이 책이 좀 더 즐겁고, 보람 있고, 생산적으로 아이들과 활동을 할 수 있는 방법에 대한 통찰을 줄 수 있기를 기대한다.

어떤 책은 모든 훈육 문제를 해결하기 위한 완벽한 공식이 있다고 말한다. 그러나 이 책은 그렇지 않다. 이 책은 모든 아동은 말할 것도 없고 모든 문제에 효과적인 훈육 방식은 없다고 말한다. 아동생활지도와 훈육은 아주 복잡하고, 혼란스러우며, 좌절감을 준다. 훈육 문제에 단순한 해결책을 제시하는 많은 책과 프로그램은 아동마다 개인차가 있고, 상황에 감정이 관계하며(emotion-laden), 보호자에게 너무 많은 짐이 지워져 있는 현실을 무시한다. 이 책은 어떤 단순한 해결책을 제시하지 않는다. 대신에 효과적인 아동 훈육은 다면적이고, 높은 수준의 지식과 기술이 요구되는 일이라는 것을 인정한다. 위의 글상자에 기술되어 있는 행복하지 않은 교실은 금방 바뀌지 않을 것이다. 우리는 이 문제와 다른 훈육 관련 문제를 해결하는 데 필요한 기본적인 지식과 기술을 제공하고자 한다.

1부에 있는 3개의 장은 생활지도와 훈육에 대한 생각에 토대가 되는 지식을 제공한다. 1장은 이후의 장에서 언급될 용어가 어떤 의미로 사용되었는지를 알려주고 향후 기술될 내용에 대한 이해를 돕기 위해 씌여졌다. 이상적으로 말하면, 당신은 이 장을 읽으면서 많은 의문을 가지게 될 것이고 그 의문에 대한 답을 찾기 위해 이 책을 사용하게 될 것이다.

1 훈육의 정의

이 책의 제목이 생활지도와 훈육을 모두 포함하고 있다는 점에 주목하라. 생활지도라는 용어는 대개 '생활지도 상담자'라는 용어에서 보듯이, 아이들이 문제를 잘 다루도록 돕는 것과 관련이 있고, 훈육이라는 용어는 흔히 어른들이 좋아하지 않는 것을 하는 아이들을 벌하는 것과 관련이 있다. 이 책을 읽다 보면, 이 책에서는 훈육이라는 용어가 다르게 사용된다는 걸 알게 될 것이다. 즉, 여기서 사용되는 훈육이라는 용어는 사람들이 일반적으로 생활지도로 생각하는 개념을 포함한다. 하지만 처벌은 포함하지 않는다.

훈육을 무엇이라고 생각하는가? 잘못된 행동을 한 아이를 벌하는 것을 훈육이라고 생각해 왔는가? 많은 사람들은 훈육을 아이의 엉덩이를 때리는 것으로 생각한다. 이 책은 훈육을 다르게 정의한다. 이 책에서는 훈육을 아이들이 자신의 행동에 대한 책임을 지는 것을 배우고 스스로의 힘으로 옳고 그름을 판단할 수 있도록 돕는 것이라고 본다. 단순히 비생산적인 행위를 멈추게 하기 보다는 아이들이 책임감 있는 행동을 배우도록 가르치는 것을 강조한다. 우리는 훈육이라는 단어를 사용하지 않는 대신에 훈육이라는 단어가 원래 의미하는 바를 사람들이 이해하도록 돕기를 바란다. 'Discipline'이라는 단어가 인도하고 가르친다는 뜻의 'disciple'이라는 단어에서 유래했다는 것을 알고 있는가? 가르치고 인도하는 것이 아이를 훈육할 때 어른이 해야 하는 것이다. 훈육을 이런 관점에서 보면, 바람직하지 않은 행동은 가르침의 기회이다(Elkind, 2001). 이 장의 첫 부분에 제시된 사례에서 교사는 훈육에 대한 이런 견해를 이해하고 있었을까?

우리는 단순히 하지 말아야 하는 것에 대한 규칙을 강제하는 대신, 아이들이 현명한 선택을 할 수 있도록 돕기를 원한다. 자기 자신의 힘으로 현명한 선택을 하는 방법을 배우는 것과 자신이 원하는 무언가를 그냥 하는 것과는 매우 다르다. 행동 통제를 하지 않거나 허용적인 방식을 말하는 것이 아니다. 그보다는, 아이들이 왜 어떤 행동이 다른 행동보다 나은 지를 이해하도록 돕고, 어른이 있든 없든 바람직한 행동을 선택할 수 있도록 돕는 방식을 옹호한다.

이 책은 아동이 책임감 있고, 친절하고, 생산적인 시민이 되도록 어떻게 지원할 것인가에 관한 것이지, 아이들이 특정 방식으로 행동하도록 강제하는 방법에 관한 것이 아니다. 우리는 보상이나 처벌과 같은 외적 통제가 왜 우리 사회가 절실하게 필요로 하는 행동과 태도를 형성하는 데 방해가 된다고 확신하는지를 설명할 것이다. 단순히 아이들에게 보상이나 처벌을 하지말라고 하는 것이 아니라, 행동 목표에 도달하기 위한 보다 나은 방법을 설명할 것이다.

훈육 과정에서 있어서 핵심 요소는 바람직하지 못한 행동의 원인을 판단하고 그 원인을 제거하는 것이다. 훈육에 대한 우리의 접근은 각 아동의 요구와 능력에 맞춘 개별화된 진단적 가르침과 같다. 이런 식의 생활지도와 훈육은 아동발달과 다양한 생활지도 방식에 대한 폭넓은 지식을 요구한다. 이 책에서는 이 두 가지 영역의 지식을 획득하도록 도움을 주고자 한다. 그런 다음 아동생활지도를 위해 이 두 분야의 지식을 함께 사용하는 방법을 제시할 것이다.

우리는 훈육을 단순히 통제하는 것이 아닌 가르침으로 본다. 따라서 학교훈육을 일반 교과의 교육과정 구성과 마찬가지로 치밀하게 계획할 것을 권고한다. 이미 오래 전에, 학교는 책을 읽지 못하거나 수학 문제를 풀지 못한다는 이유로 아이들을 벌하는 것을 중단했다. 기술을 갖추지 못하고 이해를 하지 못했다는 이유로 아이들을 벌하는 대신에 교사는 이제 부족한 부분을 가르친다. 사회적 기술이 부족한 아이를 돕고 행동과 관련된 이해가 부족한 아이들을 가르치기 위해 우리가 옹호하는 것이 바로 그 과정이다.

(1) 높은 관심

우리에게 사회적 기술이나 배려하는 태도를 가르치기 위해 수업 시간을 할애할 여유가 있는가? 여러 증거에 의하면, 없다(Charney, 2002; Garrett, 2006). 학교에서는 학업에 초점을 맞출 것을 요구하지만, 경험이 많은 교사는 적절한 훈육이 이루어지지 않으면 교육과정의 다른 영역이 제대로 다루어지지 않을 것이라는 것을 안다(Willis, Dinehart, & Bliss, 2014). 더 중요한 것은 아이들이 남에 대한 배려와 확고한 원칙 및 책임감을 배우지 않는다면 그 밖의 무엇을 배우던 별 소용이 없다는 것이다(Damon, Lerner, & Eisenberg, 2006; Hanish et al., 2007). 사회적 기술 없이 학업적인 것만 배워서는 사회의 유능한 구성원으로 성장할 수 없다(Garrett, 2006). 따라서 학교와 이웃을 안전하게 하기 위한 노력으로 배려, 의사소통, 협상 그리고 다른 폭력 예방 과목을 학교에서 가르쳐야 한다는 것이 점차 명확해지고 있다.

교사들은 학교훈육이 가장 큰 도전 과제라고 말한다(Willis et al., 2014). 욕구가 충족되지 못하고 사회적 기술이 부족한 채로 학교에 오는 아이들이 점차 늘어남에 따라 이러한 도전 과제는 더 커지는 것 같다. 교사들은 충동 통제 능력이 부족하고 자신의 좌절과 분노를 다룰 수 있는 능력이 거의 없는 아이들과 함께 서로 배려하는 교실을 만들기 위해 애쓰고 있다(Brady, Forton, Porter, & Wood, 2010).

유아교사는 자기 방어 차원에서 뿐만 아니라 최적기에 있는 아이들을 지도하고 있기 때문에 훈육에 시간을 할애해야 한다. 뇌 연구에 의하면, 어린 시기가 논리적 사고 및 정서 조절과 같은 행동과 관련된 복잡한 기능을 학습하기 위한 아주 좋은 기회이다(Center on the Developing Child at Harvard University, 2010). 3~10세 동안에 뇌는 다른 어느 시기보다도 뇌 세포와 연결되는 시냅스를 더 많이 갖게 된다. 뇌 영상법은 유아교사들이 줄곧 말해왔던 것 즉, 유아기가 학습을 위한 결정적 시기임을 잘 보여준다.

2 훈육의 목표

훈육 방식은 우리의 목표에 따라 결정되어야 한다. 스스로에게 훈육의 목적이 무엇인지를 질문하는 것부터 시작해 보자. 훈육을 단순히 통제를 유지하여 다른 것을 가르칠 수 있도록 하는 수단으로 보고 싶다는 생각이 들지도 모르겠다. 그러나 아이들과 사회는 훨씬 더 많은 것을 요구한다.

(1) 장기 목표

무언가를 가르치고자 할 때는 먼저 장기적인 교육 목표를 명료화할 필요가 있다. 장기 목표 없이 훈육이나 그 밖의 무언가를 가르치는 것은 어디에 갈지도 모르는 채로 여행 일정을 계획하는 것과 같다. 장기 목표를 검토하기 위해서는 당신이 어떤 유형의 사람들을 가치 있게 생각하는지를 자문해 보면 좋다. 여기서 '아이들'이라는 말 대신에 '사람들'이라는 단어를 사용했다는 점에 주목하라. 어떤 차이가 있는가? 만약 당신이 아이들에 관해 생각한다면 복종이라는 목표에 매력을 느낄지도 모르겠다. 그러나 성인의 바람직한 특성으로 복종을 선택하지는 않을 것이다. 어린 시절의 훈육이 평생 한 개인의 인격에 영향을 준다는 점을 명심하라. 그러므로 어떤 유형의 아이들이 가장 다루기 쉬운 가를 단순히 고려하기보다는 어떤 유형의 사람이 이 사회에서 가장 잘 기능할 것인가를 생각하는 것이 필요하다. 민주 사회에 가장 잘 기여할 수 있는 인간 특성은 무엇인가?

(2) 자아개념과 자존감

많은 사람들이 긍정적 자아개념을 훈육의 목표로 꼽는다. 그런데 이것이 자아개념과 자존감의 차이를 혼란스럽게 하는 것 같다. 자아개념은 우리가 누구이고 무엇을 할 수 있는지에 대한 이해를 말하며, 자존감은 우리가 그것에 대해 어떻게 느끼느냐 하는 것이다. 현실적인 자아개념은 정신 건강에 필수적이며(Landy, 2009), 좋은 자존감을 발달시키기 위한 기초를 제공해 줄 수 있다.

우리는 아이들이 스스로를 긍정적으로 생각하면서 성장하기를 원한다. 이 점에 대해서는 일반적으로 이의가 없다. 거의 모든 사람이 이를 바라지만, 많은 사람들은 이 장의 첫 부분에 제시했던 사례의 교사와 같이 여전히 자존감에 해를 주는 훈육 방식을 사용한다. 아이들의 말에 귀를 기울이지 않고 존중하지 않는 태도로 아이들을 대하는 어른들이 많다. 아이들은 어른이라면 결코 참기 어려운 방식으로 강의를 듣고, 무시되며, 폭력을 당하기도 하고, 뇌물로 회유를 당하기도 한다(McEvoy, 2014). 나중에 처벌과 다른 강압적인 책략(심지어 칭찬이나 다른 보상까지도)이 어떻게 개인의 자존감에 손상을 줄 수 있는지에 대해 살펴볼 것이다.

(3) 자기 훈육과 자기 규제

자기 훈육과 자기 규제가 아동 훈육의 목표라는 데 대해서도 거의 모든 사람들이 동의한다. 훈육에는 여러 접근방법이 있는데, 대부분 자신의 훈육 방식이 자기 훈육을 증진한다고 말한다(Brooks & Goldstein, 2007; Nelson, 2006). 다른 점은 어떻게 이러한 목표에 도달하느냐이다. 어떤 사람들은 수용 가능한 행동에 대한 보상과 수용 불가한 행동에 대한 처벌이 자기 훈육으로 이끈다고 믿는다. 그러한 견해는 보상과 처벌에 의해 행동이 조정되는 것과 무엇이 옳고, 어떻게 현명하고 배려 깊은 결정을 할 것인가를 배우는 것은 상당히 다르다는 것을 인정하지 않는다(Kohn, 2005, 2011; Truiel, 2006). 이와는 대조적으로, 이 책은 다른 사람이 자신의 행동을 규제하는 한 아이들은 자신의 행동을 스스로 규제하는 것을 배울 수 없다는 견해에 기초한다.

(4) 도덕적 자율성

도덕적 자율성은 자기 훈육을 좀 더 정교하게 표현한 말이다. 이 표현은 거의 알려져 있지 않다. 이것은 피아제(Piaget)의 고전 『아동의 도덕적 판단, 1932/1965』에 제시된 개념으로, 피아제 학파 학자 드브리스(DeVries)와 카미(Kamii)가 일반인들을 위해 정교화하였다. 이들에 의하면, 자율성은 행동이 개인의 신념과 이해에 의해 좌우된다는 것을 의미하며, 일련의 행동 규칙을 내면화하고 그것을 단순히 따르는 것을 훨씬 뛰어넘는다. 예컨대, 도덕적으로 자율적인 사람은 다른 사람을 존중하는 마음에서 다른 사람에게 친절하나. 사율성의 반대는 타율성이다. 타율성은 타인에 의해 자신의 행동이 좌우된다는 것을 의미한다. 타율적인 사람은 어떤 행동이 보상을 받거나 혹은 그 행동을 하지 않으면 자신에게 좋지 않은 일이 일어나거나 처벌을 받게 될 것으로 판단되는 경우에만 다른 사람에게 친절하다.

어떤 사람들은 자율성을 원하는 것은 무엇이든 하는 것으로 오해해서 자율성을 훈육의 목표로 하는 것에 대해 염려한다. 그러나 피아제의 이론에서 자율성이란 자신을 위해 어떤 결정을 할 권리를 의미하는 것이 아니라 보상이나 처벌에 구애받지 않고 관련 요인을 충분히 고려하여 옳고 그름을 스스로의 힘으로 결정할 능력을 의미한다(Kamii, 1982). 도덕적 자율성의 핵심 요소는 관련된 모든 요소를 고려한다는 것이라고 카미는 강조한다. 만약 당신이 이 진술의 의미를 생각해 본다면, 단순히 자기에게만 이익이 되는 결정은 배제된다는 것을 알게 될 것이다. 왜냐하면, 그러한 결정은 다른 사람의 욕구와 관련된 요인을 고려하지 않았기 때문이다. 내적으로 좌우된다는 것은 또한 아이들이 또래 압력에 영향을 잘 받지 않는다는 것을 의미한다. 따라서 도덕적으로 자율적인 아이들은 또래의 거부에 대한 걱정 때문에 부적절한 집단 활동에 참여하지는 않는다.

그러므로 외적 통제가 없을 때 무책임하게 행동하는 사람은 도덕적 자율성이나 자기

도덕적 자율성은 보상이나 처벌에 구애 받지 않고 관련된 모든 사람의 권리와 욕구를 충분히 고려하여 옳고 그름을 결정할 수 있는 능력을 가지는 것을 의미한다.

훈육이 없는 사람이다(Tureil, 2006). 사실, 이 진술은 태어나서 처음으로 집을 떠나 생활하는 젊은 대학생에게 잘 들어맞는다. 많은 대학생들의 대학 기숙사 생활은 좋은 의도를 가진 몇몇 부모와 교사가 젊은이들에게 내적 통제를 개발할 적절한 기회를 제공해주지 못했다는 사실을 증명한다. 일, 놀이 및 수면을 스스로 규제하는 데 미숙한 대학 신입생들은 자신들이 이들 간의 균형을 찾지 못한다는 것을 알게 된다.

자율성은 통제의 부족을 의미하지 않는다. 그것보다는 오히려 통제의 원천을 의미한다. 자율적인 사람은 자신의 내부에 통제의 속성을 지니고 있다. 이들을 혼자 있을 때도 통제를 한다. 이와는 대조적으로 타율적인 사람은 누군가가 있을 때만 통제를 경험한다. 이들은 자신의 행동을 보상하거나 벌하는 외적 판단에 의지한다. 당신이 아이들의 도덕적 자율성 개발을 돕고자 할 때, 당신은 잘못된 행동이 적발되지 않을 것 같은 상황에서 이들이 어떻게 행동하느냐에 까지 영향을 준다(Weinstock, Assor, & Broide, 2009). 자율적인 사람에게는 자신들이 옳은 길을 가도록 하기 위한 규제가 필요하지 않다.

⑸ 장기적인 해결책 대 속성 해결책

아이들을 안전하고 질서정연하게 지키고 이들이 긍정적인 자존감, 자기 훈육 및 도덕적 자율성을 개발하도록 돕는 것에 대한 책임을 교사가 져야 하는가? 그것은 터무니없는 요구이다. 교사들은 가르치기도 해야 한다는 사실을 잊지 마라. 교사들이 장기적인 훈육 목표를 생각하는 데에 어려움을 겪고, 그저 잠시 통제하려고만 한다고 해서 그들이 비난을 받아야 할까? 교사들은 기껏해야 아이들과 일 년 정도 함께 할 뿐이다.

그러나 부모들은 아이들이 10대가 된 이후에도 계속해서 이들을 대해야 한다는 것을 알고 있다. 한 어머니는 아들이 10년 후 운전면허증을 따야 한다는 것에 대해 생각했을 때, 그 아이가 자기 훈육을 배우도록 해야겠다는 동기가 강하게 생겼다고 한다. 자식이 어릴 때는 자신이 자식을 직접 지켜봄으로써 자식이 해를 입지 않도록 보호할 수 있지만, 자식이 16세가 되었을 때도 그 자식이 안전하게 운전하는지를 확인하기 위해 자신이 자식과 함께 차에 탈 수는 없을 것이다. 어머니는 자신이 자식과 함께 할 수 없는 오랜 시간 동안에도 내적 통제는 자식과 함께할 것이라는 것을 알았다. 따라서 어머니는 복종보다는 내적 통제를 증진하는 훈육 방식에 초점을 두었다. 그럼에도 불구하고 부모들은 피곤과 스트레스로 인해 간혹 미래 결과를 무시하고 자식이 현재를 위한 행동을 하도록 강요한다.

교사는 겉으로 보기에 조용하고 통제된 교실을 뜻하는 낡은 의미의 잘 훈육된 교실을 보여 달라는 추가적인 압력에 놓이게 될지도 모른다. 이렇게 교실을 운영하면 아이들이 어떻게 할 때 가장 잘 배울 수 있는가에 대한 이해가 없는 교장이나 관리자의 평가에 긍정적인 영향을 줄 수 있다. 그런 이유로 빠르고 단기적인 결과를 목표로 하는 훈육 방식은 아이들의 자존감과 자율성을 손상할 수 있음에도 불구하고 여전히 인기가 있다. 이러한 방식에 대해서는 나중에 행동주의를 논의할 때 다룰 것이다.

다행스럽게도 많은 교사들이 아이들에 대한 관심이 많고 그 유혹에 빠지지 않는다. 이들은 빠른 해결을 가져다주는 접근을 거부하고 긍정적인 대안을 찾으려 애쓰고 있다. 이들은 아이들이 지금 사이좋게 잘 지내도록 돕고 미래를 위한 준비도 시켜주는 것이 양립할 수 있는 목표라는 것을 안다. 노련한 교사는 평화롭고 생산적인 학습 환경을 유지함과 동시에 장기적인 훈육 목표 또한 달성하는 방법을 안다. 이들은 아이들의 자존감을 보호하는 것과 질서를 유지하는 것 중에서 어느 하나를 선택해야 할 필요가 없다는 것을 안다. 풍부한 지식을 갖춘 헌신적인 교사의 지도 아래서 아이들은 경험으로부터 현명한 선택을 하는 방법을 배울 수 있다. 이런 과정에서 아이들은 유능하고, 배려심이 있으며, 사랑받고, 사랑하는 사람이 되는 데 필요한 긍정적인 자존감과 도덕적 자율성 또한 개발시킬 수 있다(Noddings, 2005).

3 훈육 모형의 비교

훈육에 대한 접근 방식은 성인이 모든 규칙을 정하고 이를 위반하는 경우 벌을 가하는 아주 권위주의적인 방식에서부터 아이가 모든 것을 결정하는 아주 허용적인 방식에 이르기까지 다양하다. 많은 이들이 이들 모형 중 하나를 선택해야 한다고 생각한다. 한 교사는 아주 엄하게 아이를 지도하다가 더 이상 어찌할 수 없다 싶으면 지도 방식을 바꿔 정반대로 아이를 지도한다고 말한다. 다른 선택이 있다는 것을 알고 있는 부모나 교사가 거의 없다. 우리는 중간 입장을 취할 의도로 허용적인 방식과 권위주의적인 방식을 결합해 보려는 시도를 권장하지 않는다. 성인과 아동의 힘이 균형을 이루는 대안이 있다. 당신은 모든 힘을 아동 또는 성인 중 한 사람이 가지는 방식 중의 하나를 선택할 필요가 없다(Tzuo, 2007). 힘을 나누어 가지는 모형이 모든 사람의 욕구를 가장 잘 충족시켜 준다. 훈육을 가르침으로 볼 때 성인과 아동의 욕구와 견해는 조절될 수 있다.

훈육 방식을 비교할 때, 많은 경우 양육 방식을 3가지 유형(즉, 권위적, 권위주의적, 허용적)으로 구분한 바움린드(Baumrind, 1967, 1989)의 견해를 참고하게 된다. 각각 자녀 양육에 대해 단호하고 온정적인 접근, 지나치게 엄격한 접근, 지도는 하지 않고 온정적이기만 한 접근을 나타낸다. 그러나 우리는 훈육을 가르침으로 보기 때문에 생활지도와 훈육을 양육이론보다는 학습이론에 근거하는 것이 더 의미가 잘 통한다고 생각한다. 따라서 우리는 훈육 모형을 행동주의, 성숙주의, 구성주의 중 어떤 학습이론과 가장 잘 어울리는지에 따라 비교한다.

당신은 우리 학교에서 광범위하게 사용되고 있는 보상과 처벌에 기초한 행동주의에 대해 잘 알고 있을 것이다. 학교에서는 거의 보기 힘든 성숙주의 접근은 아이들의 발달과 학습을 단순히 지지만 하고 어떠한 개입도 하지 않는다. 우리는 이 두 모형 모두를 거부하는 대신에 구성주의를 지지한다. 구성주의적 학습이론은 행동주의와 성숙주의의 중간 입장을 반영하는 것이 아니다. 학습, 생활지도 및 훈육에 대해 견해를 완전히 달리한다. 이것은 복종을 목적으로 하는 보다 좋은 방법이 아니며 복종 훨씬 이상의 것을 추구한다. 구성주의는 아이들이 자신의 경험과 경험에 대한 반추를 통해 배우도록 돕는다(DeVries & Zan, 2012; Kamii & Ewing, 1996; Piaget, 1965). 이러한 과정을 통해 학습자는 자신의 이해 수준을 점차 정교화할 수 있게 된다. 아이들은 어떤 행동이 관련된 모든 이를 위해 최선인가를 결정할 때, 많은 관련 요인을 고려할 수 있는 능력을 점진적으로 개발한다. 여기서 점진적이라는 단어가 중요한데, 그것이 구성주의적 가르침의 발달적 기초를 반영하기 때문이다. 구성주의자들은 어린 아이들을 가르치는 것이 미성숙한 사고를 수용하는 것과 관련이 있으며 아이들이 보다 잘 이해하도록 돕기 위해 성숙 정도를 고려해야 한다는 것을 인정한다.

(1) 훈육 목표의 비교

모든 훈육 방식은 자녀에 대한 사랑이나 관심이라는 같은 동기에 기초한다. 그러나 각각의 훈육방식은 아주 상이한 목표를 가지고 있다(표 1-1). 행동주의 모형의 목표는 복종이다(Canter, 2010; Dobson, 2011). 성숙주의 모형은 개인의 자유를 지나치게 강조한다(Baumerind, 1967, 1989). 구성주의 모형은 도덕적 자율성, 즉 자신뿐만 아니라 다른 사람의 이익에 대한 관심도 보여주는 자기 결정적이고 책임감 있는 행동을 목표로 한다(Kamii, 1984; Kohn, 2005). 행동주의의 보상과 처벌은 이런 목표와 양립할 수 없다. 구성주의적 접근은 항상 변화하는 세상의 복잡성을 인정한다. 그러므로 아이들에게 현재의 딜레마에 대해 미리 정해진 답을 말해주기보다는 바람직한 행동과 바람직하지 못한 행동에 관해 스스로 생각해 보도록 가르친다.

〈표 1-1〉 세 가지 훈육 이론의 목표

이론	과정	목표
행동주의	보상과 처벌을 통해 행동 형성	복종
구성주의	아이들이 경험과 추론을 통해 배우도록 조력	도덕적 자율성
성숙주의	시간이 최고의 교사라고 믿음	개인적 발달

(2) 훈육 방식의 차이

각 훈육 모형이 매우 상이한 훈육 방식을 사용한다는 것은 놀랄 일이 아니다. 행동주의 모형에서는 처벌과 보상이 아주 많이 사용된다(Canter, 2010). 훈육의 부족은 성숙주의 모형의 두드러지는 점이다. 구성주의 모형은 극단적인 이들 두 모형과 대조적이나, 그렇다고 두 모형을 혼합한 것도 아니다. 구성주의 모형은 이 책에서 설명할 다면적인 훈육 선택지를 제공한다.

이 선택지는 가르침에 초점을 두며, 모든 가르침이 그러하듯 좋은 인간관계로부터 시작한다. 잘 반응해 주고 온정적이며 위로가 되는 성인은 아이들의 건강한 발달에 필수적이다(Gurian, 2011; Noddings, 2005). 교사와 아동 간의 관계가 좋다는 것이 교사가 아이들의 친구가 되려고 노력해야 한다는 것을 의미하지는 않는다. 구성주의적 교사는 필요한 제한을 하고 아이들을 안전하게 지켜야 하는 책임을 지닌 어른이다. 그러나 이것이 배려하고 존중하는 방식으로 이루어진다. 성인 및 동료와의 상호 배려하고 존중하는 관계는 아이들로 하여금 자신의 행동이 타인에 미치는 영향에 대해 생각해 보도록 한다. 아이들이 비판적으로 사고하도록 가르치는 것은 훈육을 비롯한 여러 주제에 대한 구성주의적 가르침의 핵심이다. 구성주의적 훈육 전략은 아이들이 사회적으로 생산적인 행동 규칙과 가치를 스스로 구성하도록 돕는 것을 목표로 한다. 이 접근은 아이들이 더 분별력 있게 사고하며, 보다 사리 분별력이 있는 사람이 되도록 돕는 것을 목표로 한다.

(3) 훈육 결과의 차이

상이한 훈육 모형은 어떤 결과를 낳는가? 윤리적인 문제로 인해 한 개인의 삶에 영향을 줄 수 있는 변인들을 통제할 수 없기 때문에 우리는 인간에 관한 연구 결과에 대해 절대적으로 확신할 수는 없다. 각 개인은 유전, 가족 역동, 사회적 영향 및 개인적 경험의 독특한 상호작용의 산물이다. 그러나 어떤 경향은 관계를 제시하기에 충분할 정도로 빈번하게 발생한다. 행동주의 모형은 낮은 자존감, 자기주도적인 선택을 할 수 있는 능력의 부족뿐만 아니라 분노 및 우울과 관련이 있다(예, Knafo & Plomin, 2006; Landy, 2009; Thompson & Newton, 2010). 콘(Kohn, 2011)은 보상이나 칭찬을 통해 아이를 통제하는 것은 아이가 스스로를 규제하는 것을 배우지 못하게 한다고 설명한다. 지나치게 허용적인 방식으로 양육된 아이들은 대개 자존감이 낮고 다른 사람들과 어울리는 데에 어려움을 겪는다. 힘을 나누는 구성주의 모형은 높은 자존감, 좋은 사회적 기술, 일반적 유능감과 자기 훈육의 결과를 낳는다(DeVries, 1999; Kohn, 2005, 2011; Tzuo, 2007).

구성주의적 훈육 방식은 아이들이 문제 해결을 위해 협상, 갈등 해결 및 자기주도적인 학습 활동을 빠르게 배우도록 돕는다(DeVries & Zan, 2012; Kohn, 2005, 2011). 도덕적 자율성을 가르치는 것은 정의에 대한 균형 잡힌 이해와 관련이 있는 협력의 도덕성을 포함하는 영속적인 영향을 가져다준다(Lapsley, 2006).

(4) 부모의 염려 : 아이들이 복종하는 것을 배워야 하지 않을까요?

많은 사람들이 이것을 양자택일의 문제로 여긴다. 그들은 아이들이 복종하도록 강제하지 않으면 순종하지 않고 제멋대로 행동할 것이라고 생각한다. 어떤 문화권에서는 가정에서 처벌로 강제하는 복종을 강조한다. 그러므로 복종을 강조하는 부모들은 당신의 구성주의적 생활지도 방식에 대해 염려할 수도 있다. 그런 부모가 있다면 아래와 같이 대처할 것을 제안한다.

먼저, 아이들이 부모의 말에 복종하도록 하는 것보다 아이들의 도덕적 자율성을 길러주는 것이 문제를 해결하는 데 훨씬 효과적이라는 것을 부모가 이해하도록 도울 필요가 있다. 장기 목표 대 단기 목표에 대해 배운 것을 설명해 주어라. 이해 없는 복종은 보상과 같은 외적 강화나 처벌을 필요로 한다는 점을 언급해라(DeVries & Zan, 2012; Kohn, 2005; 2011; Montessori, 1912/1964). 보상과 처벌의 부정적인 효과에 대한 연구 결과를 부모에게 제공하는 것도 한 가지 방법이다. 콘의『무조건적 양육 : 보상과 처벌에서 사랑과 추론으로』같은 관련 도서도 도움이 될 것이다. 복종을 조건부로 자녀를 사랑하고 인정해 주는, 보상과 처벌에 기초한 방식은 가장 보편적이지만 가장 파괴적인 방식이라는 것을 부모들에게 경고하라. 그러나 부모들이 자기 자식을 위해 무엇을 원하는지에 귀를 기울이고 다른 견해도 존중해야 한다는 것을 명심하자.

▨ 도덕적 자율성을 위한 가르침: 구성주의적 접근

훈육에 대한 구성주의적 접근의 중심이 되는 몇 가지 기본적인 아이디어가 있다.

① 성인과 아동간의 상호존중의 관계는 도덕적 자율성 발달을 위한 기초이다(Kamii, 1982). 상호존중은 아이들이 어른들을 존중하는 마음으로 대하는 것이 중요한 것처럼 어른들이 아이들을 존중하는 마음으로 대하는 것이 중요하다는 것을 의미한다.
② 구성주의적 교사는 어떤 행동은 바람직하고 어떤 행동은 바람직하지 않은지를 아이들이 이해하도록 돕기 위해 항상 노력한다.
③ 아이들에게 발달적으로 적절한 선택지를 제공하고 그들이 문제를 해결하는 과정을 지지하는 것은 아이들에게 존중을 보여주고, 사고를 가르치고, 이해를 돕는 방식이다.
④ 바람직하지 못한 행동이 발생했을 때, 훈육은 효과적인 가르침이 일어날 수 있도록 행동의 원인을 다루어야 한다.

이제 이 개념들을 좀 더 구체적으로 살펴보자.

(1) 상호 존중

구성주의적 훈육은 아동에 대한 존중 및 애정과 관련이 있다. 훈육에 대한 접근 방식과 무관하게, 아동과 성인의 관계의 질은 성공적 훈육을 위해 아주 중요하다(Kragh-Muller & Gloeckler, 2010). 만약 아이들이 당신이 그들에게 관심이 있다는 것을 모르고, 당신과의 관계를 유지하는 데 관심이 없다면 당신이 요구하는 것에 아이들이 주목할 이유가 없기 때문이다. 이 장의 도입 부분에 제시된 사례에서 교사가 아동을 존중했다고 생각하는가? 아이들과 관계를 형성하기 위해서는 아이들을 개별적으로 이해하기 위한 시간 투자가 필요하다. 행동 위기 시에 효과적으로 지도하기 위해서는, 먼저 아이들과 즐거운 시간을 보내면서 관계를 구축할 필요가 있다. 아이들과 시간을 보내고 아이들의 말에 귀를 기울이는 것은 어른들이 그 아이를 이해하는 데 도움을 줄 뿐만 아니라 존중의 마음을 표현하는 데에도 도움이 된다. 어른들은 아이들이 자신의 말에 귀를 기울일 것을 기대하지만, 자신들은 아이들의 말에 귀를 기울이지 않는 경우가 자주 있다. 아이들과 아이들의 견해를 존중하는 것은 그들이 우리들의 견해를 존중하도록 하는 데 도움을 준다(Kamii, 1984). 디브리스와 잔(DeVries & Zan, 1994)에 의하면, "아이들은 자신이 존중받지 않으면 타인을 존중하는 태도를 개발하지 못한다."(p. 76).

사례 1-2

 어린 아이를 존중하는 것은 영아와 걸음마기 아이를 가르치는 선생님에게 중요하다. 선생님은 아기의 기저귀를 갈아 줄 때도 자기 마음대로 그냥 갈아주는 것이 아니라 헌 기저귀를 가는 동안 새 기저귀를 아기가 가지고 있도록 함으로써 기저귀 가는 과정에 아기가 어느 정도 관여할 수 있도록 한다. 어린 아기라도 기저귀를 가는 동안 자신을 조심스럽게 그리고 친절하게 대해 주는 사람에게 더 잘 반응할 것이다. 또한 선생님은 자신이 돌보고 있는 아이에게 무언가를 할 때 그 아이의 이해 여부와 상관없이 아이에게 지금 무슨 일이 벌어지고 있고 왜 그렇게 하는지를 설명해 준다. 선생님은 절대로 아이를 그냥 안아 들지 않고 항상 자신의 팔을 뻗어 아이가 자신에게 오도록 한다.

교사와 아동간의 상호 존중은 효과적인 훈육의 본질적인 요소이다.

일반적으로 아이들은 성인에 비해 존중을 받지 못한다. 예를 들어, 어른들은 아이들이 서로 대화하는 도중에 끼어드는 것을 자신들의 권리라고 생각한다. 그러나 아이들이 그렇게 하면 어른들은 아이들을 야단친다. 가게 앞에 줄을 설 때 아이 뒤에 있던 어른이 앞에 있는 아이를 무시하고 자리를 앞으로 옮기는 것을 본 적이 있는가? 아이들은 어릴수록 존중을 더 못 받는다. 어른들은 어린아이를 들어서 자신이 원하는 곳에 그 아이를 내려놓는다. 아기들은 자신의 호불호와 상관없이 어머니의 품을 떠나 그들을 안아보고 싶은 누군가의 품에 안겨진다.

상호 존중은 효과적인 훈육의 본질적인 요소이다. 어떠한 훈육도 창피를 주는 말이, 따라 나오면 처벌로 변할 수 있다(McEvoy, 2014). 예를 들어, 뭔가를 흘렸을 때, 그 아이를 '단정치 못한 놈'이라 부르거나, 블록 몇 개를 넘어트린 것에 대해 '칠칠치 못한 놈'이라고 부르는 것은 당신이 의도했던 훈육을 통한 가르침의 교육적 가치를 망칠 것이다. 아이는 문제 행동보다는 자기 방어에 초점을 둘 것이다. 그리고 말을 할 때 당신의 태도가 어떠한지를 아는 것 또한 중요하다. 아주 조심스럽게 단어를 선택하여 표현했다 하더라도 당신의 말과 함께 표현된 분노나 싫은 느낌, 또는 목소리 톤이 그것보다 더 큰 영향을 줄 수 있다. 당신이 돌보고 있는 아이들에게 말을 할 때 자신에게 귀를 기울여라. 당신이 사용한 단어가 아이들이 듣고 싶어 하는 것인가? 혹은 계속되는 명령과 비난으로 아이들이 당신의 말을 개의치 않도록 가르치고 있지는 않은가?

(2) 아이들의 이해를 돕기

다른 사람들과 마찬가지로, 아이들은 자신에게 왜 그런 요구를 하는지를 이해하게 되면 요구받은 대로 행동할 가능성이 더 커진다. 성인의 경우에는 대개 어떤 행동이 적절하고 부적절한가 하는 것이 명확해 보인다. 그러나 아이들은 세상 경험이 별로 없고, 당신들에게는 명백해 보이는 모든 것을 자동으로 알지 못한다. 그러므로 당신은 규칙이나 요구 이면의 이유를 아이들이 알도록 도울 필요가 있다. 다른 영역과 마찬가지로 이런 유형의 이해 역시 발달적으로 적합한 방식으로 가르쳐질 필요가 있고, 아동의 성숙, 기질, 언어 기술과 선행 경험에 따라 변할 수 있다.

때때로 말은 가르치는 데 유용한 도구가 된다. 그러나 대부분의 경우 아이들은 말로 설명한 것을 이해하는 데 도움을 주는 경험이 필요하다. 예를 들어, 당신은 철수에게 물놀이 시간에 자신이 바닥에 엎지른 물을 걸레로 닦도록 함으로써 처벌 없이 가르칠 수 있다. 비슷한 방식으로, 당신은 모래놀이 시간에 다른 아이들이 만든 모래성을 부수는 것보다 더 나은 방식으로 자신도 같이 놀고 싶다는 것을 보여주는 방법을 배우도록 도와줄 수 있다. 도덕적 자율성을 개발함에 있어 교사의 역할은 왜 자신의 행동이 문제가 되는지를 아이들이 이해하도록 돕고 그들에게 그 문제를 해결할 수 있는 기회를 제공하는 것이다.

사례 1-3

 오 선생님은 어느 날 자신이 진아가 왜 집단 놀이 시간에 참여하지 못하는지를 이해하도록 도와주지 않았다는 것을 알게 되었다. 집단 모임 후에 진아가 오 선생님에게 와서는 "죄송합니다. 다시는 그렇게 하지 않겠습니다." 라고 말했다. 오 선생님이 진아에게 물었다. "뭘 다시는 하지 않겠다는 거니?" 오 선생님은 진아의 정직한 대답에 놀랐다. "모르겠어요." 종종 아이들은 그것이 무엇을 의미하는지도 모르면서 사과나 감사의 말을 하는 것을 배운다.

어쩌면, 어린 아이들이 이해해야 하는 것 중 가장 중요한 것이 다른 사람들이 자신과는 다른 욕구와 소망을 가지고 있다는 것일지도 모른다. 아래의 인형 침대 딜레마에 대한 민 선생님의 접근은 수민이와 미소가 다른 사람의 견해에 대해 생각해 보도록 돕는 것을 목적으로 한다. 의사결정 시 타인의 견해를 고려하는 것을 배우는 것은 도덕적 자율성 학습의 한 부분이다. 피아제에 의하면, 아이들이 어떤 행동을 했을 때 그것을 단순히 처벌하기보다는 자신의 행동이 타인에게 미치는 영향을 깨닫도록 도움을 줄 때 우리는 도덕적 자율성과 타인의 견해를 이해하는 데 필요한 것을 가르치게 된다. 다음은 이 원리가 실제로 적용된 예이다.

사례 1-4

 유치원생인 수민이와 미소가 "내가 먼저 잡았어!"라고 소리를 지르며 인형 침대를 서로 가지려고 잡아당기고 있다. 이때 담임인 민 선생님이 이들에게 다가가 " 너희들이 서로 사이좋게 놀지 않으면 이 장난감을 치울 수밖에 없어." 라고 말함으로써 간단하게 문제를 해결할 수 있었을지도 모르지만, 민 선생님은 그들에게 다가가서 장난감을 즉각적으로 빼앗지 않았다. 뿐만 아니라 공평한 판정을 위해 누가 그 장난감을 먼저 가지고 있었는지를 알아보려는 질문도 하지 않았다. 이러한 접근은 현재 문제를 단순히 해결하는 것을 목적으로 하는 접근이거나 훈육 방식이 권위주의적일 때 보통 이루어진다.

민 선생님의 목표는 장기적이었기 때문에, 그는 아이들이 자신의 행동에 대해 생각하는 것을 배우도록 돕고, 자신의 갈등을 해결하기 위한 기술을 개발하도록 돕기를 원했다. 그의 훈육 방식은 구성주의적이다. 그러므로 그는 자신이 그 결정을 하는 대신에 아이들이 그 결정을 하도록 촉진하였다. 그는 "너희 둘 다 인형 침대를 갖고 싶지?" 라고 질문함으로써 수민이와 미소가 그들의 문제를 명료화하도록 도왔다. 그리고 "잠자는 아기 인형은 두 개인데 침대는 하나뿐이네." 라고 밀하면서 현재의 딜레마를 확인했다. 그런 다음 아이들에게 어떻게 하면 이 문제를 해결할 수 있는지에 대해 생각해 보도록 하였다. 이런 식으로 그는 아이들이 공평성에 관해 생각하는 것을 배우도록 도왔다.

다른 복잡한 기술이 그러하듯 문제 해결도 연습이 필요하다. 문제 해결은 또한 성숙 수준의 영향도 받는다. 어린아이들의 추론 능력은 제한적이다. 하지만 자신들이 가지고 있는 서로 다른 견해를 함께 나누도록 격려하면 그들의 능력은 향상된다. 교사는 아이들의 성숙 수준에 맞추어 자신의 감정을 표현하는 방법을 보여주거나 문제에 대한 가능한 해결책을 제안한다. 교사는 "장난감 아기가 이 집에서 잘 곳이 또 어디에 있을까?"와 같은 질문을 할 수도 있다. 이 방법은 여전히 대안 탐색을 아이들이 주도하도록 한다. 아이들이 즉시 대안 탐색을 하지 못한다 하더라도 교사는 주도권을 아이에게서 뺏어오지 않는다. 그러나 만약 아이들의 좌절과 분노가 자신들의 통제 능력을 초과하는 것처럼 보이면, 교사는 아이들이 진정될 때까지 인형 침대를 아이들의 손이 닿지 않는 곳에 둘지도 모른다. 그런 다음 아이들에게 너희가 좋은 해결책을 갖고 오면 다시 너희들이 가지고 놀 수 있다고 안심시킨다.

영아나 걸음마기 아이에게 이해하도록 가르치는 것은 유아보다 훨씬 더 어렵다. 당신은 간혹 문제로부터 아이의 주목을 분산시켜야 할지도 모른다. 하지만 이 시기는 양심 발달에 아주 중요한 시기이다(Kochanska, Koening, Barry, Kim, & Yoon, 2010). 많은 사람들은 말을 할 수 있기 전에 아이들이 얼마나 많은 언어를 이해할 수 있는지 모른다. 그래서 설명하려고 하지 않는다. 당신이 아이들과 대화를 함으로써 말하는 법을 배우도록 돕는 것과 마찬가지로 아이에게 설명을 함으로써 아이들의 이해력을 증진시킨다는 것을 기억하라.

(3) 선택 안내

구성주의적 훈육은 아이들 스스로 가능한 한 많은 결정과 선택을 하도록 장려한다.

이것은 아이들이 성공뿐만 아니라 오류를 통해서도 배우도록 돕는다. 다시 말하면, 당신의 임무는 아이들을 대신해서 모든 결정을 해주는 것이 아니라 아이들이 현명하게 선택하는 방법을 배우도록 돕는 것이다. 자신의 행동을 규제하는 것을 배우는 과정에서 아이들은 좋은 선택을 할 수도 있고 나쁜 선택을 할 수도 있다. 아이들이 좋은 선택뿐만 아니라 좋지 못한 선택을 하도록 허락하는 것은 어렵다. 하지만 필요하다. 나이와 관계없이 사람들은 자신의 경험을 통해, 특히 자신의 잘못을 분석함으로써 가장 잘 배우는 경향이 있다. 당신이 과거에 저지른 잘못을 생각해 보라. 아마도 당신보다 나이가 많거나 더 지혜로운 사람이 훈계를 했을 것이다. 그러나 당신의 잘못은 스스로 알아내야 했다. 그렇지 않은가?

물론 성인이 선택을 모니터해야 한다. 모든 선택이 다 안전하고 적절한 것은 아니다. 예를 들어, 아이들이 쇼크를 경험하기 위해 자신의 손가락을 전기 소켓에 넣는 선택을 하도록 할 수는 없다. 그러나 과자를 먹지 않고 약간 배고픈 상태로 있거나, 놀이에서 협조하지 않아 나중에 친구로부터 배척당하는 것을 선택할 수는 있다. 아이들이 스스로 생각하는 것을 배우도록 돕는 것을 목표로 하는 교사는 아이들을 대신해서 생각하거나 행동함으로써 돕지는 않는다. 그러한 교사는 아이들 간에 갈등이 발생할 때 즉시 개입하여 갈등을 해결하지 않는다. 대신에, 갈등과 문제를 잠재적인 학습 상황으로, 의미 있는 가르침을 제공할 기회로 본다(Elkind, 2001). 문제 해결에 나서는 것은 아이들이고 교사의 임무는 필요할 때 그 과정을 촉진시키는 것이다.

아이들이 자신의 행동을 관리하는 법을 배우도록 그들이 행한 잘못을 분석하도록 도와라.

5 증상보다는 원인 다루기

행동이 발생한 원인을 다루지 않는다면, 그 어떤 존중, 가르침 혹은 선택을 하더라도 당신의 훈육은 효과적이지 않을 것이다 (Minahan & Rappaport, 2013). 원인을 다루지 않고 단순히 행동을 멈추게만 한다면 행동 문제는 아마도 계속될 것이다(Kaiser & Rasminsky, 2012). 훈육은 정원의 잡초를 뽑는 것과 같다. 잡초의 뿌리를 뽑지 않는다면, 며칠 후 잡초는 다시 생길 것이다(Rowe, 2015). 훈육에 대한 효과적인 접근은 문제의 뿌리를 제거하는 것이다. 그러나 개입 방식을 결정하기 전에 행동 문제의 원인부터 고려하는 훈육이나 생활지도 방식은 찾아보기 어렵다. 이 책의 초점은 생활지도 및 훈육 방식을 행동 문제의 원인과 대응시키는 것이다.

아이들이 왜 어떤 행동을 하는지를 이해하는 것은 쉽지 않다. 아이들이 하는 행동을 단순히 보는 것만으로는 원인을 알 수 없다. 예를 들어, 철수는 여러 가지 이유로 물놀이 시간에 물을 엎질렀을 수 있다.

- 노는 게 너무 즐거워 물이 어디로 튀는지에 대해 생각하지 않았을 수 있다.
- 조정 능력이 미숙하여 물을 의도하는 곳에 붓지 못해 물을 엎질렀을 수 있다.
- 의도적으로 물을 엎질렀을 수 있다. 주목을 받고 싶었거나 지루함을 달래기 위해 그렇게 했을 수 있다.

바람직하지 못한 행동의 원인을 알아내기 위한 한 가지 유용한 방법은 아이가 좀 더 적절한 방식으로 행동하게 하려면 아이에게 무엇이 필요한지를 생각해 보는 것이다 (Nemeth & Brillante, 2011). 〈표 1-2〉에 제시된 것과 유사한 관찰 양식을 사용하여 행동 문제의 원인에 대해 생각해 보는 것이 유용할 수 있다. 행동 문제의 상이한 원인에는 상이한 해결책이 필요함을 보여준다. 경우에 따라서는 한 가지 이상의 원인과 해결책이 있을 수 있다. 따라서 한 가지 답으로만 제한해서는 안 된다. 그럼에도 불구하고 많은 교사와 부모가 어떤 규칙을 위반하였느냐에 상관없이 단 하나의 해결책만을 사용한다.

위에서 언급한 물을 엎지른 세 가지 이유의 경우에 통상적으로 사용되는 타임-아웃 의자가 철수에게 어떠한 영향을 줄지 생각해 보자.

〈표 1-2〉 행동 문제의 원인 발견하기

✂ 행동 문제의 원인 발견하기

행동 문제의 원인을 발견하기 위한 안내로써 아래 질문을 자신에게 해보라

1. **환경이 아이들의 요구를 충족시키고 있는가?**
   충분한 움직임?
   충분한 사생활?
   충분한 공간?
   충분한 자료?

2. **프로그램이 아이들의 요구를 충족시키고 있는가?**
   적절한 도전?
   개인적 흥미?
   의미있는?

3. **행동 기대가 아이들의 연령에 적합한가?**
   발달적으로?
   문화적으로?
   기질적으로?

4. **충족되지 못한 신체적 욕구가 있는가?**
   배가 고픈가?
   피곤한가?

5. **충족되지 못한 정서적 욕구가 있는가?**
   우정?
   신뢰?
   자존감?
   개인적 힘?
   주목?

6. **갖추고 있지 못한 사회적 기술이 있는가?**
   조망수용?
   놀이에 끼어들기?

7. **의사소통기술에 도움이 필요한가?**
   나-전달법?
   협상?

8. **행동이 부적절한 역할 모델의 결과인가?**
   미디어?
   존경하는 어른?
   존경스러운 또래?

9. **어떤 행동이 왜 중요한지를 이해하고 있는가?**
   결과에 따르는 경험 없음?

10. **자신의 욕구를 충족시키는 부적절한 방법을 배웠는가?**
    부적절한 행동에 대해 받은 주목

- 과학적인 호기심이나 주위를 탐색하고자 하는 강한 열의 때문에 물을 엎질렀다면, 이 아이에게 사용된 타임-아웃 의자기법은 유아기 즐거움에 대한 자신의 느낌에 어떤 영향을 줄 수 있겠는가?
- 서툰 조정 능력 때문에 물을 엎질렀다면, 이 아이에게 사용된 타임-아웃 의자기법이 자신에 대한 느낌에 어떤 영향을 주었겠는가?
- 주목을 받고 싶었거나 지루해서 물을 엎질렀다면, 타임-아웃이 이 아이가 앞으로 물을 엎지르는 것을 막아 줄 것인가?

바람직하지 못한 행동의 개별적인 원인에 대해 어떻게 적절하게 반응할 것인지에 대해서는 이 책의 뒷부분에서 살펴볼 것이다.

(1) 원인 발견을 위한 관찰

아이들이 하는 행동의 원인을 알아내기 위한 최선의 방법은 아이들을 잘 관찰하고 관찰한 내용을 기록하는 것이다(Jablon, Dombro, & Dichtelmiler, 2007). 효과적인 훈육을 계획하기 위해서는 아이에 대해 많이 알아야 한다. 당신은 아이의 행동이 일상적인 행동인지 특이한 행동인지를 알아야 하고, 어떤 상황에서 그 행동이 일어났는지를 또한 알아야 한다. 어떤 특정한 활동이 그런 행동을 야기할 확률이 더 높은가? 언제, 어디서, 누구와 함께 있을 때 행동 문제가 가장 빈번하게 발생하는가? 다시 말하면, 행동 문제가 발생하는 어떤 패턴이 있는가? 행동 문제의 원인을 밝히는 데 도움이 될 어떤 단서를 제공해 줄 수 있는 아이의 일상, 건강 또는 가족 상황에 대해 무엇을 알고 있는가? 부모와의 대화 및 아동 행동에 대한 세심한 기록은 문제의 원인을 알아내는 데 꼭 필요한 부분이다. 당신은 행동 문제의 원인을 알아내는 이러한 과정을 통해 아이의 사회적 학습 욕구를 평가해야 한다. 이 평가가 효과적인 가르침을 위한 필수적인 안내가 된다.

당신이 훈육 문제를 발생시켰을 가능성을 절대 간과하지 마라. 우리는 훈육 문제가 1)아동발달, 기질 또는 문화에 맞지 않는 교사 기대 2)부적절한 학교 환경 3)성인이 보여주는 바람직하지 못한 행동과 의사소통에 의해 어떻게 발생할 수 있는지에 대해 기술할 것이다. 또한 강압적이고 처벌적인 훈육 방식이 어떻게 기대와 반대되는 결과를 초래하고 행동 문제를 더 악화시키는지 설명할 것이다.

행동 문제에는 대개 다양한 원인이 있고 이 원인들이 상호작용하여 행동 문제를 발생시키기 때문에 행동 문제의 원인을 정확히 집어낸다는 것은 어려운 일이다. 이 책을 읽어나가면서 당신은 행동의 원인과 적절한 훈육 방식을 대응시키기 위해 필요한 안내를 받을 것이다. 옳은 훈육 방식을 선택하기 위해서는 아이와 아이들이 보이는 행동에 대한 다양한 이유를 이해해야 할 뿐만 아니라 다양한 훈육 방식에 대해서도 이해해야 한다. 이 책은 일련의 생활지도 및 훈육 전략을 문제 행동의 구체적인 원인과 결부시켜 제시할 것이다. 이러한 전략을 행동 문제의 다양한 원인을 탐색해 가면서 이 책 전반에 걸쳐 설명할 것이다.

6 결론

이 장의 목적은 생활지도 및 훈육과 관련하여 당신이 갖고 있는 가치에 대해 생각해 보도록 하기 위함이다. 훈육 방식을 비교해 본 결과, 행동주의적 접근이나 성숙주의적 접근보다는 구성주의적 접근이 바람직하다는 결론에 이르게 되었다. 이 장에서는 훈육에 대한 구성주의적 접근을 실행하는 방법을 간략하게 소개했다. 더 자세한 내용은 뒷부분에 제시되어 있다.

만약 지금도 스스로에게 "그래도 아이들을 제한해야 하지 않나?"라고 말하고 있다면 되돌아가서 이 장을 다시 읽어라. 구성주의적 접근이 새롭다면, 이 책의 내용을 꼼꼼하게 읽고 그 내용에 대해 생각해 보아야 할 것이다. 그렇지 않으면 복종을 강제하는 것에 대한 대안이 있다는 것을 이해하기가 어려울 것이다. 단순히 아이들을 힘으로 강제하거나 아이들이 제멋대로 행동하도록 내버려 두는 것 중에서 어느 하나를 선택하는 것이 아니다.

이 장에서는 앞으로 이 책에서 다룰 내용을 개괄적으로 제시하였다. 이 모든 것들이 어떻게 작용하는지가 아직 머릿속에 잘 그려지지 않는가? 그렇더라도 걱정하지 마라. 그것이 이 책의 나머지 부분이 필요한 이유이다. 우리는 당신이 여기서 읽은 것을 각 장의 마지막 부분에 제시한 추천도서로 보충하기를 기대한다. 또한 스스로 생활지도 및 훈육 개념을 적용하면서 아이들과 많은 시간을 보낼 것을 기대한다.

여기에 제시한 아이디어를 실천에 옮길 때 즉각적으로 원하는 결과를 얻지 못할 수도 있음에 대비하라. 복잡한 아이디어를 이해하는 것은 시행착오가 수반되는 힘든 일이다. 지금까지 해왔던 아이들과의 상호작용 방식을 바꾸는 것 또한 매우 어렵고 시간과 노력이 요구된다. 당신이 시도하는 새로운 훈육 방식이 처음에는 이전의 방식보다 효과가 덜 해 보일 수도 있다. 새로운 방식을 배워나감에 따라 뭘 어떻게 해야 할지를 결정하지 못해 마비된 듯한 느낌을 받은 적이 있다고 말하는 사람들도 있다. 당신에게 아이들의 점진적 학습 과정을 받아들이라고 권했듯이, 당신 자신의 점진적 과정도 받아들이라고 권한다. 불가피하게 당신의 새 결심을 잊어버려 자신의 기대에 부응하지 못했을 때는, 그냥 다시 시도해 보라. 우리도 그렇게 한다.

이 책의 서문을 읽지 않았다면 한 번 읽어 보기를 권한다. 우리가 쓴 서문은 이 책의 이론적 기초와 의도에 대한 추가적인 설명을 제공한다. 서문은 또한 3부(훈육의 기초, 훈육 방식, 훈육 원인에 따른 훈육 방식)로 구성된 이 책의 구성에 대해서도 간략하게 설명하고 있다. 각 장의 서론 또한 반드시 읽어보기를 바란다. 내용을 이해하는 데 도움이 될 것이다.

7 요약

- 장기적인 생활지도 접근은 아동을 배려하고 책임감 있는 성인으로 발달시키는 데 초점이 있다. 단기적인 생활지도 접근은 장기적인 결과에 대한 고려 없이 현시점에서 아이들을 복종시키는 데 초점을 둔다.
- 행동주의는 학교에서 널리 사용되는 칭찬과 보상 및 처벌을 사용하여 아이들을 복종하게하는 시스템이다. 성숙주의적 접근은 아이들의 발달과 학습을 단지 지원만 하고 개입하지 않는다. 구성주의는 복종 이상의 것을 추구한다. 구성주의는 아이들이 자신의 경험과 경험에 대한 생각을 통해 배우도록 도와 그들이 자신의 행동에 대해 현명한 결정을 할 수 있도록 만든다.
- 구성주의적 생활지도 및 훈육은 행동주의와 성숙주의의 중간 입장을 반영하는 것이 아니다. 그것은 학습, 생활지도 및 훈육에 대한 완전히 다른 견해이다. 이 과정을 통해, 학습자가 점차적으로 보다 높은 수준의 이해력을 갖는 데 도움을 받는다. 그러므로 어떤 행동이 관련된 모든 사람들에게 최선인가를 결정할 때 아이들은 관련된 많은 요인을 고려하는 능력을 점진적으로 개발하게 된다.

- 행동 문제를 해결하는 것은 그러한 행동의 원인을 알아내고 그것을 제거하기 위해 노력할 것을 요구한다. 원인을 알아내는 것은 학습 환경, 교수 프로그램과 아이들에 대한 기대를 분석하는 것과 관련이 있다. 그것은 또한 문제가 아동의 충족되지 못한 신체적, 사회적, 정서적 욕구의 결과인지를 조사하거나, 아동이 필요한 기술과 이해력을 갖추고 있지 못한 결과인지를 조사하는 것과 관련이 있다. 부적절한 역할 모델과 바람직하지 못한 행동의 강화도 고려해야 할 원인이다.

8 논의 및 숙고

1. 당신이 생각하는 바람직한 훈육 목표를 작성해 보라. 당신이 작성한 것과 다른 사람이 작성한 것을 비교해 보라. 아동생활지도를 통해 당신이 가장 장려하고자 하는 세 가지 특징을 선택하라. 당신의 선택을 설명하고 동료들의 것과 비교해 보라.

2. 당신 부모님의 아동양육 방식에 대해 생각해 보라. 어떤 특징에 가장 가치를 많이 두었다고 생각하는가? 그러한 가치가 당신의 아동기에 어떻게 영향을 주었는가? 당신의 선택은 당신 부모님의 선택을 반영하는가? 아니면 서로 다른가?

3. 타율성에서부터 자율성까지의 연속선상에서 당신은 자신을 어떻게 평가하는가? 이 평가가 당신의 부모 및 교사의 훈육방식을 어떻게 반영하는가? 만약 당신이 타율적이라면 당신이 자녀들이 자율적이 되도록 도울 수 있겠는가?

4. 이 장을 읽은 후, 이 장을 도입 부분에 제시되어 있는 행복하지 않은 교실의 교사에게 어떤 충고를 할 것인가?

9 도전

5. 현서가 어린이집에서 빗자루를 가지고 놀고 있다. 시우도 그것을 가지고 놀고 싶어 빗자루를 뺏어갔다. 그러자 현서가 시우를 때렸고 싸움이 시작되었다.

a. 자율성이나 자기훈육을 가르치지 않고 이 문제를 해결하기 위한 방법에 대해 말해보라.

b. 문제 해결도 하고 자율성과 자기훈육도 가르치기 위한 방법에 대해 말해 보라.

🔟 추천도서

Cheatham, G., & Santos, R. (2011). Collaborating with families from diverse cultural and linguistic backgrounds. *Young Children*, 66(4), 76~82.

DeVries, R., & Zan, B. (2012). *Moral classrooms*, moral children. New York: Teachers College Press.

Jablon, J., Dombro, A., & Dichtelmiller, M. (2007). The *power of observation*. Washington, DC: National Association for the Education of Young Children.

Kamii, C. (1982). Autonomy as the aim of education: Implications of Piaget's theory. In C. Kamii (Ed.), *Number in preschool and kindergarten* (pp. 73~87). Washington, DC: National Association for the Education of Young Children.

Kohn, A. (2005). *Unconditional parenting: Moving from rewards to love and reason*. New York: Atria Books.

Kohn, A. (2011). *Feel bad education: And other contrarian essays on children and schooling*. Boston: Beacon Press.

Noddings, N. (2005). *The challenge to care in schools: An alternative approach to education* (2nd ed.). New York: Teacher's College Press.

Piaget, J. (1965). *The moral judgment of the child*. New York: Free Press. (Original work published 1932)

제 2 장
신체 및 정서 발달과
아동 행동

학습 목표

- 아동의 신체적 성숙과 발달적 요구가 왜 그리고 어떻게 이들의 행동에 영향을 미치는지 설명할 수 있다.
- 기질과 정서 발달이 어떻게 행동에 영향을 미치는지 설명할 수 있다.
- 애착의 역할과 기본적인 정서적 욕구를 충족시켜 줌으로써 아이들의 행동을 향상시키는 방법을 안다.
- 아이들이 정서조절 기술과 정서적 유능감을 발달시키도록 돕기 위해 지식을 적용할 수 있다.

아이들의 욕구, 능력 및 관점은 발달 단계마다 다르다. 아동의 신체적, 정서적, 인지적, 사회적 발달에 관한 지식은 성인이 되어 발생하는 아동의 행동 문제를 막는 데 도움이 될 것이다. 이 장에서는 유아의 신체 및 정서 발달을 알아보고, 이들의 발달적 요구와 능력이 어떻게 그들의 행동에 영향을 주는지에 대해 살펴본다. 앞에서 언급했듯이 효과적인 훈육은 행동 문제의 원인을 다루어야 한다. 이 장과 다음 장에서 우리는 당신이 바람직하지 않은 행동의 원인을 알아내는 데 도움을 주기 위해 아동발달 문제에 대해 살펴볼 것이다.

사례 2-1

 자유 선택 활동 시간이 끝나갈 무렵 선생님이 반 아이들에게 이제 자기 자리로 이동할 시간이라고 말했다. 그런데 창수가 자기 자리로 돌아갈 것을 거부하고 자신이 쌓고 있던 블록을 집어 던지기 시작했다. 선생님이 어떻게 하면 창수가 이러한 상황을 더 잘 다루고, 그 과정에서 창수와 보다 친밀하고 신뢰하는 관계를 구축할 수 있을까? 이 장에서는 왜 창수가 같은 반에 있는 다른 아이들과 다르게 이러한 반응을 보였는지를 논의하고, 창수가 좀 더 생산적인 방식으로 자신의 감정을 다룰 수 있도록 돕기 위한 전략을 제안한다.

아동발달에 대해 잘 알면 미성숙한 발달이 행동 문제의 원인인지를 알 수 있다. 아동의 발달적 요구와 능력을 이해하는 것은 또한 훈육 문제의 효과적인 해결책을 찾는 데도 필요하다. 아동에 대한 당신의 기대와 아동의 성숙 수준을 대응시켜봄으로써 많은 훈육 문제를 제거할 수 있다. 다시 말하면, 당신이 아동발달에 대해 잘 알면 아동이 자신의 발달 수준을 넘어서는 과제를 잘 완수하기를 기대하지 않을 수 있고, 미성숙으로 인한 행동을 부당하게 비난하지 않을 수 있다.

효과적인 아동생활지도 및 훈육은 정서 발달에 영향을 주는 요인에 대한 지식을 요구한다. 기질은 아동의 정서 발달 경로에 강력한 영향을 미친다. 애착 또한 정서 발달에 핵심 요소이다. 아이들은 건강하게 성장하고 발달하기 위해 반드시 충족되어야 할 기본적 욕구를 가지고 있다. 이 욕구가 충족되지 않으면, 아이들은 정서 조절 능력을 개발하기가 어렵다. 이 장에서는 기질, 발달 단계, 애착과 기본적 욕구가 어떻게 아이들의 정서적 유능감에 영향을 주고 훈육 문제와 어떻게 관련되는지에 대해 살펴볼 것이다. 이 장에서는 아동발달을 종합적으로 다루지는 않을 것이다. 아동발달에 대한 보다 자세한 정보는 원한다면 각 장의 말미에 제시된 추천도서를 참고하기 바란다.

1 신체적 성숙과 발달적 요구는 행동에 영향을 미친다

아이들의 신체적 욕구와 능력은 성인과 다르다. 어린 아이들은 적절한 휴식과 영양에 대한 욕구가 충족되지 않으면 새로운 과제를 다루지 못하는 경우가 종종 있다. 영아와 걸음마기 아이들은 휴식 시간과 음식물이 자주 필요하다. 성장함에 따라 아이들은 휴식과 음식물 제공 간에 시간 간격이 좀 늘어나는 것을 견딜 수 있게 된다. 하지만 취학 전 아동과 초등학교 저학년 아동들이 맑은 정신으로 수업에 임하기 위해서는 신체적인 움직임, 휴식, 음식물 공급을 위한 시간을 자주 가져야 한다. 어린아이들은 장시간 앉아 있을 수 없다. 그러나 선생님들은 가끔 이러한 사실을 잊어버려 자신과 아이들에게 문제를 유발한다.

(1) 이리저리 돌아다니고자 하는 욕구

사례 2-2

 박 선생님이 담당하고 있는 1학년 아이들이 여느 때와 마찬가지로 박 선생님의 하루를 엉망으로 만들었다. 집단 활동 시간에 조용하게 앉아 있지도 않고, 선생님의 말을 잘 듣지도 않았다. 아이들은 자기 자리에 앉아 각자에게 주어진 활동을 할 때에도 항상 일어나 이리저리 돌아다닌다. 박 선생님은 끊임없이 조용히 앉아 있거나 자기 자리로 돌아가야 한다고 일러준다. 박 선생님은 대부분의 아이들이 장시간 조용히 앉아 있는 것을 어려워한다는 것을 이해하지 못하고 있다.

옆 반인 오 선생님의 교실에 있는 아이들은 자유롭게 활동 영역을 이리저리 옮겨 다닌다. 이 교실에서는 아이들을 강제로 자리에 앉히는 일이 거의 없고, 아이들을 꾸짖을 필요도 거의 없다. 실내에서 움직일 수 있도록 함은 물론이고 종종 바깥 활동도 한다. 가끔 부모 도우미와 함께 신체적으로 움직일 수도 있고 식물에 대한 몇 가지 실제적인 사실도 알게 해주는 정원 가꾸기 수업을 위해 운동장으로 아이들을 데리고 나간다.

박 선생님은 자신이 교사가 아니라 경찰관이라고 느끼며, 그렇게 느끼는 것은 아이들의 잘못된 행동 때문이라고 생각한다. 자신의 기대를 아이들의 발달 수준에 맞추는 것은 아이들에 대한 많은 불필요한 긴장을 제거해 줄 뿐만 아니라 자신의 생활도 훨씬 수월하게 만들어 준다.

아이들은 신체 발달뿐만 아니라 지적 발달을 위해서도 움직일 필요가 있다. 영·유아기 아이들이 몸을 움직이거나 신체 놀이를 할 때 중요한 뇌 발달이 일어난다. 뇌 연구에 의하면, 신체 움직임은 뇌에 있는 신경 통로에 중요한 수초 형성 과정을 자극한다. 수초 형성 과정은 아이들이 자신의 근육과 감각 능력을 조절할 수 있도록 해 주며, 이 과정은 아이들의 인지 과정을 촉진한다(Berger & Meyers, 2015). 신체 움직임은 또한 뇌의 수행을 최적화하는 혈류를 증가시킨다. 신체 활동이 있고 난 후 대부분의 아이들은 정신 기능 특히 집행 기능 영역에 향상을 보여준다(Tomporowski, Lambourne, & Okumura, 2011). 이에 덧붙여, 다른 아이들이 움직이는 것을 관찰하고 그것을 따라하도록 하는 신체 게임은 읽기와 쓰기 기술의 발달에 도움이 되는 감각 통합의 발달을 돕는다(Gartrell & Sonsteng, 2008).

아이들이 신체 놀이를 통해 배우는 기술은 훈육 문제를 예방하고 해결하는 데 매우 중요한 기술이다. 놀이를 통해 아이들은 자신의 행동과 감정을 다루는 것뿐만 아니라 다른 아이들과 대화하고 협력하는 것을 배운다. 자기 인식, 공감, 자기억제, 문제해결기술, 자기주장은 신체 놀이를 통해 배우는 기술의 몇 가지 예에 불과하다. 아이들은 또한 거친 신체 놀이를 포함한 신체 활동을 통해 자기 확신과 또래 관계를 구축한다(Carlson, 2011). 아이들이 신체 게임에서 규칙이나 순서를 정하고, 게임을 선도하거나 따름으로써 평생에 걸쳐 사용하게 될 중요한 기술을 개발하게 된다.

연구에 의하면, 움직임은 모든 연령의 사람의 뇌 화학에 영향을 주며, 스트레스 관리를 위한 매우 효과적인 도구가 될 수 있다(Siegel & Bryson, 2011). 남자 아이와 여자 아이가 어떻게 서로 다르게 배우는가에 대한 평가는 움직임이 남자아이에게 훨씬 더 중요하다는 것을 보여준다(Grian, 2010). 대개 남자 아이는 여자 아이보다 자신의 정서를 처리하는 데 더 많은 시간이 걸린다. 여자 아이들은 정서적 경험을 다루기 위해 종종 언어적 기술을 사용하지만, 남자 아이들이 불편하거나 어려운 정서적 경험을 다루기 위해서는 신체적 방출의 경험이 필요할지 모른다. 물론 이러한 지침이 모든 아이들에게 적용되는 것은 아니다. 움직임에 대한 요구는 아이마다 다르겠지만, 모든 유형의 신체와 뇌는 신체 활동으로부터 혜택을 본다.

이에 덧붙여, 신체적으로 유능한 아이들은 다른 또래들에 비해 자존감이 더 높은 경향이 있다(Jelalian & Steele, 2008). 신체 활동에 따른 성공과 기쁨은 아이들이 자신에 대해 어떻게 생각하는가와 그들이 또래와 어떻게 상호작용하는가에 영향을 준다. 좋은 민첩성, 균형감각, 조정능력, 힘, 스피드를 가지는 것은 사회적 상호작용과 또래 수용을 향상시킬 수 있다.

 주변의 아이들이 손을 들 때, 은미는 부끄러워 고개를 숙였다. 은미는 선생님이 자기를 호명하지 않기를 간절히 바랐다. 은미는 수업에서 다루고 있는 내용에 대해 전혀 몰랐다. 은미는 교실 바닥에 있는 종이를 발로 차면서 자기 자리에서 초조하게 수업이 끝나기만을 기다렸다. 수업시간이 길게 느껴졌다. 고 선생님이 수업 종료를 알리고 교실 밖으로 나가라고 말했을 때 은미는 크게 안도하였다. 운동장을 가로지르며 가고 있을 때, 은미는 여러 명의 아이들이 달리기를 위해 줄을 서 있는 것을 보았다. 은미는 그들과 함께 하기 위해 뛰어갔다. 은미는 다섯 번 경주를 했고, 달릴 때마다 이겼다. 쉬는 시간이 끝나고 다시 교실로 들어갈 때 은미는 긴장이 풀리고 긍지를 느꼈다. 교실로 들어갈 때 친구 두 명이 자기 옆에 앉으라고 얘기했다. 은미는 기분이 좋았고, 국어 수업시간에 선생님 말씀에 집중했으며, 선생님이 질문을 했을 때 손을 들기 까지 했다.

(2) 소근육의 조정은 시간이 걸린다

아이들은 대근육 운동을 규칙적으로 해야 할 필요가 있을 뿐만 아니라 소근육을 사용하는 기술 또한 연습할 필요가 있다. 어린아이들은 대개 소근육을 잘 사용하지 못한다(NAEYC, 2009). 아이들의 이러한 특징은 하루의 많은 시간을 자리에 앉아 여러 가지 활동을 하도록 기대되는 교실에서 문제를 발생시킨다. 이런 식의 일과 운영은 아이들의 취약한 부분에 초점이 맞춰짐으로써 그들에게 엄청난 압박감을 주게 된다.

정교성의 발달은 개인과 성별에 따라 차이가 있다. 여자 아이는 남자 아이에 비해 정확성을 요구하는 기술이 더 발달하는 경향이 있는 반면, 남자 아이는 일반적으로 힘을 필요로 하는 기술이 뛰어나다(Berk & Meyers, 2015). 아동들의 신체 발달과 관련된 한 가지 사실은 대체로 소근육 조정 능력이 대근육 조정 능력보다 더 늦게 발달한다는 것이다. 인철이는 빨리 달리고 높은 곳을 잘 올라가지만, 신발 끈을 잘 묶지는 못할 수 있다. 윤주는 유치원에서 줄넘기를 최고로 잘 하지만, 자기가 원하는 대로 연필을 잘 다룰 수는 없을지도 모른다. 자신의 현재 발달 수준 이상의 수행을 하도록 아이들에게 압박감을 주는 것은 아이들을 좌절하게 하고 실패감을 느끼도록 하는 결과를 낳을 것이다. 부정적인 행동이 뒤따를 가능성 역시 높다. 당신의 기대를 아이들의 능력에 맞추면 잠재적인 훈육 문제를 피할 수 있을 것이다.

소근육을 사용하는 과제를 너무 일찍 재촉하지 않으려고 조심하고 싶을지라도 소근육 발달은 적절하게 고무될 수 있다. 아이들은 놀이, 적절한 도구(예, 가위)를 가지고 연습할 충분한 기회, 어른의 응원을 통해 소근육을 발달시킨다. 찰흙, 핑거페인팅, 그리기, 쓰기, 블록 쌓기, 퍼즐 맞추기 등은 어린아이의 소근육 운동을 기르는 또 다른 좋은 방법이나. 소근육을 사용하는 작업으로 종종 피로감을 느끼는 취학 전 아동에 비해 초등학교에 입학하게 되면 아이들은 소근육을 사용하는 작업을 더 잘 할 수 있게 된다.

(3) 음식과 휴식에 대한 요구

아이들은 또한 학교에서 공부하고 함께 어울려 놀기 위해 적절한 음식과 휴식에 대한 욕구를 가지고 있다. 영양가 없는 음식물을 통해 많은 양의 칼로리를 섭취하기 때문에 소아 비만에 영향을 줄 뿐만 아니라 아이들의 영양상태도 좋지 못하며 행동에도 영향을 준다(Jelalian & Steele, 2008). 설탕을 너무 많이 섭취하거나 단백질이나 복합 탄수화물이 부족하게 되면 슈가 크래시*(sugar crash)에 이를 수 있다. 이 크래시의 영향은 아이마다 다르게 나타날 수 있다. 어떤 아이들은 충동적이게 되기도 하고, 또 어떤 아이들은 위축되거나 산만해질 수 있다. 연구에 의하면, 당도가 높은 음식을 먹으면 기억이 손상될 수 있고, 변화하는 상황에 적응하는 능력인 인지유연성에 영향을 줄 수도 있다(Magnusson et ala., 2015). 아이들에게 간식 시간을 주는 것이 훈육 문제 예방에 도움이 될 수 있다.

연미는 가끔 오전 활동 시간에 집중을 하지 못한다. 연미의 담임인 민 선생님은 연미가 아침을 많이 먹지 않고 유치원에 오는 날 그런 현상이 발생한다는 것을 알게 되었다. 이런 일이 발생하면 선생님은 조금 빨리 오전 간식을 먹인다. 선생님은 집단 전체의 욕구뿐 아니라 연미 개인의 욕구도 고려한다. 간식 시간을 정해서 실행하는 것은 어린아이들은 일반적으로 성인과 달리 한 번에 많이 먹을 수 없으며, 한 번의 식사로 오랜 시간 지낼 수가 없다는 사실을 인정하는 것이다. 취학 전 아동을 대상으로 하는 교육 기관에서 휴식 시간을 따로 정해 실시한다는 것은 그 나이 아이들의 욕구를 인정하는 것이다.

---

* 당분이 많은 음식을 섭취한 후 시간이 지나면서 느끼는 무력감과 피로감(역자 주)

사례 2-4

 혜정이는 등교 전과 방과 후에 부경 초등학교에서 실시하고 있는 프로그램에 참여한다. 혜정이는 오전 7시 30분에 등교해서 오후 5시 30분까지 학교에 있다. 가끔 혜정이는 뚜렷한 이유 없이 심술을 부리거나 싸우며 갑자기 울기도 한다. 다행스럽게도 혜정이의 담임선생님은 그런 혜정이에게 필요한 것이 까다롭게 군 것에 대한 처벌이 아니라 휴식이라는 것을 알고 있다. 오 선생님은 혜정이의 욕구를 알아차리고 책과 베개가 있는 교실의 한쪽 구석 호젓한 곳에서 편안한 베개와 좋은 책을 찾아보라고 권한다. 짧은 휴식 후 혜정이는 다시 집단 활동에 참여할 수 있다.

오 선생님은 혜정이와 비슷한 욕구를 가진 다른 아이들에게 휴식이 필요할 때 이들을 한계 상황 이상으로 밀어붙이기 보다는 어떻게 휴식을 취하는지를 가르치려고 한다. 오 선생님의 교실에는 조용한 장소가 몇 군데 있으며, 아이들이 그 장소를 사용할 수 있도록 스케줄을 융통성 있게 짠다.

2 기질과 정서 발달은 행동에 영향을 준다.

아이들은 각자 서로 다른 방식으로 세상을 경험한다. 아이들이 가족 구성원 및 타인과 맺는 관계, 문화적 맥락, 두뇌 발달은 개인의 고유한 정서 발달 경로에 영향을 주는 많은 요인 중 몇 가지에 불과하다. 기질, 그리고 개인의 강점 및 약점 또한 정서 발달에 영향을 미친다(Denham, 2007). 여기서는 이 요인 중 일부와 이 요인이 교실에서의 훈육 문제에 어떻게 영향을 미치는지에 대해 구체적으로 살펴본다. 아이들의 기본적인 정서 욕구를 충족시키는 것은 평화로운 학습 환경을 만드는 데 필수적이다. 그들의 욕구를 충족시키는 것은 또한 아이들이 학교생활을 성공적으로 하고 그 이후의 삶을 성공적으로 꾸려나가는 데도 필수적이다.

(1) 기질

기질에 대해서는 다양한 관점이 존재하지만, 기질이 개인의 정서적 본질 중 타고난 측면을 말하는 것이라는데 대해서는 대개 동의한다. 기질은 부분적으로 유전에 의해 결정되지만 양육에 의해서도 영향을 받는다는 견해가 일반적이다(Buss & Plomin, 2014). 1950

년대, 당시 의사였던 알렉산드 토마스, 스텔라 체스와 허바트 버치(Alexander Thomas, Stellar Chess & Herbert Birch, 1968)가 영아와 어린 아이들을 대상으로 기질적 특성과 유형에 대한 종단 연구를 시작했다. 오늘날 기질에 대해 우리가 알고 있는 것의 많은 부분은 그들의 연구에 기초한다. 그들이 정의한 9가지 기질적 특성은 다음과 같다.

- 활동 수준
- 규칙성(먹고 자는 습관이 규칙적인 정도)
- 접근/회피 행동
- 적응성
- 반응강도
- 기분
- 지구력
- 주의산만
- 반응 역치

토마스와 체스 그리고 버치(1970)는 또한 방금 언급한 9가지 특성의 조합에 의해 결정되는 3가지 기본적인 기질 유형을 확인했다. 그들이 연구했던 아이들 중 40%는 순한 기질, 10%는 까다로운 기질, 15%는 느린 기질로 분류되었다. 당신이 알고 있는 아이들 중에 이런 기질 유형을 본 적이 있는가? 어떤 아이들은 새로운 환경에 쉽게 적응하는(순한 기질) 반면, 어떤 아이들은 새로운 것을 시도하기 전 상당한 시간 동안 조심스럽게 지켜본다(느린 기질). 또한 어떤 아이들은 쉽게 화를 내는 반면(까다로운 기질), 어떤 아이들은 차분하다(순한 기질). 한 가지 주목해야 할 것은 아이들 중 35%는 이 세 가지 유형에 잘 들어맞지 않는다는 것이다(Thomas et al., 1970). 이런 아이들은 기질적 특성에 따라 일관된 반응을 보이지 않는다. 예컨대, 어떤 아이는 반응강도는 매우 강하나 주변에 의해 쉽게 산만해지지 않지만, 또 어떤 아이는 반응강도는 약하나 주변에 의해 쉽게 산만해진다. 따라서 한 개인의 기질을 유형으로 평가하기 보다는 개별적인 특성으로 평가하는 것이 중요하다.

기질과 기질적 특성은 정서조절 발달에 아주 중요한 요소이다(Macklem, 2010). 감정을 표현하는 적절한 방법과 자극에 대한 수용 가능한 반응을 배우는 것은 어떤 아이에게는 쉽지만 어떤 아이에게는 어렵다. 즉, 기질에 따라 차이가 있다. 새로운 상황에 쉽게 접근하고 자극에 민감하지 않은 아이는 쉽게 학교에 적응한다. 반응강도가 강하거나 전환을 어려워하는 아이는 새로운 환경에 적응하기가 상대적으로 어렵다. 여기서 한 가지 기억해야 할 것은 아동이 반응하는 방식은 아이의 잘못이라기 보다는 기질과 생활 경험의 조합이라는 것이다.

기질은 아동이 어떻게 반응하는지를 결정한다. 뿐만 아니라 기질은 아동에 대한 타인의 반응 또한 결정한다. 아이를 돌보는 어른에게 주어진 어려운 과제는 기질적으로 까다로운 아이를 긍정적으로 대하는 것이다. 어떤 아이들은 변화에 쉽게 적응하고, 명랑하며, 감정 파악도 쉽다. 이런 아이들은 보호자와 교사에게 즐거움이 된다. 그러나 어떤 아이들은 에너지 수준이 높고, 주목 시간이 짧으며, 변화를 어려워한다. 이런 아이들은 종종 교사와의 문제를 야기하고 또래들에게 잘 수용되지도 못한다(Sterry et al., 2010). 이런 아이들은 지도하기가 어렵겠지만 당신의 도움과 이해를 필요로 한다. 그들의 까다로운 기질이 그들의 삶 또한 어렵게 하기 때문이다. 이러한 기질의 개인차는 평생에 걸쳐 아이들의 사회적 상호작용과 정신건강에 영향을 미칠 수 있다.

은지가 모자를 땅에 떨어뜨려 울 때, 친구들이 은지를 울보라고 부르면서 놀린다. 은지와 같은 아이들은 낮은 자존감을 형성하거나 다른 정서적, 행동적 문제를 발생시키지 않도록 막아 주는 사회적 기술과 정서조절 능력을 개발하는 데 상당한 지원이 필요하다. 보호자들은 관련 아동들의 욕구에 맞도록 환경과 자신의 교수 방법을 맞추는 데 자신의 관심을 집중해야 한다. 이것은 아이들을 학교에 맞추도록 하는 것이 아니라 학교가 아이들에게 맞추도록 하는 것이다. 아이들의 정서적 유능감은 정서코칭을 통해 개발할 수 있다. 정서코칭은 이 장의 끝 부분에서 다룰 것이다. 교실에서의 정서코칭은 아이들이 평생에 걸쳐 살아가는 데 필요한 기술을 개발하는 데 도움을 줄 뿐만 아니라 훈육 문제를 예방하는 데에도 도움을 준다.

기질은 교사가 아동에게 취할 최선의 조치를 결정하기 위해 훈육 문제의 원인을 평가할 때 검토해야 할 고려 사항이다.

사례 2-5

 은지와 찬호가 각자의 생각을 가지고 함께 도로를 만들고 있다. 민 선생님은 이전 경험을 통해 은지가 좌절한 경우 진정하는 데 도움이 필요하다는 것을 알고 있었다. 은지의 좌절 수준이 높아지기 시작하는 것을 본 민 선생님은 은지가 완전히 통제할 수 없는 지경에 이르기 전에 조용히 다가가서는 감각 탁자에 있는 모래 위에 자신의 도로를 계속 만들어 보면 어떨까 라고 제안했다. 민 선생님은 모래 놀이를 하거나 잠시 혼자 있는 시간을 가지는 것이 은지를 진정시키는 데 도움이 된다는 것을 알고 있다. 은지의 감정이 고조되어 있을 때는 협상을 해도 소용이 없다는 것을 알고 있었기 때문에, 은지가 찬호와 협상을 하도록 하는 어떤 시도도 하지 않았다.

(2) 에릭슨(Erikson)의 발달 단계

개인차가 중요한 역할을 하지만, 아이들의 정서 발달은 예측 가능한 다양한 발달 단계를 거쳐 진행된다. 아이들이 한 단계에서 다음 단계로 나아가기 위해서는 앞 단계에서 배운 것에 기초해야 하고, 그렇게 해 나감에 따라 전 생애에 걸친 정신 건강의 기초를 구축하게 된다. 그러나 아동이 다음 단계로 나아가게 되면, 하나의 발달 단계가 읽다가 중도에 덮어둔 책처럼 마무리되지 않은 채 남아 있게 된다. 아동은 계속해서 성장하고 발달해 감에 따라 다시 이전의 모든 발달 단계로 돌아와 그 시기의 발달 과업을 계속해서 수행한다. 에릭슨(1963)의 성격 이론은 전 생애를 포함하고 있으며 전 생애를 몇 가지 단계로 구분하여 각 단계별로 행동 패턴을 설명한다.

널리 인정받고 있는 에릭슨의 이론에 의하면, 각 단계는 그 시기 아동들의 반응에 영향을 미치는 발달 과업을 가지고 있다. 발달 단계에 대한 설명에서 에릭슨은 정서 발달 문제를 제기했다(Eisenberg, 2004). 우리는 정서 발달에 대한 에릭슨의 설명이 훈육 문제와 특별히 관련이 있다는 것을 발견했다. 에릭슨이 기술하는 단계에 비추어 아동 행동을 이해하는 것은 훈육 문제를 예방하는 데 도움을 줄 수 있다. 이러한 이해는 또한 문제가 발생했을 때 처치 계획을 마련하는 데도 사용될 수 있다. 에릭슨의 이론은 청년기, 성인기 및 노년기까지 계속되지만(표 2-1 참조), 여기서는 유아기와 관련된 단계에 대해서만 논의할 것이다.

에릭슨이 제안한 단계는 연령과 상관이 있다. 그러나 개인차와 경험의 다양성으로 인해 각단계별 연령은 이론에서 제안한 규준 연령과 다를 수 있다. 위에서 언급한 바와 같이, 아이들은 자신의 발달 경로를 따라 성장함과 동시에 정서 발달의 이전 단계에서 요구되는 발달 과업에 대한 작업 또한 계속해나간다. 교사와 부모는 아이가 정서적으로 스트레스를 받는 상황에서 이전의 발달 단계로 회귀하는 것을 목격하기도 한다.

〈표 2-1〉 에릭슨의 아동발달 단계

신뢰 대 불신	아기는 자신을 둘러싼 세상이 안전하고 양육적인지 알게 된다.
자율성 대 수치심	걸음마기 아기는 자신을 개별적 존재로 명확히 하거나 독립적이고자 하는 욕구에 대해 수치심을 느낀다.
주도성 대 죄책감	아이들은 자신의 힘과 능력을 검증하거나 잘못을 저지르는 것에 대해 죄책감을 느낀다.
근면성 대 열등감	아이들은 자신에 대한 생각을 성공적으로 일을 잘 하는 사람으로 까지 확대하거나 열등하고 무능하다고 느낀다.

① 신뢰 대 불신

아기와 관련된 일을 할 계획이 전혀 없다 하더라도 에릭슨이 영아기와 관련지은 발달의 신뢰 대 불신 단계에 대해서는 알 필요가 있다. 에릭슨의 설명에 의하면, 영아가 부모와 상호작용하는 것은 정서 조절을 위한 기초를 형성한다(Eisenberg, 2004). 아기들이 태어난 후 자신이 앞으로 살아가게 될 세상이 어떤 곳인지에 대해 알아감에 따라, 그들은 이후의 삶을 위한 정서적 건강의 기초를 형성한다. 많은 아기들은 세심한 부모에 의해 자신의 욕구가 신속하게 충족되기를 원한다. 이런 아기들은 일찍부터 자신이 중요한 존재이며 누군가가 자신을 잘 돌봐 줄 것이라고 신뢰하기 시작한다(Honig, 2015). 그러나 운이 좋지 못한 아기들도 있다. 이들의 부모는 개인적인 문제에 압도되어 있고 이들에게 아기는 또 하나의 걱정거리일 뿐이다. 이런 부모들은 아마도 과도하게 일하고 훈련을 받지 않은 사람일 것이다. 아기들은 배고픔이나 다른 불편함으로 인해 계속해서 울 것이다. 이런 아이들이 자신과 세상에 대해 갖는 이미지는 앞서 언급한 아기와 아주 많이 다를 것이다.

자신의 욕구를 전달하고자 하는 아동의 노력은 반응을 받을만한 가치가 있다. 아이들의 요구에 잘 호응하는 어른들은 아이들이 살아가는 동안 내내 신뢰와 협력의 관계를 형성하기 위한 발판을 마련해 준다(Elliott & Gonzalez-Mena, 2011). 자신의 욕구가 충족되지 않을 때, 아이는 불안감을 느끼며 다른 사람이 자신을 돌봐 주리라고 믿지 않는다. 신뢰는 중요한 성인에 대한 애착과 함께 발달한다. 이 장의 뒷부분에서 기본적인 인간의 욕구와 건강한 정서 발달을 위한 기초로서의 애착에 대해 좀 더 자세하게 살펴 볼 것이다.

아이들은 취학 전과 후에 계속해서 적극적으로 신뢰감 발달을 위해 애쓴다. 이것은 일찍이 신뢰감과 관련된 문제가 있었을 때 특히 그러하다. 이들은 더 큰 세상에서 자신 이 사람들을 믿을 수 있나는 증거를 찾고 있다. 어떤 아이들은 자신이 만나는 사람들로 부터 계속적으로 실망하게 될 것이라는 기대를 하도록 하는 부정적인 과거 경험을 가 지고 있다(Dykas & Cassidy, 2011). 당신은 누군가가 여전히 자신의 친구인지를 알아보 기 위해 끊임없이 체크하는 아이를 본 적이 있을 것이다. 이 아이들은 또한 자주 자신 이 교사의 주목을 받고 있다는 확신을 얻고자 한다. 또 어떤 아이들은 아래의 예와 같 이 자신이 거부될 것이라 생각한다.

사례 2-6

 9월 29일은 오 선생님 반에 있는 은영이의 생일이었다. 은영이는 오 선생님 반 아이들 중 생일을 맞은 첫 번째 아이였다. 은영이의 어머니는 아이들의 사물함 중 여섯 군데에만 생일 초대장을 넣 었다. 선생님은 이 사실을 몰랐다. 한 아이가 사물함에서 생일 초대장을 발견하자, 다른 아이들도 자신이 초대되었으면 하는 기대로 자신의 사물함을 열었다. 기쁨의 환호성을 지르는 아이도 몇 있었지만 많은 아이들은 실망한 얼굴이었다. "이런, 모든 아이들을 초대하지 않을 경우 생일 초대 를 할 수 없다는 것을 명확히 해야 했는데 그러질 못했네." 오 선생님은 혼잣말로 중얼거렸다. 오 선생님은 철수가 초대장이 있는지 확인조차 하지 않는 것을 보았다. 철수는 다른 아이들이 놀이 에 자기를 끼워줄 것이라고 믿지 않았던 것처럼 자신이 생일 파티에 초대될 것이라고 기대하지 않았다.

철수는 과거 생활 경험으로 인해 심리적으로 안정감을 느끼지 못했다. 철수는 2년 동안 4번이 나 입양되었다. 오 선생님은 이 아이의 생일이 어땠을까 궁금했다. 오 선생님은 오늘 읽기로 계획 했던 이야기를 '푸의 세계'로 바꾸었다. 오 선생님은 이요르가 생일을 맞아 두 개의 선물을 받은 내용이 적혀있는 70쪽에 책갈피를 끼워 두었다. 오 선생님은 또한 집단 토의의 주제도 혼자 내버 려 졌을 때의 느낌을 토론하는 것으로 바꾸었다.

오 선생님은 어린 시절 자신이 혼자 남겨졌을 때 어떤 느낌이었는지에 대한 이야기로 집단 시 간을 시작했다. 두 명의 아이가 비슷한 경험을 이야기했다. 오 선생님이 "피글렛이 이요르에게 이 복된 날이 몇 번이고 되풀이되기를 바래." 라는 생일 인사를 하고, 이요르는 친구들이 자신의 생 일을 기억하여 선물을 줄 것이라는 기대를 거의 하지 않는다는 장면을 읽었을 때, 철수는 크게 킥킥거리며 웃었다.

이야기가 끝난 후에, 선생님은 아이들과 이요르가 어떻게 느꼈을 지에 관해 토론했고 아이들은 내년에 이요르가 친구들을 믿도록 돕는 방법에 대한 목록을 만들었다. 그런 다음 오 선생님은 모 든 아이들의 생일을 표시하기 위해 달력에다 종이로 만든 양초를 어떻게 둘 것인지에 대해 설명했다. 오 선생님은 대부분의 집은 모든 아이들을 초대할 수 있을 만큼 크지 않기 때문에 교실에서 생일 파티를 열 것이라는 설명으로 끝을 맺었다. 오 선생님은 다음 몇 달 동안 생일을 맞을 아이가 누구인지에 대해 말하면서 12월 6일에 철수의 생일 파티가 열릴 것이라는 말로 마무리를 할 때 철수는 밝게 미소를 지었다.

만약 아이가 경험을 통해 사람을 신뢰하기보다는 불신하게 되었다면, 그 아이의 전 생애가 영향을 받을 수 있다. 앞으로의 우정, 심지어 결혼까지도 이러한 신뢰 부족으로 인해 곤란을 겪을 수 있다. 이것은 처음에 친구와의 불안정한 관계 및 교사에 대한 과다한 요구로 나타난다. 그러다 나중에는 동료를 신뢰하지 못하게 되고 배우자를 의심하게 되어 관계를 위태롭게 할 수 있다. 관계가 압박을 견뎌내지 못하게 되면 자기 충족적 예언(self-fulfilling prophecy)의 악순환이 영속된다. 우리 모두는 이 패턴에 맞는 아이들과 어른들을 알고 있다. 이들은 다른 사람이 자신을 거부할 것이라고 예상한다. 그래서 이들은 거부를 초래할 방식으로 행동한다. 당신에게 주어진 도전은 너무 늦기 전에 아이들이 이러한 악순환을 바꿀 경험을 하도록 해서 자신을 돌봐 주는 성인을 신뢰하도록 하는 것이다.

② 자율성 대 수치심

에릭슨의 자율성 단계는 아동이 지금까지 전적으로 의지했던 어른들로부터 분리하여 자신을 규정하려고 노력하는 시기이다. 에릭슨에 의하면, 걸음마기는 자율성 발달을 위한 시기이다. 영아는 부모나 보호자에 의존하기 때문에 자신을 이들의 한 부분으로 생각한다. 그러다 걸음마기가 되면 이들은 갑자기 자신을 자기 나름의 생각과 의지를 가진 분리된 존재로 보기 시작한다. 자신이 부모와 분리된 독립된 존재인지 아닌지를 확인하고 독립성을 자신에게 확신시키기 위해 이들은 이 새로운 발견을 테스트할 필요가 있다. 이 시기는 "미운 두 살(terrible twos)"로 알려져 있고, 이 테스트 단계는 세 살이 되기 전에는 실제로 시작되지 않는다. 하지만 분별없는 어른들의 경우 심각한 훈육 문제를 발생시킬 수 있다. 이전에 유순했던 아이도 당신의 모든 제안에 대해 단호하게 '아니요'라고 말하고 자신에게 설정되어 있는 한계를 테스트한다.

사례 2-7

 연희는 "아니!" 라고 말할 수 있는 자신의 능력에 매료되어 자신이 정말로 원하는 것임에도 때때로 "아니요" 라고 말한다. 간식 시간이 되어 민 선생님이 연희에게 간식을 먹으러 오라고 하자, 연희는 자신이 그렇게 말할 수 있음을 즐기듯 보란 듯이 "아니요"라고 말한다. 민 선생님은 연희가 "예" 또는 "아니요" 라는 말로 자신의 힘을 행사하고 있지만 다른 아이들이 간식을 먹기 시작할 때 자신도 간식을 먹고 싶어 할 것이라는 것을 알고 있다. 연희가 마음을 바꿔서 간식을 먹기로 결정했을 때, 민 선생님은 연희에게 "아니요"라고 말하는 것은 아무것도 먹지 않겠다는 것을 의미하는 것이라고 말하지 않았다. 그렇게 말하는 대신에 민 선생님은 연희가 간식을 먹으러 올 때 무안해하지 않도록 다른 쪽을 쳐다보았다. 그런 다음 민 선생님은 연희가 스스로 의사결정을 할 수 있도록 하여 독립심을 조장하기 위해 사과와 건포도 중 하나를 선택할 수 있도록 했다.

민 선생님은 자기 반의 아이들이 가능한 한 많은 결정과 선택을 할 수 있도록 기회를 준다. 이러한 기회는 아이들로 하여금 자신의 독립심이 증가하는 것에 대해 자부심을 느끼도록 도울 뿐만 아니라 선택의 여지가 없을 때는 아이들이 협력하도록 하는 데도 도움을 줄 수 있다. 자신의 개인적인 힘을 발휘할 기회를 일상적으로 가진 아이들은 어른이 결정을 해야 할 때 종종 그 결정을 더 잘 수용할 수 있다. 아래 예에서 보듯이, 어린이집에서의 일과가 끝나갈 무렵 민 선생님은 귀가 준비에 영주의 협조를 끌어내기 위해 영주에게 선택권을 주었다.

사례 2-8

 영주는 집에 갈 준비를 하는 시간에 지치고 바쁜 아버지에게 맞서는 태도를 보였는데, 영주는 그것을 통해 자기주장을 하고 있었던 것 같다. 김 선생님은 영주가 신발을 신고 코트를 입도록 하기 위해 감언이설로 꾀거나 뇌물(과자, 사탕)을 줌으로써 바람직하지 못한 행동에 주목하지 않았다. 대신에 김 선생님은 영주에게 선택을 하게 했다. 그 선택은 집으로 갈 준비를 하느냐 안 하느냐가 아니라 어떻게 준비하느냐 하는 것이었다. "영주야! 신발 먼저 신을래 아니면 코트 먼저 입을래?" 김 선생님이 물었다. "지퍼 올리는 것을 내가 도와줄까 아니면 아빠가 도와주게 할까?" 이것이 다음 질문이었다. "너 혼자 신발을 신을 수 있니, 아니면 신발 신는 걸 도와줄까?" 이것이 또 하나의 질문이었다. 순식간에 영주는 집에 갈 준비를 마쳤고 자신을 자랑스럽게 생각하는 것 같았다.

에릭슨의 이론에 의하면, 정서적 자율성을 개발하지 못하면 아이들은 수치심을 갖게 된다. 수치심은 아이들이 자신을 주장할 때 그것이 무엇을 의미하는지를 이해하지 못

도전 탐색과 성공 경험의 기회는 아동의 건강한 정서 발달에 기여한다.

하는 어른에 의해 발생할 수 있다. 이런 어른들은 자신의 임무가 이런 아이들을 "장난꾸러기"라고 낙인찍는 것이라고 생각한다. 불행하게도, 이런 어른들은 어른이 되려고 노력하는 아이들이 스스로를 나쁜 사람이라고 믿도록 하는 데 성공할 뿐이다. 그 결과로, 아이들은 독립적이고자 하는 자연스러운 욕구에 대해 수치심을 갖게 된다.

③ 주도성 대 죄책감

에릭슨의 정서 발달의 다음 단계는 주도성 대 죄책감 단계이다. 유아들은 대부분 이 단계에 속한다. 당신은 이 아이들이 자신의 힘과 능력을 좀 더 검증해보고자 하는 것을 보게 될 것이다. 자신의 신체적·지적 능력이 급속도로 증가함에 따라, 이들은 새롭고 좀 더 도전적인 기술을 시도한다. 이 단계는 계속해서 왔다 갔다 하는 다리와 같다. 이 단계의 아이들은 "큰 아이(big kid)"가 되어보려는 시도도 하고, 보호자에게 의지하기 위해 뒤로 물러서기도 한다(Koplow, 2007). 이 단계의 아이들은 새로운 과제를 시도하면서 내가 뭔가에 관여한다는 느낌과 자신이 강력한 힘을 가지고 있음을 느끼고 싶어 한다. 아이들은 자신이 하는 모든 것에서 경쟁심을 갖고 최고가 되고 싶어 할 것이다. 또한 아이들은 자신에게 주어진 과제가 너무 어려우면 겁을 먹고 실패하지 않을까 하는 두려움을 느낄 것이다. 아래 예에서 보듯이, 아이들에게 놀이를 시작하고 성취감을 느낄 기회를 주는 것이 중요하다(Elkind, 2015).

사례 2-9

 지혜는 오전 간식 준비 시간이 되면 항상 준비하는 곳에 있다. 지혜는 테이블을 세팅하거나 셀러리 줄기에 크림치즈를 바르는 데 큰 만족을 느낀다. 각 셀러리 줄기에 5개의 건포도를 조심스럽게 놓으면서 지혜는 소 근육 조정 연습을 하게 되고 심지어 수학 기술도 연습하게 된다. 성취감과 자신감 또한 증가한다.

지혜와 친구들은 유치원의 오전 활동에 필요한 일을 도와달라는 요청을 받는다. 이들은 기니 피그를 돌보고 기니피그 집을 청소하고 먹이도 준다. 또 나무에 물을 주고 모래 탁자 밑을 깨끗이 하고 옷걸이에 옷을 건다. 그들은 이러한 일에 자부심을 느낀다. 민 선생님이 아이들의 능력에 대한 믿음을 전달했기 때문이다. 민 선생님은 아이들의 능력 수준을 받아들이고 일을 완벽하게 하지 못하거나, 일하는 과정에서 무언가를 쏟았더라도 법석을 떨지 않는다.

교사들은 새로운 학습 내용 개발에 대해 생각할 때마다 아이들과 먼저 의논한다. 민 선생님은 유아교육 수업을 통해, 보조교사인 김 선생님은 4명의 아이를 키운 경험을 통해 아이들이 계획 과정에서 많은 것을 배우며 이러한 과정에 아이들이 참여하는 것은 새롭게 개발한 자료가 적절하게 사용될 것인가를 확실히 하는 데 도움이 된다는 것을 안다. 빵집에 현장 견학을 갔다 오면 아이들은 가장 놀이 영역에서 빵집을 짓고 싶어 한다. 자료를 찾느라 온 주말을 보내는 대신에 민 선생님과 김 선생님은 아이들에게 은행에서 사용될 수 있는 물건들을 집에서 가져오라고 요청한다. 매주 발행되는 뉴스레터를 통해 부모에게 계획을 설명하고 협조를 요청한다. 월요일에 아이들은 머핀 틀, 컵케이크 포장지, 빵 상자, 제빵사 모자, 빵 바르는 칼을 가지고 등원한다. 아이들은 이미 교실에서 장난감 부엌, 테이블, 계산대, 장난감 돈을 사용하기로 결정했다.

이러한 재료들을 자신들에게 의미 있는 방식으로 정돈해 가는 과정에서, 아이들은 어떤 방식으로 정돈할 것인지를 계획하고 이 과정에서 발생하는 문제를 해결하면서 서로 협력한다. 그들은 자신의 빵집에서 발생하는 분쟁을 해결하기 위해 노력을 아끼지 않는다. 얼마 지나지 않아, 모든 것들이 만족스럽게 정돈되며 몇몇 아이들은 빵을 굽고 고객을 응대하느라 바쁘다. 이 아이들은 자신들이 수행한 일에 대해 기분이 좋으며 그러한 기분을 행동으로 보여준다.

교사가 혼자 힘으로 모든 일을 하려고 하면 누구도 이길 수 없다.

사례 2-10

 부경 아동 센터의 오후 모임 시간에 홍 선생님은 아이들에게 미리 준비한 간식을 나누어 주고 직접 주스를 따라 준다. 홍 선생님은 주스 따르는 것을 도와주겠다는 아이들의 제안을 너희가 하면 주스를 제대로 붓지 못하고 엎지르기만 할 것이라고 말하면서 거부한다. 홍 선생님은 방과 후에도 오랜 시간 동안 수업을 위한 자료를 준비하고 교실을 정돈하며 심지어 주말에도 일한다. 홍 선생님은 아이들이 유치원에 도착하기 전에 항상 모든 준비를 해 놓는 것에 대해 자부심을 느낀다. 홍 선생님은 수업 시간을 할애해 새로운 활동을 준비하는 것에 대해서는 꿈조차 꾸지 않는다. 모든 것은 사전에 엄격하게 계획되어 있다. 홍 선생님은 교실에 애완동물을 두지 않는다. 홍 선생님은 애완동물을 돌볼 시간이 없고 아이들은 너무 어려 애완동물을 잘 돌볼 수 없기 때문이다. 모든 것이 홍 선생님의 통제 아래 있다. 치밀한 계획에도 불구하고 홍 선생님은 방과 후 교사보다 훨씬 더 많은 훈육 문제를 가지고 있다. 아이들은 선생님이 자신들을 위해 계획한 것에 종종 흥미를 보이지 않는다. 아이들은 자주 자료를 '잘못 사용한다.' 아이들은 미술 탁자에 놓여 있는 모델을 그대로 그리기보다는 자기 생각대로 그린다. 아이들이 계획대로 따라 주지 않을 때, 홍 선생님은 아이들에게 자신이 얼마나 실망하고 있는지를 말한다.

윤주와 그의 친구들은 선생님을 실망하게 할 때 죄책감을 느낀다고 말한다. 아이들은 자신들을 난처하게 만드는 것이 자신들의 건강한 호기심과 에너지라는 것을 이해하지 못한다. 단지 자신들이 흥미를 가지고 하고 있는 것이 '나쁘다'는 것을 알 뿐이다. 아이들은 자신이 나쁜 아이라고 생각한다. 홍 선생님이 받았던 훈련은 상대적으로 나이가 좀 더 많은 아이들에 관한 것이었기 때문에 홍 선생님은 아동발달의 이 단계에 대해서는 잘 모른다. 그래서 홍 선생님은 종종 아이들의 행동을 잘못 해석한다.

만약 홍 선생님이 아이들의 건설적 에너지를 주도성을 개발할 수 있는 활동으로 이용할 수 있었더라면 홍 선생님과 반 아이들은 상당히 다른 경험을 하였을 것이다.

④ 근면성 대 열등감

학령기 아동들은 취학 전 아동에게 해당되는 주도성 대 죄책감 단계에 기초하여 다음 정서적 발달 단계로 나아가는데, 이 단계를 에릭슨은 근면성 대 열등감 단계라 부른다. 이 단계 동안 아이들은 자신에 대한 생각을 확대하여 자신을 사회에 기여하는 하나의 구성원으로 생각한다. 아이들이 스스로를 성공적이라 느끼면 이들의 행동은 자신에 대한 긍정적인 느낌을 반영하게 되며, 자신에 대해 부정적인 느낌을 갖게 되면 그 결과로 부정적인 행동이 나타나게 된다. 과거 사회에서 이 단계는 사냥을 하고 물고기를 잡고, 가죽을 저장하고, 과일을 모으고, 음식을 보존하는 것을 배우는 것을 의미했다. 그러나 현대 사회에서는 이 단계가 읽고, 쓰고, 양적으로 생각하고, 협력해서 일하는 것을 의미한다. 이 나이에서 성공을 맛본다는 것은 자신을 능력 있는 사람으로 본다는 것을 의미한다. 다시 말하지만, 아이들은 자신에게 의미 있는 일을 실제로 자신의 힘으로 해 볼 기회를 가질 필요가 있다.

사례 2-11

 오늘 오후, 오 선생님 반의 1학년 아이들은 식물이 어떻게 자라는지를 배우기 위한 공부를 위해 씨앗을 심고 있었다. 아이들은 식물이 성장하기 위해서 무엇이 필요한지에 대해 읽었고, 이제 씨앗 봉투에 적혀있는 구체적인 지시 사항을 읽고 있다. 그들은 성장 속도가 빠른 다양한 씨앗(콩, 무, 상추와 자주개자리)을 가지고 있었고 씨앗을 심는데 필요한 다양한 도구와 물통 또한 사용할 수 있었다.

어떤 아이들은 물병에서 콩의 싹이 자라는 것을 보는 것에 흥미를 보였고, 다른 아이들은 진흙으로 채워진 종이컵 속에서 자주개자리가 자라는 것을 보고 싶어 했다. 많은 아이들이 무를 길러서 실제로 먹게 된다는 생각에 들떴다. 오 선생님은 아이들에게 자기가 원하는 만큼 많은 것을 해 볼 기회를 주었고, 자기 방식대로 식물을 자유롭게 가꾸도록 했다. 아이들을 돕기 위해 온 학부모들은 씨앗 중 일부가 적당한 깊이로 심겨 있지 않은 것이 걱정스러웠다. 오 선생님은 씨앗을 다양한 방법으로 심게 하고 그것에 따른 상이한 결과를 아이들이 보는 것은 교육적인 경험이 될 것이라고 학부모를 안심시켰다. 아이들은 전혀 걱정하지 않았다. 그들은 자신이 무언가를 자라도록 하는 과정을 시작하고 있고, 또 그것을 안다는 것이 매우 중요하다고 생각했다.

씨앗을 심은 후 아이들은 식물이 성장하는 것을 기록하는 일지를 쓰기 시작했다. 아이들은 분량을 정하고, 표지를 선택하고, 접고, 스테이플로 고정하는 작업을 통해 스스로 노트 형태의 관찰 기록지를 만들었다. 학부모는 아이들이 관찰 기록지를 스테이플로 반듯하게 고정하지 못하는 것을 보고 그것을 도와주겠다고 제안했다. 오 선생님은 좋은 의도로 도와주겠다는 의사를 밝힌 아버지에게 아이들은 스스로 이 일을 함으로써 자부심을 가질 것이라고 설명했다. 아이들은 자신들이 만든 관찰 기록지가 구깃구깃하고 삐뚤삐뚤했지만 모두 좋아했다. 모든 아이들이 자신을 성공 한 사람처럼 느꼈다.

너무 많은 아이들이 이 단계에서 실패자라는 꼬리표를 달게 된다. 당신은 사회가 정한 시기에 맞춰서 읽기를 시작하지 못한 아이가 경험하는 참담한 결과를 보았을 것이다. 이 아이가 바로 다른 사람들이 바보라고 피했던 그 아이다. 좌절과 분노로 교실을 혼란스럽게 했던 바로 그 아이다. 교사가 읽기 전문가에게 간절히 보내버리고 싶어 하던 바로 그 아이다. 학교 중도 탈락자가 되는 학생 중 많은 학생들은 1학년 때부터 낙오가 시작된다(Denham, 2007). 평생의 열등 콤플렉스는 일찍 시작된다. 아래 예에 제시된 아이는 구제되었다.

사례 2-12

✎ 민아는 구사일생으로 위기를 모면했다. 민아는 눈물을 흘리면서 집으로 돌아와서는 "나는 바보 멍청이야." 라고 말한다. 선생님은 민아에게 발음 문제에 도움을 받기 위해 읽기 전문가를 만나 보았으면 좋겠다고 말했다. 다행스럽게도 이러한 조치는 부모와의 협의를 통하지 않으면 할 수 없도록 되어 있었다. 박 선생님은 어머니에게 민아가 발음에 문제가 있어 특별한 도움이 필요하다고 말했다. 어머니는 선생님의 말에 당황했다. 민아는 집에서 벌써 글자를 읽고 있고 훌륭한 이야기도 여러 편 썼기 때문이다. 선생님은 민아가 집에서 그렇게 하고 있다는 이야기를 듣고 놀랐다. 읽고 쓸 수 있는 아이가 발음 활동지를 할 수 없다는 것이 이해가 되지 않았다. 박 선생님은 상급 학년에서 몇 년을 보낸 후 처음으로 1학년을 맡았고 이 아이들에게 읽기를 가르치는 것에 대해 잘 몰랐다. 박 선생님은 발음 활동지가 실제 쓰기보다 훨씬 더 추상적이며, 대부분 아이들은 의미 있는 쓰기 경험을 통해 발음을 배운다는 것을 깨닫지 못했다. 그러나 박 선생님은 아이 어머니의 말에 귀를 기울였고 자신은 잘 배울 수 있는 사람이라는 민아의 믿음에 더 이상의 상처를 주지 않았다.

오늘날 많은 학교는 아이가 발달적으로 준비가 되어 있지도 않은데 책을 잘 읽기를 기대한다. 어떤 아이들은 2학년이 될 때까지 책을 잘 읽지 못하고 좀 더 많은 시간이 걸린다. 정환이가 그런 유형의 아이이다. 정환이의 부모와 선생님이 정환이가 책 읽기를 싫어하는 문제를 의논하기 위해 만났다. 논의 후 그들은 정환이가 시간이 지나면 더 잘 읽을 수 있을 거라 확신했다. 그들은 정환이가 자기 수준의 책을 읽고 그 책을 쓴 저자의 의도를 많이 경험하도록 했으나 정환이의 수행 수준에 대해서는 어떤 판단도 내리지 않았다. 그들은 정환이가 자신을 계속해서 성공적인 학습자로 보길 원했다. 정환이가 2학년 책에 있는 내용을 읽지 못한다고 해서 세상이 끝나는 것은 아니다. 하지만 실패자 같은 느낌을 갖는 것은 정환이의 자존감과 그의 향후 학습 능력을 위태롭게 할 수도 있다. 이 아이는 자신의 속도로 근면성 대 열등감 단계를 수행해 나가도록 지원을 받았다.

3 애착과 다른 기본적인 정서 욕구의 역할

안정 애착은 정서 발달의 전 단계를 건강하게 밟아가는 데 기초가 된다. 안정 애착은 특별한 사람과의 애정 관계이다. 이런 사람들과 상호작용하는 것은 즐거운 일이며, 그들이 근처에 있음은 스트레스 상황에서 위로가 된다(Berk, 2015). 현대 애착 이론의 토대를 마련한 존 볼비(John Bowlby)는 정신적으로 건강하게 발달하기 위해서는 영·유아기 때 지속적으로 자신의 어머니(또는 어머니 같은 존재)와 따뜻하고 친밀한 관계를 가져야 한다고 주장했다. 메리 에인스워스(Mary Ainsworth)는 애착 이론에 기초하여 애착을 안정 애착, 불안정-회피 애착, 불안정-양가감정적 애착의 세 가지 유형으로 분류했다(Ainsworth, Blehar, Waters & Wall, 1978); Bowlby, Ainsworth, Boston &

Rosenbluth, 1956). 이후 메리 메인(Mary Main)은 이 세 가지 유형에 불안정-비조직 애착이라는 네 번째 유형을 추가했다(Main & Solomon, 1990). 영·유아는 세상에 대해 배워가는 동안, 부모로부터 지원받고 수용되며 위안을 받으면 자신의 부모와 안정 애착을 형성한다(Ainsworth et al., 1978). 안정 애착을 발달시키는 것은 아이의 욕구를 알아차리고 그 욕구에 민감하게 반응함과 동시에 아동에게 탐색할 기회를 주는 것을 포함한다. 이것은 우리가 에릭슨의 신뢰 대 불신 단계(Erikson, 1963)를 논의할 때 언급했던 신뢰 발달의 시작이며, 건강한 관계 구축의 기초이다. 효과적인 가르침을 위한 기초로서의 관계에 대해서는 4장에서 좀 더 자세하게 논의한다.

　교사로서 당신이 만나게 될 가장 다루기 어려운 아이 중 일부는 애착 경험이 스트레스를 많이 주었거나 역기능적이었거나 심지어 위험하기까지 했던 가정환경에서 자란 아이들이다(Perry & Szalavitz, 2011). 이런 유형의 애착 경험은 양가 감정적, 회피적, 비조직적 애착 관계의 범주로 나뉘며, 평생에 걸친 어려움으로 이어질 수 있다. 양가 감정적 또는 회피 애착을 형성한 아이들은 세심한 어른들로부터 자신의 욕구를 일관되게 충족시키지 못했을 것이고 자신의 욕구를 전달하는 것이 어떤 긍정적인 영향을 주리라는 것을 믿지 못한다. 비조직 애착을 형성한 아이들은 그들의 보호자와의 관계에서 경험했던 트라우마로 인해 실제로 자신의 애착 인물을 두려워한다. 애착 문제가 있는 아이들은 종종 자신의 느낌을 표현할 수 없고 다른 사람에게 공격적이거나 거부적이다.

안정 애착은 건강한 정서 발달을 위한 토대이다.

애착 문제가 있는 아이들은 짜증을 잘 내고, 충동적이며, 궁핍하거나, 비조직적이거나 예측이 불가능하다. 대개 이런 아이들은 자신의 행동 때문에 다른 사람들로부터 환영을 받지 못한다(Riley, San Juan, Klinkner, & Ramminger, 2008). 자신의 애착 관계에서 심한 정서적 트라우마를 겪은 아이들에 대해서는 14장에서 보다 자세하게 다룬다.

예들 들어, 민식이는 다른 사람이 자기에게 접근하면 그들을 잘 밀어낸다. 민식이는 다른 사람에게 매우 심술궂게 행동하며, 사랑과 주목을 받을만한 자격이 없는 것처럼 보인다. 만약 민식이가 버림을 당했거나, 무시당했거나 학대를 당했다면, 그의 행동은 이해될 수 있다. 만약 보호자가 일관되지 못하고 자신을 방어해 줄 것이라는 믿음이 없다면 민식이의 역겨운 행동은 단지 방어기제일 뿐이다. 민식이는 자신이 만나는 모든 사람들이 결국에는 자신을 거부할 것이라고 믿기 때문에 그것으로부터 자신을 보호하고 있는 것이다.

(1) 교사와 애착

다행스럽게도, 취학 전과 초등학교 저학년 시기는 애착 문제가 있는 아이들의 삶에 개입하기에 너무 늦은 시점은 아니다. 아이가 안정 애착을 형성하지 못한 유아교육기관이나 초등학교에 입학하였을 때 교사에게 주어진 가장 중요한 과업은 그 아이와 긍정적이고, 일관된 신뢰 관계를 구축하는 것이다. 교사와 안정적으로 애착을 형성한 아이들은 다른 아이들과 더 잘 지내고 행동 문제도 덜 보인다(Riley et al., 2008). 만약 민식이 집에 반응적이고 지지적인 보호자가 없다면, 교사와의 안정적인 관계가 민식이의 애착 욕구를 충족시키는 데 도움이 될 수 있다(O'Connor & McCartney, 2006). 아이와 배려하고 신뢰하는 관계를 구축함으로써, 교사는 자신이 거부될 것이라는 아이의 예상이 틀렸음을 입증할 수 있다. 이를 통해 민식이는 선생님을 믿을 수 있다는 것을 배울 수 있다. 배려심이 있는 선생님은 자신은 사랑과 보살핌을 받을만한 가치가 없는 존재라는 민식이의 믿음을 강화하는 대신에, 민식이에게 예측 가능하고 안전한 환경을 제공하고, 지속적으로 민식이의 욕구에 반응해 주며, 민식이에게 긍정적인 느낌을 보여 줄 수 있다. 민식이는 이 유대를 통해 향후 성공적인 관계 형성에 도움이 될 가치 있는 관계 기술을 배울 수 있다(Bruce & Cairone, 2011).

아래 예에서 우리는 인내심과 일관된 배려가 절실히 요구되는 아이와 교사가 어떻게 긍정적인 관계를 구축하는지를 볼 수 있다. 선생님이 자신을 수용해 주고 돌봐줄 것이

라는 믿음이 생김에 따라, 민수는 다른 사람과 서로 배려하는 관계를 어떻게 구축하는
지를 알게 된다.

 지난 가을, 어린이집에 처음 온 이후로 민수의 공격적인 행동은 점점 더 증가하였다. 도 선생님은 민수가 매우 걱정스러웠다. 상황이 점차 통제 불능의 상태로 악화되고 있었다. 지난주 민수가 블록으로 다른 아이들을 때리는 일이 발생했다. 그래서 선생님은 민수를 블록 영역에 더 이상 있지 못하도록 하였는데, 그때 민수는 선생님을 막무가내로 때리고 발로 찼다. 선생님은 민수를 부드럽게 진정시켜 보려고 했다. 하지만 그의 폭발적 행동은 지쳐서 기진맥진해서야 멈추었다. 민수는 선생님의 위로를 거부했다. 민수가 진정되고 난 후, 선생님은 민수에게 어떻게 하는 것이 최선이었을 지를 생각하면서 발생한 일을 재구성해 보았다. 선생님은 민수에게 말했다. "너는 철호랑 같이 블록 영역에서 놀고 싶었는데, 철호가 너랑 같이 놀고 싶어 하지 않아 화가 났고, 그래서 철호를 때렸구나. 어떻게 다르게 해야 할지도 몰랐고. 다음번에 또 철호랑 같이 놀고 싶으면 이번과는 다르게 어떻게 하면 될지에 대해 선생님과 같이 이야기해 보자." 민수가 진정이 되었기 때문에, 선생님은 민수에게 질문을 하고 문제 해결에 대해 생각해 보도록 할 수 있었다.

간혹 자신의 행동 때문에 활동에서 배제되면, 민수는 선생님을 향해 아주 거친 말들을 쏟아낸다. 선생님은 이것을 개인적으로 받아들여서는 안 되고, 침착하고 일관성 있게 대처해야 할 필요가 있다는 것을 알고 있다. 민수가 자신에게 뭐라고 말하든, 선생님은 민수에게 반복적으로 이렇게 말했다. "네가 그렇게 느꼈다니 미안하네. 하지만 선생님은 여전히 너를 좋아한단다." 종종 민수가 해서는 안 되는 일을 하지만, 선생님은 민수에게 긍정적인 말을 할 수 있는 기회를 찾으려 애쓴다. 민수가 녹색 크레용을 사용할 때, 선생님은 이렇게 말한다. "나는 네가 녹색 크레용을 선택하는 것을 봤단다. 녹색은 아주 아름다운 색깔이지." 선생님은 또한 할 수 있는 한 자주 민수에게 칭찬을 한다. 예컨대, "나는 오늘 네가 운동장에서 빨리 뛰는 것을 봤어. 강한 근육을 키우고 있구나." 선생님은 민수에게 자신이 그의 강한 근육에 안성맞춤인 프로젝트를 계획했다고 말했다. 선생님 반 아이들이 레몬에이드를 만들고 있었는데, 이 활동에서 민수는 자신의 강한 근육을 사용하여 레몬즙을 짰다. 선생님이 기대한 대로, 민수는 레몬 짜는 것을 좋아했고, 레몬을 짜서 많은 주스를 만들어내는 자신의 능력을 매우 자랑스러워했다. 민수가 가장 먼저 레몬에이드를 만들기 시작했기 때문에, 레몬에이드 만드는 방법을 잘 모르는 아이들에게 민수가 그 방법을 알려 줄 수 있었다. 민수는 정말 좋은 시간을 보냈고, 심지어 기쁜 마음으로 청소를 돕기까지 했다. 선생님이 민수에게 말했다. "선생님은 오늘 민수랑 같이 레몬에이드 만드는 것이 즐거웠어. 레몬에이드 만드는 것에 대해 정말 많이 알더구나." 민수는 자신이 자랑스러웠다. 민수는 이야기 시간에 친구들에게 우호적이었고 협력적이었다. 뿐만 아니라, 간식 시간에는 자기 옆에 선생님이 앉도록 하기 위해 자리를 비워두었고, 선생님이 그 자리에 앉았을 때 선생님을 꼭 껴안았다.

민수가 도 선생님과 유대 관계를 형성하기 시작했을 뿐만 아니라 자신을 자랑스럽게
느끼기 시작했다는 점에 주목하라. 까다로운 행동을 하는 아이를 다룰 때, 베키 베일리

(Becky Bailey) 박사가 한 말을 기억하는 것이 중요하다. "나쁜 아이는 없다. 상처받은 아이가 있을 뿐이다"(Bailey, 2015). 민수의 사례에서 보는 바와 같이, 통제 불능의 행동은 종종 도움을 구하는 외침이다. 교사가 교실에서 아동과 긍정적이고 지지적인 관계를 구축함으로써, 교사는 개별 아동의 성공을 위한 기초가 되는 배려와 협력의 환경을 만들게 된다.

(2) 인간의 정서적 욕구

안정 애착을 형성하는 것은 건강한 정서 발달을 위한 기본적인 욕구이다. 애착 외에도 모든 인간이 전 생애에 걸쳐 계속해서 가지는 다른 정서적 욕구가 있다. 아들러(Adler, 1917)는 힘, 주목, 수용을 인간이 자신을 중요하게 여기고 소속감을 느끼기 위해 필요로 하는 기본적인 욕구로 보았다. 이런 욕구가 충족될 때, 사람들은 자신에 대해 긍정적으로 느끼고 긍정적인 방법으로 타인과 상호작용을 하는 경향이 있다. 이것은 아이들에게 자신이 세상에서 중요한 존재라는 것을 한층 더 확신시키는 긍정적인 상호작용의 사이클을 만들어낸다. 이러한 욕구가 충족되지 않았을 때는 반대의 현상이 나타난다. 즉, 인간의 본성은 자신을 중요하게 생각하지 않은 사람을 자신이 원하는 수용과 승인으로부터 한층 더 멀어지게 하는 방식으로 행동하게 한다. 이러한 욕구는 아이들뿐만 아니라 어른에게도 적용된다.

① 힘

자기 행동의 주인이 되고자 하는 욕구는 개인적인 힘(personal power)이라고도 불리는 것으로 자신을 중요하게 생각하는 데 있어 핵심이 된다(Adler, 1917). 자신의 행동에 대해 과도한 외적 통제를 경험한 아이나 어른들은 충족되지 않는 힘의 욕구를 가지게 된다. 충족되지 않은 힘의 욕구는 사람들이 두목처럼 행동하고 타인을 통제하도록 만들며 이들을 압도하여 좌절하게 하거나 화나게 한다. 발끈하는 것은 가끔 무력감을 느낄 때 나타난다. 당신은 아이들이 중요해 보이지 않는 것을 해야 한다고 들었을 때 소리 지르고 울기 시작하는 것을 보았을 것이다.

아이들과 많은 시간을 보내 본 사람이라면 아이들이 다음과 같은 말을 하는 것을 들어보았을 것이다. "내가 할 필요 없어!", "우리 엄마가 말했어!", "네가 내 보스가 아니잖아!" 이런 말들은 아이들이 개인적인 힘을 얻으려 하고 있다는 것을 보여주는 명확한 증거이다. 이러한 힘에 대한 욕구는 아이들이 놀이하는 것을 볼 때 종종 관찰된다. 천하무적, 통제와 같은 주제는 아이들에게 아주 매력적이다. 불행히도 이런 놀이는 종종 폭력적이고, 아이들이 집이나 동네 또는 뉴스에서 보았던 폭력을 반영한다. 이런 폭력적인 주제로 놀이를 할 가능성이 가장 높은 아이들은 스스로를 가장 무력하고 가장 상처받기 쉬운 존재로 생각하는 아이들이다(Levin & Carlsson-Paige, 2005).

어린 아이들은 특히 힘에 대한 욕구가 충족되지 않을 때 상처받기 쉽다. 자기 힘으로 결정을 내릴 수 있는 경우가 거의 없기 때문이다. 이것이 아이들에게 가능한 한 자주 선택의 기회를 주고, 아이들에게 허용되지 않은 것을 단순히 말하기보다는 아이들에게 허용된 활동 쪽으로 방향을 안내하는 것이 중요한 또 다른 이유이다. 아이들에게 선택하게 할 때, 너무 많은 선택지를 주어 아이들이 압도되지 않도록 두 가지 선택지만 제공하는 것이 좋으며, 이 두 가지 선택지는 당신과 아이 모두에게 확실히 수용 가능한 것이어야 한다. 아이들이 원치 않는 선택지를 제공하고 그 중 하나를 선택하도록 강요하는 어른들이 많이 있다. 이것은 진정한 선택이 아니다. 힘에 대한 욕구가 충족된 아이들은 다른 아이들과 잘 지내기가 훨씬 쉽다.

② 주목

자신이 중요하고 사회적으로 인정을 받고 있다는 것을 나타내는 중요한 지표는 다른 사람들이 당신에게 주목하느냐의 여부이다. 무시당하는 것은 고통스럽다. 그것이 당신을 하찮게 느끼도록 만들기 때문이다. 누군가가 당신의 말에 귀를 기울이도록 하고 당신이 하는 일에 관심을 가지도록 하는 것은 아주 타당하다. 안타깝게도, 많은 어른들은 아이들에게 원하는 것을 얻기 위해 잘못된 행동을 하도록 무의식적으로 가르친다. 어른들은 다른 아이들과 잘 지내고 있거나 생산적으로 자기 일을 하고 있는 아이들에게는 주목하지 않다가 문제가 있을 때만 주목을 한다. 이는 많은 아이들이 긍정적인 방식으로 주목을 받는 방법을 모르며, 따라서 부정적인 방법으로 주목을 받고자 노력한다는 것을 의미한다. 흥미롭게도, 사람들의 주목에 대한 욕구는 아주 강해서 다른 사람들이 자신을 무시하기보다는 자신에게 화라도 내길 원한다.

사례 2-14

 단체 활동 시간에 영표가 선생님이 자신을 지목해 주기를 바라면서 자리에 앉아 손을 열심히 흔들고 있다. 영표는 선생님의 질문에 대한 정답을 다 알고 있었지만 그것을 말할 기회를 한 번도 가지지 못했다. 영표는 다른 아이들이 틀린 답을 말하는 것을 듣고 있는 게 너무 괴로웠다. 영표는 더 이상 선생님이 자기 이름을 불러 줄 때까지 기다리지 않기로 마음먹고는 선생님이 다음 질문을 했을 때 그 문제에 대한 답을 큰 소리로 말해 버렸다. 그러자 박 선생님이 대답 전에 손을 들어야 하는 규칙을 어겼다고 영표를 혼냈다. 그리고는 그를 타임-아웃 의자에 앉아 있도록 했다. 타임-아웃 의자에 계속해서 혼자 앉아 있던 영표는 지난 주 수업시간에 심었던 나무를 보게 되었다. 몇 그루의 나무는 싹을 틔우고 있었는데 영표는 그 중에 몇 개를 따버렸다.

아이들이 하는 행위를 본 후에 당신이 본 것에 대해 판단 없이 이를 언급하는 것은 아이들의 주목 욕구를 충족시켜주는 데 큰 도움이 된다. 보호자는 아이들이 우리의 주목을 요구하거나, 바람직하지 않은 행동으로 관심을 얻도록 하는 대신에 자신이 본 아이들의 행동을 단순히 말함으로써 아이들과 관계를 구축할 수 있다(Bailey, 2015). 앞에 제시된 사례에서, 도 선생님은 민수를 주목하고 민수와 관계를 구축하기 위해 이 기법을 사용했다.

③ 수용

다른 사람들에 의해 수용되는 것은 또 하나의 인간의 본질적인 욕구이다. 다른 사람들이 자신과 같이 있고 싶어 하도록 행동하는 사람이 있는가 하면, 이와 정반대로 행동하도록 하는 사람이 있다. 어린아이들은 일반적으로 다른 사람의 감정에 대한 이해가 부족하며 이 때문에 아이들의 행동은 종종 거절당한다. 어린아이들을 담당하는 교사는 아래와 같은 상황을 여러 번 경험했을 것이다. 당신은 아이들이 더욱 유용한 전략을 배우도록 도울 준비를 해야 한다.

사례 2-15

 인철이는 자기보다 나이가 많으며 많은 아이들이 따르는 영탁이와 놀고 싶었다. 그래서 영탁이에게 뛰어가서는 그에게 힘차게 부딪혔다. 영탁이는 인철이의 행동을 우호적인 행동으로 보지 않았다. 그래서 그는 인철이를 확 밀쳤다. 인철이는 벽에 부딪혀 넘어졌고 슬프게 울었다. 인철이가 운 것은 벽에 부딪혔기 때문이기도 하지만 영탁이에게 거부를 당했기 때문이기도 했다.

(3) 문제 행동의 동기

드라이커스(Dreikurs, 1964)는 아동의 행동을 구체적으로 논의하기 위해 인간의 기본적인 욕구에 대한 아들러의 이론을 확장하였다. 드라이커스는 아이들은 자신의 욕구를 충족시키기 위해 종종 무의식적으로 문제 행동을 한다고 가정한다. 이를 좀 더 구체적으로 설명하면, 행동 문제는 힘, 주목, 보복에 대한 욕구나 실패를 피하려는 시도의 결과라는 것이다. 실패의 회피는 아동이 어떤 시도를 완전히 중단하는 것을 의미한다. 이것은 개인적 욕구를 충족시키기 위한 그동안의 시도에서 너무 많은 실패를 경험한 결과이고 성공에 대한 희망이 없다는 것을 확신하게 된 결과이다. 아이들은 또한 자신의 감정을 조절할 수 없을 때 문제 행동을 하게 된다. 자신의 감정을 이해할 수 없고 그것을 사회에서 수용되는 방식으로 표현하는 기술을 가지고 있지 않을 때 아이들은 종종 행동 문제를 야기한다.

4 정서 조절과 정서적 유능감

정서 조절은 자기 자신의 감정을 지각하고, 다양한 상황에 대처하기 위해 그 감정을 모니터하고 수정하며 적절한 방식으로 표현하는 능력을 말한다(Denham, Bassett, & Zinsser, 2012). 정서조절 능력을 개발하게 되면, 아이들은 자신의 기분을 확인하여 그것을 타인에게 말로 표현할 수 있게 되고, 자신의 감정이 높고 낮음에 따라 적절하게 대처할 수 있게 되며, 필요할 때 충동적인 행동을 자제할 수 있게 된다. 아이들은 또한 정서조절 기술을 개발함에 따라 만족을 지연시키고, 어떤 행동을 하도록 동기를 부여하는 것을 배우게 된다. 정서적 유능감은 정서 조절을 확장한 것이다. 정서적으로 유능한 아이들은 자신과 타인의 감정을 안다. 그들은 또한 사회적 단서를 읽어 타인에게 공감을 보여줄 수 있다(Gordon, 2009; Gottman, 1997).

정서적 유능감을 개발하는 데는 시간이 걸리며, 배워야 할 것이 많다. 좌절을 다루는 법, 두려움과 불안에 대처하는 법, 기쁨을 적절한 방식으로 표현하는 법을 배우는 것은 정서 조절을 개발하는 가장 중요한 측면 중 몇 가지이다. 유감스럽게도, 어떤 사람들은 성인이 되어서도 이런 기술을 숙달하지 못한다. 아마도 당신은 자신의 분노를 통제할 수 없는 어른을 최소 한 명은 알고 있을 것이다. 자신의 분노와 불안에 압도되어 있는

뇌와 신경체계가 성숙함에 따라 아이들은
자신의 정서를 더 잘 통제할 수 있다.

친구가 있는 사람도 있을 것이다. 우리는 자신의 감정을 몇 가지 방식으로 규제하는 능력을 개발한다. 개인의 유전적 특성, 두뇌 발달, 기질 및 애착은 우리의 정서조절 능력에 영향을 준다(Macklem, 2010). 이것은 정서를 조절하는 우리의 능력이 환경의 영향만 받는 것은 아니라는 것을 의미한다. 정서적 유능감 발달에는 기질이 중요한 역할을 한다. 만약 부정적인 기분과 강한 반응 스타일이 유미의 기질적 특성이라면, 유미가 자신의 정서를 조절하는 것을 배우는 것은 순한 기질의 아동에 비해 훨씬 어려운 일이 될 것이다.

기질 이외에 보호자와 안정 애착을 형성하는 것 또한 정서적 유능감의 발달에 영향을 주는 가장 중요한 요인 중의 하나이다. 보호자와의 신뢰를 바탕으로 하는 안정된 관계를 통하여 아이들은 자신의 감정뿐만 아니라 자기 주변의 다른 사람들의 정서도 이해하기 시작한다. 앞서 논의한 바와 같이, 안정 애착은 아이의 정서를 인정해 주고 필요할 때 위안을 주는 반응적인 성인과 관련이 있다. 이런 식으로, 아이는 보호자로부터 공감을 경험하고 정서 조절을 발달시키는 데 있어 아주 중요한 요소인 다른 사람에 대한 공감을 표현하는 법을 배우기 시작한다(Perry, 2011).

사례 2-16

 어린이집에는 아이들이 밖으로 놀러 갈 때 탈 수 있는 세발자전거가 네 대 있다. 문이 열리자, 은주는 세발자전거를 타기 위해 뛰어갔다. 하지만 다른 아이들이 자전거를 이미 차지하고 난 후였다. 은주는 울기 시작했다. 조 선생님은 이 상황을 가르침의 기회로 인식했다. 조 선생님은 은주 옆에 무릎을 꿇은 채로 말했다. "자전거를 탈 수 없어 슬픈가 보구나." 은주는 선생님의 말에 동의

하고는 더 큰 소리로 울었다. 선생님은 은주에게 말했다. "정말 자전거가 타고 싶었는데 타지 못하고, 네 차례를 기다리게 되었네." 선생님은 은주를 꼭 안아주었고 은주랑 같이 잠시 앉아 있었다. 은주가 좀 진정되기 시작했고 선생님은 이 순간이 은주가 문제해결 기술을 배우도록 도움을 줄 기회라고 생각했다. 선생님은 물었다. "은주야! 여기서 네 순서가 될 때까지 기다릴래, 아니면 기다리는 동안 다른 놀이를 찾아볼래?" 은주는 주변을 둘러보았다. 그리고는 자기 차례를 기다리는 동안 사용할 분필을 잡으러 뛰어갔다. 은주는 선생님에게 차례를 기다리는 동안 함께 바닥에 그림을 그릴 것을 요청했다.

정서조절 기술을 가르치는 것에 덧붙여, 보호자는 또한 정서적 유능감을 위한 모델 역할을 한다. 아이들은 자기 주변 아이들에 대한 관찰을 통해 자신의 기분을 확인하고, 그것을 말로 표현하는 것을 배운다.

많은 연구가 학업 성적은 정서조절 기술을 배우는 것과 연관이 있음을 보여준다(예; Denham, Bassett, & Zinsser 2012; Graziano, Reavis, Keane, & Calkins, 2007). 스트레스 상황에 놓이게 되면, 배우는 것을 기억하고 이해하기가 더 어렵다. 아이든 어른이든 스트레스원에 충동적으로 반응을 보이게 되면, "편도체"라고 알려진 뇌의 "투쟁-도피" 영역이 기능하게 된다. 편도체는 우리가 제대로 된 결정을 하고 있는지 고려할 새도 없이 우리의 즉각적이고 격한 반응을 감지된 위협의 일종으로 받아들인다(Cozolino, 2006; Goleman, 2011). 성장하면서 정서 조절 기술을 배워감에 따라, 아이들은 정서적 상황을 다루기 위해 점차 전두엽에 있는 뇌의 사고 영역에 관여할 수 있게 된다. 전두엽으로부터 작동할 때, 아이들은 문제를 해결하고 새로운 기술을 배울 수 있다. 아이들은 또한 자기 주변 사람들의 정서를 이해하기 시작함에 따라 또래와 더 잘 협력할 수 있다. 학교가 아이들의 정서적 유능감을 개발하도록 돕는 데 초점을 두면, 학업 성적이 향상되고, 또래 및 교사와의 관계의 질이 향상되며 행동 문제도 감소한다(Macklem, 2010).

(1) 아이들의 정서적 유능감 개발 돕기

아이들은 성장함에 따라 성인의 도움으로 사회에서 수용되는 방식으로 행동하는 것을 배운다. 이미 언급한 바와 같이, 정서적 유능감의 발달에는 애착이 중요하다. 그러므로 학급의 아이들과 긍정적이고 지지적인 관계를 형성하는 것이 아이들의 정서 발달을 돕는 첫 번째이자 아마도 가장 중요한 조치일 것이다. 아이들이 당신을 신뢰하게 되면 자신의 감정을 훨씬 더 쉽게 당신에게 표현할 수 있을 것이다. 안정 애착을 경험하지 못한 아이들의 경우, 수용 가능하고 건강한 방식으로 자신의 감정을 표현하는 것을 배우는 것이 쉽지 않을 것이다. 당신이 첫 번째 조치로 아이들과의 관계를 구축하는 데 힘쓴다면, 아이들의 정서적 유능감 또한 점차 발달하기 시작할 것이다.

아이들이 정서조절 기술을 개발하도록 돕는 데는 많은 방법이 있다. 자신의 감정을 인식하고 그것을 건강한 방식으로 다루는 방법을 가르치는 것을 감정 코칭이라고 한다 (Gottman, 2004). 교사 중에 최고의 감정 코치가 있다. 당신의 감정을 인식하고 정서적 건강을 돌보는 것이 감정 코칭을 위한 토대가 된다. 모든 감정은 수용 가능하지만 모든 행동은 그렇지 않다는 것을 자신과 아이들에게 상기시켜라. 자신의 감정을 표현하는 방식에 대해 아이들과 이야기를 나누고 교실에서의 행동에 대한 명확한 한계를 설정하라. 책과 이야기 속 등장인물의 감정을 확인하고 인형을 가지고 하는 역할놀이에서 아이들이 그들의 감정을 표현해 보도록 하라. 당신은 교실에 감정 단어나 얼굴 표정으로 시각적 단서를 둘 수 있다. 느낌을 표현하기 위해 아이들이 그림으로 그리거나 자신의 메타포를 구성하는 것을 허락하는 것이 도움이 될 수 있다. 이것은 제한된 언어 능력을 가진 아이들의 경우 특히 그러하다. 또래와의 갈등 상황에서 상대방 아이의 얼굴 표정에 대해 묻거나 지적하면서 아이들의 감정에 대해 이야기하고 아이들이 표현하고 있는 감정의 이름을 말해 보도록 도와라. 이러한 코칭 기법은 아이들이 상대방의 감정을 읽고 공감하는 것을 배우는 데 도움이 된다.

아이가 고통에 빠져있을 때, 아이가 정서적 유능감을 개발하도록 돕기 위해 당신이 따를 수 있는 간단한 감정 코칭 단계가 있다. 먼저 판단하거나 비난하지 말고 아이의 감정에 귀를 기울여라. 그런 다음, 아이가 자신의 감정을 말로 표현하도록 도와라. 아이가 미래를 위한 감정 단어를 개발하는 데 도움이 된다. 누군가가 자신의 감정에 귀 기울여주고 자신이 느끼는 감정에 대한 라벨을 갖게 되는 경험을 하면 아이들은 종종 자신의 고통에서 벗어날 수 있게 된다.

〈표 2-2〉 정서 코칭 기법

- 아이들과 개별적으로 긍정적이고 존중하는 관계를 구축하라.
- 정서에 대한 논의를 교육과정으로 통합하라.
- 아이들의 감정을 인정하라(최소화하거나 무시하지 마라).
- 아이들이 자신의 감정을 자신이 이해하는 말로 표현하도록 도와라.
- 자신의 감정을 적절하게 표현하는 방법을 시범을 통해 보여주어라.

만약 아이가 계속 고통스러워한다면, 당신은 그 아이가 문제에 대한 적절한 해결책을 찾도록 도울 수 있는 아주 좋은 기회를 갖게 된다. 또 하나의 강력한 도구는 아이들에 대한 당신 자신의 감정을 인식하고 심호흡을 깊게 하거나 개인적으로 조용한 시간을 가지는 것과 같이 당신 자신을 진정시키기 위한 기법을 시범을 통해 보여주는 것이다. 〈표 2–2〉에 정서 조절을 가르치기 위해 당신이 사용할 수 있는 전략 몇 가지를 제시하였다.

아이들의 감정을 인식하고 수용하는 것은 시간이 많이 걸릴 수 있다. 많은 경우 우리가 느끼는 분노는 자신을 이해해주는 누군가에게 표현하고 나면 다루기가 쉬워진다. 아이의 감정을 최소화하거나 비난하거나 부인하지 말고 아이가 그러한 감정을 느낄 시간과 공간을 제공하라. 어떤 감정도 제지당하지 않을 것이며 단지 어떤 행동만 금지될 것이라는 메시지를 계속해서 전달하라. 당신은 행동의 제한을 강제할 수 있다. 하지만 아이의 감정은 타당한 것으로 인정하라. 아이의 언어적·비언어적 감정 표현에 귀 기울이고 아이들이 자신의 감정을 정확한 말로 표현할 수 있도록 도와라.

사례 2–17

> 　유미와 보라가 소꿉놀이를 하고 있다. 유미가 엄마 역할을 맡았다. 보라는 이제는 자기가 엄마 역할을 해야 한다고 생각했다. 그런데 자기 차례가 끝나지 않은 유미가 계속해서 아기 바구니를 가지고 놀고 있다. 보라는 아기 바구니를 잡아챘고 그 과정에서 유미를 넘어뜨렸다. 민 선생님이 이들에게 다가가자 유미가 선생님에게 "나는 보라가 미워요. 보라는 비열해요." 라고 말하면서 울었다. 선생님이 손으로 유미의 어깨를 감싸면서 유미 옆에 앉아서는 말했다. "보라가 네 아기 바구니를 뺏어가서 보라에게 몹시 화가 났구나. 선생님도 정말 갖고 싶은 것을 누군가 가져가면 몹시 화가 난단다. 선생님이랑 같이 보라에게 가서 유미야! 네 차례가 끝나면 내가 아기 바구니를 가지고 놀 거라고 말하자."

민 선생님은 보라의 감정도 인정했다. "우리 보라 지금 당장 아기 바구니를 가지고 놀 수 없어 슬프구나. 기다린다는 것이 때론 힘들지. 슬퍼해도 괜찮아. 하지만 다른 친구의 장난감을 뺏어가는 것은 옳지 않아. 다음번에는 보라가 물어보거나 순서를 기다릴 거라고 선생님은 믿어."

정서 조절을 발달시켜감에 따라, 아이들은 조그만 실망에는 울지 않아야 한다는 것을 배우고, 화가 났을 때 자신을 진정시키는 법도 배운다. 아이들은 또한 충동적인 행동을 통제하는 능력도 습득한다. 충동 통제는 아동이 자신이 원하는 것에 대한 즉각적인 만족을 지연할 수 있어야 한다는 것을 요구하는 차례 지키기와 같은 사회적 기술을 위해 필요하다. 은지는 어머니가 자기를 바닥에 내려놓았을 때, 우는 대신에 자기의 엄지손가락을 입안에 넣었는데, 이것은 은지가 자신을 진정시킬 능력을 보여주는 것이다. 동수는 슬라이드를 탈 때 자기 차례를 기다렸는데, 이것은 그가 만족을 지연할 수 있음을 보여주는 것이다. 민호의 비표현적 스타일은 *그가* 정서 조절에 대한 자기 가족의 문화적 기준을 배웠다는 증거이다.

5 결론

아이들의 신체적·정서적 욕구는 그들의 행동에 영향을 미친다. 훈육 문제를 다루기 위해 아동발달에 대한 이해가 필요하다. 많은 요인이 아동의 정서 발달에 영향을 준다. 아이들의 독특한 기질과 애착 경험은 정서를 이해하고 조절하는 아이들의 능력에 중요한 역할을 한다. 아이들은 자신의 기본적인 욕구를 충족시키고, 정서적 유능감을 개발함에 있어 자신을 지원해 줄 반응적인 부모와 교사가 필요하다. 자신의 감정을 확인하고 조절하기 위한 지도를 받음에 따라, 아이들은 다른 사람을 보살피고 다른 사람과 협력하는 것을 배워나간다.

6 요약

- 신체 발달과 정서 발달의 중요한 요소는 움직임과 음식물에 의해 촉진된다. 하루 일과 동안에 아이들의 두뇌 및 인지 발달 그리고 교실에서의 적응적인 행동을 증진시키기 위해서는 움직임과 음식 섭취를 위한 시간이 자주 필요하다.
- 아이들의 행동은 부분적으로 그들의 기질과 살아온 경험에 기초한다. 아이들은 자신의 고유한 발달에 근거하여 상이한 능력을 가지게 된다. 문제 행동을 예방하고 배움에 어려움이 없도록하기 위해서는 개별 아동의 구체적인 욕구를 충족시키기 위해 환경과 자신의 교수법을 조정해야 한다.
- 집에 믿을만한 보호자가 없는 아이들은 심각한 행동 문제를 가질 수 있다. 긍정적

이고 이해심이 많은 교사는 애착 문제가 있는 아이들이 타인을 신뢰하도록 배우고 건강한 관계를 위한 기초를 구축하도록 도울 수 있다.

- 아이들에게 그들의 감정에 해당하는 말을 해주고, 감정을 건강한 방식으로 표현하는 방법을 가르치는 것은 정서적 유능감을 촉진시키고 행동 문제를 예방할 것이다.

7 논의 및 숙고

1. 당신이 잘 아는 사람들을 떠올려 보라. 그들 중에 이 장에서 기술되어 있는 불안정 애착의 신호를 보여주는 사람이 있는가? 그 문제가 그들의 사회적 상호작용에 어떻게 영향을 주는가?
2. 당신 자신의 감정을 관찰하라, 그 감정에 이름을 붙인 다음, 누군가와 그것에 대해 말해보라.

8 도전

3. 해결해야 할 문제: 1학년인 철수는 수업 시간에 선생님이 부과한 쓰기 과제는 하지 않고 의자를 이리저리 돌리면서 다른 아이들의 주의를 산만하게 하고 있다.
   a. 이런 행동의 원인은 무엇인가?
   b. 다양한 원인을 어떻게 다룰 수 있을까?
   c. 이런 문제가 발생하지 않도록 하려면 어떻게 해야 할까?

9 현장 활동

4. 아주 오랜 시간 동안 조용히 앉아 있지 못하는 유아에 주목하면서 유아교육기관을 관찰해 보라. 성인이 아동발달의 이런 특징을 잊어버리면 어떤 문제가 발생하겠는가?

5. 이 장에 제시하였던 서로 다른 기질에 주목하면서 유아들을 관찰하라. 아이의 현재 기분과 그 아이의 기질 간에는 어떤 차이가 있는가?

6. 이 장에 기술되어 있는 정서적 자율성의 표현에 주목하면서 걸음마기 아이를 관찰하라. 어른들은 어떻게 반응하는가? 정서 발달의 이러한 특징에 대한 당신의 이해에 기초하여 당신이 권하는 반응은?

7. 실제로 무언가를 해보고자 하는 소망을 나타내는 표현에 주목하면서 취학 전 아이들을 관찰하라. 처해 있는 환경이 이들의 욕구를 충족시켜 주는가? 이들의 주도성 발달을 돕기 위해 어떤 변화를 줄 수 있겠는가?

🔟 추천도서

Bailey, B. (2015). *Conscious discipline building resilient classrooms*. Oviedo, FL: Loving Guidance.

Bruce, N., & Cairone, K., with the Devereux Center for Resilient Children (2011). *Socially strong, emotionally secure: 50 activities to promote resilience in young children*. Lewisville, NC: Gryphon House.

Goleman, D. (2011). *The brain and emotional intelligence: New insights. North Hampton*, MA: More Than Sound, LLC.

Perry, B., & Szalavitz, M. (2011). *Born for love: Why empathy is essential and endangered*. New York: HarperCollins.

Siegel, D. J., & Bryson, T. P. (2011). *The whole brain child: 12 revolutionary strategies to nurture your child's developing mind*. New York: Delacorte Press.

Siegel, D. J., & Bryson, T. P. (2012). *No-drama discipline: The whole-brain way to calm the chaos and nurture your child's developing mind*. New York: Bantam Books.

제3장
인지 및 사회성 발달과 훈육

학습 목표

- 어린 아동의 사고가 성인의 사고와 어떻게 다른지를 기술하기 위해 인지 발달에 대한 이해를 적용할 수 있다.
- 아동의 사회적 기술 발달을 조력하는 지도 기법을 활용할 수 있다.
- 문화적 차이, 사회경제적 차이, 성차와 같은 개인차에 맞추어 아이들의 기대를 수정할 수 있다.

아동은 성인의 축소판이 아니다. 이 아이디어가 유아 교육의 핵심이며 학습에 대한 구성주의적 관점의 기초가 된다. 아동이 성인의 축소판이 아니라는 것은 아이들이 보호와 교육 시 고려되어야 할 독특한 요구를 가지고 있다는 것을 우리에게 상기시켜 준다. 이 말은 또한 아이들의 사고는 우리와 같다고 가정하는 성인의 자기중심성에 경고를 한다. 어린 아이들을 가르치는 것은 큰 도전이다. 어린 아이들은 성인과 매우 다른 현실에 대한 견해를 가지고 있는데, 성인이 이러한 사실을 이해하고 기억하는 것이 매우 어렵기 때문이다.

사례 3–1

> 광수가 블록 놀이 영역에 가서 거기에 이미 나와 있는 블록을 쌓기 시작했다. 그런데 용우가 갑자기 광수가 자기가 만든 요새를 망가트렸다고 고함을 지르며 광수에게 달려가서는 그를 블록에서 떼어놓으려고 잡아당기고 있다. 이 상황에서 교사는 어떻게 해야 하나? 이 장에서 답을 찾아보자.

이 장에서 우리는 아이들의 발달 수준이 그들의 행동에 어떻게 영향을 미치는지, 그리고 그것이 아동과의 상호작용에 어떤 영향을 주어야 하는지에 대한 검토를 계속해 나갈 것이다. 신체 발달과 정서 발달에 대해서는 이미 살펴보았기 때문에, 여기에서는 아이들의 사고방식이 그들의 행동과 당신의 훈육 결정에 어떤 영향을 미치는지에 대해 검토한다. 아이들의 인지 발달과 사회성 발달에 대한 정보는 당신의 생활지도 및 훈육에 많은 도움을 줄 뿐만 아니라 당신이 보다 효과적인 교사가 되는 데도 도움을 줄 것이다. 아이들의 사회적 기술과 학업 성적 간에는 밀접한 관계가 있다는 것이 점차 명확해지고 있다(Lake, Al Otaiba, & Guidry, 2010). 발달의 모든 영역은 서로 뒤얽혀 있기 때문에 이 장에 제시된 정보는 2장의 신체 및 정서 발달에 대한 논의를 기반으로 한다.

1 인지 발달과 행동

1896년에 태어난 비고츠키(Vygotsky)와 피아제(Piaget)는 인지 발달 이해에 큰 기여를 한 대표적인 두 학자이다. 이들은 지식이 외부로부터 수동적으로 받아들이는 것이 아니라 학습자에 의해 능동적으로 구성됨을 강조한다. 이런 점에서 이들을 구성주의자로 분류된다(Bodrova & Leong, 2007). 그러나 이들 중 아무도 다른 사람으로 부터의 투입이 불필요하다고 생각하지 않았다. 이 두 사람 모두 이해력 발달에 사회적 상호작용이 본질적인 역할을 함을 인정했다. 비고츠키는 사회적 경험이 사람이 어떻게 생각하고 세상을 어떻게 해석하느냐를 형성한다고 보았다(Gredler & Shields, 2008). 피아제는 학습자가 이해를 하기 위해 서로의 관점을 교환하는 과정에서 성인 및 또래와의 사회적 상호작용의 역할에 대해 자주 논의하였다. 피아제(1965)는 아동 간의 사회적 상호작용은 지능, 도덕성 및 성격 발달에 필요하다고 보았다.

피아제와 비고츠키는 또한 정보를 조직하는 과정이 학습에 중심이 된다고 보았다. 비고츠키(1962, 1978)에 의하면, 아이들은 처음에 정보를 마구잡이로 범주화 하지만 점차 정보 간의 관계에 대한 분석에 기초하여 정보를 정교하게 분류하게 된다. 피아제의 연구는 아이디어와 정보 간의 관계를 분류하기 위해 개인이 만들어 낸 논리-수학적 틀의 중요성에 초점을 두었다(예: Gordon, 2009; Kamii & Russell, 2010).

피아제와 비고츠키의 연구에 대해 일반적으로 알려진 것은 빙산의 일각에 불과하다. 피아제와 비고츠키는 각자 자신들이 수행한 연구 중 가장 이해하기 쉬운 한 가지 측면으로만 잘 알려져 있다. 비고츠키는 이 장에서 다룰 근접 발달 영역이라는 아이디어로 가장 잘 알려져 있고(Gredler & Shields, 2008), 피아제는 이해력과 사고력의 성숙 계열을 보여주는 단계 이론으로 알려져 있다. 비고츠키는 어린 아이들의 사고는 더 나이가 많은 아이들의 사고와 다르며 추상적 사고는 나중에 발달한다는 피아제의 견해에 동의한다(예, Bodrova & Leong, 2007; Perntimonti & Justice, 2010). 피아제는 비고츠키보다 훨씬 더 오래 살았고 연구자로서의 경력이 더 많았기 때문에, 피아제와 제네바 연구소의 동료 연구자들은 학습 과정에 대한 엄청난 양의 연구 자료를 축적할 수 있었다. 아동이 연구 대상이었기 때문에 이들은 아동의 사고에 대한 탁월한 관점을 제공해주었다.

(1) 어린 아이들의 사고는 다르다

피아제와 그의 동료들의 연구는 세상과 현실에 대한 아이들의 견해는 성인과 다르다는 것을 분명하게 보여준다. 아이들의 제한된 추론 능력은 그들의 제한된 경험과 결합하여 종종 성인의 논리와 불일치한 결론에 이르게 한다. 이런 상황은 종종 아이들을 문제에 빠지게 한다. 어른들은 아이들의 행동 중 자신들이 규칙 위반, 거짓말, 이기적이거나 사려 깊지 않음, 완전히 비이성적인 방식으로 행동함이라고 지각하는 것에 대해 화를 낸다. 문제를 더욱더 어렵게 만드는 것은 아이들은 자신이 어떤 잘못을 했는지 알지 못한다는 것이다. 인지 발달에 대해 피아제가 설명한 것을 이해하지 못하는 부모나 교사에게 이러한 행동은 이들을 정말 화나게 할 수 있다. 그러나 어린 아이들의 이러한 행동은 종종 지극히 정상적인 것이다.

피아제의 인지발달 단계에 대한 설명은 왜 어린 아이들의 사고가 우리와 많은 차이가 나는지를 이해하는 데 도움을 준다. 걸음마기 아이가 소파 뒤에 떨어진 장난감이 눈에 보이진 않지만 그 자리에 있다는 것을 알고 그것을 보기 위해 고개를 돌리기 위해서는 엄청난 양의 학습이 일어나야 한다. 마찬가지로, 보육기관에 맡겨진 걸음마기 아기가 엄마나 아빠 또는 할머니가 나중에 돌아올 것이라는 깨닫기 위해서는 많은 지적 성숙이 필요하다. 또한 취학 전 아동이 한 번에 한 가지 이상을 생각할 수 있기 위해서는 훨씬 더 많은 학습이 일어나야 한다. 예컨대, 취학 전 아동은 블록이 빨간색이고 둥글다거나 나와 친구가 서로 다른 생각을 가지고 있다는 생각을 할 수 없다. 초등학교에 입학해도 어른들처럼 생각할 수는 없다. 그들은 자신이 경험하지 않았던 것에 대해 생각할 수 없다. 예컨대, 그들은 '위험한 무언가를 한다면 어떤 일이 일어날까?', '누군가가 그들이 다른 사람에게 했던 것을 그들에게 한다면 그들은 어떻게 느낄까?'와 같은 생각을 할 수 없다. 이런 복잡한 영역에서 아이들의 학습을 스캐폴딩 하기 위해서는 인내심 있는 어른뿐만 아니라 성숙이 필요하다.

뇌 연구는 심리검사가 이전에 보여주었던 점진적인 뇌 발달의 생물학적 증거를 보여준다(예, Crone & Ridderinkhoff, 2011; Shonkoff & Phillips, 2001). 우리의 정신 능력은 유전과 경험의 조합을 통해 형성된다(Sousa, 2012). 출생 시 뇌는 수십억 개의 신경세포를 포함하고 있다. 하나의 신경세포는 우리가 평생 사용할 수 있는 것보다 더 많은 십만 개의 시냅스와 연결되어 있다. 이 신경세포는 수상돌기라고 불리는 상호 연결된 가지를 개발할 잠재력을 가지고 있다(Cozolino, 2006). 그러나 어느 수상돌기가 발달하고 얼마나 많은 수상돌기가 발달할지는 아이의 경험에 달려있다. 이 과정은 출생 시에 시작되고 자극이 부족하거나 너무 많은 부정적인 경험을 하게 되면 잠재적인 연결이 약해질 수 있기 때문에 어린 시절이 뇌 발달에 절대적으로 중요하다. 이러한 사실은 유아 교사에게 큰 책임을 지운다.

우리는 아이에게 지적 자극을 주고 싶어 한다. 하지만 아이가 현재 자신의 뇌 능력을 뛰어넘어 생각하도록 강요할 수는 없다. 게다가 그렇게 하려고 시도하는 것은 뇌 발달에 해로운 스트레스를 유발한다(Gunnar, Herrera, & Hostinar, 2009). 엘리스 호니그(Alice Honig, 2014)가 말했듯이, 우리는 개별 아동이 현재 할 수 있는 것을 알아내기 위해 탐정이 되어야 한다. 비고츠키의 비계설정과 근접 발달 영역 이론은 이 아이디어와 관련이 있다. 비계설정은 아이들이 현재 혼자서 할 수 있는 것보다 더 성숙한 방식으로 생각하고 행동하도록 돕는 것이다. 하지만 그것은 우리가 아이가 현재 보여주는 것보다 약간 더 높은 성숙 즉, 아이의 근접 발달 영역 내에서의 성숙을 목표로 할 때만 효과가 있다.

뇌 발달은 단지 학교공부를 할 수 있는 것에 관한 것이 아니다. 당신의 뇌는 또한 정서를 다루고, 의사결정을 하고, 지시 사항을 기억하고, 과제를 지속하고, 타인과 상호 관련을 맺는 능력을 개발해야 한다. 이런 기술을 집행 기능이라고 한다. 이러한 기술은 긍정적인 행동과 건강한 선택을 하는 데 필수적이다. 그들의 삶에서 중요한 사람들과의 강력한 배려 관계는 이 영역에서의 아이들의 발달에 아주 중요하다. 이 책의 2부에 제시된 모든 생활지도 방법은 집행 기능과 뇌 발달 영역에서의 아이들의 발달을 지원하는 데 중요한 요소이다.

(2) 규칙 어기기

아이들의 사고에 대한 피아제(1965)의 유명하고 광범위한 연구의 한 부분은 게임 규칙의 이해와 관련이 있다. 피아제는 구슬 게임의 규칙에 초점을 두고, 규칙에 대한 아이들의 견해는 나이에 따라 다르다는 것을 발견하였다. 어린아이들은 규칙을 따를 수 없었다. 하지만 규칙은 어른들이 부과한 것이기 때문에 아주 소중한 것으로 생각했다. 그럼에도 불구하고 이 아이들은 규칙을 따르는 것에 관심이 없는 것처럼 보였다고 피아제는 지적했다. 이들보다 나이가 상대적으로 많은 아이들은 상호 합의로 규칙을 자유롭게 변경할 수 있다고 생각했다. 그러나 정해진 규칙은 따라야 한다고 생각했다. 피아제는 이 개념을 타인에 의해 강요된 삶에 대한 지침(타율적인 규칙)과 스스로 도출해 낸 지침(자율적인 규칙) 간의 차이와 결부시켰다. 아이들이 스스로 지침을 도출해 내는 것은 그들이 자기 조절을 향해 전진하고 있음을 보여주고 있다.

아이들이 게임 규칙을 다루는 방식은 아이들이 어떻게 사회 규칙과 기대를 다루는가를 어른들이 이해하는 데 도움을 줄 수 있다(Piaget, 1965). 아이들이 하는 게임을 관찰해 보면 규칙에 대한 그들의 생각이 나이에 따라 변함을 발견할 수 있을 것이다. 민 선생님은 자신이 맡고 있는 3세 반 아이들이 게임의 규칙에 대해 생각하는 방식에 흥미를 느꼈다. 숨바꼭질 놀이를 할 때 아이들은 "나 여기 있다. 와서 찾아봐."라고 소리치는 경향이 있다. 달리기 경주를 할 때 아이들은 준비와 출발 신호를 기다리지 않는다. 경주 후에 누가 이겼냐고 물으면, 그들은 모두 자기가 이겼다고 말한다. 어린 아이들이 어른이 정해준 규칙에 따라 반응하는 것이 아니라 중요한 것에 대한 자신의 지각에 따라 반응한다는 것은 명백하다.

대부분의 취학 전 아이들은 게임의 경쟁적인 측면을 이해하지 못하거나 대처할 수 없다. 김 선생님이 4세 아이들과 음악 의자 게임을 처음으로 했을 때, 김 선생님은 게임을 구성하는 보다 나은 방법이 있음을 금방 간파했다. 놀이 중에 의자를 찾지 못해 더는 놀이에 참여하지 못하게 된 아이는 한없이 울었다. 김 선생님은 즉시 게임 규칙을 바꾸어 모든 아이들이 의자를 찾을 수 있도록 했다. 규칙은 아주 간단했다. 음악이 멈출 때 재빨리 의자를 찾아 그 자리에 앉으면 되었다. 중요한 것은 아무도 강제적으로 게임에 참여할 수 없게 되지 않는다는 것이다.

초등학교 아이들은 규칙과 이기는 것에 관심을 가졌다. 이기고자 하는 열망으로 아이들은 종종 규칙을 자의적으로 해석하려고 했고 자신에게 유리하도록 규칙을 바꾸기를 원했다. 장 선생님은 보드 게임의 불가피한 부분인 논쟁과 논의에 가치를 둔다. 장 선생님은 규칙에 관한 갈등을 해결하려는 학습은 아동들의 추론 능력을 향상하는데 도움이 된다는 것을 인식하고 있다. 장 선생님은 어린 아이들은 상대방의 입장을 고려하는 기회를 통해 협동에 관해 배울 수 있음을 알고 있다(예, Devries & Zan, 2012). 타인의 관점을 고려하는 것을 배움으로써, 아이들은 타인의 욕구와 부합하는 방식으로 행동하는 것에 대해 배운다. 이 교훈은 배우는 데 시간이 걸리고 사려 깊은 성인의 도움이 필요하나 훈육의 장기 목표의 중요한 부분이다.

놀이할 때든 교실에서든, 규칙을 위반한 아이들은 자신의 잘못을 이해하지 못한다는 것을 어른들이 아는 것이 중요하다. 어른들이 당연시하는 것 중 많은 것을 아이들은 모른다. 도덕성 발달에 대한 피아제(1965)의 연구는 어린 아이들은 왜 어떤 행동은 받아들여지고 어떤 행동은 받아들여지지 않는지를 이해할 수 없다는 것을 보여준다. 많은 행동 문제는 이해의 부족에서 비롯되며, 아이들은 정말로 자신이 잘못 행동했다는 것을 모른다. 피아제의 연구에 따르면, 교실에서 규칙을 어기는 행동을 줄이는 한 가지 방법은 교실에서의 행동 지침을 만드는 데 아이들이 기여할 기회를 주는 것이다.

우리가 원하는 것은 아이들이 왜 어떤 행동은 바람직하고 왜 어떤 행동은 바람직하지 않은지를 이해하도록 하는 것이다. 어른에 의해 부과된 엄격한 규칙은 이해에 도움이 되지 않는다. 이 때문에 우리는 규칙보다는 교실에서의 행동 지침에 관해 이야기하길 선호한다. 지침은 모든 사람이 원하는 것이 무엇인지를 전체적으로 보며 상황에 따라 융통성 있는 해석을 가능하게 한다. 지침은 그것을 만드는 데 아이들이 참여할 수 있고 아이들이 개별 지침에 대한 이유를 고려할 때 논의할 기회를 준다. 이 활동은 더 높은 수준의 도덕성 발달에 기여한다.

(3) 이기적으로 행동하기

부모와 교사는 다른 아이들과 물건을 공유하지 않는 아이들에게 몹시 화를 내는 경향이 있다. 그러나 공유하는 것을 배우는 데에는 지적 성숙이 큰 역할을 한다. 어린 아이들이 자신의 관점에서만 사물을 보는 것은 정상적이다. 인지 발달의 이런 측면은 타인과의 상호작용에 영향을 준다. 아이들이 또래의 감정을 간과하는 것은 그들이 반드시 사려 깊지 못하기 때문은 아니다. 영아와 걸음마기 아이들은 다른 사람도 감정이 있다는 것을 겨우 알며, 초등학교 1학년조차도 그들과 모순되는 의견이나 바람을 고려하는 데 어려움을 겪는다(DeVries & Zan, 2012; Selman, 1980). 어린아이들이 많은 갈등을 겪고 교사들이 그러한 갈등을 해결하는 데 많은 시간을 할애한다는 것은 놀랄 일이 아니다. 아동발달을 이해하고 있는 교사들은 이런 갈등 상황에서 화를 내지 않는다. 대신에 다음 사례에서 민 선생님이 한 것처럼 그 상황을 가르침의 기회로 사용한다.

사례 3-2

 진수가 모래 상자에서 혼자 조심스럽게 덤프트럭을 모래로 채우고 비우고 하면서 언덕을 만들고 있다. 문규는 진수 옆에서 장난감 불도저를 가지고 놀고 있다. 그러던 중 문규가 불도저가 다닐 길을 내기 위해 갑자기 진수가 만들어 놓은 언덕 위로 불도저를 몰고가 언덕을 부숴 버렸다. 진수가 울기 시작했고 문규를 때렸다.

　민 선생님이 방 건너편에서 이 장면을 지켜보았다. 그런 다음 다가가 그들을 달랬다. 선생님은 진수에게 "내 생각에는 왜 네가 화를 내는지를 문규가 모르는 것 같은데. 네가 왜 화가 났는지를 문규에게 말해 줄 수 있겠니?"라고 물었다. 그러나 진수는 너무 화가 나서 말을 하지 않았다. 선생님은 진수에게 시간을 더 주었다. 시간이 좀 흐른 후 진수는 문규가 자신이 만든 언덕을 만지는 것을 원치 않았다고 말할 수 있었다.

선생님은 어떤 아이도 서로의 의도를 고려하지 못했음을 알았다. 진수 생각에는 문규가 비열했고, 문규는 진수가 화를 낸 것에 대해 무척 놀란 눈치였다. 진수에게 자신의 생각을 말해 보도록 격려하면서 문규에게 그 당시 무엇을 하고 있었는지 설명해 보도록 했다. 그 결과 문규는 진수가 무엇을 하고 있었는지 몰랐고 도로를 만드는 데 도움을 주려고 한 것으로 나타났다. 선생님의 도움으로, 진수는 "도로를 원하지 않아, 난 언덕을 만들고 있었어."라고 말할 수 있었고, 이러한 사실을 알게 된 문규는 모래 상자 다른 편에서 기쁘게 도로 작업을 다시 하게 되었다. 두 아이 모두 평화를 되찾았다.

갈등은 교사가 아이들이 또래 친구들의 감정과 생각을 알도록 도울 수 있는 기회이다(Riley, San Juan, Klinkner, & Ramminger, 2008). 지식이 많은 교사는 다른 아이에게 사려 깊게 대하지 않았다는 이유로 아이를 비난하거나 죄책감이 들도록 하지 않는다. 그들은 이러한 행동이 아이의 나이에 맞는 행동임을 알고 있다.

오 선생님은 또한 자신의 느낌이 어떠한지를 서로에게 말하게 함으로써 자기중심성을 뛰어넘어 성장할 수 있도록 돕는다. 종종 선생님은 아이들이 자신을 표현할 수 있는 단어를 찾을 수 있도록 도움을 주기도 한다. 아이들은 자신의 감정을 건설적인 방식으로 전달하는 과정을 시연해 보이는 선생님을 통해 배운다. 이것은 교사가 평생에 걸쳐 사용할 수 있는 대인관계 기술을 가르치는 효과적인 지도의 한 측면이다. 다른 사람의 견해를 이해하는 아이들의 인지 능력이 향상됨에 따라, 그들의 사회성 발달 또한 증진된다. 다른 사람은 어떻게 느끼는지에 대해 생각하는 것을 배우는 것을 조망 수용이라 하며 이것에 대해서는 이 장의 뒷부분에서 언급할 것이다.

공유가 강제가 아닌 자발적인 선택일 때에만 아동은 관대해지는 것을 배울 수 있다.

목표는 자발적인 비이기심이다. 그러나 많은 어른들은 강제로 아이들이 자신의 것을 타인과 나누도록 한다. 부모와 교사는 종종 아이들에게 자신이 소중히 여기는 물건에 대해 관대해야 한다고 말한다. 그러나 자신들이 말하는 만큼 그렇게 관대한 어른은 드물다. 당신은 잘 알지 못하는 사람에게 그 사람이 차가 없다고 해서 새로 구입한 차를 빌려주겠는가? 왜 현정이는 민아에게 자전거를 타 보도록 해야 한단 말인가? 현정이가 자발적으로 공유하도록 준비시키기 위해서는 현정이의 자전거에 대한 소유권과 자전거를 타 보도록 할 것인가 말 것인가를 결정할 권리가 먼저 존중되어야 한다. 아이들은 종종 공유를 무언가를 영원히 주는 것으로 이해한다(Landy, 2009). 아이들의 관대함은 준 물건을 되돌려 받을 수 있다는 확신을 통해 증가한다. 공유가 자발적으로 이루어질 때만 아이는 관대한 선택을 할 수 있다. 어떤 한 개인의 소유물이 아닌 학급 물건에 대해서도 소유권은 존중되어야 한다.

(4) 거짓말하기와 훔치기

우리 사회는 거짓말하고 훔치는 것을 심각하게 받아들인다. 그것은 도덕적인 문제일 뿐만 아니라 법적인 문제이다. 아동발달에 대한 지식이 없는 성인은 대개 자신의 역할이 거짓말하고 훔치는 아이를 벌주는 것이라고 생각하지, 그러한 행동이 성숙과 연관되어 있고 어린아이에게는 자연스러운 행동이라는 것은 깨닫지 못한다(Ahern, Lyon, & Quas, 2011). 아동의 경우, 자기중심적이라는 것(자신의 관점으로만 사물을 보는 것)은 어떤 것의 사실 여부가 본인의 바람이 어떠하냐에 달려있고, 어떤 것의 소유 여부는 그 사람이 본인이 그것을 원하느냐의 여부에 달려있다는 것을 의미한다. 이러한 믿음이 아이들은 참이라고 생각하는 거짓말을 하도록 만들고, 자기 소유가 아닌 것을 죄책감 없이 가져가게 만든다. 아이들이 어떻게 사고하는지를 아는 성인은 아이가 이런 상황을 통해 무언가를 배우도록 도움을 줄 수 있다. 만약 당신이 거짓말을 속이려는 의도를 가지고 의식적으로 거짓 진술을 하는 것으로 정의한다면, 당신의 이해에 도움이 될 것이다. 그런 종류의 거짓말은 걸음마기의 아기보다 지적으로 더 성숙할 것을 요구하며, 취학 전에야 가능하다. 어린아이들이 하는 거짓말 중 상당 부분은 자신을 더 커 보이게 하거나 더 중요하게 보이게 하기 위한 "과장된 이야기"의 범주에 속한다.

보라가 선생님에게 자기가 다음 주에 영주랑 에버랜드에 간다고 말했을 때, 민 선생님은 그것이 사실이 아니라는 것을 알고 있었지만, 그의 말을 이해하고 공감적으로 반응할 수 있었다. "에버랜드에 정말 가고 싶은가 보구나." 이러한 반응은 보라가 자신에 대해 나쁜 감정을 가지지 않은 채 자신이 소망하는 것과 현실을 구분할 수 있도록 돕는다. 보라가 현실과 환상을 구분하는 데 어려움을 겪는 것은 특이한 일이 아니다. 피아제(1965)는 어린아이들이 정말로 거짓말의 본질을 이해하지 못한다는 것을 발견했다. 자신의 연구에 참여했던 6세 아이조차도 정직한 실수와 의도적 거짓 간의 차이를 구분하지 못했다. 아이들의 사고에 대한 피아제의 연구는 왜 어린아이에게 성인의 논리를 설명하는 것이 통하지 않는지를 교사와 부모가 이해하는 데 도움을 준다. 우리는 주로 피아제가 전조작기라고 부르는 시기를 다룬다는 것을 기억하라. 전조작기는 아이들이 한 번에 하나(즉, 타인의 욕구 혹은 자신의 욕구)에 대해서만 생각할 수 있고, 논리적 사고를 할 수 없다는 것을 의미한다. 그러므로 어린아이들을 있는 그대로 수용하라.

어린아이들은 자신의 잘못된 행동을 부인하기 위해 거짓말을 할지도 모른다. 하지만 그 거짓말로 자신의 잘못된 행동을 숨기는 방법은 이해할 수 없다(Evans, Xu, & Lee, 2011). 예컨대, 은하가 말로는 그림 그리는 붓을 숨기지 않았다고 할지라도, 당신에게 붓이 있는 정확한 장소를 말함으로써 붓을 숨겼다는 사실을 누설할지도 모른다. 이러한 유형의 상황에서 적절하게 반응하는 핵심은 행동을 도덕적 문제가 아닌 발달적 문제로 인식한 후, 아이에게 행동의 결과에 대한 비처벌적 피드백을 주는 것이다.

사례 3-3

 경희는 매일 아침 어린이집에 도착하자마자 분장실로 뛰어가서는 자신이 제일 좋아하는 공주 드레스를 입은 후 청소 시간이 될 때까지 입고 있다. 누군가가 그 드레스를 먼저 입으면 경희는 매우 화를 낸다. 어느 날 청소 시간에 장 선생님은 경희가 그 드레스를 분장실에 갖다 놓지 않고 자신의 가방에 넣는 것을 보았다.

　　도 선생님은 경희가 그 드레스를 무척이나 좋아한다는 것을 알았지만, 어린이집 물건은 집으로 가져갈 수 없다는 규칙이 있었다. 잠시 생각한 후, 선생님은 경희에게 드레스를 가져갔는지 묻지 않음으로써 경희가 거짓말을 하는 상황에 처하지 않도록 했다. 대신에, 선생님은 경희를 한쪽 구석으로 데려가 조용하게 말했다. "경희야, 공주 드레스가 네 것이었으면 좋겠고, 다른 아이들은 그 드레스를 입지 못하게 했으면 한다는 것을 선생님은 알고 있어. 하지만 그 드레스를 집으로 가져갈 수는 없단다. 그 드레스를 네 가방에서 꺼내 제 자리에 갖다 두는 것을 도와줄까 아니면 혼자서 하고 싶니?"

나이가 들어감에 따라 아이들은 거짓말이 관계에 미치는 영향을 깨달을 수 있게 된다. 당신은 아이에게 개인적이고 존중하는 태도로 이렇게 말함으로써 아이가 배우도록 도움을 줄 수 있다. "네가 말하는 것이 사실이 아니라는 것을 선생님은 알아. 네가 선생님에게 사실이 아닌 것을 말하면, 네가 사실을 말해도 선생님은 사실인지 알 수가 없단다." 이러한 교훈이 효과가 있으려면, 아이들은 선생님 및 또래들과 보살피는 관계를 반드시 가져야 한다(Noddings, 2005; Riley et al., 2008). 만약 아동이 다른 사람에 의해 보살핌을 받는다는 느낌을 받지 못하면, 그 아동은 그들과의 신뢰를 깨거나 그들을 슬프게 하는 것에 대해 별로 개의치 않을 것이다. 이것이 우리의 관계가 모든 아동생활지도를 위한 기초라고 말하는 한 가지 이유이다.

(5) 학업 문제

인지 발달 단계는 어떤 종류의 자료와 활동이 아이들이 가장 잘 배울 수 있도록 하는데 도움을 주는지를 결정한다. 경험과 자료를 아이들의 발달 수준에 맞추지 못하면 학업 문제뿐만 아니라 행동 문제도 발생한다(NAEYC, 2011; Noddings, 2005). 피아제(1960)의 연구는 어린아이들이 세상에 대한 지식을 구성하기 위해서는 실제 자료로 실제 경험을 하는 것이 중요하다는 것을 보여준다. '구체적'이라는 용어는 종종 생산적인 탐구를 위해 아이들이 필요로 하는 자료의 유형을 기술하는데 사용된다. 이런 자료로는 물, 수 영역의 학습 교구, 과학 영역의 확대경 등이 있다.

어떤 교사는 아이들이 의미를 이해할 수 없는 추상적인 과제를 제시한다. 예를 들어, 아직 수를 정확하게 세지도 못하는 아이에게 덧셈 문제를 계산하도록 요구하는 경우가 여기에 해당한다. 이러한 발달적으로 부적합한 교사는 훈육 문제를 발생시킬 수 있다. 아이들은 자신에게 요구된 것을 할 수 없을 때, 어른들이 싫어하는 방식으로 행동할 가능성이 높다(Lake et al., 2010). 아이들이 자신에게 주어진 것을 스케줄에 맞게 완수할 수 없으리라는 것은 확실하다. 자신의 능력 밖의 학교 과제로 인해 절망하거나 낙담한 아이들은 종종 과제를 하지 못한 것에 대해 처벌을 받는다. 휴식 시간에 자기 책상에 힘없이 앉아 활동지를 무력하게 응시하고 있는 아이들을 흔히 볼 수 있다. 이들이 협력하지 않으려 하거나 심지어 화가 나 욕을 하려 한다면 그것이 놀라운 일일까?

어떤 사람들은 퍼즐 맞추기에 사용되는 플라스틱 글자나 나무 글자가 '구체적'이라고 생각한다. 이런 글자는 만질 수 있고 움직일 수도 있다. 그러나 그것들은 여전히 표상적인 상징일 뿐이다. 어떤 표상적인 자료는 글자나 수보다 더 쉽게 인식된다. 예를 들어, 인형은 아기라는 단어에 들어 있는 글자보다 아기에 대한 상징으로 더 잘 인식될 수 있다. 실물 그림 또한 구체적이지 않다. 그러나 실물 그림은 유용한 상징적 표상이다.

교사는 발달적으로 적절한 교육을 위해 노력한다. 그러나 자신들이 사용하는 수업 자료 중 어느 것도 구체적이지 않다는 것을 깨닫지 못하는 경우가 가끔 있다. 아이가 만질 수 있고 조작할 수 있다고 해서 모두 구체적인 것은 아니다. 시계와 동전이 그 예이다. 시계와 동전은 아주 구체적인 자료처럼 보인다. 그러나 이것들은 사실 표상적인 자료이다. 어린아이들이 시계나 동전을 관찰하거나 조작함으로써 시간과 돈에 대한 지식을 구성할 수는 없다. 시간을 말하고 거스름돈을 주고받는 수업이 어린아이들에게는 매우 어려운 활동이라는 것은 놀랄 일이 아니다. 이러한 수업은 상징적인 표상과 임의적인 사회적 지식과 관련이 있기 때문에 단순한 자료의 탐색을 통해 학습될 수 없다.

어린아이들이 어떻게 배우는지를 이해하고 있는 교사는 아이들의 나이에 적합한 학습 활동과 자료를 제공하기 때문에 문제 행동을 다루게 될 가능성이 낮다. 그들은 아이들에게 현실 경험을 주고 아이들이 자신의 지식을 보여줄 기회를 주는 다양한 자료를 제공한다. 아이들에게 자료와 학습 기회의 선택권을 주는 교실은 아이들의 욕구를 충

어린 아이들이 어떻게 배우는가를 이해하는 교사는 아이들의 나이에 적합한 학습 활동을 제공하기 때문에 문제 행동을 겪을 가능성이 적다.

족시킨다. 오 선생님이 맡은 1학년 교실의 선반 위에는 아이들이 자유롭게 접근하여 선택할 수 있는 다양한 종류의 구체적인 자료와 표상적인 자료로 가득하다. 옆 반의 박 선생님은 활동지를 제외한 모든 자료를 벽장 안에 보관하며 거의 꺼내 놓지 않는다. 박 선생님은 활동지가 완전히 표상적이라 자기 교실에 있는 많은 아이들에게 아무런 의미가 없다는 것을 깨닫지 못하고 있다.

사례 3-4

 성민이는 오 선생님 반에 있고, 성민이의 쌍둥이 동생 철민이는 박 선생님 반에 있다. 둘 다 한 자릿수 덧셈을 배우고 있다. 오 선생님은 아이들에게 덧셈 이야기를 해주었고, 아이들이 교구를 사용하여 이야기 문제를 풀도록 격려했다. 그런 다음 아이들에게 어떤 식으로 그 문제를 풀었는지에 대해 이야기를 나누어 보도록 했다. 박 선생님 반에 있는 아이들은 덧셈 문제로 가득한 활동지를 받았고, 조용히 그 문제를 풀도록 했다. 집으로 돌아온 후 성민이는 덧셈 이야기를 철민이와 공유했다.

　다음 날 수학 시간, 스스로 문제를 만들어 보기로 결심한 철민이는 벽장 안에서 물건을 끄집어낸 후 그것을 사용해 덧셈 문제를 만들기 시작했다. 하지만 박 선생님은 철민이의 노력을 이해하지 못했다. 박 선생님은 철민이가 선생님의 허락 없이 벽장 안의 물건을 만진 것에 대해 화가 났다. 애석하게도 박 선생님은 자신의 학습 욕구에 대해 철민이가 보내고자 했던 중요한 메시지를 놓쳤다.

2 사회적 기술과 생활지도

　사회적 기술의 결여는 훈육 문제의 가장 대표적인 원인이다. 물건을 두고 벌이는 아이들의 다툼과 미숙한 친구 사귀기 기술로 인해 유치원과 어린이집 교실은 자주 혼란스럽다. 신체적 능력, 정서 발달, 지적 이해 수준 모두가 결합하여 현재의 사회적 기술 수준과 이해를 결정한다.

　유아기가 사회성 발달에 매우 중요하기 때문에 유아 교사들은 아주 큰 책임을 진다. 유아기에 사회적 유능감을 개발하지 못한 아이들은 대개 이후의 학교생활에서도 또래 관계에 어려움을 겪는다(예, Lake et al., 2010; Palmen, Vermande, Dekovic, & van Aken, 2011). 이런 아이들이 나중에 성인이 되면 사회·정서적으로 어려움을 겪을 가능성이 높다는 것은 놀랄 일이 아니다(Vauhghn et al., 2009). 아이들이 친구 사귀는 법을 배우도록 조력하는 것은 일생의 행복에 중요하다. 아이들이 친구와 사이좋게 지내는 것을 배우는 것은 교사의 행복에도 큰 도움이 된다.

(1) 사회적 기술을 위한 지식의 구성

아이들은 자신의 경험에 대한 반추의 결과로 지식을 구성한다. 예를 들어, 아이들이 블록 쌓기, 균형 잡기, 연결하기 등의 여러 활동을 하면 그 활동의 결과를 보게 된다. 결과에 대한 생각은 아이들이 자신의 잘못된 아이디어를 수정하도록 돕는다. 이러한 과정은 아이들이 중력, 균형, 측정과 같은 개념에 대한 이해를 구성하는 데 도움을 준다. 아이들은 이와 같은 시행착오 상황에서 사회가 어떤 식으로 작용하는가에 대한 자신의 이론을 구성한다(Gordon, 2009).

아이들은 다른 사람과 여러 방식으로 상호작용해 봄으로써 자신이 취했던 다양한 접근 방식의 결과를 보게 된다. 이러한 사회적 상호작용의 결과에 대한 반추는 아이들이 다른 아이들과 잘 놀기 위해서는 어떻게 해야 하고, 어떻게 친구를 사귀는가를 알아내는 데 도움을 줄 수 있다. 앞에서 가르침을 위한 상황으로서의 또래 갈등의 가치에 대해 언급한 바 있다. 아이들의 싸움이 가르침의 유용한 도구가 된다는 것이 이상하게 들릴지도 모르겠다. 갈등은 아이들이 지금껏 해 왔던 가정에 대해 도전해 보도록 하고 관점의 교환을 장려하는 경향이 있다. 갈등은 모든 사람이 다 자기와 같은 방식으로 사물을 보지는 않는다는 것을 아이들이 깨닫도록 돕는다. 그러므로 갈등은 학습을 위해 필요한 경험을 제공하고 가르침의 기회를 제공한다. 아이들이 갈등을 다루도록 돕는 것은 교사가 해당 경험에 대한 아이들의 생각을 이끌어낼 기회를 준다. 성인의 역할은 아이의 정서적, 지적 및 사회적 발달 수준에 따라 달라진다.

아이들이 자신의 행동에 대해 비판적으로 사고하고 대인관계 문제를 해결하는 법을 배우기 위해 추론 능력을 사용하도록 가르치는 것은 최근 권장되는 교과 교수법과 일치한다(Hyson & Tomlinson, 2014). 교육과정의 모든 영역에 있어 국가적인 가이드라인은 내용을 단순 암기하는 전통적인 방식 대신에 비판적 사고와 문제 해결을 위한 교수를 역설한다(Noddings, 2008). 어떤 어른들은 아이들에게 자신이 기대하는 행동이 무엇인지를 말하고 만약 아이들이 그렇게 행동하지 않으면 처벌하는 것으로 충분하다고 생각한다. 그런 접근은 마치 교사가 가르치고, 평가하고, 다시 가르치는 것이 아니라 단순하게 수학을 마스터하라고 요구하는 것과 같다.

즉각적인 결과에만 초점을 두는 어른들은 가르치는 접근법이 너무 느리다고 생각하여 원하는 행동을 하도록 하기 위해 벌을 사용할 것이다. 장기 목표를 마음속에 간직하는 것은 성숙과 관련된 행동을 다룰 때 특히 중요하고 어렵다. 사실이다. 당신은 4세 아동(심지어 5세 아동도)이 방금 자신이 때린 아이의 감정을 진정으로 이해하도록 하지 못할 것이다. 그러나 그것이 목표를 향해 노력하는 것을 멈추라는 의미는 아니다. 만약 당신이 강압적인 방법에 의존한다면, 아이가 나중에 다른 사람을 배려하는 사람이 되는 것은 더 어려워질 것이다(Kohn, 2005, 2015; Weinstock, Assor, & Briode, 2009).

당신은 감사합니다, 미안합니다와 같은 말을 하는 것을 배우는 것이 사회적 기술과는 크게 관련이 없다는 것을 알아챘는가? 이런 표현들은 말을 예의 바르게 하는 방식이다. 그러나 이런 표현들은 피상적 행동일 뿐 진실한 감정을 반드시 반영하지는 않는다. 이런 암기된 표현과 진정한 사회적 유능감에 필요한 이해를 혼동하는 어른과 아이들이 있다. 당신은 옳지 못한 행동을 하여 붙잡힌 아이가 뉘우치는 표시는 보이지 않으면서 자동적으로 미안합니다라고 말하는 아이를 보았을 것이다. 이 아이는 단지 처벌을 피하기 위한 마술어(magic words)를 배웠을 뿐이다. 너무 많은 어른들이 아이들이 타인을 이해하고 배려하는 감정을 개발하도록 돕기 보다는 사회적으로 수용되는 말을 가르치는 데 초점을 둔다.

사례 3-5

 몇 년 전에 규태가 은희를 신체적으로 괴롭히는 것을 말리면서, 오 선생님은 이해를 시키지 않고 단순히 말만 가르치는 것이 쓸모없다는 사실을 깨달았다. 은희에게 화가 난 규태는 은희의 손목을 아플 정도로 꽉 잡고 있었다. 선생님이 규태가 손을 놓도록 하고 나서 은희에게 자신의 감정을 규태에게 말해 보도록 하자, 은희는 규태에게 나의 기분이 좋아지도록 하기 위해 네가 할 수 있는 일이 무엇인지를 물었다.

규태는 "고맙다."고 말했다. 선생님은 은희에게 규태의 말로 기분이 좋아졌는지 물었다. 은희는 고통스러운 목소리로 "규태야, '고맙다'가 아니라 '미안하다'라고 해야지."라고 말했다. 그러자 규태는 "미안하다." 라고 말했다. 그러나 선생님은 규태가 상투적으로 한 말이 아무 의미가 없다는 것을 알 수 있었다.

단순히 아이가 바람직한 방식으로 행동하도록 만드는 대신, 우리는 아이가 친사회적 행동에 이르도록 하는 가치와 태도를 개발하는 것을 돕는 데 초점을 두는 더 나은 방법을 사용한다(Malti, Gasser, & Gutzwiller-Helfenfinger, 2010). 진정한 친사회적 행동은 어른이 아이에게 말한 것을 그냥 하는 것이 아니라 자발적인 친절과 타인에 대한 염려와 관련된다(Hyson & Taylor, 2010). 단순히 좋은 행동이라 불리는 행동 절차를 거치는 것은 다른 사람이 어떻게 느꼈을 지에 대해 염려하고, 잘못한 행동에 대한 책임을 지는 것만큼 중요하지는 않다. 둘 중에 어떤 것이 더 오래가고, 또 판단할 어른이 주변에 없을 때 어떤 것이 결국 살아남을 것이라 생각하는가?

(2) 아이들은 어떻게 사회적 유능감을 발달시키는가

사회적 유능감이란 무엇인가? 사회적 유능감은 다른 사람의 목표를 방해하지 않고 자신의 사회적 목표를 달성하도록 해 주는 기술을 말한다(Vaughn et al., 2009). 하지만 우리는 사회적 목표와 만족스러운 관계는 문화마다 다르다는 것을 꼭 명심해야 한다(Espinosa, 2010). 사회적 유능감의 정의는 협력해서 노는 능력, 순서를 지키고 공유하는 능력, 우호적인 접촉을 시작하고 다른 사람의 우호적인 접촉에 긍정적으로 반응하는 능력을 포함한다. 물론 이런 능력의 전제 조건으로 다른 많은 기술과 이해가 필요하다. 이런 능력을 개발하기 위해서는 상당한 정도의 성숙 또한 요구되는데, 걸음마기 아기는 아직 그것을 가지고 있지 않고, 취학 전 아동은 이제 막 발달시키기 시작한다. 이 과정은 세심하게 보살펴져야 하고 강요될 수 없는 장기적인 발달적 과정이다.

다른 것을 가르칠 때와 마찬가지로 사회적 기술의 경우도 기초부터 시작해야 한다. 다른 학습과 마찬가지로, 아이들의 신체 및 정서적 욕구가 충족되어야 사회적 기술을 성공적으로 마스터할 수 있는 능력을 갖출 수 있다. 심리적 안정과 확신이 부족한 아이는 다른 것을 할 때도 어려움을 겪는다. 부모가 아이를 따뜻하게 대해 주고, 관심을 주고, 아이들이 허용치를 이해하도록 도와주면 아이들은 심리적으로 안정되고, 자신감 있고, 사회적으로 유능해질 가능성이 높다(예, Kohn, 2005; Landy, 2009). 만약 이런 요구가 가정에서 적절하게 충족될 수 없다면, 학교가 그 결함을 메워주기 위해 노력해야 한다(Kaiser & Rasminsky, 2012; Nodding, 2005).

우리는 공유나 협상과 같은 친사회적 행동에 대한 아이의 동기에 대해 생각해 볼 필요가 있다. 당신은 자신이 타인에게 상처를 주지는 않았는지 혹은 다른 사람을 화나게 하지는 않았는지에 대해 전혀 신경 쓰지 않는 아이를 본 적이 있을 것이다. 이런 아이들은 너무 어려서 다른 사람의 감정을 이해할 수 없거나, 다른 아이들로부터 거부를 당하고 그것에 대한 대응으로 자신도 다른 아이들을 거부한 아이들이다. 만약 아이가 다른 사람에 대해 신경을 쓰지 않는다면, 친구들과 잘 어울리는 것에 대한 수업이 효과가 있을 가능성은 거의 없다. 다른 사람의 감정을 고려할 수 있는 것과 그렇게 하고 싶어 하는 것은 별개의 문제다. 아이들은 같이 놀 친구와 같은 무언가를 잃기 전까지는 자신의 행동이 타인에게 어떤 영향을 주는지에 대해 생각해 볼 이유가 없다(Riley et al., 2008). 당신은 아이들이 우정의 의미를 알아감에 따라 어떤 것을 자기 방식대로 하기 위해 우정에 위협을 가하는 말(예, 그러면 네 친구 안 할 거야!)을 하는 것을 본 적이 있을 것이다.

따라서 사회적 기술 학습을 위한 가장 기본은 친구를 사귀는 것이다. 어린 아이들에게 친구란 같이 놀 아이를 의미한다. 친구를 사귀기 위해서는 다른 아이들과의 놀이를 성공적으로 시작할 수 있어야 한다. 이것이 사회적 기술 개발의 가장 기본적인 부분이다. 다른 아이들과 놀이를 하는 과정은 사회적 기술 학습에 대한 동기를 제공할 뿐만 아니라 사회적 기술을 연습할 수 있는 좋은 기회도 제공한다(Riley et al., 2008). 놀이는 아이들의 사회적, 정서적, 지적 발달에 필수적이다(Spivak & Howes, 2011). 하지만 교육정책결정자들은 이런 사실을 이해하지 못하고 있는 것처럼 보인다. 따라서 교사는 학교 내에서 놀이 시간을 확보하기 위해 노력해야 한다(Hyson & Tomlinson, 2014). 놀이는 갈등과 협상을 위한 기회를 많이 제공하는데, 이러한 기회는 아이들이 다른 사람의 욕구와 감정을 고려하는 것(즉, 조망수용)을 배우는데 도움을 주며, 사회적 기술 개발에 기초가 된다(Eisenberg & Eggum, 2007).

[그림 3-1]은 사회적 유능감 개발의 각 요소가 어떻게 서로 영향을 주고받는지를 보여준다. 사회적 유능감의 학습에는 순서가 있다. 성공적으로 놀이에 참여하는 능력이 가장 먼저다. 이것은 자신이 다른 아이들에게 수용되고 있다는 감정을 만들어 낸다. 이러한 감정은 우정과 다른 아이에 대한 배려로 이어진다. 이러한 관계는 아이들로 하여금 자신의 관점만을 고수하는 것이 아니라 다른 아이의 관점도 고려하도록 만든다. 이러한 요소들이 적절하게 갖추어졌을 때, 아이는 일반적으로 사회적 기술에 대한 교사의 도움에 개방적이며 사회적으로 수용되는 방식으로 행동한다. 이제 아이들이 이러한 요소를 적절하게 갖추도록 어떻게 도움을 줄 수 있는지에 대해 살펴보자.

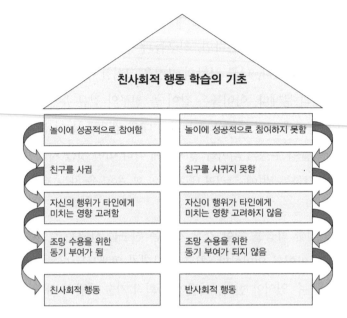

[그림 3-1] **친사회적 행동 학습의 기초**

(3) 놀이에 참여하는 방법 배우기

놀이에 낄 수 없어서 울고 있는 아이를 본 적이 몇 번이나 있는가? 연구에 의하면, 진행되고 있는 놀이에 들어가기 위한 시도의 약 60%는 거절된다고 한다(Landy, 2009). "나도 같이 놀 수 있어?"라고 묻는 것은 종종 효과가 없거나 심지어 거부를 당하기도 하는데, 그런 식의 요구는 상대에게 "아니."라고 말할 힘을 주기 때문이다. 아이들은 그렇게 하는 대신에 놀이 친구로 수용되기 위한 보다 생산적인 전략을 배우도록 도움을 받을 수 있다.

시례 3-6

 2살인 정화가 4살인 현규가 놀이터에 놀고 있는 것을 보고는 그에게 달려간다. 정화는 현규를 정말 좋아해서 같이 놀고 싶어 한다. 하지만 현규는 정화와 노는 것에 관심이 없어 보인다. 그래서 정화는 현규를 밀기 시작했고, 현규가 딴 곳으로 도망가자 부루퉁해졌다. 정화가 부루퉁해졌음에도 불구하고 현규가 반응을 보이지 않자 정화는 현규에게 가서 다시 그를 밀어버렸다.

정화는 친구를 사귀는 법에 대해 배울 것이 많다. 우리가 시간을 갖고 코칭을 한다면 정화의 친구 사귀기 전략을 바꿀 수 있을 것이다. 그러나 몇몇 어른들은 그 수준 이상으로 성장하지 못해 거의 같은 행동을 보인다. 예를 들어, 남자 친구가 세심하게 배려해 주지 않아서 화가 난 어떤 사람을 생각해 보자. 그 사람은 끊임없이 불평하며 부루퉁해 있고 결국 그 남자 친구는 영원히 떠나버린다. 사회적 성공을 위한 기술은 모든 사람에게 쉽지 않다. 우리는 이와 비슷한 사례를 자주 목격한다. 자신이 좋아한다는 이유로 어린 소녀의 땋은 머리를 잉크통에 적시는 어린 소년에 대한 이야기를 다룬 명작 동화는 그러한 잘못된 접근 방식이 얼마나 흔한지를 보여준다.

아이들은 가장 먼저 현재 진행 중인 놀이를 방해하지 않는 것을 배워야 한다. 아이들은 종종 놀이를 방해하는 방식으로 놀이 상황에 끼어들려고 하고, 다른 아이들이 화를 낼 때 너무 놀라 아무런 대응도 할 수 없게 된다. 이런 경우 놀이를 방해하지 않고 놀이에 참여하는 전략을 가르치는 것이 유용한데, 그 전략이란 단순히 놀이를 하는 아이들 옆에서 비슷한 활동을 하는 것이다(Ramsey, 1991).

놀이에 참여하는 또 한 가지 유용한 방법은 먼저 같이 놀고 싶은 친구가 무엇을 하고 있는지를 관찰하는 것이다. 다시 말하면, 다른 아이의 관점에서 상황을 보는 것이다. 이러한 관찰은 아이에게 현재 진행 중인 놀이에 도움을 주거나 맞추는 방식에 대한 정보를 제공한다. 5살인 준수가 이 아이디어를 명쾌하게 표현했다. 준수가 선생님에게 말했다. "오늘 남자 아이와 어떻게 놀아야 하는지를 배웠어요." 선생님이 준수에게 어떻게 했느냐고 묻자, 준수는 "그 아이가 레고를 가지고 노는 것을 그냥 보고 있다가 그 친구처럼 했어요."라고 말했다.

아이의 목표가 놀이 집단에 끼이는 것이라면 먼저 다른 아이들이 무엇을 하고 있는지를 알아내려고 노력하는 것은 가치가 있다. 현재 진행 중인 놀이에 도움을 주는 방식으로 놀이 집단에 참여하는 아이는 아이들로부터 수용될 가능성이 높다(Landy, 2009). 여섯 살짜리 민우는 다섯 살짜리 동생 근우에게 이것을 아주 잘 설명해 주었다.

사례 3-7

 근우는 형이 오늘 쉬는 시간에 같이 놀아 주지 않았다고 엄마에게 불평하고 있다. 민우는 재빨리 다음과 같이 말하면서 자신을 방어했다. "네가 우리가 하고 있던 놀이를 했었더라면 같이 놀 수 있었는데, 우리가 하고 있던 게임을 못하게 하고 네가 하고 싶어 하는 놀이를 하자고 했잖아. 근우야 다음에는 그냥 우리가 하고 있는 놀이를 같이해, 알겠지?"

아이들이 자신의 노력에서 성공을 경험하고 그래서 자신이 수용될 것이라는 자신감을 가지도록 돕는 것은 중요하다. 자신감을 가지고 놀이 친구에게 다가가는 아이는 놀이에 참여할 가능성이 크다. 반대로 확신이 없는 아이는 거절을 겪을 가능성이 크다. 거절은 또 다른 거절을 초래하는 비생산적인 행동 사이클을 작동시킨다(Denham et al., 2001). 아래 예에서 보듯이, 교사는 세심한 가르침과 코칭으로 차이를 만들 수 있다.

사례 3-8

 우영이와 영철이가 놀이에 몰두하고 있다. 이들은 레고로 모형 보트를 만들었고, 유니픽스 큐브로 가짜 작살을 만들었다. 이들은 지금 작살로 사냥을 할 물개를 만들고 있다. 물개를 표현하기 위해서는 더 많은 유니픽스 큐브가 필요했다.

영호가 같이 놀자고 다가왔다. 영호는 모형 물개 하나를 집어 들어서는 "이걸로 얼마나 긴 길을 만들 수 있는지 봐라"라고 말하면서 유니픽스 큐브를 모형 물개에 붙이기 시작했다. 영철이가 영호에게 그만두라고 말하면서 영호가 가지고 있던 모형 물개를 빼앗았다. 영호는 "나도 놀고 싶어." 라고 말하면서 울기 시작했다. 우영이와 영철이는 영호를 무시하고 계속해서 물개 사냥 놀이를 했다.

이들의 담임인 주 선생님이 이런 광경을 보고 도움을 주기 위해 이들에게 다가갔다. 선생님은 우영이와 영철이가 하는 가장 놀이의 질과 복잡성에 감탄했고, 이들을 방해하고 싶지 않았다. 선생님은 영호가 놀이에 참여하는 기술이 미숙하여 이런 문제가 생겼음을 알았다. 그래서 선생님은 영호가 갖추지 못한 몇 가지 중요한 기술을 영호가 배울 수 있도록 하는 데 초점을 두었다. 선생님이 영호에게 다가가 팔로 그를 부드럽게 감싸며 속삭이듯 말했다. "영호야 이리 와서 선생님이랑 같이 어떻게 하면 놀이에 낄 수 있는지 알아보자." 영호는 울음을 멈추고 우영이와 영철이가 무엇을 하고 있는지 관찰해보라는 선생님의 말에 귀를 기울였다.

"저 아이들이 큐브로 뭘 하고 있지?" 선생님이 물었다. 선생님은 영호가 자신이 원하는 것만을 생각하는 대신에 다른 사람이 무엇을 원하는지에 대해 생각해 보도록 했다. 그런 다음 선생님은 영호에게 물개 사냥을 돕기 위해 무엇을 할 수 있을지를 물었다. 선생님은 놀이에 참여하는 전략을 가르치고 있는 것이다. 약간의 도움으로, 영호는 아이들이 사용하고 있지 않은 유니픽스 큐브로 물개와 작살을 스스로 만들어 보겠다고 결심한다. 영호는 가장 놀이 도구를 만들었다. 선생님은 영호에게 우영이와 영철이에게 가서 함께 놀아 보라고 권했다. 우영이와 영철이가 사냥 놀이에 영호를 끼워주는 장면을 선생님이 흐뭇하게 지켜보았다.

우 선생님이 우영이와 영철이에게 영호와 놀도록 강요하지 않았다는 것에 주목하라. 선생님은 강압적인 방법이 통하지 않을 것임을 알고 있었다. 그렇게 하면 놀이가 중단될 것이다. 우영이와 영철이가 다른 곳으로 가버릴 것이기 때문이다. 좋은 의도를 가진 교사들도 종종 어떤 아이도 거부당해서는 안 된다고 주장한다(Paley, 1999). 그러나 그러한 처치는 가르침의 기회를 놓칠 뿐만 아니라 사태를 더 어렵게 할 수도 있다. 아이가 놀이에 끼지 못하는 것은 대개 이유가 있고, 상황을 파악하고 그 이유를 찾아내는 것은 교사의 임무이다(Jablon, Dombro., & Dichterlmiller, 2007). 이해의 부족이나 사회적 기술의 결핍이 원인인 경우가 많다. 교사는 아이가 배워야 할 것이 무엇인지를 찾아내고 그것을 가르쳐야 한다. 강제로라도 아이를 놀이에 참여시켜야 한다고 주장하는 것은 문제를 그냥 덮는 것이고, 기술이나 이해를 가르치지 않는 것이며, 다른 아이들이 그 아이에 대해 적개심을 갖도록 만드는 것이다. 가장 친한 친구와 의미 있는 대화를 나누는데 원치 않는 사람이 대화에 합류하면 어떤 기분이겠는지 생각해 보라. 아이들이 때때로 다른 사람에 의해 방해받고 싶지 않다고 요구하는 것도 꽤 정당한 것 아닌가? 〈표 3-1〉은 아이들의 사회적 유능감을 증진하기 위해 교사가 어떻게 의도적으로 계획할 수 있는지를 보여준다.

〈표 3-1〉 아이들이 사회적 유능감을 개발하도록 돕는 방법

- 아이들이 성공적으로 놀이에 참여할 수 있도록 코치하라.
- 또래와의 밀접한 우정 및 배려 관계를 격려하라.
- 아이들 간의 갈등을 서로의 관점을 교환하도록 돕고 조망수용을 학습하는 기회로 사용하라.
- 갈등해결을 위한 협상 기술을 가르쳐라.

⑷ 우정을 격려하기

교사와 부모는 우정을 격려함으로써 아이가 사회적으로 유능해지도록 도움을 줄 수 있다(Glick & Rose, 2011). 우정은 많은 이유로 중요하다. 아이들은 친구들과 접촉을 시작하고 그것을 통해 자신감이 높아졌을 때, 성공 가능성이 더 높다. 자신의 친구와 놀이를 할 때 아이들의 놀이는 더 정교해지고 성숙해지며, 친구는 유능감을 향상시키는 역할을 한다. 아이들은 다른 사람의 감정보다는 친구의 감정을 더 배려하는데, 그것이 아이들이 조망수용을 연습하도록 해준다. 초등학교 저학년 때까지 아이들은 대개 친한 친구를 사귀게 된다. 친구 관계는 중요한데, 그것이 사회화된 행동을 위해 필요한 대인 간 이해를 개발할 수 있는 최고의 기회를 제공하기 때문이다. "친구들은 관계를 유지하길 원하기 때문에, 공유, 협상, 협력, 갈등 해결과 같은 사회적 기술을 배우고자 하는 동기를 가지게 된다"(Riley et al., p.44). 누군가가 절친한 친구 둘을 갈라놓는 것이 그

아이들의 사회적 지평을 확장해줄 것이라 주장한다면, 이것을 기억하라.

(5) 조망수용 배우기

아이들은 친구와 좋은 관계를 계속 유지하길 원하기 때문에, 갈등 상황에서 다른 아이의 관점을 이해하려고 노력해야 할 더 많은 이유를 갖게 된다. 이 말이 친구 사이에 의견충돌이 더 적다는 것을 의미하는 것이 아니다. 그보다는 친구가 아닌 아이들보다 친구들은 의견충돌을 해결하려는 노력을 더 많이 할 것이라는 뜻이다. 친구들 간의 차이로부터 발생하는 문제를 해결하는 것은 타인의 관점을 이해하기 위한 아이들의 지적 능력을 증진하고(Kemple, 2004), 다른 사람의 감정의 감정에 가치를 두고자 하는 욕구를 증가시키며, 갈등 관리 기술을 개발하는(Riley et al., 2008) 소중한 연습 기회를 제공한다.

다른 사람의 관점에서 사물을 보는 능력, 즉 조망수용은 사회적 유능감에 필수적이지만 다른 사람의 감정에 대해 생각하는 지적 능력을 요구한다. 이런 능력이 없으면, 아이는 자기중심적으로 남고 다른 사람의 흥미, 욕구와 권리를 고려할 수 없게 된다. 조망수용 능력은 모든 사회·인지적 발달의 바탕이 되는 기본적인 발달 과업이다(Lapsley, 2006). 아이들이 다른 사람의 관점을 고려할 수 있어야 공정함에 대한 추론에서 진전을 보일 수 있다. 자신의 관점에서만 보게 되면 정의에 대한 그들의 생각은 자신들이 원하는 대로 채워진다. 이런 식으로 지각하게 되면 같이 노는 친구의 사랑을 받지 못하게 되리라는 것은 명백하다.

다른 사람의 감정을 고려하는 것을 배우는 것은 엄청난 과제이다. 이것은 상대방의 욕구와 감정이 자신의 것과 반대될 때 특히 그러하다.

어린 아이들이 어떻게 다른 사람의 생각과 감정을 이해할 수 있는지에 대해 상당한 견해차가 있다. 어떤 사람들은 공감과 조망수용을 같은 것으로 생각하여, 공감과 어린 아이들에 대한 연구를 보며 혼란을 느낀다. 자주 함께 논의되기는 하지만, 공감(또는 정서적 조망수용)은 지적 조망수용과 다르다. 공감, 정서적 조망수용, 동정심은 정서 발달과 관련이 있는 반면, 지적 조망수용은 인지발달과 관련이 있다(Spinrad & Eisenberg, 2008). 공감은 조망수용의 요소이지만, 뇌 영상을 보면 조망수용이 보다 복잡하다(Galinsky, 2010; R. Sax, 2006). 우리는 슬퍼하고 있는 아이에게 동정의 마음을 보이는 것과 같은 특정 형태의 공감이 일찍 출현한다는 것에 대해 동의한다(Jalongo, 2014). 그러나 진정한 조망수용, 즉, 자신과 갈등 상황에 있을 때조차도 다른 사람의 견해를 고려할 수 있는 능력은 별개의 문제이다. 3살짜리 아이는 과자를 많이 갖고 있을 때는 배고파하는 아이에게 과자를 주기도 하지만 과자가 한 개밖에 없을 때는 주지 않을 것이다. 특히 자신이 그 과자를 먹고 싶은 경우에는 더 그렇다. 아주 어린 아이가 자신의 것을 다른 사람과 나누거나 다른 사람을 돕는 것이 관찰되기도 한다. 그러나 이것이 진정한 조망수용을 보여주는 것인지는 명확하지 않다. 다른 원인이 긍정적인 사회적 행동의 동기가 되는 것일지도 모른다.

인식은 자기중심적인 관점에서 시작하여 다른 사람의 감정에 반응하고 심지어는 타인의 감정을 예측까지 하는 능력으로 점진적으로 발달한다(예, Bloom, 2007; Hyson & Tomlinson, 2014; Lapsley, 2006). 다른 사람의 관점을 취하기 위해서는 자신의 생각을 잠시 제쳐두고 상황을 다른 식으로 볼 수 있어야 한다. 이러한 정신적 활동은 많은 학습 기회뿐만 아니라 뇌의 성숙도 요구한다. 로버트 셀만(Robert Selman, 1980)에 의하면, 조망수용은 성숙, 경험, 지도를 통해 다음과 같이 5수준을 거쳐 진행된다고 한다. 0수준은 취학 전 아동에게 주로 나타나며 다른 사람들이 자신과 다른 감정이나 생각을 가지고 있다는 것을 인식하지 못한다. 1수준은 초등학교 저학년 아동에게서 주로 나타나는데, 이 수준의 아이들은 다른 사람도 자신과 마찬가지로 감정을 가지고 있다는 것을 인식하나 자기 자신의 감정에 대해 생각하는 동안에는 타인의 감정을 고려할 수 없다. 이러한 현상은 자신의 감정이 다른 사람의 감정과 반대될 때 특히 그러하다. 초등학교 고학년이 되면, 대부분 아이가 2수준의 조망수용 능력을 보인다. 이 수준의 아이들은 자신의 견해뿐 아니라 타인의 견해도 고려할 수 있다. 3수준과 4수준에서는 자기중심성에서 점차 벗어나 서로의 관점을 조절할 수 능력을 갖게 된다. 그러나 이러한 능력은 대개 청년기 및 성인기 이후에야 나타난다. 마음이론 연구는 아이들이 자신과 타인의 생각에 대한 이해를 성장시킴에 있어 성숙의 역할을 지적한다(Lane, Wellman, Olson, LaBountry, & Kerr, 2010).

아동의 사고에 대한 이러한 지식은 아이들의 행동에 대해 좀 더 수용적일 수 있도록 도와준다. 어린 아이들이 다른 아이들의 감정을 무시하는 것은 그들이 마음이 좁아서가 아니라 단지 어리기 때문이라는 것을 깨닫게 된다면 당신은 아이들의 행동에 대해 다르게 반응할 것이다. 당신은 영아, 걸음마기 아기, 심지어는 유아기 아동까지도 자신의 소유물을 기꺼이 남과 공유할 것이라 기대하는 것이 소용없다는 것을 이해할 것이다. 인지 발달 단계에 대한 정보는 또한 아이들이 더 높은 수준으로 나아가도록 돕기 위해 어떻게 지도해야 하는지 알려준다. 조망수용이 주는 메시지는 아이들의 조망수용 능력 부족을 받아들이고 그것이 발달하도록 아무것도 하지 말고 기다리는 것이 아니다. 우리가 말하고자 하는 것은 다른 사람의 감정에 대한 미성숙한 이해로 발생하는 문제들을 가르침과 배움의 기회로 보라는 것이다. 이 때, 당신의 가르침은 아이들이 현재 수준보다 딱 한 단계 높은 수준을 목표로 해야 한다는 것을 기억하라(DeVries & Zan, 2012). 그리고 아이들의 나이가 어릴 수록 결과를 얻는 데 시간이 더 걸린다는 사실에 대비해야 한다. 아이들과 함께 지내다 보면 다음과 같은 상황을 종종 마주치게 될 것이다.

사례 3-9

> 혜진이가 탁자에서 노랑 색연필을 가지고 그림을 그리고 있다. 영탁이가 손을 뻗어 혜진이가 갖고 있는 색연필을 잡았다. 그런 영탁이에게 혜진이가 소리를 지르고 색연필을 다시 가져가려 하자 영탁이는 약간 놀란 눈치였다. 그들은 서로 노랑 색연필이 필요하다고 말하면서 색연필을 두고 실랑이를 하고 있었다.
>
> 민 선생님이 싸움을 막고 아이들을 진정시켰다. 선생님은 두 아이 모두 노랑 색연필을 원한다는 것을 인정함으로써 그들의 관점을 이해하고 있음을 보여주었다. 선생님은 또한 혜진이가 노랑 색연필을 먼저 사용하고 있었고, 그것을 가져갔기 때문에 혜진이가 화가 난 것이라고 영탁이에게 설명했다. 그런 다음 선생님은 영탁이에게 노랑 색연필이 있는 다른 장소를 알려주었다.

영탁이가 혜진이의 색연필을 잡았을 때, 영탁이는 자신의 관점수용이 0수준이라는 것을 보여주었다. 영탁이는 노랑 색연필이 필요해서 혜진이에 대한 생각 없이 그 색연필을 잡았다. 따라서 민 선생님은 영탁이가 혜진이도 원하는 것이 있고 감정도 있다는 것을 깨닫도록 도와주는 것을 목표로 하였다. 만약 영탁이가 좀 더 성숙했었더라면, 민 선생님이 아이들이 자신의 관점을 서로에게 설명하도록 했을 것이다. 다른 아이가 어떻게 느끼는지에 대해 그 아이의 얼굴을 보면서 그 아이로부터 직접 듣는 것이 교사로부터 듣는 것보다 더 강력하고 구체적인 메시지를 주기 때문이다.

아이들은 조망수용에 대한 이해가 깊은 교사의 도움을 받아 더 빠르게 높은 수준으로 나아갈 수 있다(DeVries & Zan, 2012). 또한 비고츠키(Vygotsky, 1962)가 우리에게 상기시켜 주듯, 아이들은 도움을 받으면 혼자 할 수 있는 수준보다 더 높은 수준에서 수행할 수 있다. 비고츠키의 근접발달영역과 비계설정에 대한 저술은 아이들이 무언가를 하도록 어른들이 어떻게 돕고 그들이 독자적으로 무언가를 수행하도록 그들을 어떻게 가르칠 것인가에 대해 언급하고 있다.

어른들은 시연을 통해 아이들의 관점수용 능력 개발을 가장 잘 도울 수 있으며 (Jalongo, 2014), 그들의 관점을 더 잘 이해할 수 있다. 또 하나의 중요한 교수법은 하루 일과 중에 견해 차이가 발생하면 아이들의 서로 다른 견해에 대해 단순히 이야기하는 것이다. 교사는 또한 아이들이 다른 사람의 감정에 대해 생각해 보도록 하기 위해 손인형, 역할놀이와 이야기책을 사용한다. 이야기와 드라마를 통해, 교사는 아이들에게 다른 사람의 입장에 서서 교실에서 발생한 '잘못된 행동'에 주목하지 않고 그들의 감정을 상상해보도록 요청할 수 있다(Jalongo, 2014). 다른 유형의 가르침에서와 마찬가지로, 좋은 성인-아동 관계는 성공을 위한 기초를 제공한다. 사실, 성인과 신뢰 관계를 구축한 아이들은 다른 사람의 관점을 더 잘 이해할 수 있다(Galinsky, 2010). 이에 덧붙여, 다른 사람의 관점을 이해하는 능력은 성공적인 삶에 기초가 된다.

(6) 갈등해결 배우기

약간의 조망수용 능력을 가지고 있는 아이들은 친구들과 잘 지내는 과정의 두 번째 단계인 갈등해결기술을 배우는 데 도움을 받을 수 있다. 갈등을 피하고 해결하는 능력은 사회적 유능감의 또 다른 본질적인 측면이다(Feldman, Derdikman-Eiron, & Masaiha, 2010). 그것은 개인적인 욕구를 타인에게 전달하고, 또 자신의 감정을 표현하는 타인에게 귀 기울이는 능력과 관련이 있다. 그것은 또한 공격성을 관리하는 능력 및 타협하려는 의지와 관련이 있다. 협상의 이 모든 측면은 아동이 타인의 관점을 고려할 것을 요구한다. 이처럼 정교한 능력은 상당한 연습을 요구한다.

사례 3-10

 민서가 탁자 위에 있는 깔때기에 쌀을 부을 때 민재가 "바보야!" 라고 소리를 질렀다. 민재의 선생님이 조용히 걸어와 민재에게 "민서가 하는 게 마음에 안 드는 모양이구나?" 라고 물었다. 그런 다음 선생님은 민재가 자신의 화난 감정을 단순히 표현하지 않고 무엇 때문에 화가 났는지를 명확하게 전달하도록 지도했다. 민서는 이 메시지를 듣고 어떻게 할 것인가를 결정하는 데 도움이 필요했다. 선생님은 이러한 상황을 두 아이 모두에게 귀중한 학습 경험이 되도록 만들고 있다.

만약 어른들이 아이들을 위해 문제를 대신 해결해 준다면, 아이들은 연습을 하지 못한다. 문제를 해결해 주는 대신에 어른들은 아이의 나이에 적절한 방식으로 아이들을 지도해야 하고, 아이들이 서로의 차이를 해결하도록 도와야 한다. 제한된 언어 능력을 가지고 있는 아주 어린 아이들의 경우, 교사가 두 사람을 대신해서 이들의 견해를 반영하여 말로 표현해 줄 수 있다. 성장함에 따라 아이들은 자신의 서로 다른 견해를 표현하는 과정에서 점차 더 능동적인 역할을 취할 수 있다. 목표는 아이들이 스스로 차이를 해결할 수 있는 기회를 가질 수 있도록 교사나 부모가 가능하면 적게 개입하는 것이다 (Riley et al., 2008). 아래 사례에서 준서는 많은 것을 배운 것 같다.

사례 3-11

 희준이가 준서가 갖고 있던 트럭을 잡아채 돌려주지 않으려 했다. 그러고는 더 큰 트럭을 잡아 그 것으로 준서를 때렸다. 이들의 담임인 조 선생님은 준서에게 가서 그가 괜찮은지를 확인하려 했다. 그러나 그 이후에 일어난 일들이 그를 멈칫하게 했다.
　　준서가 자리에서 일어나 화난 얼굴로 희준이를 바라보며 말했다. "내 얼굴이 너에게 뭐라고 말하고 있니? 나는 지금 몹시 화가 나 있고 만약 네가 다시 나를 때리거나 사이좋게 놀지 않는다면, 나는 다른 장소로 갈 거야!!" 이렇게 말하고는 자리에 앉아 다시 놀기 시작했다. 희준이는 놀라는 것 같았고, 트럭을 되돌려 주었다. 그러고는 다시 같이 놀기 시작했다. 준서와 눈이 마주쳤을 때 조 선생님은 미소를 지었고 윙크로 축하의 메시지를 전했다. 조 선생님은 자신이 그동안 해왔던 가르침의 결과를 보고 몹시 기분이 좋았다.

(7) 코치로서의 교사

다양한 교수법이 아이들의 사회적 유능감을 개발하는 데 도움이 된다. 아이들의 견해를 존중하는 교사는 모범을 통해 가르친다. 아이들 간에 언쟁이 생겼을 때, 교사의 적절한 역할은 격려하고, 수행을 비판하고, 개선을 위한 전략을 제시하는 코치의 역할과 유사하다. 때때로 가장 효과적인 교사의 역할은 뒤로 물러나 아이들이 자신이 한 행동의 사회적 결과를 경험하도록 하는 것이다. 희준이는 자신이 다른 아이의 물건을 잡았을 때 그들이 자기와 놀지 않으려 한다는 것을 경험을 통해 배울 필요가 있다.

필요 이상으로 개입하지 않는 것이 중요하기는 하지만, 안전과 지원을 위해 필요할 때는 그 곳에 있는 것 또한 중요하다. 그래서 민 선생님은 은주가 다른 아이들과 같이 놀도록 놀이터에 보내면서 만약 선생님이 알려준 방법이 통하지 않을 때는 자기에게 와서 말하라고 말해준다. 선생님은 은주가 연미와 은하가 무엇을 하면서 놀고 있는지를 관찰하도록 하고 자신이 어떻게 그들이 하는 놀이에 도움을 줄 수 있는지를 생각해 보도록 돕는다. 선생님은 은주가 놀이 활동에 합류하기 위한 계획을 세우는 데 도움을 주고 그 계획을 실천하는 동안 자신감을 주기 위해 근처에 머문다. 선생님은 단순히 연미와 은하에게 은주를 놀이에 끼워주라고 말할 수 있다. 그러나 그렇게 하는 것은 은주에게 유용한 사회적 기술을 가르쳐주지 못한다. 그것은 또한 은주가 또래 아이들에게 인기가 있도록 해 주지 않을 것이다. 사실, 그런 상황이 되면 대개 놀이가 방해를 받게 되어 원래 놀이를 하던 아이들이 놀이를 포기한다(Jones & Reynolds, 2011). 얼마 지나지 않아 그들이 다른 곳에서 원치 않는 아이 없이 놀고 있는 것을 보게 될 것이다. 따라서 강제로 아이를 놀이에 참여시키려는 시도는 아무런 이득이 되지 않는다.

아이들 간에 언쟁이 생겼을 때, 교사의 적절한 역할은 격려하고, 수행을 비판하고, 개선을 위한 전략을 제시하는 코치의 역할과 유사하다.

휴식 시간의 놀이터는 아이들이 사회적 기술을 배울 수 있는 최고의 기회를 제공해 준다. 그러나 대부분의 학교에서 교사는 휴식 시간을 다음 시간을 위한 준비를 위해 사용하며, 놀이터에서의 지도 감독은 보조 교사에게 맡겨진다. 이러한 상황은 문제가 많다. 일단 교사 1인이 감당해야 하는 아동 수가 너무 많다. 이런 상황에서는 어떤 가르침도 불가능하며, 단순히 통제만 하는 것도 어렵다. 교사 대 아동 비율이 적절하다 하더라도, 보조자들은 아이들의 요구에 적절한 생활지도를 제공할 수 있을 만큼 아이들을 잘 알지 못한다. 이에 덧붙여, 이들 보조자들이 아이들에게 도움이 되는 생활지도를 제공하는 데 필요한 적절한 훈련을 받은 경우는 거의 없다. 싸움이 일어나면 아이들은 그냥 교장에게 보내지는데, 놀랄 일도 아니다. 이 경우 현장에서의 문제 해결 기회는 사라지게 된다. 이런 이유로, 우리는 당신이 휴식 시간에 자주 학생들과 함께 밖에 나가는 것을 선택하기를 희망한다. 이렇게 하는 교사들은 자연스럽게 또래 역동을 관찰할 수 있게 되었고 그런 결과로 많은 사회적 문제의 원인을 진단할 수 있게 되었다고 보고한다.

아주 다른 수준이긴 하지만, 영아와 걸음마기 아기도 갈등 상황에서 교사 코칭의 도움을 받는다. 걸음마기 아기들 간의 다툼도 그들이 사회적 기술을 개발하는 데에 도움이 되는 긍정적인 학습 경험이 될 수 있다(Kovach & Da Ros-Voseles, 2008). 만약 당신이 두 명의 걸음마기 아기가 장난감을 서로 가지려고 소리를 질러가며 다투는 것을 본다면, 그것을 멈추려고 뛰어들기보다는 아이들 근처로 가서 관찰하라. 당신의 존재가 아이들이 안정감을 느끼는 데 도움이 되고, 다치지 않도록 해 줄 것이다. 또한 관찰은 당신이 적절한 조치를 취하는 데 필요한 정보를 더 많이 제공한다. 만약 아이 중 누군가가 불편해 보이면, 당신은 문제에서 벗어나는 방법을 조용하게 제안할 수 있다. 이때, 아이의 눈높이를 맞추고 당신이 보고 있는 상황을 차분하게 확인시켜라. 문제에 대해 정확히 말해주는 것이 그것을 해결하는 데 있어 첫 번째 조치일 수 있다. 아이 중 한 명이 자리를 떠날 때까지 갈등 현장에 머물러 문제가 다시 악화되지 않도록 하라(Kovach & Da Ros-Voseles, 2008).

(8) 가족과 논의할 문제

아이들의 부모, 보호자 또는 교사와의 관계의 질은 어린 아동의 복지에 중요한 부분이다(Brooker, 2010). 만약 당신이 아이의 부모를 훈육이나 생활지도 과정에 함께 하도록 할 수 있다면, 아이들의 사회적 기술을 증진시키는 데 성공할 가능성은 더욱 커질 것이다. 이것은 문화 간 의사소통이 수반될 때 더욱 커진다. 주류 미국 사회에서는, 직접적인 의사소통이 주류이지만, 간접적인 의사소통이 일반적인 나라도 많이 있다. 마찬가지로, 시간 약속을 엄격하게 지키는 것이 일반적인 가치이지만 모든 나라 사람들이 이 가치를 공유하지는 않는다. 만약 부모가 협의회 시간에 늦게 오고, 교사가 희망하는 질문이나 대답을 하지 않을 경우, 교사는 그 부모가 무례하고 아이의 학교에 대해 별로 관심이 없다고 생각할 것이다. 그러나 그 부모는 반대로 교사가 무례하고 아이에 별로 관심이 없다고 판단할지도 모른다. 부모와 교사가 아이를 대신해서 함께 일을 하기 위해서는 그러한 격차를 메우는 것이 필요하다.

교사와 부모가 사용하는 생활지도 방식은 부모와 교사가 협상해야 하는 많은 문제 중 하나이다. 연구에 의하면, 교사와 부모에 의해 사용되는 훈육 기법의 유형은 아이들의 사회적 기술 발달에 영향을 미친다(예, Landy, 2009). 그러므로 부모와 교사가 아이들의 사회적 유능감을 위한 목표를 공유하는 것이 중요하다(Ernst, 2014). 부모는 자기 아이에 대한 전문가이다. 부모는 아이들의 개별적 특성뿐만 아니라 그 아이가 성장하는 데 영향을 주었던 경험과 가족 또는 문화적 기대에 대한 소중한 정보원이 될 수 있다(Bowman, 2013; Gonzales-Mena, 2013).

교사는 아동발달에 대한 전문가이어야 하고 부모가 아이의 발달을 좀 더 넓게 보도록 도와야 한다. 교사는 친사회적 발달을 조력하는 보다 나은 방법에 대한 정보원이 될 수 있다. 예를 들어, 부모는 아이들이 긍정적인 사회적 행동을 배우기 위해서는 자신의 행동이 다른 사람에게 미치는 좋지 못한 영향을 이해해야 할 필요가 있다는 것을 모를 수 있다. 그러므로 만약 당신이 부모에게 당신의 수업목표 중의 하나가 왜 어떤 행동은 수용되고 어떤 행동은 수용될 수 없는지를 아이들이 배우도록 돕는 것이라는 것을 말해준다면 도움이 될 것이다. 그러므로 바람직하지 않은 행동을 단순히 벌하는 대신에 설명할 수 있다. 당신은 아이들이 더 나은 사회적 기술과 더 좋은 또래 관계를 개발하기 위한 정보를 획득하는 데 도움을 줄 수 있을 것이다. 그 과정에서, 당신은 부모가 아이에게 어떤 행동을 하도록 요구할 때 "내가 그렇게 말했으니까"라고 말하는 것이 왜 바람직하지 않은지를 부모가 이해하도록 도움을 줄 수 있다.

친구들과 잘 지내는 어려움에 대해 부모와 대화를 할 때, 우리 아이는 집에서는 절대로 그런 행동을 하지 않는다고 말하는 부모를 만날 수 있다. 이때가 당신이 부모에게 5명의 2살짜리 아이가 하나의 장난감을 놓고 다투는 집단 상황에서는 아이들이 가정과는 다른 어려움에 부닥칠 수 있음을 상기시켜 줄 기회이다.

부모들은 자신의 아이들이 장난감을 같이 가지고 놀지 않고 다른 아이의 장난감을 뺏는 것에 대해 걱정할지도 모른다. 당신은 어린아이들은 대인관계와 관련된 이해가 필요할 때에 높은 수준으로 기능하는 것이 성숙 수준 상 불가능하지만(Bloom, 2007; Selman & Schultz, 1990), 어른의 도움으로 더 높은 단계로 성장할 수 있다고 부모들을 안심시킬 수 있다. 부모에게 성숙에 대한 정보를 제공하는 것은 부모가 그것에 대해 걱정하기 보다는 발달 과정을 지원하는데 도움이 될 수 있다. 비고츠키가 말했듯이, "아이들을 잘 가르치는 유일한 방법은 현재 발생 수준에 조금 앞서도록 이끌어 주는 것이다" (1962, p.104). 이것은 걸음마기 아이가 말을 하도록 돕는 방법과 비교될 수 있다. 아기가 아직까지 말을 못 한다는 것이 우리가 그들에게 말을 걸지 않아야 한다는 것을 의미하는 것은 아이다. 마찬가지로 아이들의 초기 사회적 노력의 결실이 아주 좋지는 못하다는 것이 우리가 그들의 노력에 반응하지 않고 더 노력하도록 격려하지 않아야 한다는 것을 의미하는 것은 아니다. 부모는 그들이 말을 할 수 있기 훨씬 전부터 영아에게 말을 함으로써 효과적으로 말하기를 가르친다. 마찬가지로 어른들은 아이의 현재 수준보다 조금 더 높은 수준을 목표로 가정이나 학교에서 갈등해결 기술을 모델링하고 스캐폴딩함으로써 인간관계에 대한 보다 높은 수준의 사고를 효과적으로 가르칠 수 있다.

3 개인차를 수용하라

문화적 차이를 명백히 뛰어넘는 몇 가지 기본적인 발달상의 성취가 있다. 이러한 성취에는 친구 사귀는 법 배우기, 언어 배우기, 지각을 조직하고 통합하는 것 배우기, 생각하고, 상상하고 창안하는 법 배우기 등이 포함된다. 물론, 우리는 이러한 성취가 일어나는 과정은 문화적 맥락에 따라 달라짐을 기억해야 한다(Bowman, 2013; Espinossa, 2010). 그러므로 사회적 행동의 적절성은 집단에 따라 변한다는 것을 기억해야 한다. 아이에 대한 부모의 기대는 그 아이의 문화, 가족 배경, 경제적 지위, 성별에 따라 변한다. 모든 아이들을 공평하게 대하기 위해 하나의 행동 기준을 적용하는 것이 어떤 아이에게는 불공평할 수 있다.

(1) 문화적 차이

문화는 피부색이나 출신 민족이 아니라, 우리가 세상을 보는 맥락이다. 우리는 유럽계 조상을 가진 모든 사람이 같다고 생각하지 않으며, 라틴계 미국인이나 아프리카계 미국인이 모두 같다고 말할 수 없다. 문화는 인종, 언어, 민족성, 종교뿐만 아니라 경험, 교육수준, 사회경제적 지위, 성별, 연령, 생활방식, 정치적 성향, 지리적 위치와 기질의 산물이다(Derman-Sparks & Ramsey, 2011). 우리는 각자의 문화를 가지고 있다. 그러나 일반적으로, 다른 사람과 갈등을 겪게 되기 전까지는 그것을 알지 못한다. 이러한 인식의 부족은 교사와 부모뿐만 아니라 교사와 아동 간의 관계에서 오해를 발생시킨다(Kaiser & Rasminsky, 2012). 교사가 수용할 수 없는 아이의 행동을 발견했을 경우, 원인을 찾는 과정에서 반드시 해야 할 한 가지 질문은 그것이 문화적 불일치의 결과가 아닌가 하는 것이다. 모든 아이들에게 한 가지 기준을 적용하는 교사는 무심결에 누군가의 사회적 또는 학업적 실패의 원인이 된다. 우리는 개별 아동의 발달 수준, 기질, 삶의 경험은 물론, 문화도 고려해야 한다. 곤잘레스-메나(Gonzalez-Mena)가 말했듯이, "만약 당신이 무엇이 아이들을 위해 좋고 옳은지에 대해 당신 자신의 아이디어만을 계속해서 따른다면, 그것이 비록 당신이 받은 훈련의 결과라 할지라도 당신은 당신과 다른 가족 배경을 가진 아이들에게 위해를 가하고 있을지도 모른다"(2008, p.6).

학교의 문화는 배경에 있는 지배적인 문화를 반영한다. 가족의 기대가 그 학교의 기

문화는 피부색이나 출신 민족이 아니다. 그것은 우리가 세상을 보는 맥락이다. 아이들에 대한 교사의 기대는 개별 아동 가족의 세계관을 인정해야 한다.

대와 유사한 아이들은 적응에 별문제가 없다. 하지만 학교는 점차 다양한 문화를 가진 아이들을 받아들이고 있는 중이며, 이것은 교사의 역할을 아주 복잡하게 만들고 아이들의 적응 또한 복잡하게 만들고 있다(Gonzales-Mena, 2013). 문화적 차이는 기대와 상호작용에 영향을 준다. 언제 어떻게 말을 해야 하는지, 각 신체 언어는 무엇을 의미하는지, 직접적인 질문은 무례한 것인지, 화자를 똑바로 쳐다보는 것이 예의 바른 것인지 아닌지 등에 대한 서로 다른 생각의 결과로 의사소통이 방해받을 수 있다. 문화적 차이는 또한 관계에도 영향을 준다. 아동과 성인간의 적절한 관계, 수용 가능한 또래간 상호작용 방식, 협력적인 아이와 경쟁적인 아이 중 누가 더 좋은지에 대한 생각은 집단마다 다르다. 아이들에게 가정과 학교의 서로 다른 기대는 혼란과 불신을 야기한다. 예컨대, 서유럽 문화는 아이들이 독립적이기를 기대한다. 그러나 그 밖의 대부분의 나라에서는 상호의존에 가치를 둔다. 이러한 기대에 기초해 볼 때 상이한 행동이 갖는 함의는 크다(Kaiser & Rasminsky, 2012). 아래에 문화간 차이로 인해 야기될 수 있는 문제에 대한 몇 가지 예를 제시하였다.

사례 3-12

 유치원 선생님은 화가 났다. 미아가 밖으로 나갈 때 스스로 코트를 입지 못하고 신발도 신지 못했기 때문이다. 미아의 선생님은 미아의 부모가 집에서 옷을 입혀주며 차로 통학을 시켜준다는 것을 알게 되었다.

　　선우가 휴식 시간에 자신의 메트에 있지 않으려 해 문제가 생겼다. 선우의 선생님은 선우가 항상 혼자 자지 않고 부모와 같이 잔다는 것을 알게 되었다.

　　1학년인 미리는 학교에서 말을 하지 않는다. 과제를 하는 데 도움이 필요할 때도 말을 하지 않는다. 미리의 선생님은 미리가 비언어적 단서를 사용하여 자신의 욕구를 전달한다는 것을 알게 되었다.

　　오전 수업시간에 잡담을 한 것에 대해 선생님께 혼이 나고 있는 신혜는 미소를 짓는다. 이러한 신혜의 태도는 선생님의 꾸짖음을 개의치 않는다는 생각을 하게 했다. 한참 후에 선생님은 신혜의 가족 내에서는 미소가 꾸짖음에 대한 공손하고 존중하는 반응임을 알게 되었다.

　　어떤 사람에게는 자신의 문화에 맞추는 것과 지배 문화를 이어받는 것은 양립할 수 없다. 아이들이 이중 언어 사용자와 이중 문화 공유자가 되도록 돕는 노력은 종종 아이들이 자신의 모국어와 모국 문화를 잃거나 어느 문화에도 끼이지 못하는 결과를 낳는다(Gonzalez-Mena, 2013). 또한 새로운 기대를 배우는 것은 자신의 가정에서 기대하는 것을 여전히 배우고 있는 어린 아이들에게 많은 스트레스가 될 수 있다. 섬세한 교사는 가족들로부터 정보를 얻고 아이들의 가족이 간직하고 있는 가치를 수용하고 존중해 줌으로써 도움을 줄 수 있다. 이러한 교사들은 또한 교사가 자신에게 무엇을 기대하며, 기대하는 대로 하지 않을 경우 교사가 화를 낼 것임을 모든 아이들이 다 알 것이라 가정하는 대신에 자신의 기대를 명확하게 함으로써 아이들이 문화적 차이를 배우도록 도울 수 있다. 모든 문화를 존중하는 교사는 또한 아이들의 문화를 배우고 모든 아이들이 편안하게 느끼도록 돕기 위해 자신의 기대를 수정한다(Derman-Sparks et al., 2015). NAEYC 윤리 강령에 따르면, 개별 가족의 존엄과 기호를 존중하고 그 가족의 구조, 문화, 언어, 관습 그리고 신념을 배우기 위해 노력하는 것은 교사의 윤리적 책무이다.

(2) 사회경제적 차이

가족소득, 직업 및 학력에 기초한 문화적 차이 역시 서로 다른 행동 목표 및 행동 패턴을 낳는다. 이러한 차이로 인해 서로 다른 배경을 가진 아이들은 서로에게서 약간의 불편함을 느낄 수 있는데, 이것이 사회적 상호작용 문제를 초래할 수 있다(Gonzalez-Mena, 2008; Ramsey, 1991). 어른들 또한 서로 다른 배경을 가진 사람과 함께 할 때 종종 불편해한다(Kaiser & Rasminsky, 2012). 이러한 불편함은 가정과 학교 간의 의사소통의 흐름을 막을 수 있고 아이에게 불이익을 줄 수 있다. 훈육 문제는 특히 중산층 가족과 저소득층 가족 간의 주요 견해 차이를 드러낸다. 저소득층 가족은 대체로 자신의 자녀들이 불확실한 미래에 맞설 수 있을 만큼 강해지도록 돕기 위해 노력하며, 종종 권위주의적(authoritarian) 훈육 방식을 사용한다(Bowman, 2013). 이러한 접근은 대체로 중산층이고 아이들이 세상을 안전하고 환영받는 장소로 보도록 돕기 위해 권위가 있는(authoritative) 훈육 방식을 사용하는 교사와 조화를 이루지 못한다. 아이들은 집과 학교에서 각각 어떻게 행동해야 하는지를 잊기도 하므로, 아이들이 학교와 가정 간의 기대 행동과 교수법의 차이로 이해 혼란을 느낄 수 있다는 것을 인식하는 것이 중요하다.

'다름'이 더 좋은 것도 더 나쁜 것도 아니라는 것을 기억하는 교사는 더 많은 아이들이 성공적으로 학교생활을 하도록 도울 것이다. 교사와 다른 배경을 가진 아이들은 학교생활에서 실패하거나 중도 탈락할 위험이 높다(Iruka, Winn, Kingsley, & Orthodoxou, 2011). 램지(Ramsey)가 말했듯이, "경제적으로 어려운 아이들이 다른 아이들에 비해 지금의 교실 구조와 완벽하게 양립하기가 더 어렵다 할지라도, 그 아이들이 발달시켜온 사회적 기술 및 스타일을 훼손함으로써 경제적인 불리함을 악화시키지 않도록 해야 한다"(1991, p.61). 이것이 문제 행동을 허용하라는 뜻은 아니다. 그보다는, 학교의 기대와의 불일치로 인해 지장을 초래하는 행동을 하는 아이가 수치심을 느끼게 하지 말라는 의미이다. 이런 아이들은 각각의 상황에서는 서로 다른 행동이 기대된다는 것을 이해하여 두 문화 속에서 자랄 수 있도록 하는 도움이 필요하다.

(3) 성차

아이의 성별 또한 행동에 영향을 준다. 성역할 고정관념이 남자아이와 여자아이 간의 행동 차이에 영향을 미친다는 것을 인정한다 하더라도(Richardson, 2015), 뇌 연구는 성을 중립적으로 보려는 우리의 노력이 왜 대부분 실패했는지를 설명하는 데 도움을 준다(Sax, 2006). 성 정체감이 확고한 경우 남자아이에게 인형을, 여자아이에게 트럭을 사 주는 것은 제한적으로 성공을 거두었을 뿐이다.

차이는 일찍이 태내에서 성이 결정되자마자 시작된다. 뇌의 각 부분은 다르게 발달하며 발달 비율 또한 다르다. 예컨대, 언어 기술과 관련된 영역은 여자아이가 남자아이에 비해 6년 정도 빨리 성숙하는데, 특히 여자아이가 말하기 기술을 발달시키는 속도에서 두드러진다. 이것은 여자아이들이 협상을 통한 분쟁 해결에서 우위를 점할 수 있도록 해 준다. 반면에 남자아이는 비언어적 의사소통에 의지하는 경향이 있다. 공간 과제와 관련된 영역은 남자아이가 여자아이보다 4년 정도 빨리 성숙한다.

대개 남자의 뇌는 화학물질인 세로토닌을 덜 분비하는 데 이것이 남자아이를 여자아이에 비해 더 충동적이고 덜 침착하게 만든다. 화학물질인 옥시토신은 여자 내에서 더 자극되는데, 이것이 여자아이를 좀 더 공감적이게 만든다. 남자의 뇌는 감정을 뇌줄기(싸우거나 도망가거나 하는 반응이 저장되는)에서 더 많이 다루는 반면, 여자의 뇌는 복잡한 사고가 일어나는 뇌의 윗부분으로 감정을 이동시킨다(Gurian, 2003; L. Sax, 2006). 물론 대부분 남자아이는 이들을 좀 더 공격적이게 만드는 테스토스테론 호르몬을 더 많이 가지고 있다. 여자의 성장 호르몬인 프로게스테론은 유대 호르몬이다. 이러한 정보에 기초해서 보면, 교사가 자기 반에 여자아이보다 남자아이가 더 많다고 불평하는 것은 놀랄 일이 아니다.

남자 아이가 너무 많다는 데 대한 교사의 불평은 전형적인 '남자 아이 행동'을 문제 행동으로 보는 관점에서 나온 것이다. 사실, 남자 아이가 퇴학을 당할 확률은 여자아이

의 4.5배 이상이다(Gilliam, 2005). 대부분의 남자 아이들은 여자아이들에 비해 더 많은
신체 활동이 필요하고, 여자아이들은 조용하고 통제된 학교 환경에 더 적합하다. 그런
결과로, 정상적인 활동 수준을 보이는 어린 남자 아이들이 주의력 결핍 과잉행동 장애
를 가진 것으로 잘못 진단될 수 있다. 이들에게는 약을 줄 것이 아니라 일과 중 신체 활
동을 더 늘려야 한다(Carlson, 2011). 블록 놀이, 목공 활동, 야외 학습과 대근육 활동을
할 기회를 더 많이 주는 것이 남자아이들이 더 협조적으로 행동하도록 하는 데 도움이
될 것이다. 정상적인 성차를 이해하고 수용하는 교사는 남아의 사회적 유능감을 더 잘
평가할 수 있을 것이다.

4 결론

본 장과 2장에서는 훈육 문제와 직접적으로 관련된 아동발달의 몇 가지 측면을 검토
했다. 아이들의 사고에 대한 지식은 미성숙한 사고와 의도성을 가진 문제 행동을 구별
하는 데 도움이 된다. 사회적 유능감 발달에 관한 정보는 당신이 아이들의 사회적 갈등
에 좀 더 생산적으로 개입하는 데 도움을 줄 것이다. 행동이 문화, 사회경제적 지위, 성
별의 차이에 어떤 영향을 받는지를 깨닫는 것은 당신이 아이들에 대해 좀 더 현실적인
기대를 갖도록 할 것이다. 교사가 아동발달을 이해하고 자신의 기대를 아이들이 편안
하게 할 수 있는 것에 맞출 때, 교사는 자신이 하는 일에서 더 많은 행복을 느낄 것이고
아이들도 더 협력적으로 행동할 것이다. 당신의 기대를 아동발달 수준에 맞추는 것은
아이들이 학교 가는 것을 두려워하는지 아니면 학교에 가기만을 기다리는지에 영향을
줄 수 있다. 이 장에 제시된 지침을 따르는 것은 쉬운 일이 아니다. 인내심을 가지고 이
장에서 제시한 목표를 향해 꾸준히 노력하기 바란다.

사회적 발달은 친사회적 행동을 가르칠 때 주요 내용이 되곤 한다. 친구들과 잘 지내
는 데 문제가 있고 집단 내에서 협력하는 데 문제가 있는 아이들은 전형적인 훈육 문제
를 야기한다. 그러므로 사회성 발달이라는 주제는 훈육 방식을 논의하는 다음 장으로
이어진다. 여기에 제시된 주제에 대한 보다 종합적인 정보를 원하는 독자는 이 장의 마
지막에 있는 추천도서를 참고하기 바란다.

5 요약

- 어린 아이들은 어른뿐만 아니라 나이가 많은 아이들과도 다르게 생각하고 배운다. 그들의 뇌는 빠르게 발달하지만, 그들의 행동에 영향을 주는 제한점을 가지고 있고 여전히 발달 중이다. 다른 사람이 원하고 요구하는 것에 대해 생각하는 그들의 능력은 제한적이며 이것이 종종 집단 상황에서 갈등을 유발한다. 그들의 배움 스타일은 아이들이 생산적이고 협조적으로 행동하도록 하기 위해 가르침에 대한 상이한 접근을 요구한다.
- 사회적 기술은 다른 학교 교육과정과 마찬가지로 조심스럽게 계획되고 가르쳐야 한다. 이러한 가르침은 개별 아동의 욕구에 기초해야 하고, 개별 아동은 다른 사람과 배려하는 관계를 경험해야 한다. 아이들이 다른 사람의 감정을 이해하고 배려하기 시작하도록 돕는 것이 핵심이다.
- 우리는 모든 아이들에게 같은 기대를 할 수 없다. 우리는 아이들이 자신의 모국에서 배운 행동이나 자신의 생물학적 특성에 기초한 행동 때문에 그들을 벌하지 않도록 조심해야 한다. 문화, 사회경제적 지위, 성별과 관련된 개인차를 수용하는 교사는 더 평화로운 교실을 갖게 될 것이다.

6 논의 및 숙고

1. 다른 아이들의 놀이에 끼이는 데 어려움을 겪고 있는 아이를 아는가? 이 장에 기술되어 있는 코칭 기법을 적용해 보라. 결과는? 무엇을 배웠는가?

7 도전

2. 은비가 자신의 이야기에 방금 추가한 삽화를 우영이가 잡아채서는 그것을 가지고 웃으면서 달아났다. 은비가 울음을 터뜨렸고 선생님이 도움을 주기 위해 왔다. 은비가 우영이에게 자신의 기분이 어떤지를 말하도록 하려는 선생님의 노력은 실

패했다. 이것은 은비의 경우 일상적인 일이다. 은비가 자신을 옹호하도록 가르치는 것에 대해 고심하고 있던 선생님이 이 문제를 논의하기 위해 은비 부모와 접촉했다. 은비 어머니의 반응은 교사의 기대가 부적절하다는 느낌을 넌지시 비쳤다.

   a. 무엇이 은비의 어머니와 선생님 간의 의견 차이를 초래했을까?

   b. 이 문제에 대한 죄선의 해결책은?

8 현장 활동

3. 게임을 하고 있는 어린 아이들을 관찰해 보라. 아이들은 자기 나름의 독특한 방식으로 규칙을 지각한다는 것에 대한 어떤 증거가 보이는가?

4. 어린 아이들과 상호작용을 하면서 이들이 다른 사람의 관점에 관해 생각할 수 있는 능력이 없음을 보여주는 예에 주목하라. 아이들이 자신의 견해를 표현하고 다른 사람의 견해를 듣는 것을 학습하도록 도와라. 이 경험을 분석하고 당신의 방법을 어떻게 개선할 수 있을 지에 대해 동료들과 논의해 보라.

5. 어린아이들의 말을 경청하라. 이들이 환상과 사실을 혼동하고 있는 것이 들리는가? 어른이 취할 수 있는 최선의 반응은 무엇인가?

6. 당신 또는 당신이 알고 있는 누군가가 학교 문화와의 불일치 때문에 학교에서 어려움을 겪은 때를 생각해 보라. 당신 또는 당신의 친구는 어떻게 반응하였는가? 장기적인 영향은 어떠하였는가?

7. 해결해야 할 문제: 영진이가 그림을 그리다가 우연히 물감을 쏟았다. 그러나 영진이는 자기가 물감을 쏟았다는 것을 부인한다.

   a. 영진이가 3살이라고 가정하고, 이 거짓말의 가능한 원인에 대해 말해보라. 영진이가 만약 7살이라면 거짓말의 가능한 원인은?

   b. 이 상황에서 어른이 취할 수 있는 최선의 반응은? 3살의 경우와 7살의 경우로 나누어 말해 보라.

9 추천도서

Bowman, B. (2013). The state of the black child. In *Being black is not a risk factor: A strengthsbased look at the state of the black child*. Washington, DC: National Black Child Development Institute.

Corso, W. A. (2003). *We're friends, right?: Inside kids' culture*. Washington, DC: Joseph Henry Press.

Derman-Sparks, L., & Ramsey, P. (2011). *What if all the kids are white?: Antibias multicultural education with young children and families*. New York: Teacher's College Press.

Gropper, N., Hinitz, B., Sprung, B., & Froschi, M. (2011). Helping young boys be successful learners in today's early childhood classrooms. *Young Children*, 66(1), 34~41.

Kemple, K. M. (2004). *Let's be friends: Peer competence and social inclusion in early childhood programs*. Upper Saddle River, NJ: Merrill/Pearson.

Kovach, B., & Da Ros-Voseles, D. (2008). *Being with babies: Understanding and responding to the infants in your care*. Beltsville, MD: Gryphon House.

Ostrosky, M., & Meadan, H. (2010). Helping children play and learn together. *Young Children*, 65(1), 104~110.

Ramsey, P. G. (1991). *Making friends in school: Promoting peer relationships in early childhood*. New York: Teachers College Press.

Wardle, F. (2016) *The Challenge of Boys in Early Childhood Education*. 〈http://www.communityplay things.com/resources/articles/2016/〉 [2016, Aug. 9].

Willis, C., & Schiller, P. (2011) Preschoolers' social skills steer life success. *Young Children*, 66(1), 42~49.

제2부
훈육 방식

4장에서 10장까지로 구성되어 있는 2부에서는 훈육 방식을 개관한다. 훈육 방식은 가장 긍정적인 것에서 시작하여 가장 덜 긍정적인 것으로 끝을 맺는 방식으로 제시한다. 훈육 방식의 제시는 또한 개입이 가장 적은 것을 가장 먼저 제시하고, 가장 많은 것을 가장 나중에 제시하는 방식으로 진행된다.

우리는 어느 한 가지 훈육 방식이 항상 모든 아이들에게 대한 해답을 줄 것이라고 믿지 않는다. 이 책의 도입 부문에 설명한 바와 같이, 행동의 원인을 결정하는 것이 적절한 훈육 방식을 선정하는 데 필수적이다. 한 가지 이상의 원인이 있고, 따라서 한 가지 이상의 훈육 방식이 필요한 경우가 종종 있다. 훈육 방식에 대한 폭넓은 지식을 가지고 있고 아동 발달을 잘 이해하고 있는 교사는 세심함과 기술로 아이들의 행동을 잘 지도하리라 확신한다.

제 4 장
훈육 문제를 예방하는
환경 만들기

학습 목표

- 아이들의 발달을 지원하고 행동 문제를 줄이는 물리적 학습 환경을 설계할 수 있다.
- 아이들의 주도성을 자극하고 지루함이나 좌절과 연관된 행동 문제를 줄이는 지적 환경을 증진시킬 수 있다.
- 아이들의 긍정적인 자존감을 증진시키는 관계를 통해 어른이 어떻게 정서적 환경을 구축할 수 있는지에 대한 예를 제시할 수 있다.
- 어른 및 아이들이 상호 존중하는 사회적 환경을 개발할 수 있다.

사례 4-1

 혼란스러운 교실

환경은 아주 큰 차이를 만들어 낸다. 유치원이나 어린이집 교실을 살짝 들여다보면, 아이들이 장난감을 서로 가지려고 다투고, 극놀이 영역을 마구 뛰어다니고, 다른 아이가 만든 블록 구조물을 넘어뜨리는 장면을 볼 수 있을 것이다. 어떤 재료는 잠시 보고는 옆으로 집어던져진 듯 보인다. 아이들은 인기가 많은 재료를 서로 가지고 놀기 위해 서로 잡기도 하고 밀치기도 한다. 교실은 소란스럽고 어른들은 분노와 좌절의 울음소리로 가득한 교실에서 아이들이 들을 수 있도록 목소리를 높여야 한다. 몇 명의 아이들이 뒤로 물러나 눈을 둥그렇게 뜨고 쳐다보고 있다. 이 장을 공부해 가면서 환경을 바꾸는 것이 어떻게 이 교실의 모습을 바꿀 수 있을 지에 대해 생각해 보라.

　어떤 사람들은 훈육을 단순히 발생한 문제 행동을 다루는 반응적인 과정이라고 생각한다. 우리는 문제 행동이 발생하기 전에 그것이 발생하지 않도록 막는 훈육에 대한 선제적인 접근을 옹호한다. 모든 것이 아주 순조롭게 진행되는 교실이나 생일 파티 장소에 가보고 잘 행동하는 아이들을 둔 어른들을 부러워해 본 적이 있을 것이다. 아이들은 평범한데 잘 준비된 환경이 협력과 긍정적인 상호작용을 조성했을 가능성이 있다. 아이들의 자율성을 증진시키고 행동 문제를 막는 환경을 설계하는 것이 문제 행동이 발생했을 때 그것에 대응하는 것보다 훨씬 효과적인 훈육 방식이다.

　이 장에서는 성장하는 아이들을 지원하도록 설계된 환경을 만듦으로써 많은 행동 문제의 원인을 예방하는 방법에 대해 살펴볼 것이다. 어린 아이들을 위해 좋은 환경을 조성하는 문제를 다룬 책도 있고 강좌도 있다. 루돌프 스타이너(Rudolf Steiner)와 마리아 몬테소리(Maria Montessori)를 포함한 많은 리더들이 아름다운 학습 환경을 위한 길을 열었다. 하나의 장으로 이 중요한 주제에 대한 중요한 정보를 모두 다루는 것은 불가능하다. 그래서 여기에서는 긍정적인 생활지도와 가장 직접적으로 관련된 환경에 초점을 둔다. 모든 환경은 아이들의 발달 욕구를 충족해야 한다. 이 장은 4가지 핵심 영역(신체, 인지, 정서, 사회성)을 나타내는 머리글자 PIES(physical, intellectual, emotional, and social)를 사용하여 그러한 욕구를 중심으로 조직하였다(〈표 4-1〉 참조).

　많은 저자들이 사회성 발달과 정서 발달을 하나의 영역으로 결합하지만, 생활지도라는 목적을 위해서는 이 둘을 분리하는 것이 도움이 된다. 아이는 개인으로서는 자신감을 느끼지만(긍정적인 정서 발달), 사회성 발달이 부족하고 친구를 어떻게 사귀는지 또는 다른 사람과 어떻게 함께 활동을 하는지에 대해 모를 수 있다. 반대로 어떤 아이는 집단으로 하는 상호작용은 잘 하나(사회성 발달), 자신감이나 정서적 건강과 관련된 개인적인 정체감은 부족할 수 있다. 그래서 아이들의 행동을 볼 때, 가장 도움이 되는 지도 방식으로 반응하기 위해 사회성 발달과 정서 발달을 구분하는 것이 중요하다.

〈표 4-1〉 4가지 핵심영역

영역	정의	관련 행동
신체	시각, 청각, 영양, 휴식, 연습, 일반적인 건강, 균형, 감각 인식과 대소 근육 발달 포함	배고픔, 목마름, 탈진이나 잘 들리지 않음과 같은 계속되는 조건에 의해 신체적으로 힘듦을 느낄 때, 종종 협력행동 감소와 행동 문제 발생
인지	호기심, 추측, 실험, 문제해결, 기억과 창의성으로 구성	지루함을 느끼거나 좌절감을 느끼는 아이는 많은 어른들이 힘들어하는 행동을 보일 가능성 높음
정서	개인적인 정체감과 개인적인 성취로 개인적인 자아감 통합	자신감이 부족할 때, 아동은 남에게 매달리거나 투덜대며, 미지의 것에 두려움을 보인다. 이와는 대조적으로, 정체감과 성취감이 있는 아동은 자신감을 가지고 위험을 감수하면서 새로운 활동을 기꺼이 시도하거나 모르는 사람을 만남
사회성	타인과의 관계에 기초. 공유, 리더십, 유연성, 공감, 중재, 타협, 동정심 같은 기술	사회적 기술이 부족한 아이는 종종 친구와 다투거나 눈물을 흘림. 물건 공유나 규칙 합의에 대해 자주 옥신각신할 수 있음

1 물리적 환경

아이들을 위한 환경 준비에 대한 아이디어는 마리아 몬테소리 박사(1870~1952) 덕분이다. 그녀는 가구와 자료의 물리적 배치가 학습에 아주 큰 영향을 주기 때문에 그것을 또 다른 교사로 생각했다. 아동용 가구와 학습 자료를 포함한 그녀의 혁신적인 아이디어는 오늘날 좋은 유아교육 환경의 특징이 되었다. 공간은 우리 각자에게 말을 하고(Greenman, 2007) 우리의 행동을 바꾼다. 의식적 또는 무의식적으로 환경의 디자인은 동기, 우리의 행복감, 행동 및 학습에 심대한 영향을 준다. 그러므로 그것은 행동을 지도하고 훈육 문제를 예방하기 위한 중요한 도구가 된다. 〈표 4-2〉를 보라.

환경은 딱딱한 것과 부드러운 것, 개방적인 것과 폐쇄적인 것, 단순한 것과 복잡한 것, 상호작용적인 것과 반성적인 것, 이동성이 높은 것과 낮은 것 등 다양한 측면을 포함해야 한다. 아이들이 적절하게 활동을 할 수 없을 때 공격 행동은 증가한다. 보호자는 아주 빈번하게 "안돼"라고 말하는 것을 듣는데, 이것은 걸음마기 아이에게 엄청난 억제 효과를 미칠 수 있다(Torelli, 2015).

　잘 조직된 교실은 학습을 촉진시키고 독립성을 격려하고 책임감을 증진시킬 수 있고, 아이들이 남과 협력해서 살아가고 배우는 데 필요한 기술을 개발하도록 도울 수 있다. 반면에 잘못 설계된 교실은 학습을 방해하고 아이들에게 해를 줄 수 있다. 행동 문제를 줄이기 위해 물리적 공간을 어떻게 조직할 것인가에 하는 것은 아동의 나이를 고려해서 논의하는 것이 최선이다.

〈표 4-2〉　물리적 환경에서의 일반적인 문제

문제	결과적 행동
너무 좁은 공간	공간에 너무 사람이 많고 시끄러워 아이들은 부모와 떨어지길 원치 않는다. 친구에게 밀리거나 물린다. 놀이에 참여하지 않는다. 다른 아이를 민다. 다른 아이를 놀이 영역에서 배제한다. 블록을 넘어뜨린다. 퍼즐을 발로 밟는다. 자료를 부순다. 자료를 가지고 창의적인 놀이나 탐색 및 실험을 할 공간이 없다.
계획된 프로그램에 능동적인 움직임이 충분하지 않음. 대근육 활동이 바깥놀이 시간에 한정되고 교실에서는 할 수 없음	아이들이 교실이나 복도에서 뛰어다니기 시작한다. 테이블 위로 올라간다. 이야기 시간이나 수업시간에 조용히 앉아 있지 않는다. 몸을 움직이고 의자를 뒤집어엎는다. 물건을 던진다. 시끄럽게 말한다. 팔을 흔든다. 발을 휘두른다. 팔짝팔짝 뛴다. 다른 아이를 떠민다. 지적 도전을 위해 집중하지 못한다. 비만이나 관련 건강 문제를 야기할 수 있다.
자료가 충분히 새롭지 않거나 흥미롭지 않음	스윙이나 새로운 학습 자료 같이 자신이 가장 좋아하는 것을 서로 먼저 차지하려고 밀고 싸운다. 자료를 독점하고 나누어쓰려고 하지 않는다. 나중에 필요할 때 다시 사용하려고 자료를 숨긴다. 자기 순서에 대해 거짓말을 하거나 속인다. 자기가 마음대로 할 수 있는 물건을 집에서 가져온다. 다른 아이를 배제한다(네가 사용할 찰흙이 없어). 운다.
소근육 활동이 실내로 제한됨	실외에서 어떤 아이들은 피곤함을 느끼고 학업 활동이나 창의적인 활동을 하길 원한다. 밖으로 나갈 시간에 협조하지 않는다. 밖에 나가도 수동적으로 다른 아이들을 지켜보기만 한다. 교사에게 매달린다. 칭얼거리고 불평한다.
가구의 부적절한 배치	아이들이 주변을 달리도록 만들거나 놀이를 할 때 다른 아이들을 배제시킬 기회를 만든다.(공간이 없어 너는 놀 수 없어)
조잡한 가구나 자료	쉽게 부서진다. 아이들은 이런 물건을 함부로 다루는 경향이 있다.
건물 공간의 부적절한 디자인. 화장실이나 싱크대의 접근을 제한할 수 있음. 전구와 가구 배치가 공간 사용의 유연성을 제한할 수 있음	아이들이 규칙을 어기게 할 수 있다. 엉망으로 만든다. 잘못된 공간을 통해 또는 잘못된 시간에 밖으로 나갈 수 있다. 교사로부터 숨는다. 아이들에게는 접근이 허용되지 않은 영역에 접근할 수 있다. 교사로 하여금 주변을 어지럽히거나 창의적인 프로젝트를 하지 않도록 할 수 있다.

(1) 연령별 아이디어

① 영아

환경 탐색은 영아와 걸음마기 아기를 위한 교육과정의 상당 부분을 차지한다. 잘 설계된 환경은 아이들과 그들의 보호자 모두의 행복에 심대한 영향을 줄 수 있다(Torelli, 2015). 움직임이 없는 아기의 경우, 우리는 그들이 덜 울고 그들 주변의 사람 및 환경과 긍정적으로 관여하길 원한다. 이렇게 하기 위해서는 아기와 보호자 모두를 위한 편안하고 안전한 가구가 필요하다. 손가락이 낄 수 있는 흔들의자 보다는 미끄러지는 의자를 사용하라. 또한 보다 많은 아기들을 흔들 수 있고 사용하지 않을 때 쉽게 보관할 수 있는 해먹을 사용하라(Torelli & Durrett, 2011). 당신은 원하면 언제든지 공간을 두 배로 사용할 수 있다. 그렇게 하면 아기들이 두 수준에서 그 공간을 사용할 수 있게 되어 당신이 더 많은 활동을 할 수 있다. 다락이나 복층화한 놀이집이 이렇게 하는 일상적인 방법이다.

움직임이 없는 아기와 활동적인 아기를 분리시켜 주는 수면공간을 아기들의 마음을 느긋하게 해주고 위로해 주는 안전지대로 만들게 되면, 걸음마기 아이들이 영아를 해칠 수 있는 상황을 감소시킬 수 있다. 분리된 공간은 또한 활동적인 걸음마기 아기들이 움직임이 없는 아기들 근처에서 놀지 않도록 끊임없이 모니터링을 할 필요가 없도록 해 준다. 움직임이 없는 아기들은 사람들이 장시간 자기를 응시해주는 것뿐만 아니라 다양한 시각적·청각적 자극을 필요로 한다. 남자 아기는 매달려 있는 모빌 같이 움직이는 것을 더 많이 쳐다보는 경향이 있고, 여자 아기는 얼굴을 더 많이 쳐다보는 경향이 있다(Kovalik, 2008). 당신은 모든 아기들이 음악 및 치발기(teething toys)와 더불어 이러한 기회를 많이 가지길 원할 것이다. 물론 모든 자료는 위생처리와 안전 점검이 잘 되어 있어야 한다. 엎드려 길 준비를 하고 있고 엎어 놓는 것이 필요한 아기들에게는 세워두는 거울과 같은 흥미로운 자료와 함께 표면이 부드러운 안전한 장소가 제공되어야 한다. 어른들은 필요에 따라 환경과 상호작용하거나 환경을 바꾸기 위한 단서에 세심한 주의를 하면서 지켜본다. 기저귀 채우기와 같은 일상적인 일을 위한 영역을 포함한 전체 환경은 영아 프로그램에서는 학습을 위한 것이다(Gonzalez-Mena & Eyer, 2014). 말하기, 노래 부르기, 아기들이 잡을 새로운 물건이나 아기들이 보는 모빌 갖기는 영아들이 기저귀를 가는 동안 덜 꿈틀거리거나 덜 고통스러워하면서 그 과정을 즐길 수 있도록 도와준다.

② 걸음마기 아기

움직일 수 있는 아기는 기어 다니고 탐색할 공간과 감촉이 필요하다. 아기가 잡아당기고, 주변을 돌아다니고, 두 가구 사이를 쉽게 걸어갈 수 있도록 가구를 배치하는 것은 이제 막 걸음마를 시작한 아기에게 용기를 북돋워 줄 것이다. 부드러운 소파나 벽에 고착되어 있는 짧은 사다리와 같은 안전한 장소를 여러 군데 마련하여 아기가 접근하도록 하라. 물론 기어오르는 영역은 높이가 낮아야 하고 떨어지는 지점은 부드럽고 쿠션이 있어야 한다. 아주 어린 아동(1세와 2세)의 경우, 당신은 한꺼번에 많은 자료가 밖에 나와 있는 것을 원치 않을 것이다. 그보다는 하루에 몇 번 교대로 사용할 수 있는 비슷한 자료가 많이 들어 있는 박스를 원할 것이다. 예컨대, 모든 종류의 공이 들어 있는 박스를 가져오고, 나중에 그것을 치운 후 모든 아기 인형을 가져온다. 그런 후 페인팅 자료를 가져 온다. 당신은 여전히 교실에 기본 자료를 가지고 있을 것이다. 하지만 그걸 추가함으로서 아기들의 흥미를 계속 유지하고 많은 갈등을 피할 수 있을 것이다. 걸음마기 아기는 몰려든 후 다른 곳으로 재빨리 이동하는 경향이 있다. 만약 당신이 별도로 분리된 흥미 공간을 제공하는 환경을 계획하고, 아기들이 탐색할 자료를 빈번하게 회전시킨다면, 아이들이 울고불고 난리를 치고 다른 아이를 물고하는 일은 많이 줄일 수 있을 것이다.

③ 유치원생

유치원 수업의 경우, 자기 수준에 맞는 다양한 종류의 질이 좋은 교육적, 창의적 자료를 접할 기회가 많이 있을 것이다. 이것은 극놀이, 쌓기, 쓰기, 미술, 과학 탐구, 음악과 감각 자료의 활용을 조장하는 가구 배치와 소도구를 의미한다. 흔하게 하는 실수는 소근육 운동은 실내 활동이라고 가정하고, 대근육 활동은 실외로 제한하는 것이다. 이것은 아이가 대근육을 사용할 필요가 있는데 외부 활동을 할 시간이 되지 않았을 경우 행동 문제를 낳을 수 있다.

PIES의 모든 부분을 개발할 기회는 실내와 실외 모두에서 발생한다. 뛰거나 테이블 위로 올라가는 것과 같은 많은 부적절한 활동을 제거하기 위해 아이들이 빈 백을 던지고, 작은 트램펄린 위를 뛰고, 춤을 추거나, 텀블링 매트를 사용할 수 있는 지정된 장소를 실내로 하라. 만약 당신이 이런 다양한 옵션을 가지고 아이들이 잘못된 행동을 하는 것을 본다면, 그들이 수용 가능한 활동을 하도록 방향을 전환하기가 쉬울 것이다. 한

교실 가구 배치와 소도구는 구성 놀이, 쓰기, 과학 탐구, 음악 그리고 감각 자료뿐만 아니라 극(가장)놀이를 조장해야 한다.

연구에서 취학 전 아동에게 더 큰 선택의 자유(자유 선택과 실외 시간)를 제공했던 활동 상황은 또래와 과제에 대한 좀 더 적극적인 관여와 연관이 있었던 반면에 교사가 구성한 활동은 교사와의 좀 더 적극적인 관여와 관련이 있었다(Vitiello, Booren, Downer, & Williford, 2012).

④ 학령 초기

1학년~3학년 교사들은 고려해야 할 것이 더 있다. 많은 교실에 개별 책상이 있고 학습 센터를 위한 공간이나 장비가 거의 없다. 어떤 교사들은 책상을 모으고 방 둘레에 학습 랩을 만든다. 다른 교사들은 그냥 책상으로 구성된 학습 센터가 있는 방을 만들고 수학 조작 자료와 같은 특별한 영역을 위해서는 책꽂이와 같은 비품을 대체해서 사용한다. 한 명의 2학년 교사는 연초에 부모들이 연필, 책, 테블릿 등을 넣을 수 있는 주머니가 달린 의자 커버를 만드는 것을 도와준다. 아이들에게 자리를 정해주는 대신에, 아이들은 자신이 가고 싶은 공간으로 의자를 이동시킨다. 그렇지 않으면, 그들은 자기 의자 뒤에 있는 주머니에서 필요한 것을 꺼낸 후 할 일을 끝내기 위해 그냥 다른 자리에 앉거나 편안한 바닥을 찾는다. 오늘날 많은 구성주의적 교사들은 몬테소리, 피아제, 비고츠키와 같은 리더의 원칙을 따르고 있고, 교실에서 개인 책상을 완전히 없애고 테이블이나 교실 바닥을 사용한다. 활동적인 아이들이 학업에 더 성공적이다(White-House Task Force on Childhood Obesity Report to the President, 2010).

⑵ 공간 설계

공간 배치는 숨은 메시지를 제공한다. 길고 넓게 트인 복도는 "달려라!"고 말하는 반면 책으로 둘러싸인 아득하고, 부드러우며, 베개가 있고, 채광이 좋은 영역은 "들어와서 긴장을 풀고 책을 읽어라."고 말한다.

사례 4-2

 김 선생님은 엉망진창인 미술 시간이 끝나면 손을 씻기 위해 화장실로 달려가는 아이들 때문에 고민이 많다. 선생님은 반복해서 아이들에게 두 손을 모으고, 싱크대에 갈 때 까지는 아무것도 만지지 말고 걸어서 가라고 말한다. 아이들이 선생님의 지시를 따르기 시작했다. 하지만 그들이 화장실에 도착하기 전에, 선생님은 자신이 미술활동을 한 후 엉망이 된 영역에서 다른 아이들을 도우면서 큰 소리로 "걸어" 라고 말하는 것을 알게 되었다. 싱크대는 창의 영역이나 장판이 있는 영역 옆에 있는 것이 이상적이다. 하지만 건축설계와 바닥재 때문에 그러질 못했다. 청소를 잘 하기 위해, 선생님은 퍼즐, 게임 그리고 테이블 장난감을 하도록 되어 있는 3개의 테이블을 밀어서 화장실 반대편 벽에 세웠다. 이렇게 하니, 아이들이 손이 더러운 상태로 주변의 조작 자료를 만지도록 하는 유혹 없이 싱크대로 바로 갈 수 있는 직선 복도가 생겼다. 이러한 상황을 지켜본 원감 선생님은 가구를 새롭게 배치하는 것이 좋겠다는 제안을 했다. 박 선생님도 동의했다. 그래서 그들은 중간 테이블을 밀어서 화장실 벽에 붙였고, 미술 영역에서 화장실로 가는 지그재그 길을 만들었다. 뛰는 행동이 즉각적으로 그리고 완전히 사라졌다. 아이들은 싱크대에 도착할 때 까지는 두 손을 모아야 된다는 것을 이미 알고 있었기 때문에 아이들이 퍼즐과 게임을 만지는 문제는 없었다. 가구를 재배치하는 것으로 문제가 사라졌고 학급의 긴장도 감소되었다.

① 밀도

아동 1인당 면적은 아이들과 어른들에게 큰 영향을 줄 수 있다. 밀도 수준이 높으면, 스트레스, 공격성 그리고 파괴적 행동을 증가시킬 수 있고 아이들에 따라서는 위축 행동을 하게 하거나, 긍정적인 사회적 상호작용, 성취 및 주목 시간을 감소시킬 수 있다. 미국의 경우 대부분의 주에서 아동 당 35제곱피트(약 3.25제곱미터)가 일반적이나, 40~45제곱피트(약 3.72~4.18제곱미터)를 권하는 경우도 많다(Bullard, 2010). 걸음마기 아기의 스트레스 수준은 아동 당 면적이 54제곱피트(약 5.02제곱미터) 이상이었을 때 감소했다.

소음과 밀도를 줄임으로써, 아동과 교사 모두 스트레스가 덜한 환경에서 생활할 수 있고 더 나은 학습 성과를 낼 수 있다. 아이가 어릴수록 집단이 작아야 한다. 그러므로 아동 당 면적은 더 높지만 전체 공간은 덜 필요하다. 영아와 걸음마기 아기 전문가에 의하면, 0~8개월 아이들은 두 명의 보호자가 있어야 하고 한 집단에 8명 이상은 안 되며, 아동 당 면적은 최소 350제곱피트(약 32.52제곱미터)여야 한다. 8~18개월 아기는 보호자 대 아동 비율이 1:3이어야 하고, 최대 9명을 넘어서는 안 되며, 최소 면적은 500제 곱피트(약 46.45제곱미터)여야 한다. 18~36개월 아기는 성인 대 아동 비율이 1:4이어야 하고, 최대 12명을 초과해서는 안 되며, 최소 면적은 600제곱피트(약 55.74제곱미터)여 야 한다(Gonzalez-Mena & Eyer, 2014). 집단 크기와 교사 대 아동 비율을 증가시킴으로 써 이 지침을 초과하거나 면적을 줄이면 과밀로 인해 생활지도 문제가 생길 수 있다.

② 소리

우리 주변의 소음은 우리의 기분과 행동에 영향을 준다. 마케팅 전문가가 어떤 소리 가 가게에서 물건을 구입하도록 유도하는지, 막힌 엘리베이터 안에서 좀 더 편하게 느 끼도록 하는지를 연구했다. 너무 많은 소리, 아주 높은 소리, 큰소리가 스트레스를 줄 수 있다. 사람들은 소리에 서로 다르게 반응한다. 어떤 관찰자가 보육 환경과 타임스 퀘어나 카니발 미드웨이에 있는 것을 비교했다. 한 센터에서 교사는 오전 내내 경쾌한 아동용 음악을 틀었다. 심지어 수업시간이나 이야기나누기 시간에도 계속 음악을 틀었 다. 그리고는 왜 아이들이 자기 수업에 집중하지 않는지 의아해 했다. 교사는 청각 환 경에 대해 의도적일 필요가 있고 방 안 사람들의 행복한 콧노래를 그냥 듣는 시간도 간 혹 있도록 해야 한다. 배경 음악을 사용할 경우, 아이들이 광범위한 종류의 소리를 듣 고 음악과 자신의 가정을 연결시킬 수 있도록 다양한 문화권의 음악뿐만 아니라 자연 의 소리도 포함하라.

③ 조명

정확한 양의 지적 자극을 주기 위해서는 중립적이고, 교사가 필요할 때 자극을 추가 할 수 있는 청각 및 시각 환경을 갖는 것이 도움이 된다. 영아 보호자들은 두 종류의 조 명을 가질 수 있다. 하나는 청소와 활동 시간에 사용할 와트 수가 높은 조명이고, 다른 하나는 좀 흐릿하고 마음을 진정시키는 조명이다. 마찬가지로, 자극 자료는 밝고, 화 려하거나 시끄러운 자료로 영구적으로 채워지는 공간을 설계하기 보다는 아이들의 요 구에 따라 가져오기도 하고 치우기도 한다. 취학 전 아이들을 위한 방에는 휴식 시간에 부드러운 물거품 소리와 평온한 조명을 더해 주기 위해 수족관을 두는 경우가 많다. 자 연스런 조명이 아주 바람직하다. 마음에 위안을 주고 조용한 환경은 아이들이 안전감 을 느끼고 평화롭게 행동하는 데 도움을 준다.

④ 전시

아이들이 자기 주변에서 보는 것은 그들의 학습에 영향을 준다. 아이들에게 교실 환경을 개인화할 수 있는 기회를 제공하는 것은 교실에서의 소속감을 증진시키고 이어서 친사회적 행동과 태도를 촉진시킨다. 아이들이 함께 작품을 모으고 전시하도록 하는 것은 개인적으로 성취한 것과 집단적으로 성취하는 것에 대해 생각하고 말하는 것을 촉진시킨다. 아이들의 작품을 전시하는 것은 배운 것을 기록을 남기는 기능만 하는 것은 아니다. 그것은 아이들에게 의사소통을 위한 다양한 기회를 제공해주고 아이디어의 공유를 통해 관계 구축도 촉진한다. 교실 디스플레이는 부모와 교사간의 의사소통 또한 촉진한다(Katz, Chard, & Kogan, 2014). 한 초등학교 2학년 교사가 새 학기가 시작될 때 의도적으로 교실 뒤편에 있는 게시판을 이름표만 제외하고 텅 빈 채로 두었다. 새 학기 초에 그 교사는 학부모에게 보통의 신학기 분위기와 달리 자기 교실은 예쁘게 꾸며져 있지 않을 것이며, 앞으로 아이들의 작품으로 꾸며나갈 것이라고 말하면서, 아이들에게 자기 이름표를 가지고 가서 자신이 앉고 싶은 곳에 두도록 했다.

⑤ 다양성 존중

수업을 위해 선정되는 자료는 아이들과 가족의 문화 또한 반영해야 한다. 예컨대, 당신은 아이들이 사람들을 확실하고 다양하게 묘사하도록 하기 위해 문학 작품뿐만 아니라 다양한 나라의 음식 박스와 요리 용구를 극놀이 영역에 추가할 수 있다. 밝은 원색을 자연스러운 나무 톤으로 대체하고 자연과 아이들의 세계로부터 온 진짜 자료를 선호하여 플라스틱 장난감을 과다하게 사용하는 것을 피하는 것은 진정한 환경을 만드는 데 도움을 줄 수 있다. 마찬가지로, 깔개, 식물, 램프, 미술작품, 가족사진 그리고 성인과 아이들이 앉아 쉴 수 있는 장소는 바람직한 가족 같은 분위기를 만들어낼 수 있다. 상호 존중을 촉진시키고 자신의 유산에 대한 아이들의 자부심을 지원하기 위해 현재 재원 중인 아이의 가족의 정체감을 반영하는 것 또한 중요하다.

⑥ 접근성

특수 아동은 교실에서 이용가능한 모든 자료를 사용할 수 있어야 한다. 소근육 발달이 지체된 아이들을 돕기 위해, 당신은 퍼즐 조각을 맞추는 데 손잡이를 사용할 수 있다. 자폐증이나 ADHD 아동과 같이 쉽게 흥분하는 아이들의 경우 이야기나누기 활동을 할 때 장식이 있는 것보다는 단색 카펫을 선택할 수 있다. 소음에 예민한 아이들의 경우 교실 소음을 줄이기 위해 헤드폰을 준비해 두면 도움이 될 것이다.

한 연구에 의하면, 신체적 장애가 있는 청년은 장애가 없는 청년에 비해 신체적 비활동성 비율이 4.5배 높고, 하루에 4시간 이상의 TV 시청을 보고할 가능성이 2배 높다고 한다. 신체적, 발달적 장애가 있는 아이들은 장애가 없는 또래 아이들에 비해 비만이나 과체중이 될 가능성이 매우 높다(White House Task Force Report on childhood Obesity, 2010). 그러므로 좋은 학급은 모든 아이들이 적절하게 어려운 신체 활동의 기회를 가지도록 해야 한다.

몇몇 놀이터 설계자들은 모든 아이들이 실외 학습 공간을 즐길 수 있도록 조정한다. 인도와 오르기, 자연 및 미술 영역과 연결되는 갈아타는 지점이 있는 포장된 세발자전거 길은 모든 휠체어를 탄 아이들과 부모들이 사용할 수 있는 경계 없는 놀이터를 만들 수 있다. 조정된 그네도 기존 구조에 쉽게 추가될 수 있다. 실로폰과 같은 실외 악기를 포함하는 것은 신체 움직임이 제한된 아이들이 즐길 수 있도록 해준다. 만약 당신이 놀이터 설계나 리모델링에 관여한다면, 접근 가능한 놀이터, 보편적 설계 또는 포괄적인 놀이 공간에 대한 아이디어를 꼭 찾아보라. 로터리 클럽, 라이온스 클럽, 키와니스 클럽 같은 몇몇 봉사 조직이 보다 포괄적인 실외 놀이 영역을 만드는데 도움을 주고 있다.

(3) 실험, 수업과 성찰을 위한 공간

과거에는 많은 사람들이 교육은 교사에 대한 아이들의 주목에 주로 달려있다고 생각했다. 이러한 생각은 교사가 학생들의 마음의 '빈 수레'를 단순히 채운다는 것이었다.

수업 방법은 개별 학습, 소집단 활동, 전체 집단 참여와 개인적 성찰을 위한 기회를 포함한다. 각 학습 방법은 그것에 상응하는 물리적 공간을 요구한다.

피아제와 몬테소리에 의하면, 학습 자료에 직접적으로 개입하는 것 또한 호기심을 증진시키고 지식을 구축하는 데 중요한 요소이다. 우리는 또한 비고츠키(1896~1934)가 이론화했듯이, 학생들은 직접적인 수업뿐만 아니라 또래, 교사 그리고 다른 사람과의 상호작용을 통해서도 배운다(Trawick-Smith, 2013). 그런 결과로, 수업 방법은 개별 학습, 소집단 활동, 전체 집단 참여와 개인적 성찰을 위한 기회를 포함하는 것으로 확대되어 왔다. 각 학습 방법은 그것에 상응하는 물리적 공간을 요구하는데, 개별 학습 랩, 협동적인 소집단 활동을 위한 공간, 전체 집단이 모이고 활동할 수 있는 공간, 개인적 성찰을 위한 장소가 바로 그것이다.

① 활동 영역

교실 공간과 자료는 활동 영역(흥미나 활동 영역)으로 가장 잘 배치될 수 있다. 이 영역은 아이들이 개별적으로 또는 친구와 함께 조사하고, 조작하고, 관찰하고, 문제 해결하고, 창작하고, 발견하는 것을 고취하기 위해 교사가 미리 배치한다.

구체적인 경계, 내용 관련 자료 및 일이나 놀이를 위한 구역으로 잘 구분되어 있는 활동 영역은 학습 참여와 어린 아동들 간의 적극적인 상호작용을 촉진시킨다. 선반, 카펫이나 테이블은 학습 영역을 위한 경계로 기능한다. 걸음마기 아동의 학습 영역은 대근육 영역, 감각 자료, 모자, 가방, 신발을 가지고 하는 극놀이 영역, 부드러운 블록, 책 영역 그리고 큰 크레용과 물감을 사용하기 위한 장소를 포함한다. 취학 전 아동의 교실은 대개 극놀이, 미술, 나무 블록과 조형, 조작, 쓰기, 과학이나 발견을 위한 영역, 읽기·도서관 영역, 수학 및 퍼즐 그리고 컴퓨터 영역을 포함한다. 초등학교 저학년 교실은 대개 과학, 수학, 미술, 사회 그리고 읽기와 같이 과목 영역으로 구분된다. 모든 경우에, 영역은 학생들의 다양한 학습 양식을 지원하고, 학습 자료에 직접적으로 접근하도록 설계되어 있다. 학습 영역의 위치는 조사, 교육과정 통합과 유능감을 초래하거나, 만약 잘못 위치시킬 경우, 주의산만의 원천이 되고 문제를 초래할 수 있다.

아이가 어릴수록, 활동 영역이 놀이에 더 관여한다. 영아를 위한 예로는 팽이, 작은 눈 바구니 탐색, 비지 보드로 놀기 또는 깜짝 장난감 상자 보기 등이 있다. 걸음마 아이의 경우, 성인은 아이가 "버렸다. 채웠다."를 할 수 있고, 밀고 당기는 장난감을 이용 가능 하도록 만들고, 비눗방울을 불고, 손잡이가 달린 퍼즐을 할 수 있는 물건이 담긴 통을 배치할 수 있다. 집단 보호를 받고 있는 걸음마가 아기의 경우, 갈등을 줄이기 위해 가능하면 동일 장난감을 2개 확보하고 있는 것이 좋다. 감각 자료 특히 물은 또한 걸음마기 아이들이 정말 좋아하는 것이다. 걸음마기 아기 집단의 경우, 비누 거품과 축축한 스펀지로 의자를 씻는 것이 즐겁게 에너지를 발산하고 협동심을 기르는 방법이 될 수 있다. 세심한 교사가 충분하고, 충분한 상호작용 자료가 있다면 공격적인 행위는 좀처럼 발생하지 않을 것이다.

취학 전 아동을 위한 활동 영역은 종종 주제나 교실에서의 공부 단위의 조사나 교사가 개별 아동을 위해 신장시키고자 하는 구체적인 발달 목표와 연관이 있다. 이에 대한 예로는 소근육 활동을 위해 폼폼을 아이스 큐브 트레이로 이동시키기 위해 집게 사용하기 또는 자석 탐색하기, 또는 테라리엄에 있는 벌레 그림 그리기를 포함한다. 초등학교 저학년 아동의 경우, 많은 탐색과 놀이가 여전히 포함되어야 하나 아래 사례에서와 같이 랩 영역에서는 보다 구체적인 지시가 있을 것이다.

사례 4-3

오 선생님 교실에 있는 아이들이 오늘 완수해야 할 몇 가지 활동을 하고 있다. 재호, 민우, 영표는 개인 헤드폰을 통해 이야기 테이프를 들은 후 가장 좋아하는 인물에 대한 그림을 그리고 있다. 영오, 용우와 지효는 과학 실험을 수행하는 세부적인 단계를 밟고 있다. "너 자신의 스무디를 만들어라" 가 이번 주 내내 가장 인기있는 활동 영역이었다. 이 영역은 요리법을 읽고, 재료를 측정하는 것과 연관된다. 소근육 기술은 플라스틱 칼로 바나나를 자르는 데 사용되었고, 시간을 정하는 것은 읽기 및 셈하기와 관련이 있다. 아이들은 이 활동을 독립적으로 할 수 있었다. 왜냐하면 오 선생님이 미리 준비를 잘 했기 때문이다. 광휘, 동수와 병호는 손 인형으로 이야기를 만들고 있고, 다른 아이들은 일기를 쓰고, 지구를 공부하고, 퍼즐을 맞추고 있다. 어떤 아이들은 마그네틱 블록으로 쌓기를 하고, 또 다른 아이들은 도서관에서 들은 동화를 실연하고 있었다. 영대는 애완동물 기니피그에게 당근을 먹이면서 쿠션 위에 조용히 앉아 있다. 선생님은 관찰 시간을 사용하여, 배우가 너무 많고 그들이 내는 소음이 지구를 공부하고 있는 아이들과 퍼즐 작업을 하는 아이들의 주의를 산만하게 하고 있음을 알아챘다. 선생님은 선반을 이동하여 환경을 조정할 필요가 있다는 메모를 했다. 한 영역의 아이들의 수를 제한하기보다는 영역을 확대하여 모든 아이들이 참여할 수 있도록 하는 것이 좋겠다고 생각했다. 선생님은 또한 스무디를 만드는 영역이 당초 계획보다 몇일 더 운영될 수 있도록 했다. 스무디를 만드는 것이 선생님의 예상보다 시간이 더 걸렸고, 모든 아이들이 스무디를 만들 기회를 가지길 원했기 때문이다.

아이들의 나이와 상관없이, 다양한 활동 영역에서 그것을 충분한 시간동안 이용할 수 있도록 해서 아이들이 활동 영역을 사용하지 못 할까봐 걱정하지 않도록 하는 것이 중요하다. 영역에 사람이 너무 많거나 자료가 부족하면, 훈육 문제가 일어나기 쉽다.

② 소집단 영역

아이들은 소집단에서 가장 잘 배운다(Curtis, Lebo, Cividanes, & Carter, 2013). 소집단 영역은 아이들이 공동해서 작업을 할 수 있는 표면 영역(즉, 테이블이나 마루 공간)과 자료 저장 공간을 포함한다. 교사는 요리, 과학, 수학 또는 문해와 같은 구체적인 활동을 위해 여러 아이들을 모으기 위해 소집단 영역을 사용한다. 10명의 아이보다는 4명의 아이와 요리나 과학실험을 할 때 안전 문제를 모니터하기가 훨씬 쉽다.

아이들은 블록으로 성만들기, 보드 게임하기나 놀이를 위한 의상 만들기와 같은 공동 프로젝트를 하기 위해 소집단 영역을 사용한다. 이런 전형적인 소집단 활동에서 아이들은 교사의 직접적인 지도 없이 작업을 한다. 아이들이 교사의 직접적인 개입 없이 공동으로 작업하는 공간을 제공하는 것은 조망수용, 협상 기술과 문제해결력을 촉진시킨다.

③ 대집단 영역

대부분의 유아 교육 기관에는 전체 집단을 수용할 수 있을 만큼 충분히 큰 모임 장소가 있다. 교사는 일반적으로 이 공간을 다음 세 가지 용도 중 하나로 사용한다. 첫째, 모든 아이들이 정해진 영역에서 음악에 맞춰 춤추기와 같은 움직임을 위해 사용될 수 있다. 둘째, 직접적인 수업이나 이야기를 위해 사용될 수 있다. 어느 경우이든, 아이들은 어른을 마주보는 극장 스타일로 앉아야 한다. 종종 근처에는 시각적인 도움을 위해 사용할 수 있는 화이트보드나 융판이 종종 있다. 대집단 공간의 세 번째 사용은 집단이 교사에 집중하기보다는 서로 함께할 때이다. 많은 원주민과 서유럽문화는 원이나 원탁이 집단의 모든 구성원이 참가할 수 있는 동일한 기회를 준다는 것을 알게 되었다. 이런 이유로 당신은 모든 아이들이 서로 보기를 원할 것이다. 따라서 모든 아이들이 행복하게 원형으로 앉기에 충분한 큰 공간이 있는 것이 도움이 된다. 대단위 영역은 "나는 많은 아이들이 그네를 타고 싶어 하는데, 그네는 두 개 뿐이야. 어떻게 하면 모든 아이들이 공평하게 그네를 타도록 할 수 있을까?"와 같은 문제 해결을 위한 학급 이슈를 논의하는 데도 사용될 수 있다.

교실 크기에 따라 대집단 영역은 한 가지 이상의 목적을 수행하도록 변형될 수 있다. 예컨대, 유치원에서는 집단 모임 장소가 학습 랩 동안에 블록 영역이 될 수도 있다. 만약 공간이 여러 목적에 사용된다면, 전체 집단 시간 동안에 주의가 산만하지 않도록 하는 것이 중요하다. 예를 들어, 블록 선반은 벽 쪽으로 향하도록 하라. 만약 주의를 산만하게 하는 자료가 남겨져 있다면, 아이들이 그 자료를 가지고 놀 것이고 이후 성인과 갈등을 겪을 것이다.

④ 개인 성찰 영역

어린이집이나 유치원 또는 학교에서 하루 온 종일 시간을 보내는 것은 무척 힘든 일일 수 있다. 만약 아이가 하루에 여러 가지 프로그램에 참여하면 상황은 훨씬 더 복잡해진다. 일을 하는 부모들의 자녀들 중 상당수는 어린이집에서 하루를 시작하고, 학교를 가고, 그런 다음 다시 방과 후 프로그램에 참여한다. 당신은 시간이 흘러감에 따라 아이들이 괴팍해지는 것을 보았을 것이다. 그들은 단순히 피곤함을 느끼는 것 이상이다. 그들은 집단 상황에서 상호작용하기 위한 학습의 요구에 맞추기 위해 애쓰고 있다. 그들이 괴팍하게 구는 것은 집단의 자극, 광경, 소리에서 벗어나 혼자 있고 싶다는 표시일 가능성이 매우 높다. 아늑하고 조용한 장소나 그것에 준하는 장소는 그냥 장식이 아니다. 그것은 심리적인 필수품이다. 인간은 많은 자극을 감당할 수 있다. 하지만 그런 다음 휴식하고 조화로운 균형을 유지하기 위해 성찰을 할 조용한 공간이 필요하다.

아이들은 자신의 사생활에 대한 욕구를 존중해주는 환경에서 잘 자란다. 정서 발달에 대한 연구에 의하면, 아이들은 집단 활동과 개인 활동을 자유롭게 이동할 수 있도록 허용되어야 한다고 한다. 많은 교실은 특징적으로 혼자 있거나 다른 한 명의 친구와 시간을 보낼 수 있는 특별하고 아늑한 장소를 갖추고 있다. 아이들이 기분이 좋지 않을 때 진지한 일을 하고 싶은 마음이 생기도록 하기 위해서는 잠시라도 혼자 있는 시간이 필요하다. 오 선생님은 두 개의 파일 캐비닛 사이에 쿠션, 책과 독서용 램프를 갖춘 자그마한 공간을 만들었다. 김 선생님은 한 두 명의 아이가 사용하기에 완벽해 보이는 계단 아래 장소를 발견했다. 그 장소 또한 베개와 아이들의 가족사진으로 아늑하게 장식되어 있다. 다른 교사들은 몇 분 동안 혼자 있고 싶을 때 아이들이 갈 수 있는 장소로 텐트나 판지 상자를 사용하기도 한다. 사회화를 위한 당신의 능력을 조절하고 그것을 성찰을 위한 시간과 균형을 맞추는 방법을 아는 것은 삶의 기술이다. 우리는 아이들에게 이 정도의 개인적 통제 수준을 허용하는 환경과 프로그램을 설계함으로써 그들이 자신을 알고 살아가는 동안 균형을 잡도록 돕는다. 만약 사적인 공간에 대한 요구가 너무 크면, 아이들은 대기자 명단에 서명을 하거나 자신만의 공간을 만들 수 있다.

어떤 아이들은 활동 장소를 떠나 책상이나 테이블 아래로 몸을 숨기거나 그냥 바닥에 눕는다. 조용한 장소에 대한 높은 요구는 또한 교사가 자신이 부가한 수업 자극에 대해 다시 생각해보라는 힌트일 수 있다.

당신 교실의 물리적 환경은 교실이 교사와 아동 중 누구를 위한 공간이고, 그 공간에서 어떻게 행동하기를 사람들이 기대하는지에 대한 강한 메시지를 아이들에게 전달한다. 아이들이 자신의 흥미와 요구에 따라 설계된 환경에 들어서면, 그들은 협력적으로 참여하는 학습자가 될 것을 요구받는 것을 눈치 챌 것이다. 〈표 4-3〉을 보라.

〈표 4-3〉 특정 영역을 만드는 것은 행동 문제를 줄일 수 있다

영역	거기에 무슨 일이 일어났니?	긍정 행동과는 어떤 관련성이 있는가?
전환	아이들이 들어갈 때, 다른 아이들이 무엇을 하고 있는 지 관찰하고 들을 조용한 장소를 아이들에게 제공한다.	부끄러워하거나 활기를 띄는데 시간이 걸리는 아이들이 환경을 평가하는 것을 돕는다. 성인이 집단에 막 합류한 아이와 잠시 대화를 나눌 수 있게 한다. 아이들이 새로 온 아이에게 와서 인사를 할 수 있도록 하고 그래서 함께 놀이를 할 친구가 될 수 있도록 한다.
창의	미술, 수행과 시각적인 것을 포함한다. 조각을 위한 찰흙과 철사 같은 3-D 자료를 반드시 포함하라.	자유로운 의사 표현을 할 수 있도록 하고 아이들이 극놀이를 통해 느낌을 다루고, 음악, 손인형과 다양한 미술 프로젝트를 탐색할 기회를 제공한다. 이 영역에서 충분한 시간을 보낼 수 있도록 하고, 아이들을 위해 모든 재료를 준비시키는 것이 중요하다. 이 영역은 스트레스를 줄일 뿐만 아니라 확신과 행복감을 증진시킨다.
쌓기와 디자인	블록과 다른 쌓기 자료를 포함하라.	아이들이 함께 구조물을 만들고 만든 것을 서로 비교한다. 프로젝트가 클 경우 협력하고 쌓기 영역에 있는 액세서리로 이야기와 주제를 만든다. 이 영역은 충분한 양의 견고한 자료와 놀이를 원하는 모든 아이들을 위한 충분한 공간을 요구한다.
활동 공간	실내 대근육 활동을 위함. 실외에서 많은 시간을 보낼 수 있는 환경에서 살지 못한다면 아이들이 실내에서 활동적으로 움직일 수 있도록 허용한다.	오르기, 흔들기, 점프하기, 볼 그리고 균형 활동을 위한 기회를 포함해야 한다. 장난감을 타기 위한 공간이 있으면 이상적이다. 모든 것을 가질 수 없으면, 자료를 교대로 사용하게 해서 아이들이 교실에서 적어도 한 두 번은 대근육 활동을 할 기회를 가지도록 하라. 활동 놀이는 건강을 증진시키고, 아이들 간의 갈등을 줄이며, 수업시간에 문제해결력과 주목을 증진시킨다.
자연과 과학	자연의 세계에 대한 관찰과 탐색. 자료는 식물, 동물 그리고 최소한의 지구 물질을 포함할 수 있다.	아이들은 교실에서 애완동물을 돌보면서 공감과 열정을 배운다. 아이들은 우리 세계의 신비로움과 비밀을 배우고 다른 사람들과 공유한다. 아이들은 함께 추측하고 그들의 추측이 옳았는지를 알아보는 프로젝트를 나눈다. 자신이 배

영역	거기에 무슨 일이 일어났니?	긍정 행동과는 어떤 관련성이 있는가?
		운 것을 문서화하고 그것을 다른 사람과 공유하며 팀워크를 증진시킨다.
수학과 논리	셈하기, 패턴, 계열, 수와 퍼즐. 자료로는 공/차, 저울, 자석이 포함됨	아이들은 그들 세상의 논리를 알아내려고 노력한다. 분류, 분리, 조직, 재조직함을 통해 아이들은 세상이 어떻게 작동하고 왜 그렇게 작동하는 지에 대한 진실을 발견하기 위해 쌍으로 또는 소집단으로 작업을 할 수 있다. 그 과정에서 그들은 수량화하고 패턴을 인식하는 방법을 배운다. 그들은 이해한 것을 서로 나누고 다른 사람들이 볼 수 있도록 그들의 아이디어를 문서화한다.
도서관	읽기, 듣기	아이들은 가장 좋아하는 이야기를 함께 나눌 수 있다. 친구들과 공유하기 위한 아늑한 장소를 만드는 데 손 인형이나 이야기책 인물이 포함될 수 있다.
쓰기	쓰기	상이한 많은 쓰기 도구가 있는 공간과 쓰기와 그리기를 통해 표현을 조장할 종이. 봉투와 우표 그리고 각 아이별 학급 우체통을 마련해 두면 아이들이 서로나 친구/가족에게 메시지를 전달하는 것이 촉진된다.
감각	물, 모래, 눈과 다른 자료 포함	아이들이 이 영역에서 상이한 질감, 향, 냄새와 소리를 탐색할 수 있다. 종종 자료가 놓여져 있는 큰 테이블과 4~6명의 아이들이 협력과 우정을 배우도록 돕기 위해 즉시 사용할 수 있는 공간이 있다.
조작	작은 연장, 퍼즐, 게임, 목수 프로젝트나 상업용 자료를 사용한 분해되는 품목을 포함한다.	이 영역에서 아이들은 함께 게임을 하거나 작은 조각이나 부품으로 작업을 한다. 이 영역은 친구를 비교적 쉽게 사귀는 남자 아이들에게 매우 인기가 많다. 이 장난감은 종종 아이들이 이야기를 만드는 것을 돕는다.
실생활	아이들이 체계적인 방식으로 삶의 기술을 배우도록 돕는 몬테소리 아이디어	아이들이 다양한 용구를 사용하고, 소근육 기술을 얻는 방법을 배우는데 도움이 되는 자료가 제공된다. 예컨대, 스펀지 정확하게 사용하기, 넵킨 접기, 물붓기, 핀셋 사용하기, 젓가락으로 집기 등을 들 수 있다. 대개 이것들은 개인적으로 행해지고 아이들이 기술뿐만 아니라 확신도 얻도록 돕는다.
사적 공간	그냥 소리 나는 대로	아이가 소음과 가끔 집단 보호를 할 때 생기는 끊임없는 요구로부터 벗어나기 위해 갈 수 있는 조용한 영역. 성인은 영역을 감독할 수 있어야 한다. 하지만 아이들은 노출된 느낌을 받아서는 안 된다. 이상적으로 말하면 사적 공간에는 소리가 덜해야 한다. 교실 주변에 이 요구를 충족시켜 줄 수 있는 공간이 몇 군데 있으면 매우 좋다. 성찰을 위한 시간을 제공해 준다.

2 지적 환경

아이들은 지적 자극이 필요하다. 문제는 어른들이 아이들에게 충분한 자극을 주지 않아 지루함이 시작되거나 아이들에게 너무 어려운 활동을 계획해서 아이들이 좌절하게 되었을 때 발생한다. 갈린스키(Galinsky, 2010)에 의하면, 영아는 모든 것을 보고, 만지고, 이해하고, 마스터하고자 하고 싶어 하는 멈출 수 없는 학습자이다. "아기나 아동이 조사하고 실험하는 것을 관찰해 본 적이 있는 사람이라면 아이들이 배우기 위해 태어났다는 것을 알 수 있다. 발달적으로 적절한 실제에 대한 NAEYC의 입장은 사람 특히 아이들은 현재의 이해 수준이나 숙달 수준을 넘는 것을 이해하거나 하도록 동기화되어 있다는 것이다. 효과적인 교사는 그러한 동기를 활성화시키는 풍부한 학습 환경을 만든다." 풍부한 학습 환경이란 아이들이 구체적인 자료와 적절한 시간을 통해 발달의 선두에서 탐색하고 조사할 많은 기회를 의미한다. 우리가 생산적인 활동을 촉구하면, 종종 집단에서 갈등 원이 되는 비생산적인 행동을 할 시간이 덜 남게 된다. 피아제는 유아기에 해당하는 인지 발달의 전조작기의 특성 중 하나로 일차원적 사고를 언급했다. 피아제는 어린 아이들은 한 번에 하나에만 집중할 수 있다고 생각했다. 만약 우리가 아이들이 흥미로워하고, 조사하고, 가설을 세우고, 실험하는 상황을 만든다면, 아이들은 대개 부정적인 행동이나 비생산적인 장난을 시작할 수 없을 것이다.

(1) 자료

"모든 것에는 자리가 있고 모든 것은 제 자리에 있어야 한다."라는 표현은 교사가 유용하게 사용할 수 있는 오래된 격언이다. 유아교육기관의 교실에 들어가 보면 이 격언이 실제로 작동하고 있음을 볼 수 있을 것이다. 선생님들이 학습 영역에 있는 자료들을 체계적으로 정리 정돈함으로써 관리의 시범을 보인다. 예컨대, 아이들이 사용한 모든 미술 재료는 한 곳에 보관된다. 자료는 아이들이 선반에서 보관 용기를 꺼내지 않고도 내용물을 볼 수 있도록 투명한 플라스틱 보관 용기를 사용하여 관리된다. 낮은 선반에 있는 재료를 정리하고 선반과 보관 용기에 이름을 붙이는 것은 아이들이 활동을 위해 필요한 재료를 스스로 찾고, 활동 후 재료를 정리하는 데 도움이 된다. 보관 용기 바깥에 내용물의 사진을 붙여주면 더 많은 정보를 줄 수 있다. 자료를 예측할 수 있는 패턴으로 관리하는 것은 아이들이 기억해서 독립적으로 자료를 사용하는 데 도움이 된다.

만약 환경이 잘 조직되어 있고 이름표가 붙여져 있으며 아이들이 자료가 보관되어 있는 장소를 기억할 수 있게 된다면, 아이들은 통상적인 순서와 방법으로 이루어지는 청소에 참여할 가능성이 더 많다.

① 개방형 활동

어떤 아이들은 교사가 제시한 거의 모든 과제를 힘들이지 않고 성공적으로 완수한다. 하지만 그들은 충분하게 도전받지 못했을 수 있다. 이들과는 달리 어떤 아이들은 실패에 영향을 더 받는다. 두 경우 모두, 개방형 활동이 도움이 될 수 있다. 즉, 개방형 활동은 모든 아이들이 도전도 느끼고 성공도 경험하는 데 도움을 줄 수 있다. 이 활동은 다양한 방식으로 사용될 수 있다. 블록과 극놀이 소품을 예로 들어 보자. 이것을 사용하는 "한 가지 옳은 방법"이라는 것은 없기 때문에, 개방형 자료는 개인차를 고려하고 창의성을 북돋우나 비교는 막는다. 아이들은 자신의 원하는 대로 프로젝트를 만들 수 있다. 즉, 프로젝트를 쉽게 할 수도 있고 어렵게 할 수도 있다. 개방형 활동은 또한 통합의 중요한 측면이다. 장애가 있는 아이들은 다른 아이들과 함께 하기 위해 종종 개방형 활동을 요구한다. 성공감은 쉬운 과제를 수행하는 경우 생기지 않는다. 그것은 도전과 아동의 능력이 적절히 조화를 이룰 때 생긴다.

개방형 활동은 아이들이 과제를 완성함에 있어 자신의 창의력을 발휘하도록 함으로써 개인차는 고려하고 비교는 막는다.

사례 4-4

 어린이집 교사인 민 선생님 반의 쓰기 영역에는 능력과 흥미에 있어 차이가 나는 다양한 자료가 있다. 그 영역에는 다양한 크기와 색깔의 종이가 있는데, 줄이 그어져 있는 것도 있고 줄이 없는 것도 있다. 또한 그 영역에는 연필, 매직펜, 스테이플러와 펀치도 있다. 아이들은 활동이나 놀이를 할 때 필요하면 이런 자료를 자유롭게 사용할 수 있다. 은경이가 글을 쓰는 척하는 것도 괜찮고, 영식이의 낙서도 괜찮으며, 용호가 그림을 그리는 것도 괜찮다. 아이들 각자가 서로 다른 목적을 위해 글쓰기를 사용한다. 은경이는 그림과 상징물을 결합하여 종이 위에 두고 그것을 친구와 접촉하는데 이용하는 사회적 목적으로 글쓰기를 사용한다. 영식이는 상이한 유형의 크레용과 마커가 어떻게 서로 다르게 표시되는지에 관심이 있다. 용호는 자기가 만든 이야기책을 통해 아주 인상적인 문학적 소양을 보여주었다. 아이들은 쓰기 영역에서 시간을 보냄으로써, 읽고 쓰는 능력을 향상시킨다.

개방형 활동을 하는 민 선생님의 반과는 대조적으로, 홍 선생님의 반에서는 모든 아이들이 똑같이 활동지를 한다. 몇몇 아이들은 이미 글자를 알고 있어 활동을 지루해한다. 어떤 아이들에게는 이 활동이 너무 어렵고 의미가 없다. 하나의 정확한 반응이 있는 활동에 대한 요구도 분명히 있다. 그러나 그런 활동은 개인차를 고려하여 조심스럽게 진행되어야 한다. 개방형 활동과 폐쇄형 활동을 균형 있게 제공하는 것은 당신이 모든 아이들의 요구에 대처하는 데 도움이 될 것이다. 간혹 연미는 퍼즐을 맞추거나 작업 테이블에서 종이 매트를 짜 맞추는 방법을 배우는 것과 같은 폐쇄형 과제를 하려 하였고, 이러한 과제에 계속적으로 도전하고 성공적으로 과제를 완수함에 따라 유능감을 키울 수 있었다. 연미는 또한 조작 자료를 가지고 무엇을 만들 수 있는지를 테스트 해 보거나, 자유롭게 탐색하고 미술 작품으로 만들어 보는 자유를 찾는다.

② 자원

연령에 상관없이 교육 자료와 아이디어의 저장소를 만드는 것은 도움이 된다. 그렇게 되면 교사가 일상적인 배치나 일일 계획을 벗어나 개별 아동이나 소집단 아이들을 위해 필요한 것을 사용할 수 있다. 많은 교사가 '개구리'같은 주제에 대한 파일 폴더와 교육과정 박스를 갖고 있어 아이들이 놀이터에서 뭔가를 하나 발견하게 되었을 때, 아이들의 흥미를 가지고 탐구할 수 있도록 하기 위해 이야기책, 퍼즐, 사진, 플라스틱 장난감 모형과 같은 자료를 제공할 수 있게 된다. 교사가 아이들이 흥미를 느낄 수 있도록 준비되어 있고 조사하고 탐색하고자하는 그들의 욕구를 기꺼이 충족시켜 줄 수 있을 경우 행동 문제는 줄어들 것이다.

아이들이 자료를 혼자서 사용할 수 있게 되면, 기다림은 줄어들 것이고 더 많은 것을 배울 것이다. 그러면 교사는 종이를 나누어 주는 대신에 보다 더 중요한 상호작용에 초점을 둘 수 있다. 지루함을 느끼는 아이들은 자신을 즐겁게 해 줄 뭔가를 찾는다. 교사가 이야기하는 동안 바닥위에 뒹굴거나 옆 친구를 장난스럽게 발로 차는 것이 재미있는 기분 전환이 될 수 있다. 마찬가지로, 적절한 자료가 없을 때, 아이들은 잘못된 선택을 할 수 있다. 종이가 없을 경우, 아이들은 벽에다 색칠을 하거나 쓰기를 전혀 하지 않는 것으로 알려져 있다.

교사는 개별 아동이나 집단의 요구에 따라 활동, 자료 그리고 공간을 조정해야 한다. 미디어와 기술을 포함하여 이용할 수 있는 모든 자료를 고려하고 사용하는 것은 좋은 교사의 지표 중 하나이다. 어떤 교사는 컴퓨터가 사용가능하게 되면 아이들이 "너무 많은 시간"을 그 곳에서 보낼 것이라고 염려한다. 이들과는 달리 다른 교사들은 취학 전 아이들이 교육용 게임과 프로그램이 장착되어 있는 컴퓨터를 포함한 창의적이고 교육적인 많은 활동 중에서 선택하게 되었을 경우, 대부분의 아이들은 자동적으로 활동의 균형을 찾는다는 것을 발견했다. 하나의 중앙 기술 영역을 두는 것보다는 환경을 통해 기술을 통합하는 것은 또 다른 효과적인 접근이다(Bullard, 2010). 그것은 종종 교사들이 기술을 보다 넓은 의미에서 생각하도록 돕는다. 라이트 테이블, 카메라, 손전등, 전자저울, 오디오 기기를 포함 하는 것은 교실에서의 기술의 혜택에 대한 당신의 생각을 바꿀 것이다.

③ 성인

교사는 자신이 미리 준비 한 것에 의해서 뿐만 아니라 개별 아동에 대한 세밀한 관찰과 아이들이 한 질문, 그들의 지지 그리고 그들이 만든 도전을 통해 지적 환경에서 핵심적인 역할을 한다. 교사의 역할에 대한 보다 많은 정보는 정서 발달과 사회성 발달에 대한 내용에 포함되어 있다.

3 정서적 환경

정서 발달은 우리가 자신에 대해 어떻게 느끼는 가이다. 긍정적인 정서적 환경은 아이들의 자존감을 지원한다. 자존감의 두 측면을 기억하기 위한 쉬운 방법은 '나는~이다(I am)와 나는 할 수 있다(I can)'이다. 아이들의 '나는~이다'를 지원하기 위해 우리는 자신의 정체성을 직관력이 있고, 연민 어린 개인으로 높게 생각할 뿐만 아니라 자신의 유산, 문화, 가족, 전통, 성과 신체에도 자부심을 가지도록 돕는다. 그들의 유능감 또는 "나는 할 수 있다."를 지지하기 위해 우리는 기회를 많이 만들고 아이들이 의자에 올라간다거나 블록 타워를 세운다거나 신발을 신어본다거나 조작을 한다거나 그리고 아이들이 성장함에 따라 획득한 모든 학업 성취와 같은 다양한 방식으로 성공하도록 격려한다.

아이들의 좋은 기분을 보살피는 교실은 좋은 행동을 장려할 것이다. 반대로 자부심이나 자존감에 대한 손상은 바람직하지 않은 행동으로 표현된다. 사실, 종류에 상관없이 나쁜 감정은 나쁜 행동으로 나타나기 쉽다. 당신의 교실에 있는 아이들이 자신과 자신의 학교 경험에 대해 좋은 감정을 가지도록 돕는 것은 효과적인 학급 경영, 지역사회 구축과 조화로운 집단 역동의 중요한 부분이다.

(1) 관계

관계는 일반적으로 공동체 구축과 효과적인 가르침을 위한 기초를 제공한다(Spivak & Howes, 2011). 교실에는 교사와 아동과의 관계, 아동들 간의 관계, 교사와 학부모와의 관계를 포함한 다양한 유형의 관계가 있다. 이 모든 관계가 공동체를 구축하고 아이들의 발달을 지원하는 환경을 만드는 데 중요한 역할을 한다.

아기들이 눈이나 머리를 돌림으로써 주는 단서가 당신이 아기를 알아가는 데 도움이 될 수 있다. 그들의 욕구와 바람에 대해 존중하는 태도로 반응하라. 미소를 짓고 그들에게 장난감을 건네라. 부드럽게 대하고 그들의 욕구에 맞추어라. 아기들이 눈길을 돌리면 기다려라. 당신이 그들의 댄스 파트너이다. 그들의 신호에 의해 안내를 받도록 하라(Trawick-Smith, 2013).

어린 아이들과 함께 있을 때는 몸의 높이를 낮추고, 놀이를 할 때는 그들이 주도하도록 하며, 아이들이 자신의 흥미와 경험에 대해 말할 때 경청한다. 포옹을 하고, 하이파

아기들의 욕구와 바람에 대해 존중하는 태도로 대응하라. 부드럽게
대하고 그들의 욕구에 맞추어라. 그들의 신호에 의해 안내를 받도록
하라.

이브를 하며, 아이의 손을 잡아 준다. 간식이나 점심을 먹으면서 의미 있는 대화를 하
고, 한명 한명씩 개별적으로 인사를 한다. 아이가 결석한 것을 알아준다("네가 어제 아파
서 결석했을 때 우리는 너를 많이 그리워했단다"). 아이들의 삶의 변화를 알아본다("너 새 아
파트로 이사를 갔지 그렇지 않니?"). 아이들의 외모나 기분에 대해 언급하라("머리를 자른
것처럼 보이는 구나" 또는 "걱정이 있는 것 같구나"). 당신이 아이들에게 관심이 많고, 그들
이 당신과 집단에 중요한 존재임을 아이들이 알도록 하라.

아이들과 관계를 구축하는 것은 또래 친구를 사귀는 것과 많은 공통점이 있다. 관계
는 나눔, 배려, 주목 그리고 신뢰에 기초한다. 당신의 사생활의 일부를 아이들과 나누
는 것 또한 관계 형성에 도움이 된다. 아이들은 당신도 부모가 있음을 알고는 놀랄지도
모른다.

① 감정 부인

"괜찮아." "울 필요 없어." "얘야, 기운 내!" 얼마나 다양한 방식으로 어른들이 아이
들의 감정을 무시하는 것을 들었는가? 속임수를 쓰는 것이 관계를 손상시킨다는 것을
우리는 알고 있다. 하지만 어른들은 종종 아이들을 진솔하지 않게 대하는 오류를 범한
다. 대개 이것은 아이들의 두려움과 염려를 덜어줌으로서 아이들을 보호하려는 노력에
서 나온다. 그러나 아이들의 관찰과 감정을 부인하는 것은 역효과를 낳는다. 때때로 아
이들은 다른 어른들과 좋지 않은 경험을 하는데, 이 때 당신은 아이들이 당신을 자신의

말을 들어주고 자신을 돌봐 줄 것이라고 믿을 수 있는 사람이라는 것을 알기 원할 것이다. 이런 문제는 아이들 사이에서도 발생하기도 한다.

사례 4-5

> 민구가 울면서 방 선생님에게 와서는 다른 아이들이 자기를 좋아하지 않는다고 말한다. 선생님이 떠올린 첫 번째 생각은 "무슨 소리니? 다들 너를 얼마나 좋아하는데!" 라고 말하면서 민구를 위로하는 것이었다. 그러나 선생님은 민구가 또래에게서 거부당하는 것을 보았고 그가 그렇게 느끼는 데에는 타당한 이유가 있을 것이라고 생각했다. 그래서 선생님은 "성규가 너를 옆에 앉지 못하게 해서 기분이 안 좋구나, 그렇지?" 라고 말했다. 그의 감정을 인정해 주는 것은 민구가 문제를 해결하도록 돕기 위해 선생님이 맨 먼저 취한 조치였다.

② 인정

아이들은 유아교육기관에 올 때, 크고 새로운 세계에 들어가게 되고 그 세계에서 자신을 잃지 않기 위한 몇 가지 길을 발견해야 하는 과업에 직면한다. 만약 교사와 아동 간의 상호작용이 대부분 집단의 구성원으로서 이루어진다면, 많은 아이들은 상실감을 느끼거나 눈에 보이지 않는 존재가 될 것이다. 교사가 개인별로 아이들과 소통을 하면 아이들을 안심시킬 수 있고, 다양한 문화적 배경을 가진 아이들과 적절하게 상호작용 하는 것을 보다 쉽게 해 준다. 오 선생님은 자유선택 시간에 아이들이 하는 활동을 주시하고 개인별로 코멘트를 해 준다. 오 선생님의 코멘트와 질문은 아이들 각자가 자신을 중요하고 가치 있는 존재로 느끼도록 하는 데 도움을 준다. 오 선생님의 아이들은 선생님이 그들에게 관심을 가지도록 하기 위해 부적절한 관심끌기 행동을 할 필요가 없다. 아이들은 각자 언젠가는 선생님으로부터 자기 몫의 주목을 받기 때문에, 집단 시간이나 선생님이 다른 아이와 뭔가를 할 때 좀 더 쉽게 선생님의 주목을 나눈다.

③ 경쟁

미국에서는 경쟁을 매우 강조한다. 성공하기 위해서는 일등을 해야 한다고 믿는 것이 일반적이다. 스포츠는 경쟁에 대한 갈망이 특히 두드러지는 국민적 오락이다. 일등이 되고자 하는 시도는 아이들 간에 갈등을 유발할 수 있고 서로 배려하는 공동체를 분열시킬 수 있다. 경쟁에 있어서는 남자 아이와 여자 아이 간에 큰 차이가 있다. 천 명

이상의 아동과 청년을 대상으로 한 연구에서, 남자 아이들은 여자 아이들보다 경쟁에 뛰어들 가능성이 훨씬 높고, 이것은 3세~18세의 모든 아이들에게 해당된다(Sutter & Rtzler, 2010). 이에 덧붙여, 개인주의를 강조하는 문화 출신의 아이들이 집단주의를 강조하는 문화 출신 아이들보다 더 경쟁적인 경향이 있다. 어른들과 마찬가지로 아이들도 뭔가 부족할 때 더 경쟁적이다(Nichols & Sullivan, 2009).

④ 개인적 최고

반 친구가 아닌 자신의 과거 기록과 경쟁할 때, 아이들은 각자 성취감을 맛볼 수 있고 계속해서 노력하도록 동기화될 수도 있다. 예컨대, 일 년 동안 했던 글짓기와 그림이 철해져 있는 폴더를 본 아이는 자신이 얼마나 발전했는지 알 수 있다. 평가에 대한 새로운 접근은 아이들이 스스로 자신의 목표를 세우고 그러한 목표를 향한 자신의 진전에 자부심을 가지도록 도움을 준다. 아이들의 교육적 발전에 대한 당신의 평가 방식은 모든 아이들이 자신을 중요하게 생각하고 성공했다는 느낌을 가지도록 도움을 줄 수 있다. 만약 모든 아이들이 같은 과제를 같은 방식으로 완수하도록 요구받으면, 경쟁은 불가피하다.

⑤ 성공

아이들은 놀이터에서 하는 게임이나 교사가 부과한 과제를 포함한 다양한 종류의 많은 활동을 통해 성공 혹은 실패의 감정을 경험하게 된다. 디브리스와 잰(2012)은 협력을 요구하는 게임이 경쟁적인 게임보다 아이들이 보다 높은 수준의 협상 기술을 사용하도록 한다는 점을 지적하면서, 자신들이 장려하는 게임의 종류를 눈여겨보라고 촉구한다. 경쟁 상황에서는 모든 사람이 이길 수 없기 때문에 승리를 한 사람을 제외한 나머지 사람들은 패자가 된다. 또한 경쟁은 서로를 배려하는 공동체의 구축이라는 목표와 양립할 수 없다. 만약 아이들이 서로 경쟁하도록 한다면, 당신은 친절과 협력의 발달을 약화시키게 된다. 서로 배려하는 공동체를 촉진시키고 모든 사람이 성공을 맛보도록 하기 위해서는 협력하는 게임이나 경기 및 프로젝트를 준비해야 할 것이다. 공통의 목표를 위해 아이들이 팀으로 작업을 하는 상황이 생산적이다. 만약 아이들이 집단에 경쟁을 도입하기를 주장한다면, 반 친구가 아닌 자신의 "개인적 최고"를 이겨보도록 하라.

4 사회적 환경

아이들의 사회적 유능감을 증진시키는 환경을 만드는 것은 필수적이다. 어린 시기에 특히 그러하다. 그러나 학업 성취를 높여야 한다는 압박이 때대로 교사에게 아이들의 사회성 발달이라는 장기적 목표에 집중하기 위한 시간이나 인센티브를 거의 남겨 놓지 않는다. 학업 성취는 건전한 관계와 연계되어 있기 때문에, 관계 구축을 훼손시키면서 학업 수행에 초점을 두는 것은 역효과를 낳는다는 것을 우리 모두가 기억하는 것이 현명할 것이다(Palmen, Vermande, Dekovic, & Aken, 2011).

(1) 아동의 또래 관계

만약 아이들이 서로 잘 지내지 못하면 배움은 방해를 받고, 공동체 의식 또한 그렇게 된다. 공격적인 행동이나 위축 행동을 통해 또래와의 관계에 어려움을 겪고 있는 아이들은 외롭고 다른 아이들의 공격 행동의 피해자가 된다. 아이들이 사회적 문제에 몰두하게 되면 학습 동기가 결핍된다. 아이들이 사회적 기술을 배우도록 돕는 것은 조화로운 학습 환경을 조성하는 데 매우 중요하다. 아이들과 좋은 관계를 형성함에 따라 교사는 아이들의 또래 관계를 도울 완벽한 위치에 서게 된다.

교사 주도의 교실에서는 종종 아이들이 교사가 부과한 과제를 하느라 정신이 없으며 또래 상호작용이나 사회적 문제 해결을 위한 시간은 거의 없다. 리더십과 협동은 읽기

우정과 사회화를 북돋우는 교실과 아동보호센터는 행복하고 화목한 장소가 되는 경향이 있다.

와 수학만큼 중요한 삶의 기술이다. 신경과학에 의하면, 자발적인 개방형 활동과 협동 활동이 아이들의 학습에 중요하다(Jensen, 2014). 그것은 또한 아이들이 서로 깊이 있게 상호작용할 수 있는 기회를 제공해 준다. 이런 활동을 하는 동안 아이들이 하는 상호작용을 관찰하는 것은 교사에게 개별 아동의 능력과 집단 역동에 대한 정보를 제공해 준다. 교사는 아이들의 사회적 유능감을 길러주기 위한 의도적 상호작용과 과제를 계획하는 데 이런 정보를 사용한다.

사례 4-6

> **부모 관점:** 우리 딸 누리가 3살이었을 때, 우리는 그 아이가 취학 전 경험을 해야 한다고 생각해서 그 아이를 일주일에 3번 가는 반일제 프로그램에 등록시켰다. 3살짜리 반은 자리가 없었다. 하지만 누리는 말을 잘해서 4~5세 반에 등록을 시킬 수 있었다. 일이 우리가 바라는 대로 진행되지 않았다. 매일 우리는 선생님으로부터 우리의 사랑스런 딸이 아이들을 밀고, 고함을 지르고, 선생님의 지시를 따르지 않는다는 말을 들어야 했다. 누리는 집에서는 결코 그런 식으로 행동하지 않았기 때문에 우리는 당황했다. 학교에서는 심리학자가 누리를 평가할 수 있도록 허락해 주기를 원했고 심리학자의 권고(약물 투여 포함)를 따르겠다는 동의서에 서명해 달라고 요청했다. 우리는 이러한 반응이 지나치다고 생각되었다. 그래서 다른 전문가에게 자문을 구했다. 전문가들은 누리가 이전에 다른 아이들과 함께 어울려본 경험이 없기 때문에 친구사귀기와 같은 사회적 기술을 배울 필요가 있다고 말했다. 이것이 우리가 누리를 취학 전 프로그램을 통해 얻기를 기대했던 바로 그것이었다. 다행스럽게도 우리는 다른 프로그램에서 민 선생님을 만났다. 선생님은 아이들이 공유하고, 함께 활동을 하고, 자신의 감정을 표현하도록 어떻게 돕는 지에 대해 설명했다. 누리는 그 곳에 다니는 것을 좋아했다. 그리고 그 곳에서 꽃을 피웠다.

① 우정

우정과 사회화를 북돋우는 교실과 아동보호센터는 행복하고 화목한 장소가 되는 경향이 있다(Honig, 2004). 중요한 사회 수업은 교사가 아이들이 협력해서 일을 하도록 노력함에 따라 늘 일어난다. 의견 충돌은 아이들을 따로 떼어 놓는 이유가 되는 것이 아니라 가르침의 기회로 여겨진다. 이런 교실에서는 교사가 아이들에게 끊임없이 조용히 하라고 말하지 않고, 교사의 에너지는 아이들이 자신의 시간을 좀 더 생산적으로 사용하도록 돕는 데 사용된다.

공동체 구축을 목표로 설정하면, 아이들의 에너지는 서로에게 이야기를 하지 않으려는 시도로 낭비되지 않는다. 우정의 필요성과 또래 상호작용의 가치를 이해하는 교사는 자연스럽게 일어나는 일로 아이들에게 화를 내지 않고, 아이들은 또래와 의사소통하기를 원하는 것에 대해 나쁜 감정을 갖지 않게 된다. 행복한 교사와 아동은 모든 유형의 학습에 좀 더 도움이 되는 우호적이고 편안한 분위기를 만들어 낸다.

사실, 학교는 편안한 분위기에서 아이들이 즐겁게 지낼 수 있도록 서로 배려하는 공동체를 구축하는 데 심혈을 기울이고 있다. 오 선생님이 근무하고 있는 학교는 교사들이 아이들을 데리고 근처에서 1박2일 일정의 캠핑을 하도록 장려한다. 오 선생님은 캠핑의 이점을 극대화하기 위해 학기 초에 이에 대한 계획을 세운다. 많은 학부모들이 캠핑에 참여하여 아이들을 지도하는 데 도움을 준다. 그리고 이 행사를 통해 학부모들은 서로를 알 수 있는 기회가 되고 교사와의 유대도 돈독히 한다. 우리는 또한 지역 공동체 구축이라는 중요한 목표에 자신의 시간을 투자하여 토요일에 가족 자전거 타기 행사를 계획하고 있는 교사를 알고 있다.

친구를 사귀는 것이 힘든 아이는 교사의 도움이 필요하다. 우정 기술은 나누기, 순서 지키기, 놀이에 기여하기, 도움 주고받기, 칭찬하기, 놀림이나 따돌림에 대처하기 등을 포함한다(Honig, 2010). 가끔 이런 기술을 갖추고 있지 못해 문제가 생긴다. 문제는 또한 수줍음 때문에 접촉이 부족하여 생길 수도 있다. 당신은 협동 학습 활동을 위한 소집단을 만들어 부끄러움이 많은 아이들의 상호작용을 장려할 수 있다(Kalutskaya, Archbell, Mortiz, Rudasill, & Colan, 2015).

친구를 사귀는 것의 중요성에도 불구하고, 당신은 아마 학교에서 서로의 활동을 방해하지 않도록 하기 위해 가장 친한 친구들을 따로 떨어져 않도록 하는 장면을 본 적이 있을 것이다. 아마 당신도 이런 경험을 해 본 적이 있을 것이다. 만약 그렇다면, 아직 서로 신뢰하지 않는 다른 아이와 함께 앉는 것이 당신의 학습에 얼마나 방해가 되었는지를 상기할 수 있겠는가? 좋은 의도를 가진 이러한 조치는 아동의 지적 발달 및 정서 발달에 대한 우정의 중요성을 무시하는 것이다. 안정은 학습 과정에 중요하다. 아이들은 친구와 사이좋게 지내기 위한 노력을 통해 많은 것을 배운다. 그들은 다른 사람의 관점에 대해 생각해 보는 것을 배우고, 타협과 문제해결에 관해 배우고, 배려하고 배려받는 것에 대해 배운다. 그들은 또한 정서 조절을 연습한다. 이러한 것들은 아무 또래에게나 일어나는 것은 아니다. 그들은 자신에게 특별한 누군가를 필요로 한다. 아동이 자신의 자기중심적 견해를 흔쾌히 검토하고 의견 충돌을 해결하기 위해서는 다른 아동을 충분히 배려해야 한다.

사례 4-7

 1학년을 맡고 있는 오 선생님은 반 아이들이 친구를 사귀도록 하기 위해 노력하고 있다. 오 선생님은 처음에 지정된 좌석을 배정하지 않고 아이들에게 2, 3주 동안 여러 자리에 앉아 보도록 했다. 서로를 알아 볼 기회를 가지도록 한 후 선생님은 아이들에게 잠시 동안 앉아 있고 싶은 좌석을 선택하라고 했고, 아이들이 선택한 좌석에 임시 이름표를 붙였다. 새로운 관계가 신선함에 따라 새로운 선택을 할 기회는 항상 있다. 오 선생님은 다음과 같이 말했다. "학교에서 네가 할 수 있는 가장 중요한 것은 친구를 사귀는 것이다."

어떤 교사는 진정한 욕구로써의 우정에 주의를 기울이지 않고 그것의 가치를 간과한다. 박 선생님은 우정의 중요성을 알지 못할 뿐 아니라 아이들은 학습의 한 부분으로 또래와의 상호작용이 필요하다는 것을 모른다. 박 선생님은 아이들의 사회화를 막는 헛된 노력에 많은 에너지를 소비한다. 강제적으로 교실을 조용하게 하려고 하는 박 선생님의 시도는 학업 및 정서 발달에 방해가 된다.

그러나 오 선생님은 아이디어를 나누고 경험에 대해 이야기하는 아이들의 분주한 소리를 즐긴다. 이런 환경에서 영어가 아닌 다른 언어를 말하는 아이들은 빨리 영어를 배울 수 있다. 이 교실의 상호작용 학습 양식은 언어를 배우고자 하는 아이들의 욕구 충족에 더 할 나위 없이 좋다. 때때로 각 아동은 좀 더 부드럽게 이야기 하도록 상기시킬 필요가 있다. 그러나 오 선생님의 교실에 있는 아이들은 조용히 하라는 말을 듣지 않는다. 오 선생님은 어른들은 말을 하면서 서로 이야기를 하는 데 왜 아이들에게는 침묵을 강요하는지 의아해 한다.

② 장애아동의 포함

일반 학급에 포함되어 있는 장애 아동은 또 하나의 다양성 차원을 추가한다. 장애를 가진 아이들은 종종 자신이 일반 아이들과 다르다는 이유로 또래로부터 거부를 당한다. 민감한 교사는 수용하는 것을 본보기로 보여주고 모든 아이들의 강점을 존중해 줌으로써 이 문제에 도움을 줄 수 있다. 어른들이 장애가 아닌 아이에게 초점을 둘 때, 장애가 있는 아이는 보다 쉽게 당신의 집단으로 통합될 것이다. 당신은 당신 반의 다른 아이들이 휠체어나 보철 또는 장애 아동에게 필요한 특별한 보조물에 익숙해지도록 도움을 줄 수 있다. 그러면 당신의 아이들 또한 그 아동 자체에 초점을 둘 수 있다. 아이들은 학교에서 많은 시간을 보내며, 학교에서 친구를 사귀고, 성공을 맛보며, 인정을 받아야 한다. 교실을 모두를 위한 긍정적인 학습 공동체로 만드는 것은 교사의 책무이다.

(2) 상호존중

배려하는 교실 공동체는 아이들을 친절하고 정중하게 대하나 그럼에도 불구하고 자신의 권위는 명확히 하는 그런 교사를 요구한다. 디브리스와 잰(2012)에 따르면, 아이들은 자신이 존중받지 않으면 타인을 존중하는 마음을 개발하지 못한다. 아이들은 또한 당신이 가끔 그들이 원하는 것을 기꺼이 따라 할 경우 당신이 원하는 것을 따라할 가능성이 많다. 다시 말하면 당신은 아이들이 원하는 것을 존중한다는 것을 보여줌으로써 당신이 원하는 것을 아이들이 존중하도록 할 수 있다. 타인의 욕구와 권리를 존중하도록 배우는 것은 타인을 잘 대하는 데 기초가 된다. 타인을 잘 대하는 것은 우리 사회가 수용할 수 있는 행동으로 보는 깃의 중심이 된다. 도덕적 가처의 구성은 다른 사람에 대한 존중을 배우는 데 기초한다고 널리 알려져 있다(Hildebrandt & Zan, 2014).

① 존중하는 의사소통

아이를 존중한다는 것은 무엇을 의미하는가? 아이를 존중한다는 것을 잘 보여주는 한 가지 표시는 우리가 아이와 하는 대화 방식이다. 아이들을 존중하는 것은 또한 아이들을 당신이 원하는 사람으로 만들려 하기 보다는 현재 모습대로 아이들을 수용하는 것과 관련된다. 많은 어른들은 아이들의 추론을 받아들이는 데 어려움을 겪는다. 왜냐하면 그들은 아이들이 어떻게 협상 능력이나 조망 수용 능력을 개발하는지를 이해하지 못하고 있기 때문이다. 이런 어른들은 아이들의 성숙한 추론 능력의 부족에 대한 배려 없이 아이들로 하여금 어른들의 추론을 모방하도록 한다. 성인과 아동간의 존중하는 상호작용은 아이들의 견해를 이해하기 위해 그들의 말을 경청하고, 그들의 생각에 대해 솔직하게 질문하는 것과 관련 된다. 만약 우리가 다른 사람에게 그들이 어떻게 생각하는 지를 물었다면, 우리는 그들이 제시한 답을 받아들일 필요가 있다.

사례 4-8

 "너희들이 어질러 놓은 것을 치우지 않으면 아무도 점심을 먹을 수 없어" 라고 말했던 그날 민 선생님은 한 가지 교훈을 배웠다. 은진이는 자신이 어질러 놓은 옷을 주우러 하지 않았다. 이제 어쩌지? 지시를 따르지 않는 아이에게 정말로 점심을 못 먹도록 할 의도로 그런 말을 한 건 아니었다. 무심결에 그렇게 말했을 뿐이다. 은진이를 제외한 다른 아이들은 선생님의 지시를 따라 어질러 놓은 것을 치우고는 은진이에게 너는 점심을 못 먹게 될 것이라고 말을 하고 있었다. 은진이는 점심을 먹을 수 없다는 생각에 침통해 했지만 옷을 치우지는 않았다. 만약에 은진이가 옷을 치우지도 않았는데 선생님이 은진이가 점심을 먹도록 한다면, 다른 아이들이 앞으로 선생님의 말을 믿겠는가? 선생님은 양심상 은진이가 밥을 먹지 못하도록 할 수가 없었다. 선생님은 어떻게 했을까? 선생님은 실수를 인정함으로써 아이들에게 정말로 가치 있는 교훈을 가르치기로 결심했다. 이 사회적 기술은 아이들이 또래와 함께 지내는 데 필요한 것이다. 선생님은 은진이에게 다가가 그의 어깨를 가볍게 쳤다. 선생님은 은진이 옆에 앉아서 그 당시 생각없이 그런 말을 했다고 말해 주었다. 선생님은 점심을 먹을 수 있을 것이라고 말하면서 은진이를 안심시켰다.

은진이는 점차 진정되고 은진이는 장난감을 치워 점심을 먹을 공간을 확보할 의도로 그런말을 했다고 말하는 선생님 말을 경청했다. 선생님의 최후통첩이 해제되자, 은진이는 문제를 해결하고 추론할 수 있었다. 은진이는 지금은 배가 몹시 고프니까 밥 먹는 데 방해가 되지 않을 정도로민 옆으로 밀쳐놓았다가 점심을 먹은 후 치우겠다고 선생님께 제안을 했다. 선생님은 은진이의 제안이 논리적일 뿐만 아니라 서로의 체면을 세워주는 해결책이라 생각하여 은진이의 제안을 기쁘게 받아드렸다.

민 선생님은 이 후 그 사건에 대해 생각해 보았는데, 체면을 세우는 문제를 힘겨루기와 관련하여 검토하였다. 선생님은 자신의 자존심이 관련되어 있었다는 것을 인정했고 아이들의 자존심에 대해서도 생각해 보았다. 선생님은 만약 자신이 다시 비슷한 상황에 처한다면, 뒤로 물러서는 것을 주저하지 않을 것이라고 결심했다. 선생님은 어른들은 아동과의 의지 싸움에서 반드시 이겨야 한다는 일반적인 가정에 반하는 행동을 한 이유를 분석했다. 선생님의 결론은 그러한 싸움에서 지는 것은 자존심과 자기 존중감에 상처를 입는다는 것을 의미한다는 것이었다. 선생님의 자존심과 자기 존중감이 아이의 그것보다 더 중요한가? 아이들의 자존감을 향상시키는 것이 선생님의 중요한 교육 목표 중의 하나였기 때문에 민 선생님의 대답은 명확했다. 선생님은 어린 아이를 희생시키면서까지 자신의 자존심을 지키고 싶지 않았다. 선생님의 해결책은 존중받을만하고 그의 입장에서는 용기가 필요한 것이었다.

② 아동들의 결정 존중

중요한 사람이 되고자 하는 인간의 욕구는 왜 아이들에 대한 존중이 아이들이 선택하고 결정하도록 하는 것과 관련이 있는 이유가 된다. 어른들은 모든 영역에 있어서의 그들의 발달 욕구를 허용함으로써 아이들에 대한 존중을 보여준다. 예컨대, 어린 아이들은 그들이 학교에서 안정감을 느끼는데 도움을 주는 집에 있는 곰인형과 같은 전환 물건에 대한 정서적 욕구를 가지고 있을지도 모른다. 집에서 장난감을 가져와서는 안된다는 규칙을 갖고 있는 기관이나 교사는 아이들의 욕구보다는 어른들의 편의를 더 존중한다는 것을 보여준다.

피아제가 기술한 바와 같이, 선택은 도덕적·지적 자율성의 발달에 매우 중요하다. 마찬가지로 선택의 역할은 에릭슨(1902~1994)이 기술한 바와 같이, 정서적 자율성 단계와 아들러(1870~1937)가 기술한 힘에 대한 욕구에서도 중심이 된다. 선택은 삶과 그 삶에서의 당신의 위치를 긍정적으로 생각하는 데 필수적이다(Hildebrandt & Zan, 2014). 모든 결정을 교사가 하는 교실은 그렇지 않은 교실에 비해 반항적인 아이들이 더 많다. 목표를 달성하는 최선의 방법을 결정할 때 아이들을 참여시키는 교사는 훨씬 더 편안한 시간을 가진다. 아이들은 집단에서 "크고", 중요하고, 성공하고 사회에 기여하는 구성원이 되고자 하는 강력한 욕구를 가지고 있다. 간혹 아동 지도에 대해 알고 있는 교사도 아이들과 힘겨루기를 하고 있는 자신을 발견한다. 힘겨루기는 당신이 최후통첩을 했음에도 불구하고 아이가 그것을 따르지 않을 때 발생한다.

③ 차이 존중

당신이 스스로에 대해 좋은 감정을 가지기 위해서는 당신의 현재 모습이 그대로 수용되어져야 한다. 배려하는 공동체는 집단의 다양성을 존중한다. 문화적 차이를 수용하고 존중하는 교실은 모든 아이들이 문화적 다원주의의 혜택을 받도록 함과 동시에 소수 민족 출신 아이들의 욕구를 충족시켜 준다. 통합적이고 협동적인 수업은 모든 아이들이 기여하도록 격려하는데, 그것은 재능에 기초하고 강점을 강조한다(Katz et al., 2014). 아동의 문화적 배경을 존중함에 있어서 또 하나 중요한 것은 아이를 어떤 집단의 구성원으로서만 아니라 하나의 개인으로 보라는 것이다. 아이들을 하나의 개인으로 보는 것은 아이들을 이들이 속한 문화에 따라 정형화 하지 않도록 하는 데 도움을 준다. 교사의 태도는 아이들의 태도에 영향을 줄 수 있고 편견을 없에게 할 수도 있다 (Derman-Sparks, LeeKeenan, & Nimmo, 2015).

5 결론

배려하는 교실 공동체는 어른들이 개별 아이들과 그들의 가족 그리고 그들의 문화를 존중해 줄 때 생긴다. 개별 아동 및 그들의 가족과의 관계 구축은 사회적 기술과 학업 기술을 배우는 데 필요한 기초를 만들어 낸다. 환경이 아이들의 주도성, 조망 수용, 소속감 그리고 안전 욕구에 영향을 준다는 것을 이해하는 교사는 하루하루를 좀 더 편안하게 보낼 것이다. 아이들로부터 최선을 기대하고 자신의 기대를 명확하게 전달하는 교사는 아이들이 보다 긍정적으로 행동하는 것을 보게 될 것이다. 아이들이 선택하게 하고 아이들과 힘을 나누는 환경을 만들어내는 어른은 보다 열의가 있고 협력적인 아이들을 갖게 될 것이다. 아이들이 우정, 성공, 인정을 맛보도록 조력하는 교사는 그들이 보다 효과적으로 배우는 것을 돕고 있는 것이다. 당신이 아이들의 신체적, 지적, 정서적, 사회적 교실 환경에 대한 욕구를 충족시켜 주면 많은 훈육 문제는 결코 발생하지 않을 것이다.

6 요약

- 그것을 사용할 특정 아이를 위한 물리적 환경을 계획하는 것은 많은 행동 문제를 제거할 수 있다. 시·청각적 자극뿐만 아니라 밀도도 아동과 성인의 행동에 영향을 미친다. 많은 유형의 학습이 가능하고 조용하게 숙고할 수 있는 공간을 만들어 본 적이 있는가?

- 지적 환경은 아이들이 이용할 수 있는 자료와 자원을 통해 교사에 의해 촉진된다. 질문과 실험 및 주도성을 격려해야 한다.

- 관계는 정서적 환경을 위한 기초이고 모든 학습의 토대이다. 아이들은 어디에서 자신의 첫 번째 관계를 형성하는가? 우리는 아이들이 성공적으로 관계 형성을 하도록 돕기 위해 어떻게 가족과 환경을 연결시킬 수 있는가? 만약 우리가 아이들의 감정을 부인하거나 아이들이 자신을 실패자라고 느끼도록 만드는 환경을 만든다면, 그들의 행위에 영향을 미칠 것이다.

- 사회적 환경은 아이들 간 그리고 어른과의 상호존중을 포함시킬 필요가 있다. 우정을 증진시켜주고 상이한 능력과 재능을 존중해 주는 환경은 배려의 공동체를 조성시킨다. 아이들에게 조용히 하면서 들은 것만 하도록 하거나 서로 경쟁하도록 하면 많은 행동 문제가 발생할 가능성이 있다. 만약 아이들이 타인을 존중하도록 요구받으나 자신은 존중받지 못하면, 교실에서 반항하거나 행동 문제를 야기할 가능성이 있다.

7 논의 및 숙고

1. 당신이 종사하고 있는 유아교육 기관에서는 어떤 행동 지침이 있는가? 그 지침은 어떻게 결정되었는가? 왜 아이들이 그 지침을 따라야 한다고 생각하는가?

2. 교사, 부모 또는 다른 어른들이 어린 아이들에 대한 존중의 태도를 어떤 식으로 보여주는지 본 적이 있는가? 이들이 어린 아이들을 존중하지 않는 태도를 어떤 식으로 보여주는지 본 적이 있는가? 어떤 예가 당신이 아이들과 하는 상호작용 방식과 가장 일치하는가?

3. 당신이 잘 알고 있는 유아교육 기관에서는 아이들 간의 우정을 어떻게 장려하거나 방해하는가? 아이들이 우정을 발달시킬 수 있도록 돕기 위해 당신은 무엇을 어떻게 변화 시켜야 한다고 보는가?

8 도전

4. 이 장의 시작 부분에 제시되어 있는 [사례 4-1]의 문제를 분석해 보라. 환경의 물리적, 지적, 정서적, 사회적 측면을 고려하면서 이 혼란스러운 장면을 보다 협동적인 보다 많은 학습이 이루어지는 장면으로 바꾸기 위해 당신은 어떤 변화를 주겠는가?

5. 큰 모임 공간을 세 가지 방식(즉, 동작, 교사 수업을 위한 극장식 배치, 집단 토론을 위한 원형식 배치)으로 사용해 보라. 같은 공간을 서로 다른 방식으로 사용하는 것에 대한 여러분의 결론은? 각 활동의 의도가 이 공간에서 어떻게 지지되는가?

9 현장 활동

6. 유아교육 프로그램을 개방형 활동과 폐쇄형 활동을 준거로 분석하라. 개방형 활동과 폐쇄형 활동이 균형을 이루는가? 아니면 특정 유형의 활동이 두드러지는가? 두 유형의 활동에 대한 아이들의 반응은 어떻게 다른가?

7. 교사가 개별 아동에 주목하는 정도에 주목하면서 교사와 아동간의 상호작용을 관찰하라. 집단의 한 구성원으로서 교사와 상호작용할 때와 비교하여 교사와 개별적으로 상호작용할 때 그들의 반응은 어떻게 다른가?

🔟 추천도서

Bullard, J. (2010). *Creating environments for learning*. Upper Saddle River, NJ: Pearson Education.

Greenman, J. (2007). *Caring spaces, learning places:* Children's environments that work (2nd ed.). Redmond, WA: Exchange Press.

제5장
훈육 문제를 예방하는
프로그램 계획하기

학습 목표

- 긍정적인 관계를 통해 학습을 위한 환경을 조성하는 것이 어떻게 스트레스를 감소시키고, 가족과 협력하는 것이 어린 아동의 학습에 어떤 영향을 미치는지를 설명할 수 있다.
- 통합 교육과정, 실제 경험, 능동적 학습 그리고 놀이를 통해 의미 있는 학습을 하는 것이 어떻게 문제 행동을 줄일 수 있는지를 기술할 수 있다.
- 세 가지 유형의 지식을 예를 들어 구분할 수 있다.
- 아이들이 기다리는 것을 배울 수 있도록 돕고, 전환, 휴식 시간 및 집단 시간에 아이들을 안내하는 조직 전략을 남에게 전달할 수 있다.

교실이 아이들이 배우는 것을 좋아하고 공동체에 대한 긍정적인 기여자로 자신의 정체감을 형성하는 것을 돕도록 조직되어 있을 때, 훈육 문제는 감소한다. 이 장에서는 계속해서 문제 행동의 예방에 대해 다룬다. 여기에서는 생활지도와 훈육 전략에 초점을 둔다.

배우는 것에 흥미를 느끼고 열중할 때 아이들은 문제 행동을 할 시간이 없다. 활동지 위에 찍혀 있는 점의 개수 세기와 간식 시간에 먹을 건포도를 똑같이 나누는 방법 알아내기 중 어떤 활동이 어린 아이들이 계속해서 몰두하도록 하는데 더 좋다고 생각하는가? 대부분의 교사들은 만약 그것이 관련이 있다면 아이들은 건포도 개수를 세는 것에 더 많은 시간을 보낼 것이라는 데 동의할 것이다. 그러나 어린 아이들을 위한 교육과정에 대한 결정은 공동체의 가치와 정책을 포함한 많은 요인에 의해 영향을 받는다. 우리는 아이들의 욕구를 가장 중요하게 고려해야 한다고 생각한다. 이것이 우리가 의미 있고 관련된 교육과정을 옹호하는 이유이다.

사례 5-1

 순호는 나누기 시간에 준비물로 새둥지를 가져왔고, 다른 아이들은 그들이 보았던 새 둥지에 대해 이야기하기 시작했다. 오 선생님은 아이들에게 새와 새둥지에 대해 질문함으로써 이야기를 촉진시켰다. 학교가 도심에서 떨어진 곳에 위치하고 있었기 때문에, 이 학교에 다니는 아이들은 대부분 새와 관련된 경험이 있었다. 동재는 테라스에서 엄마가 이발을 해주고 있었는데, 새가 날아와서 자신의 머리카락을 물고 둥지로 가는 것을 보았다고 했다. 다른 아이들은 알이 있는 둥지를 훼손시키지 않으려고 조심했던 것에 대해 이야기했다. 선생님은 아이들의 경험과 이들이 갖추고 있는 선행 지식을 기초로 수업을 진행하기로 마음먹었다.

선생님은 아이들이 살펴보도록 예전에 수집해 두었던 새둥지를 꺼냈다. 새가 둥지를 만들기 위해 사용하는 재료의 종류에 대한 논의는 새둥지를 만드는데 쓰이는 재료를 수집하기 위해 학교 주변을 돌아보기 위한 준비 활동이었다. 모든 아이들이 수집해 온 재료로 새 둥지를 만들어보는 기회를 가졌다. 선생님은 재료를 붙이는데 사용하도록 진흙을 제공했다. 선생님은 이전의 경험을 통해 흙과 물을 섞어 만든 풀을 사용하여 새둥지를 성공적으로 만들었다는 것을 알고 있었다. 이 장에서 당신은 이 활동의 중요성에 대해 알게 될 것이다.

아이들의 부적절한 행동은 종종 부적절한 교육과정과 가르침의 직접적 결과이다. 어린 아이들은 교육과정의 목표와 교육적 접근이 그들의 발달에 맞을 때 학교에서 더 잘 협력할 수 있다. 그러므로 교사의 기대와 수업 방법은 아이들의 성숙 수준에 맞아야 한다. 아이들이 감당할 수 없는 일을 완성할 것을 기대하거나 비효과적인 교수 전략을 사용하는 것은 아이들로 하여금 그들이 학습에 재능이 없음을 믿도록 만든다(Jalongo & Isenberg, 2011). 이 장에서는 많은 행동 문제의 원인을 제거하는 데 도움을 줄 수 있는 교육과정 설계와 교수법에 대한 전략에 대해 살펴볼 것이다.

〈표 5-1〉 교실 수업에서 교사들이 자주 하는 실수

- 수업을 할 때 최신 연구 결과를 사용하는 대신에 자신이 이전에 배웠던 방식에 의지한다.
- 아이들을 아주 오랫동안 조용히 앉아 있게 한다.
- 배우는 동안에 아이들이 조용히 할 것을 기대한다.
- 아이들이 관련성이 없고 의미 없는 사실을 암기하도록 기대한다.
- 교사가 장시간 말을 하거나 시범을 보여줄 때 아이들이 주목할 것을 기대한다.
- 주제를 너무 빨리 바꾼다. 한 개념을 놀이를 통해 다양한 방식으로 탐색하도록 하지 않는다.
- 어린 아이들이 추상적 개념을 이해할 것을 기대한다.
- 아이들이 아직 획득하지 못한 기술 특히 시간이나 소근육 운동과 관련된 기술에 의존한다.
- 주제와 관련 있어 보이는 연관된 활동이나 재료(예, 얼음사탕)를 사용하지만, 주제에 대해 아이들에게 의미 있는 뭔가를 가르칠 준비가 되어 있지 않고, 잘못된 정보를 제공한다(돌은 먹기에 좋지 않다!).
- 나이가 많은 아이들에게 사용하도록 개발된 교육과정을 나이가 어린 아이에게 사용한다.
- 개별 아동에 대해서는 관심을 두지 않고 전체 집단에게만 초점을 둔다.
- 아이들의 호기심을 자극하고 탐색과 실험을 고무시키는 질문을 하거나 경험을 제공함으로써 아이들이 생각해 보도록 하지 않고 정보를 말해 준다.

1 학습을 위한 환경 조성

수업이 보다 효과적이기 위해서는 어떤 조건이 충족되어야 한다. 아동 및 그들의 부모와 긍정적인 관계를 구축하고 교실에서 스트레스가 줄어들면, 우리는 아이들이 수업에 지장을 주지 않고 성공적인 학습을 하도록 하기 위한 환경을 조성하고 있는 것이다.

(1) 스트레스의 영향

스트레스는 학습에 특히 해롭다. 사람이 스트레스를 받으면 신체적 화학 작용이 변하고 두뇌는 위협에 과민하게 반응하도록 만드는 화학물질로 가득 차게 된다. 이런 상태는 고차원적 사고와 기억을 막는다. 좋지 못한 사회적 상황, 고립 또는 사회적 좌절에 의해 야기된 스트레스는 보다 적은 수의 뇌세포와 상관이 있다. 아이들은 위협을 느끼면 일반적으로 집중할 수 없고, 창의적이거나 탐구적일 수 없다. 교사와 아이 모두

에게 있어 만성적 스트레스는 진짜 문제이다. 연구에 의하면 발달적으로 적절하지 않는 프로그램에 있는 아이들이 더 많은 스트레스를 보인다고 한다. 이 주제를 15년 이상 연구한 루이지에나 주립대학 소속 연구자들은 교사가 발달적으로 적절하지 않는 방식으로 아이들을 가르쳐 온 어린이집과 교사가 적절한 방식으로 가르친 어린이집에 있는 아이들에 비해 2배로 많은 스트레스 행동을 보였음을 보고했다(Burts, Buchanan, Benedict, & DiCarlo, 2011). 이에 덧붙여, 보호자의 스트레스 수준은 보호의 질과 관련이 있었다. 즉, 상대적으로 높은 수준의 스트레스를 보인 보호자는 보호 수준의 질이 상대적으로 낮았다(deSchipper, Riksen-Walraven, Geurts, & de Weerth, 2009).

발달적으로 적절한 프로그램에 있는 아이들은 더 높은 수준의 사회적 기술을 보여준다. 즉 발달적으로 적절한 프로그램에 있는 아이들은 발달적으로 덜 적절한 프로그램에 있는 아이들에 비해 협조적인 행동은 더 하고 방해가 되는 행동은 덜 했다. 루이지에나 주립대학 소속 연구자들이 수행한 다른 연구에서, 교사가 발달적으로 적절한 생활지도 전략을 사용하지 않은 교실에 있는 유치원 아이들은 긍정적인 사회적 행동이 감소하였다. 이와는 대조적으로, 교사가 발달적으로 적절한 생활지도 전략을 사용하는 유치원 교실에 있는 아이들은 긍정적인 사회적 행동이 증가하였다(Burts et al., 2011).

(2) 긍정적인 관계

긍정적인 관계는 온정적, 반응적, 신체적 접촉으로 조장된다(Denworth, 2015). 교사가 아이의 수준으로 내려가서 일대일로 우호적인 면대면 상호작용을 빈번하게 하는 것은 아이들이 자신을 중요하게 생각하고 안전감을 느끼는 데 도움을 준다. 아이들의 성취와 노력을 인정 할뿐만 아니라 아이들의 말에 귀를 기울이고 아이들이 다른 사람의 말에 귀를 기울이도록 장려하는 것은 교실에서 아이들이 긍정적인 관계를 구축하도록 하는 방법이다(Ostrosky & Jung, 2015). 이런 아이디어는 2장과 3장에서 보다 깊이 있게 다루었지만, 그것이 학습에 미치는 영향이 지대하기 때문에 여기에서 되풀이할 만한 가치가 있다.

(3) 부모와의 협력

부모는 어린 아동에게 있어 가장 중요한 관계이다. 당신이 아이들을 교육함에 있어 부모를 포함하는 데는 여러 가지 이유가 있다. 학부모 도우미는 교육과정을 계획하고 실행하는데 그리고 학급을 원활하게 운영하는데 큰 기여를 할 수 있다. 학부모는 아이들이 뭔가를 조사할 때 실재 자료를 기부할 수 있고, 아이들이 공부하는 주제에 대한 전문가로 봉사할 수 있다. 학부모는 또한 프로젝트 수업을 할 때 아이들이 어른의 도움을 받기 위해 기다리는 시간을 줄여주고 문제가 발생했을 때 지원을 제공해 줌으로써 성인 대 아동 비율을 향상시켜 줄 수 있다. 학부모를 활용하는 교사들은 실감나는 문화적 경험으로 자신의 수업을 풍요롭게 할 수 있다(Summer & Summer, 2014). 학부모는 자연스럽게 다양성을 제공해 준다.

학교에서 봉사 활동을 하게 됨에 따라, 학부모는 학교의 교육과정과 교실에서의 일상에 대해 더 잘 이해하게 되는 경향이 있다. 교사들의 목표와 방법에 대한 보다 증가된 이해는 학부모들이 집에서 아이들의 학습을 더 잘 지원할 수 있게 한다. 학부모가 학교에 대해 아이들에게 보내는 메시지는 평생 지속된다. 그렇기 때문에 학부모들이 환영받는 느낌을 갖도록 돕는 것이 우선이다(Summer & Summer, 2014). 학부모가 아이들의 교육에 참여할 때, 행동문제는 덜 발생한다(Child Trends, 2013).

문화적 고정관념과 오해는 모든 사람에게 공통적이다. 좋은 교사는 그들의 가족 문화와 양립하는 방식으로 아이들을 지원하는 것이 학습을 보다 흥미롭게 만들고 교실을 갈등이 덜한 안전한 장소로 느끼도록 만든다는 것을 안다. 아이의 문화를 이해한다는 것은 개별 가족의 신념과 실생활을 알아간다는 것을 의미한다.

부모가 아이들의 학습에 관여할 때, 아이들은 안전감과 확신을 얻는다. 그리고 부모의 참여는 아이들에게 자신을 돌봐주는 모든 어른들이 학교를 중요하게 생각한다는 명확한 메시지를 보낸다.

개별 아동은 영향력이 막강한 일련의 가족 가치를 포함한 독특한 사전 경험으로 가지고 학교에 온다. 이러한 가치는 생활지도 문제와 관련이 있다. 가족마다 수용가능한 행동과 수용 불가능한 행동에 대한 생각에 차이가 있다는 것을 기억하라. 그들은 또한 아이들이 더 바르게 행동하도록 어떻게 가르칠 것인가에 대해 다양한 생각을 가지고 있다. 이런 견해를 이해하는 것이 교사가 부모와 잘 알고 지내야 하는 또 다른 이유이다.

부모참여에는 다양한 방법이 있다. 유치원과 초등학교 저학년 교사들은 일반적으로 학년 초에 학부모 도우미로 참여해 줄 것을 부탁한다. 많은 구체적인 업무가 적혀있는 목록을 제시하고 부모에게 서명해 달라고 하는 것이 좋은 방법일 수 있다. 일 때문에 학교에 가서 도움을 줄 수 없는 부모들은 다른 가족 구성원(예, 조부모)에게 부탁하거나, 저녁에 할 수 있는 일에 지원할 수 있다. 몇몇 사립학교에서는 부모 참여를 입학의 조건으로 요구한다.

학교에 오는 아이들 중 영어를 주 언어로 사용하지 않는 아이들의 수가 점차 증가하고 있다. 언어 차이는 교사와 아동간의 의사소통을 복잡하게 할 뿐만 아니라 아이가 사회적으로 고립될 위험을 높인다. 사용하는 언어의 차이는 때때로 놀이와 또래와의 상호작용에 방해가 되고, 지배 언어를 사용하지 않은 아이를 좌절하게 하거나 위축되게 만드는 경우가 종종 있다. 이런 경우에, 세심한 교사는 학습을 방해할 수 있는 사회적 고립이 발생하지 않도록 돕기 위해 말이 많이 필요하지 않은 놀이 기회를 만든다. 오 선생님은 블록 놀이가 2차 언어 학습에 이상적인 기회를 제공한다는 것을 알아차렸다. 도움이 되는 다른 전략으로는 예측가능한 일과 반복적인 노래와 리듬 사용하기 등을 들 수 있다. 이런 전략은 그들이 어렸을 때 1차 언어를 획득하는 데 도움을 준 것처럼 취학 전 아동과 초등학교 저학년 아이들이 영어를 이차 언어로 배우는 데 도움을 준다.

⑷ 사회적·정서적 유능감의 중요성

취학 전 아동을 위한 조기 학습 기준에 대한 최근 검토는 유아 교사들이 학업 내용만큼이나 사회적 기술과 학습에 대한 전략을 강조해야 한다고 촉구한다. 사회·정서적 교육 센터도 유치원생부터 고등학생을 대상으로 비슷한 운동을 벌이고 있다. 교육과정에 사회·정서적 학습을 포함하려는 이런 노력은 교육과정 내용과 그들의 성취에 대한 아이들의 이해는 그들의 사회·정서적 발달과 직접적으로 관련이 있다는 지식에 기인한다.

때때로 가장 중요한 교육과정은 친구 사귀기, 부모와의 분리, 실망감 다루기, 두려움에 직면하기 등과 같은 해결되지 않은 사회·정서적 문제에 기초한다. 이것은 정서적 문제가 그들을 곤경에 빠뜨리게 하는 행동으로 보다 쉽게 바뀔 수 있는 어린 남자 아이의 경우 특히 그러하다(Gropper, Blythe, Hinitz, Sprung, & Froschl, 2011). 정책결정자, 교육자 그리고 지역사회 인사들은 모두 학업 내용을 계획할 때 아이들의 사회·정서적 발달과 학습에 대한 그들의 선략을 위한 교육과정 목표를 강조해야 한다는 데 동의한다(Association for Supervision of Curriculum Development, 2011).

2 학습을 의미있게 만들기

지루하거나 흥미를 느끼지 못할 때 아이들은 어떻게 행동하는가? 당신의 어린 시절을 회고해 보면, 그런 상황에서 당신이 어떻게 행동했던가를 기억하거나, 아이들을 교육하는 과정에서 그것을 경험했을 것이다. 대부분의 아이들은 어떤 행위를 한다. 그런데 이들이 하는 행동은 종종 수용 가능한 집단행동에 맞지 않는다. 교사들은 이런 행동을 훈육 문제라고 부른다.

(1) 관련성과 흥미

성인으로서 우리는 우리의 흥미를 끄는 것에 좀 더 주목하는 경향이 있다. 아이들도 마찬가지이다. 흥미는 개인적이고 개별 아동마다 고유하며 아이들의 학습 성향에 강력한 영향을 미친다. 흥미는 사전 지식과 경험에서 나온다. 아이들의 흥미는 또한 상황적일 수 있다. 상황적 흥미는 새로운 경험에의 노출로부터 나온다. 뇌는 새로움을 좋아하지만, 학습자에게 경험이 관련성이 없거나 자신의 삶에 가치가 없으면 흥미는 오래가지 못할 것이다. 학생이 몰입하지 않는 것은 효과적인 학습에 심대한 장애가 될 수 있다(Egbert & Roe, 2014). 그들이 몰두하지 않을 때 훈육 문제는 발생할 가능성이 커진다.

관련성이 있고 재미있는 교육과정은 아이들로 하여금 자신의 삶에 영향을 주고, 이들이 관심 있어 하는 것들을 탐색하도록 한다(〈표 5-2〉 참조). 예를 들어, 단지 1월이라는 이유로 눈송이를 자르는 활동을 하는 것은 만약 아이가 마이애미에 산다면 관련성이 없을 것이다. 그네 아래 있는 흙 구멍과 같은 아이들의 일상적 관심이 의미 있는 공부를 위한 기회를 제공해 줄 수 있다. 관련성이 있는 학습은 학급 경영의 어려운 과제인 아이들의 동기를 계속 유지시켜 현 과제에 몰두하도록 하는데 도움을 준다(Jalongo & Isenberg, 2011).

최고의 수업은 도전적이고 아이들이 몰입하도록 하는 교육과정을 계획하는 것이다 (Egbert & Roe, 2014). 오 선생님은 자신들의 현재 관심사를 나타내 주는 아이들의 질문 이나 말에 주의를 기울인다. 오 선생님은 아이들이 이런 아이디어를 추구하도록 격려 하며 아이들이 만들어낸 주제를 수업 활동에 통합한다. 오 선생님은 수업 시간에 자주 나오는 주제에 대한 자료를 수집하고 활동 아이디어를 짜면서 준비를 한다. 오 선생님 은 경험을 통해 1학년 아이들은 일반적으로 공룡, 우주, 동물 그리고 곤충에 관심이 있

〈표 5-2〉 교육과정 개발을 위한 체크리스트의 예

가능한 주제	자신에게 질문하라: 아이들과 얼마나 관련성이 있는가?	자신에게 질문하라: 대부분의 과목을 통합할 수 있는가?	질문하라: 고차원의 사고를 촉진하는가?
걸음마기 아동 색깔 배우기	아이들이 흥미를 보일 때 수업이 일상적 대화와 색깔을 가리키는 것으로 이루어진다면 그것은 적절할 수 있다. 집단으로 플래시 카드를 사용하거나 어린 아이에게 색깔에 대한 지식을 요구하거나 그들의 지식을 테스트 하는 것은 부적절하다.	영아 환경은 어떤 시간에 어떤 색깔로 만들 수 있다. 그래서 놀이를 위한 스낵, 밀가루 반죽 그리고 페인트는 파란색으로 꾸밀 수 있다. 하지만 이것은 단일 개념 이상이다. 진짜 주제나 단원보다 빨리 배운다.	배운 색깔은 사회적 지식이다. 그것은 능동적으로 가르칠 수 있으며, 기억과 단어를 요구한다. 하지만 물, 공, 신체, 애완동물이나 아기에 대한 공부로 생기는 높은 수준의 분석이나 추론을 요구하지는 않는다.
취학 전과 유치원 아동 미국 대통령에 대해 배우기	아이들은 정치 체제나 대통령의 역할에 대한 개념이 없다. 비록 그들이 암기할 수 있는 역량은 있으나, 아무런 의미나 관련성이 없다	역사나 업적을 비교하면서 유사점과 차이점을 볼 수 있다. 아이들은 링컨과 워싱턴 대통령의 실루엣을 잘라 종이 위에 붙일 수 있다. 하지만 왜 그렇게 하는가?	유치원 수준에서 할 것이 아니다. 이것은 몇 가지 관련 활동을 수반한 단순 암기 학습에 불과하다.
2학년 아동 고래 공부	이 나이 아이들은 바다에서의 삶을 이해하기 위해 물가에 살 필요가 없다. 자신이 살고 있는 곳이나 여행 한 곳에서 고래를 실제로 볼 수 있는 아이들에게 가장 적절할 것이다. 그러나 책을 읽거나 비디오를 보는 것으로도 이 주제를 다룰 수 있다.	고래는 차별 행동과 비교 행동을 통해 분류될 수 있다. 고래는 예술과 문학에 영감을 준다. 아이들이 조사하고 연구할 관련 자료가 풍부하게 있다. 고래의 크기는 수학적 탐구심을 불러일으킬 수 있다. 박물관 크기의 모형은 표상 놀이를 증진시킬 수 있다.	이 나이 아이들은 사람들이 위험에 처한 고래를 보호하고 관찰하기 위해 그것들을 가두어 기르는 것과 같은 주제를 탐색할 수 있다. 몇몇 아이들은 생계형이나 고급 요리를 위해 고래를 사용하는 것에 논의할 준비가 되어 있을 수 있다.

다는 것을 알고 있다. 오 선생님이 맡고 있는 1학년 교실에서는 개별 아동으로부터 나온 아이디어가 종종 교육과정의 중요한 초점이 되는데, 이것이 많은 부정적인 행동을 제거해 준다.

① 초등학생

오 선생님은 자신이 다루고자 하는 주제에 아이들이 관심을 가지도록 도와주는 방법을 알고 있다. 예컨대, '영양'이라는 주제는 매우 지루하게 들리거나 어린 아이들의 범위를 벗어날 수 있다. 그러나 각 식품을 구입하기 위해 가게에 가고 구입한 식품을 사용하여 수업 시간에 요리 프로젝트를 수행할 때는 그렇지 않을 것이다. 장난감 집 바로 옆에 장난감 상점이 있고, 창의적인 자료가 공급되어 아이들이 자신만의 식단을 만들 때 흥미는 지속된다. 영양이 풍부한 식단을 반영하는 식품 목록을 작성하기 위해서는 많은 생각을 해야 한다. 연구는 아이들이 이해한 세계를 표현하도록 돕기 위해서는 다양한 표현 양식이 중요함을 보여준다(Binder & Kotsopoulos, 2011).

② 취학 전 아동

아이들에 대한 기대가 그들의 능력에 따라 다름에도 불구하고 민 선생님은 취학 전 아동을 대상으로 한 수업을 계획할 때도 취학 아동과 같은 교육과정 절차를 사용한다. 민 선생님은 또한 교육과정이 아이들에게 의미가 있도록 한다. 민 선생님 반의 아이들은 글자를 무턱대고 외우는 것이 아니라, 미술 작품에 이름을 붙이고, 대기자 명단에 이름을 올리는데 사용된 자신의 이름과 친구의 이름을 볼 기회를 자주 갖는다. 많은 아이들이 자신의 이름과 친한 친구들의 이름을 알 수 있고, 민수와 민주 또는 중구와 종두와 같이 비슷한 이름을 보았을 때 매우 흥미 있어 한다. 이러한 수업은 어린 아이들의 자음과 모음 지식에 전조가 된다. 가장 중요한 것은, 이러한 논의 과정에 관여한 사고로 인해 아이들은 진정으로 지식을 구성하고, 글자 배우기에 몰두하며, 사회적 유대감을 갖게 된다는 것이다.

③ 영아와 걸음마기 아동

아동발달센터에 근무하는 주 선생님은 영아들이 다른 아이들의 공간을 존중하고 서로에게 정중하게 대하는 것을 배운다는 것을 안다. 걸음마기 아이들은 인형을 가지고 놀면서 아기에 대한 개념을 탐색하고 공을 던지고 잡으러 뒤 쫓아 가고 하면서 구르는 물체에 대해 배울 수 있다. 공유하기, 순서 지키기 그리고 자신의 필요를 표현하기 위해 자신의 단어 사용하기는 2살 아이의 경우 의미 있고 계속적인 공부이다. 의미 있는 수업을 만듦으로써 민 선생님은 영아와 걸음마기 아이들이 보다 협조적이 되고 처음부터 학습 공동체를 구축하도록 돕고 있다.

아이들의 연령에 상관없이 교사는 왜 현재 활동에 시간을 보내는지에 대해 스스로에게 질문할 필요가 있다. 아이들은 지루하거나 좌절하면 자신의 행동을 통해 우리에게 그것을 알린다. 이런 상황에서 우리가 취해야 할 조치 중의 하나는 교육과정을 관련성과 흥미의 측면에서 검토하는 것이다.

(2) 통합 교육과정

아이들이 단일 주제 영역에 초점을 두는 교육과정보다는 통합교육 과정으로부터 더 많은 것을 배운다는 것은 널리 받아들여지고 있는 사실이다. 교육과정 통합은 아이들의 몰입 및 배우고자 하는 동기와 관련이 있다. 그러므로 흥미의 부족 또는 아이의 발달 수준에 못 미치거나 뛰어넘는 기대에 기인하는 과제에 충실하지 않는 행동과 관련된 훈육문제를 예방하기 위한 효과적인 도구이다.

통합 교육과정은 아이의 이해를 깊게 하고 여러 주제 영역에 걸친 학습과 관련된 교육과정이다. 예를 들어, 무당벌레에 대한 공부는 여러 활동을 포함할 수 있다. 과학 활동으로 무당벌레의 각 부위와 생활주기에 대해 조사할 수 있다. 수학 활동으로는 무당벌레가 얼마나 날 수 있는가를 측정하거나 다양한 무당벌레 종을 분류하기 위해 유사점과 차이점을 비교할 수 있다. 무당벌레를 묘사하기 위해 무당벌레의 움직임과 다양한 형태의 시각 예술을 모방하는 기회가 포함될 수 있다. 통합 교육과정은 또한 무당벌레에 대해 읽기, 무당벌레에 관한 이야기 만들기, 그리고 무당벌레에 대한 노래 부르기를 포함 할 것이다. 이런 예를 통해, 무당벌레에 대한 보다 깊이 있고 의미 있는 이해를 하도록 할뿐만 아니라, 과학 수학 신체 움직임 예술창작 및 읽고 쓰는 능력에서의 기술을 개발하도록 하는지를 알아야 한다.

통합 교육과정은 또한 아이들의 생활과도 관련이 있다. 아이들은 흥미를 느낀다. 그리고 그것이 유아교육 분야의 지도자들에 의해 출간된 교육과정 지침이 권고한 바와 같이 학습을 보다 의미 있게 만들어준다(Jalongo & Isenberg, 2011). 예를 들어, 민 선생무당벌레에 대한 공부가 아이들이 정원에서 한 관찰에서 발생했을 때, 학습에 대한 관련 맥락이 있다.

님은 주제 탐구를 위해 실제적으로 수를 사용하는 것이 단순히 셈 기술을 연마하는 것보다 더 유용하는 것을 알고 있다. 그래서 민 선생님은 아이들로 하여금 자신이 흥미있어 하는 주제에서 수학적인 측면을 찾아보도록 돕는다. 아이들은 어떤 주제를 사용하여 과목 내용과 기술을 배울 수 있다.

사례 5-2

공룡에 조예가 깊은 유아교육 전문가가 어떤 공룡은 이빨이 200개나 된다고 말했을 때, 민 선생님은 관심을 보이는 아이들에게 200개가 얼마나 되는지를 알아보도록 했다. 아이들은 유니픽스 큐브를 가져와서 200을 알아보기 위해 함께 작업을 했다. 그런 다음, 공룡의 입을 시각화하기 위해 그것을 윗니와 아랫니처럼 배열했다. 원기가 말했다. "내가 장담하건대, 공룡은 우리보다 더 빨리 먹을 수 있어" 원기의 말을 들은 민 선생님이 짝을 지어 서로의 치아를 세어보는 아이디어를 제안했다. 영석이는 자기 치아 수를 세고 그런 다음 가장 작은 퀴즈네르 막대를 사용하여 그것들을 시각화하기로 마음먹었다. 공룡의 이빨과 자신의 치아를 세는 것은 하나의 큰 프로젝트가 되었고, 몇 일간 다른 아이들의 관심을 끌었다. 그런 결과로 아이들은 관련 책을 더 읽게 되었고 과학 정보를 더 알게 되었다.

소혜는 자신의 치아와 자신의 치아를 가진 공룡으로 자신을 표현하는 그림을 그려보고 싶어졌다. 몇몇 다른 아이들도 소혜를 따라했다. 원기는 찰흙으로 모형을 만들었다. 그리하여, 예술적 표현이 수학, 과학 및 읽기에 더해 졌고, 교육 과정은 공룡 이빨 주제를 중심으로 통합되었다.

프로젝트를 위한 아이디어는 또한 교실 외부로부터 나온다. 장 선생님 반의 2학년 아이들이 휴식 시간에 프로젝트를 발견했다. 이들은 환경 보존에 초점을 둔 과학을 공부하면서 수학과 문자해독능력을 사용하게 되었다.

사례 5-3

 가을 폭풍우가 운동장 끝에 있는 가파른 언덕을 침식시키고 있었다. 휴식 시간 동안, 체육 보조 선생님이 아이들에게 상황이 더 나빠지지 않도록 언덕 근처에 가지 말도록 말했다. 그러나 언덕은 거의 모든 아이들에게 가장 인기 있는 놀이 장소였다. 그래서 보조 선생님이 규칙을 집행하는데 애를 먹었다. 보조 선생님은 자신의 말을 듣지 않는 아이들을 언덕 안쪽으로 보내기 위해 계속해서 호루라기를 불어댔다.

　　장 선생님은 아이들이 자신이 좋아하는 장소에 가지 못하게 되었고, 그 지역을 폐쇄하는 것이 진짜 필요한지 의구심이 든다고 말하면서 불평하는 소리를 들었다. 그 대화는 학급 회의의 주제가 되었고, 선생님은 아이들에게 다시 밖으로 나가 문제에 관해 더 공부하고 싶은지를 물었다. 무슨 이유로든 밖에 나가는 것을 열망하는 아이들은 코트를 다시 걸치고 선생님이 나누어준 메모장을 집어 들었다.

　　언덕을 살펴보면서 활발한 토론이 일어났다. 관찰은 점차 비판적이 되었다. 선생님은 아이들에게 본 것과 궁금한 것에 대해 적어보라고 했다. 선생님은 어떻게 해서 상황이 이렇게 되었고, 상황을 개선하기 위해 할 수 있는 것이 무엇인지에 초점을 맞추도록 도왔다. 건전한 의견 차이가 생겼고, 선생님은 계속해서 "흥미로운 생각이네. 적어 둬라"고 말했다.

　　교실로 돌아 온 아이들은 자신들이 본 것과 도움이 될 수 있다고 생각하는 것에 대해 이야기를 나누었다. 아이들은 돌 사용하기, 언덕 위를 천으로 덮어두기, 배수로로 내기 등의 아이디어를 냈다. 몇몇 아이들은 경사로를 안정시키기 위해 시에서 시행한 프로젝트를 본 것을 인용하였고, 어떤 아이는 자기 부모 중 한 명이 그런 것을 고치는 방법에 관해 모르는 것이 없다고 말했다.

　　아이들은 "언덕 구하기" 프로젝트를 하기로 결정했다. 그러나 그러기 위해서는 우선 좀 더 많은 정보가 필요했다. 선생님은 아이들에게 이 프로젝트를 하기 위해서는 계획을 잘 세우고, 기록을 하며, 평가도 해야 한다고 말했다. 아이들은 흥미를 느꼈고, 바로 작업에 들어가고자 했다. 그들은 다른 장소 몇 군데를 관찰하기 위해 걸어서 현장을 둘러보는 계획을 세웠고, 전문가 부모를 둔 아이들은 자기 부모를 초청 강사로 초빙 하겠다고 했으며, 선생님은 관련 연구 자료를 얻기 위해 도서관 사서에게 도움을 구했다.

　　공룡 이빨 세기와 언덕 구하기는 진정한 통합 활동이다. 왜냐하면 아이들이 주제에 대해 비판적으로 사고했고, 조사의 수단으로 자신의 기술을 사용했기 때문이다. 이 아이들은 아마도 이런 질문은 결코 하지 않을 것이다. "왜 내가 이것을 알 필요가 있지?" 통합된 교육과정이라고 불리는 모든 것이 다 이런 준거에 맞는 것은 아니다. 교사가 요구되는 과목의 내용을 다루기 위한 수단으로 주제를 피상적으로 사용하는 경우가 자주있다. 불쌍하게도 박 선생님이 방금 언급한대로 왜 아이들이 흥미롭게 행동하지 않는지에 대해 의아해 하고 있다.

사례 5-4

 박 선생님은 매주 다른 주제를 다룬다. 이렇게 해서는 시간이 부족하여 주제를 깊이 있게 다룰
수 없다. 이번주 주제는 돌멩이다. 선생님은 아이들을 위해 다양한 종류의 돌멩이를 학교에 들고
왔다. (선생님은 아이들을 밖으로 보내 돌멩이를 가지고 오도록 하면 너무 많은 시간이 걸릴 것
이라고 생각했다.) 선생님은 쓰기 시간에는 자신의 돌멩이에게 보내는 편지를 쓰도록 했고, 미술
시간에는, 돌멩이에 색칠을 하도록 했으며, 간식 시간에는 영양분이 좀 더 풍부한 어떤 것고 함께
작은 돌멩이 모양의 사탕을 주었다.

이런 활동이 돌멩이와 관련이 있다. 하지만, 이런 활동은 아이들이 돌멩이에 대해 무
언가를 배우는 데 도움이 되지 않는다. 이것은 '통합' 교육과정 이라기보다는 '상관' 교
육과정이다(Fields, Groth, & Spangler, 2008). 어른들은 간혹 "아이들이 즐거워했다."라
고 말하면서 상관 활동을 정당화한다. 아이들이 진정으로 자신의 호기심을 자극하는
조사를 하고, 아이들이 발견과 분석에서 진정한 지식과 기술을 획득하도록 도울 때, 아
이들은 학습의 기쁨을 맛볼 것이고, 그것이 즐겁고 가치 있는 것이다. 사실 아이들은
이 상관 교육과정으로부터 잘못된 정보를 얻을 수도 있다. 돌멩이는 읽을 수 없고 우리
는 아이들이 그것을 먹기를 원치 않는다.

(3) 실제 경험과 실제 자료

민 선생님과 오 선생님은 가르치는 방식이 아이들이 배우는 방식과 조화를 이룬다면
아이들은 더 잘 배우고 학교생활도 더 원만할 것이라는 것을 알고 있다. 교육과정을 통
합하는 것은 가르치는 방식과 아이들의 학습 방식을 매치시키는 한 가지 방법이다. 아
이들은 세상을 과학, 수학, 사회와 같은 범주로 구분하지 않는다. 아이들은 세상을 경
험해 가면서 그런 분야들 간의 상호관련성을 통해 세상을 이해하고자 한다. 그러므로
아이들이 학교를 중요한 곳으로 생각하도록 하기 위해서는 학교 또한 실세계와 아이들
자신의 경험을 반영할 필요가 있다. 교사는 학습이 학업뿐만 아니라 사회적이고 문화
적이어야 한다는 것을 기억할 필요가 있다.

이렇게 하는 한가지 방법은 아이들의 배경에 대한 지식과 경험을 교육과정으로 구축
하는 것이다(Jalongo & Isenberg, 2011). 아이들이 프로젝트에 대해 깊이 있게 생각하도
록 하는 또 하나의 방법은 영감의 원천으로써 실제 자료를 사용하는 것이다. 오 선생님

은 동료 교사가 거짓 다문화주의로부터 벗어나도록 돕기 위해 교내 활동을 하고 있다. 오 선생님의 학교는 매년 개최하는 다문화 축제를 아주 자랑스러워한다. 이 축제를 위해 각 학년은 서로 다른 나라나 문화를 대표한다. 각 집단은 입을 의상을 만들고 공연을 위해 노래와 춤을 배운다. 그들은 학교에서 대형 퍼레이드를 한다. 이것은 꽤 볼만하다. 하지만 오 선생님은 퍼레이드가 행해지는 방식이 아이에게 도움이 되는 어떤 것도 가르치지 못하고 정형화된 사고를 만들어 낼 뿐이라고 확신한다.

에스키모 의상의 일부로 종이 가방으로 에스키모 방한화를 만들라고 지시를 받았을 때 유치원 아이들은 무엇을 생각하거나 이해하겠는가? 에스키모 방한화가 종이 가방이 아닌 동물 가죽으로 만들어진다는 것을 아이들이 알겠는가? 아이들이 추운 기후에 사는 사람들은 왜 신발 가게에 가지 않고 방한화를 만들어 신는지를 이해하겠는가? 어린 아이들은 상이한 시점과 멀리 떨어진 곳과 관련된 추상적인 문제를 이해할 수 없음을 기억하라. 아이들은 자신의 본 것과 경험한 것에 기초하여 자신의 이론을 만든다.

아이들에게 있어 배움은 실제 경험과 실제 물체로 시작된다. 이 장의 첫 머리에 제시되어 있는 예를 다시 한번 생각해 보라. 오 선생님반의 아이들은 개인적으로 경험하지도 않고 구체적인 재료도 제시되지 않았던 새 둥지에 대한 수업으로 많은 것을 이해하지 못했다. 아이들은 관찰을 했고 질문을 했으며 새가 둥지를 만드는 방법에 대한 설명을 했다. 이런 유형의 교육적 경험을 한 아이들은 학습에 몰입하게 된다. 그러므로 다른 아이의 작품을 방해하지 않을 것이다. 또한 아이들은 새에 관하여 더 생각하기 위해 자신의 지식 기반을 구축할 것이다. 그리고 이것은 아이들이 그 주제에 대한 자료를 읽어 이해하는 데 도움을 준다. 이것이 주제 영역 경계를 뛰어넘는 사고를 위한 요소이다 (Pizzolongo, 2015). 실제 자료를 가지고 이런 유형의 수업에 참여한 아이들은 자신의 지식을 다른 조사에 활용한다. 어떤 교사는 이것을 이해하지 못한다. 그들은 아이들의 경험 범주를 완전히 벗어난 주제에 대해 주제와 관련된 실제 자료는 전혀 주지 않고 강의를 함으로써 귀중한 시간을 낭비한다. 교사들은 지금 여기의 실세계에 초점을 두고자 하는 어린 아이들의 욕구를 너무 자주 잊어버린다. 어떤 교사는 올 해 이 수업을 듣는 아이들의 열정과 질문에 반응하지 않고 매년 똑 같은 주제를 다룬다. 추수감사절 기간은 특별히 독창적인 축제의 역사에 관해 설명하도록 동기를 부여하는 것 같다. 그러나 유아들은 시간과 공간에 관한 정확한 개념을 가지고 있지 않다는 것은 잘 알려져 있다. 이들은 3백여 년 전에 일어난 일과 지난 주에 일어난 일의 차이점을 이해하지 못할 것이다. 첫 번째 추수감사절 이야기를 들은 아이에게 그것에 대해 이야기 해 보라고 하면 당신은 아이가 하는 잘못된 이야기를 듣고 경악할 것이다. 이해할 수 없는 역사적 사실을 제시해서 아이들의 시간을 낭비하는 것은 아이들이 과거의 인물과 사건에 대해 오해하도록 하는 결과를 낳을 수 있다. 예를 들어, 추수감사절을 공부한 후에 많은 아이들이 모든 미국 원주민은 얼굴에 그림을 그리고, 머리에 깃털을 꽂고 천막에 산다고 믿는다. 그런 다음 그들은 발달적으로 부적절한 활동지로 의미 없는 수업을 이어 간다. 비록 많은 아이들이 순종적으로 교사의 지시를 따라 목적 없는 과제를 완성하지만, 많은 아이들은 흥미로운 무언가를 발견하기 위한 시도로 교실에서 문제를 야기한다.

최근 동향은 학교에서 단순 암기식 학습에로의 회귀를 권장하고 있다. 상대적으로 나이가 많은 아이들이 구구단과 같은 유용한 사실이나 패턴을 암기하는 것은 타당성이 있다 하더라도, 어린 아이들은 그것이 그들에게 적절하고 의미가 있을 때까지 이러한 접근으로부터 보호되어야 한다. 진짜 물체를 조작함으로써 아이들은 이해력을 개발한다. 마찬가지로 유아가 대통령의 이름을 연대기 순으로 암기하는 것은 대통력의 역할을 이해하지 못하는 한 의미가 없다. 관련 없는 정보는 곧 잊혀 진다. 이것은 귀중한 초기 학습 시간을 무의식적으로 낭비하는 것이라 생각한다.

(4) 능동적 학습

아이들이 학습에 직접적으로 참여하는 것은 그들이 학습에 어떻게 접근하는지와 그들이 학습자로서의 자신을 어떻게 보게 되는지와 관련이 있다. 만약 아이들이 교사가 아이들에게 그들이 알아야 할 필요가 있는 모든 것을 말해주는 교실에 있다면, 아이들은 탐구 성향을 개발하지 않을 것이다. 만약 교사가 물체를 만지고 조작하는 유일한 사람이라면, 아이들은 학습이 지루하고 수동적인 것이라 생각하게 될 것이다. 손 선생님은 최근에 아이들의 능동적 참여를 염두에 두고 학습 경험을 계획하는 것이 얼마나 중요한 지를 상기시켜주는 경험을 하였다.

사례 5-5

 새 학기가 시작되었을 무렵, 연어는 근처에 있는 강을 거슬러 올라가고 있었고, 많은 아이들이 부모와 함께 낚시를 했다. 아이들은 물고기에 대해 높은 관심을 보였다. 그래서 손 선생님은 그것을 활용하기로 했다. 선생님은 연어가 자신의 길을 따라 사력을 다해 나아가는 것을 아이들이 볼 수 있도록 마을에 있는 부화장으로 견학할 계획을 세웠다. 아이들은 연어가 알을 놓고, 수정을 하고, 성장을 위해 저수지에 넣는 것을 보았다. 견학은 아이들에게 딱 맞았다. 즉 행사는 주로 행동으로 이루어졌고 말은 질문에 답하는 경우로만 국한되었다.

그러나 견학의 후반부는 다르게 진행되었다. 아이들이 연어에 대해 좀 더 자세히 공부할 수 있도록 부화장에서 연어 몇 마리를 주었다. 아이들의 부모 중 한명이 물고기를 전공하는 생물학자였는데, 그 분이 아이들의 공부를 돕기 위해 자신의 시간을 할애해 주겠다고 제안했다. 교실로 돌아온 아이들은 그 생물학자가 물고기를 해부하는 것을 관찰하고 물고기 배 속에 무엇이 있는지를 보기 위해 작은 탁자 주위로 몰려들었다. 그러나 생물학자는 물고기를 해부하기에 앞서 아이들에게 물고기가 어떻게 움직이는지, 지느러미의 이름과 기능은 어떠한지, 물고기가 어떻게 숨을 쉬는지, 아가미는 어떻게 기능하는지 등 물고기에 대한 몇 가지 사실을 알려 주고자 했다.

손 선생님은 물고기의 다양한 부위에 대한 라틴어식 명칭은 이해가 되지 않았지만 개인적으로 그 강의가 매우 흥미로웠다. 선생님은 그러나 자신에게는 알맞은 강의가 아이들에게는 적합하지 않다는 것을 알았다. 이야기를 하는 아이들이 생겨나기 시작했고, 어떤 아이들은 물고기를 더 잘 보기 위해 자리싸움을 하였다. 한 아이는 다른 물고기가 전시된 탁자 주위를 어슬렁거렸다. 몇몇 아이들은 여전히 생물학자에 관심을 보였다. 그러나 그들은 그 학자에게 물고기에 대해 자기들이 알고 있는 것을 말하고 싶어 했다. 생물학자는 아이들이 산만한 것을 보고 물고기를 해부하기로 결심했다. 그러나 아쉽게도 대부분의 아이들이 흥미를 잃은 뒤였다. 선생님은 수동적으로 듣기만 요구하는 것보다 아이들이 능동적으로 참여하도록 하는 발표가 되도록 초빙 강사와 좀 더 구체적으로 계획을 세웠어야 했음을 깨달았다.

능동적 학습은 학업적·사회적 문제 해결 능력뿐만 아니라 추론 능력도 증진시킨다. 앞 선 사례에서, 아이들은 연어와 산란기 동안에 연어가 어떻게 행동하는지에 대해 추측해보거나 생각해보도록 요구받지 않았고, 아이들의 행동이 이것을 반영한다. 집단 떠나기, 순서를 지키지 않고 말하기, 방해하기와 다른 아이들과 갈등 겪기는 아이들이 어른들에게 수업이 자신의 욕구를 만족시켜주지 못하고 있다는 것을 보여주는 방식이다. 최고로 잘 개발된 수업 계획이라고 하더라도 아이들에게 학습에 능동적으로 참여할 수 있는 기회를 제공하지 않는다면, 실패할 수 있다. 이와는 대조적으로, 수렵 감시관은 많은 아이들이 연어가 되고 몇몇 아이들은 연어를 잡아먹으려는 곰이 되도록 하여 초등학생들에게 연어의 회귀 과정에 대해 가르치는 데 도움을 줄 수 있다. 만약 당신이 인공 강을 헤엄쳐 오르려 할 때 곰이 당신을 건드리면, 당신은 그 곳을 산란장으로 만들 수 없다. 이런 식의 능동적 학습은 아이들에게 지속적인 인상을 남긴다.

능동적 참여는 학습을 보다 의미 있게 그리고 보다 기억할만하게 만든다. 만약 누군가가 당신에게 고양이 그림을 보여준다면, 당신은 무엇을 배우겠는가? 목록을 만들어

보라. 이제 그들이 당신에게 사진을 보여준다고 가정해보자. 무엇을 추가적으로 더 배우겠는가? 만약 당신이 고양이와 함께 있는 사람을 실제로 본다면, 어떤 새로운 정보를 얻겠는가? 당신이 진짜 고양이를 가까이서 관찰한다면, 고양이에 대한 지식 목록에 무엇을 추가할 수 있겠는가? 만약 당신이 고양이를 안고 있다면, 고양이는 당신의 무릎에서 그르렁 소리를 내고, 거친 혀로 당신을 핥고, 당신의 팔 주위를 꼬리로 감을 것이다. 이러한 경험은 얼마나 더 의미 있고 기억할만한가? 만약 당신이 고양이와 오랜 시간 함께 살면서 보살폈다면, 아마도 새끼 낳는 것을 보았을 것이고 당신의 지식은 더 증가하였을 것이다. 우리가 아이들이 어떤 대상과 실제로 접촉하도록 허락하는 대신에 사진이나 플래시 카드를 그들에게 보여준다면 얼마나 더 잘 아이들이 이해하겠는가? 어린 아이들은 제한된 지식을 갖고 있기 때문에, 비교를 위해 참조할 것이 별로 없다. 고양이를 본 적이 없는 어른도 고양이의 세부 사항에 대해 어느 정도는 묘사할 수 있다. 왜냐하면 다른 애완동물을 본 경험이 있기 때문이다. 아이가 어릴수록 추상적 표상이나 상징보다는 실제 사물에 더 많이 노출되어야 한다. 아이들이 능동적으로 참여할 때, 그들은 자연스럽게 자신의 감각을 통해 탐색하게 된다. 물체의 인식과 기억은 많은 감각적 노출을 통해 증진된다. 그렇기 때문에 아이들이 능동적으로 참여할 때 그들은 더 잘 이해할 수 있을 뿐만 아니라 더 많은 것을 배울 가능성이 많다. 고양이를 교실에 데리고 올 수는 없을 것이다. 그러나 당신이 아이들이 실제 물체나 가능한 가장 근접한 표상과 접촉하는 것을 적극적으로 허락할수록, 학습은 보다 의미 있고 영속적일 것이다.

(5) 놀이의 역할

어린 아이들은 놀이를 통해 배운다. 놀이는 아이들의 지적 호기심을 증진시키고 아이들이 다양한 주제에 대한 지식을 구성하도록 돕는다. 놀이는 탐색, 사고, 탐구를 향상시키는데, 이 모든 것들은 학습을 위한 필수 요소이다(Hirsh-Pasek & Golinkoff, 2015). 그러나 최근 동향인 준거 기반 교육과정과 검사로 인해, 유치원과 초등학교 저학년 교사들이 놀이 기반 학습을 하는 것이 매년 점차 더 힘들어 보인다(Wood, 2015). 1998년에서 2011년 사이에 유치원 교실에서 수학, 과학, 퍼즐, 블록, 물과 모래 테이블, 극 놀이 활동에서 실제로 뭔가를 조작하는 것을 포함하는 것이 많이 감소했다(Wason, 2013). 이것이 아마도 놀라울 정도로 많은 아이들이 유치원을 반복하는 이유일 것이다. 최근 연구에 의하면, LA학군에서 유치원생의 8.5%가 상급 학년으로 올라가지 않고 남겨졌는데, 그 중 대부분은 어린 남자 아이였다. 이에 덧붙여, 이 연구는 어린 남자 아이들이 유치원 과정을 성공적으로 마치는 데 필요한 성숙도가 부족하다는 것을 보여준다(Cannon & Lipscomb, 2011). 그것은 아마도 남자 아이의 성숙도가 부족해서가 아니라 학교 교육과정이 더 이상 아이들이 노는 것을 허용하지 않기 때문일 것이다.

오 선생님 반의 가게 놀이는 통합 교육과정의 한 예 일뿐만 아니라(Jalongo & Isenberg, 2011) 다른 많은 이점도 가져다준다. 체스나 카드와 같은 게임 놀이를 하는 동안에 결정해야 할 많은 일과 해결해야 할 많은 문제가 있다. 누가 계산대를 맡을 것인지? 모두가 다 그것을 하고 싶어 하면 어떻게 해결할 것인지? 누군가가 게임에서 계속해서 질 때 규칙을 바꿀 수 있는지? 교사는 자신에 질문해야 한다. "이 활동이 사고, 문제해결, 호기심, 흥미 지속, 창의적 표현, 상징적 변환, 협력과 의사소통을 향상시키는가?"(Trawick-Smith, Wolff, Koschel, & Vallarelli, 2015). 많은 전자 게임 설계자들은 과학적 사고를 향상시키는 게임을 계획하는데, 이것이 아마도 게임이 어린 아이들에게 아주 인기가 있는 이유 중의 하나일 것이다(Morris, Croker, Zimmerman, Gill, & Roming, 2013).

실물로 실제 경험을 제공하는 능동적이고 직접 해 보는 학습은 아이들을 생상적으로 참여하게 하고, 그러므로 문제 행동을 최소화한다.

비고츠키는 놀이는 규칙을 배우고 규칙을 지키는 것과 관련될 수밖에 없다고 지적한다. 그는 "가상 상황에서는 언제나 규칙이 있다"(1978, p.95)고 주장한다. 규칙은 가상 상황에서 행동을 안내하기 위해 필요하다. 왜냐하면 아이들은 대본과 각 인물의 배역에 동의해야 하기 때문이다. 아이들이 가장 놀이상황을 계속 진행시키기 위해 필요한 규칙을 구성해 감에 따라(예; 쇼핑하러 가는 방법, 화재로부터 누군가를 구하는 방법), 아이들은 논리 추론 기술을 개발하고, 창의적 사고 및 비판적 사고 능력을 개발한다. 교사는 가장 놀이를 장려함으로써 아이들의 인지 발달 및 사회성 발달을 증진시킬 수 있다.

흥미롭게도 아이들은 커갈수록 놀이를 할 때 규칙을 점차 더 강조한다. 비고츠키는 이러한 발달을 아주 상상적이고 규칙이 거의 없는 놀이(예, 집 놀이)에서 규칙에 초점을 두지만 가상 상황은 미약한 놀이로(예, 보드 게임) 이동하는 것으로 묘사했다. 그들은 피아제가 언급한 바와 같이 자신의 신체를 가지고 하는 구체적 표상으로부터 보드에 있는 마커를 통한 추상적 표상으로 이동하고 있다. 우리 모두는 우리가 연습하는 것을 더 잘 한다. 그렇기 때문에 아이들이 자신의 놀이에 대한 규칙을 만들고 그 규칙을 따르기 위해 서로 협력할 때, 일반적으로 그들은 규칙을 더 잘 이해하게 된다. 이것이 아이들이 성장함에 따라 놀이의 유형은 변하지만 교육과정에 놀이를 포함하는 또 다른 이유이다.

① 놀이에서의 교사의 역할

아이들이 놀이를 하는 동안 교사는 무대 매니저, 공동 놀이자, 놀이 리더와 같은 많은 역할을 수행한다(Christie, Enz, & Vukelich, 2011). 이들 역할은 각각 아이들의 사회적 유능감을 증진시키는 기능을 할 수 있다. 무대 매니저는 아이들의 놀이 활동을 설계하고, 상호작용을 시작하는 데 도움을 준 후 아이들이 스스로 작업을 할 수 있도록 조용히 놀이 상황에서 빠져 나온다. 이 역할은 어떻게 놀이에 참여해야 하는지를 모르는 아이들에게 특히 좋다. 공동 놀이자는 아이들의 놀이에 참여하고 주어진 역할을 맡는다. 이것은 교사의 개입이 가장 적은 역할이며 놀이 행동을 잘 하는 아이들의 기술을 증진시키거나 약간의 도움이 필요한 아이들을 지원하는 데 사용된다. 놀이 리더는 가장 교사가 주도적인 역할을 한다. 그것은 스스로 놀이에 참여하려는 어떤 시도도 하지 않은 아이들을 지원하기 위해 사용된다. 놀이 리더는 놀이 상호작용을 시작하고, 아이들에게 다양한 역할을 부여하고(예, 나는 엄마이고 너는 아빠야), 놀이를 감독한다. 놀이 리더는 놀이가 끝날 때까지 집단과 함께 한다. 개별 아동의 욕구에 기초하여 의식적으로 놀이 참여를 선택한 교사가 종종 가장 효과적인 교사이다.

(6) 시간을 현명하게 사용하기

아마도 가장 중요한 교육과정 지침은 아이들이 배우도록 요구받는 것은 반드시 알만한 가치가 있는 것이 되도록 해야 한다는 것일 것이다. 아이들을 존중한다면 모든 아이들에게 너무나 일상적인 사소한 활동을 하도록 해서는 안 된다. 모든 아이들에게 게시판에 붙일 똑같은 빨간 꽃을 만들도록 해서 시간을 낭비하지 마라. 대신에 그들이 살아가는 데 정말 중요한 것은 무엇일까에 대해 생각해 보자. 피니 등(Feeney, Moravick, & Nolte, 2014)은 우리 중 누구라도 배울 수 있는 가장 중요한 것 중의 하나는 아마도 "슬플 때 친구를 찾는 법"일 것이라는 것을 상기시키면서 상황을 폭넓게 본다. 그들은 무엇이 알만한 가치가 있는가라는 좀 더 넓은 관점에서 이러한 진술을 했다. 그것은 세상과 세상 사람들을 보다 더 존중하고 배려하기 위해 물리적, 사회적 환경과 당신 자신을 이해하는 것을 포함한다. 예컨대, 색깔과 모양에 대한 연습의 중요성을 보다 인간적이되고 우리 세상이 생존하도록 돕는 목표와 비교하여 평가해 보라. 아이들을 존중한다는 것은 그들의 시간을 존중하고 그것을 현명하게 사용한다는 것을 포함한다. 오 선생님은 새둥지를 만드는 활동이 이러한 목적을 얼마나 잘 충족시켜 주는지를 발견하고는 놀랐다.

사례 5-6

 아이들이 새둥지 만드는 작업을 마쳤을 때, 오 선생님은 집단 토의를 위해 아이들을 불러 모았다. "새둥지를 만들면서 무엇을 배웠니?" 선생님이 아이들에게 물었다. 진흙의 촉감이 어떠했으며 어떤 자료가 가장 유용했다 등의 대답을 기대했던 선생님은 기대와 전혀 다른 수준의 반응을 듣고 놀랐다. 아이들이 보인 반응은 이러했다. "새둥지는 정말 만들기 어려워요!" "앞으로 절대로 나무에 있는 새둥지를 망가뜨리지 않을 거예요." "새를 절대로 쏘지 않을 거예요" 새둥지 모형을 만들도록 한 것이 아이들로 하여금 새들의 관점에서 생각하도록 했고, 새와 새들이 살아남기 위해 노력하는 것에 대한 이해를 증진시키는 데 도움을 주었다. 분명히 이 아이들은 자신이 살고 있는 이 세상을 더 존중하고 보살필 수 있을 것이다.

많은 교사들이 유아들에게 시간 말하는 것을 가르치려고 시도하는 것은 노력을 기울일 가치가 없다는 것을 어렵게 알게 된다. 모든 1학년 아이들에게 동전의 가치와 거스

름돈 계산 방법을 가르치려고 시도하는 것은 에너지 낭비이다. 너무 일찍 이런 수업을 하는 것은 5개월 된 아기에게 걷는 것을 가르치려 하는 것과 같다. 어떤 주제는 너무 쉽고 특별히 학교에서 가르치지 않더라도 배울 수 있는 것이기 때문에 그런 주제를 학교에서 다루는 것은 시간 낭비이다. 예를 들어, 색깔과 모양에 대해 직접적으로 가르치는 것은 대부분의 아이들에게 불필요하다. 이런 개념은 생활의 한 부분이고, 아이들이 무슨 색의 크레용을 쓸지, 무슨 색의 옷을 입을지를 결정하거나 서론 다른 모양의 물체를 가지고 게임을 하면서 아주 어린 나이에 일반적으로 습득된다.

그러나 어떤 아이디어는 시간과 노력을 기울일 가치가 충분히 있다. 우리는 아이들이 환경을 보호하고 존중하며 개인차를 존중하면서 다 함께 평화롭게 살아가는 것을 배우도록 돕는데 더 강조점을 두기를 희망한다. 이런 목표를 달성하기 위해, 우리는 아이들이 사실을 그냥 암기하도록 할 것이 아니라 비판적 사고, 문제 해결, 협동 그리고 리더십을 기르도록 노력할 필요가 있다. 아이들이 사소한 것이 아닌 중요한 것을 추구하도록 하는 데 우리의 시간을 사용하자.

3 세 가지 유형의 지식

학습 과정에 대한 이해는 교육과정 지침을 결정하는 데 도움이 된다. 학습자는 가르치는 방식이 자신의 학습 방식과 일치할 때 과제에 더 집중한다. 아이들이 지식을 습득하는 세 가지 기본적인 방식을 이해하게 되면, 교사는 이 정보를 학습자들에게 가장 효과적으로 도움이 되는 방식으로 활동을 계획하는 데 사용할 수 있다(Kamii, 2000). 이 정보는 간혹 혼란스럽다. 왜냐하면 지식의 유형과 발달의 영역이 이름은 비슷한데 전혀 다른 개념이기 때문이다. 지식의 유형이란 아이들이 이해하게 되는 방식을 말한다. 간단히 말하면, 아이들은 행함으로써 물리적 지식을 배우고, 듣거나 보여 짐으로써 사회적 지식을 배우며, 추론을 통해 논리-수학적 지식을 배운다.

(1) 물리적 지식

피아제(1970)에 의하면, 경험적 또는 물리적 지식은 세상에 있는 물체와의 접촉을 통해 나온다. 그것은 감각을 통한 학습이다. 아이들이 램프 위에 둔 공이 아래로 구르는 것을 보았을 때 그들은 물리적 지식을 습득한다. 물리적 지식은 또한 한 물체가 다른 물체에 작용하는 방식에 의해 야기된 변화를 관찰하는 것과 관련이 있다(예, 진흙을 만들기 위해 흙에 물을 뿌린다). 이런 유형의 지식은 직접적인 행위나 물체에 대한 행위에 대한 관찰을 통해서만 획득될 수 있다(즉, 얼음은 태양 아래서 녹는다). 이것이 대부분의 국가 교육과정 지침이 아이들이 학습하는 동안 적극적으로 실험, 탐색 및 탐구에 참여할 것을 촉구하는 이유이다.

(2) 사회적 지식

때때로 문화적 지식이라 불리기도 하는 사회적 지식은 집단 구성원들이 공유하는 정보로 집단의 언어, 규칙 및 관습에 따라 다르다. 이것은 한 사람에서 다른 사람으로 전달되며 물질계를 그냥 탐사함으로써는 발견될 수 없다. 사회적 지식은 자의적이고 문화에 따라 변할 수 있다. 어른에게 인사하는 법과 식사 예절 등이 사회적 지식에 해당된다. 요일 이름과 달의 이름도 마찬가지이다.

(3) 논리-수학적 지식

논리-수학적 지식은 물체와 행위간의 관계에 대해 추론하는 능력과 물체와 행위에 대해 우리가 만들어 낸 규칙이나 이론을 말한다. 물체 자체에는 아무것도 없다. 이것은 아이들이 자신의 마음속에서 생각해내야 하는 무엇이다. 예를 들어, 피아제는 어떻게 어린 남자 아이가 교환 법칙을 이해하기 되는지에 대해 이야기를 하였다(즉, 숫자나 물체의 순서를 바꾸는 것이 결과나 물체의 합을 바꾸지 않는다). 어린 남아가 10개의 돌멩이를 한 줄로 세웠다. 그 아이는 돌멩이를 한쪽 끝에서부터 셋는데 마지막이 10이었다. 이번에는 반대쪽 끝에서 돌멩이를 세었는데 마찬가지로 마지막은 10이었다. 이러한 사실 때문에 아이는 놀랐다. 그런 다음 그 아이는 돌멩이를 원형으로 동그랗게 놓은 후 다시 세었다. 마지막은 다시 10이었다. 그는 곧 돌멩이가 놓인 순서가 양에 영향을 미치지 않는다는 것을 깨닫게 되었다. 그 아이는 이것을 돌멩이나 돌멩이의 재배치로부터 배운 것이 아니다. 그는 이것을 돌멩이를 움직일 때 마다 발생한 것, 이 경우에는 발생하지 않은 것에 대한 반추를 통해 배웠다. 논리-수학적 사고는 어떤 정보를 분류하여 의미가 통하게 하는 기본 틀을 제공한다.

물리적 지식과 사회적 지식은 논리-수학적 지식의 구성에 사용되며, 논리-수학적 지식은 물리적 지식과 사회적 지식의 구성에 필수적이다(DeVries, 2001). 그러므로 아이들을 진정으로 몰두시키고, 성공적인 학습자가 되도록 도우려 한다면 교사는 실험 기회와 반성적 사고의 기회를 주어야 한다. 가르침을 사회적 지식을 전달하는 것으로만 제한함으로써 교육과 아이들의 능력을 시시한 것으로 만드는 교실이 너무 많다. 즉, 너무 많은 교사들이 사실을 믿을만하게 만드는 근본 기제에 대한 이해 없이 그냥 사실을 기억하도록 요구한다. 예를 들어, 우리는 아이들에게 과학적 탐구의 단계를 기억하도록 가르칠 수 있다. 그러나 실제 조사를 통해 과정의 각 단계를 경험하기 전까지는 질문을 하고, 자료를 수집하거나 분석하고 결과를 공유하는 것의 중요성을 이해하지 못할 것이다.

또 다른 예는 시험 점수의 강조로 교사가 아이들을 가르치기 보다는 시험에 나올 내용에 초점을 두고 시험 준비로 가르친다는 것이다. 이것이 잘못된 교육이라는 것을 아는 교사는 이런 식의 교육이 아이들의 학습과 행동에 미치는 부정적인 영향을 본다. 하지만 세 가지 유형의 지식, 아이들의 흥미와 학습동기, 능동적 학습과 놀이의 이득을 고려하면서 동시에 국가 기준을 만족시키는 학습 경험을 어떻게 계획해야 할지 확신이 없다. 지금까지 논의한 모든 전략이 당신이 이 과제를 완수하는 데 도움을 줄 것이다. 이 장의 다음 부분에 있는 정보는 교사가 아이들의 사회적 욕구와 학업적 욕구를 충족시키도록 능동적이고 매력적인 학습 경험을 조직하는 데 도움이 될 것이다.

4 조직 전략

아이들은 하루가 어떤 식으로 진행되는 지, 교실에서 그리고 한 활동에서 다른 활동으로 전환할 때 어떻게 행동해야 하는 지에 대해 확실히 모를 때 종종 행동에 어려움을 겪는다. 이런 유형의 문제를 피하기 위해 교사는 기다리는 시간을 줄이고, 전환과 단체 시간 동안의 소란을 피하는 전략, 루틴 그리고 의례적 절차를 조합하여 사용한다. 아이들이 어떻게 배우는지와 관계의 중요성, 통합 교육과정 및 실제 경험의 중요성을 이해하는 교사는 또한 행동 문제가 언제 가장 발생할 가능성이 높은지를 안다. 아이들의 문제 행동이 발생하는 것을 저지하기 위해 훌륭한 교사는 성공적이었음이 증명된 조직 전략을 따른다.

(1) 좋은 스케줄의 특징

스케줄은 아이들의 연령, 집단의 목적과 크기, 하루의 길이, 이용할 수 있는 시설에 따라 변한다. 그러나 루틴을 설정할 때 이런 상황과 상관없이, 어떤 요소는 반드시 고려되어야 한다. 〈표 5-3〉은 하루 스케줄을 짤 때 교사가 사용할 수 있는 발달 체크리스트를 제공한다.

〈표 5-3〉 스케줄 구성의 발달 영역별 고려 사항

신체 욕구	지적 욕구	정서 욕구	사회적 욕구
활동적 놀이를 위한 시간이 충분한가?	아이들이 탐색하고 질문하고 만들고 할 시간이 충분한가?	스케줄이 아이의 독립성을 지원하는가?	또래와 활동을 함께 할 기회가 있는가?
음식을 먹고 물을 마실 충분한 기회가 있는가?	아이들이 실내·외에서 다양한 공간을 사용할 수 있는가?	스케줄은 아이에게 활동과 놀이 친구를 선택할 힘을 최대한으로 주는가?	매 3시간마다 방해받지 않고 최소 45분 동안 복잡한 놀이를 할 시간이 확보되어 있는가?
아이들이 휴식이나 조용히 쉴 시간이 있는가?	읽기, 쓰기, 미술, 과학, 사회 과목에서의 내용 기술을 적용할 수 있는 통합 교육과정이 있는가?	스케줄은 문화적 특성에 상관없이 개별적 성공을 지원하는가?	리더십 기술을 개발하기 위해 충분한 시간을 가지고 매일 집단으로 모이는가?
욕구의 개인차를 충족시켜 줄만큼 유연성이 있는가?	프로그램의 기준을 충족시키기 위해 학업 교과목에 충분한 시간이 할당되어 있는가?	스케줄은 필요할 때 루틴과 스캐폴딩을 통해 안전을 제공하는가?	스케줄이 협동과 공감에 대한 강조를 지원하는가?

① 루틴

우리 모두는 루틴을 좋아한다. 늦게 일어나서 당신의 아침 루틴을 즐길 수 없을 때 기분이 어떨지 생각해 보라. 당신은 아마도 혼란을 느끼고 부스스한 기분으로 남은 하루가 어떻게 될 지에 대해 염려할 것이다. 아이들도 다음에 어떤 일이 생길지에 대해 모르는 상황에 처하면 비슷한 느낌을 경험한다. 안정된 루틴은 아이들이 앞으로 일어날 일을 아는데 도움을 주고, 따라서 아이들이 집단의 협조적인 구성원이 되도록 도움을 줄 수 있다. 루틴은 또한 예측가능성을 통해 정서적 안정감을 제공하는데, 이것은 혼란스러운 환경에서 살고 있는 아이들에게 특히 중요하다(Cass, 2013).

아이들은 루틴을 알기 때문에, 오 선생님 반의 1학년 아이들이 집단 활동을 위해 모

[그림 5-1]　**사진으로 보여주는 일상 스케줄**

이는 데는 거의 시간이 걸리지 않는다. 아이들은 각자의 자리에서 집단 영역으로 자연스럽게 이동하기 위한 시스템을 갖추고 있고, 아이들은 각자 자신이 무엇을 해야 하는지 알고 있다. 아이들은 그들이 몰두하고 있는 활동에 좀 더 많은 시간을 보내도록 그들에게 유연성을 제공하는 일관된 하루 루틴으로부터 덕을 본다.

　아이들이 기관에서의 하루가 어떤 순서로 진행되고, 그 과정에서 내가 어떻게 행동해야 하는지를 아는 것은 중요하다. 하지만 루틴이 있다는 것이 어떤 활동이 진행되고 있는지에 상관없이 정확히 11시 15분이면 활동을 그만두고 이야기 시간을 갖는 것처럼 정해진 시간대로 움직인다는 것을 의미하는 것은 아니다. 민 선생님은 게시판에 하루 일과가 진행되는 순서대로 그 활동을 하고 있는 아이들의 사진을 게시함으로써 유아들이 루틴을 배우도록 돕는다(그림 5-1 참조). 민 선생님 반의 아이들은 유치원에 처음 도착했을 때 자신이 선택한 놀이를 하게 된다는 것과 오전의 중간쯤에 함께 모이는 시간이 있다는 것을 알고 있다. 그들은 어디에서 간식을 먹는지 알고 있다. 아이들이 다음에 할 활동을 모르면, 민 선생님은 그 아이들을 게시판으로 데려가서 다음에 어떤 활동이 있을 것인지를 보여준다. 이것은 아이들이 언제 부모가 돌아오는지에 대해 걱정하거나 기대하고 있는 흥미로운 일이 있을 때 특히 중요하다.

　민 선생님은 아이들의 욕구를 중심으로 자신의 루틴을 짠다. 선생님은 움직임이 많은 활동과 비교적 조용한 활동을 교대로 루틴에 포함시키고, 매일 바깥 놀이를 하도록 루틴을 짠다. 선생님이 이렇게 하는 이유는 아이들로 하여금 장시간 조용히 있도록 하거나, 아이들이 너무 흥분해서 진정할 시간이 필요할 때 발생하는 행동 문제를 예방하기 위해서이다. 선생님은 매일 같은 루틴을 따르지만, 활동을 바꿀 정확한 시간은 유아들의 행동을 관찰해서 정한다. 선생님의 목표 중의 하나는 더 오랜 시간 방해받지 않고 집중하고픈 아이들의 욕구에 민감해 지는 것이다. 선생님은 어린 아이들이 수준 높은 놀이를 준비하고 탐색하는데 시간이 걸리며, 시작한 놀이를 끝낼 수 있는 시간을 확보하고 싶어 한다는 것을 알고 있다. 민 선생님은 또한 아이들은 자신에게 중요한 무언가를 하고 있을 때 주목 시간이 길어진다는 것을 알고 있다. 선생님은 자주 활동을 바꾸는 변동이 심한 스케줄을 작성해 아이들이 집중할 수 있는 능력을 감소시키기 보다는 방해 받지 않는 일정 정도의 시간을 아이들에게 허락함으로써 이러한 강점을 기반으로 한 결정을 내린다.

대부분의 아이들이 자유선택 활동을 마쳐가려 할 때, 민 선생님은 교실을 돌아다니며 아이들에게 5분 뒤에 집단 활동 시간이 있을 것이라고 말해준다. 사전에 알려주는 것은 아이들이 하고 있던 활동을 끝내고 다음 활동을 정신적으로 준비할 수 있도록 해준다. 간혹 어떤 아이는 활동에 너무 집중한 나머지 활동을 중단할 수 없어서 집단 활동에서 빼 주거나 나중에 참가할 수 있도록 해 달라고 부탁한다. 아이들의 이런 요구를 들어 줌으로써 민 선생님은 자신이 아이들을 존중하고 있음을 표현한다. 시간을 좀 더 달라는 아이의 요구를 받아 줄 수 없을 경우, 선생님은 아이에게 설명을 해주고 아이가 현재 하고 있는 작업을 마칠 기회를 가질 때까지 교실의 안전한 곳에 자신의 작품을 두도록 하거나 집에가서 식구들이랑 함께 블록 쌓기를 하도록 현재까지 진행된 것을 사진으로 찍도록 하는 것과 같은 대안을 계획하도록 돕는다.

루틴을 따르는 것은 영아와 걸음마기 아기에게 특히 도움이 된다. 다음에 어떤 일이 생길지를 아는 것은 안전감을 주어 많은 힘겨루기와 분노발작을 제거할 수 있다. 아이들의 식욕, 수면욕, 기저귀 교체를 예견하거나, 아이들이 울기, 칭얼거리기 또는 공격 행동을 통해 자신의 욕구를 보여주기 전에 활동적인 놀이에 참여시키도록 하는 스케줄은 모두를 위해 보다 행복한 하루를 만들어 준다.

사례 5-7

 홍수가 놀이방으로 뛰어 들어갔다. 그리고는 가장 좋아하는 암벽을 타기 시작했다. 그런데 갑자기, 선생님이 홍수에게 암벽에서 내려와 순서를 기다리라고 했다. 규칙상 암벽 타기는 4명이 정원인데, 거기에는 이미 4명의 아이가 있었다.

홍수는 당황했고 슬펐으나 암벽에서 내려왔다. 그는 소리치면서 암벽을 오르고 있는 아이들을 부러운 눈빛으로 바라보았다. 홍수는 놀이방 책임자인 방 선생님에게 언제 자기 차례가 되냐고 계속해서 물어 보았다. 그의 눈에 눈물이 고이기 시작했다. 방 선생님은 홍수가 힘들어하고 있는 것을 보았다. 그래서 홍수에게 다른 아이들이 먼저 이 방에 왔기 때문에 먼저 타는 것이라고 설명하였다. 자신의 설명이 아무런 소용이 없어 보이자, 선생님은 다른 대안을 생각했다. 센터의 규칙은 아이들이 그만두고 싶어 할 때까지 놀이 기구를 사용할 수 있도록 하고 있기 때문에, 선생님은 홍수에게 언제 자신의 차례가 돌아올 것이라고 확실히 말해줄 수 없었다. 선생님은 블록 쌓기나 목공 영역에서 놀 것을 제안하면서 그의 관심을 딴 곳으로 돌리려 했다. 그러나 홍수는 누군가가 암벽에서 내려오자마자 자기 순서를 확보하기 위해 그 곳을 떠나려 하지 않았다.

그때 방 선생님은 지난 주 새로 가져온 애완토끼를 안아 보려는 아이들에게 순서를 지키도록 하는데 도움이 되었던 서명 용지 생각이 났다. 선생님은 암벽 타기 순서를 정하는 서명 용지에 서명을 하지 않겠느냐고 물어보았다. 홍수는 그 계획에 동의했고 선생님을 도와 종이, 테이프, 마커를 찾았다. 홍수는 용지위에 자신의 이름을 쓰고는 암벽 근처 벽에 그것을 붙였다. 서명 용지를 통해 자기 순서를 공식화했기 때문에 홍수는 기분이 좀 나아 보였다. 홍수는 근처에 있는 블록 영역에서 기다리겠다고 말했다. 선생님은 암벽에서 누군가가 내려오면 곧바로 그를 부를 것이라는 말로 홍수를 안심시켜 주었다. 차례를 기다리기 위해 근처에서 배회하지 않아도 되었기 때문에 암벽근처에 머물러 있어야겠다는 압박감도 완화되었다. 곧 자리가 생겼고, 선생님은 이를 홍수에게 알려주었다. 홍수는 어려운 상황에 대처하는데 도움을 받았다. 홍수는 비록 자기가 하고 싶은 대로 즉시 암벽을 타지는 못했지만 자신의 감정은 존중받았다. 이 경험은 홍수가 기다리는 과정에 대한 이해와 믿음을 구축하도록 도왔다.

② 차례 기다리기

줄을 서서 기다리거나 단체로 줄을지어 움직이게 하는 것은 아이들의 시간을 낭비하는 것이 될 뿐만 아니라 훈육 문제를 초래한다. 당신은 활동적인 아이들이 "만약 내가 내 앞에 있는 아이를 민다면 어떻게 될까?"라고 생각하는 것을 볼 수 있다. 그것은 도미노와 같을 것이고 나는 그 줄의 선두에 위치하게 되지 않을까? 어른들이 한 장소에서 다른 장소로 이동할 때, 우리는 대개 무리지어 간다. 군대나 악대의 행진이 아니고는 대개 한 장소에서 다른 장소로 반듯하게 줄지어 이동하지는 않는다. 그런데 왜 우리는 어린 아이들이 이렇게 하기를 기대하는가? 어떤 사람은 그렇게 하는 것이 줄을 지어서 있는 것을 배우는 데 좋은 연습이 된다고 말한다. 아이들은 줄지어 서있는 것이 요구되는 다양한 장소에서 줄을 지어 서있는 경험을 많이 했기 때문에, 어린 아이들이 이것을 연습하는 것은 불필요하다고 생각한다.

 오 선생님은 아이들이 일렬로 줄을 지어 다 함께 걷도록 하는 것을 싫어한다 선생님은 줄을 서서 기나리는 것이 이들에게는 엄청나게 지루한 것이며 그것이 행동 문제를 초래한다는 것을 안다. 선생님은 어른들은 한 줄로 한 장소에서 다른 장소로 거의 이동하지 않는다는 것을 안다. 아이들이 휴식을 위해 밖으로 나갈 때, 선생님은 준비된 순서대로 한 사람씩 내 보내거나 소집단으로 나가도록 한다. 학기 초에 선생님은 복도를 어떻게 걸어가야 되는가에 대해서 아이들과 이야기하고 연습하는 시간을 가진다. 아이들은 뛰지 말고 걸어야 하며 목소리를 낮추어야 한다는 것을 대개 기억한다. 그것을 잊었을 때는 친구들이 그것을 상기시켜준다. 줄을 세우지 않는 것이 오 선생님과 오 선생님 반 아이들에게는 문제가 덜 되었고, 훈육 문제도 덜 야기한다.

사서 교사인 유 선생님은 줄서기를 고집한다. 그래서 오 선생님 반 아이들은 도서관에 갈 때 줄서기 연습을 한다. 꾸물거리는 아이들에게 주의를 주는 동안 빨리 준비한 아이들을 기다리게 하여 지루하게 만들지 않으려고 오 선생님은 줄을 서서 할 수 있는 몇 가지 활동을 만들었다. 오 선생님은 아이들의 부적절한 행동을 막기 위해 아이들과 그들이 좋아하는 노래를 부르고 손가락 놀이를 하였다. 이런 방식은 또한 잔소리보다 꾸물거리는 아이들을 더 빨리 서두르게 한다. 왜냐하면, 아이들이 이 재미있는 활동에 빨리 참여하고 싶어 하기 때문이다.

오 선생님은 집단 활동을 위해 아이들을 모을 때도 비슷한 방식을 사용한다. 아이들이 다 모이는데 시간이 약간 걸리면, 선생님은 먼저 와 있는 아이들과 이야기를 나눈다. 선생님은 종종 "오늘 무슨 책을 읽었나요?" 와 같은 질문을 함으로써 아이들이 자신의 활동을 평가하도록 돕는 데 시간을 사용한다. 선생님은 또한 아이들에게 그들이 집단으로 하고 있는 프로젝트 진척 정도에 대해 이야기해 나누기도 한다. 손인형이나 노래로 집단 활동을 시작하는 것은 아이들의 참여를 촉진시킬 수 있다.

다른 형태이지만 줄을 서서 기다리거나 단체로 한 번에 움직이는 것과 마찬가지로 많은 문제를 야기할 수 있는 상황이 있는데 그것은 바로 아이들이 자기 차례를 기다려야 할 때이다.

신경과학의 관점에서 보면, 그들의 젊은 뇌는 엄청나게 활동적이고, 세상을 이해하려고 시도한다. 차례를 기다리는 것은 어린 아이들에게는 지루하고 정말 힘든 일이다. 아이들은 아무것도 하지 않는 것에 능숙하지 않기 때문에, 긍정적인 무언가를 하도록 하지 않으면 어른들의 목표와 부합하지 않는 행동을 한다. 또 다른 이유는 아이들은 시간 개념이 없다는 것이다. 시간은 추상적 개념이기 때문에, 아이에게 세발자전거를 타기 위해서는 5분을 기다려야 한다고 말하는 것은 거의 의미가 없다. 이것은 교사가 "5분만 더" 라고 말했는데, 정신이 산만해져서 5분이 어떤 날에는 15분이 되고, 다른 날에는 겨우 2분이 되는 등 일관성을 보여주지 않을 때 훨씬 더 혼란스럽다. 또 하나의 문제는 어린 아이들은 왜 기다려야 하는지를 이해하지 못한다는 것이다. 아이들은 자기중심적이고 다른 사람의 관점에서 사물을 볼 수 없기 때문에 다른 아이의 요구를 결부시키지 못한다. 3살 민우는 세발자전거를 원한다. 그러한 희망은 민우에게만 현실이다. 영표 또한 세발자전거를 원한다는 사실은 민우에게는 아무런 관련이 없는 것이다. 어른들의 도움으로 아이들은 다른 사람의 욕구와 감정에 대해 점진적으로 배워간다. 경험과 성숙을 통해, 아이들은 또한 시간개념을 배운다. 아이들은 배움의 과정에 있기 때문에, 아이들의 특성을 이해하는 교사는 그들이 이런 문제에 대처할 수 있도록 도울 수 있다.

아이들이 기다린다는 것은 많은 부분 어른의 도움을 기다린다는 것과 관련된다. 자신들에게 도움을 줄 수 있는 어른이 주위에 많으면 아이들은 덜 기다려도 된다. 공립학교의 학급 당 학생수는 일반적으로 권장하는 수보다 많을 뿐 아니라 학생수에 비해 도움을 줄 수 있는 성인의 수는 턱없이 부족하다. NAEYC 인증 기준은 집단의 크기와 성인 대 아이 비율에 대한 지침을 마련했다. 만약 당신이 왜 집단 크기를 통제할 필요가 있는지 잘 모르겠거든, 9명의 보호자와 함께 있는 27명의 2세 아이를 마음속에 그려보라. 비율(성인 1명 대 아이 3명)이 꽤 좋다. 하지만 질은 여전히 개탄스럽다. 왜냐하면 집

〈표 5-4〉 권장 성인 대 아동 비율 및 집단 크기

나이 범위	권장 비율	최대 비율	최대 집단 크기
영아 : 0~15개월	1:3	1:4	8
걸음마기 : 12~28개월	1:3	1:4	12
걸음마기 : 21~36개월	1:4	1:6	12
취학 전 : 2.5~4세	1:6	1:9	18
취학 전 : 4~5세	1:8	1:10	20
유치원*	1:10	1:12	24

---

* 미국의 기본 학제는 유치원에서 시작하여 12학년(우리의 고등학교 3학년에 해당)까지이다. 우리의 경우 유치원은 초등학교에 입학하기 전 3년을 대상으로 하나, 미국의 경우 기본 학제에 포함되어 있으며 1년이다.

단에 너무 많은 걸음마기 아이들이 있기 때문이다. 〈표 5-4〉는 2011년도 기준 NAEYC 의 지침을 보여준다. 실제 규제는 주마다 다르다.

③ 전환

많은 훈육 문제와 사소한 부상은 활동이나 장소를 바꿀 때 발생한다. 어떤 아이들은 기질 때문에 전환하는 동안 발생하는 소음이나 움직임을 잘 다루지 못한다. 이런 아이들은 대처 방식을 알아내는데 도움을 필요로 한다. 대부분의 전환기 행동 문제는 다른 아이들이 참여를 준비하는 동안 아이들이 인내심을 가지고 기다려 줄것이라는 교사의 비현실적인 기대 때문에 발생한다. 아이들을 존중하는 교사는 아이들을 장시간 기다리게 함으로써 시간을 낭비하지 않는다. 만약 그렇게 한다면, 내가 장담하건데 아이들은 지루함을 달랠 방법을 어떻게든 찾을 것이다.

부경 아동 발달 센터에 다니는 아이들이 오전 중에 해야 할 중요한 전환은 아침 모임 시간이 유일하다. 그 밖의 시간이 많이 걸리는 전환은 아이들이 귀가하기 바로 직전에 바깥 놀이를 함으로써 피한다. 그런 식으로 하면, 귀가할 시간이 되었을 때 아이들은 이미 코트를 입고 있게 된다. 아침 간식은 선택이다. 그래서 전체 집단이 간식 주위로 전환하지 않아도 된다. 민 선생님은 사전에 다음 활동에 대해 알려준다. 이것은 대부분이 아이들이 활동을 바꾸기 위한 준비를 갖추도록 하는데 도움이 된다. 활동 중간에 방해를 받지 않을 때 아이들은 교사의 지도에 훨씬 잘 응한다. 전환을 최소한으로 하면 혼란 또한 최소화 할 수 있다. 대부분의 아침시간 동안, 그렇게 할 준비만 되면 아이들은 학습 활동을 개인별로 자유스럽게 바꿀 수 있다.

집단 활동 시간이 끝났을때, 민 선생님은 한번에 몇명씩 보내는 게임을 함으로써 아이들이 한꺼번에 간식 테이블로 몰려드는 것을 피한다. 때로 민 선생님은 "줄무늬 옷을 입은 사람은 간식 테이블로 가세요." 라고 말한다. 그 다음은 격자무늬 옷을 입었거나 꽃무늬가 있는 옷을 입은 아이가 될 수 있을 것이다. 다른 날에는 머리카락 색깔이나 눈 색깔을 사용한다. 간혹 민 선생님은 한번에 한명씩 보내기 위해 이름 카드를 사용하기도 한다. 이름 카드를 사용하게 되면, 아이들은 누구 차례 인지를 알기 위해 자신과 친구의 이름을 읽는 연습을 할 수 있게 된다. 이런 게임은 아이들로 하여금 잠시 기다리는 동안 뭔가를 하게하고 학습 효과도 있다. 요리 활동 같은 소집단 활동에 먼저 도착한 아이들은 기다리는 것 외에 무언가 할 것이 있어야 한다. 도착하는 즉시 활동을 전환은 종종 문제를 야기한다. 아이들이 줄을 서서 기다리게 되는 경우 특히 그러하다. 아이들은 대개 조용히 서 있기 보다는 좀 더 재미있는 무언가를 찾는다.

하도록 허락하거나 활동이 시작될 때까지 그들과 노래를 부르거나 활동을 할 다른 선생님이 거기에 있어야 한다.

　종일반 프로그램에 등록한 아이들은 점심시간, 낮잠시간, 이야기시간, 낮잠에서 일어나기, 오후 간식, 다시 바깥으로 나가기, 그리고 부모도착 시간 등 많은 전환에 직면하게 된다. 이러한 전환은 아이들로 하여금 태도를 바꿔 한 활동 모드에서 다른 활동 모드로 이동할 것을 요구한다. 대부분의 전환은 또한 집단이 한 장소에서 다른 장소로 이동하는 것과 관련된다. 전환의 이러한 두 가지 측면은 아이들을 자주 혼란스럽게 한다. 어린 아이들은 전환 활동을 통해 이동할 때 자기가 아는 교사의 지원과 신뢰를 필요로 한다. 교사들은 전환 시간을 그들의 교육목표에 중심이 된다고 생각하지 않을 것이다. 하지만 아이들이 한장소 또는 활동에서 다른 장소 또는 활동으로 이동하는 방식은 공감과 협력 및 존중의 사회적 기술의 본보기가 된다. 전환이 다루어지는 방식은 또한 아이들이 새로운 과제나 환경에 접근하는 방식에 영향을 주고 그들의 학습에도 영향을 줄 수 있다.

　아주 어린 아이들은 또한 전환 통지가 필요하다. 예를 들어, 아기들의 기저귀를 갈기 전에, 아기에게 기저귀를 갈 것임을 먼저 말해 준다. 이렇게 말할 수 있다. "수진아! 선생님이 기저귀 갈 거야. 준비해." 영아와 걸음마기 아이는 단체 지시에는 반응하지 않는다. 우리는 아기들에게 개별적으로 전환 통지를 한다. 새싹반 아이들에게, "새싹 반 친구들! 간식 먹을 시간이에요. 손 씻고 오세요."라고 말하지 않고 이름을 부르면서 각자에게 말한다. 걸음마기 아이에게 전환을 지금할지 조금 있다 할지를 선택할 수 있는 기회를 주는 것이 큰 도움이 된다. 대개의 경우 이렇게 하는데 걸리는 시간은 몇 분이면 되고, 그렇게 하면 종종 더 많은 시간이 걸리는 힘겨루기를 피할 수 있다. 걸음마기 아이에게 긍정적이고, 재미있고, 흥미로운 활동이 곧 있을 것이라는 것을 말해 주는 것은 대개 전환을 순조롭게 하는데 도움이 된다. 루틴을 고수하는 것 또한 도움이 된다.

아이를 개별적으로 맞추어 주면 아이들을 다음 활동으로 한꺼번에 이끌어가지 않아도 된다. 순조로운 전환을 위한 한가지 비결은 과도하게 아이들을 밀어붙이지 않는데 있다. 아이들을 재촉하면 아이들은 종종 즉시 반항한다. 아이들 간의 개인차를 존중하는 것은 순조로운 전환을 위한 또 하나의 중요한 지침이다. 성훈이는 점심시간이 되면 항상 배가고파 서둘러 음식을 먹으려 한다. 효정이는 전환하는데 다른 아이보다 시간이 더 걸리고 하고 있던 극놀이를 멈추게 하기가 어렵다. 이 두아이는 다른 처치가 요구된다. 효정이를 성훈이의 스케줄에 강제로 맞추게 하는 것은 효정이에게는 통하지 않을 것이다.

전환 시간을 계획하는 것은 아이들이 다음 활동을 위해 기다리는 동안 발생할 수 있는 문제 행동을 막아준다. 어떤 교사는 전환을 구체적인 내용을 배우기 위한 추가적인 기회로 사용한다. 이런 선생님반의 아이들은 발음 연습을 위해 발음하기 어려운 말을 하거나, 휴식하러가는 과정에서 인도에 있는 균열의 수를 세거나(수학), 교사가 내어 준 수수께끼를 푼다(문제 해결).

대근육 활동은 또한 기다리는 것을 보다 즐겁게 만들어 준다. 제자리걸음하기, 발끝으로 서기, 신체 부위 두드리기는 모든 아이들이 즐기는 활동이다. 어린아이들은 대개 한번에 한가지에 대해서만 생각할 수 있기 때문에, 만약 그들이 수수께끼를 풀거나 리듬활동을 하기위해 이동하느라고 바쁘다면, 자기 옆에 있는 사람을 쿡 찌르는 데 집중할 가능성은 적다. 전환 활동을 계획하는 것은 아이들이 시간을 건설적으로 보내는 방법을 배우도록 도움으로써 행동 문제를 감소시켜 주고, 즐거운 학습을 위한 추가적인 기회를 제공한다. 〈표 5-5〉는 취학 전 아동과 초등학교 저학년 아동의 전환 시 사용할 수 있는 활동목록이다.

〈표 5-5〉 세 가지 서로 다른 유형의 전환을 위한 활동

줄지어 기다리기	활동에서 활동으로의 전환	도착과 출발 전환
• 노래 부르기 • 손가락놀이 하기 • 암산 문제 풀기 • '시몬 가라사대' 게임 하기 • 율동 하기	• 머리 색깔, 눈 색깔, 이름 글자로 아이들을 부르기 • 이름의 첫 단어로 놓아주기 • 5분 전에 통지하기 • 활동 전환의 신호를 주기 위해 음악 틀기 • 바구니에서 무작위로 이름 뽑기	• 큰 종이에 사인하기 • 출석 도표에 이름표를 "여기 없음"에서 "여기"로 옮기기 • 친구와 함께 걷기. 기차 만들기 • 동물같이 걷기, 비행기처럼 날기, 박수치기, 발레리나처럼 발끝으로 서기 등

④ 휴식 시간

종일제 프로그램의 경우, 휴식 시간이 아동이 소란스러운 행동을 할 위험이 가장 높은 시간이 될 수 있다. 아래에 휴식이 평화로운 회복의 시간이 되도록 돕는 몇 가지 전략을 소개한다.

- 대근육 놀이 후에 낮잠 시간을 갖도록 스케줄을 짜라.
- 조명, 이야기 읽어주기, 음악 그리고 아이들이 자는 자리와 관련된 루틴을 설정하라.
- 원한다면 아이들이 개별적으로 자기 침구와 캐릭터 인형을 가지도록 하라.
- 아이들에게 휴식 공간을 마련해 주고, 매일 같은 공간을 사용할 수 있도록 하라.
- 친구끼리 옆 자리에서 낮잠을 자도록 하지 마라.
- 교실에서 시각적 자극을 줄여라. 장난감 선반을 벽을 향하도록 돌리고 스크린을 꺼라.
- 주의를 산만하게 하는 소음을 줄여라.
- 가능한 경우 휴식을 위해 아이들의 복장을 편안하게 해주라(예, 옷이 너무 쪼일 경우 단추를 풀어준다).
- 천천히 그리고 부드러운 톤으로 이야기를 읽어주라. 휴식시간에는 흥분된 어조로 읽지말고 드라마는 읽지 마라.
- 잠자기를 원치 않는 아이의 경우 휴식 시간에 조용히 책을 볼 수 있도록 하라.
- 아이가 30분 동안 휴식을 했는데 자지 않았다면, 다른 곳에 가서 퍼즐을 하거나, 그림을 그리거나 책을 읽거나 다른 중요한 활동을 하도록 하라.
- 휴식 시간이 끝나면, 부드럽게 불을 켜고 아이의 얼굴을 씻겨주고, 머리를 빗겨주

며, 친절하고 명랑하게 오후시간을 위한 인사를 하면서 아이들 각자에게 관심을 보여라.

놀이의 활동수준, 스트레스, 가정에서의 수면시간, 타고난 차이, 아이의 나이, 이 모든 것이 얼마나 많은 휴식 시간이 필요한지에 영향을 줄 수 있다. 아이들의 욕구를 미리 예견하는 것은 나중에 발생할지도 모르는 문제를 막아 준다. 취학 전 아동이 오후 1시에 피곤해 보이지 않을 수 있다. 하지만 만약 휴식할 기회를 갖지 않는다면 3~4시간 후에 매우 짜증을 내고 비협조적일 수 있다. 개별 아동의 욕구를 아는 교사는 피곤해하지 않는 아이들이 휴식을 하러 오기 전에 좀더 긴 시간 동안 바깥에서 놀도록 스케줄을 조정을 할 수 있다. 적어도 한 프로그램은 공식적인 낮잠 시간이 없다. 아이들은 휴식하고 싶을 때마다 매트와 담요를 사용할 수 있고, 종종 하루 중 몇 번 짧게 휴식을 취한다.

영아와 걸음마기 아이의 경우, 예측할 수 있는 루틴 설정하기, 같은 단어 사용하기 그리고 부드러운 통지가 패턴을 형성하는 것을 도울 수 있다. 조명을 어둡게 하거나 담요를 꺼내는 등의 환경적인 단서를 사용하는 것 또한 아기가 휴식으로 전환하는 것을 도울 수 있다. 교사는 너무 경직된 스케줄을 고집해서는 안 된다. 취학 전 아동과 마찬가지로, 아이가 잠을 자러 가지 않으면 잠이 올 때까지 일어 서 있는 것을 허락해야 한다. 부모는 영아와 걸음마기 아이가 가정에서 어떻게 잠을 자는 지에 대해 정보를 제공할 수 있고, 교사는 부모가 사용하는 단어나 패턴을 사용할 수 있다. 어떤 아기는 흔들어 주는 것을 좋아하고 또 어떤 아기는 접촉 없이 자는 것을 좋아한다.

⑤ 단체 시간

단체 시간은 많고 다양한 목적에 도움이 되며 이름 또한 다양하다. 우리는 이야기, 노래, 수업, 계획 및 문제 해결을 위해 아이들을 단체로 함께 모은다. 이름을 무엇이라고 부르던지 간에, 단체로 함께 모이는 것은 교실에서의 공동체 의식을 형성하는 데 필수적이다. 이러한 소속감과 서로에 대한 배려는 사회적 양심을 발달시키는데 필요하다. 아이들이 규칙적으로 만나 노래와 이야기 등으로 함께 할 때, 이들은 자신들을 하나의 집단으로 보게 된다. 집단으로서 그들은 공통의 문제를 논의할 수 있고, 개인적인 차원을 뛰어넘는 해결책을 만들어 낼 수 있다(DeVries & Zan, 1994). 이러한 과정은 도덕적 추론을 향상시키고 자기중심적 관점에서 벗어나도록 촉진시킨다. 공동체 의식을 가진 학급의 아이들은 서로에게 보다 협조적이고 지지적이며 공감적인 경향이 있다 (Churhc, 2015).

단체 시간을 최대한 활용하기 위해서는 아이들이 활동에 몰입하여 생각하도록 교사가 격려할 필요가 있다. 어떤 단체 시간은 아이들이 몰두하도록 하지 못하고 일련의 반복적인 단순 연습을 겨우 할 뿐이다. 다음과 같은 질문에 단순히 답하면서 아이들이 어떻게 몰두할 수 있겠는가? "오늘이 무슨 요일이지?" "오늘의 날짜는?" "우리가 학교에서 같이 지낸지 얼마나 되었지?" 만약 당신이 달력을 행성의 이동에 대해 추상적인 기호를 가지고 임의적으로 만든 것이라고 생각한다면, 우리는 그것이 어린 아이들에게 적절한 지에 대해 의문을 제기해야 한다(Katz, 2011). 이런 식으로 단체 활동이 이루어지고 있는 동안, 우리는 지루해 하는 아이들과 좌절하는 교사를 많이 보았다. 우리는 또한 가만히 앉아 있지 못하고 원하는 답을 하지 못하기 때문에 말썽을 일으키는 아이들도 보았다. 어떤 교사가 그러한 활동이 수학 공부에 도움이 된다고 우리에게 말할지라도, 우리는 숫자를 세고 기록하는 좀 더 의미 있는 방법이 있다고 믿고 있다. 단체 시간은 아이들이 관심 있어 하는 지적 또는 도덕적 문제에 대한 논의를 돕는 방식으로 사용될 때 훨씬 더 생산적이다.

단체 시간이 중요하기는 하지만, 아이들을 함께 모으는 것은 종종 문제를 야기한다. 아이들에게 계속해서 '앉아' 또는 '주목해' 라고 말할 때 교사는 자신이 경찰관 같은 느

적극적인 참여를 독려함으로써 단체시간을 최대한 활용하라. 아이들이 몰두하는지를 알고 싶으면 그들의 신체 언어를 보라.

낌을 받는다고 불평한다. 어린 아이들은 그러지 말아야 할 때 이야기를 한다. 아이들은 꿈틀거리고, 버둥거리며, 다른 아이를 쿡 찌르거나 심지어 걸어서 나가 버리기도 한다. 아동발달에 대한 지식이 있는 교사는 이런 행동이 아이들의 성숙 수준과 관련이 있다는 것을 안다. 그들은 어린 아이들은 가만히 또는 조용히 잘 앉아 있지 못하고, 단체로 무엇을 하는 것을 어려워하며, 지루할 때 흥미 있는 척 하지 못한다는 것을 알고 있다 (Katz, 2011).

성공적인 단체 시간은 아이들에게 있어 수동적으로 듣는 경험일 수는 없다. 어린 아이들의 경우, 교사가 말하는 내용을 듣는 시간은 한 번에 4~5분을 초과하지 않는 것이 좋다(Jensen, 2010). 단체 시간은 단체 활동과 토의에 모든 아이들을 반드시 참여시켜야 한다(Helm & Katz, 2011). 어떤 교사들에 의하면, 둥글게 앉는 것이 이러한 목적에 가장 잘 부합한다고 한다. 둥글게 앉으면, 아이들은 토론하는 동안 서로를 볼 수 있고, 말하는 것을 들을 수 있을 뿐만 아니라 신체 언어도 읽을 수 있다. 둥글게 앉는 것은 아동 중심적 접근과 부합할 뿐 아니라 집단 상호작용이라는 목적과도 부합한다. 집단 앞에 교사가 서는 것은 다른 목적을 암시한다.

다른 방법은 단체 활동 참가 여부의 선택권을 아이들에게 주는 것이다. 집단 활동에 참여하지 않는 아이들을 감독할 다른 성인이 있었기 때문에 민 선생님은 취학 전 아동에게 선택권을 줄 수 있었다. 민 선생님은 아이들이 참여하여 계속 머물고 싶어 하도록 단체 시간을 아주 매력적인 것으로 만들고자 노력했다. 그런 열정이 없었더라면, 민 선생님은 아이들이 보인 반응을 단체 시간에 자신이 제공했던 활동의 적절성이나 적합성에 대한 유용한 피드백으로 받아드렸을 것이다.

민 선생님은 아동의 개별적 욕구를 충족시켜 주기 위한 또 하나의 방법으로 단체 시간에 부분적으로 참여하는 것을 허락한다. 어떤 아이들은 손에 무언가를 쥐고 있지 않으면 앉아 들을 수 없을 것처럼 보인다. 그래서 민 선생님은 집단 영역 뒤편에서는 책을 보거나 퍼즐을 할 수 있도록 했다. 조용하고 집단 토론을 방해하지 않는 활동만 허용했다. 조용한 활동을 허용하는 것은 그렇지 않으면 강요된 수동성에 대처할 수 없을 아이들이 토론이나 이야기 나누기로부터 무언가를 얻을 수 있도록 해 준다. 이런 유연성을 통해 민 선생님은 변화를 요구하는 아이들을 위해 집단시간을 신축적으로 운영한다.

교사들은 모든 아이들을 단체 시간에 참여시키고 싶어 하지만, 단체 시간을 어린 아이들의 욕구에 좀 더 맞추려고 애쓰고 있다. 그들은 시간을 짧게 유지하고 한계에 도달한 아이들이 보내는 신호에 반응한다. 몸을 자주 움직일 수 있게 하고 활동에 능동적으로 참여할 수 있도록 기회를 자주 주면 아이들이 감당할 수 있는 단체 시간의 양은 증가한다. 몸 전체를 움직이는 것과 관련된 노래와 리듬은 유용한 휴식 시간을 제공한다. 그럼에도 불구하고, 15분 정도면 유아들의 단체 시간으로는 충분하다. 시간은 아이들이 성장해 감에 따라 점진적으로 증가하나, 교사들은 아이들에게서 단서를 포착할 필요가 있다. 다음에 이 아이들을 가르칠 교사가 그것을 기대할 것이기 때문에, 아이들은 전통적인 단체 생활에 요구되는 사회적 기술을 배울 필요가 있다고 주장하는 사람들이 많다. 우리는 아이들이 좀 더 크면 그런 기술을 보다 쉽게 습득할 것이라고 믿는다. 많은 교사들은 학급의 행동 기준을 설정하는데 단체 시간을 사용하고자 한다. 대신에 우리는 현명한 교사는 단순하고 명료한 행동 지침을 설정한다고 믿는다. 좀 더 자세한 내용은 12장을 참조하라.

집단 모임에서 하는 대표적인 활동은 '보여주고 말하기(show & tell)'이다. 이것은 집에서 물건을 가지고와 그것에 대해 말하는 것이다. 이 활동을 하는 교사는 아이들이 남 앞에서 말하는 것을 배우고 각 아동이 주목을 받을 수 있는 좋은 기회라고 말한다. 우리가 관찰한 바로는, 이 활동은 많은 훈육 문제를 야기할 수 있다. 아래 사례를 보자.

사례 5-9

 가족과 한 활동에 대해 말할 수 있다는 것을 강조했음에도 불구하고, 아이들은 집에서 가져 온 물건을 보여주고 싶어 했다. 17명의 유아가 다리를 꼬고 팔은 무릎에 올린 채 꼿꼿하게 원을 지어 앉았다. 발표는 민 선생님의 오른쪽에 앉아 있는 아이부터 시작되었다. "동우야! 네가 가져 온 것을 우리에게 보여줄 수 있겠니?" 동우는 이번에 새로 구입한 변형 장난감을 가지고 나와 아이들에게 보여 준 후 그것이 어떻게 작동하는지에 대해 설명하였다. 모든 아이들이 재미있어 했고 발표는 약 3분간 진행되었다. 발표 하는 동안 어떤 아이는 동우 주위로 몰려들었다. 발표가 끝난 후 선생님은 모두가 제 자리로 돌아가도록 했다. 다음에 발표하는 아이들은 대부분 친구들이 아니라 선생님을 보고 선생님에게만 말하려고 했다. 그들이 가져 온 것은 대부분 장난감이었다. 몇몇 아이들은 자신의 차례가 되었을 때 물건을 가지고 오는 것을 잊어버렸다고 말하고는 고개를 흔들면서 머리를 숙였다. 이런 아이들 중 한명은 집이 경제적으로 어려웠다. 선생님은 그 아이가 발표를 위해 가지고 올 괜찮은 것을 가지고 있지 못해 그러질 않았을까 궁금했다. 전체 아이들 중 6명의 발표가 끝난 후, 집단은 몹시 들썩이기 시작했다. 발표를 마친 아이는 다른 아이에게 거의 주목하지 않았다. 초반에 발표한 아이들은 바닥에 몸을 뻗고 누워 동우가 가져온 변형 로봇 자동차를 가지고 놀았다. 선생님은 아이들이 아직 발표를 하지 않은 아이에게 주목하도록 노력했지만 소용이 없었다. 몇몇 아이들은 자기들끼리 이야기를 나누었고, 한 아이는 선생님의 무릎 주위를 빙빙 돌았다. 끝에 앉아 있는 아이들은 너무 오랫동안 앉아 있었기 때문에, 선생님은 정말로 그들에게 발표할 기회를 주고 싶었다. 그러나 선생님은 발표를 서둘러야 함을 알았다. 발표가 계속됨에 따라 상황이 나빠짐을 보게 된 선생님은 아이들에게 말했다. "우리가 너무 오랫동안 앉아 있었구나. 나머지 발표는 휴식 후 집에 가기 전에 하면 어떨까?" 아직 발표를 하지 못한 아이들은 마지못해 동의했다. 다음 차례였던 경화의 눈에 눈물이 고였다. 이미 발표를 마친 아이들은 별다른 관심을 보이지 않았다. 선생님은 집단 학습 시간이 시간 낭비였다고 느꼈다.

생각해 보면, 민 선생님이 선택한 '보여주고 말하기'는 아이들의 말하기 경험을 위한 최선책이 아니었다. 어떤 아이들은 일어나서 전체 집단을 대상으로 말할 준비가 되어 있지 않았고, 아이들이 발표를 할 때 나머지 16명의 아이들이 조용히 제자리에 앉아 이야기를 들을 것이라고 기대한 것은 비현실적이었다. 민 선생님이 발표를 한꺼번에 하지 않고, 몇 번으로 나누어 할 수도 있었겠지만, 선생님은 이 활동이 의도와 달리 생활 경험이나 개인적인 관계보다는 물질적인 가치를 강조하게 된다는 것을 알게 되었다. 선생님은 최신 장난감을 가진 아이들의 또래 지위가 높아지는 것으로 보았다. 선생님은 다른 방법을 시도하기로 마음먹었다.

이제 민 선생님은 부모와 협력하여 아이들이 가지고 오고 싶은 날에 교육적인 것을 가지고 오도록 독려했다. 물건을 가지고 온 아이는 선생님에게 그것을 보여준다. 때때로 그것은 몇몇 아이들하고만 공유된다. 이렇게 하면 아이들 모두에게 소집단 말하기 경험을 주게 된다. 그리고 가지고 온 물건은 과학 탁자 위에 전시될 것이다. 다른 날에는 대집단 앞에서 말할 준비가 된 아이가 가지고 온 흥미롭거나 적절한 물건이 이야기 나누기 시간에 클로즈업될 수 있다. 소중한 공유는 일주일에 단 하루로 제한해서는 안 된다. 단체 시간은 아이들이 장시간 앉아서 듣도록 요구해서는 안 된다. 그래서 우리는 전통적인 '보여주고 말하기'는 구식이라는 민 선생님의 견해에 동의한다.

사례 5-10

 걸음마기 아이를 위한 이야기 나누기 시간은 짧아야 되고 융통성이 있어야 한다. 10명의 2세 아이가 있는 소집단에서 최 선생님은 음악을 틀고 아이들이 함께 춤을 추도록 허락했다. 대부분의 아이들은 함께 춤추면서 노래를 불렀다. 민규, 동수, 은미는 잠시 함께 하다가 가버렸다가, 놀이가 끝난 후 다시 돌아왔다. 다음에, 최 선생님은 바닥에 앉아 "아주 작은 거미(Itsy Bitsy Spider)"에 맞춰 함께 율동을 했다. 대부분의 아이들이 선생님 주변에 몰려들었고, 혜경이와 윤정이는 무릎에 앉았다. 그때, 현진이가 자신이 좋아하는 노래에 있는 빵빵 소리를 냈다. 선생님은 말했다. "너는 악기에 대한 노래를 하고 싶은가 보구나? 좋아, 호른 준비해." 그리고는 마치 클라리넷을 연주하듯이 손을 올렸다. 그들은 함께 노래하고 상상의 악기로 소리를 냈다. 그런 다음, 거품을 부는 시간에 아이들은 거품을 잡고 그것을 터트렸다. 행진 노래가 뒤이어 나왔다. 아이들은 발을 쿵쿵거리며 방 주변을 걸었다. 성인 도우미들이 함께 하지 않거나 개별적인 욕구를 가지고 있는 아이들을 도왔다. 15분 정도 경과한 후, 대부분의 아이들이 더 이상 참여하지 않는 것을 본 선생님은 다른 활동을 위해 이동했다.

5 결론

훈육 문제의 예방은 아동 및 부모와의 배려 관계에 기초한다. 행동 문제의 예방은 또한 상당 부분 아이들을 존중하는 것과 관련이 있다. 아이들을 존중하는 것은 많은 요인과 관련이 있다. 아이들이 학교의 기대에 보다 쉽게 충족하도록 해 주는 것, 교육에 부모를 참여시키는 것, 아이들의 정서적 욕구를 타당한 것으로 수용하는 것, 아이들의 발달 수준에 맞게 교육과정과 스케줄을 계획하는 것, 아이들이 다른 사람에 대해 생각하는 것을 배우도록 돕는 것, 아이들의 시간과 에너지를 현명하게 사용하는 것 등이 그것이다. 당신이 이런 지침을 준수함으로써 아이들을 존중하면, 대부분의 아이들은 보다 협조적이고 더 열심히 학습에 몰두할 것이다.

6 요약

- 학습을 위한 환경을 조성하는 것은 아이들이 보다 원만하게 학교생활을 하는 것을 돕는다. 이 장에서는 많은 사례와 설명을 통해 긍정적인 관계가 어린 아이들의 학습에 얼마나 중요하며 스트레스가 아이들의 교육에 얼마가 해롭고 부정적인 영향을 주는가를 기술했다.
- 학습을 의미 있게 만드는 것은 문제 행동을 감소시킬 것이다. 실제 경험, 능동적 학습 및 놀이가 어떻게 흥미를 증가시키는 가에 대한 정보뿐만 아니라 통합적 교육과정 대 관련된 교육과정에 대한 정보 또한 당신이 어린아이들을 위한 공부를 계획하는 데 도움을 줄 것이다.
- 세 가지 유형의 지식을 구분할 수 있고, 그 정보를 아이들을 위한 학습 경험을 준비하는데 사용할 수 있다면, 가르침에 대한 새로운 이해를 하게 될 것이다.
- 아이들의 기다릴 수 없음, 전환, 휴식 시간 그리고 단체 시간을 인식하는 조직 전략은 유아 교사를 위한 중요한 기술이다.

7 논의 및 숙고

1. 세 가지 유형의 지식에 대해 논의해 보라. 각 유형의 지식을 증진시키기 위해 당신은 어떤 종류의 활동을 계획하고 있는가? 아이들이 지식을 세 가지 방식으로 개발할 수 있도록 장려하는 활동을 생각해 낼 수 있는가?
2. 종일반에 있는 아이들을 위한 하루 스케줄을 만들어 보라. 이 장에 제시되어 있는 정보를 사용하여 당신이 만든 스케줄을 정당화해 보라.
3. 어린 아이들과 관련이 있고 그들이 재미있어 할 것이라고 생각하는 몇 가지 주제를 동료 교사와 브레인스토밍 해보라. 가능하다면 특정 아이를 염두에 두고 다양한 아이디어에 대한 찬반 토론을 통해 평가하라.

8 도전

4. 해결해야 할 문제: 유치원생들이 도서관에 가기 위해 줄을 서고 있다. 영수가 줄에 끼어들어서는 자기 앞에 있는 영훈이를 밀고, 팔을 잡아당기고, 머리카락으로 장난을 하였다.
   a. 이 문제의 원인은 무엇이라고 생각하는가?
   b. 이 문제를 가장 잘 다룰 수 있는 방법은 무엇이라고 생각하는가?
   c. 앞으로 비슷한 문제가 생기지 않도록 어떻게 예방할 수 있겠는가?
5. 자기 순서를 기다리거나, 한 장소에서 다른 장소로 전환하고 있는 아이들을 돕기 위해 이 장에 언급되어 있는 기법을 몇 가지 시도해 보라. 그러한 시도로부터 뭔가를 배우기 위해 성공했을 때와 실패했을 때를 분석해 보라.

9 현장 활동

6. 당신이 잘 알고 있는 영아와 걸음마기 아이를 위한 루틴을 관찰, 기록, 논의해 보라. 루틴에 의해 어떻게 잠재적 문제를 피하거나 감소시킬 수 있을지에 대해 말해 보라.
7. 어린이집이나 유치원에서 대집단 활동을 관찰하라. 발생한 행동 문제에 주목하라. 이 장에 제시되어 있는 정보를 사용하여 교사가 행동 문제를 예방하기 위해 했어야 하는 것에 대해 말해 보라. 당신이 관찰하는 동안 행동 문제를 목격하지 못했다면, 문제 행동이 발생하는 것을 예방하기 위해 교사가 사용한 전략에 대해 말해 보라.
8. 어린 아이들 몇 명에게 그들의 흥미나 그들이 배우고 싶은 것에 대해 물어보라. 통합 활동을 계획하기 위해 아이들의 흥미를 어떻게 사용할지에 대해 말해 보라.

⑩ 추천도서

Bohart, H., Charner, K., & Koralek, D. (Eds.). (2015). *Spotlight on young children: Exploring play*. Washington, DC: National Association for the Education of Young People.

Bredekamp, S. (2011). *Effective practices in early childhood education: Building a foundation*. Upper Saddle River, NJ: Pearson Education.

Chaille, C., & Britain, L. (2003). *The young child as scientist: A constructivist approach to early childhood science education*. New York: Longman.

Jones, E., & Reynolds, G. (2011). *The play's the thing: Teachers' roles in children's play*. New York: Teachers College Press.

Koplow, L. (2014). *Politics Aside: Our Children and Their Teachers in Score Driven Times*. Outskirts Press, USA.

✖ 제6장 ✖
본보기를 통한
바람직한 행동 가르치기

학습 목표

- 왜 모델링이 강력한 가르침의 도구인지 설명할 수 있다.
- 바람직한 행동 모델의 시범을 보일 수 있다.
- 역할 모델의 효과성을 분석할 수 있다.

훈육은 가르치는 활동이며 본보기를 통한 교수는 매우 효과적인 방법이다. 아이들은 자신들이 해야 할 적절한 행동이 무엇인지를 생각할 때 존경하는 어른들의 행동을 본보기로 삼는다(De Schipper, Riksen-Walraven, Geurts, & Derksen, 2008). 그렇기 때문에 교사와 부모의 본보기는 생활지도와 훈육의 좋은 수단이다. 교사가 바람직한 정서 표현과 행동의 모델이 되기 위하여 시간을 많이 들일수록 아이들을 훈육하는데 사용되는 시간들은 점점 줄어들게 될 것이다(Willis & Schiller, 2011). 이 장에서는 아이들이 사회적으로 수용 가능한 행동들을 배우는데 있어서 바람직한 행동의 모델이 어떻게 도움을 주는지에 대한 사례들을 살펴볼 것이다.

때때로 아이들이 부적절한 행동을 하는 것은 부적절한 역할 모델로부터 그것을 학습했기 때문이다. 아이들이 어른들을 보고 배운다는 이러한 사실이 의심스럽다면 아이들이 가장 놀이를 하는 장면을 지켜보면 된다(Nielson & Christie, 2008). 부모와 교사들은 따라 하지 않았으면 좋았을 자신의 행동을 아이들이 그대로 따라하는 것을 볼 때 당황해한다. 아이들은 또한 아주 반사회적인 내용을 담고 있는 TV나 영화에서 본 행동을 따라한다(Wilson, 2008). 긍정적인 성인 모델은 사회에 만연되어 있고 폭력적인 영향을 상쇄시키는데 매우 중요하다. 어른들은 본보기를 제공하고 아이들이 그것을 모방하는 이러한 과정이 모델링이다. 아이들이 모델링을 통해 어떻게 바람직하고 유용한 행동 방식을 배우는지 알아보도록 하자.

1 모델링은 어떻게 가르치는가?

영향력이 있는 학자인 알버트 반듀라(Albert Bandura)와 레프 비고츠키(Lev Vygotsky)는 어떻게 그리고 왜 모델링이 그렇게 강력한 학습 및 가르침의 도구인지를 우리가 이해하도록 돕는다. 반듀라(Bandura, 1986)는 인간기능의 사회 인지 이론을 개발했다. 비고츠키는 1920년대 후반에서 1930년대 초반에 사회문화적 발달이론을 개발했다. 비고츠키의 저서와 논문은 원래 러시아어로 작성되어 있었고, 1970년대까지 영어로 번역되지 않았다. 그러므로 그의 논문과 저서는 그가 사망한 후에 출간되었다.

비고츠키와 반듀라는 모두 역할 모델의 모방은 인지과정의 한 부분에 불과하고, 사람들은 자신의 개인적 지식과 이해를 구성한다고 강조한다. 비고츠키는 모방 학습을 사회적 상호작용이 아동의 사고와 행동을 변화시키는 세 가지 방법 중의 하나로 본다 (Vygotsky, 1978). 나머지 두 가지 방법은 수업을 통한 학습과 협동학습이다. 비고츠키는 또한 근접 발달 영역(zone of proximal development(ZPD))에 대한 자신을 저술로 잘 알려져 있다. 이 개념은 우리가 아이가 배울 준비가 되어 있는 것에 초점을 두고 그것을 지원하도록 돕는다.

당신은 늑대 무리 속에서 자랐고 인간 행동 대신에 늑대 행동을 배웠던 "늑대 어린이" 이야기를 기억하는가? 이런 이야기의 근거를 뒷받침하는 학습에 대한 연구가 있다. 반두라는 광범위한 연구를 수행한 후, 대부분의 인간 행동은 다른 사람의 행동에 대한 관찰로부터 배운 것이라고 결론지었다. 그러나 그는 행동은 아무 생각 없이 하는 모방이 아니라 관찰을 통해 수집하여 저장해 놓은 정보를 선별적으로 사용하는 것이라는 것을 강조한다. 그는 연구를 통해 보상과 처벌이 우리가 어떤 행동을 모방할 것인가를 결정하는데 관련된 요소가 아니라는 것을 증명했다. 반두라의 연구는 사람들은 자신이 관찰한 행위를 그들의 목표, 능력 및 상황을 만족시키도록 조정하고 재구성한다는 것을 보여준다. 행동주의 학습이론과 반두라의 사회인지 이론을 구별해 주는 것은 그가 인지에 초점을 두었다는 것이다. 이제 이런 지식을 아이들이 바람직한 행동을 학습하도록 돕는데 어떻게 사용할 수 있을지 살펴보자.

(1) 당신은 원하는 것을 가르치고 있는가?

당신은 대체로 행복한 사람인가? 긍정적인 성향의 교사는 그렇지 않은 성향의 교사에 비해 아이들의 자율성을 보다 존중하고, 보다 질 높은 수업을 하는 경향이 있다. 이런 교사가 맡고 있는 반에 있는 아이들은 보다 높은 자아개념과 자율적인 행동을 보여준다(De Schipper et al., 2008). 아이들에게 친절하고 존중하는 톤으로 말을 하는 교사가 담당하고 있는 교실에 있는 아이들은 보다 친절하고 존중하는 태도로 서로에게 말을 한다. 그러나 아이들을 자기 통제 아래 두기 위해 빈정거리거나 비난하는 말투를 사용하는 교사의 아이들은 그런 유형의 상호작용을 할 가능성이 높다.

어떤 교실에 들어서면 따뜻하고 우호적인 느낌이 드는 반면 또 어떤 교실은 긴장감을 물씬 풍긴다. 교실의 분위기는 대개 교사가 만든다(DeVries & Zan, 1994). 마찬가지로 세심하고 반응적인 태도로 아이들과 함께하는 교사의 교실에 있는 아이들도 교사와 또래에게 협조적인 태도를 보일 가능성이 높다(Rimm-Kafumann, Fan, Chiu, & You,

2007). 아이들은 어른이 존중하는 태도로 그들의 아이디어와 느낌을 고려해 주면 그것을 알아차린다. 이러한 본보기를 통해, 아이들은 다른 아이들과 사이좋게 지내고, 불일치한 문제에 대한 해결책을 평화롭게 찾기 위한 태도와 기술을 배운다. 아주 통제적인 행동을 보이는 교사는 다른 사람에 대한 배려없이 자신의 방식을 강요하는 본보기를 보여주고 있는 것이다. 만약 어른이 그러한 태도를 보인다면, 아이들은 같은 방식으로 행동하는 것을 배우게 된다.

⑵ 다른 사람에 대한 보살핌

어떤 아이들은 다른 아이들에게 험하고 잔인한 말을 하지만, 다른 아이들은 어려움을 겪고 있는 누군가를 보살펴주는 모습을 본 적이 있을 것이다. 많은 행동은 본보기를 통해 배운 것이다. 우리는 뇌가 거울 행동 및 정서와 연결되어 있고, 뇌에 있는 반사경 뉴런계가 사회적 인지에서 중요한 역할을 한다는 것을 알고 있다(Pfeifer, Iacoboni, Mazziotta, & Dapretto, 2008). 우리는 또한 아이들은 성인을 거울로 사용하고, 다른 사람을 관찰함으로써 배운다는 것을 안다. 성인은 어린 아이들의 강력한 역할 모델이기 때문에, 당신의 본보기는 영향력이 매우 크다. 보살핀 행동에 대한 어른의 본보기가 아이들에게 다른 사람의 감정에 관한 것까지 상기시킬 수 있을 때, 아이들은 자신이 사용하는 말의 영향에 대해 생각하는 것을 배운다. 아이들이 서로에게 불친절한 교실에 있는 교사는 어떤 역할 모델을 아이들이 경험하고 있는지를 검토할 필요가 있다.

① 수용하는 것을 보여주는 모델이 되기

당신은 얼마나 관용적인가? 아이들은 어른들이 편견에 대해 암묵적으로 또는 명시적으로 보여주는 것을 모방한다는 증거가 증가하고 있다(Vietz & Hildebrandt, 2009). 이런 이유로, 점 점 더 많은 유아 교사들이 관용을 교육과정에서 직접적으로 가르치는 것이 아이들에게 읽는 법을 가르치는 것만큼 기본적이고 지대한 영향을 준다는 것을 인식하게 되었다(Dweck, 2009). 여기서 말하는 관용은 사람들 사이에는 서로 다른 점이 있다는 것을 알고 당신과 다른 의견과 방법을 존중하는 것을 배우는 것에 관한 것이다. 이것은 세계 많은 나라에서 명백하게 학습되고 있지 않은 가르침이다. 종교, 인종 및 문화 차이로 인한 전쟁은 세상에서 아직 관용이 부족하다는 것을 보여준다.

교사로서 당신은 교실과 교실 밖 세상에서 분열을 조장하는 인종적, 민족적 고정 관념에 대항하기 위해 어떤 일을 할 수 있겠는가? 과거에 모든 사람은 동등하게 수용되어야 한다는 메시지를 전달하려는 의도로 교사들은 아이들 간의 차이점을 무시한 채 모든 아이들을 똑같이 대했다. 그러나 이 접근은 효과적이지 못하였다. 이제 학교는 불관용과 싸우는데 있어 전향적인 자세를 취해야 한다는 것이 명백해졌다. 예컨대, 어떤 아이의 인종차별적인 발언에 대하여 침묵을 지키지 말고, 학급회의 주제로 상정하여 논의가 되어야 할 것이다. 교사는 아이들에게 피부색이 다르지 않다고 말하는 대신에, 적극적으로 서로의 다른 점을 찾아내는 활동을 하게 해야 할 것이다. 크레파스의 모든 색깔은 다양한 피부 색깔을 나타내는데 도움이 될 것이다. '관용 가르치기'라는 잡지는 아이들의 다양성에 대한 이해를 증가시키도록 설계된 많은 활동을 담고 있고, 차이에 대한 존중을 가르치는데 도움이 되는 책 목록을 제공해 준다.

　간혹 당신은 학교에서 다른 아이들의 공격의 대상이 되도록 만드는 개인적인 어려움을 겪고 있는 아이들을 볼 수 있을 것이다. 바지에 실례를 해서 오줌 냄새를 풍기는 아이, 남루하거나 잘 어울리지 않는 옷을 입은 아이, 뚱뚱한 아이, 우리말을 잘 못하는 아이 등이 아마도 여기에 해당될 것이다. 이런 아이들은 많은 도움이 필요하다. 그 중 하나는 이런 아이들을 향한 급우의 친절을 장려하는 교사의 본보기이다. 이런 아이들은 종종 또래들이 함께 어울리기를 좋아하지 않고 매력적이지도 않다. 그러나 그들은 당신의 수용과 보살핌이 가장 필요한 아이들이다.

　아이들은 자신의 가족 및 친구를 시점으로 하여, 차이점과 유사점을 이해하고 수용하기 시작할 수 있다. 이후 이들은 자신의 인식을 더 큰 세계로 확장할 수 있을 것이다. 다른 사람을 보살피고, 다양한 사회 속에서 함께 사는 법을 배우는 것이 사회교육이라는 불리는 교육과정의 핵심 주제이다(Thompson & Thompson, 2015). 어떤 교사는 사회교육이 단지 다른 나라의 음식과 음악만을 다루는 것처럼 보이게 수업 시간을 보낸다. 그래서 어떤 아이들은 인류의 복지를 향상시키는 태도를 개발하는 것을 목표로 하는 수업을 전혀 경험하지 못한다. 만약 교육자가 측은지심과 보살핌의 관계를 형성하는 법을 배우는 것이 아동이 배워야할 가장 중요한 것 중의 하나라는 것을 안다면, 교육자는 교실에서 아이들이 그러한 사회적 기술을 개발하도록 돕는데 시간을 보낼 것이다. 초등학교에서는 시험 준비하는데 집중하기 때문에 그럴 시간을 내는 것이 어렵다. 하지만 보살핌의 행동을 가르치는 것이 당신에게 가르칠 시간을 실제로 더 많이 줄 것이다.

② 친절함을 보여주는 모델이 되기

아이들은 먼저 이러한 아이디어를 자신의 환경과 경험을 통하여 구체적 수준에서 학습할 필요가 있다. 너무 떨어져 있는 사람과 문제는 어린 아이들의 사고 능력에 비추어 보면 너무 추상적이다. 측은지심과 같은 개념은 아이들이 자신의 집, 교실 그리고 지역사회에서 그러한 원칙들을 목격할 때 이해할 수 있을 것이다(Buchanan, 2009; Landy, 2009).

25명의 아이들이 교실에서 함께 조화롭게 생활해 나가는 하루 일과에서 끊임없이 발생하는 상황을 통해 이런 교훈을 가장 잘 배운다. 오 선생님은 조화롭게 사는 것을 배우는 것이 중요하다고 생각하기 때문에, 아이들이 집단 문제를 해결하는 것을 배우도록 돕는데 시간을 보내는 것을 주저하지 않는다. 선생님은 그것을 사회 교육과정이라 부르고, 그 시간에 그러한 것을 다루는 것이 시간 낭비라고 생각하지 않는다. 대인관계 기술 습득을 위한 시간을 마련함으로써 그녀는 자신이 그러한 기술을 중요하게 여기고 있음을 보여준다.

오 선생님과 다른 동료 교사들은 학교에서 괴롭힘 현상이 발생하는 것에 대해 염려한다(Kochenderfer-Ladd & Pelletier, 2008). 학교에서의 괴롭힘은 아이들이 학교에서 안정감을 느끼고 배우는데 영향을 미치는 세계적인 문제이다(Coloroso, 2011). 학교폭력 가해자와 피해자 모두 부정적인 결과를 접하게 된다. 가해자는 방치할 경우 이후의 인간관계에 영향을 미칠 폭력적인 행동 패턴을 배우게 되고, 피해자는 낮은 자존감, 불안 그리고 불안정감을 겪게 된다(Berger, 2007). 교사들은 그런 일이 일어났음을 몰랐거나, 그것이 입방아에 오르지 않기를 원하기 때문에, 많은 경우에 아무런 조치를 취하지 않는다(Kochenderfer-Ladd & Pelletier, 2008). 교사가 학교폭력의 영향이 얼마나 심각한지를 안다면 그것을 무시하지 않을 것이다(Williams, 2010).

오 선생님은 그러한 행동을 결코 용인하지 않을 것임을 알린다. 오 선생님 반의 지침은 다른 사람에게 친절하게 대하고, 지침에 벗어나는 행동을 하지 않을 것을 강조한다. 아동이 교실, 운동장, 학교 식당, 학교 버스에서 안전감을 느끼지 못하면 교사에게 알리도록 권장된다. 어떤 아동이 폭력의 조짐을 보이면, 오 선생님은 그 아이를 세밀하게 관찰하고, 그 아이를 위한 도움을 얻기 위해 부모나 다른 사람의 협조를 구한다.

오 선생님은 또한 학교 폭력에 대해 선제적인 조치를 취하기도 한다. 선생님은 경쟁보다는 협동을 증진시키는 교실 분위기를 만들고, 아이들이 자신을 진정시키는 방법을 배우도록 돕고, 아이들이 갖기를 원하는 교실 유형에 대한 토론에 아이들을 참여시킴으로써 학교폭력 및 다른 불친절에 대항한다. 당신이 아이들의 욕구를 충족시키고 보살피는 교실을 만들려고 할 때마다 당신은 학교폭력에 대항하고 있는 것이다.

비비안 페일리(Vivian Paley)의 교실 이야기(예; 2004; 2010)는 우리에게 어린 아이들이 다른 사람을 염려하고 보살필 수 있다는 것을 보여준다. 페일리는 자신이 아이들과 나눈 이야기(아이들에게 필요한 아이디어와 모델을 제공하기 위한 무력감과 측은지심에 대한 이야기)를 통해 다른 사람에 대해 이해를 북돋운다.

(3) 감정 표현하기

당신은 자신의 감정을 어떻게 다루는가? 감정을 억누르고 자신이 기분이 나쁘다는 사실을 숨기려고 노력하는가? 아니면 일이 잘못되었을 때 자신이 자제심을 잃었다는 사실을 알아채고 고함을 지르는가? 감정을 억누르는 방식이 아이들에게 좀 더 바람직한 모델인 것처럼 보일 수 있다. 하지만 우리는 그것이 결국 실제로는 아이들에게나 당신에게도 좋지 않다고 생각한다. 당신의 억압된 감정은 결국 어떤 형태로든 표면에 나타나게 되며, 정서적. 신체적인 문제를 야기할 수 있다는 것을 당신 자신의 경험이나 주위의 가까운 사람들을 통해 알고 있을 것이다. 이 장의 후반부에서 논의한 바와 같이,

교사의 본보기는 아이들이 자신의 감정을 다루는 법을 배우는데 도움을 줄 수 있다.

개인이 경험하는 문화에 따라 감정이 표현되는 방식이 서로 다르다. 문화적인 규준은 교사와 아이들이 그들의 정서와 서로에 대한 기대를 표현하는데 영향을 미친다. 서로 사랑하고 상대방에게 반응적인 식구들과 사는 사람들은 자신의 부정적인 감정을 억누르도록 배운다. 어린 시절에 이런 경험을 했던 교사는 자신의 분노나 슬픔을 표현함으로써 느끼게 되는 편안하지 못한 마음을 극복할 필요가 있다. 우리 자신의 삶의 경험을 살펴보는 것은 자신의 정서를 건강하게 표현하는 모델이 되기 위한 중요한 단계이다.

우리는 교사들이 자신의 감정을 억압해 버리는 것을 옹호하지 않지만 자신의 감정을 격렬하게 표현하는 것 또한 생산적이지 못하다. 자신의 감정을 표현하고 그것을 다루는 법을 학습한 어른들은 감정을 너무 표현하지 않거나 너무 많이 표현하는 것의 중간 정도의 상태를 유지한다. 많은 사람들은 화가 폭발할 때까지 쌓아두는 것보다 화가 났을 때 울분을 토하는 것이 중요하다는 것을 안다. 자신에 대하여 이러한 지식이 있는 교사는 아이들에게 도움이 되는 모델이 될 수 있다. 간혹 교사는 부모의 부적절한 역할 모델의 부정적인 영향을 상쇄시킬 필요가 있다(Arthur-Banning, Wells, Baker, & Hegreness, 2009). 〈표 6-1〉에 교사가 보여줄 수 있는 본보기 행동의 예를 제시하였다.

〈표 6-1〉 기대되는 행동을 모델링하기

행동	예
감정 드러내기	"스마트 보드를 잘 다루지 못해 좌절하고 있어."
사과하기	"연희야, 미안. 네가 활동지를 서류함에 넣는 걸 봤는데, 네 것이 아닌 경희의 서류함에서 활동지를 찾았구나. 그래서 네 활동지를 발견할 수 없었어."
감정 수용하기	"네가 오늘 반대표가 되지 못해 실망했구나. 언제 네 순서가 될지 달력을 한번 볼까"
다양성에 대해 가르치기	"그래, 내 피부색은 네 피부색과 달라. 내 피부색은 검정색인데, 네 피부색은 흰색이지."
친절함 보여주기	"옷에 주스를 쏟았구나. 내가 치우는 걸 도와줄게."
위험 감수하기	"그 이름을 발음하는 것이 나에게는 힘들어. 하지만 내가 계속 연습한다면 그것을 정확하게 발음할 수 있을 거야."
책임감 가지도록 돕기	"와, 오늘 우리 정말 청소 많이 했네. 삼각형 블록을 모두 나에게 줄래. 내가 선반 위에 올려놓을 게."
약속 지키기	"나는 지금 광휘와 활동 중이야. 광휘와의 활동이 끝나자마자 너를 만나야 한다는 것을 잊어버리지 않도록 너의 이름을 약속 목록에 올려놓을게."

행동	예
말로만 하지 말고 보여주기	바닥을 향하도록 가위를 들고 걸어라. 책상을 깨끗하게 하라. 아이들과 흔들리는 보트에 타기 전에 구명조끼 입는 시늉을 해라.
규칙 지키기	아이들이 앉았으면 하는 곳에 앉아라. 아이들이 바닥에 앉길 원한다면, 탁자 위에 앉지 마라.
유사점 나누기	"나도 동생이 있어. 이름은 창수. 그는 체격이 나보다 커. 나도 시나몬 토스트를 좋아해."
호감이 들게 하기	웃어라. 유머 감각을 보여주라. 그리고 아이들이 시작한 활동에 참여하라.

① 감정 드러내기

자신의 감정을 아이들과 공유하고, 좌절, 슬픔, 즐거움 등을 표현하는 방법을 아이들이 볼 수 있도록 한다면 교사는 아이들에게 많은 것을 가르칠 수 있을 것이다. 아이들은 영아기부터 시작되는 "나 같이(like me)" 발달 틀이라고 불리는 것을 획득한다(Meltzoff, 2007). 먼저 아이들은 다른 사람의 행위를 관찰함으로써 자신이 한 행위를 결과에 대해 배운다. 자신이 목격한 행위를 테스트함에 따라, 아이들은 자신이 한 행위의 결과뿐만 아니라 비슷한 행위를 한 다른 사람의 의도도 이해하게 된다(Meltzoff, 2007). 이런 초기의 모방 경험의 결과로, 아이들은 정서 표현, 조망 수용, 공감을 위한 기초인 "나 같이"와 "그들 같이"의 관계를 알 수 있게된다.

아이들은 어른들이 자신이 어떻게 느끼는 지에 대해 말하고 그 감정을 얼굴, 몸짓과 음색으로 보여줄 때 가장 많이 배운다. 경청하고 관찰함으로써, 아이들은 느낌이 무엇인지, 어떤 상황에서 어떤 느낌이 만들어지는지 그리고 느낌을 어떻게 표현해야 하는지를 이해하기 시작한다. 학교에서의 일상생활은 정서표현을 모델링할 수 있는 많은 기회를 제공해 준다. 그러나 하이슨(Hyson)이 말한 것처럼, "유아 교사들은 아이들에게 이런 과정이 전적으로 우연에 의해 일어나도록 해서는 안 된다. 유능하고 사려 깊은 전문가는 어떤 정서와 정서 관련 행동이 모델링되어야 할 것인지를 의식적으로 결정한다"(2004, p. 130).

아이들을 몇 년간 가르쳐본 후에야 김 선생님은 자신이 언제 만족할만한 결과를 얻게 되는가를 배우게 되었다. 다음 상황에서, 김 선생님은 자신의 인내심이 한계에 도달했음을 알 수 있었다. 선생님은 휴식을 취하는 것이 자신에게도 좋고 아이들에게도 좋은 본보기가 된다는 것을 알았다. 선생님은 혼란스러운 상태에서 한발 비껴나서 심호흡을 깊게 했을때 기분이 나아짐을 느꼈다.

사례 6-1

 반 아이들의 너무 무질서한 행동 때문에, 오 선생님의 인내심이 한계에 도달하게 되었다. 선생님의 친구들은 항상 훌륭한 교사가 되는 것에 대한 보상이란 그 교사를 필요로 하는 아이들을 보다 많이 갖게 되는 것이라고 하였다. 그러나 그 생각은 매일 매일을 난장판에서 편안하게 생활하지 못하는 선생님에게 별로 위로가 되지 못했다. 그리고 통제가 되지 않는 아이들로부터 다른 아이들을 안전하게 지켜야 하는 문제 또한 있었다.

오 선생님의 목소리는 컸다. 그러나 아이들에게 이야기할 때는 자신의 목소리를 통제하였다. "얘들아, 선생님은 너희들의 도움이 필요하단다. 너무 힘들어서 너희를 도울 수가 없구나. 그래서 조용한 곳에 잠깐 앉아 잠시 동안 휴식을 해야겠다. 선생님이 좀 진정되고 나면, 너희들 중 내 도움이 필요한 친구에게 말을 할게." 아이들이 호기심어린 눈으로 그녀를 바라보는 동안에 선생님은 창문 가로 가서 눈을 감은채 심호흡을 하였다. 선생님은 이반에서의 자신의 목표가 무엇인지 그리고 지금 주말이 다가오고 있다는 것을 상기했다. 선생님은 예전과 달리 보다 조용하게 말을 꺼냈다. "이제 진정이 좀 되는구나. 그리고 너희들 중 선생님의 도움이 필요한 친구에게 이제부터 이렇게 진정해서 이야기할게." 아이들이 차례대로 선생님과 이야기를 나눌 때 분위기는 점점 조용해졌고 선생님의 화도 풀리기 시작했다.

개인적으로 타임-아웃 시간을 갖는 것은 종종 상황이 감당이 안 될 때 당신이 취할 수 있는 최선의 방법이 된다. 이것은 당연히 아이들을 맡아 줄 다른 어른들이 있을 때보다 쉽게 실행될 수 있다. 불행히도 대부분의 교사에겐 이런 상황에서 벗어날 수 있는 선택권이 거의 없다. 당신이 아이들과 있는 유일한 어른일지라도, 상황이 감당하기 힘들어 질 때 당신은 여전히 잠시 멈추고 심호흡을 할 수 있다. 당신이 그 문제에 대해 즉각적으로 반응할 필요는 없다. 당신이 그것을 어떻게 하더라도, 자신을 진정시키는 방법에 대한 당신의 본보기는 만약 당신이 하고 있는 것을 아이들에게 설명해 준다면, 아이들에게 아주 좋은 가르침이 될 것이다. 교사가 스트레스를 과도하게 받게 되었을 때, 신체적으로 또는 정서적으로 잠시 자리를 벗어나는 것은 아이들에게 두 가지 측면에서 득이 된다. 냉각기간을 갖는 것은 교사가 아이들의 행동에 좀 더 합리적으로 대처하는 데 도움이 되고, 교사의 본보기는 아이들에게 자신의 스트레스를 다루는 유용한 방법을 보여준다.

이것은 어른이 본보기를 보임으로써 가르칠 수 있는 많은 사회적 기술 중의 하나일 뿐이다. 어떤 정서와 행동을 모델링할 것인지를 결정할 때, 학급 아이들의 개인적 요구와 발달 단계를 고려하는 것이 도움이 된다. 당신의 우선순위와 성격 또한 당신이 아이들에게 어떤 정서와 행동을 어떻게 표현할 것인지를 결정하는데 영향을 미친다. 하루 일과 중에서 경험했던 감정들 중 어떤 감정을 표현할지를 정하거나, 보다 복잡한 감정이나 문제를 다룰 시간을 특별히 정할 수 있다. 철수는 자신의 스테이플러가 고장이 났을 때 느꼈던 좌절감을 주위 친구들에게 말한다. 그는 또한 이야기 나누기 시간에 손인형을 사용하여 방학이 다가오는 것에 대한 슬프고 흥분된 느낌을 친구들과 나눈다. 앞에서 언급했듯이, 느낌에 대한 중요한 교수법을 담고 있는 상품화된 프로그램이 있다. 그러나 반듀라는 정서적 상황에 실제로 대처하고 있는 어른을 관찰하는 것이 아이들에게 훨씬 도움이 되는 방법이라고 주장한다.

당신은 하루 일과 중 당신의 어떤 정서를 아동들에게 표현할 것인가를 정하거나 보다 복잡한 정서나 관련 문제들을 다룰 수 있는 특별한 시간을 만들 수도 있다. 철수는 자신의 스테이플러가 고장 났을 때 느꼈던 좌절감을 주위 친구들에게 말한다. 그리고 서클 시간에 인형을 사용해서 방학이 다가온 것에 대한 슬프고 흥분된 감정을 토의할 수 있다. 2장에서 언급되었듯이 감정에 대한 중요한 교수법을 많이 담고 있는 상품화된 프로그램들이 있다. 그러나 어른들의 감정적 상황을 관찰하여 실제로 따라하는 것이 아동들이 훨씬 효과적으로 배울 수 있는 방법이다.

② 사과하기

뛰어난 선생님도 가끔씩은 잠시 물러날 시간을 가지기도 전에 이미 너무 흥분하거나 자제력을 잃어버리는 경우가 있다. 다음의 사례에 따르면 이러한 상황은 아이들에게 무엇인가를 가르칠 수 있는 기회를 제공하기도 한다.

사례 6-2

 민 선생님은 평소 학급 아이들의 소란에 대해서 당연히 여기고 별로 신경 쓰지 않는다. 하지만 야간에 있을 교실개방에 맞춰 교실을 깔끔하게 하라는 교장선생님의 말씀 때문에 신경이 곤두섰다. 교실의 모든 곳이 재난 피해 지역처럼 보였다. 선생님은 영희가 옆 선반의 무언가를 집으려고 하면서 게시판 모서리를 찢어버리는 것을 보고 그녀를 잡아챘다. 선생님은 순희가 모래선반에 있는 모래를 엎질러버리는 것을 보고 불평했다. 그런 다음, 철수가 미술용 선반에 있는 보라색, 연두색, 빨강색 물감이 블록 쌓기 공간 근처 교실 바닥에 엎질러지는 것을 보았다. 선생님은 "이 녀석들" 이라고 소리쳤고, 순간 교실은 조용해졌다. 놀란 숙희는 미술용 선반에 걸려 넘어지고, 다른 아이들은 벌을 받지 않을까 하는 두려움에 겁을 내고 있었다.

선생님은 숨을 한번 깊게 들이쉬고 평정심을 찾은 다음에, 미소를 띠며 놀란 여자 아이들을 안심시켰다. 그리고 이렇게 말했다. "와, 오늘 저녁 학급 공개 행사에 손님들이 우리 교실을 방문한다고 해서 선생님이 몹시 긴장했었어요. 그런 중에 누가 물감을 엎질러서 너무 화가 났고, 그래서 화를 냈어요. 학부모님들이 우리 교실에 왔을 때 깔끔한 교실을 보여주고 싶어서 선생님이 오늘 하루 종일 너희들에게 화를 많이 냈어요. 너희들에게 우리 교실이 깨끗하게 보이기를 원할 거예요. 그러면 우리는 어떻게 해야 할까요?" 그러자 아이들은 열성적으로 서로 도와 바닥에 엎질러진 물감을 닦기 시작했다.

민 선생님은 아이들을 놀라게 한 것에 대해 사과하고 자신의 감정을 아이들에게 설명해 주었다. 그런 다음 함께 문제를 해결하였다. 아이들의 가정이나 주변 환경에서는 상황에 어울리지 않는 표현을 많이 사용하기 때문에 더 좋은 표현 방법에 대해서 학교가 더 좋은 방식을 모델링 해주는 것이 중요하다. 이것은 사과의 의미, 사과의 목표 그리고 그것이 전달하는 정서를 배우는 어린 아이들에게 특히 중요하다(Benerjee, Bennett, & Luke, 2010; Smith, Chen, & Harris, 2010). 화를 표현하는 방식이 폭력적인 상황과 비폭력적인 상황의 차이를 만들어 내고, 분노의 파괴적인 사용과 생산적인 사용 간의 차이를 만들어 낸다.

⑷ 감정 수용하기

자신의 정서를 인식하고 적절히 표현함으로써, 교사는 아이들에게 정서를 표현하는 좋은 방식과 나쁜 방식은 있을지라도 정서 자체는 나쁘지 않다는 것을 보여준다. 교사는 또한 모든 정서를 표현하는 수용 가능한 방식을 모델링해 주는 기회를 갖게 된다. 이것은 분노, 슬픔, 수치와 같은 부정적 정서에 있어 특히 중요하다. 어떤 아이들은 이러한 어려운 정서가 적절하게 표현되는 것을 거의 본 적이 없다. 이런 정서는 가정에서 폭력적인 방법으로 표현되거나 그들의 경험에서 완전히 부인된다.

가끔 어른들은 아이들의 부정적인 느낌을 부인하려고 시도한다. 왜냐하면 어른들은 아이들이 정말 행복하기를 원하거나, 아이들이 자기마음대로 하지 못해 짜증을 부리는 상황에 처하도록 하고 싶지 않기 때문이다. 따라서 어떤 어른들은 아이들에게 무언가를 사주거나 다른 활동을 하게 하는 것을 통해 아이들의 주의를 분산시킴으로써 부정적인 감정이 없어지도록 시도한다. 아이들이 불행하다고 느낄 때 어른들이 하는 일상적인 반응은 "울지 마. 과자 줄까?"이다. 어떤 어른들은 자신의 감정이 격해졌을 때 "친구를 미워하지 마. 그런 일이 다시 있으면 너를 타임-아웃시킬 거야"라고 말하면서 아이들을 처벌하거나 무시한다. 비록 좋은 의도에서였지만, 이러한 반응은 아이들이 자신의 감정을 효과적으로 다루는 것을 돕는 대신에 아이들이 자신의 감정이 잘못된 것이라고 배우게 하고, 최종적으로 죄책감을 갖게 할 것이다. 억압된 감정에 더해 이 죄책감은 부정적인 행동을 낳을 가능성이 크다.

아이들의 나쁜 기분이 없어지도록 하는 대신에, 당신 자신의 감정을 수용하고 표현함으로써 아이들이 그들의 감정을 수용하고 표현하는 것을 배우도록 도울 수 있다. 본보기를 보여주는 것에 덧붙여, 아이들은 감정을 확인하고 인정해 주는 것도 아이들이 자신의 감정을 건강한 방식으로 다룰 수 있도록 가르치는 데 있어 아주 중요한 부분이다.

① 자신의 말 사용하기

두 살 성희가 "난 선생님이 싫어!"라고 말했을 때, 성희는 자신이 화가 났음을 표현하는 것이다. 이렇게 화를 내는 것이 상대방의 입장에서는 정당할 수도 있고 그렇지 않을 수도 있지만, 성희는 분명히 화를 느끼고 있다. 어린 아이들은 대개 자신의 감정을 적절하게 표현하는 데 필요한 언어 기술이 부족하다. 아이들은 또한 이차 감정이라고 알려진 것에 사로잡히고 그것을 야기했던 일차 감정을 알지 못한다. 아이들뿐만 아니라 어른들도 종종 최초 감정이 굴욕감이나 실망 또는 좌절일 때 분노를 표현한다. 교사로서의 당신의 역할은 보다 적절한 단어를 모델링해 줌으로써 아이들이 자신의 감정을 명확히 하는 데 도움을 주는 것이다. 이 경우에, 당신은 "선생님은 네가 기분이 나쁘다는 걸 알고 있어" 라고 반응할 수 있을 것이다. 성희는 당신이 "안 돼!"라고 말했기 때문에 화가 났을 수 있다. 만약 그렇다면, 당신은 성희의 감정을 공감하고, "밖에서 더 놀고 싶은데 안으로 들어가라고 해서 미안하구나."라는 표현을 사용하여 본보기를 보여 줄 수 있다.

만약 다섯 살인 영미가 그런 식으로 화를 냈다면, 당신은 무엇 때문에 화가 났는지를 영미가 구체적으로 말하기 위해 필요한 단어를 찾도록 도울 수 있을 것이다. 만약 영미가 줄반장이 되고 싶었는데, 선생님은 다른 아이를 뽑았을 수 있다. 교사는 영미가 좀 더 적절하게 자신의 감정을 표현할 수 있도록 도와주면서 그 감정을 수용할 수 있다. 이러한 접근법은 아이들에게 표현 언어를 시범보이는 것이다. "네가 선택되지 못해 많이 실망했구나."라고 말해주고 난 후 "난 선생님이 싫어"라고 말하기 보다는 "줄반장이 되고 싶었어요."라고 말하는 것이 더 적절한 표현임을 영미가 알도록 할 수 있다. 아이의 발달 단계와 무관하게, 우리는 그들이 현재 있는 곳에서 목표를 향해 나아가도록 아이들을 지원할 수 있다.

아이들이 일정한 범위의 정서를 경험하도록 허락하고 아이들의 자신의 감정이 무엇인가를 말하도록 도움으로써 당신은 그들에게 가치있는 삶의 기술을 가르칠 수 있다. 부정적인 감정에 직면함으로써 중요한 것을 배울 수 있다. 예컨대, 혼자 남겨지는 외로움을 전혀 경험해 보지 못한 아이는 집단에서 배제되는 아이에 대해 동정심을 잘 느끼지 못할 것이다. 자신의 감정에 대해 공감을 경험한 아이들이 다른 사람들도 공감으로 대하게 된다(Pfeifer et al., 2008).

② 인식하고 경청하기

가끔 아이들의 부정적 감정을 인식하고 그것을 경청해 주는 것만으로도 아이들이 그것을 극복하도록 도와줄 수 있다. 교사로부터 사회적 지지를 지각한 아이들은 학업 및 친사회적 목표를 향한 동기가 높아짐을 보여준다(Rimm-Kaufmann et al., 2007). 경청은 우리가 아이들에게 제공할 수 있는 가장 강력한 사회적 지지의 원천 중 하나이다. 아이들이 자신의 감정에 대해 이야기하는 동안 무엇을 하라고 말하지 않고 들어주는 것은 아이들과 그들의 감정을 수용함을 보여준다. 이것이 아이들이 원하는 모든 것일 수 있다. 그러면 아이들은 자신의 문제를 해결하는데 에너지를 사용할 수 있게 된다.

다음의 사례에서 수용과 인정의 힘을 볼 수 있다. 새로 태어난 동생에 대한 질투는 대부분의 어른들이 수용하지 않으려고 하는 일상적인 문제이다. 그러나 조 선생님은 성미에게 그녀가 질투를 느끼고 그것을 넘어설 수 있는 안전한 장소를 제공한다.

사례 6-3

 유치원에 다니는 성미는 교실 창문에 딱 붙어서는 엄마에게 손을 흔들기 위해 엄마를 쳐다보고 있었다. 그러나 엄마는 아기용 카시트를 조정하느라 등을 돌리고 있었다. 조 선생님은 성미의 얼굴을 보고는 밖으로 나가서 엄마를 찾고 싶으냐고 물었다. 성미는 "엄마는 아기 때문에 바빠요!"라고 말하고는 고개를 돌렸다. 성미의 얼굴은 분노와 비애로 구겨져 있었다.

선생님은 성미가 짜증이 나있음을 직감했다. 왜냐하면 성미는 동생이 태어나기 전까지는 외동이였기 때문이다. 선생님은 부모가 자신에게 관심을 가져주지 않는다고 성미가 슬퍼할 때, 어른들이 일반적으로 하는 말을 떠올렸다. "너는 아기를 사랑하지. 그렇지 않니? 그는 너를 사랑한 단다. 너는 누나가 되었으니 얼마나 행운이냐!" 선생님은 성미가 행운이라고 느끼지 않는다는 것을 알았다. 선생님은 부드럽게 말했다. "누나가 되는 것이 항상 즐거운 일만은 아니지 그렇지 않니?" 그렇게 말한 후 선생님은 성미가 대답할 시간을 주었다. 성미는 슬퍼보였지만 아무 말이 없었다.

선생님은 앉아서 성미에게 자기 무릎에 앉길 원하는지 물었다. 성미는 좋아하면서 앉았다. 선생님은 잠시 앉아 있다가 성미에게 말했다. "나도 큰 누나란다. 그리고 엄마가 이전에 언제나 내 남동생만 안아주는 것에 화가 났었지. 나 역시 가끔 슬펐단다." 성미는 놀라서 물었다. "동생을 좋아해요?" 선생님은 잠시 생각하고 말했다. "내가 어렸을 때는 내 동생을 별로 좋아하지 않았지. 왜냐하면 내 동생이 언제나 나에게서 엄마를 뺏어 갔거든." 성미는 안심하는 듯 보였다. 성미는 내 말에 동의하고 미소를 지었다. 선생님은 성미에게 언젠가 동생을 좋아하게 될 것이라고 말하고 싶었지만 참았다. 선생님은 성미가 그런 말을 충분히 들었을 것이라는 걸 알고 있다. 그런 다음 성미는 엄마가 자기를 데리러 올 것이고 자기만 공원에 데려 갈 것이라고 자진해서 말했다. 선생님은 성미를 응원해 주었고, 성미는 엄마를 위해 그림을 그리기로 마음먹었다. 두 사람이 미술 테이블로 함께 걸어갔다.

성미는 자신을 이해해주고 자신의 감정을 편안하게 표현하도록 해주는 누군가가 필요했던 것이다. 만약 조 선생님이 성미와 비슷한 경험을 하지 않았더라면, 이렇게 하는 것이 더 힘들었을 것이다. 그럼에도 불구하고, 장 선생님은 성미의 기분을 확인할 시간을 내었고, 성미가 그 기분에서 벗어나도록 하기 보다는 그 기분을 느낄 시간을 주었다.

(5) 성과 정서

이 장의 후반부에서 이야기하겠지만 유사성은 모델링에 특히 도움이 된다. 남성 역할 모델은 어린 남자 아이에게 특히 중요하다. "훌륭한 남자 아이는 울지 않는다."는 오래된 생각은 아직도 우리 사회에서 사라지지 않고 있다. 많은 남성들은 슬픔이나 공포를 표현하는 것을 어려워할 뿐만 아니라 애정이나 보살핌 등의 긍정적 감정을 표현하는 데에도 애로를 느낀다. 어떤 남자들에게는 분노가 그들이 쉽게 표현할 수 있는 유일한 정서이다. 그러므로 남자 아이들은 언제 슬픔, 외로움, 질투 등을 느끼는가를 교사가 아는 것은 어려울 수도 있다. 남자 아이들이 자신의 감정을 확인하고 그것을 말로 표현하도록 돕는 것이 특히 중요하다.

남녀 역할 모델로부터 정서에 대해 배울 기회를 아이들에게 제공하는 것은 아이들의 발달을 위해 중요하다. 이것은 아빠가 없는 남자 아이의 경우 특히 중요하다. 민 선

문화적 배경은 아이들이 자신의 감정을 적절하게
표현하도록 도울 때 고려해야 할 중요한 사항이다.

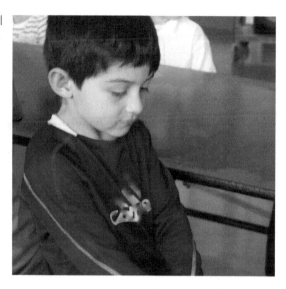

생님은 남자다움에 대한 고정관념을 없애고 남자 아이와 여자 아이에게 자신의 감정을
표현할 수 있는 충분한 시간과 기회를 주기 위해 노력하고 있다. 선생님은 안아주고,
웃어주고, "난 너랑 있어서 좋아"와 같은 언어적 피드백을 통해 어린 아이들에 대한 자
신의 애정을 자유롭게 표현한다. 선생님은 작은 것(좋은 날씨, 맛있는 과자 또는 아이가 만
든 작품)에서 느끼는 기쁨을 나타낸다. 선생님은 또한 교실에서 키우던 기니피그가 죽
었을 때의 슬픔 감정도 보여준다. 무언가 잘못되었을 때 선생님은 자신의 부정적인 감
정을 아이들이 따라했으면 하는 방식으로 조심스럽게 표현한다. 선생님은 그것이 긍정
적이든 부정적이든 아이들이 자신을 모방하려 한다는 것을 안다.

(6) 문화적 차이

당신의 문화적 배경과 당신과 함께할 아이들의 문화적 배경은 학급에서 정서 문제를
다룰 때 고려해야 할 중요한 사항이다(Derman-Sparks, LeeKeenan, & Nimmo, 2015). 어
떤 아이들은 자신의 감정을 어떻게 표현하는가에 대해 학교와 가정으로부터 아주 다른
메시지를 받는다. 어떤 문화권에서는 아이들이 분노를 공격적으로 표현하는 것을 허용
하는 반면, 다른 문화권에서는 감정을 어떤 식으로든 표현하는 것을 허락하지 않는다.
문화에 따라 타인에 대한 존중을 보여주기, 신뢰해야 하는 믿음, 예의바르게 말하는 방
식도 다르다(Milner, 2010). 공손에 대한 문화적 차이는 아이가 크게 말을 할지 작게 말
을 할지를 결정하고 말을 하는 사람을 빤히 쳐다봐도 되는지 안 되는지를 결정한다. 가

정과 학교에서 기대하는 행동에 많은 차이가 있을 수 있기 때문에 교사는 부모를 알아야 하고 아이 지도를 위해 그들과 상호 합의하는 것이 중요하다. 부모에게 가족의 문화적 규준에 대해 물어보는 것은 교사와는 서로 다른 기대 때문에 생길 수 있는 혼란이나 오해를 막는 데 도움이 된다.

당신 자신의 문화적 배경으로 인해, 여기에 제시한 감정 다루는 최선의 방법에 대해 동의하지 않을 수 있다. 이 책에서는 한 가지 견해를 소개하는 것일 뿐이다. 여기에 제시되어 있는 정보를 당신과 당신의 아이들에게 가장 잘 맞도록 어떻게 사용할 것인가 하는 것은 당신의 전문적인 판단에 맡긴다.

2 바람직한 행동을 본보기로 보여주기

어른은 안전띠 매는 것부터 시작해서 좋은 식사 습관에 이르기까지 많은 행동 유형에 대한 역할 모델이 된다. 당신의 본보기가 당신을 우러러보고 있는 어린 아이들에 미치는 힘을 절대 과소평가하지 마라. 당신이 모델링을 통해 보여줄 수 있는 가장 중요한 행동은 친절과 타인에 대한 배려이지만, 이 외에도 당신이 생각해봐야 할 것이 몇 가지 더 있다.

⑴ 책임감 가지기

어른들은 책임에 대해 많은 훈계를 늘어놓는 경향이 있다. 자기자리를 잘 정돈하는 것, 물건을 다루는 것, 시작한 것을 끝내는 것, 제 시간에 일을 마무리 짓는 것 등이 대표적인 예이다. 이런 중요한 아이디어를 아이들에게 가르치는 좋은 방법은 당신이 스스로 그것을 하는 것이다.

① 청소 돕기

청소 시간은 책임감을 가르치기 위해 활용하기 좋은 장소이다. 당신은 앞 장에서 청소 문제와 관련된 박 선생님의 힘겨루기에 대해 읽었고 청소가 자주 갈등을 야기한다는 것을 알았을 것이다. 이것은 학교뿐만 아니라 가정에서도 종종 문제가 된다. 많은 아이들이 어질러진 상황에 압도된다. 이들은 청소를 어디에서부터 시작해야 할지를 알지 못하며 청소하는 것이 불가능하다고 생각한다. 아이들에게 청소하라고 말하는 어른들은 그들이 어떻게 청소해야 하는지를 이미 알고 있다고 생각한다. 이것은 논리적인 가정이 아니다. 어린 아이들은 청소를 어떻게 해야 하는지 배워야 한다. 그들이 이것을 배우는 가장 좋은 방법은 당신 스스로 청소를 함으로써 '청소'가 무엇을 의미하는지 직접 보여주는 것이다. 당신이 청소를 돕는 것을 직접 눈으로 보는 것은 또한 아이들에게 선생님이 청소를 가치 있게 여기고 있다는 명확한 메시지를 준다. 당신은 효과적인 모델이다. 아래 장면을 교사가 아이들에게 그저 빨리 청소하라고 외치기만 하는 장면과 비교해 보라.

사례 6-4

 아이들이 가지고 논 블록들과 장난감 자동차들이 뒤죽박죽으로 어질러진 놀이공간은 엉망이 되어있었다. 민 선생님의 보조교사인 김 선생님은 철수와 영희가 몹시 어질러진 교실 한가운데서 절망적인 모습으로 서 있는 것을 보았다. 나 선생님은 도움을 주기 위해 아이들에게 갔다. 김 선생님은 블록을 줍기 시작했는데, 긴 직사각형 모양의 것은 철수에게 주어 선반에 놓아 두도록 했고, 작은 정사각형 모양의 것은 영희에게 주어 멀리 치우도록 했다. 김 선생님은 어떤 종류의 블록을 어디에 두어야 하는지 가르쳐 주면서, 아이들이 선반에 그려진 바깥쪽 선에 맞추어 블록을 놓을 수 있도록 도와주었다. 함께 일하면서, 김 선생님은 아이들이 모양과 크기가 다른 블록을 주의 깊게 살필 수 있도록 이끌어주었다.

김 선생님은 또 다른 선반 옆에 자리를 잡은 후, 아이들에게 모든 종류의 삼각형 블록을 건네달라고 말했다. 아이들은 나 선생님이 요구한 모양을 찾았고, 금방 일을 끝낼 수 있었다. 철수와 영희는 자신이 열심히 한 일에 대하여 만족했고, 놀이공간을 체계적으로 청소할 수 있는 기술도 획득했다. 종국에 가서는 몇 마디의 조언만으로도 스스로 청소를 할 수 있는 정도에 이르게 될 것이다. 김 선생님은 아이들과 함께 일함으로써, 아이들이 자신에게 주어진 일을 가치롭게 여길 수 있도록 도와준 것이다.

한편, 민 선생님은 아이들과 함께 페인트 붓을 씻고 있었다. 일을 하면서, 선생님은 페인트 솔 사이의 접착이 풀어지지 않도록 하기 위해서는 페인트 붓을 찬물에 씻어야 한다는 것을 아이들에게 말해 주었다. 선생님은 또한 아이들이 붓에 묻어있는 페인트를 가장 빨리 벗겨낼 수 있는 방법을 실험해 보도록 했다.

민 선생님과 김 선생님이 블록을 치우고 페인트 붓을 씻는 동안, 다른 보조교사인 방 선생님은 다른 청소를 시작했다. 방 선생님은 바닥에 널브러져 있는 아기 인형을 침대 위로 옮기는 일을 도왔다. 그리고 철호와 선희가 청소하고 있는 테이블로 가기 전에, 부엌 찬장을 잘 정돈한 홍수와 영주를 칭찬했다.

② 약속 지키기

신뢰성은 아이들의 건강한 발달, 학교적응, 우정 형성 및 학업 능력과 관련이 있다 (Betts & Rottenberg, 2007). 그러므로 아이들이 믿을만한 어른의 좋은 본이 되는 사람을 아는 것은 중요하다. 교사가 다른 아이들과의 신뢰 관계를 증진시키기 위해 할 수 있는 가장 쉬운 방법 중의 하나는 그들과의 약속을 지키는 것이다.

계획이나 약속을 잘 따라하는 것은 신뢰와 책임감을 구축하는데 중요하다. 오 선생님은 모델링을 통해 '약속 지키기'를 효과적으로 가르친다. 선생님은 그날의 계획에 대해 아이들과 토론함으로써 하루 일과를 시작한다. 토론 내용은 칠판에 적는데, 아이들은 이를 통하여 계획하기와 쓰기에 대해서도 보고 배우게 된다. 아이들은 생활을 하면서 그날의 일정을 보기 위해 칠판에 적혀 있는 내용을 참조하게 되는데 이를 통해 아이들은 읽기 연습을 하게 된다. 오 선생님은 하루 계획을 계약이나 약속처럼 취급한다.

만약 날씨 때문에 아이들이 고대하던 산책이 취소되었다면, 오 선생님은 변경에 대해 이야기하고 다른 날에 산책을 할 수 있도록 아이들과 계획을 짠다. 선생님은 아이들이 이 계획을 곧 잊어버릴 것이라고 결코 생각하지 않고 주어진 계획을 준수한다. 선생님은 약속 이행의 본을 보여주며, 아이들에게 자신이 했던 말을 반드시 지킬 것이라고 말한다. 선생님은 자신이 아이들을 위한 본보기가 되고 있다는 사실을 아이들이 확실히 깨닫게 되기를 원한다. 어떤 아이들은 가정에서 일관성 및 약소 이행과 관련된 경험이 없다. 이런 아이들은 일관성과 약속 이행을 보았을 때 그것을 인식하는데 도움이 필요할지도 모른다. 오 선생님 반의 아이들은 개인적인 수준에서도 약속 이행을 기대할 수 있다. 선생님과 이야기하고 싶을 때, 그들의 선생님이 너무 바쁘다면 아이들은 선생님이 곧 그들에게 올 것이라는 것을 믿고 기다린다.

사례 6-5

 오 선생님은 수희가 읽고 있는 책에 관한 토론에 빠져 있었다. 그때 철호가 다가와서 선생님의 어깨를 톡톡 쳤다. 어깨를 치는 것은 아이들이 선생님과의 대화가 필요한데, 선생님이 다른 아이와 이야기 중일 때 선생님의 주목이 필요하다는 것을 알리는 정해진 약속이었다. 선생님은 철호에게 미소를 지은 후, 곧 너와 함께 할 것이라는 손가락 신호를 보냈다. 그 약속을 잊지 않기 위해, 선생님은 철호의 이름을 수첩에 적어놓았다. 철호는 선생님의 약속을 믿고 자기 자리로 돌아갔다. 수희와의 대화가 끝나자마자, 선생님은 철호가 원하는 것이 무엇인지를 알아보기 위해 그에게로 갔다. 철호와 그의 반 아이들은 선생님을 모방하여 그들이 기억해야 할 것을 수첩에 적기 시작했다.

때때로 오 선생님은 아동들과의 대화를 위한 목록이 아주 길어지는 경우가 있고, 이럴 경우, 선생님은 시기적절하게 모든 아이들에게 갈 수가 없다. 이 때 선생님은 아이들을 마냥 기다리게 하지 않고 시간 약속을 늦춘다. 비록 즉각적인 만남이 이뤄지지는 않더라도, 아이들은 여전히 선생님을 믿을 수 있다. 물론 상황이 급할 경우, 아이들은 그것을 알린다. 그러면 신생님은 요구하는 도움이 어떤 것이든지 간에 그것을 찾도록 돕는다. 아이들의 자율성을 독려하기 위한 방법의 일환으로 오 선생님은 아이들에게 문제 해결과 욕구 충족을 위해 다양한 자원을 어떻게 사용할 수 있는지를 보여준다. 따라서 이 아이들은 선생님이 다른 아이와 시간을 보내고 있을 때, 서로 서로를 아주 잘 도울 수 있다.

아주 어린 아이라 할지라도 어른이 약속을 지키는 것은 중요하다. 간혹 아이에게 도와주겠다고 약속을 하고는, 아이가 그 약속을 잊어버릴 것이기 때문에 그 약속을 지킬 필요가 없다고 생각하는 부모가 있다. 그러나 그렇게 하는 것은 결국 역효과를 낳는다. 영아는 "곧 돌아올게"는 아무런 의미가 없다는 것을 배운다. 걸음마기 아이는 지금 오면 사탕을 준다는 약속은 사실이 아님을 배운다.

고 선생님은 계획을 지킬 계획이 없다면 자신이 돌보고 있는 아기에게 어떤 약속도 하지 않는다. 선생님은 또한 아이들의 부모에게 아이를 원에 보내고 떠날 때 '안녕' 인사를 하도록 권고한다. 어떤 부모는 몰래 가는 것이 더 낫다고 생각한다. 단기적으로 볼 때는 그렇게 하는 것이 더 나을 수 있다. 하지만 그렇게 하면 아이들은 혹시 부모가 사라지지나 않을까 하여 끊임없이 두려움을 느낄 수 있다.

③ 학습 자료 잘 다루기

오 선생님 반의 아이들은 선생님이 끊임없이 주의를 주지 않아도 혼자 또는 협동해서 활동을 할 수 있다. 왜냐하면 선생님이 상당한 시간을 할애해서 아이들에게 학습 자료를 책임감 있게 사용하는 방법을 가르쳤기 때문이다. 아이들은 이러한 가르침을 잘 받아드렸다. 왜냐하면 선생님이 학습 자료의 사용법에 대하여 단순히 말로만 설명하는 데 그치지 않았기 때문이다. 이미 추측했겠지만 선생님은 아이들에게 사용방법을 실제로 보여주었다.

사례 6-6

 오 선생님은 아이들이 독립적으로 학습 자료를 사용하도록 하는 방편으로 서로 다른 주제를 가진 각 학습 공간에서 아이들과 함께 시간을 보낸다. 독립적으로 학습 자료를 사용하는 것은 미리 정해진 방식대로 학습 자료를 사용하는 것과 매우 다르다. 그것은 학습 자료 사용 방법을 제한하는 식이 아니라 창의적인 표현을 위한 지침만 제공한다. 선생님은 아이들이 곧 모델링 역할을 넘겨받아 서로에게 중요한 점을 보여주기 시작하는 것을 보았다. 상호는 테이블 표면을 보호하기 위해서는 점토를 바른 타일이 필요하다는 것을 배웠다. 그런 다음 성아가 그 사실을 잊어버렸을 때, 창호는 책임감을 자기고 그것을 상기시켜 주었다. 선생님은 또한 학습 자료를 사용할 때, 학급에서 미리 정해준 지침을 따른다. 그렇게 하지 않으면 지금까지 해온 여러 노력들이 무용지물이 되어버릴 수도 있다는 것을 알고 있다.

④ 지침 따르기

교생인 양 선생님은 실습 첫 날, 성인 역할 모델의 중요성에 대해 많은 것을 배웠다. 적어도 몇몇 아이들은 어른들이 규칙을 준수하는가를 주의 깊게 바라보고 있었다.

사례 6-7

 선생님이 아침 모임을 위해 모든 아이들을 불렀을 때 아이들이 모이기 시작했다. 양 선생님은 모임 영역에 있는 의자에 앉아 있었다. 연수가 크게 외쳤다. "오늘은 선생님이 앉는 날이 아니에요." 선생님은 연수에게 오늘이 누구의 날인지를 어떻게 알 수 있는지 물었다. 그러자 연수가 명단 목록을 손가락으로 가리켰다. 선생님은 목록을 보고는 말했다. "맞아, 오늘은 내가 앉을 순서가 아니구나." 선생님은 아이들과 함께 마룻바닥에 앉았다.

모임이 끝난 후, 아이들은 정해진 학습 영역으로 이동했다. 양 선생님은 한 모둠의 아이들을 정신없이 지도하는 중에, 연수가 책상 위로 올라가는 것을 보았다. 선생님이 그를 이상하다는 듯이 바라보자 그 역시 선생님을 쳐다보았다. 선생님이 말했다. "마룻바닥에 앉아야 되는 것 아니니?" 그럼에도 연수는 선생님을 빤히 쳐다볼 뿐이었다. 그 때, 선생님은 자신이 책상 모서리에 앉아있다는 것을 알아차렸다. 선생님은 즉시 자신의 실수를 인정하며 말했다. "그런데 선생님도 책상에 앉아 있구나?" 연수가 고개를 끄덕였다. 선생님이 말했다. "선생님이 책상에서 내려 와야 하겠지?" 연수는 선생님이 일어설 때까지 기다렸다가 선생님이 일어서자 책상 위에서 폴짝 뛰어 내렸다. 이 후, 선생님이 깜빡하고 다시 책상 위에 앉을 때면 연수가 역시 재빠르게 책상 위로 다시 기어 올라갔다. 선생님은 즉시 일어섰고 연수도 따라 내려 왔다.

효과적인 교사는 모든 유형의 지침을 따르는 데 귀감이 된다. 책상 위에 앉지 않는 것은 교실을 질서 있게 유지하는데 도움이 되는 사회·관습적 지침이다. 도덕적인 문제를 다루는 지침은 어린 아이들이 이해하기가 더 어렵다. 지침은 피해와 공정성의 문제를 다룬다. 개인적인 특혜를 다루는 지침은 우리의 개인적인 권리(예: 사생활의 권리, 배울 권리, 자유선택의 권리)를 보호하는 데 초점을 둔다.

개인적인 권리에 초점을 두는 지침은 사회·관습적 규칙이나 도덕적 규칙과 종종 충돌한다. 예를 들이, 아이가 사생활에 대한 복구가 있어 집단에서 이탈했다면, 그는 "이야기 시간에는 앉아서 선생님에게 주목해야 한다."라는 사회·관습적 지침을 어기고 있을 가능성이 매우 높다. 지침간의 충돌은 대개 자신의 욕구를 타인의 욕구와 관련지어 생각하지 않기 때문에 발생한다. 교사는 반영적인 혼잣말을 사용함으로써 이런 유형의 갈등을 다루는 법의 본보기가 될 수 있다. 가령 이렇게 말할 수 있다. "나는 지금 용수의 컵케이크를 하나 가지고 싶다. 하지만 용수가 나에게 준다는 말을 하지 않았기 때문에 나는 기다릴 거다."

그러나 이런 종류의 억제는 지적 성숙과 정서적 성숙을 요구한다. 우리가 아무리 본보기를 잘 보여준다고 해도 아주 어린 아이가 그것을 그대로 따라 하리라고 기대할 수는 없다. 하지만 아직까지 말을 잘 하지 못하는 아기에게 말하는 시범을 보이듯이, 우리는 취학 전 아이들이 그렇게 할 수 있을 때 하기를 원하는 바람직한 행동을 본보기로 보여줄 필요가 있다. 우리는 목표 달성을 위해 노력하면 영아와 걸음마기 아이들이 틀림없이 후일 사용을 위해 정보를 저장할 것이다.

⑤ 신체적 안전 유지하기

"네가 하는 대로 하지 말고 내가 말한 대로 하라"고 하는 것은 특히 안전 행동을 가르치는 데는 통하지 않는다. 부경아동센터의 모든 선생님들은 아이들에게 자신의 한 말과 일치되는 본보기를 보여주기 위해 가위를 전달할 때는 날카로운 부분을 아래로 향하게 할 것을 서로에게 상기시킨다. 그들은 또한 그네를 타고 있는 아이들에게 너무 가까이 다가가지 않도록 주의시킨다. 그리고 아이들과 함께 걸을 때는 안전하게 길을 건너는 시범을 보인다. 현장 견학을 위해 차를 탈 때는 아이들뿐만 아니라 교사도 안전 벨트를 맨다.

사례 6-8

 오 선생님은 자신이 의자를 사용하지 않을 때는 항상 책상 안으로 의자를 밀어 넣어 둔다. 의자를 밀어 넣어두는 것은 자신의 학교에서 중요한 안전 수칙이다. 이 수칙은 소방 훈련의 통로 확보를 위한 것일 뿐만 아니라 아이들이 의자에 걸려 넘어지는 것을 방지해 준다. 선생님은 자신이 직접 본을 보임으로써 아이들이 안전 수칙을 내면화 하도록 돕는다.

조 선생님은 어느 날 유아들이 하는 극놀이를 보고 성인 모델의 영향력을 확신하게 되었다.

사례 6-9

 몇몇 아이들이 놀이터에서 가상 보트 놀이에 열중하고 있었다. 영아는 연극 소도구로 기부된 구명조끼를 가지려 달려갔다. 영아가 철규와 영호에게 그것을 건네주자, 그들은 영아를 비웃으면서 말했다. "우리는 아빠야? 아빠는 그런 거 입지 않아." 이 아이들은 가족이 보트 여행을 갔을 때 그들의 아버지들이 자녀들과는 달리 구명조끼를 입지 않았던 것을 분명히 기억하고 있었던 것이다.

아이들이 안전 규칙을 지키길 원한다면, 어른들도 규칙을 따른다는 것을 아이들에게 보여주어야 한다.

(2) 지적 위험 감수하기

교사는 위험 감수를 위한 역할 모델이 될 수 있다(Hyson, 2008). 왜 교사는 아이들이 위험을 감수하라고 장려하는가? 여기서 위험이라는 것은 신체적인 것이라 지적인 것이다. 지적 위험은 그것이 통하는지 아닌지를 알아보기 위한 아이디어나 가설을 탐색하는 것과 관련이 있다. 과학 분야에서 말하는 지적 위험은 가설을 만들고 검증하는 것을 의미하고, 예술 분야에서 말하는 지적 위험은 창의성을 의미한다.

① 왜 성가셔 하는가?

위험을 감수한다는 것은 학습 과정의 필수적인 부분이며 매우 바람직한 행동이다. 만약 사람들이 개념을 생각해 보고 자신의 아이디어를 검증해 보려 하지 않는다면, 그들은 단지 다른 사람들이 사실이라고 말한 것을 암기할 수 있을 뿐이다. 그러한 암기 학습은 교육의 매우 제한적인 단면이다. 이런 식으로만 학습을 한 사람은 결코 세계의 지식을 확장시켜 나가지 못한다. 역사적으로 위대한 과학자, 수학자, 작곡가, 예술가와 문명화에 심대한 영향을 끼친 사람들은 주어진 현재 상황에 의문을 제기하는 위험을 감수한 사람들이었다.

어떤 사람들은 스스로 생각하지 않는 아이일수록 다루기가 더 편하다고 주장한다. 그들은 아이들에게 위험을 감수해 보도록 하는 것이 훈육 문제를 증가시킬 것이라고 주장하기조차 한다. 결론적으로 어른이 강요하는 규칙에 대하여 공정성 문제를 제기하는 아이가 정말 골칫거리라는 것이다. 하지만 당신은 그러한 논쟁을 가치 있는 것을 가르치는 잠재력을 가진 도전이라 생각할 수도 있다. 이러한 주장에 대해 어떻게 생각하는가? 아이들에 대한 당신의 목표에 대한 결정과 관련지어 생각해 보라. 이 책의 저자인 우리는 지적·도덕적 자율성에 그 목표를 두고 있으므로 아이들이 지적 위험을 감수하고 스스로 생각할 수 있도록 격려하고자 한다.

우리는 당신이 순응보다는 자율성을 위한 가르침이 생활지도와 훈육을 더 어렵게 하는 것이 아니라 더 쉽게 한다는 것을 당신이 알게 될 것이라 믿는다. 아이들 스스로 책임감 있는 선택을 할 수 있도록 이끌어주었을 때, 당신은 혼자 모든 규칙을 만들고 아이들에게 그것을 지키도록 강요하는 일을 하지 않아도 된다. 이에 덧붙여, 지적으로 스스로 생각하도록 도전받은 아이들은 배움에 대하여 흥미를 느끼는 경향이 있다(Hyson, 2008). 또한 자신의 가설을 탐구해감에 따라, 아이들은 학급 경영의 임무를 더욱 쉽게 만들어 주는 자기 주도적이고 자기 동기화된 학습자가 된다. 교사는 학급에서의 경찰관의 역할로부터 해방되며, 일방적인 교육 안내자와 학습 촉진자의 역할로부터 자유로워진다.

② 어떻게 그것을 할 수 있나?

교사는 위험 감수하기의 본을 어떻게 보여줄 수 있을까? 첫 번째 단계는 실패와 실수의 두려움을 다루는 것이다. 이러한 두려움은 새로운 아이디어의 시도를 방해하는 심각한 장애물이다(Dweck, 2007). 오 선생님은 자신이 했던 모든 실수를 아이들이 주목하도록 함으로써 이 단계를 시작했다. 선생님은 새로 산 산악자전거에서 떨어진 일과 같은 실패를 아이들과 자유롭게 공유한다. 선생님은 사람에게 일어나는 자연스러운 실수들 때문에 스스로를 과소평가하지 않는다. 오히려 그러한 실수를 수용하는 것을 보여준다. 만약 책이나 필요한 교수를 어딘가에 잘못 놓아두었다면, 선생님은 이렇게 말할 것이다. "나는 블록 만드는 것에 몰두하느라 오늘 이야기 시간에 사용할 책을 어디에 두었는지 도무지 기억이 나질 않네요. 그것을 찾을 수 있도록 도와주실래요?" 그런 후에 선생님은 아마도 아이들이 무엇인가를 놓아두고 그것이 어디에 있는지를 잊어버렸던 경험을 솔직히 드러내도록 하는 데 이 상황을 사용할 것이다. 오 선생님이 자신뿐만 아니라 아이들의 망각에 대해서도 수용하는 것은 아이들이 이러한 수용을 배울 수 있게 하는 중요한 본보기가 된다. 교사가 위기감수의 본보기가 되는 것은 아이들 자신의 학습 경험의 한 부분으로서도 중요하다.

사례 6-10

 부경 초등학교에 러시아 사람들이 방문할 예정이었다. 교내에 러시아어를 조금 아는 사람이 있어서 김 선생님은 그를 학급에 초대하여 기초적인 러시아 인사말을 배우고자 하였다. 전에 한 번도 들어본 적이 없는 언어여서 오 선생님은 당연히 아이들과 함께 초보단계에서 시작하였다. 첫 번째로, 그는 어떻게 자신의 이름을 소개하는지 가르쳐주었다. "내 이름은..." "멘야 쟈보트." 그러자 선생님이 다음과 같이 따라했다. "메니 조트." 그가 다시 반복했다. "멘야 쟈보트." 선생님은 웃으며 그것을 따라 하려고 애를 썼다. "멘야 쟈보트?" 그러자 아이들도 킬킬대며 웃기 시작했다. 선생님은 "발음하기가 어렵네." 라는 말과 함께 자신을 솔직히 인정하며 아이들에게 함께 해보자고 말했다. "도와 줄 수 있니?" 아이들의 민감한 귀는 소리의 뉘앙스를 재빠르게 잡아냈고, 얼마 지나지 않아 모두가 다 이렇게 말하고 있었다. "멘야 쟈보트 유리. 멘야 쟈보트 민규." 마침내 선생님도 그것을 완전히 습득했다.

③ 위험 감수하기와 학업

손 선생님은 위험 감수가 아동의 쓰기 능력 향상과 특히 관련이 있다고 믿는다. 연구에 의하면, 글자와 발음에 대한 학습은 아이들이 자신이 갖고 있는 쓰기와 철자에 대한 가설에 기초할 때 가장 잘 이뤄진다고 한다(예; Kamii & Kato, 2006). 그렇기 때문에 손 선생님은 아이들이 "아이들 식으로 쓰기(kid writing)" 또는 "지어낸 철자(invented spelling)"을 통하여 자신만의 생각을 발산할 수 있도록 격려한다. 이러한 접근은 위험 감수하기와 관련이 있다. 어떤 아이들은 스스럼없이 자기 식으로 쓰기를 하는 반면에 어떤 아이들은 잘못된 문자나 철자에 대한 두려움 때문에 주저한다. 어떤 아이들은 위험을 감수하는 반면 어떤 아이들은 그러질 않는다.

두려움이 없는 아이들은 여러 장을 휘갈겨 쓴다. 그것에는 자신이 암기하고 있는 몇 단어(예; 자기 이름, 엄마, 아빠, 사랑해)가 포함되어 있다. 그들은 자신이 쓴 글에 대하여 모든 사람들에게 자랑스럽게 이야기한다. 곧 이러한 아이들은 어떤 단어가 어떻게 발음되는지에 대한 상이한 아이디어를 시도하면서, 자신의 소리와 상징 가설에 진전을 보인다(Fields, Groth, & Spangler, 2008). 실패를 두려워하는 아이들은 학습하는 과정에서 방해를 받을 수 있다(Dweck, 2007).

사례 6-11

 경아는 오 선생님 반에 얼마 전에 오게 되어, 베껴 쓰기를 제외한 어떠한 쓰기활동도 하지 않았다. 경아는 실수에 대한 강한 두려움에 사로잡혀 주어진 시간동안 아무것도 하지 않았다. 선생님이 "자기 식으로 써도 괜찮단다."라며 경아를 격려해 주었을 때, 경아가 엉겁결에 말했다. "만약 그것조차도 엉망이면 어떻게 하죠?" 선생님은 경아를 안심시키기 위해 노력했지만, 경아가 자신을 글로 표현하려는 시도를 할 용기를 갖기까지 시간이 좀 걸릴 것이라는 것을 알게 되었다.

한 분야(예컨대 쓰기)에서 완벽해야 한다는 생각은 다른 분야에 영향을 주어 학습에 방해가 될 수 있다. 어떤 아이들은 개방적 학습과제가 주어졌을 때, 항상 누군가가 자신에게 "옳은" 답을 보여주기를 기다리며 스스로를 예술적 창조성이 없다고 생각한다. 어떤 아이들은 같은 책을 여러 번 읽는데, 그 책을 좋아해서 그러는 것이 아니라 그 책에 나오는 모든 단어를 알고 있고 그러한 책을 읽는 것이 안전하다고 생각하기 때문이다. 이런 아이들은 그들의 불완전한 점을 수용하고 어려움에 직면해서도 굴하지 않는 용기

를 보여주는 교사가 절실하게 필요하다(Sharapan, 2015). 아이들은 학습 과정에서 하게
될 수도 있는 실수를 좀 더 편안하게 받아들이는 데 도움이 필요하다(Dweck, 2007). 그
들은 효과적이고 자기 주도적인 학습자가 되기 위해 그러한 도움을 필요로 한다.

3 효과적인 역할 모델

사회적 모방 행위는 우리로 하여금 우리의 행동과 다른 사람의 행동을 맞추도록 만
든다(Byrne, 2005). 물론 우리는 우리가 보는 모든 행동을 중요한 다른 사람의 그것과
맞추려고 하지는 않는다(Byrne, 2005). 역할 모델은 아이들이 존경하는 사람일 때 가장
효과적이다. 즉 역할 모델이 그들에게 중요하고, 영향력이 있고, 양육적인 사람일 때
가장 효과적이다(Rakoczy, Hamann, Warneken, & Tomasello, 2010). 어린 아이들은 성별
에 구분 없이 도움이 되고, 부드럽고, 따뜻하고, 활동적이고, 성실하고, 용감하고, 확신
에 차있고, 행복하고 좋은 사람을 존경한다(Shayla-Holub, Tisak, & Mullins, 2008). 이러
한 믿음은 어린 아이들을 대상으로 일을 하는 당신에게 무거운 책임을 부과한다. 기회
를 포착해라! 점점 성장해감에 따라 아이들은 어른들을 자신의 본보기로 덜 삼게 되며,
자신이 닮고 싶어 하는 또래 친구들을 본보기로 더 삼는다.

(1) 자신과 비슷한 사람

역할 모델과 동일시하는 능력은 모든 연령의 사람에게 중요하다. 저명한 발달 이론
가인 에릭슨(Erikson, 1963)은 역할 모델은 아이들이 자신의 문화와 사회를 이해하기 위
한 기제로 작용한다고 생각했다. 앞서 논의한 바와 같이, 아이들은 어떤 면에서든 자신
과 유사한 사람을 더 닮고 싶어 한다. 교사는 자신의 흥미나 감정이 그들과 비슷하다는
것을 말해줌으로써 아이들에게 유사성을 강조할 수 있다. 예를 들어, 성희가 가장 좋
아하는 색깔은 자주색이다. 경화는 자신이 가장 좋아하는 색깔도 자주색임을 성희에게
가르쳐 준다. 연규와 용호는 같이 이야기를 나눌 수 있는 애완용 개를 둘 다 키우고 있
다. 연우는 틀림없이 애완용 개에 대해 물을 것이다.

나이가 많은 아이들은 종종 같은 연령대의 타인을 모델로 삼는 경우가 있다. 같은
성별과 문화를 가진 모델 역시 그들의 유사성 때문에 중요하다(Grace, David, & Ryan,

2008). 교사와 모국어가 다르거나 피부색이 다른 아이들은 교사에게서 받을 수 있는 모델로서의 이점이 적다(Derman-Sparks et al., 2015). 이런 상황이 생겼을 때, 교사는 아이들로 하여금 자신과 아이들의 비슷한 다른 측면을 인식하도록 돕는 것이 중요하다. 다양한 문화적 배경을 가진 교사와 보조교사를 채용하는 이유 중의 하나는 모든 아이들에게 그들과 유사한 역할 모델을 제공하기 위해서이다.

(2) 닮고 싶은 사람

아이들이 당신과 같은 사람이 되고 싶어 한다면, 당신은 효과적인 역할 모델이 되기가 쉬워진다(Hyson, 2004). 이것은 아이들이 당신을 재미있고 즐거운 사람으로 볼 필요가 있다는 것을 의미한다. 그것은 또한 아이들과 긍정적인 관계를 가진다는 것을 의미한다. 아이들이 당신을 좋아하기 때문에 당신처럼 되고 싶어 하는 것이다.

① 미디어 모델

기술의 교육적 사용과 아이들의 학습 동기와 흥미 증진에 있어 그것의 중대한 역할을 인정한다 할지라도, 기술이 사용되는 방식과 아이들에게 노출되는 내용에 대해 우리는 염려한다(Lerner, 2015). 아이들은 종종 미디어에서 보는 스포츠 스타나 연예인 또는

영웅은 어린 아이들의 역할 모델 유형 중 하나이다.

초인적인 영웅이 되고 싶어 한다. 상품을 파는데 인기인들을 동원하는 기업들은 이러한 점을 이용하여 이익을 얻으려고 한다. 광고는 영향력이 아주 클 수 있으며 불행하게도 아동을 대상으로 한 광고가 늘어나고 있다. 어린 아이들이 광고자의 의도를 이해할 수 없기 때문에 특히 영향을 받기 쉽다(Baiocco, D'Alessio, & Laghi, 2009). 아이들이 게임, 옷, 음식, 특히 장난감을 사도록 설득하는 역할 모델이 넘쳐나고 있다(Rogers, 2009).

아이들에 대한 미디어의 강력한 영향, 특히 태블릿 및 스마트폰과 같은 모바일 플랫폼의 확산과 관련된 또 다른 문제점이 있다. 우리 문화에서 아이들이 8세가 되면 하루에 8시간 정도를 다양한 미디어를 하면서 보낸다(American Academy of Pediatrics, 2013). TV, 영화, 유튜브, 비디오 게임은 좋은 본보기가 되려는 우리의 노력의 효과를 상쇄할 수 있는 강력한 역할 모델을 제공한다(Levin & Kilourne, 2009; Skidmore, Dede, & Moneta, 2009). 아이들은 미디어에서 보는 모델을 흉내 냄으로써 전체 행동 패턴을 익히게 된다(Wilson, 2008). 이런 역할 모델 중 일부는 바람직한 행동을 보여준다. 하지만 너무 많은 모델이 무례하거나 난폭한 행동을 포함한 바람직하지 않은 행동을 보여준다. 그리고 이런 행동은 웃음이나 출세로 보상을 받는다. 비꼬는 표현이 유머러스하고 재미있는 것으로 제시되면, 쉽게 외부의 영향을 받는 어린 아이들은 이것이 바람직한 상호작용 방식이라 믿게 된다(Wilson, 2008). 명희가 자신이 제일 좋아하는 TV 프로그램에 나오는 10대 스타의 태도와 움직임을 모방하기 시작할 때, 그것은 가정에서 뿐만 아니라 학교에서도 문제를 야기한다. 명희의 선생님과 면담 후에, 부모와 담임교사는 명희의 TV시청을 좀 더 세심하게 모니터링하기로 결정했다.

② 폭력 모델

무례함은 바람직하지 않다. 하지만 폭력적인 역할 모델은 더 심각한 문제이다. 영웅과 만화 및 비디오 게임 캐릭터의 영향에 대해 가장 크게 염려하는 것은 아이들이 자신이 본 난폭한 행동을 그대로 모방할 수 있다는 것이다.

미국 소아과 학회는 미디어를 통해 아이들에게 노출되는 것에 대한 세심한 감시를 촉구한다. TV, 음악, 비디오 게임, 영화에 나오는 폭력이 아이들을 보다 공격적이고, 공포심을 갖게 하고, 타인을 존중하지 못하게 하며, 폭력의 영향에 둔감하게 만들 수 있다는 것은 명백해 보인다(www. truceteachers.org.n.d.). 미국유아교육학회(The National Association for the Education for Young Children)와 조기 학습과 아동 미디어를 위한 프레드 로저스 센터(Fred Rogers Center for Early Learning and Children's Media: 2012)는 기술과 상호작용 미디어에 대해 얼마나 많은 아이들이 보는지, 무엇을 보는지, 화면을 사용할 때 그들이 무엇을 하는지에 대해 주의를 촉구하는 공동 성명서를 발표했다. 아이들은 TV, 디지털 게임, 태블릿, 스마트폰 등을 포함한 수 없이 많은 화면에 노출되어 있다. 그리고 이러한 기기는 계속 진화하고 있다. 이런 현실을 고려할 때, 미디어는 정말 영향력이 크다.

불건전한 아동 오락에 저항하는 교사 모임(TRUCE: Teachers Resisting Unhealthy Children's Entertainment))과 같은 조직이 TV나 장난감에서 폭력과 관련된 것을 없애려고 활발하게 활동하고 있다(www.TRUCE.org). 아동을 상업성에서 해방시키기 위한 캠페인(CCFC: Campaign for a Commercial Free Childhood)을 포함한 다른 조직체들도 아동을 대상으로 한 마케팅에 대항하는 활동을 구체적으로 벌이고 있다. 이와 비슷한 목적을 가진 단체는 인터넷에서 쉽게 찾을 수 있다.

아이들은 자신이 본 폭력 장면을 종종 놀이에 적용시킨다. 이것은 아이들이 무언가를 보았을 때 그것을 처리하는 방식이다. 폭력과 안전에 대한 학급 규칙을 정하는 것은 필수적이다. 그러나 폭력적인 놀이가 발생했을 때, 교사는 아이들이 자신이 본 것을 통해 무언가를 배우도록 도움을 줄 수 있는 좋은 기회를 갖게 된다. 아이들이 좋아하는 영웅을 흉내 낼 때, 우리는 이것을 환상 대 현실과 폭력의 영향에 대해 논의할 수 있고, 남에게 도움이 되고 영향력이 있다고 느끼는 것에 대한 긍정적인 이미지를 지원할 수 있는 기회로 사용할 수 있다(Levin & Kilbourne, 2009). 스크린에서 본 영웅이 하는 행동을 모방하는 대신에, 당신은 아이들이 그들만의 영웅 놀이를 위한 시나리오를 개발하도록 장려할 수 있다(De-Souza & Radell, 2011). 이것은 아마도 진정한 영웅주의와 우리의 행동이 타인에게 어떻게 영향을 미치는지를 토의할 수 있는 좋은 기회가 될 것이다. 어떤 아이들은 자신이 실제 경험했거나 관찰한 폭력 때문에 공포심을 가질 수 도 있다. 어떤 사례에서는 폭력을 기꺼이 논의하고자 하는 당신의 개방성이 두려움 때문에 괴로움을 겪고 있거나 실제로 위험에 처해 있는 아이들을 당신이 돕도록 허락할 것이다.

(3) 미디어의 영향과 싸우기 위해 가족과 협력하기

부모들이 자녀의 미디어 활동을 감독할 때, 그들은 아이들이 본 것을 이해하도록 도울 수 있다. 그러므로 교사는 부모와 보호자들이 그들과 자녀와 광고와 미디어의 내용에 대해 이야기를 나누고, 교육적 대안을 제공하도록 장려해야 한다(Fred Rogers Center, 2012). 아이들은 그들이 TV에서 본 것과 달리 대부분의 사람들은 실제로 무기를 가지고 다니지 않는다는 것을 알 필요가 있다. 대부분의 사람들은 폭력을 회피하고 자신의 의견을 타인에게 강제하는 대신에 불일치하는 점에 대해 이야기를 나눈다. 아이들이 실 생활과 TV에서 마주쳐야 하는 긍정적·부정적 행동에 대해 생각하고 분석하도록 돕는 것은 어른들이 책임이다(Bleakley, Romer, & Jamieson, 2014). 아이들은 긍정적인 행동을 배우는 만큼 쉽게 모델로부터 부정적인 행동 패턴을 배운다.

아주 어린 아이들을 스크린 미디어에 노출시키는 것은 그들의 전반적인 발달에 해로울 수 있다. 미국소아과학회는 2세 이전에는 어떤 전자 미디어에도 노출되지 않기를 권장한다. 문제는 미디어 사용이 어린 아이들이 배우는 실제 방식인 놀이와 성인과의 상호작용을 하는데 보내야 할 시간을 빼앗아간다는 것이다. 전자 장난감조차도 아이들의 학습에 해가 될 수 있다. 그러나 버튼을 눌러 말을 하고 소리를 내고 움직이고 하지 않는 장난감을 발견하기 어렵다.

그러므로 영아와 걸음마기 아이를 위한 프로그램은 어떤 스크린 시간도 제공해서는 안된다. 2세 이상의 아이의 경우에는 주당 30분을 넘어서는 안 된다(White House Press Release, 2011). 덧붙여, 영아와 걸음마기 아이를 위한 프로그램은 아이들을 위해 수행하는 장난감 대신에 아이들의 신체적·정신적 활동을 장려하는 장난감을 제공해야 한다. 유아 교사는 영아로부터는 스크린 시간을 제거하고, 2세 이상의 아이의 경우에는 가정에서의 스크린 시간을 주당 2시간 이내로 제한하기 위해 부모와 협력할 수 있다.

미디어의 영향에 관한 토론을 촉진하고 부모와 아이들이 신중하게 매체를 선택할 수 있도록 돕는 자원들이 있다(Takeuchi, 2011). 워크숍이나 부모를 위한 뉴스레터는 이러한 메시지를 전달할 수 있는 아주 좋은 방법이다. TRUCE 웹사이트는 가정으로 보낼 수 있는 유용한 자료(예; 미디어가 아이에게 미치는 영향에 대한 놀라운 통계치)를 제공해 준다. 이 자료는 또한 해로운 영향을 줄 가능성이 있는 매체에 대한 가족 토론을 위한 제언도 해 준다. 교사는 또한 폭력 미디어와 건강하지 못한 광고와 연계되어 있는 구체적인 인물들이 그려진 장난감보다는 상상력을 펼 수 있도록 하는 개방적인 장난감을 아이들이 사용하도록 권장한다. 우리 모두는 아이들이 부정적인 영향에 노출되는 양을 줄이기 위해 함께 협력할 수 있다.

4 결론

당신이 긍정적인 본보기를 보여주면 아이들은 긍정적인 행동을 더 많이 하게 될 것이다. 당신이 아이들과 서로 배려하는 관계를 맺고 있다면, 아이들에 대한 당신의 존중과 공정함의 본보기는 아이들이 다른 사람을 대할 때 그대로 반영될 수 있을 것이다. 교사가 어떻게 자신의 감정을 조절하고 타인의 감정을 다루는가는 아이들이 자신의 감정을 다루는 방법에 영향을 주게 될 것이다. 당신이 보여주는 배려와 친절은 어린 아이들에게 지속적인 영향을 줄 것이다. 또한 새로운 기술을 습득하고 새로운 아이디어를 시도하는데 주저하지 않는 모습을 아이에게 보여준다면, 아이 역시 새로운 기술과 아이디어를 용감하게 시도할 것이다. 당신이 실제로 책임감 있고 좋은 안전 습관을 아이에게 보여준다면, 당신이 그러한 주제로 강의를 할 때보다 아이들은 수업에 더 집중하게 될 것이다. 교사는 성인으로서 어린 아이들에게 강력한 영향을 미칠 수 있다. 교사는 자신이 하는 모든 행동을 통해서 아이들을 가르치고 있는 것이다.

5 요약

- 대부분의 인간 행동은 다른 사람, 특히 자신이 닮고자하는 하는 사람의 행동을 관찰함으로써 학습된다. 이 과정을 모델링이라고 한다. 상호작용을 위한 바람직한 모델은 당신이 모방하고 싶은 모델이다. 아이들이 다른 사람을 배려하고 자신의 감정을 생산적인 방법으로 표현하도록 하고 싶으면 당신이 보여준 본보기와 아이들에게 노출된 다른 본보기를 확인해 보라.
- 아이들은 행동을 모방할 것이기 때문에, 당신은 자신이 말한 것을 실제로 수행하길 원할 것이다. 자전거를 탈 때 안전모를 착용하는가? 운전 중에 문자를 보내는가? 자신의 잘못과 어려운 과제를 어떻게 다루는가? 그것이 아이들이 모방하기를 원하는 방식인가?
- 효과적인 역할 모델은 아이가 관계하고 닮고 싶은 누군가이다. 그러나 아주 효과적인 역할 모델이 바람직하지 않은 태도와 행동을 가르칠 수도 있다는 것을 명심해라.

6 논의 및 숙고

1. 일상생활에서 자신의 감정을 어떻게 표현하는지 스스로를 분석해 보라. 자신이 신뢰하는 친구나 가족들에게 공포나 외로움을 표현할 수 있는가? 분노 표현으로 다른 부정적인 감정을 감추려는 경향이 있는가? 아이들을 위한 본보기가 되기 위해 자신의 감정을 효과적으로 표현하는 능력을 기르는 것이 필요하다고 생각하는가?

7 현장 활동

2. 함께 시간을 보낸 어린 아이들과 어른들을 관찰해 보라. 어른들이 설정해 놓은 본보기를 아이들이 모방하는 방식을 기록하라.

3. 아이들이 다치거나 화가 났을 때 어른들이 어떻게 반응하는지를 주목하라. 그들은 아이들의 부정적인 감정을 부인하는가 아니면 수용하는가? 신체적·정서적 고통을 느끼지 않도록 하려는 시도로 어른들이 아이들의 주의를 분산시키는가? 당신이 일상적으로 하는 반응은? 아이의 고통에 반응하는 새로운 방식을 배울 필요성을 느끼는가?

4. 교사가 아동이 스스로 생각해 보도록 격려하거나 위축시키는 방식을 관찰해 보라. 교사 자신의 지적 자율성과 아이들의 지적 자율성을 격려하는 것 과의 관련성이 보이는가? 자신의 지적 자율성을 어느 정도라고 평가하는가?

5. 교사가 자신은 청소를 하지 않고 아이들에게 시키기만 하는 학급과 교사가 아이들과 함께 청소를 하면서 청소를 잘 하는 방법을 보여주는 학급과의 차이를 관찰해 보라.

8 추천도서

Coloroso, B. (2011, Spring). Bully, bullied, bystander . . . and beyond: Help your students choose a new role. *Teaching Tolerance, 39*, 51~53.

Darling-Kuria, N., & Bohlander, A. H. (2014). Promoting social-emotional development: Helping infants learn about feelings. *Young Children, 69*(3), 94~95.

De-Souza, D., & Radell, J. (2011). Superheroes: An opportunity for prosocial play. *Young Children, 66*(4), 26~31.

Lerner, C. (2015). Screen sense: Making smart decisions about media use for young children. *Young Children, 7*(1), 102~103.

Milner, H. R. (2010). *Start where you are, but don't stay there: Understanding diversity, opportunity gaps, and teaching in today's classroom.* Cambridge, MA: Harvard University Press.

Shaw, N. (2011). Combating anti-Muslim bias. *Teaching Tolerance, 39*, 34~37.

Teaching Tolerance. (1997). *Starting small: Teaching tolerance in preschool and the early grades.* Montgomery, AL: The Southern Poverty Law Center.

❧ 제 7 장 ❧
효과적인 훈육을 위한
의사소통 전략

학습 목표

- 왜 아이들이 경청하지 않는지를 설명하는 의사소통의 걸림돌을 확인할 수 있다.
- 아이들이 당신의 말을 경청하도록 하는 방식으로 의사소통하는 법을 기술할 수 있다.
- 무엇이 남의 말을 잘 들어주는 사람으로 만드는지 설명할 수 있다.
- 아이들이 갈등을 해결하도록 교사가 어떻게 지도할 수 있는지를 보여줄 수 있다.

당신이 아이였을 때 당신의 부모나 교사가 아래와 같이 말한 적이 있는가?

"애야, 공부해라."

"애기처럼 행동하지 마."

"너 참 착하고 귀엽네."

"이걸 다 하지 않으면 휴식시간은 없어."

"너 참 버릇이 없구나."

"다 잘 될 거야; 그냥 기다려 보자."

"네 그림 참 예쁘네."

"괜찮아. 울 이유가 없잖아."

"너 태도 좀 고쳐야겠어."

아마도 당신은 아이들에게 이런 말을 반복적으로 했을 것이다. 이 장에서는 그런 말이 어떻게 의사소통에 방해가 되고, 아이들의 행동이 악화되는 결과를 낳으며, 아이들에게 대한 당신의 영향이 부정적이 되는지에 대해 살펴 볼 것이다. 토마스 고든(Thomas Gordon, 2000, P.53)은 자신이 지은 훈육서인 「부모효율성훈련」에서 이런 유형의 말을 "의사소통의 걸림돌"이라고 불렀다.

많은 부모와 교사들은 이런 비생산적인 방식으로 의사소통을 하면서 성장해 왔고, 자식이나 아이들과 이야기를 할 때 그런 말을 무의식적으로 사용한다. 이렇게 함으로써 어른들은 자신과 아이들 사이에 벽을 쌓게 된다. 효과적인 의사소통에 대한 지식은 이런 관계를 엄청나게 변화시킬 수 있다. 부부 관계, 친구 관계 또는 직장 동료 관계를 향상시키는 의사소통 전략은 성인과 아동간의 관계를 향상시키는 데도 그대로 사용될 수 있다. 존중하는 관계는 효과적인 의사소통의 기초가 되고, 효과적인 의사소통은 효과적인 훈육의 본질적인 부분이다.

이 장은 당신에게 아이들과 보다 나은 관계를 구축하고, 보다 긍정적인 의사소통을 하게 함으로써 아이들의 행동을 보다 효과적으로 지도하는 도구를 제공한다. 이 책 2부의 각 장은 생활지도와 훈육 방법을 검토한다. 각 방법은 3부의 행동 문제의 원인과 연결된다. 당신이 효과적인 의사소통의 모범을 보여주고 아이들에게 의사소통 기술을 직접 가르치는 것은 아이들이 다른 아이들과 잘 지내는 방법을 배우는 데 도움이 된다.

당신과 아이들이 이 장에서 다루는 지침에 따라 말하고, 듣고, 차이를 협상하게 되면 당신의 교실은 보다 평화로운 장소가 될 것이다.

1 왜 아이들은 경청하지 않는가

어른들은 자주 아이들이 자신의 말을 잘 듣지 않는다고 불평하면서 왜 그러는지 이유를 모르겠다고 말한다. 그 이유가 자신에게 있을지도 모른다고 생각하는 어른은 거의 없다. 아래 상황에 대해 생각해 보라.

- 당신이 방금 철수에게 웅덩이를 조심하라고 경고를 했는데도 철수는 지금 웅덩이 한 가운데에 들어가 물을 튀기고 있다.
- 수학 활동을 위한 지시를 3번이나 했는데도 아이들이 당신에게 와서 어떻게 하느냐고 묻는다.
- 당신이 아이들에게 "그렇게 하지 말라고 내가 몇 번 말했지?"라고 말하는 것을 듣고 있다.

당신이 이런 상황에 처한다는 것은 당신이 아이들에게 말하는 방식이 비효과적이라는 것을 나타내 주는 것일 수 있다. 물론 당신이 어떤 말을 하더라도 철수가 웅덩이에서 나올 것이라고 확신할 수는 없다. 하지만 성공률은 높일 수 있다. 당신이 아이들에게 어떻게 말하느냐 하는 것은 당신의 말에 대한 아이들의 경청 여부에 큰 차이를 낼 수 있다.

(1) 비난과 잔소리

사람들이 듣기 불쾌한 것에 귀를 기울이지 않는다는 것은 크게 놀랄 일이 아니다. 불쾌한 것에 등을 돌리는 것은 자연스런 자기보호기제 같은 것이다. 그럼에도 불구하고, 많은 교사와 부모들은 자신의 계속되는 잔소리에 아이들이 귀를 기울이지 않을 때 당황한다. 어른들은 가르침의 형태로 자주 상기시켜주거나 교정하는 것을 생각한다. 의도는 가르치는 것이 확실하다. 그러나 가르치는 것이 무시된다면, 그 가르치는 방법은 명백히 효과가 없다.

  나이에 상관없이 누군가가 자신이 얼마나 나쁘게 행동해 왔는지를 말하는 것을 듣고 싶어 하는 사람은 거의 없다. 마찬가지로, 아무도 이기주의자나 고자질쟁이와 같은 불명예스런 이름으로 불리는 것을 원치 않는다. 또한 대부분의 사람들은 자신이 어떻게 행동해야 한다고 말하는 것을 들을 때 짜증을 낸다. 당신의 행동의 원인을 분석하는 선의로 한 말이 아마도 당신을 가장 화나게 할 것이다. 아이들 역시 사람임을 기억하라. 그리고 아이들이 당신의 말에 귀 기울이도록 하고 싶으면, 귀를 기울이지 않도록 하는 방식으로 아이들에게 이야기 하지 마라. 다음 상황에서 당신의 기분이 어떠할지에 대해 생각해 보라.

사례 7-1

 당신은 직장에 늦었고 그것 때문에 지금 기분이 엉망이다. 끔찍한 아침이었다. 잘못될 수 있는 모든 것이 잘못 되었다. 자명종은 울리지 않았고, 오늘 입기 위해서 전날 밤에 세탁해서 건조기에 넣어두었던 옷은 채 마르지 않았고, 버스 정류장에 도착하자마자 버스는 떠나버렸다.
  마침내 직장에 도착했다. 좌절했고, 배도 고팠으며, 복장도 단정하지 못했다. 상사가 지난 달에도 한번 늦었다고 지적하면서 사려 깊지 못하다고 말한다. 상사는 계속해서 당신의 경솔함에 자신이 얼마나 실망했는지를 말하면서 당신이 규칙을 지키는데 문제를 가지고 있을지도 모른다는 암시를 했다. 상사는 당신에게 시간을 지키는 것의 중요성에 대해 일장 연설을 하고는 끝을 맺었다.

  이 상사의 방법이 당신이 그 사람의 가르침에 마음의 문을 열도록 하는가? 당신은 그 사람의 말에 귀를 기울이고 그 사람으로부터 더 많은 것을 배우고 싶겠는가? 그것이 전체적으로 상사에 대한 당신의 감정에 어떤 영향을 주는가? 그 날 일에 대한 당신의 태도에 어떻게 영향을 주겠는가? 대부분의 사람들은 매우 화가 났을 것이고, 마음으로 그 상사를 무시했을 것이며, 그 결과로 일정이 더욱 나빴을 것이다. 그럼에도 불구하고, 많은 교사들은 규칙적으로 아이들에게 이런 식으로 말하고, 그 결과로 학생들의 행동이 개선되기를 기대한다. 고든(2000, p.124)은 이러한 행동을 "비방 메시지를 보내는 것"이라고 부른다. 아이들이 종종 그러한 메시지를 무시하는 것은 다행스러운 일이다. 왜냐하면 그러한 메시지는 자존감에 아주 해를 주기 때문이다.

(2) 명령하기

당신의 잘못에 대해 듣는 것이 불쾌하다는 것을 인식하는 것은 아주 쉽다. 그러나 왜 아이들 (그리고 어른들)이 무엇을 하고 어떻게 해야 하는지에 대해 듣는 것을 싫어하는지에 대해서는 아마 생각해 보지 않았을 것이다. 이러한 지시는 다른 사람의 아이디어와 능력을 존중하지 않는다는 것을 상대편에게 전달한다. 어떤 상황에서 당신이 그들이 해야 할 필요가 있는 모든 것을 말한다는 것은 그들이 스스로의 힘으로 문제를 해결할 수 있는 능력이 없다고 당신이 생각한다는 것을 그들에게 말하는 것이 된다. 고든(2000, p. 121)은 이러한 의사소통 방식을 "해결 메시지"라고 부른다. 이런 식으로 의사소통을 하면, 당신은 그 대가로 상대편으로부터 많은 협조를 얻지 못하게 된다. 대신 당신의 지시에 대해 저항을 불러일으킬 가능성이 더 많다. 더 큰 염려는 아이에게 미치는 장기 효과이다. 상대편을 경시하는 것은 자존감에 상처를 줄 뿐만 아니라 자율성을 향한 성장을 방해한다. 당신이 그들을 대신해서 문제를 해결해 주었을 때, 아이들은 자신의 해결책을 신뢰하지 못하게 된다. 당신은 건강하지 못한 의존을 만들고 있는 것이다.

사례 7-2

> ✃ 지혜는 풀이 나오게 할 수 없었다. 지혜는 디스펜서의 끝을 돌린 다음, 입으로 뚜껑을 물고는 할 수 있는데 까지 세게 뚜껑을 돌렸다. 마침내 지혜는 뚜껑을 열었고, 콜라주 위에 풀을 짰다. 풀이 즉시 나오지 않자, 지혜는 풀을 흔들었다. 풀이 툭 튀어 나왔다. 지혜가 풀덩어리를 치울 최선의 방법에 대해 생각하고 있을 때, 박 선생님이 끼어들며 지시했다. "스펀지 가져와!" 지혜는 얼굴을 찡그렸다. 지혜는 먼저 마분지로 풀을 대충 치운 다음 스펀지로 마무리를 하려고 했다. 지혜는 왜 선생님이 사태를 어떻게 수습할 것인지를 스스로 결정하도록 내버려 두지 않는지 의아해 했다.

하임 기노트(Haim Ginott, 1965) 또한 아동생활지도의 고전인 『부모와 아이 사이(Between Parent and Child)』를 저술했다. 토마스 고든과 기노트는 어른들이 다른 어른들과 아이들에게 말하는 방식이 어떻게 다른지에 대해 논의했다. 이들은 많은 어른들이 아이들에게 말하는 방식(두목행세 하듯 말하거나 무례하게 말하는 방식)으로 친구나 지인에게 말하는 교사나 부모는 거의 없다고 지적한다. 아이들에게 종종 사용하는 무례한 용어로 어른에게 말을 한다는 것은 생각조차 못할 일이다. 만약 지혜가 어른이었더라면 교사가 그런 식으로 말했을까? 아마도 박 선생님은 이렇게 말했을 것이다. "필요하시다면, 제 탁자용 스펀지를 사용해도 좋습니다."

(3) 정직하지 않은 의사소통

어른에게 하듯이 존중하는 마음을 가지고 아이들에게 말하는 것은 도움이 되는 지도가 될 수 있다. 그러나 모든 연령대의 사람에게 자신을 표현하는 최선의 방법을 모르는 사람들이 많다. 누군가가 당신의 기분을 상하게 하거나 화나게 했을 때, 당신은 무례하거나 불쾌해 지는 것을 원치 않아 상대편에게 아무 말도 하지 않는 그런 사람인지도 모르겠다. 혹은 자신을 방어하기 위해 대담하게 큰 소리로 말하는 사람인지도 모르겠다. 화를 내지 않고 스스로를 방어하는 것은 어렵다.

만약 누군가가 당신에게 상처를 주거나 좌절시켰을 때 아무 말도 하지 않는다면, 당신의 분노는 쌓일 것이다. 당신의 진짜 감정을 나타내 주는 비언어적 의사소통은 부정적일 것이다. 표현되지 않는 감정과 해결되지 않는 갈등에 의해 당신의 관계는 손상을 입을 것이다. 이것은 관계를 맺는 정직한 방법이 아니다. 이러한 행동 모델을 제공하는 부모와 교사를 둔 아이는 본받을만한 본보기를 갖지 못하게 된다.

만약 당신이 화를 내면서 말하는 자신을 자주 발견하게 된다면, 당신은 아마도 진짜 감정을 숨기고 있는 것일지도 모른다. 화는 종종 이차 감정이다. 그것은 두려움, 상처, 또는 당황과 같은 일차 감정에서 나온다. 분노의 표현은 당신 자신의 감정을 인식함이 없이 다른 사람이 당신에게 한 행위에 초점을 둔다. 어떤 교사와 부모는 자신의 감정과 상처를 드러내는 것은 어른으로서의 자신의 역할과 양립할 수 없다고 생각한다. 그들은 진짜 감정을 표현하는 것은 나약함을 보여주는 것이고, 그들이 해야 할 일은 강함을 보여주는 것이라고 생각할 지도 모른다. 불쾌한 감정을 품고 있는 것과 마찬가지로 불쾌한 감정을 화로 표현하는 것 또한 관계에 손상을 준다. 그것은 정직하지 못한 것이고 따라서 좋지 못한 역할 모델이다.

어른은 두려움, 슬픔 또는 상처받기 쉬운 것과 관련된 다른 감정을 표현할 수 없다는 생각은 부정적인 행동과 부정적인 자존감이라는 결과를 가져다주는 힘에 기초한 권위주의적 훈육 방식과 관련되어 있다. 무적의 성인 역할은 또한 다른 식으로 장기적인 훈육 목표에 역효과를 준다. 우리는 자신의 감정을 건강한 방식으로 표현하는 아이들의 능력이 그들의 성인 역할 모델에 의해 어떻게 영향을 받는다는 것을 알고 있다. 이에 덧붙여, 상처받지 않는 성인 모델 또한 아이와의 진실한 관계를 방해한다. 왜냐하면 어른들은 자신의 진짜 자아를 드러내 놓지 않기 때문이다. 어른과 아이 간의 진실한 관계는, 또래들 간의 관계와 마찬가지로, 협력과 공감을 북돋운다. 이러한 특성은 좀 더 바람직한 행동과 명백히 관련되어 있다.

2 아이들에게 정중하게 말하기

당신의 개인적 욕구와 한계를 전달하는 것은 중요하다. 그것을 효과적으로 한다는 것은 아이에게 나쁘다는 꼬리표를 붙이거나 아이에게 변화하라고 명령하지 않고 당신의 감정 상태를 말한다는 것을 의미한다. 이런 식으로 당신은 자기 존중의 표현과 타인 존중의 표현 간에 균형을 잡을 수 있다. 고든(1970, 2000)은 당신 자신의 감정을 이렇게 단순하게 진술하는 것을 "나-전달법"이라고 불렀던 최초의 인물이다.

"나-전달법"은 문제가 당신에게 있을 때 적절하다. 여기서 문제가 당신에게 있다는 말은 현재 일어나고 있는 일이 당신을 화나게 한다는 것을 의미한다. 누군가가 그들을 귀찮게 할 때 아이들은 "나-전달법"을 사용하는 방법을 배울 필요가 있다. 간혹 혼란스러워져 모든 문제가 자신의 문제라고 가정하는 어른들이 있다. 이러한 견해는 아이들에게 "나-전달법"을 사용하여 자신의 감정을 표현하는 것을 가르치는 데 방해가 된다.

아이들은 정중한 태도를 보이는 어른의 말에 귀를 기울인다.

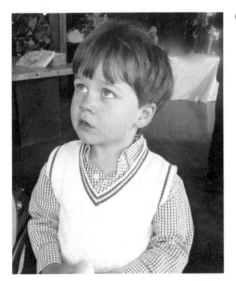

"너-전달법"과는 대조적으로, "나-전달법"은 다른 사람을 비난하거나 책망하지 않으며, 비방하는 내용도 포함하고 있지 않다. "나-전달법"은 또한 누군가에게 무엇을 하라고 말하지 않음으로써 "해결 메시지"를 피한다. "나-전달법"은 다른 사람의 행위보다는 당신의 욕구에 초점을 둔다. 따라서 사람들은 이런 식의 의사소통에 좀 더 귀를 기울인다. "나-전달법"은 논쟁이나 방어를 거의 야기하지 않는다. 고든(2000, PP. 129~130)에 의하면, 완전한 "나-전달법"은 세 가지 요소로 구성되어 있다.

① 수용할 수 없는 행동에 대한 진술
② 당신의 감정
③ 그 행동이 당신에게 미치는 구체적인 영향

우리는 여기에다 한 가지 요소를 더 추가한다.

④ 이 세 가지를 말한 후 멈춘다.

너무 많은 사람들이 "나-전달법"을 잘 시작했다가 아이들에게 어떻게 해야 한다고 말하거나, 아이에 대한 판단적인 또는 비난하는 언급을 추가함으로써 "나-전달법"을 망친다. 몇몇 사회적 기술 훈련 프로그램도 "나-전달법"을 가르칠 때 이런 실수를 한다. "나-전달법"를 사용할 때 어떻게 해야 함을 말하는 것은 실제적으로 다른 사람에게 행동을 변화시키는 방법을 말하는 것이 된다. 그것은 의사소통의 또 다른 걸림돌인 해결 메시지를 전달하는 것이다. 만약 문제와 그것의 원인을 말한 후 멈추지 않는다면, 청자는 개선을 위한 지시 사항을 듣는 것이 되고 부정적으로 반응하기 쉽다.

당신이 갖고 있는 문제의 본질만 전달하고 뒤로 물러나 아이들이 상황을 바르게 만들도록 해 주는 것이 보다 효과적이고 아이를 존중하는 것이다. 〈표 7-1〉은 효과적인 "나-전달법"의 예를 보여준다.

〈표 7-1〉 효과적인 "나-전달법"

상황	나-전달법	결과
오 선생님이 아이들에게 동화책을 읽어주고 있는 데 영주가 큰 소리로 친구에게 말을 하고 있다.	오 선생님이 영주를 보며 말했다. "선생님은 이 방이 너무 시끄러워 책을 읽을 수가 없어요. 너희들 모두가 다 들을 수 있도록 책을 크게 읽으면 선생님 목이 아플 거예요."	영주는 목소리를 낮추어야 할 이유를 알게 되었고 기꺼이 따랐다.
민 선생님이 초롱이가 부츠를 신는 것을 도와주기 위해 허리를 구부리고 있을 때, 길수가 뒤로 와서, 팔로 선생님의 목을 단단히 감고는 등에 매달렸다. 선생님은 뒤로 넘어질 뻔 했지만 길수가 자기에게 해를 끼치려고 한 것이 아니고 애정 표시로 그랬다는 것을 이해했다.	민 선생님은 최대한 차분한 목소리로 길수에게 말했다. "길수야! 네가 내 등에 매달렸을 때 선생님이 넘어지지나 않을까 걱정했단다. 그리고 이런 상태로는 초롱이가 부츠 신는 것을 도와줄 수가 없어."	길수는 선생님의 등에서 내렸다. 선생님은 초롱이가 부츠를 다 신자마자 길수에게 잠깐 동안 관심을 보여주었다.
성규가 교실의 벽화 그리기 작업을 열정적으로 하다가 그만 페인트를 카펫에 쏟았다.	오 선생님은 성규가 작업하고 있는 곳으로 가서 성규에게 말했다. "이 페인트가 지워지지 않을까봐 걱정이 되는구나. 페인트가 마르고 나면 더 그럴까봐 걱정되네."	성규는 페인트를 지우기 위해 스펀지를 가지고 왔고, 떨어진 페인트 방울을 흡수하기 위해 밑에 종이를 깔았다.

(1) 관계

"나-전달법"은 당신이 말하고 있는 사람이 당신의 기분이 어떠할지에 대해 실제적으로 관심이 있다는 것을 가정한다. 만약 당신이 정화와 서로 염려해 주는 관계를 구축하지 않았다면, 당신이 문제를 가지고 있다는 것을 정화에게 말했을 때 정화가 관심을 가질 것이라고 기대할 수 없다. 관계의 중심적 역할을 다시 상기할 필요가 있다. 피아제 (1965)는 상호 존중하는 관계를 도덕 발달의 기초로 보았다. 생활지도와 훈육을 효과적으로 하기 위해서는 당신이 돌보고 있는 아이와의 관계를 향상시켜야 한다.

앞의 예 [표 7-1]에서, 아이들은 잘못한 행동에 대해 자신을 방어하는 대신 교사의 염려에 대해 자유스럽게 생각했다. 아이들은 또한 그들이 어떻게 상황을 다시 옳게 할 수 있을지에 대해서도 자유롭게 생각했다. 당신은 오 선생님이 성규에게 문제를 해결하기 위해 어떻게 해야 한다고 말하지 않고 성규가 스스로 문제에 대한 해결책을 생각해 내도록 했다는 것에 주목했는가? 이러한 접근은 성규가 자신에 대해 긍정적으로 느끼도록 도와주었고, 향후 바람직한 행동을 할 가능성을 증가시켜 주었다. 만약 오 선생님이 해결 메시지를 추가했다면 의사소통은 효과를 보지 못했을 것이다. 하지만 오 선생님은 그렇게 하지 않고 문제를 해결하려는 아이의 바람과 능력에 믿음을 나타내었다.

(2) 오해

때때로 사람들은 "나-전달법"이 무엇인가에 대해 혼란스러워 한다. 어떤 사람들은 "나는 …라고 느낀다."로 표현되는 어떤 진술도 다 "나-전달법"이라고 생각한다. "나-전달법"은 당신 자신의 관점의 표현이라는 것을 명심하라. 그것은 다른 사람을 비난하는 것을 목적으로 하지 않기 때문에 "나-전달법"이다. 주의하라. 그렇지 않으면, 실제로 "너-전달법"을 보내고는 "나-전달법"을 보냈다고 믿을지도 모른다(Gordon, 2000). 예컨대, 김 선생님이 지혜에게 "네가 엉망으로 그림을 그리고 있어 나는 짜증스럽다."라고 말했다고 하자. 여기서 김 선생님의 "짜증스럽다"라는 표현은 단지 모욕을 위한 머리말에 불과하다.

"나-전달법"의 핵심은 "나"라는 단어를 사용하는 것과는 거의 관련이 없다. "네가 나를 찼을 때 나는 아픔을 느꼈어."라고 말하는 대신에 "아야, 다쳤잖아!"라고 말하는 것이 훨씬 자연스럽다. 메시지는 같다. 이 표현은 찬데 대해 아이를 나쁘다고 말하지 않고 단지 차인데 대한 감정을 표현할 뿐이다. "나는 네가 자랑스러워"라는 표현은 처음에 "감사합니다."라고 말하는 것보다 더 "나-전달법"처럼 들릴지도 모른다. 그러나 이 두 표현을 분석해 보면 정반대라는 것을 알 수 있다. "감사합니다."는 실제로 당신의 느낌을 말하고 "당신이 해 준 것에 대해 고마움을 느낀다."라는 의미를 가진다. 그러나 "나는 네가 자랑스러워"라는 표현은 다른 사람에 대한 판단이다.

(3) 효과

커윈, 멘들러와 멘들러(Curwin, Mendler & Mendler, 2008)에 의하면, "나-전달법"은 다음의 같은 이유로 효과적이다.

① 아이가 하거나 하고 있지 않은 것에 대해 어떻게 느끼는지를 말한다.
② 왜 그 행동이 문제인지에 대한 이유를 제공한다.
③ 결코 아이들을 비난하거나 나무라지 않는다.
④ 아이들이 문제를 해결하도록 한다.

"나-전달법"을 잘 사용하기 위해서는 연습이 필요하다. 연습을 통해 다른 사람의 행동을 판단하는 대신에 자신의 관점을 표현하는 것이 더 자연스럽게 되도록 할 수 있다. 결과를 보면 그것이 가치 있는 노력이라는 것을 알 수 있을 것이다. 모든 연령의 사람들이 당신이 한 말에 훨씬 더 긍정적으로 반응할 것이다. 〈표 7-2〉에 제시되어 있는 상황은 "너-전달법"을 포함하고 있다. 각 상황을 읽고 "너-전달법"을 긍정적인 "나-전달법"으로 바꾸어라.

〈표 7-2〉 효과적인 "나-전달법" 만들기

상황
당신이 몇 개의 길을 건너야하는 현장체험학습장으로 아이들을 인솔하고 있다. 명수가 지시대로 당신과 함께 가지 않고 앞으로 달려 나간다. 몹시 흥분한 당신이 명수에게 소리 지른다. "우리와 함께 가야해! 지금 즉시 이리로 돌아와!"
담임이 프로젝트를 위해 테이블을 정리하고 있다. 그래서 뒤에 있는 다섯 명의 아이들이 손을 든 것을 알지 못했다. 홀로 아이들의 주목 욕구를 채워주려니 정말 힘들다. 부 담임에게 "아이들에게 좀 더 신경 쓰세요!"라고 말한다.
한 학부모가 습관적으로 아이를 늦게 데리고 온다. 그것 때문에 당신의 아침 모임 시간이 지장을 받는다. 게다가 이 남자 아이는 어머니와 떨어지는데 많은 도움이 필요하다. 당신은 그 아이가 엄마와 떨어지는데 도움을 줄 수 있도록 그 학부모가 아이를 더 일찍 또는 더 늦게 데리고 왔으면 한다. 당신이 아이 엄마에게 말한다. "어머니, 시간 맞추어서 아이를 좀 데려다 주세요."

(4) 아이들에게 "나-전달법" 가르치기

당신이 보이는 모범은 아이들이 "나-전달법"으로 자신을 표현하는 것을 장려하는데 큰 도움이 될 것이다. 그러나 "나-전달법"의 사용법을 아이들에게 코치하는 것 또한 도움이 될 것이다. 문제를 가진 사람이 "나-전달법"을 사용하는 사람이라는 것을 기억하라. 자신이 사용하고 있던 것을 누군가가 빼앗아 가서 해수가 화가 났다면, 그 때가 해수가 "나-전달법"을 사용하도록 도울 적절한 시기이다. 종종 관련된 다른 아이가 문제에 대해 다른 견해를 가질 수 있고 그것에 대한 반응으로 "나-전달법"을 사용하도록 도움을 받을 수 있다. "나-전달법"은 아이들이 다른 관점을 보는 것을 배우는데 도움을 주며 갈등 해결에 있어 중요한 첫 번째 단계이다.

3 좋은 경청자 되기

아이들이 어른들의 말을 귀담아 듣지 않는 이유 중의 하나는 아마도 어른들이 종종 아이들의 말을 귀담아 듣지 않기 때문일 것이다. 교사와 부모들은 자주 무시하는 태도로 아이들의 문제에 반응한다. 때때로 어른들은 아이들의 염려를 사소한 것이라고 생각하거나 어른들이 아이들이 화를 내는 것에 대해 지나치게 걱정한다고 생각한다. 간혹 어른들은 진짜 감정을 다룰 수 없다. 너무 바빠서 경청하고 있지 않다는 것을 깨닫지 못했을 가능성도 있다. 심지어 그렇지 않다는 것을 보여주는 식으로 여전히 반응하고 있음에도 자신은 아이들의 말에 귀를 기울이고 있다고 생각할 수도 있다.

(1) 듣지 않기

아이가 말하는 것에 대해 많은 어른들이 일반적으로 보여주는 선의의 반응 방식은 결과적으로 아이들을 무시하는 것이 된다. 아이가 슬픈 감정에서 벗어나도록 시도하는 것은 경청하지 않는 형태 중의 하나이다. 주의를 다른 데로 돌린다는 것은 "우리 과자 먹자"와 같이 옛날부터 사용되어온 판에 박힌 말을 하거나 "대신에 멋진 뭔가를 생각해 보자"와 같은 다른 말을 하는 것이다. 다 잘 될 것이라고 빨리 안심시키는 것 또한 당신이 아이들의 염려에 관심이 없다는 것을 전달한다. 충고로 아이들의 문제를 해결하려고 시도하는 것조차도 경청하지 않는 한 가지 방식이다. 아이들의 문제를 덜어주려는 이 모든 시도는 실제로 의사소통에 걸림돌이 된다. 고든이 "충고하기"를 의사소통의 걸림돌 중의 하나로 제시한 것은 놀랄 일이 아니다.

사례 7-3

> 호주는 성급하게 충고하는 지수라는 친구가 있다. 호주는 어떤 일로 화가 나서 지수에게 털어 놓았는데 지수가 그 문제에 대한 해결책을 즉시 말하자 그것이 정말 싫었다. 지수의 충고는 항상 깊이도 없고 효과도 없었다. 왜냐하면, 지수는 그 문제에 대해 생각할 시간을 가지지 않았기 때문이다. 당연히 호주는 그런 빠르고 쉬운 방법들을 모두 생각해 보았고, 그런 방법들은 효과가 없다는 결론에 이미 이르렀다. 그렇지 않다면 호주가 그 문제를 해결하지 못하고 여전히 고민할 이유가 없다.

상황의 복잡성을 모르기 때문에 지수의 생각은 대부분 부적절하다. 호주가 정말로 원하는 것은 누군가가 자신이 얼마나 화가 났는지를 들어주고 이해해 주는 것이다. 그러나 지수의 대답은 지수가 호주의 문제에 대해 진지하게 듣고 있지 않다는 것을 보여준다. 지수의 대답은 호주에게 "너의 문제는 전혀 심각하게 아니야. 내가 너라면 나는 그것을 금방 해결할 수 있어. 너는 일을 제대로 다루지 못하는 구나."라고 말하고 있다.

(2) 듣기보다는 말하기

가끔 어른들은 자신이 생각하는 것을 아이들에게 말하기 바빠서 아이들이 말하는 것을 듣지 않는다. 아이들이 문제를 일으켰을 때 많은 교사와 부모들은 아이들에게 어떻게 해야 하는가를 말해주는 것이 자신들의 일이라고 생각한다. 어떤 사람들은 도덕적 관점에서 아이들에게 반드시 해야 할 것에 대해 말하는 반면, 다른 사람들은 논리적으로 아이들에게 영향을 주려는 시도로 사실을 알려주는 경향이 있다. 또 어떤 이들은 단순히 명령을 하고 복종하기를 기대한다. 이러한 방법은 어느 것도 아이에게 귀를 기울이거나 문제에 대한 해답을 알아낼 아이의 능력을 존중하는 것이 아니다. 이런 식의 강의를 당신 자신이 들었을 때, 기분이 어떠했는지를 확실히 기억할 수 있을 것이다. 그런 강의가 당신의 행동 변화를 촉진시켰는가?

당신을 신뢰하는 사람에 대해 판단을 내리는 것은 의사소통을 막는 또 하나의 확실한 방법이다. 당신은 "그것은 네 잘못이야." 또는 "말이 안 되는 소리를 하고 있네요."와 같은 반응을 들어 보았을 것이다. 더 심한 말도 들었을 것이다. 성장하기 위해 애쓰고 있는 어린 아이에게 누군가가 할 수 있는 가장 나쁜 말 중의 하나는 "너는 아기일 뿐이야"이다. 그러한 험담은 아이들을 부끄럽게 만들고, 자신을 쓸모없다고 생각하게 만드는 하나의 방법일 뿐이다. 불행이도 어떤 교사들은 아이들이 자신의 권위에 도전하지 못하도록 조롱하거나 다른 형태의 창피를 준다.

스펙트럼의 정반대 쪽에 있는 칭찬도 일종의 판단이라는 것을 알고 있는가? 이 경우, 당신은 어떤 것이 좋다고 판단한다. 그러나 그러한 판단의 영향은 명확하다. 즉, 당신은 앞으로도 계속해서 판단을 할 것이고 그 영향으로 부정적인 결과와 마주하게 될 것이다. 칭찬의 메시지는 또한 의사소통 과정에 있어 역효과를 가져온다. 고든(2000)은 자신의 의사소통의 걸림돌 목록에 위로, 화제 바꾸기, 캐묻기와 함께 칭찬을 포함시켰다. 이런 방법들은 아이들의 기분을 좋게 하려는 의도에서 행해지지만, 고든이 제시한

12가지 의사소통의 걸림돌의 나머지 부분과 같이 경청 반응은 아니다.

어른들은 잘 들어 줌으로써 잘 듣는 것을 가르칠 수 있다. 어른들은 또한 아이들의 말에 귀를 기울이고 그들이 무슨 생각을 하는 지를 알아냄으로써 많은 것을 배울 수 있다. 이에 덧붙여, 아이들에게 너희들의 말을 경청할 만큼 너희들에게 관심이 많다는 것을 보여줌으로써 아이들과 생산적인 관계를 구축할 수 있다. 당신이 아이들과 좋은 관계를 맺을 때, 그들도 당신에게 협조하기 위해 더 노력한다. 경청으로 많은 보상을 얻을 수 있다.

(3) 수동적 경청

당신이 듣고 있다는 것을 보여주기 위한 한 가지 방법은 말을 하지 않는 것이다. 어떤 사람들은 다른 사람의 말을 오랫동안 조용히 듣지 못하는 것 같다. 아이가 계속해서 말을 이어가도록 고개를 끄덕이고 "그래" 또는 "좋아"와 같은 최소한의 언급만 하면서 아이들의 말에 조용히 주의를 기울이는 것은 매우 효과적일 수 있다. 심지어 동감을 표현하는 "흠~"같은 반응이 대화의 장애물보다 더 낫다(Faber & Mazlish, 2012; Porter, 2008). 때로는 "너는 그것에 대해 어떻게 생각하니?" 또는 "그것에 대해 말하고 싶니?"와 같은 질문이 요구되기도 한다. 이러한 반응은 아이들의 견해에 대한 수용과 존중을 나타낸다. 이것이 수동적으로 경청하는 방법이다.

(4) 반영적 경청

칼 로저스(Carl Rogers, 1951)가 기술한 반영적 경청은 상대방의 말을 주의 깊게 그리고 판단하지 않는 태도로 경청한 후 들은 것을 상대방에게 당신 자신의 말로 되돌려 주는 것으로 구성되어 있다. 이 전략은 화자에 대한 수용과 배려를 보여주고 보다 많은 자기 공개를 촉구한다. 반영적 경청으로 화자는 자기 자신의 의제에 초점을 두지 않고 그 개인이 전달하고자 하는 것을 진심으로 이해하고자 한다.

심리학자인 로저스는 이 아동중심 의사소통 전략으로 상담 분야에 엄청난 영향을 미쳤다. 많은 교육자들도 이 기법을 채택하였고 반영적 경청이 사회적·학업적 상황에서 교사와 아동이 효과적으로 상호작용하는데 필수적이라는 것을 발견했다(Arcavi & Isoda, 2007). 토마스 고든(Thomas Gordon)은 이 로저스의 업적을 기반으로 하여 아주 성공적인 것으로 평가받고 있는 부모교육 프로그램인 부모효율성훈련(Parent

Effectiveness Training, 1970, 2000)과 교사교육 프로그램인 교사효율성훈련(Teacher Effectiveness Training, 1974, 2003)을 개발하였다. 이 프로그램은 반영적 경청을 핵심 요소로 한다. 이 프로그램은 오늘날에도 널리 인정받고 있다.

고든은 자신의 책과 프로그램에서 적극적 경청이라는 용어를 사용했지만 우리는 반영적 경청이라는 용어가 경청의 과정을 더 잘 기술한다고 생각하기 때문에 향후 논의에서는 이 용어를 사용한다. 반영적 경청은 청자가 들은 것을 화자에게 되돌려 반영해줌으로써 의사소통의 정확성을 확실히 한다. 반영적 경청은 다른 사람의 염려나 느낌을 다시 진술하는 것뿐만 아니라 타당화하는 것도 포함한다. 〈표 7-3〉에 반영적 경청의 단계를 간략하게 제시하였다.

〈표 7-3〉 반영적 경청의 단계

• 말하기를 멈추어라. – 아이의 관점에서 문제를 듣는다.
• 성급하게 판단하지 마라. – 아이가 생각하거나 느끼는 것을 알아낸다.
• 들은 것을 다시 진술하라. – 당신이 정확하게 이해했다는 것을 아이가 확인할 때까지 당신의 말로.
• 아이의 관심과 느낌을 타당화하라. – 당신이 관심이 있다는 것을 보여라.

반영적 경청을 연습해 보면, 얼마나 자주 오해가 발생하는 지를 발견할 수 있을 것이다. 상대방이 의미하는 것이 무엇인지에 대해 당신이 생각하는 바를 말해주는 것은 화자로 하여금 당신의 해석을 확증 또는 교정하도록 한다. 관련된 사람들의 서로 다른 경

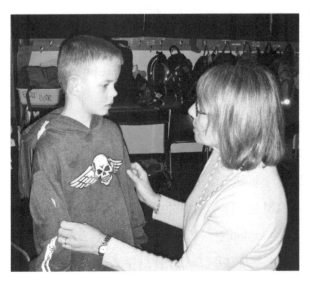

반영적 경청은 정확한 의사소통을 보증하기 위한 상호 노력으로 화자와 청자와 관련된다. 당신이 아이들을 이해하는 데 이런 노력을 기울인다는 것은 당신이 아이들에게 관심이 있음을 보여주는 것이다.

험과 관점은 같은 말에 대해 전혀 다른 의미를 줄 수 있다. 반영적 경청은 정확한 의사소통을 보증하기 위한 상호 노력으로 화자와 청자와 관련된다.

당신이 아이들을 이해하는데 이런 노력을 기울인다는 것은, 당신이 아이들에게 관심이 있음을 보여주는 것이다. 당신은 또한 아이의 현재 마음을 더 잘 알 수 있다.

사례 7-4

손 선생님의 3학년 학급에서는 수학 개념과 관련된 낱말 맞추기 퍼즐을 풀고 있다. 몇몇 아이들에게는 이것이 매우 어려운 과제이다. 준수에게는 이 활동이 몹시 어렵다. 그는 퍼즐을 풀지 않고 멍하니 그냥 앉아 있었다. 선생님이 준수가 퍼즐을 맞추도록 도울 의향으로 준수에게 왔다. 선생님이 물었다. "준수야! 잘 돼 가니?"

준수가 대답했다. "피곤해요."

선생님이 준수가 표현하고자 했던 것을 반복했다. "이 과제가 어렵고, 너를 피곤하게 하니?"

준수가 말했다. "아니요, 그냥 피곤해요."

선생님이 다시 명료화를 시도하고 준수가 표현하려고 했던 것을 반영했다. "몇 가지 이유로 오늘 그냥 정말 피곤한가 보구나?"

준수가 고개를 끄덕였다. "예, 엄마가 어제 밤에 병원에 갔어요. 우리는 어제 아주 밤늦게 자러 갔어요. 나는 지금 정말 잠이 와요." 그런 다음 선생님은 준수 어머니의 상태에 대해 더 질문할 수 있었고 준수가 필요로 하는 도움을 줄 수 있었다. 휴식 시간에, 선생님은 준수가 다시 원기를 회복하고 오후 시간을 잘 보내도록 준수에게 조용한 곳에서 쉴 수 있는 기회를 주었다.

어린 아이들을 대상으로 반영적 경청을 사용하는 경우, 아래 사례에서와 같이, 아이들의 현재 마음을 명료화하고 그들의 욕구를 나타내는 언어를 주기 위해 더 많은 질문을 해야 할 필요가 있을지도 모른다.

사례 7-5

민서는 엄마가 자신을 유치원에 내려놓을 때 종종 화를 낸다. 오늘 민서의 반응은 평상시보다 훨씬 더 심했다. 가끔 오 선생님은 민서가 엄마를 따라 문밖으로 나가지 못하도록 민서를 부드럽게 제지해야 했다. 오늘 민서는 평상시와 다르게 엄마가 떠난 후 30초가 지나도록 울음을 멈추지 않았다.

선생님은 민서와 민서의 가족이 지난 2주 동안 집을 떠나 있었다는 것을 알고 있었고 그것이 민서가 엄마와 떨어지는 것을 더 힘들어 하는 원인이었을 수도 있었다. 선생님은 민서와 눈높이를 맞출 수 있는 의자에 앉아 부드럽게 말했다. "정말 슬퍼 보이는구나."

민서가 코를 훌쩍이며 말했다. "집에 가고 싶어요."

선생님은 민서의 말을 반영했다. "엄마랑 계속 같이 있고 싶구나."

민서가 "예"라고 말하면서 계속 울었다.

선생님이 말을 덧붙였다. "엄마와 다른 식구들이랑 여행 갔다 왔지 그렇지?" 민서가 고개를 끄덕였다. 선생님이 계속 말을 이어갔다. "잠시 동안 유치원에 나오지 않다가 다시 유치원에 나오는 것이 때론 힘들지. 모든게 디 새롭게 보이거든."

민서는 선생님의 어깨에 기댄 채 고개만 끄덕이고는 다시 코를 훌쩍였다.

선생님은 민서가 긴 여행 때문에 피곤해 하는 것은 아닌지 궁금했다. 선생님은 민서에게 말했다. "여행을 갔다가 돌아왔을 때 선생님은 유난히 피곤할 때가 가끔 있던데."

민서는 일어나 말했다. "영대 삼촌 집에서 이마에 열이 났을 때 피곤했었어요."

선생님이 물었다. "여행 중에 아팠니?" 민서가 고개를 끄덕였다. 지금까지 민서에게서 들은 이야기를 종합해 보니 오늘 왜 민서가 엄마와 그렇게 떨어지기 싫어했는지에 대한 감이 잡히는 듯했다. 민서가 엄마와 떨어지지 않으려고 하는 현상이 유치원에 장시간 나오지 않는 것 때문에 악화되었고 민서는 여행의 피로와 병에서 회복 중에 있었다. 오 선생님은 이유를 알게 되었을 때 민서를 공감하기가 훨씬 더 쉬웠다. 오 선생님은 지금까지 얻은 정보를 모두 종합하여 민서에게 말했다. "엄마가 보고 싶고 피곤할 때 친구들이랑 노는 것은 정말 힘들지."

"나는 지금 놀고 싶지 않아요." 민서가 말했다. 선생님은 민서가 뭘 필요로 하는 지를 이해했고, 민서를 자기에게 기대게 한 채 앉아 잠시 동안 주변을 살폈다. 마침내 민서가 울음을 멈추었다. 민서의 친구 유정이가 민서에게 공주 놀이를 같이 하고 싶은지를 묻자, 민서가 좋아하면서 방을 가로질러 유정에게로 갔다.

반영적 경청에는 중요한 이점이 많이 있다. 위의 사례에서, 해결책을 강제하거나 화제를 바꾸지 않고 민서의 염려를 인정하고 반영해 준 것이 민서의 저항을 줄이고 오 선생님과 민서간의 관계를 돈독하게 해 주었다. 아이들이 자신의 문제나 염려를 말하도록 격려함으로써, 당신은 또한 이들이 그것에 대해 생각해 보는 것을 격려하게 되고 자신의 욕구를 다룰 시간을 주게 된다. 그러면 아이들은 스스로 자유롭게 해결책을 찾아보게 된다. 아이들이 생각해 낸 해결책이 당신의 해결책과 비슷할 가능성이 많지만, 아이들은 자신이 낸 해결책을 실행할 가능성이 더 많다. 왜냐하면 그 해결책은 자신이 스스로 찾아낸 것이기 때문이다.

(5) 반영적 경청에 대한 유의 사항

반영적 경청을 연습할 때 조심해야 할 것이 몇 가지 있다. 대부분의 사람들은 조언을 하지 않는 것이 매우 어렵다는 것을 알고 있다. 문제를 떠맡는 경향은 "왜 그것이 발생했다고 생각하니?" 혹은 "언제 이런 느낌이 드니?"와 같은 부적절한 질문을 통해 간혹 볼 수 있다.

반영적 경청은 문제가 아이에게 있을 때 적절하다. 당신 자신의 문제에 대해서는 "나-전달법"을 사용한다는 것을 기억하라. 문제가 아이에게 있을 때 가장 좋은 해결 방법은 아이 자신이 만들어 내는 것이다. 만약 문제에 대한 해결책을 당신이 결정한다면, 그것은 아이들의 문제 해결능력에 대한 존중이 부족하다는 것을 나타낸다. 당신이 아이들을 위해 그들의 문제를 해결하려고 노력하면 그것은 아이들의 학습을 방해하는 것이 된다. 개인적으로 문제를 해결한 경험은 아이들이 앞으로 닥칠 문제를 해결하는 데 힘이 된다. 아이들은 일반적으로 어른들이 제시한 해결책을 사용하지 않는다. 만약 아이들이 자신의 문제를 습관적으로 어른에게 의지해서 해결한다면, 자신의 문제해결 기술을 개발할 기회를 잃게 된다.

① 어색하거나 꾸민 느낌

반영적 경청을 위한 적절한 단어를 찾고자 할 때 처음에는 어색한 느낌이 들 것이다. 이런 식으로 듣는 것은 화자에게 당신이 들었던 것이나 화자가 말한 것을 말하는 것과 관련된다. 그러나 반영적 경청은 단지 같은 말을 앵무새처럼 말하는 것이 아니라 그것에 대한 당신 자신의 해석이어야 한다. 당신이 해석한 것을 상대방에게 말할 때, 당신은 자신이 화자의 의도를 제대로 이해하였는지의 여부를 확인하게 되는 것이다. 메시지를 명료화 하는 과정은 화자가 계속해서 주제를 이야기 하고 그 주제를 보다 깊게 탐구하도록 격려한다. 청자를 위해 아이디어를 명료화함으로써, 화자는 자기 자신의 생각을 명료화 하는 경향이 있다.

반영적 경청 과정이 처음에는 당신에게 꾸민 것처럼 들릴 지도 모르겠고, 당신은 상대방이 방금 당신에게 한 말을 꾸며서 그 사람에게 다른 말로 바꾸어 말한다는 느낌을 받을지도 모르겠다. 하지만, 만약 당신이 다른 사람이 말하는 것을 이해하려고 진심으로 노력한다면, 당신의 진실이 전해질 것이다. 상대방의 감정과 정확한 의사소통에 계속 초점을 두어라. 그러면, 반영적 경청에 좀 더 편안함을 느낄 뿐만 아니라 보다 효과적인 청자가 될 것이다. 당신이 보이는 모범은 아이들이 그렇게 할 수 있을 만큼 성숙했을 때 서로를 위한 보다 나은 청자가 되도록 배우는데 도움이 될 것이다. 대부분의 취학 전 아동은 이런 정교한 의사소통을 할 수 없으며, 초등학생조차도 그런 능력을 갖추고 있지 못한 경우가 많다. 그러나 당신의 모델링은 향후 아이들이 좋은 의사소통을 구사하며 필요한 토대를 구축하는데 도움이 될 것이다.

② 아이들의 의사소통

걸음마기 아이와 취학 전 아이들은 대부분 스스로 반영적 경청을 할 수 없다. 그들은 자신을 귀찮게 하는 깃이 무엇인지에 대한 명확한 아이디어가 부족할 수 있다. 그들은 또한 자신의 느낌을 표현하거나, 자신을 괴롭히는 어떤 것을 우리에게 말하기 위해 필요한 어휘를 갖추고 있지 못할 수도 있다. 그러므로 아주 어린 아이들에게 반영적 경청을 하기 위해서는, 오 선생님과 민서의 사례에서 본 바와 같이, 아이들에게 잘 맞추어야 하고 이들의 비언어적 의사소통에 주목해야 한다. 당신이 잘 알고 있는 아이들인 경우, 당신은 대개 이들의 행동으로부터 이들을 귀찮게 하는 것에 대한 단서를 찾을 수 있다. 아이들에 대한 당신의 일을 체크함으로써 줄거리를 따라갈 수 있다.

아직 말을 할 수 없는 아이들인 경우에는 기초적인 손짓 언어를 가르쳐 자신의 욕구를 전달하도록 할 수 있다. 그들은 도움이 필요하거나 피곤하거나, 배고프거나, 무언가가 두려울 때 당신이 그것을 알리기 위한 기초적인 신호를 배울 수 있다.

이런 비언어적 메시지를 반영하는 과정은 당신이 말로 들은 것을 반영하는 것과 같다. 입으로 하는 의사소통에서와 마찬가지로, 메시지를 정확하게 받지 못할 지도 모른다. 당면 문제를 즉시 해결하려고 시도하는 대신 관련 아동의 실제 염려를 확인할 때까지 당신의 가설을 말로 표현하라.

사례 7-6

 형기가 은수를 옆으로 확 잡아채면서 그의 세발자전거 손잡이를 꽉 잡았다. 은수가 형기를 밀어 젖히려고 애쓰면서 선생님을 향해 소리를 질렀다. 김 선생님이 도착했을 때, 형기는 "내려! 내려!" 라고 말하고 있었다. 선생님은 형기가 세발자전거를 타고 싶어 한다고 생각했다. 선생님이 도와주면 사용할 수 있는 다른 세 발 자전거가 있었고 선생님은 형기에게 다른 자전거를 타라고 말할 뻔 했다. 그러나 선생님은 그것이 진짜 형기의 문제인지를 확인하는 것이 좋겠다고 생각했다. "세발자전거 타고 싶니?" 선생님이 물었다. 형기는 자전거 앞에 떡 버티고 서 있었다. "아니요, 은수가 자전거에서 내리길 원해요!" 형기가 계속 은수의 자전거 손잡이를 꼭 잡고는 대답했다.
선생님은 다른 단서를 찾기 위해 주위를 둘러보면서 다시 생각했다. 그러던 중 선생님은 은수의 손과 옷에 분필가루가 묻어 있는 것을 보았다. 선생님은 인도 앞쪽을 살펴보았다. 거기에는 여러가지 색깔로 그림이 그려져 있었다. "형기야! 은수가 네 그림 위로 자전거를 몰고 갈까봐 걱정이 되나보구나" 선생님이 말했다. 형기가 고개를 끄덕이며 대답했다. "네." 선생님은 그런 다음 형

> 기가 은수에게 그림을 밟지 말고 돌아서 가 달라고 부탁할 때 사용할 수 있는 몇 가지 단어에 대해 시범을 보여주었다. 아이들은 자신의 능력껏 대화를 했고 갈등은 해결되었다. 두 아이 모두 놀이를 위해 되돌아갔다.

문화적 차이는 반영적 경청의 또 다른 장벽이 될 수 있다. 예를 들어, 어떤 가정에서는 자신의 마음을 어른에게 말하는 것을 장려하지 않거나, 말할 때 상대방을 응시하지 않도록 가르친다. 그러므로 만약 당신이 아이에게 반영적 경청을 사용하려고 시도하였는데, 그 아이가 당신을 쳐다보지 않거나 침묵을 지켜 좌절했다면, 이것이 문화 차이에서 기인한 것인지의 여부를 생각해 보라. 아이가 침묵으로 반응할 때 조용한 공간에 대한 아이의 욕구를 인정하고 허락하는 것은 의사소통 방식에 있어서의 문화적 차이에 대한 존중을 보여주는 것이다.

4 아이들의 갈등 해결 돕기

반영적 경청과 나-전달법은 갈등이 생겼을 때 유용하게 사용할 수 있다. 당신의 욕구와 아이들의 욕구가 갈등을 일으킬 때, 이 의사소통 기술은 그 문제를 해결하는데 도움을 줄 수 있다. 당신은 자신의 개인적 한계를 보호하면서도 아이들의 욕구를 존중할 수 있다. 아이들 간에 갈등이 생겼을 때, 당신은 그들이 갈등을 해결하기 위해 효과적인 의사소통을 사용하도록 아이들을 코치할 수 있다. 당신의 교실은 갈등해결의 예술을 학습하기 위한 실험실이 될 수 있다. 이 기술은 당신이 가르쳐야 하는 가장 중요한 주제 중의 하나이다.

많은 사람들은 갈등은 나쁜 것이며 반드시 피해야 한다고 생각한다. 그러나 갈등을 회피한다는 것은 대개 감정을 억압한다는 것을 의미한다. 다른 사람과 부딪히지 않고 완전히 조화를 이루어 함께 살고 일하는 사람은 거의 없다. 교실과 운동장에서의 갈등은 학습 기회로 볼 수도 있다. 그것은 아이들이 다른 사람이 요구하고 원하는 것에 관해 배울 수 있는 기회이며, 서로의 문제를 해결하기 위한 삶의 기술을 배울 수 있는 기회이기도 한다. 갈등 해결을 실행하는 과정에서, 아이들은 조망 수용, 공감, 자기통제 및 협동에 관해 더 많은 것을 배울 수 있는 기회를 가지게 된다(Galinsky, 2010; Siegel &

Bryson, 2012).

(1) 학교에서의 일관성

학교는 전통적으로 갈등 해결을 위한 협상 모델보다는 권력(power) 모델을 사용해왔다(Gordon, 1989). 아이들은 어른들이 위협하거나 겁을 주어 불화를 해결하는 것을 자주 봐 왔기 때문에, 아이들에게 평화적이고 서로를 존중하는 대안을 가르치려면 노력을 해야 한다. 그러나 아이들의 사회적 기술을 증진시키고 교실에 평화를 높이는 것은 노력할만한 가치가 있다는 것을 알게 될 것이다.

학교에서 채택하고 있는 사회적 기술 프로그램 중 많은 프로그램은 토마스 고든의 훈련 프로그램과 흡사하게 협상과 합의의 원리에 기초한 갈등해결 수업을 포함한다(Cromwell, 2012). 이런 프로그램이 성공하려면 학교가 권위주의적인 훈육 방법을 사용하지 않아야 한다. 만약 성인과 아동간의 상호작용에서 당신이 다른 방식으로 문제를 해결하는 모습을 보이면, 아이들에게 협력적인 방식을 사용하여 자신의 문제를 해결하라고 가르치는 것이 어렵게 된다(Sellman, 2011). 만약 어른이 협상과 협력을 배우는 대신에 권력 모델을 사용하게 되면, 아이들은 힘이 정의라는 것을 배우게 된다. 성공적인 갈등 해결을 위해서는 아이들이 자신이 정서적·신체적으로 안전하다는 것을 알고 신뢰를 느껴야 한다.

(2) 모두가 승자이다

서로 수용할 수 있는 해결책을 협의하는 것은 양자 모두 힘을 가지고 서로를 존중하게 한다. 아무도 "내 방식대로 하거나 네 방식대로 하라"라고 말하지 않는다. 어떤 집단도 "우리가 표를 더 많이 얻었으니 네가 진거야"라고 말하지 않는다. 아무도 화를 내거나 분개해 하지 않는다. 그러므로 일반적인 태도와 관계가 더 유쾌하다. 모든 사람이 해결책을 모색하는 데 관여하기 때문에, 그 해결책을 따라 할 가능성이 높다.

이에 덧붙여, 상호 해결은 관련된 모든 사람의 필요와 아이디어를 반영하기 때문에 질이 높은 경향이 있다. 그러한 과정은 아이들이 다른 사람의 견해를 고려하도록 도움을 준다. 다른 사람에 대한 고려와 문제 해결과 관련된 사고 과정은 모두 지적·도덕적 자율성이라는 장기 목표에 기여한다. 합의를 도출하는 것은 단순히 투표를 하는 것에 비해 노력이 훨씬 더 많이 든다. 하지만 바로 그것 때문에 협상은 아주 좋은 학습 기회가 된다.

상호 문제 해결은 아이들의 자율성 발달에 도움을 줄뿐만 아니라 지금 여기에서 더 잘 협력하게 해준다. 그것은 교사가 가르치기보다는 끊임없이 잔소리하고 강요하고 단속하지 않아도 되도록 해준다. 상호 문제 해결은 교사와 아이 모두를 위해 학교를 더 즐겁고 생산적인 곳으로 만들어준다.

(3) 갈등해결 프로그램

많은 사회정서 프로그램과 폭력예방 프로그램은 전체 프로그램 안에 갈등 해결을 포함한다. 갈등 해결 프로그램은 대개 네 가지 다른 포맷이나 접근(즉, 과정 커리큘럼, 중재 프로그램, 평화 교실 또는 평화 학교)중 하나에 들어간다(Cromwell, 2012). 과정 커리큘럼 접근은 다른 교실 커리큘럼과 분리된 갈등 해결 과정을 가르치는 구체적인 커리큘럼으로 구성되어 있다. 중재 프로그램 접근은 후일 중립적인 입장에서 갈등 해결 과정을 촉진하는 역할을 맡게 될 특정 개인(아동이나 교사)에게 갈등 해결 과정을 가르치는 것으로 구성되어 있다. 평화 교실 접근에서는, 갈등 해결이 전체 학교 커리큘럼 속으로 통합되고, 갈등 해결 기술은 교실의 핵심 커리큘럼으로 통합된다. 평화 학교 접근은 평화 교실 접근을 한 단계 더 나아가 학교 전체 차원으로 확대한다. 교사, 행정직원, 부모, 학생 모두에게 갈등 해결 과정을 가르치고 그 과정은 학교 전체 차원에서 사용된다.

4R 프로그램(Reading, Writing, Respect & Resolution)은 꽤 성공적인 것으로 알려진 학교 차원 프로그램의 한 예이다. 이 프로그램의 각 단원은 아이들의 책을 느낌, 갈등해결 및 공동체 구축을 다루는 개념을 탐색하기 위한 기초로 사용한다. 아이들은 역할놀이, 논의 및 쓰기 연습을 통해 책 속의 가르침을 탐색한다. 또한 아이들이 집에서 부모와 함께 완수해야 하는 활동도 있다. 4R 프로그램의 시행 결과로 위험군 아이들의 학업 태도 및 수행 향상, 긍정적인 사회적 행동의 증가, 문제 행동 감소, 정서적 스트레스 감소, 사회·정서적 기술 수행 향상을 가져왔다(CASEL, 2015).

사회·정서 학습 프로그램과 그들의 갈등 해결 요소는 학교 차원에서 이루어질 때 가장 성공적이다. 그래서 교사뿐만 아니라 운동장 도우미, 식사 도우미, 교장, 사서를 포함한 학교에 있는 모든 어른들이 아이를 존중하는 태도로 다루고 평화로운 갈등 해결을 촉구하는 방법을 알고 있다(Brackett & Rives, 2015). 부모가 팀의 구성원으로 합류하면 이득은 훨씬 더 커진다(Garner, 2008). 당신의 학교가 그러한 프로그램을 채택하지 않더라도, 많은 프로그램이 교실에서의 토론과 친절, 배려와 협력을 증진시키는 활동을 위해 도움이 되는 활동을 제공한다는 것을 알게 될 것이다. Committee for Children's Second Step Program, the Morningside Center for Teaching Social Responsibility, Educators for Social Responsibility, the National Center for Conflict Resolution Education, and the Peace Education Foundation을 포함하여 당신이 활용할 수 있는 많은 갈등 해결 프로그램과 자료가 있다. 고든(2000, 2003)의 부모 및 교사 훈련 프로그램 또한 평화로운 협상과 문제해결을 위한 기본적인 모델을 제시해 준다.

당신의 학교가 공식적인 프로그램을 사용하든 그렇지 않든 간에, 당신은 당신의 학생들이 갈등 해결을 배우도록 도움을 줄 수 있다. 갈등이 발생했을 때, 당신은 아이들이 갈등해결에 대한 문제해결 접근을 사용하도록 지원할 수 있다. 가르침의 순간을 잡는 것은 종종 어떤 공식적인 프로그램보다도 훨씬 효과적이다. 〈표 7-4〉는 갈등 해결 단계에 몇 가지 예를 보여준다(Galinsky, 2010; Gordon, 2000; Kreidler, 1999). 갈등 해결의 기본 단계는 프로그램에 따라 약간의 차이는 있지만 대체로 일치한다. 우리는 기본 단계를 논의하기 위해 고든의 모델을 사용한다.

〈표 7-4〉 갈등 해결 단계

고든(Gordon)	갈린스키(Galinsky)	크라이들러(Kreidler)
• 문제 정의하기	• 딜레마, 문제 또는 이슈 정의하기	**ABCD**
• 해결책 만들기	• 목표 결정하기	• 묻기: 무엇이 문제인가?
• 해결책 평가하기	• 해결책 도출하기	• 브레인스토밍을 통한 해결책 마련
• 최선책 결정하기	• 각 해결책 평가하기	• 최선의 해결책 선택
• 계획 실행하기	• 시행할 해결책 선정하기	• 실행
• 계획 평가하기	• 결과 평가하기	• 평가

⑷ 문제 정의하기

문제 해결 과정은 어떻게 진행되는가? 당신은 그 과정을 학급 모임 시간이나 갈등 현장에서 시작할 수도 있다. 아이들이 몹시 화가 났을 때는 문제 해결 과정을 시작하기 전에 자신을 진정시킬 시간을 가져야 한다. 그렇지 않으면 그 과정은 성공하지 못할 것이다. 어떤 프로그램에서는, 문제 해결 과정과 함께 숨쉬기와 같은 진정 기법을 가르치기도 한다. 다른 프로그램에서는, 아이들이 갈등 장면을 떠나 갈등 해결을 위해 특별히 마련한 공간으로 간다. 갈등 해결 창의성 프로그램에서는 이 공간을 '평화 장소'라고 칭한다. 이 장소는 테이블과 의자, 문제해결 단계가 그려져 있는 차트가 게시되어 있는 벽과 타이머로 구성되어 있다(Breeding & Harrison, 2007). 당신이 갈등 해결을 위한 구체적인 공간을 지정했든 그렇지 않든 간에, 단계는 기본적으로 같다. 갈등 해결의 첫 번째 단계는 문제를 정의하는 것이다. 이 단계에서는 갈등 상황에 있는 당사자들이 자신의 욕구와 기대가 어떻게 충족되고 있지 않는지를 표현하도록 돕기 위해 "나-전달법"이 사용된다. 반영적 경청은 상대편의 이야기를 듣는데 유용하며, 종종 문제의 진짜 원인을 파악하는 데 필요하다. 만약 당신이 자신의 역할을 스토리 텔러로 생각한다면, 당신은 객관적으로 남아 있고 아이들이 스스로 갈등해결의 단계를 밟아가도록 할 수 있다. 스토리 텔러가 된다는 것은 상황의 양 측면을 관련 아이들에게 말해 준다는 것을 의미한다. 또한 당신은 아이들이 느끼고 있는 감정을 지적해 줄 수도 있다.

아래 사례에서, 교사는 아이들이 자신의 갈등을 해결하기 위해 갈등 해결책과 효과적인 의사소통 기술을 사용하도록 돕는다.

사례 7-7

> ✎ 방과 후 아동보호 프로그램을 실시하는 동안, 프로그램 책임자인 안 선생님은 농구장에서 어떤 긴장감이 감돌고 있음을 감지했다. 선생님이 아이들에게 접근하며 말했다. "얘들아, 너희들 무슨 문제가 있나 보네."
>
> 어린 아이들이 불평했다. "형들이 우리가 공을 갖지 못하도록 해요."
>
> "형들이 그렇게 한단 말이지" 선생님이 반영적으로 반응했다. 아이들이 상황에 대해 좀 더 자세히 말하면서 응답했다. "형들이 우리들에게 절대로 공을 안 던져요." 몇몇 아이들이 말했다. "얘들은 항상 드리블을 할 때 공을 놓쳐요." 형들 중 몇 명이 응수했다. 선생님은 어느 한 쪽을 비난하지 않으면서 아이들이 한 말을 종합했다. 그리고는 공유를 이들의 문제로 정의했다 (Breeding & Harrison, 2007). "너희들 양쪽 다 문제가 있는 것 같은데 그렇지 않니? 모두 다 공을 가질 기회를 원하는데, 너희들이 놀이하는 방식은 너희들 양쪽 모두에게 공을 가질 시간을 주지 않고, 어린 아이들에게 공을 주지 않는 것은 동생들에게 즐거운 일이 아니고, 동생들이 다른 팀에게 계속해서 공을 뺏기는 것은 형들에게는 좌절감을 주는 일이지." 아이들은 선생님이 자신들을 이해해 주고 그들의 현재 기분에 대한 자신의 생각을 확인해 주어 기뻤다.

⑸ 브레인스토밍으로 해결책 만들기

무엇이 문제인지가 정해지고 나면, 관련된 모든 사람들은 가능한 해결책을 생각해내는 것을 도울 필요가 있다. 많은 갈등 해결 프로그램은 이 단계에서 특정 아동을 비난하거나 비판하는 것에 대해 한계를 설정한다. 터무니없는 생각이라는 것은 없고, 어떤 생각도 이 시점에서는 기절되지 않는다. 사실, 아이디어를 평가해서도 안 된다. 해결책을 더 이상 생각할 수 없을 때까지 아이디어를 계속해서 수집하라. 아이들이 너무 어려 아직 글을 읽지 못한다 하더라도, 모든 사람들이 볼 수 있도록 어딘가에 아이디어를 써 두는 것도 도움이 될 것이다. 아이디어를 하나씩 검토해 갈 때 목록을 참조할 수 있고, 아이들은 어떤 아이디어가 자신이 제안한 것인지를 알게 될 것이다.

사례 7-8

 안 선생님이 모든 아이들에게 물었다. "어떻게 하면 모든 아이들이 일정 시간 공을 만져 볼 수 있도록 할 수 있을까?" 아이들이 많은 해결책을 제시했고, 선생님은 모든 아이들이 볼 수 있도록 큰 종이에 아이들이 제시한 해결책을 적었다.

"형들이 먼저 놀고 그런 다음 동생들이 놀면 안 될까요?" 승부욕이 강하고 농구를 잘하는 준수가 제안했다.

"우리가 드리블을 할 때는 공을 빼앗지 않도록 하면 어떨까요?" 영조가 말했다.

영조의 제안이 종화에게 좋은 생각이 들게 했다. "해결책이 있어요!" 종화가 흥분해서 말했다. "동생들은 드리블을 하거나 공을 잡고 뛸 수 있게 하는 새로운 규칙을 만들지요."

"그거 좋은 생각이네" 현태가 맞장구를 쳤다. "그리고 동생들이 드리블을 할 때는 형들이 공을 빼앗으려고 하면 안 되나, 공을 갖고 뛸 때는 빼앗을 수 있도록 하고."

이 시점에서 브레인스토밍은 끝났고 문제 해결의 다음 단계를 할 시간이 되었다.

⑹ 해결책의 평가와 선택

다음 단계는 앞 단계에서 제시된 의견을 평가하는 것이다. 실행하기가 불가능하거나 어떤 이에게 전혀 수용될 수 없는 의견은 어떤 것인가? 그런 의견들은 즉시 제거 하라. 이제 어떤 의견이 남았는가? 남은 의견 중 어떤 의견이 두드러지는가? 모든 사람들이 동의하는 하나의 해결책 혹은 여러 개의 의견을 결합한 해결책이 나올 때까지 토의를 계속해라. 하나의 해결책을 정한다는 것은 그 해결책을 수행하겠다고 약속하는 것을 의미한다는 것을 아이들에게 이해시켜라. 투표는 이 과정의 한 부분이 아니다. 이것은 합의 모형이다. 모든 사람이 그 해결책에 동의하고 아무도 투표와 같이 다수결의 원칙에 의해 강요되지 않는다.

사례 7-9

 농구장에서의 갈등을 해결하기 위해 제안된 의견 중 하나를 선택하는 데에는 오랜 시간이 걸리지 않았다. 영식이가 동생들은 빼고 자기들끼리만 농구를 하자는 자신의 의견을 잠시 동안 고집했지만 어린 아이들이 그 의견에 찬성하지 않았다. 대부분의 아이들은 형들과 동생들 모두에게 어느 정도 공평한 새로운 규칙을 만들자는 의견을 지지했다. 그 의견에 대한 합의가 곧 이루어졌고, 새 농구 규칙이 정해졌다.

(7) 계획 실행

문제 해결 과정에는 해결책은 단순히 정하는 것 이상의 것이 있다. 해결책을 실행할 방법을 찾아내지 못한다면 계획은 별로 가치가 없다. 누가 무엇을 할 것인가? 언제 그리고 얼마나 자주? 어디서 어떻게? 기준은? 누가 체크 할 것인가? 이런 다양한 결정을 내리고 실행 계획을 짤 때, 아이들은 교사의 지시를 거의 받지 않고도 잘 실행하는 경향이 있다.

사례 7-10

 종화와 현태는 새로운 계획에 대해 주인의식을 느꼈다. 이들은 실력이 비슷한 아이들로 팀을 구성하고 경기가 다시 시작되도록 하는 데 주도적인 역할을 했다. 모든 아이들이 시합을 하면서 새로운 규칙을 서로에게 상기시켜 주었다.

(8) 계획 평가

만약 해결책이 통하지 않으면? 왜 해결책이 통하지 않는가에 대해서는 많은 이유가 있다. 해결책이 실행하기가 너무 어렵거나 혹은 당신과 아이들이 고려하지 못했던 조건들이 있을 수도 있다. 해결책을 잠시 실행한 후 그 해결책을 평가하는 것은 꼭 필요한 마지막 단계이다. 해결책이 통하지 않았다고 해서 당신이 그 상황을 책임져야 하는 것은 아니다. 그것은 단지 집단이 통할 수 있는 해결책을 도출하기 위해 다시 노력을 해야 할 필요가 있다는 것을 의미할 뿐이다.

사례 7-11

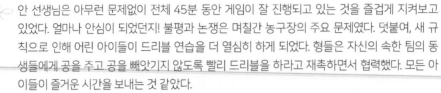

안 선생님은 아무런 문제없이 전체 45분 동안 게임이 잘 진행되고 있는 것을 즐겁게 지켜보고 있었다. 얼마나 안심이 되었던지! 불평과 논쟁은 며칠간 농구장의 주요 문제였다. 덧붙여, 새 규칙으로 인해 어린 아이들이 드리블 연습을 더 열심히 하게 되었다. 형들은 자신의 속한 팀의 동생들에게 공을 주고 공을 빼앗기지 않도록 빨리 드리블을 하라고 재촉하면서 협력했다. 모든 아이들이 즐거운 시간을 보내는 것 같았다.

선생님은 다음 날 방과 후 새 규칙이 아이들에게 잘 통하고 있는지 체크해 보았다. 새 규칙이 잘 통하고 있다고 모두들 동의하는 것 같았다.

(9) 시간 절약

갈등 해결은 많은 시간이 걸리는 것처럼 들린다. 이것은 공통된 관심사다. 문제 해결은 단지 몇 분 만에 이루어질 수도 있고, 오랜 시간이 걸리기도 한다. 그러나 만약 당신이 반복적으로 일어나는 문제를 다룬다면 해결에 필요한 시간 또한 많이 길어질 것이다. 여기서 제시하는 문제 해결 접근법을 사용하는 교사와 부모들은 이 방법이 종국에는 많은 시간을 절약해 준다고 말한다(Gordon, 2003). 같은 문제를 비효과적으로 반복해서 다루기보다는 문제가 해결될 때 까지 문제를 효과적으로 다룰 시간을 충분히 확보해 두면 될 것이다. 이러한 문제를 해결하는 데 보낸 시간은 안 선생님에게 있어 아주 유용하였다. 그 문제는 꽤 오랜 시간 동안 놀이를 방해해 왔고 집단을 나누어 왔다.

아이들에게 자신의 문제에 대한 해결책을 찾도록 가르침으로써 당신은 시간을 절약할 수 있고 수고를 덜 수 있다.

(10) 문제 해결자

아이들에게 자신의 문제에 대한 해결책을 찾도록 가르침으로써 당신은 시간을 절약할 수 있고 수고를 덜 수 있다. 수업 시간에 갈등해결을 가르치는 것은 아이들이 독립적으로 문제를 해결할 수 있는 사람이 되게 하기 위한 좋은 방법이다. 단체 모임 시간은 학급 구성원 나누에게 냉양을 수는 문제를 가지고 연습을 해 볼 수 있는 기회를 제공해 주고 한 번에 많은 아이들을 가르칠 수 있 수 있는 효율성을 제공해 준다. 첫 두 단계부터 천천히 시작하라. 그런 다음 나중에 해결책을 평가하고 최선의 해결책을 선정하는 작업을 하라. 종국에 가서는, 앉은 자리에서 단계를 한꺼번에 수행할 수 있게 될 것이다. 그리고 점진적으로 계획을 이행하고 평가하는 것을 추가할 수 있다. 집단 문제 해결 과정을 통해 당신이 보여주는 모델은 필요한 기술을 가르치는데 있어 중요한 부분이다. 그러나 당신은 또한 아이들이 단체로 배우는 동안에 문제 해결 과정을 통하여 개별적으로 아이들에게 이야기를 해 줄 필요가 있다. 불가피한 논쟁이 발생했을 때, 당신은 그 자리에서 아이들에게 협상 단계를 상기시켜주고 아이들이 그 단계를 밟도록 지도할 수 있다.

가상적인 문제보다는 교실에서 발생한 실제 문제를 가지고 이 단계를 가르치는 것이 가장 효과적이다. 어떤 교사들은 수업 시간에 갈등 해결을 통해 해결 할 문제를 가지고 있는 아이가 자신의 이름과 문제를 기록할 수 있도록 서명용지를 마련해 둔다. 손 인형과 아동용 도서를 사용하는 것 또한 아이들과 단체로 논의할 갈등을 이끌어 내는데 좋다. 『평화 만들기와 갈등 해결 주제를 담고 있는 아동용 문학 작품에 대한 안내(Spiegel, 2010)』와 『문학과의 연계: 읽고 쓰는 능력, 인성 및 사회적 기술을 증진시키기 위한 수업도구(Lonberger & Harrison, 2008)』와 같은 의미 있는 아동용 도서를 찾고 그것을 사용하는 방법에 대해 조언을 해주는 많은 자료가 있다. 아이들의 이야기를 사용할 때, 당신은 아이들이 책을 통해 얻은 교훈을 실생활에 적용할 수 있도록 돕는 질문을 할 수 있다.

만약 당신이 개별적으로 그리고 수업 시간에 단체로 갈등 해결을 위한 단계를 계속해서 연습한다면, 갈등 해결이 아이들에게 자연스러워질 것이다. 이 과정 동안에 아이들이 자신의 문제를 해결하도록 의미 있는 질문을 하기 위해서는 교사 또한 연습을 해야 한다. 갈등해결 단계에 대해서는 유사한 의견이 많이 있지만, 크라이들러(Kreidler, 1999)의 협상의 ABCDE 모형이 아이들이 기억하기가 더 쉬울 것이다.

A. 묻기, "무엇이 문제인가?"

B. 브레인스토밍을 통한 해결책 마련

C. 최선의 해결책 선택

D. 실행

E. 평가

모래 테이블에서 놀고 있는 시유와 상준이가 그들의 문제를 어떻게 해결하는 지 한 번 보자.

사례 7-12

 시유와 상준이가 모래 테이블에서 다시 함께 놀려고 하고 있었다. 그러나 항상 그렇듯이, 그들은 서로 아주 다른 놀이 계획을 가지고 있었다. 시유는 조심스럽게 모래를 손질하여 문형을 만들고 있었고, 상준이는 바닥을 파서 나온 모래를 불도저를 사용하여 가장자리로 옮기고 있었다.

시유가 불도저가 자기의 공간을 계속 침범하여 만들어 놓은 문형을 무너뜨리려고 한다고 불평하였다. 오 선생님이 두 사람 간의 갈등을 지켜보았고, 이들이 문제를 정의하도록 도움으로써 사태를 수습하고자 하였다. "너희들 놀이 방식이 서로에게 방해되는 것 같네." 선생님이 말했다. 그리고는 모래 테이블에서 두 사람이 함께 놀 수 있는 방법에 대해 브레인스토밍을 해 보라고 제안했다.

시유는 선생님이 상준이에게 자신이 만들어 놓은 것을 망치지 않도록 하라고 그냥 말하면 될 텐데 하고 얼굴을 찌푸렸다. 그 때 선생님은 시유에게 "너희들 수업 시간에 문제 해결을 잘 했었지! 선생님은 네가 이 문제를 해결할 방법을 생각해 낼 수 있을 것이라고 확신한다." 라고 상기시켰다. 그러자 시유의 얼굴이 밝아졌다.

선생님은 그런 다음 물었다. "해결책을 브레인스토밍 하는 방법을 기억하니?" 상준이는 문제 해결의 전체 과정 중 이 부분을 좋아했다. 생각해 낼 수 있는 어떤 것이라도 좋다. 그 생각이 아주 바보스러울 수도 있고 진지할 수도 있어. 상수가 바보 같은 아이디어를 제안했다. "모래 알갱이를 모두 헤아려서 정확히 반으로 나누자." 시유가 바로 끼어들며 제안했다. "순서를 정해 순서대로 모래 테이블에서 놀면 되잖아." "아 알겠다! 서로 침범하지 못하도록 만리장성을 쌓으면 돼." 상준이가 사진에서 보았던 벽을 기억해 내고는 흥분해서 말했다. 시유가 다시 생각해 본 후 마지막 아이디어를 제안했다. "상준이가 불도저 대신 깔때기를 가지고 놀면 돼."

선생님은 최선의 해결책을 선정한다는 것은 그 해결책 사용에 모두가 동의한다는 것을 의미한다는 것을 아이들에게 상기시켰다. 모래 알갱이를 세어 본다는 것은 너무 힘들다는 데 두 아이가 모두 동의했다. 순서대로 놀이를 한다는 것 또한 두 사람 다 서로 먼저 하려고 하였기 때문에 거부되었다. 그리고 상준이는 깔때기로 노는 것에는 흥미가 없었다. 하지만 만리장성 의견은 두 아이 모두에게 호기심을 불러일으켰다. 이들은 장벽을 만들기 위해 모래 테이블에 블록을 사용해도 괜찮으냐고 물어보았다.

> 선생님은 그 아이디어가 통하지 않을 것이라고 생각했지만 아이들에게 그렇게 하라고 말했다. 아이들은 자신들의 해결책을 몹시 실험해 보고 싶어 했다. 블록이 모래 위에 완벽하게 서 있지는 못했지만, 아이들 사이의 갈등을 해결하는 데는 효과 만점이었다. 장벽이 넘어질 때 마다, 아이들은 협동해서 다시 장벽을 쌓기 위해 문형이나 불도저를 사용하는 것에 대해서는 신경 쓰지 않았고 장벽을 쌓는 것이 그들의 새로운 초점이 되었다.

아이들에게 자신의 갈등을 협상하는 방법을 가르친다면, 곧 그들은 서로를 가르치게 될 것이고, 고자질하거나 싸움을 해결해 달라고 끊임없이 당신에게 오지 않을 것이다. 취학 전 아이도 문제 해결을 할 수 있다. 취학 전 아이들에게 갈등 해결 방법을 사용할 때는 문제가 무엇인지를 진술하고 그들에게 해결책을 생각해 내도록 단어를 줄 필요가 있다. 그러나 취학 전 아이들은 당신이 그들의 고민을 정확하게 말해줄 때 문제에 대한 확신을 갖게 되고 적절한 해결책을 떠올릴 수 있다. HighScope 교육연구재단(Educational Research Foundation, 2012)은 취학 전 아동을 위해 다음 단계를 제안한다.

1. 조용하게 접근하고 해를 주는 어떤 행동도 멈추어라.
2. 아이들의 감정을 인정하라.
3. 정보를 모으라.
4. 문제를 다시 진술하라.
5. 해결책에 대한 아이디어를 구하고 함께 하나를 선택하라.
6. 후속 지원을 할 준비를 하라.

과거에 어른들은 일반적으로 서로 갈등하는 아이들을 그냥 떼어 놓거나 교사가 누가 옳은지를 결정했다. 상호 갈등하는 문제에 대해 서로 만족하는 해결책을 찾도록 아이들을 가르치는 것은 당신의 시간을 좀 더 생산적으로 사용하는 것이다. 문제 해결을 학습하는 과정에서, 당신의 어린 아이들은 차이를 평화롭게 해결하는 협상에 대해 배울 것이다. 아마도 이들은 성인이 되어서도 그 기술을 사용할 것이며 차이를 평화롭게 해결하려는 세상 사람들을 도울 것이다(Harris & Morrison, 2013).

(11) 가족과 지역사회

아이들이 서로에게 관심과 배려하는 마음으로 성장하여서 자신이나 다른 사람에게 피해를 준다는 것을 상상도 할 수 없게 된다면 이 세상은 얼마나 달라질 것인가! 가족, 학교 및 지역사회가 협력해서 아이들을 보호하고, 협동과 다른 사람에 대한 관심에 대해 본보기를 통해 아이들을 기른다면? 학교가 가정과 지역사회를 위한 모델이 될 수 있겠는가? 자신들이 소중히 여겨지고, 주목해 주며, 들어주고, 친절하고 존중하는 태도로 대접을 받는다는 것을 알 때, 아이들은 앞으로의 삶을 통해 만나게 될 다른 사람들에게도 이렇게 대접을 할 것이다.

창의적 갈등 해결 프로그램(Resolving Conflict Creatively Program: RCCP)과 같은 종합적인 사회·정서 학습 프로그램은 교사, 아동, 부모, 학교행정가 및 직원에게 효과적인 의사소통기법과 평화로운 갈등해결 방법을 가르친다. 이 프로그램을 학교에서 단 1년 동안 사용한 결과는 고무적이었다. 92%의 아이들이 자신을 보다 긍정적으로 생각했고, 90% 이상의 부모들이 자신의 의사소통기법과 문제 해결 기술이 향상되었다고 보고하였다(Lantieri, 2003, p. 84). 4R 프로그램 또한 부모요소를 가지고 있고, 학교 분위기를 긍정적으로 변화시키는데 아주 효과가 있었다(Jones, Brown, & Aber, 2011).

학교가 아이들과 부모들에게 존중하고 평화로운 의사소통기법의 시범을 보이고 가르치는 것을 가능하게 하는 어떤 프로그램도 우리 지역사회에 반향을 일으키는 긍정적인 영향을 미칠 것이라고 우리는 믿는다. 만약 아이들이 이런 기술을 어렸을 때 내면화하고 그 기술들을 이 후에도 계속해서 경험하고 사용한다면, 그것이 성인기에 주는 함의는 대단할 것이다. 아마도 그들은 국제간 분쟁을 전쟁 없이 평화적으로 해결할 수 있는 세계적인 지도자가 될 것이다. 아동 학대와 가정 폭력은 우리의 과거에 대한 나쁜 기억으로 남을 것이다. 우리는 이것이 아주 높은 목표라는 것을 안다. 그러나 한 학급부터 시작하고 아이들 및 가족들과 긍정적인 관계를 구축하는 것은 당신이 할 수 있는 능력의 범위 내에 있다. 모범, 수업 그리고 다른 통합된 교실 활동을 통하여, 아이들은 다른 사람을 친절하게 대하는 방법을 배울 수 있다. 워크숍, 소식지, 지역사회 행사 및 가족 구성원들 간의 상호작용을 통해서도 그들은 보다 효과적이고 평화적인 의사소통 기법을 배울 수 있다. 만약 보다 많은 교사와 학교가 이러한 접근법을 사용한다면, 그 효과는 노력을 상쇄하고도 남음이 있을 것이다.

5 결론

　우리가 아이들과 평화롭게 의사소통을 할 때, 우리는 많은 훈육 문제를 예방하고 많은 다른 문제를 해결할 수가 있다. 우리가 필요로 하는 것을 존중하는 태도로 말할 때, 일차적으로 아이들은 더 사려있게 행동할 것이고, 일반적으로 자신의 잘못된 행동을 기꺼이 변화시키려 할 것이다. 아이들의 말을 반영적으로 경청해 줌으로써, 우리는 그들의 행동이 부정적인 영향을 미치거나 상황을 교정할 시간이 되기 전에 자신의 문제를 해결하도록 도울 수 있다. 우리가 문제해결기술을 가르칠 때, 아이들은 분쟁을 해결할 뿐만 아니라 분쟁을 피하는 방법도 배운다. 친절과 존중으로 의사소통을 하고 아이들로 그렇게 하도록 가르치는 것은 광범위한 함의를 지닌다. 이 책은 "세계의 평화와 조화를 위해" 씌어졌다. 그것을 아이들의 마음에서 시작하여 퍼져나가도록 하자. 그리고 많은 교사들이 평화와 조화의 씨를 뿌리도록 하자.

6 요약

- 만약 아이들이 당신의 말에 귀 기울이길 원한다면, 그들에게 귀 기울이지 않도록 하게 하는 방식으로 말하는 것을 피하라. 비난하기와 강의하기, 호통을 치듯 명령하기와 정직하지 못한 의사소통은 의사소통에 걸림돌이 되는 몇 가지 예이다.

- 아이를 나쁘다고 낙인찍지 않고 아이에게 변화하라고 명령하지 않으면서 당신의 감정을 진술하는 것은 자아존중감과 다른 사람에 대한 존중의 균형을 잡아준다. 아이들과 존중하는 관계를 구축하기 위해 "나-전달법"을 사용하면, 아이들은 당신의 말에 훨씬 더 귀를 기울일 것이다.

- 좋은 경청자는 주의를 산만하게 하여 아이들이 자신의 걱정으로부터 벗어나도록 하거나 쑥 끼어들거나, 가르치려고 하는 대신에 그들이 원하는 것에 진심으로 관심이 있고 그들이 해결책을 찾도록 돕기 원한다는 것을 보여주기 위해 반영적 경청을 사용한다.

- 일련의 갈등해결 단계를 선택하고 아이들과의 상호작용에서 일관되게 그것을 강화하는 것은 그들에게 문제를 해결할 도구를 준다. 학급 모임, 지정된 공간 그리고

모델링은 갈등 해결 단계를 통해 당신이 아이들을 지도할 수 있는 방법 중 몇 가지이다.

7 논의 및 숙고

1. 아이들과 이야기 하고 있는 어른들에게 귀를 기울이려. 다른 어른에게 사용된 똑같은 단어에 대해 생각해 보라. 터무니없게 들리는가? 아니면 그럴듯하게 들리는가? 당신이 아이들과 말하는 방식을 분석해 보라. 당신이 알고 있는 다른 성인과 비교하여 아이들과 대화할 때 당신은 덜 존중하는 태도를 보이는가?

2. 누군가가 당신을 화나게 할 때 "나-전달법" 사용을 연습하라. 결과가 어떠한가? 위장된 "너-전달법"을 보내지 않으려고 조심했는가? 다른 사람에게 무엇을 하라거나 하지 말라거나 하는 말을 하지 않을 수 있었는가? 계속해서 노력하라. 오래된 습관을 깨는 데는 시간이 걸린다.

8 도전

3. 해결해야 할 문제: 그네를 타고 싶은데, 다른 아이가 타고 있어 그네를 탈 수 없다고 불평하면서 민지가 당신에게 온다.
   a. 일상적으로 볼 수 있는 비효과적인 반응을 기술하시오.
   b. 반영적 경청 반응을 기술하시오.

4. 해결해야 할 문제: 성기와 문규가 어린이집에서 마그넷으로 실험을 하고 있다. 문규가 다른 곳에서 놀려고 자리를 떴다. 그러자 성기가 울기 시작했다.
   a. 반영적 경청 기술을 잘 사용할 수 있는 교사라면 어떻게 말하겠는가?
   b. 의사소통의 걸림돌에 대해 잘 모르는 교사라면 어떻게 말하겠는가?

9 현장 활동

5. 문제에 관해 당신을 믿어주는 친구와 반영적 경청을 연습하라. 충고를 하거나 안심시키는 말을 하지 않도록 유의하고, 다른 사람의 기분을 당신이 어느 정도 이해하고 있는지를 명확히 하라. 이러한 배노가 의사소통에 어떠한 영향을 주는가? 그렇게 하기가 어려운가?

6. 이 장에서 기술한 대로 갈등 해결을 시도해 보라. 어떻게 하면 앞으로 좀 더 효과적일 수 있을지 알아보기 위해 결과를 분석하라.

10 추천도서

Committee for Children. (2011). *Second step: Social~emotional skills for early learning*. Available at www.cfchildren.org/second-step/early-learning.aspx.

Faber, A., & Mazlish, E. (2012). *How to talk so kids will listen and listen so kids will talk*. New York: Scribner/Simon & Schuster.

Ginott, A., & Goddard, H. W. (2003). *Between parent and child: The best-selling classic that revolutionized parent~child communication*. New York: Three Rivers/Random House.

Gordon, T. (2000). *P.E.T.: Parent effectiveness training*. New York: Three Rivers/Random House.

Gordon, T. (2003). *T.E.T.: Teacher effectiveness training*. New York: Three Rivers/Random House.

Siegel, D. J., & Bryson, T. P. (2012). *The whole brain child: 12 revolutionary strategies to nurture your child's developing mind*. New York: Bantam Books.

Spiegel, C. (2010). *Book by Book: An Annotated Guide to Young People's Literature with Peacemaking and Conflict Resolution Themes*. Cambridge, MA: Educators for Social Responsibility.

제8장
아이들이 한계를 이해하고 수용하도록 돕기

학습 목표

- 아이들이 배우는 것을 돕기 위해 자연적 결과가 언제 적절한지를 결정할 수 있다.
- 가르침을 위해 성인이 부과하는 관련된 결과가 언제 필요한지를 결정할 수 있다.
- 결과가 잘못 사용되어 처벌이 되는 것을 피할 수 있다.
- 필요할 때 합리적인 관련된 결과를 선정하고 사용할 수 있다.

예방, 모델링, 경청, 문제해결이라는 방법이 통하지 않는다면 당신은 어떻게 하겠는 가? 지금 즉시 행동을 변화시킬 필요가 있다면? 문제가 이미 발생하여 예방책을 사용 할 수 없는 상황이라면 어떻게 하겠는가? 벌에 의지할 것인가?

벌이 아닌 자연적 결과(natural consequences)와 관련된 결과(related consequences)가 답을 제공해 준다. 벌을 결과라고 부르는 경우가 빈번하기 때문에 여기에서 결과와 벌 의 차이점을 명확히 하고자 한다. 장기적이고 긍정적인 결과와 양립할 수 있는 효과적 이고 즉각적인 결과를 제공해주는 것은 벌이 아니라 결과이다. 벌은 단순히 즉각적인 반응에 영향을 주며, 일반적으로 부작용을 일으키고, 장기적으로는 부정적인 영향을 준다. 효과적인 훈육은 벌을 주는 것이 아니라 가르치는 것이다(Elkind, 2001; Hyson & Tomlinson, 2014).

사례 8-1

 준호가 점심을 먹기 위해 서 있는 줄의 맨 앞에 가기 위해 뛰어가다가 승우와 부딪혔다. 승우가 넘어져서 팔꿈치에 찰과상을 입었다. 오 선생님이 승우의 상태를 체크하기 위해 왔다. 준호는 겁 에 질린 듯 보였고 "일부러 그런 건 아닌데, 일부러 그런 건 아닌데" 라고 말하고 있었다.
　　선생님은 벌로써 승우를 겁주거나 교실에서는 뛰어다녀서는 안 된다는 당연한 말을 하지 않 았다. 대신에 선생님은 "승우가 어떤 상태인지 가서 보자."라고 말했다. 승우는 그의 팔에 있는 피 를 보고 울지 않으려고 애쓰면서 바닥에 앉아 있었다. 선생님이 승우를 도와 일으켰고 그의 팔의 피를 닦기 시작하면서 준호에게는 구급상자를 가져다 달라고 부탁했고 다른 아이들은 점심을 먹으러 보냈다. 이 장을 읽어감에 따라 당신은 왜 오 선생님이 이런 식으로 반응했는지를 이해하 게 될 것이다.

이 책의 2부에서는 아이들에게 바람직한 행동을 가르치고 지원하는 생활지도와 훈육 방식을 주로 설명한다. 2부의 첫 2장은 예방 기법에 관한 것이고 나머지 3장은 가르침 기법에 관한 것이다. 결과를 사용함으로서, 당신은 제한을 가함과 동시에 장기적인 훈 육 목표를 가르칠 수 있다. 훈육 도구로서 결과를 사용하는 최적기는 바람직하지 않은 행동이 아이들의 이해 부족에 의해 야기될 때이다. 문제의 원인을 무시하는 훈육은 기 본적으로 가치가 없다는 것을 명심하라(Elkind, 2001). 가르침의 도구로써의 결과의 목 표는 왜 그 행동이 부적절한지를 아이들이 이해하도록 하는 것이다.

예를 들어, 모래를 집어던진 경희를 타임-아웃으로 벌하는 대신에, 당신은 모래를 던지는 것이 왜 문제를 야기하는지 그 이유를 말해주면서 그 아이를 모래 상자에서 제외시킨 후 모래를 정해진 장소에서만 가지고 놀 것이라고 다짐한 후에 다시 돌아와서 놀 수 있다고 말해 준다. 물론 이것은 경희가 자신의 충동을 통제할 수 있을 만큼 충분히 성숙할 때만 성공할 수 있을 것이다. 아이가 어리면 어릴수록 이런 가르침은 더 자주 반복해야 한다. 왜냐하면 그러한 행동은 정보 부족과 미성숙한 능력이 결합해서 발생하기 때문이다. 모든 가르침은 시간이 걸리고 반복을 요한다. 행동을 가르치는 것과 문화적 규준을 전달하는 것은 교과목을 가르치는 것만큼의 생각과 계획이 요구된다. 결과는 한계를 강조하고 명료화하며, 어떤 행동이 유용하고 어떤 행동이 그렇지 않은지를 아이들이 경험을 통해 배우도록 돕는다. 이런 경험을 통해, 아이들에게 변화해야 할 개인적인 이유를 제공함으로써 아이들은 왜 어떤 행동이 다른 행동보다 더 나은 선택인지를 배울 수 있다. 어른이 최선이라고 생각하는 것을 아이들에게 단순히 강요하는 대신에, 결과는 아이들이 자신이 한 행위의 결과에 대해 반추해보도록 돕는다. 이런 식의 훈육은 자기 훈육과 도덕적 자율성에 필요한 개인적 책임감을 개발하는데 도움을 준다(Weinstock, Assor, & Briode, 2009).

결과에 대해 읽으면서 이것이 고려해야 할 첫 번째 접근이 아니며 아직까지 원인과 결과를 연결시킬 수 있는 능력이 없는 아이에게는 적절하지 않다는 것을 기억하라. 부적절한 환경이나 기대 또는 역할 모델이 문제를 야기하고 있지 않은지와 잘못된 행동이 우연적으로 강화된 것은 아닌지를 먼저 확인하라. 또한 아이가 신체적, 지적, 정서적으로 바람직한 행동을 할 수 있는지 그리고 필요한 기술을 갖추고 있는지도 확인하라. 만약 당신이 주 훈육 방식으로 결과를 사용한다면, 당신은 그것을 부적절하게 사용하고 있는 것이다. 왜냐하면 당신은 행동 문제의 진짜 원인을 무시하고 있고 성인의 힘을 과다 사용하고 있기 때문이다. 그러면 이것이 결과보다는 벌이 될 것이다.

결과라는 개념은 많은 학자들에 의해 다양한 용어로 기술되어져 왔다. 피아제(1932/1965)와 드라이커스(Dreikurs, 1964)의 연구가 이 아이디어에 대한 기초를 제공해 주었고, 이후 여러 학자들이 왜 그리고 어떻게 이 훈육 방식이 효과가 있는지를 계속해서 탐구해 왔다(예, Curwin, Mendler, & Mendler, 2008; Kamii, 1982; Reynolds, 2006).

피아제는『아동의 도덕적 판단』이라는 책에서 벌을 사용하지 말아야 하는 이유로 벌의 자의적인 본성과 벌의 문제 행동과의 관련성 부족을 지적했다. 피아제는 벌에 대안이 되는 문제 행동의 다섯 가지 결과를 기술했다. 이것은 영어로 제재(sanction)로 번역

된다. 하지만 다른 사람들은 이것을 결과라고 부른다(DeVries & Zan, 2012; Dreikures, 1964). 피아제는 결과는 잘못된 행동이 다른 사람에게 어떻게 영향을 주는지를 아동이 이해하도록 도와야 한다고 주장한다. 좋은 행동을 모델링하는 것과 마찬가지로, 결과 또한 대체로 아동이 성인 및 또래와 맺는 관계에 달려있다. 친구 및 교사와 소중한 관계를 맺은 아이들은 잘못된 행동이 관계에 부정적인 영향을 주고, 그래서 관계가 손상되지 않고 유지하는 방식으로 행동할 동기가 부여된다는 것을 배운다. 이 경우 결과는 아이들이 자기 규제와 도덕적 자율성 쪽으로 안내되도록 설계되어 있다. 이런 제재 또는 결과는 어른에 의해 강제로 주입되거나 아이들의 행동의 자연적 결과로 일어날 수 있다.

1. *자연적 결과* : 아이가 자신이 한 행동의 결과를 직접적으로 경험한다. 피아제는 자신의 침실창문을 깨뜨린 결과로 추운 방에 있게 된 아이를 예로 제시한다.
2. *배제* : 다른 아이를 때린 아이는 자신이 적절하게 행동할 준비가 되었다고 생각될 때까지 다른 할 것을 찾도록 요구받는다.
3. *박탈* : 물건을 남용하거나 오용한 아이는 그 자신이 적절하게 행동할 준비가 되었다고 생각될 때까지 오용 내지는 남용한 자료를 사용할 수 없다.
4. *배상* : 다른 사람에게 해를 입혔거나 뭔가를 잃어버린 경우 그것을 보상하거나 다른 것으로 대체한다. 자신의 잘못으로 다른 아이에게 상처를 입힌 경우 그 아이로 하여금 상처 치료를 돕도록 하는 것이 여기에 해당된다.
5. *교환* : 다른 아이에게 행한 행동이 자신에게 되돌아와 영향을 주는 것을 말한다. 피아제는 이 반응이 누군가에게 물린 아이가 그 아이를 무는 것과 같이 악을 악으로 갚는 것을 의미하는 것이 아니라는 것을 명확히 한다. 그는 그러한 행동은 잘못된 모델이 될 뿐 아니라 어리석은 것이라고 말한다(1932/1965, p. 208). 대신에 그는 교환을 자신에게 할당된 허드렛일을 도와주지 않았던 아이에게 호의를 베풀지 않는 것과 같은 반응을 칭한다. 그러므로 만약 아이가 당신을 돕지 않는다면 당신도 그 아이를 돕지 마라.

드라이커스의 자연적 결과와 논리적 결과라는 개념은 기본적으로 피아제의 상호 결과라는 개념과 같다. 자신의 책 『아이들: 도전(1964)』과 이후의 글(Dreikurs, Greenwald

& Pepper, 1998)을 통해서 드라이커스는 두 가지 유형의 결과를 발견했다. 피아제와 마찬가지로, 드라이커스는 자연적 결과를 성인으로부터 어떤 처치 없이 아이의 행동으로부터 자동적으로 나온 결과로 보았고, 논리적 결과는 성인에 의해 부과되었지만 아이의 행위와 관련이 있는 것으로 보았다. 처벌과 결과간의 중요한 차이점은 결과는 자연적으로 발생하든 강요되든 행위와 직접적으로 관련이 있다는 것이다. 하지만 처벌은 아이가 자기 자리에 머물러 있지 않은 것에 대해 휴식 시간에 실내에만 머물도록 하는 것처럼 대체로 그렇지가 않다. 아이들은 자신의 행위와 결과가 정말 관련이 있을 경우에만 그들 간의 관계를 이해하게 된다.

여기서 우리는 피아제와 드라이커스의 견해를 함께 사용할 것이다. 우리는 성인의 개입 없이 일어나는 결과(자연적 결과)와 성인의 개입을 요하는 결과(논리적 결과)를 구별한다. 그러나 우리는 훈육 상황에서 적절한 선택을 하는데 도움이 되는 피아제의 몇 가지 결과 범주를 발견했다. 결과가 행동과 관련이 있어야 한다는 것을 강조하기 위해, 우리는 부과된 결과를 기술하기 위해『관련된 결과』라는 용어를 사용한다. 관련된 결과는 아이들의 생각(왜 어떤 행동을 수용되지 않고 왜 어떤 행동은 바람직한지)을 돕도록 설계되어 있다는 것을 기억하는 것이 중요하다. 관련된 결과는 또한 아이들이 자신을 능력이 있고 의지가 있는 문제 해결자로 보는 것을 돕도록 설계되어 있다. 한편 처벌은 생각을 막고 아이들로 하여금 그들의 의견을 나쁜 것으로 보도록 만든다.

1 자연적 결과

경희가 모래를 던졌을 때 그 모래가 자기나 다른 아이의 눈에 들어갔다면, 그것이 모래 상자 규칙을 어긴데 대한 자연적 결과가 될 것이다. 경희가 모래를 던진 것에 대한 이전 논의에서, 우리는 당신에게 그런 일이 일어나도록 기다릴 것을 제안하지 않았다. 그러나 간혹 자연적 결과는 우리가 원하든 원치 않든 발생한다. 피아제와 드라이커스는 가능한 경우에 아이들이 자신의 행위의 결과를 경험하게 하는 자연적 결과를 사용하기를 권한다. 아이들은 자연적 결과로부터 배운다. 왜냐하면 결과는 즉각적이고 행위와 직접적으로 관련이 있기 때문이다. 가장 중요한 것은 결과는 아이의 행동에 계속해서 초점을 둠으로써 가르친다는 것이다. 왜냐하면 어떤 어른도 학습을 저해하는 분개와 화

를 야기하기 위해 무언가를 하지 않기 때문이다. 자연적 결과는 교사가 계속해서 비난
하거나 일어날지 모르는 일에 대해 끊임없이 잔소리하지 않도록 해주는 이점 또한 있다.

　어른들은 자연적 결과를 부과하지 않는다. 자연적 결과는 대체로 아이들이 자신의
경험을 통해 배우도록 허락하는 가의 문제이다. 어른들은 아이들이 불쾌하거나 실망스
런 경험을 하길 원치 않기 때문에, 아이들이 자신이 한 행위의 결과를 경험할 기회를
주지 않는 경우가 아주 많다. 유감스럽게도, 그렇게 한 결과는 아이들이 자신의 행위에
대한 책임을 지지 못하게 된다는 것이다(Kamii, 1982). 아래 사례는 대부분의 교사들이
자주 접하는 유형이다.

사례 8-2

> 준규가 자신의 의자를 다시 뒤쪽으로 기울이고 있다. 오 선생님은 준규에게 그렇게 하다가 뒤로
> 넘어지면 다칠 수도 있다고 수없이 많이 이야기했다. 그의 행위는 잔소리가 상황 개선에 도움이 되
> 지 않는다는 것을 보여준다. 걱정한대로 의자가 넘어졌고, 준규가 의자에서 떨어졌다. 준규는 떨어
> 진 충격으로 많이 놀란 눈치였다. 선생님이 준규를 일으켜 세웠고 다친 데는 없는지 물었다. 괜찮
> 다고 했지만, 얼굴 표정에서 겁을 먹고 자신이 야기한 소란으로 인해 당황해 하는 모습이 역력했
> 다. 선생님은 준규에게 "내가 그렇게 하지 말라 했지"라고 말하는 대신에 결과가 말해주도록 했다.

　만약 오 선생님이 준규에게 "내가 그렇게 하지 말라 했지"와 같은 강의를 했다면, 가
르침에 방해가 되었을 것이다. 경험에 초점을 둘 필요가 있다. 그러나 이 사례는 왜 학
교에서 자연적 결과를 의도적으로 사용하는 것이 어려운지 보여준다. 교사는 아이들의

때때로 아이들의 행동은 또래거부와 같은 자연적 결과로 이어진다.

안전에 대한 법적 책임이 있다. 그렇기 때문에 교사는 학습이라는 이름으로 아이들에게 허락할 수 있는 경험에 대한 융통성을 부모만큼 가지고 있지 않다.

(1) 불가피한 일은 일어나기 마련이다

교사와 부모는 자연적 결과를 허락하는 것이 불편할지 모르지만, 아이들은 자연적 결과를 경험하는 것에 잘 대처한다. 아이들은 불안정한 블록 탑을 세우고 그것이 무너지는 것을 경험할 것이다. 이런 자연적 결과로부터 아이들은 균형과 물리적 한계 그리고 딱딱한 블록이 무릎 위에 떨어졌을 때의 느낌에 대해 배우기 시작할 수 있다. 즉, 어른들이 아이들의 구조물을 통제하여 그들의 놀이를 막지 않는다면, 아이들은 그 놀이를 통해 무언가를 배울 것이다. 마찬가지로, 아이들은 간식이나 점심을 먹지 않으면, 나중에 배가 고플 수도 있다는 것을 배울 수 있다. 어른들은 먹는 것에 대해 아이에게 잔소리하고 위협할 수 있다. 그러나 그렇게 하는 것은 아이가 어른은 얼마나 짜증스러운 존재인가에 대해 생각하도록 해 줄뿐이다. 아이들이 자신의 선택과 그에 따른 결과를 연결시키도록 하고 싶으면, 어른들은 중간에서 나올 필요가 있다.

사회적 행동과 우정도 결과에 의해 상당 부분 형성된다(Riley, SanJuan, Klinkner, & Ramminger, 2008). 서로의 행동에 대한 어린 아이들의 반응은 계획된 것이라기 보다는 즉흥적이기 때문에 자연적 결과로 생각할 수 있다. 또한 그것은 다른 사람이 관여하기 때문에 관련된 결과로 볼 수도 있다. 그럼에도 불구하고, 다른 아이를 신체적, 감정적으로 반복해서 상처를 주는 아이는 아래 사례에서 보듯이 또래 거부라는 결과를 얻게 된다.

사례 8-3

 부경 초등학교의 운동장에서는 교사 대 아동 비율이 2 : 250 이다. 언제나 지켜보시는 담임교사의 눈과 귀로부터 자유로운 이곳에서 아이들은 친구와 사이좋게 지내는 방법을 스스로 배운다. 어느 날 아침 민지는 같은 테이블에 앉아 있는 반 친구들에게 심하게 두목 행세를 하였다. 민지는 정혜에게 읽기영역에서 나가라고 했고, 성미에게는 어지럽혀진 것을 정돈하라고 시켰다. 민지가 휴식을 위해 밖으로 나왔을 때, 반 친구들은 모두 민지를 피했고 게임에 끼워주지 않았다. 민지가 불평했다. "왜 나는 끼워주지 않는 거야?" 정혜가 직접적으로 대답했다. "너는 항상 대장만 하려고 하잖아!" 민지는 조금 전의 행동에 대한 지연된 자연적 결과를 경험하고 있다.

교사는 민지를 그녀가 처한 상황에서 구해주지 않고 이 경험을 통해 민지가 생각해 보도록 도움으로써 민지를 도울 수 있다. 민지의 상처받은 마음에 동정심을 보여주는 것은 적절하지만, 민지가 야기한 문제를 고치는 것은 그녀가 배우는 데 도움을 주지 않을 것이다. 어떤 아이도 혼자 남겨져서는 안 된다고 주장하는 어른들이 있다. 그러나 이것은 민지가 받은 교훈을 망쳐버릴 것이다. 좀 더 친절한 교사의 반응은 놀이터에서 친구들과 함께 놀기 위해서는 앞으로 어떻게 행동해야 할 것인가에 대해 민지가 생각해 보도록 격려하는 것이다.

(2) 과잉보호 피하기

오 선생님은 아이들이 실수를 통해 배우는 것을 막지 않으려고 애쓰고 있다. 선생님 반의 1학년 아이들은 자신의 행위와 결과를 연결시킬 수 있을 만한 나이가 되었기 때문에, 아이들이 무언가를 잊었을 때 그 책임을 자신이 떠맡아서는 안 된다는 것을 자신에게 상기시킨다. 선생님은 잔소리하지 않고 달래려 하지도 않으며 아이들이 스스로 기억해서 하도록 상기시켜 준다. 선생님은 아이들이 자신의 힘으로 책임지는 것을 배우는 것이 도서주문 목록이나 학급 소식지를 집으로 가져가는 것을 모든 아이들이 기억하도록 하는 것보다 더 중요하다고 생각한다. 선생님은 자신의 행동과 그 행동으로 인한 결과간의 관계를 아이들이 알도록 도움으로써 효과적으로 가르친다. 아이들은 도서 주문서를 집에 가지고 가서 주문을 해도 좋다는 허락과 함께 돈을 학교에 가져오지 않으면 책을 살 수 없다는 것을 곧 알게 된다. 아이들은 경험을 통해 배우고 그렇게 배우는 데에는 시간이 걸린다는 것을 선생님은 알고 있다.

현실 세계는 학교에서보다 자연적 결과를 접할 수 있는 기회를 훨씬 많이 제공한다. 학교는 그 특성상 자연적 반응을 접할 수 있는 기회를 많이 허용하지 않는 인위적인 환경이다. 선생님은 학교에서 학생을 대상으로 하는 경우보다 가정에서 자신의 아이를 대상으로 하는 경우 훨씬 더 자유스럽게 실수를 통해 배울 수 있도록 허용할 수 있다. 만약 아이들이 집에서 자신의 물건을 치우지 않으면 아이들은 그 물건들을 자연스레 잃어버리게 된다. 그러나 학교에서는 관리인이 그 물건들을 치워준다. 자신의 아이들이 추운 날 코트를 걸치지 않고 밖에 나갈 때, 선생님은 아이들이 코트를 가지러 다시 돌아와야 함을 스스로 깨닫도록 내버려둔다. 그러나 학교에서 선생님이 아이들이 코트를 걸치지 않고 휴식 시간에 밖으로 나가도록 했다면 학생의 부모들이 그녀가 책임을 태만히 하고 있다고 생각할 것이라고 염려한다. 게다가, 학교 규칙엔 아이들이 휴식시간 중간에 코트를 가지러 다시 실내로 돌아오는 것을 허용하지 않고 있다. 선생님은 학교에서 자연적 결과를 허용함에 있어 어려움을 겪는다.

2 관련된 결과

관련된 결과는 자연적 결과를 적용할 수 없을 때 유용하다. 학교 규칙은 때때로 자연적 결과의 사용을 불가능하게 만든다. 또한 자연적 결과를 받아드릴 수 없는 여러 상황이 있다. 어른들은 아이들을 안전하게 지켜야 하는 책임을 진다. 어느 누구도 아이들이 거리에서 노는 것의 자연적 결과를 경험하도록 내버려두지 않을 것이다.

자연적 결과를 실행할 수 없을 때, 교사는 아이들이 자신의 행위의 결과에 대해 배우는 것을 돕기 위해 관련된 결과를 사용할 수 있다. 관련된 결과는 행동과 직접적으로 관련 있는 결과이다. 관련된 결과는 어떤 행동은 용인되지 않을 것이라는 것을 행위를 통해 전달한다. 동시에, 관련된 결과는 아이들에게 변화해야 할 개인적인 이유를 제시하면서 왜 그 행동이 바람직하지 않은지를 아이들이 배우도록 돕는다. 관련된 결과는 어른이 최선이라고 알고 있는 것을 아이들이 하도록 강제하는 대신에, 아이들이 자신의 행동이 자신과 타인에게 어떤 영향을 미치는지에 대해 반추해보도록 돕는다. 관련된 결과는 바람직한 행동을 가르치기 위한 기초로써 아이들 자신의 경험을 사용한다. 이런 형태의 훈육은 자기 훈육과 도덕적 자율성을 위해 필요한 개인적인 책임감을 개발하도록 돕는다. 동시에, 이런 유형의 훈육은 아이의 권리와 보다 적절한 행위를 선택하는 아이의 능력을 존중한다.

때때로 자연적 결과는 아이가 너무 높은 나무를 올라가는 것과 같이 너무 위험하거나, 도서관에 늦게 오는 것과 같이 아이들에게 중요하지 않을 수 있다. 그러므로 성인이 부과하는 결과가 이용할 수 있는 유일한 학습 경험인 경우가 종종 있다. 아래에 4가지 유형의 관련된 결과의 예를 제시하였다. 각 사례의 목적은 아이들이 자신의 행동과 그러한 행동의 결과를 연결하도록 돕는 것이라는 점에 주목하라. 이러한 의도는 결과가 원인과 결과를 지적으로 연결시킬 수 없는 아주 어린 아이들에게 적절하지 않다는 것을 의미한다. 아이들이 어떤 유형의 결과로부터 배울 수 있기 위해서는 어느 정도의 지적 성숙 수준이 필요하다.

⑴ 교환

피아제의 관점에서 보면, 아이가 경험해본 것을 아이에게 적용하는 것만이 아이들이 자신의 행동으로 인해 어떻게 신뢰나 관계유대를 깰 수 있는지를 가르치는데 적절하다. 이런 유형의 결과는 보복을 위한 것은 아니다. 이런 유형의 결과에 대한 예로 피아제는 아픈 척하는 아이를 침대로 보내거나, 당신이 도움을 요청했을 때 도움을 주지 않는 아이에게 도움을 주지 않는 것을 제시하였다. 부과된 결과가 처벌이 되지 않도록 잘 사용하기 위해서는, 당신의 반응에 분노와 비난이 포함되지 않도록 하는 것이 본질적이다.

가정에서는 영주가 집안일 도와주는 것을 끝내지 않았을 경우, 오 선생님은 영주를 친구 집에 차로 데려다 주지 않는 교환 결과를 사용할 것 같다. 가정에서와 달리, 학교에서는 아이들이 교환 결과를 부과하는 경우가 더 많다. 예컨대, 인수는 정화가 하고 있는 과제를 도와주려 하지 않을지도 모른다. 왜냐하면, 지난 번 공동 작업을 할 때 정화가 인수에게 화를 내고 그의 과제를 엉망으로 만들었기 때문이다. 오 선생님은 정화가 이 경험을 통해 배우도록 도왔고, 정화가 인수를 도우라고 강요하지 않았다. 문호가 현태를 때린다면 어떻게 하겠는가? 현태가 문호를 때리는 것을 허락하겠는가? 간혹 민 선생님은 이러한 반응이 취학 전 아이들에게 필요한 학습 경험이라는 결정을 내린다. 아이들은 간혹 남을 때리는 것이 또래로부터 부정적인 반응을 가져다준다는 것을 깨닫기 위한 사회적 상호작용을 충분히 경험하지 못했을지도 모른다. 그런 경우, 민 선생님은 현재 일어나고 있는 일에 대해 모르는 척한다. 물론 남을 때리는 것을 묵과하는 것처럼 보이지는 않는다. 아주 드물게 민 선생님은 때리는 것을 허용한다. 민 선생님은 아무도 상처를 받지 않도록 예의주시한다.

⑵ 배제

그러나 민 선생님은 대개 때리는 것을 허용하지 않고 관련된 결과를 사용한다. 아래 사례에서, 우리는 민 선생님이 어떻게 피아제(1932/1965)가 배제라고 불렀던 관련된 결과를 사용했는지 볼 수 있다.

사례 8-4

 민호는 낮잠 시간 후에 용수와 놀고 싶었다. 그런데 용수는 천천히 일어났고, 그냥 혼자 있기를 원했다. 실망한 민호는 점점 더 공격적이게 되었고 용수의 관심을 끌기 위해 마침내 물리적 수단을 사용하였다. 행동은 팔꿈치로 가볍게 찌르는 것에서 시작하여 밀기, 그 다음 때리는 것으로 까지 강화되었다. 민호의 신체적 공격에 용수는 울었고, 민 선생님이 중재에 나섰다. 용수가 당시 자신의 혼자 있고 싶은 욕구를 말로 표현할 상태에 있지 않았다고 생각한 선생님은 민호에게 네가 용수를 때리도록 내버려 둘 수 없다고 설명하면서 그를 다른 곳으로 보내는 결과를 사용하기로 결정을 내렸다. "때리면 다치잖아," 선생님이 조용히 민호를 옆방으로 데리고 가면서 말했다. 선생님은 민호에게 말했다. "때리지 않고 말로 할 준비가 되었을 때 다시 돌아와서 용수와 함께 놀아도 좋아. 용수는 다쳤고 자신이 안전하다는 것을 느낄 필요가 있어."

민 선생님이 민호에게 얼마나 오랫동안 용수에게서 떨어져 있어야 한다고 말하지 않았다는 점에 주목하라. 선생님은 여기서 어른의 힘을 사용하여 모든 결정을 내리지 않고 민호가 얼마만큼의 시간이 필요한지를 스스로 결정하도록 했다. 선생님은 민호가 자신의 행동을 되짚어 보도록 하였고, 자신의 감정의 조절 여부를 스스로 결정하도록 하였다. 선생님은 민호를 특정 장소에 있도록 하지 않았다는 점 또한 주목하라. 선생님은 민호가 모든 아이와 모든 장소가 아닌 용수하고만의 접촉을 배제했다. 민호는 용수를 공격했다. 그렇기 때문에 배제는 용수와의 접촉에만 적용해야 한다. 이러한 접근은 민호가 자신이 용수에게 한 행위의 결과를 인식하는 데 도움을 준다. 민호는 더 이상 용수와 놀 수 없다. 그것은 또한 용수와 싸우지 않고 함께 노는 것과 혼자 노는 것 중 어느 하나를 선택한 책임이 민호에게 있다는 것을 가르치는 데 도움을 준다. 이 모든 면에서 결과는 벌과 다르다.

배제가 타임-아웃이라는 처벌과 비슷해 보일 수 있지만, 이 둘 간에는 차이가 있다. 타임-아웃은 한 아이를 집단의 모든 구성원 및 활동에서 쫓아낸다. 배제는 아이가 집단의 구성원으로 남는 것을 허용하고 그 아이가 괴롭힌 아이하고만 접촉하지 못하게 한다. 이렇게 하는 의도는 아이에게 자신의 행동이 관계 유대를 깬다는 것을 가르치고자 하는 것이다 위의 사례에서, 민호는 용수와 놀고 싶어 했고 결과는 용수와 관계를 맺고 싶어 하는 민호의 바람을 활용했다. 만약 민호가 용수와의 관계를 바로잡기 원하고 용수와 놀도록 허락한다면, 그것이 민호에게는 용수의 바람을 존중해 주고자 하는 동기 부여가 될 것이다. 교사나 보조 교사가 아이의 사고 과정을 지원하고 가능하면 빨리 활동에 다시 참가하도록 격려해서 관계가 복원되도록 아이와 함께 하는 것이 이상적이다.

(3) 박탈

선생님이 정모가 자신이 놀고 싶다는 것을 표현하는 보다 좋은 방법을 배우도록 도움을 ~~주었음~~에도 불구하고, 만약 성보가 다른 아이의 블록을 계속해서 무너뜨린다면, 교사는 정모에게 다른 아이의 블록을 무너뜨리지 않고 놀 준비가 될 때까지 블록을 가지고 놀 수 없다고 말할 수 있다. 이것이 잘못 사용된 물건을 사용하지 못하도록 하는 것과 관련된 결과의 예이다. 다른 아이가 만들어 놓은 것을 무너뜨리지 않고 놀 수 있다고 결심할 때까지 블록 놀이장소에서 놀 수 없다고 정모에게 말하는 것은 그 아이를 타임-아웃 의자에 앉히는 것과는 아주 다르다. 돌아 올 준비가 되어 있는 시점을 정모가 결정하게 하는 것은 정모가 자신의 행동을 필요에 따라 조절할 수 있는 능력을 가지고 있다는 것을 당신이 확신하고 있다는 메시지를 정모에게 준다. 정모를 타임-아웃 의자에 앉히는 것은 교사가 자신의 행동을 통제할 필요가 있다는 것을 그에게 가르친다. 그러나 조심해라. 선의의 박탈 결과도 그것이 아이의 욕구와 매치되지 않으면 통하지 않는다.

사례 8-5

 어느 날, 영아반에 새로 오신 최 선생님이 한나가 친구 양희를 때릴 때 사용했던 인형을 치워야겠다고 결정했다. 선생님은 이것이 한나가 인형을 무기로 사용해서는 안 된다는 것을 배우는 데 도움이 될 것이라고 생각했다. 그러나 한나는 고작 18개월이었다. 한나는 인형을 되돌려 받기 위해 가슴이 미어질 듯이 울었고 왜 선생님이 인형을 자신에게서 빼앗아갔는지 이해하지 못하는 것 같았다. 게다가, 한나는 선생님을 아직 잘 몰랐다. 효과적인 생활지도와 훈육은 서로 배려하는 관계에 기초해야 한다.

당신이 어른의 힘을 어떻게 사용하는지 잘 살펴라. 그것은 아주 쉽게 잘 못 사용될 수 있고 당신들이 아이들과 맺는 관계와 자신에 대한 느낌에 해를 주는 처벌이 될 수 있다.

(4) 배상

상규에게 자신이 엎지른 물을 닦도록 한 것 또한 관련된 결과이다. 어지럽힌 것을 치우도록 하는 것은 피아제(1932/1965)가 추천한 방법인 배상에 해당된다. 배상은 우리가 선호하는 유형의 관련된 결과로 처벌과 혼동해서는 안 된다. 우리가 특히 좋아하는 배상의 예는 부주의로 인해 다른 사람을 다치게 한 다음 응급 처치를 시행한 아이와 관련이 있다. 그러나 이 방법은 손상이 의도적이고 아이가 손상을 입힌 것에 대해 후회하지 않을 경우에는 효과가 없을 것이다.

만약 근우가 돌을 던졌는데 그 돌에 창대가 우연히 맞았을 경우, 근우를 교장실로 보내는 것보다는 근우로 하여금 창대의 머리에 찬 수건을 대고 있도록 함으로써 근우가 돌을 던지는 것의 위험에 대해 더 많이 배우도록 한다. 정모가 블록을 무너뜨리는 문제도 배상으로 다룰 수 있다. 만약 상황에 맞는다면, 교사는 무너뜨린 블록을 다시 쌓는 것을 정모가 돕도록 시킬 수 있다. 걸음마기 아기도 배상에 참여시킬 수 있다. 은희는 경호를 때린 후에 그를 위해 얼음주머니를 가져올 수 있다. 배상은 아이들이 자신을 나쁜 사람이 아니라 도움이 되는 사람으로 보도록 돕는다. 이 모든 예는 아이들이 자신의 내면으로부터 스스로 행동의 규칙을 세워 나갈 수 있도록 동기화 시키는 방법을 보여준다.

(5) 다른 생활지도 방법과 결과의 결합

민호가 용수를 때리는 경우와 같은 상황에서, 당신은 그러한 사건이 발생하도록 한 아이의 감정을 무시해서는 안 된다. 그렇다고 시작을 누가 먼저 했는지를 결정하기 위해 아이들을 심문하라는 것은 아니다. 아이들을 심문하는 것은 아이의 행동에 대한 책임을 다시 어른이 책임지도록 만든다. 대신에 어떻게 하면 아이들이 자신의 감정을 다루도록 도울 수 있고 또는 어떻게 하면 필요한 기술을 습득하도록 도울 수 있을 것인가에 대해 생각하라.

때리는 것을 멈추도록 결과를 부과하는 것이 다른 생활지도 기법의 사용을 차단하는 것은 아니다. 예를 들면, 민호와 용수가 진정이 되면, 당신은 그 아이들에게 때리는 대신에 말로 표현하는 방법을 가르칠 수 있다. 아이들이 화가 나 있거나, 두뇌가 잘 기능하지 않을 때 이런 방법을 사용하려고 하지 마라. 진정되었을 때, 각자 자신의 감정을 조절하고 자신의 감정을 말로 표현하는 것에 대해 도움을 받을 수 있다. 때리는 것은 원시적인 형태의 의사소통 방식이다. 좀 더 높은 수준의 의사소통 기술을 배우는 것은 아이들이 때리는 것을 포기하도록 하는 데 도움을 줄 수 있다.

3 언제 결과가 처벌이 되는가?

많은 사람들이 벌을 의미하는데도 결과라는 용어를 사용한다. "그는 결과에 직면해야 해" 라는 말은 종종 벌로써 엉덩이를 때리거나 특권을 상실하는 것을 의미한다. 우리는 당신이 벌과 결과의 차이를 이해할 수 있기를 바란다. 결과는 아이를 벌하기보다 문제를 해결하도록 설계된 방식으로 행동 문제에 반응한다. 피아제와 드라이커스에 의해 처음 기술되었던 결과라는 말에는 처벌적인 의미가 들어 있지 않았다. 그러나 많은 사람들이 실제 의미가 벌인 상황에서 결과라는 보다 좋은 어감의 용어를 사용하기 시작했고, 그 결과로 용어 사용에 혼란이 일어났다. 〈표 8-1〉에 훈육 용어를 비교하여 제시하였다.

[표 8-1] 훈육 용어의 비교

자연적 결과	관련된 결과	처벌
자연적 결과는 부과된 처치없이 발생하며, 종종 강력한 교사이다.	관련된 결과는 화를 내지 않고 부과된다. 행동과 직접적으로 관련되어 있고 바람직한 행동을 해야 하는 이유를 가르치려는 의도를 가지고 있다.	처벌은 행동을 변화시키기 위한 노력으로 신체적 또는 정서적 고통을 야기한다.

(1) 당신의 태도를 조심하라

아래 사례에서와 같이, 어른이 화를 낸다면 아주 좋은 관련된 결과도 처벌로 변할 수 있다.

사례 8-6

 손 선생님 반의 아이들은 자유선택활동 시간에 사용했던 블록, 퍼즐 등과 같은 교구들을 치우기 전에는 선생님이 이야기 시간을 시작하지 않는다는 것을 알고 있다. 이렇게 하는 것은 말이 된다. 왜냐하면 그런 자료는 아이들이 이야기를 듣기 위해 편안하게 앉는데 방해가 되기 때문이다. 이런 방식은 통했다. 왜냐하면 아이들은 이야기 시간을 아주 좋아하기 때문이다. 선생님은 사실적이고 명랑한 표정으로 아이들에게 정리정돈을 시킨다. 그러나 어느 날 보조교사인 마 선생님이 자신이 계획한 것을 실행하고자 하는데, 순주가 돕질않고, 명희는 퍼즐을 하는 것을 멈추지 않아 짜증이 났다. 선생님은 두 아이에게 아주 짜증스럽게 말했고, 아이들은 눈물을 흘렸다. 하지만 여전히 돕지는 않았다. 손 선생님이 개입해 사태를 수습했다.

만약 어른이 행동과 관련하여 화를 낸다면, 결과보다는 보복으로 전해질 것이다. 조용하고 사실적으로 결과를 부과하는 것이 중요하다. 사실, 화를 내지 않는 것이 중요하다. 그렇지 않으면, 당신이 내는 화가 당신이 들을 수 있는 전부가 될 것이다. 효과적인 결과는 화를 내거나 비난함이 없이 성인이 개입하는 것과 관련이 있다(Brady, Forton, & Porter, 2011).

만약 당신이 위협을 가할 목적으로 결과를 사용한다면, 그 처치 또한 결과를 처벌로 변화시킬 것이다(Dreikurs et al., 1998) "지금 장난감을 치워라. 그렇지 않으면 이야기 시간은 없다."라는 표현은 관련된 결과의 정신에 위배된다. 아이들에게 미리 결과를 알리고 싶을 때가 있는데 그런 경우에도, 그것은 위협적이지 않고 차분하게 이루어져야 한다.

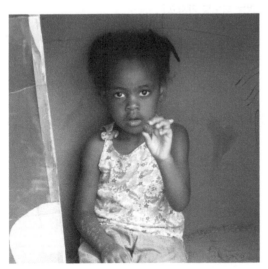

결과는 자기조절에 힘쓰는 아이들에게 힘을 주는 것을 목적으로 하며, 아이들이 자신을 좋은 사람이라고 생각하는 데 도움을 준다. 처벌은 아이들이 자신을 나쁜 사람이라고 생각하도록 하고 자존감을 손상시킨다.

"내가 너한테 그렇게 말했지"와 같은 식의 표현은 관련된 결과의 교육적 가치를 파괴하는 또 다른 방법이다(Dreikurs, 1964). 간식을 거부한 아이가 배고픔에 대해 불평하기 시작할 때, 당신은 "지금 먹지 않으면 나중에 배가 고플 것이라고 말했지"라고 말하고 싶은 유혹을 받을 지도 모른다. 이러한 말은 초점을 실제 문제에서 벗어나게 하고 분노의 힘겨루기를 초래한다. 대신에 당신은 아이의 배고픔에 동정하고 곧 점심을 먹을 수 있을 것이라고 위로할 수 있다. 아무 말도 하지 않는 것이 더 나을 때가 종종 있다. 결과가 말하도록 내버려 두라.

기본은 아이들을 존중하라는 것이다. 아이들의 행동을 다룰 때 그들의 존엄성을 존중하지 않으면, 그 아이에게 상처를 주게 된다. 비꼬거나 모욕을 주는 것은 보다 나은 행동을 가르치는데 아무런 역할도 하지 못한다. 잘못된 행위를 보복하려고 하기보다는 문제에 대한 해결책을 모색해 보는 것이 보다 도움이 되는 방법이다(Kaiser & Rasminsky, 2012). 결과를 사용하는 구성주의적 생활지도는 일을 다시 올바르게 만드는 방법을 찾는다. 자신이 해를 끼친 아이에게 배상을 하도록 돕는 것이 아마도 관련된 결과의 가장 유용한 형태일 것이다.

(2) 주의하여 결과를 사용하라

처벌과 결과 간의 큰 차이점은 결과는 행동과 관련이 있고 아이들이 배우도록 돕는다는 것이다(〈표 8-2〉 참조). 대부분의 어른들은 이것을 이해하지 못한다. 그들은 아이들이 복종하지 않는 것에 대해 대개는 TV를 보지 못하게 할 것이라고 아이를 위협한다. 다른 차이점은 그것이 아이들로 하여금 자신에 대해 어떻게 느끼도록 하느냐에 있다. 처벌은 아이들이 자신을 나쁜 사람이라고 생각하도록 하고 자존감을 손상시킨다. 반면에 결과는 자기 조절에 힘쓰는 아이들에게 힘을 주는 것을 목적으로 하며 아이들이 자신을 좋은 사람이라고 생각하는데 도움을 준다(Brady et al., 2011).

그럼에도 불구하고, 만약 어른이 조심하지 않는다면, 관련된 결과는 쉽게 처벌로 바뀔 수 있다(Charney, 2002). 어른이 관련된 결과를 시행하기 때문에 관련된 결과는 아이들에 대한 어른의 힘을 보여준다. 이런 이유로, 다른 덜 참견하는 훈육 방법이 먼저 시도되어야 한다. 문제의 예방이 가장 덜 참견하는 훈육 방식이다. 모범을 통해 가르치기, 코칭과 갈등 협상이 성인의 힘을 사용하지 않는 훈육 방식이다.

그러나 이런 방법이 문제 행동의 원인을 제거하는 데 효과가 없다면, 다른 방법을 사

〈표 8-2〉 결과 유형의 비교

영호가 3명의 다른 아이들과 모래상자에서 놀고 있다. 영호가 화가나서 트럭을 집어 던졌다.

자연	배제	박탈	배상
트럭 바퀴가 부러졌고 더 이상 트럭을 운전할 수 없다	교사가 영호에게 어떤 것도 던지지 않고 안전하게 그 곳에서 놀 준비가 되었다고 생각될 때까지 모래 상자를 떠나라고 요구한다.	오 선생님이 조용하게 영호에게 가지고 놀 다른 물건을 찾아보라고 말하고는 트럭을 보관하는 곳에 둔다.	오 선생님이 트럭을 던지는 것의 결과에 대해 논의하고 영호가 트럭을 고치는 것을 돕도록 한다.

승제가 읽기시간에 기수를 손가락으로 찌른다.

자연	배제	박탈	배상
기수가 비명을 지르고는 승제의 옆구리를 손가락으로 찌른다.	교사가 남아 있는 시간 동안 승제에게 자기 자리로 돌아가도록 했다.	오 선생님이 승제에게 말한다. "만약 네가 책을 읽는 동안 너의 손을 제 자리에 둘 수 없다면, 너는 도서관에 가서 혼자 책을 읽어야 한다."	오 선생님이 말한다. "승제야, 네가 기수를 아프게 했나 보구나. 네가 기수에게 얼음주머니를 가져다주면, 기수의 기분이 나아지는데 도움이 될 것 같구나."

용할 필요가 있다. 이해의 부족이 문제 행동의 원인이라면 아이의 이해를 돕기 위해 결과가 사용되어 질 수 있다. 또한 아이들의 안전을 유지하기 위해 성인의 힘을 신중하고, 정중하게 그리고 제한적으로 사용하는 것이 요구될 때도 있다. 만약 안전 지침이 테스트 중이라면, 관련된 결과를 계획할 수 있다. 훈육 방안의 하나로 결과를 사용하는 두 가지 이유가 있다. 하나는 이해가 부족한 아이에게 이해할 수 있도록 가르치는 것이고, 다른 하나는 행동 문제의 원인을 밝히는 동안 필요한 한계를 강제하는 것이다. 영호가 3명의 다른 아이와 모래 상자에서 놀고 있다. 그러다 화가 나서 트럭을 던진다. 함께 책을 읽는 동안 승제가 기수의 옆구리를 손가락으로 찌른다.

(3) 사전 계획

관련된 결과를 사용할 때, 신중하고 존중하는 태도로 임해야 한다는 것을 기억하는 것이 때론 어렵다. 부주의한 어른의 경우 부과된 결과가 순식간에 힘겨루기로 이어질 수 있다. "어질러 놓은 것을 치우지 않으면 점심을 먹을 수 없어"라는 최후통첩을 보낸 김 선생님의 문제를 기억하는가? 김 선생님이 그러한 규칙을 정한 데에는 실질적인 이유가 있었다. 즉, 김 선생님은 점심을 먹기 위해 방을 깨끗이 치우고 싶었다. 그러나 정화에게서 점심을 빼앗아 간 것은 상황이 아니라 선생님이었다. 정화의 옷은 식탁 위에 있지 않았고, 정화는 왜 점심을 먹기 전에 그 옷을 치워야 하는지 그 이유를 알 수 없었다. 선생님은 자신의 성급한 최후통첩을 강제하기 위해 성인으로써의 자신의 힘을 가지고 있을 뿐이었고 선생님이 사용한 그 힘은 정화와의 대결 국면으로 이어졌다. 효과적인 결과를 얻기 위해서는 힘을 사용하기보다 힘을 철회하도록 노력해야 한다. 다행히, 김 선생님의 자아는 그가 뒤로 물러나 반영적으로 경청하고 아이와 해결을 위한 협상을 하는 것을 가능하게 했다.

관련된 결과를 사용하기 위해서는 계획을 세워야 하고 미리 생각해야 한다. 관련된 결과는 교사가 성인의 필요에서 한 발짝 벗어나 아이의 관점에서 행동을 보도록 요구한다. 결과는 아이의 요구 및 상황과 조심스럽게 매치될 필요가 있다(Smith, 2004). 관련된 결과를 부과할 때, 아이의 행동과 결과 간의 관계가 아이에게 명확해야 한다. 드라이커스(1964)는 우리에게 만약 결과가 행위와 관련이 없다면, 아이들은 자신의 행동이 어떻게 다른 사람에게 영향을 주는지 배울 수 없을 것이라는 것을 상기시킨다. 대신에 그들은 어른을 불공정한 사람으로 보게 되고, 종종 힘겨루기에 빠짐으로써 불공정에 대해 보복할 방법을 찾게 된다.

그래서, 당신이 문제에 직면하고 관련된 결과가 해결책이라고 결정했다면, 잠시 문제에 대해 생각하고 의미 있는 관련된 결과를 계획하는데 약간의 시간을 보내라.

4 합당한 결과 선정

행위와 관련된 결과를 선정하기 위해서는 잘 생각해야 하고 결과라는 말의 의미를 잘 이해하고 있어야 한다. 많은 사람들이 결과를 사용하는 방법을 이해하지 못한다. 그들은 아무런 관련이 없는 결과를 아이들의 행동에 부과하고는 그것을 결과라고 부른다. 그들은 행위와 결과 간에 관계가 없으면 어떤 배움도 일어나지 않으며 그것은 그냥 처벌이라는 것을 모르고 있다(DeVries & Zan, 2012; Thornberg, 2008).

공립학교의 훈육 안내서에는 그들이 결과라고 부르는 다양한 처벌(예, 껌을 씹는 학생에게 휴식 시간 주지 않기, 교사에게 말대꾸하는 학생을 방과 후에 남기기, 다른 사람을 때린 아이에게 팔굽혀펴기 시키기)이 열거되어 있다. 아이들의 행동과 아무런 관련이 없기 때문에, 이런 벌은 아이들을 화나게 하고, 그러한 행동을 했을 때 걸릴 위험에 대해 계산하게 하며, 그러한 행동을 했을 때 얻게 되는 것이 걸렸을 때 받게 되는 벌을 상쇄할 만큼의 가치가 있는 것인가에 대해 생각하게 한다(Dreikurs, Cassel, & Ferguson, 2004). 만약 바닥이나 책상에 붙은 껌을 제거할 필요가 있다면 껌을 씹는 것은 합당한 결과를 가질 것이다. 교사에게 말대꾸하거나 다른 아이를 때리는 행동에 대한 훈육 또한 행동의 원인에 따라 달라야 한다. 어떤 해결책도 그런 행동의 다양한 원인을 모두 적절하게 다룰 수는 없다. 만약 훈육 문제에 대한 해결책이 개별 아동의 본성, 당시 상황 및 관련된 사람들 간의 관계에 대한 정보에 의해 결정되는 행동의 원인에 기초하지 않는다면, 그 해결책의 가치는 의문의 여지가 있다 하겠다(Elkind, 2001; Goodman, 2006).

(1) 사려 깊은 생각

관련된 결과는 아이들이 행동의 결과를 경험해 감에 따라 어떤 행동이 옳고 그름을 판단하는 것을 도와야 한다. 그러므로 결과는 주의 깊게 선택되어야 한다. 행동과 관련된 어떤 것을 선택하는 것에 덧붙여, 당신은 아이에게 중요한 결과를 생각해 낼 필요가 있다. 아이들에게 서둘지 않으면 늦을 것이라고 말하는 것은 늦은 것이 그들에게 중요하지 않다면 소용이 없을 것이다(Thornberg, 2008). 결과는 또한 실생활 속에 있고 실제로 실천할 수 있는 어떤 것일 필요가 있다.

(2) 명확한 교수 목표

집단 속에서 조화롭게 일하며 살기 위해서는 서로를 배려하고 협력해야 한다(DeVries & Zan, 2004) 관련된 결과는 아이들이 이런 태도를 개발하고 기억하도록 돕는 데 아주 유용할 수 있다. 윤 선생님은 교육과정 개발 시 사회성 개발 부분을 학업 영역을 계획할 때만큼이나 주의를 기울인다. 계획을 세울 때, 선생님은 아이들의 자율성 성장의 조력이라는 목표를 가슴에 새긴다. 선생님은 자유에는 책임이 따른다는 것을 아이들이 이해하도록 도움을 주는 방식으로 아이들에게 자유를 주기를 원한다(Brady et al., 2001).

이 책임에는 방해받고 싶지 않는 다른 교실의 권리와 같은 다른 사람의 자유를 침해하지 않는 것이 포함된다. 선생님의 계획은 또한 아이의 능력에 대한 자신의 믿음과 책임감 있게 행동하고자하는 바람을 통해 본인이 보여준 개별 아동에 대한 존중의 원칙에 기초하고 있다. 선생님은 아이를 포함한 모든 사람은 존엄성과 존중을 동등하게 가져야 한다고 확고히 믿고 있다. 선생님은 수스 박사가 『Horton Hears a Who(1954, p. 6)』라는 책에서 말했던 방식을 좋아한다. "아무리 작을지라도 사람은 사람이다."

윤 선생님은 자신의 아이들이 상호 배려와 협력의 가치를 결정하도록 돕기 위해 다양한 전략을 사용한다. 필요에 따라 관련된 결과를 부과하는 것에 덧붙여, 선생님은 또한 몸소 모범을 보임으로써 바람직한 태도와 행동을 보여준다. 선생님은 아이들과 배려하는 관계를 설정하고, 아이들 간의 조화로운 사회적 상호작용이 촉진시킬 수 있는 교실 환경을 조성한다. 생활지도 및 훈육에서 최선의 방법은 예방 전략, 부족한 기술 가르치기, 결과 그리고 반추를 위한 기회와 같은 전략을 결합하여 사용하는 것이다.

(3) 결과 사용하기

결과를 사용하기 위해서는 충분히 생각하고 계획을 세워야 하기 때문에, 당신은 어떤 행동이 처음 발생했을 때는 결과를 실행하지 않을 것이다. 전형적인 모습은 교사가 원인에 대한 다양한 가설을 시도해 보면서 계속되는 문제를 분석하는 것이다. 원인이 비현실적인 성인의 기대, 기술부족 또는 충족되지 못한 욕구가 아닌 것이 명확해 졌을

관련된 결과가 효과가 있으려면 아이들은
원인과 결과를 연결시킬 수 있을 만큼
지적으로 성숙해야 한다.

때, 어른은 아이의 이해 부족이 원인이라고 판단한다. 그 시점에서, 교사는 먼저 자연적 결과로 충분할 것인지 아니면 관련된 결과가 요구되는지를 결정해야 한다. 만약 관련된 결과가 요구되면, 어른은 행동과 결과 간의 연계를 보여주는 어떤 것을 알아내야하는 도전에 직면하게 된다.

(4) 아동이 원인과 결과를 연결하도록 돕기

취학 전 아이들은 원인과 결과를 연결하는 데 있어 서툴다. 하지만 이들도 관련된 결과로부터 배울 수 있다. 민 선생님과 조 선생님은 관련된 결과를 사용하여 아이들이 배우도록 도울 수 있다는 것을 안다. 어른들은 아이들이 자신의 행동이 다른 사람에게 미치는 영향뿐만 아니라 원인과 결과에 대한 이해를 넓히는 데에도 도움을 줄 수 있다. 그러므로 관련된 결과의 경험은 취학 전 아동을 위한 교육과정의 소중한 부분이다. 아래 사례가 보여 주듯, 교사는 설교나 꾸중으로 학습 경험을 망치지 않도록 조심해야 한다.

사례 8-7

 민혜와 연희는 핑키라는 이름의 모르모트를 아주 거칠게 대하고 있었다. 공포에 질린 핑키가 비명을 지르며 달아나려하자, 민혜가 핑키의 털을 움켜쥐었고 털이 한 뭉치 뽑혀 나왔다. 털이 예쁘다고 생각한 연희가 털을 한 뭉치 더 뽑았다. 핑키의 울음소리를 듣고 선생님이 달려왔다. 핑키의 털을 살펴본 선생님은 핑키에게 회복할 휴식 시간을 주어야겠다고 판단했다. 선생님은 다음과 같이 설명하면서 핑키집을 아이들의 손이 닿지 않는 곳으로 옮겼다. "핑키의 털이 뽑혔어요. 그래서 핑키의 털이 다시 자랄 시간을 주고 싶어요. 핑키는 잠시 동안 안전한 곳에 있어야 돼요. 상태가 좋아지고 너희들이 핑키를 괴롭히지 않고 놀 수 있다는 생각이 들 때 핑키는 다시 돌아올 수 있을 거예요."

아이들이 핑키와 함께 놀지 못하도록 하는 것은 피아제가 추천한 반응 중 하나인 박탈과 일치한다. 민 선생님은 어린 아이들은 그러한 결과에 대한 타고난 정의에 반응한다는 것을 알고 있다. 그들은 대개 잘 선정된 관련된 결과에 대해서는 화를 내거나 반항하지 않는다. 이러한 점에 주목하여, 민 선생님은 가능한 한 최선의 결과를 생각해내려고 한다. 선생님은 현재 행동이 주목할 필요가 있는 다른 문제의 증상일 수 있다는 것을 여전히 명심하고 있다.

(5) 전략의 결합

민 선생님은 단지 문제 행동을 멈추게 하는 것 이상의 것을 원했다. 선생님은 원인 또한 찾고 싶었다. 만약 원인이 단순히 아이들이 왜 그런 행동이 부적절한지를 이해하지 못한 것이라면, 결과와 반영을 사용하는 것만으로도 충분하다. 만약 행동이, 아래 시계에서 영도가 한규를 때렸을 때처럼, 충족되지 못한 욕구의 신호라면, 그 욕구 또한 반드시 고려되어야 한다.

전략을 성공적으로 결합함에 있어 핵심은 상황과 아동 행동의 모든 가능한 원인을 평가하는 것이다. 먼저, 당신은 아이들을 안전하게 지키기 위해 즉시 행동을 변화시킬 필요가 있는지 또는 아이가 자연적 결과를 경험하도록 하는 것이 적절한 것인지를 결정해야 한다. 다음으로, 당신의 행동 원인을 결정해야 한다. 행동이 환경 정리 정돈에 의해 발생했는가? 행동이 커리큘럼 요구에 의해 발생했는지? 행동이 아이의 발달 수준을 고려할 때 전형적인가? 충족되지 못한 욕구가 있는가? 마지막으로, 당신은 자신이나 다른 성인이 아이에게 무엇을 가르쳤고 무엇을 가르치지 않았는지에 대해 생각해 볼 필요가 있다. 아이의 삶에서 어른이 좋은 행동의 본보기를 보여주었는가? 아이가 효과적으로 의사소통할 수 있도록 코치를 받았는가? 당신이 본 바와 같이, 효과적인 생활지도와 훈육은 단순하지 않다. 모든 행동 문제에 하나의 해결책을 제시하고자 하는 사람은 생활지도와 훈육을 지나치게 단순화하는 것이다.

사례 8-8

 영도가 친구인 한규를 괴롭히다가 결국 상처를 입혔을 때, 민 선생님은 그를 다른 곳으로 보냄(배제 결과)으로써 점점 심해지는 영도의 행동을 막았다. 만약 선생님이 영도의 행동이 주목을 받고자 하는 욕구가 충족되지 못해 나온 것이라고 생각했다면, 영도의 주목 욕구가 충족되도록 도움을 주었을 것이다. 만약 영도가 한규는 더 이상 나의 친구가 아니라고 불평했다면, 선생님은 더 많은 것을 알아내기 위해 반영적으로 경청했었을 것이다. 아마도 영도는 그냥 놀이 친구를 원했을 것이다. 그래서 선생님은 영도가 다른 아이들과 협력해서 놀이를 하는 방법에 대해 코치를 했다.

5 결론

자연적 결과와 관련된 결과는 자신의 경험에 대해 반추를 통해 아이들이 도덕적 규칙과 가치를 구성하도록 돕는 방식이다. 본보기를 통해 가르치는 것과 같이, 경험을 통해 가르치는 것은 아주 효과적인 방법이다(Goodman, 2006; Thornberg, 2008). 물론, 경험 그 자체만으로는 배우는 데 충분하지 않다. 교사는 아이들이 경험에 대해 반추하고 그것으로부터 이해를 할 수 있도록 하는 기회를 제공해야 한다. 그것은 무언가를 배우는 결과를 낳는 경험에 대한 사고 과정이다. 아이들은 이런 식으로 옳고 그름에 대한 자신의 감각을 구성한다. 타인에 의해 강요된 규칙과는 달리 자신의 내부로부터 구성한 도덕적 규칙이 아이들에게 더 강력하게 작용한다(Goodman, 2006). 아이들에 대한 지도는 자신의 이해에 기초하여 이루어질 때 가장 효과적이다. 마찬가지로, 아이들이 스스로 구성한 가치가 미래에 그들의 행동을 이끌 가능성이 더 많다.

그러므로 결과는 자기 훈육을 가르친다. 결과는 아이들이 특정 시점에서 자신의 행동에 대해 책임을 지도록 도울 뿐 아니라, 전 생애에 걸쳐 영향을 주는 자율적인 행동의 발달을 돕는다. 아이들이 자율성을 갖추도록 돕는다는 것은 민주 사회의 이상을 실현하는 쪽으로 나아간다는 것을 의미한다. 질서는 권위에 의한 강요에 의해서가 아니라 우리 모두의 이익을 위하려는 한 사람 한 사람에 의해 유지된다. 학교가 민주주의 원리를 채택하고 그 원리에 따라 아이들을 대할 때, 아이들은 덜 반항할 것이고 더 많은 것을 배울 것이다. 이 책의 2부에서 당신은 바람직하지 못한 행동을 예방하는 방법과 바람직한 행동을 가르치는 방법에 대해 배웠다. 이 장이 효과적인 훈육을 기술하는 2부의 마지막 장이다. 다음 두 장에서는 바람직하지 못한 훈육 방법에 대해 살펴볼 것이다.

6 요약

• 간혹 아무것도 하지 않는 것이 최고로 잘 가르치는 것이 된다. 이 장에서 왜 자연적 결과가 강력한 가르침의 도구가 될 수 있는지에 대해 설명했다.

• 간혹 당신은 아이들이 왜 자신의 행동을 변화시킬 필요가 있는지를 이해하도록 돕

기 위해 개입하여 관련된 결과를 부과할 필요가 있다. 이 장에서는 관련된 결과의 다양한 유형과 그것이 어떻게 가르치는가에 대해 살펴보았다.

• 부과된 결과는 적절하게 사용하지 못하면 아주 쉽게 처벌이 될 수 있다. 이 장에서는 위험을 공유하고 그것을 피하는 방법에 대해 살펴보았다.

• 결과를 효과적으로 사용하는 것은 정교한 가르침의 기법이다. 적절한 관련된 결과를 선택하기 위해서는 깊이 생각하고 계획을 세워야 한다. 이 장에서 그러한 과정을 위한 지침을 제공하였다.

7 논의 및 숙고

1. 함께 놀고 있는 아이들을 관찰하면서 당신이 목격한 문제 행동을 3~4가지 들어라. 아이들이 자신의 행위와 그러한 행위의 결과를 연계하는 것을 돕기 위해 자연적 결과와 관련된 결과를 어떻게 사용할지 기술하라. 각 상황에서 당신이 선택한 결과에 대한 근거를 제시하라.

8 도전

2. 해결해야 할 문제(이 장의 내용과 앞서 다루었던 내용을 참고하라): 민지와 은주가 4명의 다른 아이들과 블록 영역에서 놀고 있다. 민지가 실수로 은주가 만들어 놓은 블록을 무너뜨려 버렸다. 은주가 민지에게 소리를 지르며 민지가 만들어 놓은 블록을 무너뜨려 버리겠다고 위협하고 있다.

   a. 이 문제를 어떻게 예방할 것인지에 대해 기술하라.

   b. 이 아이들이 자신의 문제를 해결하는 데 도움이 될 수 있는 생활지도 전략에 대해 기술하라.

   c. 이 문제를 해결하기 위해 결과를 어떻게 사용할 지에 대해 기술하라.

9 현장 활동

3. 얼마나 자주 아이들이 자연적 결과를 통해 자신의 행동에 대한 결과를 경험하는
지와 얼마나 자주 아이들이 그러한 경험을 하지 못하도록 어른들이 막는지에 주
목하면서 유아교육 프로그램을 관찰하라. 상황을 기술하라. 그런 다음 어른들이
아이들의 학습을 방해하는지 아니면 필요에 의해 단지 그들을 보호하고 있는지에
대해 결정하라.

4. 아이들의 상호작용을 관찰하면서 배상하기가 부적절한 행동에 대한 가장 교육적
인 결과가 되는 상황을 찾아보라. 당신이 목격한 상황을 기술하고 어떻게 당신이
아이들이 자신의 행위에 대해 배상을 하도록 도울 지에 대해 논의하라.

10 추천도서

Dreikurs, R., *Cassel, P., & Dreikurs-Ferguson, E. (2004). Discipline without tears: How to reduce conflict and establish cooperation in the classroom.* Hoboken, NJ: Wiley.

Elkind, D. (2001, September/October). Instructive discipline is built on understanding. *Child Care Information Exchange*, 141, 7~8.

Goodman, J. F., & Lesnick, H. (2004). *Moral education: A teacher-centered approach.* Upper Saddle River, NJ: Pearson.

Kamii, C. (1982). Autonomy as the aim of education: Implications of Piaget's theory. In C. Kamii (Ed.), *Number in preschool and kindergarten* (pp. 73~87). Washington, DC: National Association for the Education of Young Children.

Piaget, J. (1965). *The moral judgment of the child.* New York: Free Press. (Original work published 1932)

제9장
행동주의를 넘어서

학습 목표

- 행동 수정의 바탕이 되는 이론을 설명할 수 있다.
- 행동주의적 훈육 계획을 사용하지 않기로 한 결정을 방어할 수 있다.
- 행동 수정을 더 잘 피하기 위해 다양한 형태의 행동 수정을 인식 할 수 있다.

사례 9-1

 어머니가 1학년인 수미를 차에 태우러 갔을 때, 수미는 흐느껴 울고 있었다. 어머니는 마침내 수미가 무엇 때문에 화가 났는지 이해할 수 있었다. 이야기인즉, 수미가 실수로 선생님의 책상 위에 있었던 서류 뭉치를 엎어버려, 그에 대한 벌로써 수미가 갖고 있던 "좋은 행동" 토큰 몇 개를 빼앗긴 것이었다. 이제 수미는 이번 주 내내 받기를 고대하고 있었던 상을 탈 수 없게 되었다. 이 장에서 우리는 왜 이런 유형의 상황이 아이들의 행동과 교실 환경에 부정적인 영향을 미치는 지에 대해 논의할 것이다.

이 장에서는 행동주의 훈육 이론의 사용과 오용에 대해 설명한다. 행동주의 훈육 이론은 오랫동안 지속되는 결과를 제공하는 생활지도와 훈육에 대한 접근인 구성주의적 훈육 이론과 매우 다르다.

지금까지 당신은 우리가 추천하는 생활지도 및 훈육 방법에 대해 읽었다. 이제 당신은 우리가 추천하지 않는 방법에 대해 읽을 것이다. 비록 우리가 그런 방법을 사용하지 말 것을 권하지만, 우리는 행동주의의 기본 전제는 알아야 한다. 유쾌한 결과를 가져다주는 행동은 반복될 가능성이 크다. 불유쾌한 결과를 가져다주는 행동은 반복될 가능성이 적다. 이것은 사람과 동물 모두에게 있어 자연스런 반응이다. 이 원리는 서커스의 동물을 훈련시키는데 사용되고, 집에서 강아지를 길들이고 실험실 쥐가 미로를 달리도록 하는 데도 사용된다. 불행하게도, 이 원리는 아이들의 행동을 통제하는 데도 널리 사용되는데, 이 방법을 행동수정이라고 부른다. 이것은 아이보다는 행동에 초점을 두고 아이들이 어떤 방식으로 행동하도록 설계된 인위적인 보상 체계를 형성한다. 이 시스템은 보상과 처벌을 실시할 누군가가 요구된다는 것에 주목하는 것이 중요하다. 그렇지 않으면 행동통제는 없다. 우리는 당신이 이 방법을 사용할지의 여부를 결정하기 위해 당신의 가치와 목표를 검토하는 것을 돕기 위한 정보를 제공한다.

먼저, 우리는 행동 수정의 기본 원리에 대해 개괄적으로 기술할 것이고 행동 수정을 훈육 기법으로 사용한 결과로 얻게 되는 해로운 결과에 대해 설명할 것이다. 그런 다음, 당신이 그것을 보았을 때 그것을 확실하게 인식하도록, 교실과 학교에서 사용되는 대표적인 행동수정 체계에 대해 기술할 것이다.

행동주의자들은 관찰할 수 있는 것에 초점을 둔다. 그들은 학습이 환경적 영향에 의해서만 형성된다고 믿는다. 즉, 환경을 통제함으로써 개인을 통제할 수 있다는 것이다.

그들은 개별 아동의 행위 이면의 다양한 이유는 무시한다. 그들은 또한 구성주의적 이론의 핵심인 학습자가 지식을 내적으로 구성한다는 사실을 무시한다. 구성주의 이론은 아이들이 경험과 경험에 대한 반추를 통해 배운다고 말한다. 우리는 정서적 건강, 자기-훈육, 도덕적 자율성, 자기 확신이라는 장기적인 목표가 아동의 행동을 통제하기 위해 행동 수정을 사용하는 사람들에 의해 위태롭게 된다고 확신한다.

1 행동수정

행동수정은 스키너(Skinner, 1948)의 조작적 조건화에 대한 연구에 기초를 두고 있다. 스키너는 행동이 정적 강화 또는 부적 강화 그리고 처벌이라는 시스템을 통해 조건화될 수 있다고 믿는다. 그는 동물 및 사람에 대한 실험을 수행함으로써 자신의 이론을 검증했다. 실험을 통해, 스키너는 환경 조건에서의 변화가 행동 변화를 야기할 수 있다는 것을 발견했다. 작동방식은 다음과 같다.

(1) 강화

행동주의자의 사고에 의하면, 행동은 정적 강화, 부적 강화 그리고 벌을 통해 변한다. 행동주의자의 용어로 '정적'은 더하는 것을 말하고, '부적'은 빼거나 제거하는 것을 말한다는 것을 아는 것이 중요하다. 정적 강화와 부적 강화의 목표는 좋은 행동을 증가시키는 것이다. 정적 강화는 아이가 바람직한 행동을 보일 때마다 아이가 좋아하거나 유쾌해하는 무언가를 더함으로써 좋은 행동을 증가시키려고 시도한다. 부적 강화는 아이가 나쁘거나 유쾌하지 않다고 생각하는 행동을 제거함으로써 좋은 행동을 증진시키는 것을 목적으로 한다. 부적 강화에서, 아이가 바라는 과제를 완수할 경우, 아이에게 주어지던 불쾌한 무언가를 제거하거나 덜어준다.

① 정적 강화

정적 강화는 아이들에게 좋은 행동에 대한 보상을 주는 것과 관련이 있다. 보상은 3가지 범주(실체 보상, 칭찬 그리고 특권)로 나눌 수 있다. 실체 보상에는 스티커, 별, 점수와 음식 등이 있다. 칭찬은 "잘했어"를 말하는 것과 같이 언어적일 수도, 미소와 같은 비언어적일 수 있다. 특권에는 파티열기, 여행가기, 영화보기, 게임하기 등과 같은 것이 포함된다. 보상이 기대한대로 작동하려면 아이들은 보상을 흥미롭게 생각하거나 유쾌하게 생각해야 한다. 예를 들어, 꽃 스티커는 취학 전 남자 아이들이 기대한대로 행동하도록 하는데 동기부여가 되지 않을 것이다. 하지만 여자 아이들은 그것을 매력적이라 생각할 것이다. 나이가 상대적으로 많은 아이들은 만족 지연을 더 잘하기 때문에, 특권을 얻는 것이 그들에게는 대체로 더 잘 통한다.

② 부적 강화

부적 강화는 아이들이 과제를 완수하거나 특정 방식으로 행동하도록 동기화시키기 위해 불유쾌한 무언가를 제거하는 것과 관련이 있다. 부적 강화의 예로는 방문자가 교실에 있을 때 행동한다면, 당신에게 숙제를 부여하지 않을 것(불쾌한 무언가의 제거)이라고 아이들에게 말하는 것을 들 수 있다.

(2) 처벌

행동 수정 프로그램에서, 처벌 또한 2가지 범주로 나뉜다. 하나는 혐오자극을 통한 처벌이고, 다른 하나는 반응댓가 처벌이다. 혐오자극을 통한 처벌은 아이들의 바람직하지 않은 행동을 줄이기 위해 불쾌한 경험을 더하는 것이다. 반응댓가 처벌은 긍정적인 행동의 증가시키고자 하는 희망으로 아이가 즐기는 무언가를 제거하는 것이다.

혐오자극의 전달에 의한 처벌은 엉덩이를 때리거나 야단을 치는 것과 같은 신체적 벌이나 정서적 벌을 포함한다. 행동주의자들은 신체적, 정서적 고통이 아이들로 하여금 적절하게 행동하도록 상기시켜준다고 믿는다. 당신은 이런 유형의 처벌이 행해지는 것을 본 적이 있을 것이다. 부모가 아이의 손을 때리고는 "만지지 마"라고 말했다면, 그 부모는 아이에게 적절한 행동을 상기시켜 주기 위해 혐오자극을 사용하고 있는 것이다. 행동주의자들은 혐오자극을 통한 처벌은 자신의 행동을 통제하지 못하는 아이를 위한 최후의 수단으로만 사용되어야 한다고 믿지만, 처벌은 많은 가정과 학교기관에서 여전히 사용되고 있다. 2011년 뉴멕시코는 학교에서 체벌을 금지한 31번째 주가 되었다. 그러나 19개 주에서는 체벌이 여전히 합법적이다(Graham, 2015). 우리는 또한 당신이 교사가 공개적으로 아이를 야단치는 것을 보았으리라 확신한다. 그렇게 한 결과로 아이는 창피함을 느끼고 몹시 힘들어한다.

반응댓가 처벌 시스템에서는, 행동 통제의 수단으로 정적 강화물(예, 스티커, 캔디, 특권, 칭찬)을 주지 않거나 제거한다. 앞에 제시한 [사례 9-1]에서 본 바와 같이, 이것은 대부분의 다른 처벌과 같이 느끼는 결과를 낳는다.

(3) 역효과가 생기지 않도록 하라

행동수정이 어떻게 작용하는지에 대해 당신이 이해할 필요가 있는 한 가지 이유는 당신이 우연히 부적절한 행동을 강화하여 아이들이 잘못된 것을 학습하지 않도록 하기 위해서이다. 우리는 또한 당신이 행동수정의 결과를 이해해서 우연히 바람직한 행동을 못하게 하지 않기를 원한다. 비록 우리가 훈육 계획으로 이 방법을 추천하지는 않지만, 우리는 사람들이 일시적으로 보상과 처벌에 의해 영향을 받을 수 있다는 것을 인정한다.

당신이 누군가가 하는 것에 주목한다면, 당신이 보이는 관심이 보상 반응이 될 수 있다. 바람직하지 않은 행동을 무시하는 것은 그것을 멈추게 하는 아주 효과적인 방법이다. 만일 당신이 강화이론에 대해 모른다면 잘못된 행동을 강화하기 쉽다. 아래 사례가 친숙해 보이는가?

A. 당신은 아장아장 걷는 아기의 뒤를 쫓아가는 어른을 본 적이 있는가? 만약 그렇다면 당신은 아기들이 이 게임을 할 때의 즐거움을 알고 있다. 아기들에게는 그들에게 관심을 주고 그들의 뒤를 쫓아 달리는 아빠나 교사가 있다는 것이 큰 즐거움이다. 당연히 이런 관심은 아기들이 다시 뛰어다니는 것을 조장한다. 경우에 따라서는 덜 안전한 장소에서도.

B. 아이들이 열광하면서 우스꽝스러운 행동을 하고 있다. 처음에 어른들은 그것이 재미있다고 생각하고 아이들이랑 같이 웃었다. 그러나 곧 우스꽝스러운 행동이 통제 불능 상태가 되었고 어른들은 짜증이 났다. 아이들에게 그만하라고 말하거나 당신의 불쾌함을 보여주는 다른 방식도 그냥 그 행동을 계속하도록 만든다.

C. 취학 전 아동이 무례하거나 부도덕한 언어를 사용하는 것에 대해 어른이 웃는다면? 순진무구한 아이의 입에서 나온 그런 말을 듣는 것이 재미있을지도 모르겠다. 그러나 아이에 대한 반응으로서의 그 웃음은 의도하지 않게 아이에게 보상으로 작용할 수 있으며 부적절한 언어를 되풀이하게 만들 수 있다.

D 전형적인 교실에서 누가 교사에게 가장 주목을 많이 받겠는가? 해야 할 일을 책

임감 있게 행하는 아동인가, 아니면 그렇게 하지 않은 아동인가? 교사는 무책임한 행동에 주목함으로써 그 행동을 은연중에 보상하고 있지는 않는가?

기억하라. 당신이 장려하고 싶지 않은 행동을 무시하는 것이 핵심이다. 만약 보상이 사람과 상황에 따라 여러 가지 형태를 띨 수 있다는 것을 당신이 안다면, 잘못된 행동을 강화하는 것을 더 쉽게 피할 수 있다. 만약 처벌이 아이가 주목을 받을 수 있는 유일한 길이라면 처벌이 실제로 보상이 될 수 있다. 당신은 아동에 대한 세심한 관찰을 통해 아동이 어떤 반응을 보상이라고 생각하는지 알 수 있을 것이다. 아래 사례에서 방 선생님과 하 선생님은 중요한 발견을 했다.

사례 9-2

 민호가 어린이집에서 말썽을 부렸다. 그는 종종 화를 냈고 화풀이를 위해 블록 영역을 선택했다. 만일 그 영역에 구조물이 세워져 있으면 그는 그것을 넘어뜨렸고, 블록이 선반 위에 있으면, 그것을 끄집어 내렸다. 선생님들이 그를 돕기 위해 많은 노력을 기울였다. 그들은 생각해 낼 수 있는 모든 것을 시도했다. 최근, 그들은 교환 결과를 사용했으나, 효과가 없는 것 같았다. 민호는 자신이 엉망으로 만든 것을 치우는 것을 도왔지만, 그런 다음 또 다시 온 사방을 어지럽히는 행위를 계속 했다. 그 방법이 원인을 다루지 못했다는 것이 확실했다.

방 선생님이 민호가 여느 때와 마찬가지로 블록을 흩어버리는 행위를 하고 있을 때 그를 지켜보았다. 선생님은 교사들이 다음에 무엇을 시도해 보아야 할지 생각해 보았다. 선생님은 민호를 지켜보면서, 민호가 그녀가 보고 있는지 어떤지를 알아보기 위해 곁눈질로 보고 있다는 것을 알아차렸다. 그 때 하 선생님이 와서 이 파괴적인 행동을 멈추게 했다. 선생님은 그 문제에 대해 민호에게 말하는 동안 그를 무릎 위에 앉히고 그의 등을 가볍게 쓰다듬어 주었다. 민호는 얼굴에 미소를 띤 채 앉아 있었다. 그러나 민호는 하 교사의 말을 듣고 있는 것 같지는 않았다. 방 선생님은 이 경험이 민호에게 만족을 주는 것이라고 생각했다. 선생님은 민호가 파괴적인 행동을 통해서 자신이 원하는 것을 얻었을 가능성에 대해 생각해 보았다. 결국, 선생님은 교사들이 민호의 잘못된 행동을 은연중에 강화시켰을지 모른다고 생각했다.

선생님들은 새로운 계획을 세웠다. 민호가 부적절한 행동을 시작했을 때, 그들은 민호가 있는 영역을 떠났다. 아무도 그가 무엇을 하고 있는지 관심을 가져 주지 않았다. 그러자 곧 그는 그러한 행동을 멈추었고 교사의 이야기를 듣고 있는 아동들에게로 왔다. 그는 만족한 듯 보였고 통제를 할 수 있는 듯 보였다. 선생님들은 놀랐다. 이때까지는 항상 선생님들이 그를 진정시키는 동안 그의 잘못된 행동은 계속되었다. 그런데 이번에 그는 스스로 조용해졌던 것이다. 민호는 그의 행동에 관심을 가져주는 사람이 없자 싫증이 난 듯하였다. 그리고 민호의 그런 행동은 사라졌다.

행동 수정에 대해 기억해야 할 가장 유용한 것은 당신이 반복되기를 원하지 않는 것을 보상하지 않는 것의 중요성이다. 당신이 가장 주목해야 할 행동은 당신이 가장 많은 것을 얻을 수 있는 행동이다.

이 사례는 바람직하지 않은 행동이 은연중에 무심코 강화되었을 때 잘못된 학습이 어떻게 일어나는지를 보여준다. 아이는 자신의 욕구를 만족시키기 위해 부적절한 행동을 사용하는 것을 배운다.

2 왜 행동 수정은 안 되는가?

행동수정은 빠른 결과를 약속한다. 그런데, 왜 그렇게 많은 아동생활지도 책(예, DeVries & Zan, 2012; Gartrell, 2012; Kohn, 2011; Landrum & Kauffman, 2006; Reeve, 2006)에서는 그것에 반대하는 충고를 할까? 그리고 또 왜 그렇게 많은 교사와 부모들이 자신의 훈육방법으로 그것을 사용하는 것을 거부할까? 이 문제의 답은 행동수정을 사용한 결과에 대한 세심한 분석을 통해 알 수 있다. 행동수정을 적용한 결과는 자기훈육, 자기조절, 내적 동기뿐만 아니라 도덕적 자율성에 대한 영향을 포함한다. 아이들의 행동을 통제하기 위해 보상과 처벌을 사용하기를 거부하는 어른들은 주로 아이의 장기적인 행복에 대한 염려에서 그렇게 한다(Weiss & Knoster, 2008).

많은 어른들은 또한 아이들을 순종시키기 위해 자신의 힘을 사용하는 것을 개인적으로 불편해한다. 그렇게 하는 것은 그들의 개인 윤리를 위반하는 것이다(Weiss & Knoster, 2008). 그러나 학교는 종종 순종에 초점을 두고 행동수정을 적용한 대가인 관계 손상과 냉담한 마음을 무시한다. 학교는 긍정적인 이득은 잠시일 뿐이고(Hall, 2009)

장기적으로는 부정적인 결과를 가져다준다는 것을 무시한다. 개별 아동의 행동 문제의 원인을 다루는 대신에, 많은 교육자들은 모든 문제 행동을 해결해 주는 하나의 "마술(magic trick)"이 있을 것이라고 믿기를 원한다. 행동 수정의 약속이 이런 오해를 하도록 한다. 다음은 행동수정이 아이들에게 미칠 수 있는 부정적인 결과를 몇 가지 제시한다.

(1) 자율성 파괴

도덕적 자율성은 개인이 옳고 그름에 대해 내적으로 구성한 확신에 근거하여 결정을 내린다는 것을 의미한다(kamii, 1982). 도덕적으로 자율적인 사람은 권위 있는 사람이 지켜보든 그렇지 않든 간에 옳은 것을 할 것이다. 도덕적·지적 자율성은 개인이 문제에 대해 능숙하게 사고하고 개인적으로 결론에 도달할 것을 요구한다(Kamii, 1982). 이런 기술은 연습을 필요로 한다. 행동수정은 행동 옵션에 대한 자기 평가를 연습할 기회를 빼앗아간다(Reynolds, 2006). 행동수정은 아동이 아닌 보상이나 처벌을 하는 사람이 책임을 진다. 행동수정이 적용되면, 아동은 현재 상황에서 무엇이 옳은지가 아닌 어떻게 하면 벌을 피하고 보상을 받을 것인가를 중심으로 생각을 한다(Kohn, 2005).

아이의 행동에 대한 책임을 짐으로써, 어른은 아이가 경험과 그러한 경험에 대한 반추를 통해 배울 기회를 주지 않게 된다(Piaget, 1965). 만약 당신이 항상 아이들의 행동에 대한 책임을 지게 되면, 아이들은 자신의 힘으로 좋은 결정을 내릴 능력이 없다는 메시지를 아이들에게 전달하게 된다. 생각할 수 있고 의사결정 할 수 있다는 자신에 대한 확신이 상처를 받는다(DeVries & Zan, 2012).

학교에서 교과목을 통해서 비판적 사고와 문제 해결 기술을 가르쳐야한다고 주장하면서 사회적, 정서적 발달을 위해서는 이와 반대로 행동하는 것은 모순이다(Goodman, 2006). 이처럼 서로 양립할 수 없는 방법을 혼합하여 사용하는 것은 아동의 도덕적 자율성에 손상을 줄 뿐 아니라 비판적 사고를 위한 지적 자율성도 방해한다(Weinstock, Assor, & Briode, 2009; Willis, Dinehart, & Bliss, 2014). 당신은 아이들에게 어떤 영역에서는 스스로 사고하는 기회를 주지 않으면서 어떤 문제에 대해서는 스스로 사고하도록 아이들을 가르칠 수는 없다(DeVries 등, 2000).

(2) 제한된 자기조절

행동수정에서는 교사가 아동들이 무엇을 해야 할 것인지를 결정하고 보상이나 벌로 그 행동을 강화한다. 많은 어른들은 아이들이 이런 식으로 뇌물과 강제에 의해 자기 훈육이 된다고 생각하는 것 같다. 하지만 실제로는 그 반대가 맞다(Kamii, 1982). 어른들이 아이들에게 적절하게 행동하도록 강요하는 것은 아이들이 건전한 자기 훈육과 자기조절에 포함되어 있는 보다 광범위한 행동을 학습할 기회를 주지 않게 된다(Willis et al., 2014). 외적 통제에 의지하는 것은 습관이 될 수 있다. 행동수정에서 희망하는 것은 좋은 행동 습관의 형성이다. 그러나 통상적인 결과는 아동들이 외적 통제 습관에 의존하게 되는 것이다(Kamii, 1982). 설령 외부에서 부과되는 "반드시~해야 한다"가 내면화될지라도, 그것은 죄책감, 두려움 그리고 낮은 자존감과 연결될 가능성이 많다(Kohn, 2011).

아이들을 위해 결정을 내려주는 것은 그들 스스로 결정할 기회를 빼앗는 것이다. 어른들이 외적 통제를 강요하면, 아이들은 자기조절을 개발할 기회를 가지지 못하게 된다(Kohn, 2005). 성공적인 삶에 너무 중요한 자기조절 기술에는 과제에 집중하고 충동을 억제하며 옵션을 평가할 수 있는 능력이 포함된다. 이러한 능력은 성공적인 학업과 사회적으로 수용되는 행동에도 필수적이다. 성인에 의해 종종 통제를 받은 어린 아이들은 스스로 뭔가를 해야만 하는 나이가 되었을 때 어려움을 겪는다. 그들은 보상 없이는 무엇이 옳은지 모르거나 아마도 개의치 않을 것이다. 보상이 끝나자마자, 좋은 행동도 멈추게 된다.

(3) 수행 수준 하락

보상을 위해서만 일을 하는 사람은 그 성취 수준이 낮다는 것은 거의 알려지지 않은 사실이다. 이러한 사실이 왜 아이들이 학교에서 자주 무관심을 보여주는지를 상당 부분 설명해 줄 수 있다. 외적 통제는 아이들을 수동적으로 만들고, 학습에 대한 흥미와 의욕을 철회하게 만든다. 한 집단에는 보상을 주고, 다른 집단에는 보상을 주지 않은 상태에서 동일한 과제를 하는 사람들을 비교하는 연구가 많이 수행되었다. 연구 결과 보상을 받은 집단은 그렇지 않은 집단보다 성취수준이 낮았고 지속성도 떨어졌다(Kohn, 2005; Reeve, 2006).

(4) 문제의 원인 무시

이 책은 행동 문제의 원인이 지속되는 한, 그 행동을 변화시키려는 어떤 노력도 피상적인 뿐이라고 주장한다. 땅 속에 뿌리가 박혀있는 잡초처럼, 문제는 항상 다시 나타나게 된다. 변화가 오래 지속되도록 하기 위해서는 문제의 원인을 찾고 그것을 다루어야 한다. 행동주의적 접근은 원인보다는 증상에 초점을 둔다.

미국의 대부분의 주에는 아이들의 사회적, 정서적 발달과 관련된 기준이 있다. 사회·정서적 발달과 관련된 기준이 있는 모든 주에는 아이들의 의사소통기술과 관련된 기준이 있다. 그러므로 모든 훈육 방식은 "아이들이 자신의 정서를 적절한 방식으로 소통하고, 자신의 정서를 조절하며, 일상적인 문제를 해결하고, 또래 및 성인과 긍정적인 관계를 구축하며, 어려운 과제를 끈기 있게 수행할 수 있는 능력"을 목표로 한다(Hemmeter, Ostrosky, & Fox, 2006, p.585). 아이들이 행동을 준수하도록 하기 위해 행동수정을 사용하고 적절한 사회·정서적 및 의사소통 기술을 가르칠 시간을 갖지 않으며, 아이들의 문제 행동을 변화시킬 수 없을 것이라는 연구 문헌을 무시하는 학교와 교사는 핵심을 놓치고 있는 것이다(Feinberg, Lewis, & Williams, 2005).

행동수정을 수용하는 많은 사람들은 어떤 생활지도 시스템도 개별 아동의 독특한 요구를 고려하지 않으면 제대로 작동하지 않는다는 것을 잊어버린다(Feinberg et al., 2005). 훈육 방식은 개별화해야 한다(Hemmeter et al., 2006). 예를 들어, 교사는 정말 부적절한 행동과 오해와 관련된 부적절한 행동 간의 차이를 구분할 수 있어야 한다(Smith-Bonahue, Smith-Adcock, & Ehrentraut, 2015). 그들은 또한 아이들의 사회·정서적 발달, 인지 발달, 의사소통 기술과 문제 행동 간의 관계를 이해해야 한다(Hall, 2009). 자신의 환경에 편안함을 느끼고, 문제 해결을 배우고, 사회적 및 의사소통 기술을 배울 시간을 가진 아이들은 문제 행동을 할 가능성이 적다(Hemmeter et al., 2006).

행동수정 프로그램은 아이들에게 왜 어떤 행동은 다른 행동보다 더 바람직한지 또는 특정 상황에서는 어떤 행동을 해야 하는지를 아이들에게 가르치는 데 초점을 두지 않는다. 대신에 그들은 아이들의 문제 행동을 빨리 중단시킬 수단으로 보상과 처벌을 사용한다(Reebe, 2006). 행동 문제의 원인이 지속되는 한, 행동을 변화시키려는 어떤 노력도 피상적일 뿐이다. 변화가 오래 지속되도록 하기 위해서는 문제의 원인을 찾고 그것을 다루어야 한다(Hemmeter et al., 2006).

행동수정과 행동 문제의 원인에 대해 생각해 보자. 선미가 사회적 기술의 부족으로 부적절한 행동을 한다면, 그녀의 이름을 칠판에 적는 것이 도움이 되겠는가? 현수가 힘을 과시하려는 욕구가 충족되지 않아 과격한 행동을 한다면 그를 타임아웃 시키는 것이 도움이 되겠는가? 동규가 이해를 못해서 실수를 했다면, 학급의 팝콘 파티를 없애는 것이 도움이 되겠는가? 교사는 아동의 행동 문제를 다루기 위해 다양한 전략을 고려할 필요가 있다. 왜냐하면 각 사례는 서로 다른 원인을 갖고 있기 때문이다. 한 치수로 모든 사람을 맞출 수는 없다.

만약 교사가 제공한 학습 활동을 아이들이 지속적으로 하도록 하기 위해 보상을 사용해야 한다면, 명백한 질문은 "왜?"이다. 왜 아이들이 흥미를 느끼지 못하거나 참여를 하지 않을까? 아마도 그것은 학습 활동이 재미가 없거나 충분히 도전적이지 않아서일 것이다. 아마도 그것은 학습보다는 시험에 초점을 두기 때문일 것이다. 교육과정이 덜 적절할수록 행동 통제를 위해 보상과 처벌에 의존하는 교사를 더 많이 보게 될 것이다. "내가 어떻게 하면 아이들이 행동하도록 할 수 있을까?" 교사는 이렇게 질문하는 걸 멈추고, 이렇게 질문하라. "아이들이 과업에 집중하도록 동기화시킬 수 있는 교육과정을 내가 어떻게 만들 수 있을까?" 협력적이고 독립적인 아이들을 가진 교사를 관찰해 보라. 그 교사는 틀림없이 흥미롭고 호감이 가는 교육과정을 운영하고 있을 것이다.

⑸ 관계 손상

우리는 상호 보살피고 존중하는 관계가 바람직한 행동을 가르치는 데 필수적인 요소라는 것을 계속해서 강조하고 있다(e.g., Kohn, 2011; Reynolds, 2006). 처벌이 관계를 손상시킨다는 것을 들어도 당신은 아마 놀라지 않을 것이다. 누가 당신에게 상처를 주는 사람 주변에 있기를 원하겠는가? 그렇다면 보상을 얻는 것은 반대로 작용하는가? 대답은 '아니다'이다.

보상을 받는다는 것은 당신이 원하는 무언가를 얻을 가치가 있는지를 판단하기 위해 누군가에게 의지한다는 것을 의미한다. 이것은 당신이 보상을 주는 사람에게 잘 보이도록 노력하거나 아양을 떨게 만든다. 이것은 정직한 관계가 아니다. 그러한 진실 되지 못한 관계는 아이들이 최선을 다하도록 격려해주는 신뢰와 진정한 관심을 증진시킬 수 없다. 이에 덧붙여, 아동을 판단하고 보상을 주는 과정도 존중할만하지 않다. 그것은 보상을 주는 사람과 그것을 얻으려는 사람 간의 힘과 지위의 차이를 강조한다. 게다가, 만약 권위를 가진 인물이 보상을 철회하면, 본질적으로 보상을 받지 못한 자체가 처벌

보상과 처벌 시스템의 본질은 아이들과 그들이 의지하는 어른들 간의 관계에 손상을 준다.

이 되는 것이다. 그래서 보상이 처벌로 이어진다.

관계는 또한 행동주의적 접근의 전형인 엄격하고 규칙에 뿌리를 둔 훈육에 의해서 손상된다(Pianta, 2006). 행동수정 프로그램은 규칙과 규칙을 어겼을 경우의 처벌을 설정한다(Canter, 2012). 규칙에 대한 이러한 초점은 개별 아동과 규칙이 지켜지지 않는 원인은 고려하지 않는다. 그러므로 관계와 행동 맥락은 무시된다(Noddings, 2005).

상호 신뢰는 배려 관계에 필수적이다. 하지만 보상과 처벌 체계의 비인간적인 본질은 어른에 대한 아이의 신뢰에 손상을 준다. 어른은 보살펴주고 연민을 가진 보호자가 아니라 두려운 권위적인 인물이 되어 버린다. 사람들은 권위적인 인물에 의해 강제되지 않는 한 옳은 것을 하지 않을 것이라는 가정에 기초한다. 그것이 인간 본성에 대한 당신의 견해인가?

(6) 내적 동기의 파괴

내적 동기는 그것 자체를 위해 무엇인가를 하는 것을 의미한다. 가치는 행동 자체에 있다. 그리고 보상은 그것에 대해 당신이 갖는 느낌이다. 보상은 당신의 내부에 있다. 외적 동기는 그와 반대다. 그것은 보상을 위해 무엇인가를 하는 것을 의미한다. 가치가 행동에 있는 것이 아니라 행동의 결과로 당신이 얻는 것에 있다. 보상은 그것이 잘 수행된 일에 대한 만족으로부터 오는 것이 아니라 다른 누군가로부터 오기 때문에 외적이다. 행동수정은 명백히 외적 동기에 의지한다.

자기 훈육과 내적 동기와의 관계는 단지 문제의 일부분일 뿐이다. 보상은 사람들이 그것을 기대하고 오직 그것을 위해 행동하도록 가르칠 수 있다(Hall, 2009). 그러므로 외적 동기는 건전한 자기훈육과 자율성의 개발에 역행한다. 자기 훈육된 자율적인 사람들은 보상을 위해서만 적절하게 행동하지 않는다. 그늘은 적절한 행동 그 자체의 가치를 안다. 그런 사람들은 긍정적인 상호작용과 바람직한 선택이 자연적으로 이익이 된다는 것을 안다.

개인적인 만족을 위해 한 행동에 보상을 줌으로써 내적 동기를 파괴할 수 있다(e.gl, Gneezy, Meier, & Rey-=Biel, 2011; Hall, 2009; Kohn, 2011). 연구에 의하면, 보상이 내적 만족을 위해 행동을 한 사람으로부터 즐거움을 빼앗아 감으로써 실제로 행동을 감소시킨다고 한다.

사례 9-3

> 민희는 초등학교 3학년이다. 민희는 자신의 예전 1학년 교실에 찾아가서 도움을 주는 것을 좋아했다. 민희는 방과 후 자주 1학년 교실에 가서 칠판을 지우고 청소를 했다. 이런 봉사는 그녀의 기분을 좋게 했고, 스스로 성장하고 있는 느낌이 들게 했다. 박 선생님은 민희의 도움에 보상을 주기로 결정을 하고 민희가 도우러 올 때마다 그녀에게 상을 주기 시작했다. 민희는 그 후 왠일인지 봉사가 더 이상 즐겁지 않았고 박 선생님의 교실에 자주 찾아가지 않게 되었다. 박 선생님과 민희 두 사람 모두 보상과 민희의 봉사 의욕이 줄어든 것에 대해 관계를 이해하지 못했다.

이 사례에서 교사의 보상이 민희가 봉사 활동을 중단하게 만들었다. 때때로 외적 보상은 보다 중대한 악영향을 준다. 보상은 아이들이 배움을 통해 얻는 기쁨을 짓밟고 보상을 얻는데 촛점을 두도록 변화시킬 수 있다. 알피 콘(Alfie Kohn)이 말한 바와 같이, "당신이 눈앞에 있는 것만을 원할수록 그것을 얻기 위해 해야 할 모든 행동을 싫어하게 될 것이다"(1999, p.83)

(7) 필요 동기

외적 동기와 대비하여 내적 동기의 중요성을 강조했지만, 다른 유형의 동기에 대해서도 알아 볼 필요가 있다. 내적으로 동기화할 것 같지 않은 많은 과제와 행동이 있다. 많은 사람들은 그것이 외적 동기를 사용해야 할 때라고 생각한다.

많은 사람들은 "실제 세계는 어떠한가? 기본적으로 보상 체계에 의해 운영되지 않는가?"라고 말한다. 누가 보수를 받지 않고 일하겠는가? 외적 보상이 당신이 일하는 이유가 아닌가? 그렇지 않을 수도 있을 것이다. 만약 당신이 정말 자신의 직업을 좋아하고 당신이 하는 일에 흥미를 가진다면 그 보수는 당신이 내적 동기를 따르는 것을 가능하게 할 것이다. 그것은 자신을 위해 다른 어떤 것을 해야 하는 것에서부터 당신을 자유롭게 할 수 있다. 만약 당신의 일이 지루하거나 재미없다면, 봉급이라는 보상이 아마도 제임스 하임스(James Hymes, 1996)가 필요 동기라고 부르는 것이다. 은신처를 정말로 원하고 필요하기 때문에 당신은 일한다. 그러나 앞서 진술했듯이, 사람들은 오직 급여를 위해서만 일할 때 덜 효율적으로 일하게 된다. 흥미롭게도 성과급은 생산성에 가장 많은 해를 끼친다(Ravitch, 2010).

오 선생님은 동기에는 세 가지 유형(내적, 외적, 필요 동기)이 있다는 것을 알고 있다. 많은 활동은 그 자체로는 재미있지 않지만 어떤 목표를 향하게 한다. 그러므로 그 활동은 필요 동기로 하게 되는 것이다. 오 선생님에게 있어 가르치는 것은 내적으로 동기화된 것이지만 설거지는 필요 동기에 속한다. 선생님은 설거지 하는 것을 좋아하지 않지만, 정돈된 주방은 좋아한다. 이 경우에 깨끗한 주방은 필요 동기를 제공한다. 오 선생님은 아이들이 청소와 같은 지루하게 생각하는 일들을 그 일을 하는 목적에 초점을 맞추게 함으로써 그러한 동기를 찾게 하려고 노력한다. 목적이 교사에게 필요한 것이 아니라, 아이들에게 필요한 것이어야 함을 기억하는 것이 중요하다.

3 대표적인 행동수정 방식

행동수정은 많은 비판을 받고 있음에도 불구하고 일선 학교에서 널리 활용되고 있다. 당신은 학생으로서 그것을 경험했고, 교사로서 그것을 보게 될 것이다. 우리는 당신이 실제로 무엇을 하고 있는지 깨닫지 못한 채 다른 사람들에게 동조하지 않도록 하기 위해 그것을 보았을 때 그것을 인식하길 바란다. 그것은 "긍정적인 행동 지원"과 같이 그럴 듯해 보이는 많은 다른 이름과 함께 나타난다. 따라서 그것들이 아이들의 가장 큰 이익이 되는지를 결정하기 위해 그런 프로그램을 비판적으로 검토하라.

(1) 보상과 처벌

당신은 아마도 스티커나 별표 같은 보상에 아주 익숙할 것이다. 당신의 기억은 아마도 탐내는 보상을 얻었느냐 얻지 못하였느냐에 대해 당신이 어떻게 느꼈는지에 초점을 두었을 것이다. 당신은 아마도 관련된 일의 실제 목적이나 내용에 대해서는 거의 기억하지 못할 것이다. 그러한 사실은 보상으로 받은 피해의 증거이다. 보상은 정말로 가치 있는 것으로부터 관심을 **빼앗**는다. 종종 학교는 학교에 대해 아주 흥미 있어 하는 아이들을 받아서는 4학년이 되었을 때, 학교를 탈출하기를 갈망하고 학교를 지루해하는 학생들로 바꾸어 놓는다. 이러한 현상은 학교에서 지속적으로 사용한 보상(스티커와 별표 뿐만 아니라 팝콘 파티, 비디오, 상, 성적)으로 어느 정도 설명할 수 있다(Kohn, 2011). 대부분의 선생님들은 아이들에게 의미있고 중요한 것을 하도록 강제할 필요가 없다는 사실에 대해서는 생각하지 않은 채, 아이들이 교사의 말에 따르고 학급 활동을 하도록 강제하기 위해서는 그러한 전략을 사용해야 한다고 생각한다.

대부분의 아이들은 또한 보상과 처벌 시스템을 수용하고 아래 사례에서 보듯이, 옳은 것을 위해서는 그것이 필요하다고 믿게 된다.

사례 9-4

 박 선생님 교실에 있는 옷장은 엉망이었다. 코트는 옷걸이가 아닌 바닥 전체에 널부러져 있었고, 구두와 운동화는 흩어져있었다. 아이들이 구두와 운동화를 찾으려면 아주 많은 시간이 걸렸다. 선생님은 이 문제로 학급회의를 열기로 결정했다.

선생님은 어떻게 할지 아이들의 생각을 물어보았다. 아이들의 생각은 벌과 보상에 제한되었다. "구두를 넣어야 할 곳에 두지 않으면 우리에게 쉬는 시간을 주지 마세요." "우리가 모두 깨끗이 치우면 사탕을 주세요." 아이들의 생각은 그들의 경험에 기초하였기 때문에, 이런 아이디어는 그들이 알고 있는 유일한 선택이었다. 아무도 문제 해결 접근이나 그들 스스로 더 책임감 있게 되도록 돕는 방법을 생각할 수 없었다. 그들은 이미 학교에서 행동수정 훈육을 받았다.

보상과 처벌 사이에서 선택을 하게 되어 있었기 때문에, 아이들은 자연스럽게 보상을 선택했다. 선생님은 옷장을 정리하는데 아이들에게 사탕을 주는 것은 뭔가 잘못됐다는 것을 직관적으로 느꼈지만 그녀 역시 더 나은 아이디어가 없었다. 그래서 아이들이 날쌔게 움직여서 정리하면 선생님은 보관해놓은 사탕을 주었다. 물론 다음 날이 되면 구두, 운동화와 코트는 똑같이 엉망이 되었다.

학급 전체에게 보상을 주는 것과 개별 아동에게 보상을 주는 것은 다르다. 어떤 사람들은 자기는 처벌은 사용하지 않고 보상만 사용한다고 말한다. 그러나 이 장의 시작 부분에서 보여준 바와 같이, 원하는 보상을 받지 못하는 것 자체가 일종의 처벌이다. 다른 아이들은 사탕을 받는데 사탕을 받지 못한다는 것은 어린 아이에게는 큰 충격이다. 교사가 다른 아이들이 앉아 있는 것을 보고는 앉아 있는 자세가 좋다고 말하면서 어떤 아동이 바르게 앉아 있음에도 불구하고 그 아이의 이름을 불러주지 않으면 그는 그것을 벌로 느낄 수 있다. 벌은 또한 잘 된 작품을 전시할 때 자신의 그림이 선택되지 않거나, 한 해가 다 끝나 가는데 아직도 "이 주일의 어린이"로 선정되지 않았거나, 규칙을 혼동하여 공개적으로 비난을 받아 당황해 하는 형태를 띨 수 있다. 자신은 처벌을 사용하지 않는다고 생각하는 많은 선생님들 반의 아이들이 벌을 받았다고 느낀다. 힘이 있는 어른이 승인 또는 불승인을 결정하는 권위주의적 구조의 본질이 벌주는 상황을 만든다. 아래 사례에서 보는 바와 같이, 보상조차도 처벌이 될 수 있다.

어떤 교사들은 어리석게도 자신은 벌을 주지 않았고, 아이들이 선택을 하였다고 생각한다. 그들은 규칙을 따르지 않는 아이들에게 "네가 오늘 자유 시간을 포기하기로 선택하는 걸 봤어."라고 말한다. 아니면 그들은 활동지를 지금 끝낼지 또는 휴식 시간을 가지지 않을 지와 같은 바람직하지 않은 두 가지 것들 중에서 아이들이 "선택"하게 한다. 이것은 아이들이 자유롭게 선택한 것이 아니므로 선택이 아니다. 그것은 벌을 주는 교사의 권력을 겉으로 포장하고 있는 원천적으로 정직하지 못한 방법이다. 행동주의자들의 반대 주장에도 불구하고(Canter & Canter, 1992), 그러한 거짓 선택은 책임감을 가르치지 못한다. 그보다는 처벌과 관련된 모든 부정적인 결과를 만들어낸다.

사례 9-5

 종대가 유치원에 다니기 시작한 첫 주였다. 종대는 자신이 유치원생이 된 게 자랑스러웠고, 선생님이 말씀하신 것을 최선을 다해 하려고 노력했다. 그는 잘 했고 선생님은 종대에게 나중에 추첨을 통해 뽑힐 경우 상을 받을 수 있는 "좋은 행동 티켓"을 주었다. 하루 일과가 끝날 무렵, 선생님이 티켓을 한 장 뽑는데 다른 아이가 선정되었다. 종대는 충격을 받았다. 왜냐하면 종대는 그 티켓을 받으면 자동으로 상을 받을 것이라고 생각했기 때문이다. 자신이 한 좋은 행동의 결과로, 그는 울면서 집으로 갔다. 너무 화가 나서 엄마에게 왜 그러는지에 대해 말을 할 수조차 없었다. 이 경험이 학교와 선생님에 대한 협조에 대한 태도에 어떤 영향을 주었을까?

행동수정은 아동의 감정이나 행동 문제의 원인은 고려하지 않고 표면적인 행동만 다룬다.

⑵ 패키지 프로그램

학교에서 사용되는 많은 패키지 행동수정 프로그램이 있지만, 주장 훈육(assertive discipline, Canter & Cnater, 1976)이 가장 오래되었고 많은 부속 프로그램을 가지고 있는 프로그램 중의 하나이다. 주장 훈육은 보상 체계의 부분으로 가장 교활한 형태의 보상과 처벌을 사용한다(Kohn, 2011). 집단 강화 프로그램에서, 모든 아이들이 특정 시간 동안 보상을 받기 위해 행동해야 한다. 정해진 시간(예, 한 주 또는 한 달) 동안, 집단은 좋은 행동에 대한 일정 수의 토큰(예, 구슬)을 모아야 한다. 만약 학급이 요구되는 구슬을 모으면, 그들은 상을 받는다. 이런 유형의 정적 강화는 또래 압력이라는 전제 하에 설계되어 있다. 이런 유형의 생활지도 기법을 선택한 교사들은 아이들이 좋은 행동을 유지하도록 도울 것이라고 기대한다. 예컨대, 모든 아이들이 지시를 따르고 들은 대로 한다면, 그 집단은 하나의 구슬을 얻는다. 만약 한 아이가 규칙을 잊어버리면, 전체 집단이 구슬을 잃는다. 이것은 집단이 상을 받을 기회를 위험에 빠트린다. 그것은 또한 아이들의 또래 관계를 위험에 빠트린다. 만약 당신이 팝콘 파티나 영화 파티를 못하게 한 사람이라면 어떤 기분이겠는가?

다른 행동수정의 방식과 마찬가지로, 주장 훈육은 단지 표면적인 행동만 다룬다. 아이들의 기분이나 행동 문제의 원인에 대해서는 고려하지 않는다. 게다가 이 접근은 아동의 성숙 단계와 행동의 본래 의도를 고려하지 않는다. 힘을 사용하여 아이들이 순종하도록 하고, 아이들의 발달은 무시한다. 아마도 가장 좋지 않은 것은 벌의 한 구성요소로 자존감을 심각하게 저해하는 굴욕감을 준다는 것이다.

사례 9-6

 박 선생님은 주장 훈육에 대한 하계 연수 과정을 방금 마쳤다. 선생님은 학습과정 비디오를 시청하고 활동지를 작성했다. 지금 선생님은 그것을 시도해 보고 싶어 한다. 주장훈육의 저자들인 Lee와 Canter는 만약 선생님이 규칙을 따른다면, 바람직한 행동을 하는 학급이 될 것이라고 약속했다. 그녀는 칠판에 아이들의 이름을 써넣을 준비를 했고 구슬을 항아리에 넣었다.

개학 첫날, 선생님은 아이들에게 일련의 엄격한 규칙에 대해 설명했다. 아이들은 일어나라는 허락이 있기 전까지는 자리에 앉아있어야 했다. 아이들은 그들에게 주어진 지시사항을 따라야 했다. 말하기 전에는 손을 들고, 호명이 될 때까지 기다려야했다. 그렇게 할 때마다 선생님은 구슬을 항아리에 넣었다. 하루가 끝날 때, 그들이 충분한 구슬을 모았다면, 팝콘 파티를 열었다.

다음날, 선생님은 규칙을 어긴 사람이 있을 때 어떤 일이 일어나는지 말해주었다. 첫 번째 위반을 하면, 경고를 받았다. 두 번째 위반을 하면, 이름이 칠판에 적혔다. 세 번째 위반을 하면, 이름 옆에 체크를 했고, 그 아이는 휴식시간 첫 5분 동안 실내에 머물러야 했다. 두 번째 체크 표시는 전체 쉬는 시간동안 교실에 남아 있어야 했다. 체크를 두 번 이상 받으면 부모가 호출을 받는다.(선생님은 아이들에게 자신이 받은 연수에서는 그들을 당황스럽게 하기 위해 근무 중인 부모에게 꼭 전화하도록 하라고 추천한다는 말을 하지 않았다.)

숙희는 걱정이 되었다. 그녀는 "난 팝콘에 알레르기가 있어요." 라고 말했다. 선생님은 숙희를 본보기로 사용하기로 결정하고 이렇게 말했다. "말하기 전에 손을 들지 않았구나, 숙희야. 손을 들어야지." 숙희가 대답했다. "팝콘을 먹으면 아플 거예요." "숙희야, 손을 들지 않았구나, 그래서 난 네가 그 사실을 잘 기억하도록 너의 이름을 칠판에 쓸게." 선생님이 응답했다. 문제 행동을 즉석에서 제기한 것에 기뻐하면서, 선생님은 학급 오리엔테이션을 계속했다. 하지만 숙희는 학급의 영역을 어떻게 적절히 사용하는지에 관한 세부 내용을 경청하지 않았다. 숙희는 당황해서 상기된 얼굴로 칠판에 있는 자기 이름만 계속 응시하고 있었다.

읽기 영역으로 옮겨가는 것이 마냥 기쁜 숙희는 깡충깡충 뛰어서 선반에서 세 권의 책을 꺼내어 무슨 책을 먼저 읽을지 결정하기 위해 편안한 의자에 앉았다. 숙희는 다른 두 권의 책을 내려놓았던 장소 옆에서 선생님의 발을 보았을 때, 집에서 가장 좋아하는 "개구리와 두꺼비"로 정했다. 선생님은 숙희를 보고 질책했다. "숙희야, 너는 한 번에 한 권이라는 규칙을 지키지 않았기 때문에 이름 옆에 또 체크를 당해야 한다. 너는 쉬는 시간의 일부를 가질 수 없어. 그 시간 동안 우리의 규칙에 대해 생각해."

선생님은 숙희의 이름에 체크하고, 아이들을 주목하게 하면서 말했다. "유감스럽게도 우리 모두 규칙을 기억하기에 대한 활동을 해야겠어. 아마도 너희들이 숙희가 규칙을 알도록 도와야 항아리에 구슬을 얻을 수 있을 거야." 몇몇 아이들이 숙희에게 얼굴을 찌푸렸고 숙희는 난처해했다. 숙희는 선생님의 바보 같은 규칙이 싫었다. 숙희는 학교가 싫어졌다.

(3) 카드 뒤집기

학교에서는 아이들의 행동, 자존감과 관계에 부정적인 영향을 주는 다양한 보상·처벌 시스템을 사용한다. 학교 현장에서 많이 사용하는 "카드 뒤집기" 시스템은 현대판 칠판에 이름 쓰기라고 할 수 있다. 이 행동 관리 시스템은 전형적으로 카드를 보여주는 포켓 차트와 함께 개별 아동별로 서로 다른 색깔로 구성된 한 세트의 카드를 사용한다. 아이들은 학급 규칙을 어기지 않고 잘 행동하고 있음을 나타내는 초록 카드로 하루를 시작한다. 만약 아이가 규칙을 어기면, 그 아이는 "카드를 뒤집어라"는 말을 듣는데, 그것은 초록 카드를 카드 파일의 맨 뒤로 옮기라는 의미이다. 그렇게 되면 노랑 경고 카드가 카드 파일의 맨 앞으로 나오게 된다. 만약 아이가 규칙을 계속해서 어기면 카드 뒤집기가 계속된다. 노랑 경고 카드 다음에는 빨강 카드인데, 이것은 부모에게 알린다는 의미이다. 이후에도 문제 행동이 지속되면 보라색 카드가 맨 앞으로 나오게 되는데, 이것은 특권의 상실을 의미한다. 마지막 카드는 오렌지색 카드이다. 이 카드가 나오면 부모가 즉각적으로 호출되고, 아이는 교장실로 가게 된다. 이 시스템을 사용하는 방식은 다양하다. 색깔과 그것이 의미하는 결과가 다를 수 있다. 예를 들어, 노랑색 카드가 휴식 시간의 일부 상실을, 빨강색 카드는 전체 휴식 시간의 상실을 의미하기도 한다.

이 처벌 시스템은 카드를 뒤집지 않은 것에 대한 보상의 사용과 균형을 이루도록 설계되어 있다. 다시 말하지만, 이 방법은 빠른 해결책을 선호하기 때문에 아이들의 욕구는 무시된다. 하지만 이 시스템을 사용하는 교실을 관찰해 보면, 똑같은 아이가 항상 카드를 뒤집는다는 것을 볼 수 있을 것이다. 그 아이는 "문제아"라는 꼬리표를 달게 되고 또래로부터 외면당한다. 이런 방식이 아이들이 더 나은 행동을 하도록 할 것 같은가?

이 시스템에는 규칙을 위반한 이유를 고려하지 않는다는 공정함의 문제 또한 있다. 아이가 그렇게 행동한 원인을 무시할 때마다, 당신은 아이들이 다르게 행동하도록 할 기회를 잃어버린다.

사례 9-7

 연서는 자기 반에서 하는 카드 뒤집기가 공정하지 않다고 생각한다. 연서는 유리가 옆구리를 찔러서 하지 말라고 말했는데 그것 때문에 카드를 한번 뒤집어야 했다고 말한다. 선생님은 유리가 연서의 옆구리를 찌르는 것을 보지 못했고 연서의 반응만 보았다. 연서는 또한 선생님이 모든 아이들이 듣도록 "연서, 카드 뒤집어!"라고 큰 소리로 말하는 것을 듣고 몹시 당황스러웠다고 말한다.

(4) 타임-아웃

타임-아웃은 만연한 학교 전통이다. 이 기법은 문제 행동을 했을 때 벌로서 오래전부터 사용되어왔던 교실 구석에 세워두는 것을 개선한 것이라 여겨지고 있지만, 실제로는 두 방법 간에 차이가 거의 없다. 타임-아웃이 사용될 수 있는 다양한 방법의 비교는 훈육에 대한 행동주의적 접근과 다른 접근들 간의 차이점을 이해하는데 도움이 될 것이다.

사례 9-8

 홍 선생님은 부경 아동 센터의 이야기 나누기 시간에 하는 자신의 훈육에 대해 자부심을 가지고 있다. 모든 아이들이 원을 만들어 앉아 있을 때, 선생님은 노래를 부르기 시작한다. "나는 은영이가 앉아있는 자세가 좋아. 은영이는 다리를 꼬고 있고, 손은 무릎에 두고 있네. 나는 철희가 앉아 있는 자세가 좋아. 철희는 다리를 꼬고 있고, 손은 무릎에 두고 있네. 나는 연우가 앉아있는 자세가 좋아. 연우는 ..." 모든 아이들이 이 자세로 앉을 때까지 노래는 계속된다. 그런 다음, 선생님은 교육 활동을 시작한다. 아이들의 자세가 흐트러지면, 선생님은 "나는 너의 몸 전체가 집중하길 바래. 그런 식으로 해선 안 돼. 바르게 앉아라!"라고 말한다. 일부 아이들은 그냥 한 자세로 오래 있을 수가 없다. 그러나 홍 선생님은 엄격한 규칙을 적용하여, 만약 두 번째로 자세가 흐트러지면 아이들을 남은 시간동안 타임-아웃 의자에 있게 한다. 보조교사인 방 선생님은 대개 홍 선생님의 이야기 나누기 시간이 끝날 때까지 타임-아웃 의자를 감독하는 데 온힘을 기울인다. 방 선생님은 이런 행동수정 기법이 정말로 효과가 있는지 의아해한다. 거의 매일 같은 아이가 그 의자에 앉았고, 칭찬을 받는 몇몇 아이들이 계속해서 칭찬을 받았다.

조 선생님은 이와 비슷한 문제에 대해 다른 방법을 사용한다. 이 방법은 자기조절을 더 강조하고 외적 통제는 덜 가한다.

사례 9-9

 조 선생님이 점심을 먹기 전에 하는 이야기 시간에는 아이들에게 엄격한 자세를 요구하지 않는다. 앉는 자리와 자세를 아이들이 원하는 대로 하도록 했음에도 불구하고, 문제는 여전히 있었다. 아이들은 특정 자리에 서로 앉으려고 다투었다. 이 문제로 수업에 방해를 받게 되자, 선생님은 자리다툼을 하는 아이들에게 말했다. "너희들이 소란을 피우는 동안에는 선생님이 책을 읽기가 너무 힘이 드는구나. 서로에게 화가 난 것처럼 보이는구나. 너희들이 문제에 대해 서로 이야기할 정도로 충분히 진정될 때까지 의자에 앉아 있어야 할 것 같구나. 돌아와서 이야기를 들을 준비가 되면 돌아와도 좋아."

조 선생님은 타임-아웃을 다른 방식으로 사용했다. 이 방법은 처벌보다는 문제를 다루도록 되어 있으며, 아이들이 집단에 다시 합류할 준비가 되었는지의 여부를 스스로 결정하도록 했다. 그러므로 그것은 처벌이 아니라 관련된 결과이다. 선생님은 발생한 문제를 해결 할뿐만 아니라 문제를 예방하려고 시도했다. 조 선생님은 언제 집단으로 돌아올지 뿐만 아니라 언제 집단을 떠날지도 아이들 스스로 결정하도록 했다. 조 선생님의 접근은 아이들에게 자신의 행동을 통제하게 하고 자신의 느낌과 욕구를 스스로 모니터링 하는 법을 배우도록 돕는다.

사례 9-10

 민 선생님은 어린이집 아이들은 오전 시간이 끝나면 피곤해하고 짜증을 낼 수 있다는 것을 안다. 아이가 이야기 시간 동안에 친구들과 잘 어울려 지내지 못했을 경우 선생님은 친절하게 "잠시 동안 혼자 있으면 기분이 좋아 질 거야. 어디에서 잠시 혼자 시간을 좀 가질래?"라고 묻는다. 만약 아이가 제안에 동조하여, 서재 구석으로 가거나 혼자 조용히 퍼즐을 하겠다고 하면, 선생님은 "돌아오고 싶으면 언제든지 그렇게 하렴" 이라고 덧붙인다. 선생님은 언제 아이들이 화를 많이 내고, 언제 집단에 있고 싶어 하는지를 알고 있다. 그는 아이들이 혼자 시간이 자신의 기분과 접촉하고 스스로를 통제하도록 도울 수 있다는 것을 배우도록 돕는다. 물론 그는 이 시간 동안에 허용되는 것에 대한 지침을 세워두었다.

오 선생님은 아이들이 감정을 가라앉히고 개인적인 욕구를 만족시킬 수 있도록 돕기 위해 다른 방법을 사용한다. 선생님은 교실에 작은 공간을 개인 공간으로 따로 마련해 둔다. 선생님은 아이들이 그 공간을 꾸미도록 해서 그 공간을 편안하고, 화가 났을 때 사용할 수 있는 장소로 만들었다. 오 선생님은 아이들이 혼자 있고 싶을 때 갈 수 있는 이 장소를 안전한 안식처로 생각하도록 돕는다. 만약 아이가 자신의 도움이 필요하다고 생각되면, 선생님은 아이와 문제를 해결하기 위해 시간을 보낼 방법을 찾는다. 이 접근은 때때로 "타임-인"이라고 불린다.

⑸ 칭찬

칭찬은 다른 형태의 행동수정 기법으로 무형의 보상으로 여겨진다. 교사와 부모는 종종 아이들이 바람직한 행동을 했다고 칭찬받는 것을 듣는다. 교사가 다음과 같이 말하는 것을 듣는 것은 흔한 일이다. "윤서야! 선생님은 네가 조용히 앉아 기다리는 자세 그들의 행위를 말하고 그들의 활동에 흥미를 보이는 질문을 함으로써 아이들에게 반응하는 것이 격려이다. 격려는 칭찬보다 훨씬 좋은 결과를 낳는다.

가 보기 좋구나." 교사는 다른 아이들도 비슷한 칭찬을 받기 위해 윤서처럼 행동하기를 바란다. 그러나 그런 칭찬에 대해 다른 아이들은 대개 "왜 너희들은 윤서처럼 행동하지 못하니?"라고 들어 윤서에게 분개하도록 만든다. 어린 아이들조차도 이런 유형의 진심이 담겨 있지 않고 조작적인 접근을 통해 보는 것을 재빨리 배운다. "나는 네가 자랑스러워."는 훨씬 더 위험한 칭찬 형태이다. 왜냐하면 이런 칭찬은 아이들이 자신에 대해 긍정적으로 느끼기 위해 당신에게 더 의존하도록 만들기 때문이다(Kohn, 2005).

칭찬은 다른 형태의 행동수정 기법과 같은 효과와 부작용이 있다(Kohn, 2011). 칭찬은 아이들의 수행, 자존감, 도덕적 자율성, 자기 훈육과 내적 동기에 다른 보상 체계와 같은 부작용을 미친다. 당신은 아마도 칭찬이 이러한 부작용을 준다는 것을 믿기 어려울 것이다. 왜냐하면 대부분의 사람들은 아이들을 칭찬해야한다는 생각을 갖고 있기 때문이다. 하지만 칭찬은 바람직한 행동을 증가시키는데 역효과를 줄 뿐만 아니라, 자존감 형성에도 부정적인 영향을 준다는 확실한 증거가 있다(Dweck, 2007).

어떻게 똑똑하다든지 예쁘다든지 유능하다는 말을 듣는 것이 자신에 대해 별로 좋지 않게 생각하도록 만들까? 이 질문에 답하기 위해, 자존감 형성에 대한 무조건적 사랑의 중요성에 대해 생각해 보라. 그리고 그런 다음 칭찬에 대해 생각해 보라. 칭찬은 "넌 너이기에 중요하고 사랑스러워."라고 말하지 않고 "나는 네가 똑똑하고, 예쁘고, 유능해서 괜찮다고 생각해." 라고 말한다. 또한 칭찬이라는 동전의 이면을 생각해보라. 오늘은 너를 훌륭하다고 판단한 사람이 내일은 다른 판단을 내릴 수도 있다. 칭찬은 아이들이 자신감을 갖도록 하는 대신에 거절에 대한 불안과 두려움을 갖게 한다(Dweck, 2007; Kohn, 2005).

칭찬은 종종 훈육을 위한 도구로 추천되고, 대부분의 사람들은 그것이 긍정적이며 도움이 된다고 생각한다. 극소수의 사람만이 칭찬을 다른 사람의 가치에 대한 외적 판단이라고 생각하는 것 같다(Reeve, 2006). 당신이 누군가를 칭찬한다는 것은 당신이 자신을 무엇이 최선인지 아는 권위자이고, 따라서 다른 사람의 수행을 그들보다 더 잘 평가할 수 있다고 생각한다는 의미를 갖는다. 이런 메시지는 아이들로 하여금 자신이 잘하고 있는지 그렇지 않은지를 말해주는 타인에게 의존하게 만들고, 아이들이 스스로 판단하고 자율성을 개발하는 것을 막는다. 칭찬은 또한 힘의 불균형이 존재함을 의미함으로써 상대방을 저자세가 되게 한다. 직위가 낮은 사람이 직위가 높은 사람에게 칭찬하는 일은 거의 없다(Brady, Forton, Porter, & Wood, 2003). 당신이 당신의 상사에게 그를 자랑스러워한다고 말할 수 있겠는가?

(6) 칭찬에 대한 대안으로써의 격려

그렇다면, 당신은 아이들에게 무슨 말을 할 수 있을까? 다른 좋은 말을 결코 해서는 안 되는 것일까? 당신은 칭찬 대신에 아이들이 스스로 자신을 평가하고 축하하는 법을 배우도록 도움을 주는 말로 사용하도록 함으로써 판단하지 않고, 단적인 긍정적인 언어적 피드백을 주는 것을 배울 수 있다. 아이가 수행한 것에 대해 당신이 생각하는 것을 말하는 대신에 당신은 아이들이 자랑이나 성공에 대한 그들 자신의 느낌을 확인할 수 있게 도와줄 수 있다. 우리는 아이들에게 관심, 감사, 존중을 전달하고 싶은 것이지 우리의 판단을 강요하고 싶은 게 아니다. 어떤 사람들은 이런 형태의 피드백을 칭찬이라고 부르는데, 이것이 도움이 되는 칭찬과 그렇지 않은 칭찬을 분류하는 것을 혼란스럽게 만든다.

긍정적인 아동생활지도의 선구자인 루돌프 드라이커스(Rudolf Dreikurs, 1964)가 최초로 칭찬과 격려를 구분했다. 아이들의 행위를 말하고 질문을 함으로써 아이들에게 반응하는 것은 랜디 히츠와 아미 드리스콜(Randy Hitz & Amy Driscoll, 1988)에 의해 좀 더 자세하게 언급되었고 발전되었다. 격려라는 용어는 그 때 이후로 널리 사용되었다

(Kaiser & Rasminsky, 2012). 격려는 아이들의 행동을 말하고 그들이 한 것에 대해 중요한 질문을 하거나 교실 생활에 참여해 준데 대해 진심으로 감사함을 표한다. 격려의 예를 몇 가지 들어본다. "자기가 잘 모르는 수학 문제가 있었는데, 상규가 그것을 이해하도록 도움을 주었다고 가빈이가 내게 말하더구나. 가빈이가 고마워하더라." "네가 그 문제를 어떻게 풀었는지 나에게 말해 줄 수 있니?" "가니피크 우리를 치우는 것을 도와주어서 정말 고맙다. 함께 하면 일이 훨씬 더 즐겁지!" 격려는 평가하지 않는다. 격려는 아이들의 행동에 대한 진정한 관심과 감사를 보여준다. 칭찬은 또한 아이들에게 그들이 하는 것과 생각하는 것이 중요하다는 것을 가르친다.

아이가 한 일을 그냥 말로 표현해 주는 것도 칭찬의 좋은 대안이 된다(Kohn, 2005). 예를 들어, "참 잘했어." 또는 "난 네가 자랑스러워."와 같이 말하면서 당신의 견해를 주는 대신에 과정에 더 많은 관심을 가지고 당신이 본 것을 아이에게 말할 수 있다. 당신은 이렇게 말할 수 있다. "나는 네가 장난감을 영이와 나눠가지는 걸 봤단다. 그것이 영이를 기쁘게 하더구나." 아이에게 착하다든지 친절하다든지 하는 말을 할 필요가 없다. 아이 스스로 그러한 결론 내리게 하는 것이 더 낫다. 칭찬 대신에 아이가 한 일을 말해 주는 것은 "참 일을 잘 하는구나", 대신에 "블록을 제자리로 갖다 두었구나"라고 말하는 것이다. 이러한 예는 사람을 칭찬하는 것에 초점을 두지 않고 행동을 강조한다. 또한 이런 예는 아이가 한 것에 대해 구체적으로 말해 주기 때문에 보다 유익한 정보를 준다. 아이가 한 행동을 말하기 위해서는 "잘했어."와 같은 판단을 할 때보다 아이에게 좀 더 주목할 것을 요구한다. 아이들은 그 차이를 알고 감사해 한다. 격려는 '구체적인 칭찬'이나 '기술적인 칭찬'으로 불리기도 한다. 이름이 어떠하든 간에, 연구는 격려를 사용하는 것이 긍정적인 결과를 낳는다는 것을 보여준다(Hemmeter, Snyder, Kinder, & Artman, 2011).

질문을 하는 것도 칭찬에 대한 또 다른 가치 있는 대안이다. 아이가 당신에게 그림이나 다른 작품을 보여주었을 때, 판단하려는 유혹을 견뎌라. "참 잘 그렸네." 또는 "멋지다."와 같은 말을 하는 것은 빠르고 쉬운 방법이다. 그러나 그러한 반응은 아이들로 하여금 자신의 일에 대한 신뢰, 흥미와 즐거움을 빼앗아가고, 후일 그 일을 보다 더 잘 하지 못하도록 만든다(Kohn, 2005). 작품을 평가하는 대신에, 과정에 대해 질문하는 것이 아이를 보다 존중하고 지지하는 방법이다.

사례 9-11

 상규는 꽤 긴 시간 동안 화판대 앞에 서 있었다. 박 선생님은 그가 어떻게 하고 있나 보기 위해 그 앞에 잠시 멈추었다. 상규가 물었다. "선생님, 내 그림이 좋아요?" 선생님은 칭찬 대신에 격려를 사용하려고 노력 중이었기 때문에 칭찬을 하는 덫에 빠지지 않았다. 직접적인 대답 대신에 선생님은 이렇게 말했다. "와, 네가 그린 그림의 색깔을 좀 봐! 어떤 색깔을 사용할지를 어떻게 결정했니?" 상규는 자신이 가장 좋아하는 색깔을 사용했다고 말했다. 그래서 선생님은 왜 그런 색을 좋아하는 지에 대해서 상규와 잠시 이야기를 나누었다.

　　선생님은 용수와 대영이가 근처에서 자랑하고 싶은 복잡한 블록 구조물을 만들고 있는 것을 보았다. 선생님은 좀 더 자세하게 보기 위해 무릎을 구부리고는 물었다. "이것을 만드는데 있어 가장 힘든 부분이 뭐였니?" 그들이 다리라고 하자, 선생님은 "이 다리가 설 수 있도록 하는 방법을 어떻게 알아냈니?"라고 물었다. 아이들은 시행착오 과정을 자세하게 말했고, 선생님은 열심히 들었다.

　사례에서 보듯이, 아이들의 노력에 대한 당신의 관심을 보여주는데 칭찬이 꼭 필요한 것은 아니다. 작업 과정에 초점을 두는 언급은 아이들이 자율성에 손상을 받지 않으면서 자신이 하고 있는 것에 대해 좋게 느끼도록 도움을 준다.

　정직한 의사소통의 모범이 되는 교사는 아이들과 정직하게 의사소통을 할 가능성이 많다. 여기서는 정직이 핵심 단어이다. 정직하게 감사나 감탄을 표현하는 것은 누군가의 행동을 조정하기 위해 주어지는 칭찬과는 아주 다르다. 칭찬의 사용을 줄이려 한다면, 먼저 아이들을 서로 경쟁하는 상황에 놓이게 하는 평가적 칭찬을 멈추는 것에 초점을 두어라. 그리고 아이의 성취에 대해 모든 아이들이 있는 교실에서 공개적으로 말하기보다는 해당되는 아이에게 개인적으로 말하는 것이 더 자연스럽다.

(7) 효과적인 의사소통으로써의 격려

　칭찬과 격려를 의사소통기술과 관련지어 생각하는 것이 도움이 될 수 있다. 칭찬은 판단이며, 고든(1970, 1989)이 언급한 의사소통의 걸림돌 중의 하나이다. 이와는 대조적으로, 격려는 반영적 경청의 한 형태일 수 있다. 이런 형태의 격려는 아이들이 말하거나 행동한 것이 보내는 메시지에 반응한다. 만약 대영이가 자신이 블록으로 만든 탑을 보도록 하기 위해 선생님을 부른다면, 당신은 그의 표현으로 그 아이가 자신에게 만족하고 있다는 걸 알 수 있다. 반영적 경청과 격려는 아동 자신의 느낌에 대한 반응이다. 아이가 한 것에 대해 판단하기보다 "그렇게 큰 탑을 만들다니 네가 정말 크게 느껴지겠구나."라고 아동들의 감정에 반응을 맞추어야 한다.

긍정적인 "나-전달법" 또한 격려의 한 형태이다. 예를 들면, 아동이 당신을 위해 어떤 유익한 일을 하였을 때, 진심이 담긴 "고마워." 라는 말은 행동에 대한 칭찬보다 더 존중하는 메시지를 준다. 만일 아이들에게 어떤 가치 판단적인 말을 하고 싶다면, 아는 성인에게 말하는 것이 아닌, 아이에게 말할 내용을 생각해 보라. 그러면 "나는 네가 자랑스러워"라는 말 대신에 "축하해", "우와!" 라고 말하는 것이 더 존중하는 표현일 것이다. 〈표 9-1〉에 칭찬을 격려로 어떻게 바꾸는지에 대한 예를 몇 가지 제시하였다.

이제 칭찬과 격려의 차이점을 알겠는가? 외부의 성인들이 판단하는 것과 아이들이 자신의 행동에 대해서 생각하고 평가하도록 돕는 것의 차이가 명료해졌는가? 이러한 변화가 노력할만한 가치가 있다고 생각하는가? 그렇지 않다면, 이 장의 말미에 제시되어 있는 "잘 했어! 라고 말하지 말아야 할 다섯 가지 이유"라는 콘(Kohn)의 논문을 읽어 보기 바란다.

〈표 9-1〉 칭찬 대 격려

칭찬	격려
나는 네가 자랑스러워.	영이가 코트 입는 것을 도와주는 걸 봤단다. 혼자서 모든 책을 네 가방에 다 넣었구나. 공을 세게 쳤구나. 공이 거의 펜스까지 갔어.
잘했어!	네 이야기 결말이 웃겼어. 변기에 소변을 누러 갔다 왔구나. 그래, 호박이라는 단어는 'ㅎ'으로 시작하지
숙희가 청소하는 방식이 맘에 들어 (모두에게 공개적으로 말함)	숙희야, 청소하는 걸 도와주어서 고마워 (숙희에게 개인적으로 말함)

4 결론

이 장에서는 왜 행동수정이 궁극적으로 역효과를 낳는 경향이 있는지에 대해 설명했다. 왜 보상과 칭찬이 상호 존중의 관계와 양립할 수 없는지에 대해서도 논의했다. 그러한 존중은 배려하고 도덕적으로 자율적인 사람들의 발달을 촉진하는 인간관계 유형에 아주 중요하다.

어떤 교사들은 단순히 자신들이 학창 시절 경험했던 것이라는 이유로 행동수정 기법을 덮어놓고 사용한다. 많은 교사가 다시 행동수정 기법을 사용한다. 왜냐하면 그것이 그들이 교생 실습 기간 동안 목격했던 것이기 때문이다. 이들은 모두 지적 자율성을 발휘하는 방식으로 행동하는 것이 아니다.

교사는 연구를 읽고 연구 결과에 대해 반추하며 승거에 기초하여 가르쳐야 하는 윤리적 책무를 가진다(Feeney, Freeman & Moravick, 2016). 어떤 생활지도 시스템을 선택하기 전에 아래에 제시되어 있는 몇 가지 질문을 해보는 것이 중요하다(Weiss & Knoster, 2008).

1. 이 접근은 학습자 중심인가?
2. 이 접근은 자기통제, 이타심, 공감, 정의와 공정에 대해 무엇을 가르치는가?
3. 이 접근은 개별 아동의 삶과 전체 학급의 질을 향상시키는가?
4. 이 접근은 교실 분위기를 향상시키는가?
5. 아이들이 상호 긍정적인 관계를 구축하는 것을 배우는가?
6. 아이들이 신뢰와 주도성을 배우고 종국에 가서는 근면하게 자신의 일을 하는가?
7. 이 접근은 행동의 원인과 목적을 다루는가?
8. 이 접근은 아이들의 발달적, 신체적, 정서적 욕구에 민감한가?
9. 이 접근은 아이들이 한 개인 및 공동체의 구성원으로 성장하는 데 도움을 주는가?

이 질문에 대한 대답은 아동, 교수 및 학습 그리고 당신이 아이들과 형성하고자 하는 관계의 중요성에 대한 당신의 믿음에 달려있다. 결국, 당신이 이 질문에 답하는 방식은 당신이 교육의 목표라고 생각하는 것에 달려있다.

5 요약

- 이 장에서는 행동수정 이면의 이론을 설명했다. 이론적으로 보면, 보상을 받은 행동은 증가하고 처벌을 받은 행동은 감소한다. 또한 이 장에서는 주목이 보상이며 그렇기 때문에 여러분이 주목하는 것에 조심할 필요가 있음을 경고했다.

- 행동수정이 어떻게 인간 행동에 부정적인 영향을 미치는지에 대한 많은 사례를 읽었다. 행동수정은 보상과 처벌을 주기 위해 누군가가 항상 지켜볼 것을 요구하기 때문에 장기적으로도 긍정적인 결과를 주지 않는다.
- 보상과 처벌이 행동수정 기법이라는 것은 알고 있었겠지만, 칭찬 또한 그렇다는 것을 읽고는 아마도 놀랐을 것이다. 아마도 칭찬의 부정적인 효과를 읽을 때 특히 그러했을 것이다. 우리는 당신이 칭찬 대신에 격려를 사용하는 것을 배우기를 희망한다.

6 논의 및 숙고

1. 당신이 초등학교 선생님 중 2명이 사용했던 상이한 훈육 방법에 대해 말해 보라. 어떤 방법이 가장 효과적이었고 왜 그렇게 생각하는지 논의하라.

7 도전

2. 풀어야 할 문제: 소희는 마침내 오늘 공책에 그림을 그리는 대신에 글을 쓰기 시작했다. 그것은 획기적인 진전이었다.
   a. 당신이 소희를 칭찬하고자 한다면, 뭐라고 말을 할 것인가?
   b. 당신이 소희를 격려하고자 한다면, 뭐라고 말을 할 것인가?
   c. 이 두 가지 접근 방법과 그것이 추구하는 목표는 어떻게 다른가?

8 현장 활동

3. 유아교육 현장에서 관찰하면서 하루를 보내라. 교사가 사용했던 생활지도 방식을 확인하라. 그 접근의 효과를 이 장에서 논의된 생활지도 접근에 관해 물어야 하는 질문이라는 측면에서 논의하라.

4. 교사의 주의집중에 초점을 두고 교실에서 교사의 행동을 관찰하라. 부적절한 행동과 바람직한 행동 중 어느 것이 더 교사의 주의를 끄는 경향이 있는가? 그리고 그것이 아동행동에 미치는 결과는 어떠한가?

5. 학교에서 한 수행의 결과로 얻은 별표와 스티커에 대해 아이들과 대화하라. 아이들은 학습에 초점을 두는가 아니면 상에 초점을 두는가? 보상을 받는 것이 아이의 교육과 학습에 대한 태도에 주는 영향에 대해 어떻게 생각하는가?

9 추천도서

Gartrell, D. (2001). Replacing time-out: Part one—Using guidance to build an encouraging classroom. *Young Children*, 56(6), 8~16.

Gartrell, D. (2002). Replacing time-out: Part two—Using guidance to maintain an encouraging classroom. *Young Children*, 57(2), 36~43.

Kohn, A. (1996). *Beyond discipline: From compliance to community*. Reston, VA: Association for Supervision and Curriculum Development.

Kohn, A. (2001). Five reasons to stop saying "good job!" *Young Children*, 56(5), 24~28.

Kohn, A. (2005). *Unconditional parenting: Moving from rewards and punishment to love and reason*. New York: Atria Books.

Kohn, A. (2011). *Feel-bad education: And other contrarian essays on children and schooling*. Boston: Beacon Press.

제10장
처벌 대 훈육

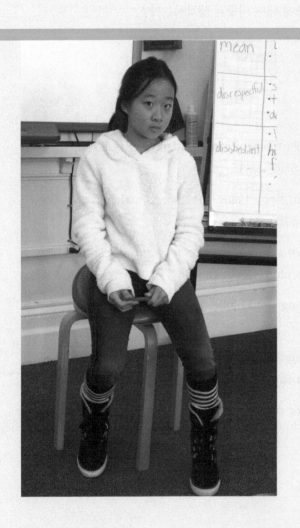

학습 목표

- 처벌이 아동발달에 어떻게 영향을 미치는 지 설명할 수 있다.
- 처벌이 여전히 사용되는 이유를 논할 수 있다.

혹시 당신은 아이들이 자신을 나쁘게 생각하도록 만들면 후일 이 아이들이 보다 바람직한 행동을 하게 될 것이라는 아이디어를 어디에서 얻게 되었는지 궁금해 해 본적이 있는가? 그러한 견해는 자신에 대해 좋게 생각하도록 만들면 보다 긍정적으로 행동하게 될 것이라는 압도적인 증거와 충돌한다. 아이들을 부끄럽게 하거나 창피를 주거나 상처를 주면 즉각적으로는 복종이라는 결과를 얻을지라도 장기적으로 볼 때 결국 부정적인 결과를 낳는다.

사례 10-1

 학교에서 이런 걸 듣거나 본적이 있는가?
"아마도 교장 선생님의 회초리가 네가 기억하는데 도움을 줄 것이다."
"너는 결석을 너무 많이 했어. 일주일 동안 정학이야."
"아직도 앉아 있을 수 없으니, 네가 계속 서있을 수 있는지 한번 보자. 너의 코를 칠판에 그려져 있는 원에 두고 계속 그렇게 있어."

　　이 장에서 우리는 왜 위와 같이 하는 것이 아이들의 행동 향상에 역효과를 주는지에 대해 논의한다.

우리 사회는 점차 아이들을 체벌하는 것의 부작용을 인식하고 있다(Cassidy, 2014; M. Straus, 2013). 전 세계적으로 39개 나라가 유엔 아동권리 협약에 따라서 부모와 교사가 아동의 엉덩이를 때리는 것을 불법화하고 있다(Borg & Hodes, 2014). 학교에서 아동의 엉덩이나 뺨을 때리는 것이 미국의 대부분의 주에서는 불법이나, 현 시점에서 학교에서 체벌을 허용하는 주가 아직도 19개나 있다.

게다가 아이들을 통제하고 지도하기 위해 아직도 많은 다른 유형의 처벌이 사용되고 있다. 이 장에서는 다양한 유형의 처벌과 그것이 아이들에게 미치는 부정적인 영향에 대해 설명하지만, 이 책은 처벌의 대안에 관한 내용을 담고 있다. 이 장이 다양한 훈육 방식을 기술했던 이 책 2부의 마지막 장이다. 2부는 예방적 조치로 시작해서 보다 개입적인 조치에 대한 내용을 거쳐 마지막으로 바람직하지 않은 접근에 대한 내용으로 끝을 맺는다. 우리는 이 책을 통해 행동의 원인을 다루는 비처벌적인 접근이 어떻게 그리고 왜 훨씬 더 나은 접근인지에 대해 설명했다. 우리는 각 장에서 원인에 대한 접근을 논의했다. 그러나 우리는 문제 행동의 원인이 무엇이든지간에 그에 대한 적절한 처치로 처벌을 수용하지는 않는다. 우리는 NAEYC의 윤리적 행동강령(2011)에 동의한다. 이 강령의 가장 중요한 아이디어는 아이들에게 해가 되는 어떤 행동도 해서는 안 된다는 것이다. 이것은 아이들에게 신체적으로나 정서적으로 해롭거나 위험하거나 무례하거나 겁을 주는 교수 행위를 허락하지 않는다는 것을 의미한다.

처벌은 행동 변화에 대한 기대를 가지고 바람직하지 않은 행동에 대한 반응으로 그 사람을 다치게 하거나 창피를 주고자 하는 의도로 행해진다. 정서적인 고통은 대개 육체적인 상처보다 더 강렬하고 오래 지속된다. 당신도 잘못된 행동 때문에 복도로 쫓겨나 굉장히 당황했던 기억이 있을 것이다. 당신은 어린 시절 규칙을 어겼다는 이유로 간절히 기다리던 바깥활동을 하지 못하게 되었을 때의 절망감이나 좌절감을 아마 지금도 느낄 수 있을 것이다. 또한 아마 당신의 학창시절에서 최악의 기억은 선생님의 빈정대는 말 때문에 당신이 느꼈던 수치심과 분노였을 것이다. 이것들이 모두 처벌이다.

1 처벌의 결과

벌을 사용하는 대부분의 사람들은 그것이 행동을 향상시킬 것이라고 믿는다. 사실, 벌은 바람직하지 못한 행동이 겉으로 나타나지 않도록 하는 것이기 때문에, 그것이 바람직하지 못한 행동을 멈추는 것처럼 보일 수 있다(Afifi, Mota, Dasiewics, MacMillan, & Sareen, 2012). 이런 빠르고 표면적인 결과는 많은 사람들에게 벌이 효과적이라는 확신을 갖게 한다. 하지만 많은 연구 결과에서 벌이 행동을 교정하는 효과적인 방법이 아니라는 것이 입증되었다(예: Edwards et al., 2010; Feldman, Derdikman-Eiron, Masaiha, 2010; M. Straus, 2013). 비록 처벌받은 행동이 잠시 동안 멈춘다 할지라도 그보다 악화된 행동이 뒤따라 일어날 가능성이 높다. 연구는 공격적이고 반항적인 유아는 출생 이후 부정적인 양육을 받았음을 보여준다(Nauert, 2011). 벌은 대체적으로 수많은 방식으로 드러나는 심각한 역기능적인 감정을 만들어낸다.

(1) 분노와 공격성

화를 내는 것은 벌을 받았을 때 나타나는 일반적인 반응이다. 벌을 받은 아이들은 대부분 다른 누군가의 힘에 의해 희생자가 되고 난 뒤에 자신들의 힘을 발휘하여 앙갚음을 하고자 하는 욕구를 가진다(Kohn, 2011). 화는 공격성으로 표현되는 경향이 있기 때문에, 아이들은 종종 다른 사람을 때리거나 다치게 함으로써 화를 푼다(예; Durrant & Ensom, 2012; Gershoff et al., 2010). 화가 난 아이들의 내부에 있는 부정적인 감정은 불가피하게 밖으로 나타난다. 벌을 경험함으로써, 아이들은 벌을 주는 방법을 강력한 역할 모델을 통해 배우게 된다(M. Straus, 2013). 자기보다 덩치가 큰 사람을 불쾌하게 만들어서 맞아본 적이 있는 아이들은 자기를 불쾌하게 하는 자기보다 덩치가 작은 아이들을 때릴 가능성이 매우 높다. 이는 어른을 고스란히 흉내 내어 숙희를 때린 행위를 정당화하려고 하는 아래 제시되어 있는 철호의 사례에서 매우 분명하게 나타난다.

사례 10-2

> 5살인 철호와 3살인 숙희는 몇 개의 자석을 가지고 나란히 놀고 있었다. 철호는 숙희가 가지고 있는 자석을 원했고 그것을 뺏기로 결심했다. 숙희는 소중한 자석을 손에 꼭 쥐고 그로부터 도망가며 저항했다. 철호는 숙희의 뒤를 쫓아가 그녀를 붙잡았고, 자석을 손에서 놓도록 하기 위해 숙희를 때렸다. 수희가 울고 있는 숙희를 위로하고 있을 때, 철호는 몇 번이고 되풀이해서 "숙희가 내 말을 듣지 않았어요, 숙희가 내 말을 듣지 않았어요." 라고 말했다.

신체적인 것 이외에 다른 방식으로 벌을 경험한 아동들도 역시 신체적으로 공격적인 경향을 보이고, 앙갚음하는 다른 방법도 배운다. 이 아이들은 다른 아동들을 욕하고, 그들의 작품을 엉망으로 만들거나, 그들의 소유물을 뺏는다. 수용할 수 없는 그러한 행동은 벌을 받게 될 것이고, 그렇게 되면 그 아동은 더 심한 잘못된 행동을 하게 된다. 이 악순환이 소위 많은 "나쁜 아이들"의 행동 이면에 있다. 불행하게도, 많은 부모들이 가정에서 훈육의 방법으로써 벌을 사용한다(Cassidy, 2014). 그로 인한 결과들은 학교 교사가 다루어야만 한다.

사례 10-3

> 오 선생님은 회의에서 민수에 대한 염려를 그의 부모와 의논할 때 신중하게 단어를 선택했다. "민수는 누군가의 행동이 마음에 안들 때, 종종 그 아이를 다치게 합니다." 걱정스런 표정으로 민수의 어머니가 말했다. "그 아이가 무슨 일을 저질렀죠?" 선생님은 어머니에게 자신의 관찰 노트에 참고로 적어놓은 그 사건에 대해 말하였다. "반 친구가 노래 부르는 것이

마음에 들지 않자, 민수는 그 애에게 그만 하라고 했어요. 그 아이는 잠시 노래를 멈췄지만, 잠시 후 다시 노래를 불렀어요. 민수는 그 아이를 때리며 말했습니다. '내가 하지 말라고 했잖아.' 민수는 주로 누군가를 다치게 한 후 그렇게 말합니다." 어머니의 얼굴에 수긍의 낯빛이 스쳐지나갔다. 어머니는 민수가 어디서 그런 행동을 배웠는지 알고 있다. 때리는 행동까지도 말이다. 어머니는 남편을 비난의 눈초리로 쳐다보았다. 그는 "아이들이 보통 다 그렇게 행동하지 않나요. 뭐가 문제죠?" 라고 빈박했디. 아버지가 선생님에게 물었다. "민수가 때렸을 때, 선생님은 그에게 어떻게 하셨나요?" 선생님은 이런 상황을 일반적으로 어떻게 다루는지 설명하였다. 선생님은 다친 아이를 돌보고, 민수에게 그가 원하는 것을 얻기 위한 대안적인 방법을 가르쳐 주었다. 민수의 아버지는 의자에 등을 기대고 아는 체하며 말하였다. "그런 부드러운 방법은 이 아이에게 안 통합니다. 선생님은 민수에게 무언가를 하지 말라고 말해야 하고 그리고 나서 바로 그가 그렇게 하지 못하게 해야 합니다. 집에서는 그를 세게 때리는 것만이 통합니다." 어머니는 선생님과 남편의 눈을 피하기 위해 카펫의 무늬만 쳐다보았다.

선생님은 자신이 이 부부의 민감한 부분을 건드렸음을 알 수 있었다. 그럼에도 불구하고, 선생님은 그 문제를 끌어낸 것을 기뻐하였다. 선생님은 부모들에게 민수의 행동에 대해 계속해서 알려줄 것을 약속했다. 그러는 중에, 선생님은 민수가 왜 그러한 신체적 공격 반응을 보이는지에 대해 새롭게 깨달은 점이 있었다. 민수는 아빠의 행동방식을 따라하고 있었던 것이다.

(2) 관계 손상

벌은 또한 그것을 가한 사람에게 적개심이나 불쾌감을 갖게 한다(Nauer, 2011). 이런 결과는 아이들과 그들의 부모 사이의 관계가 손상되었을 때 특히 심각하다(Kohn, 2011). 이러한 부정적인 감정은 부모나 교사를 향하든, 아니면 또 다른 권위적인 인물을 향하든, 긍정적인 훈육을 하는데 방해가 된다. 사람들은 자신을 다치게 하거나 기분을 상하게 하는 사람이 주변에 있기를 원하지 않는다. 아무도 그런 사람으로부터 듣거나 배우려 하지 않는다는 것은 확실하다. 어떤 아이들은 단지 접촉하지 않으려 하지만, 어떤 아이들은 앙갚음을 하려한다. 앙갚음의 방식은 아이들의 성격과 경험에 따라 다양하다. 어떤 아이는 드러내어 놓고 반항적이고 버릇없이 굴 수도 있고, 다른 아이는 무엇인가를 할 때 무력하게 있거나 거절하는 것을 통해서 보복할지도 모른다. 일부는 작은 아이들을 대용품으로 삼아 괴롭히기도 한다.

벌에 대한 위의 모든 반응은 모두가 자기 파괴적이고 계속되는 벌에 의해 더 나쁘게 될 뿐이다. 벌을 준 사람과의 관계만 파괴되는 것은 아니다. 벌을 받은 아이들은 또래 관계에도 문제를 가지는 경향이 있다(MacKenzie, Nicklas, Walkfogel, & Brooks-Gunn, 2013). 이런 아이들은 자신의 방식대로 하기 위해서 공격성을 사용하기 때문에 다른 아이들은 함께 놀기를 원하지 않는다. 남을 때리거나 밀쳤기 때문에 배척당하는 것은 벌을 받은 아이를 매우 혼란스럽게 만든다. 벌을 받은 경험을 통해 그들이 배우는 것은 원하는 것을 얻지 못할 때는 때리는 것이 가장 적절한 반응이라는 것이다. 그들은 자신들의 공격적인 행동이 긍정적인 사회적 결과를 가져올 것이라고 잘못 믿고 있다. 결국 이런 아이들은 사회에서 버림받으며, 그 보복으로 반사회적인 행동을 점점 심하게 나타낸다(Edwards et al., 2010).

⑶ 자존감의 손상

벌은 또한 아동의 자존감을 손상시키는데, 그 이유는 아이들은 남들이 자기를 대하는 방식을 보고 자신의 가치에 대해 생각하기 때문이다(McEvoy, 2014). 벌을 받는 것은 아이들로 하여금 자신이 열등하고, 나쁜 사람이라는 생각을 갖게 할 수 있다(Afifi et al., 2012). 자신이 쓸모없거나 나쁜 사람이라고 느끼는 것은 자기-충족적 예언이 되어 아이가 더욱 더 부적절한 행동을 하도록 할 가능성이 많다. 많은 아이들이 일상적으로 가정에서 언어 학대를 경험하고 "바보", "빌어먹을 녀석"과 같은 말들을 내면화하고, 그에 따라 행동하게 된다. 학교에서는 가정에서처럼 말이 명확하게 드러나지는 않지만, 몇몇 교사들도 아이들에게 상처를 주고 모멸감을 주기 위해 야유와 비난을 사용한다(McEvoy, 2014). 언어적이나 신체적인 벌을 경험한 아이들은 자신이 존중받는다거나 가

어떤 종류의 벌을 받더라도 아이들은 자신보다 더 강한 사람의 자비를 구하게 되는 상황에 놓이게 되므로, 개인적인 존엄성은 손상당한다.

치 있다고 느끼지 못한다. 어떤 종류의 벌을 받더라도 아이들은 자신보다 더 강한 사람의 자비를 구하게 되는 상황에 놓이게 되므로, 개인적인 존엄성은 손상당한다. 게다가 다음의 사례에서 볼 수 있듯이, 많은 벌은 모욕감을 느끼게 한다.

사례 10-4

 "삐!삐!삐!!" 도서관에 설치되어 있는 등에서 계속 불빛이 반짝였고 인터콤 소리가 들렸다. 비서는 두 명과 통화를 하고 있었고, 새로 오신 부모님들이 카운터에서 서류 양식을 필요로 하고 있었다. 그녀는 스피커를 눌렀다. "예, 여기는 사무실입니다." 하고 대답하니 도서관 사서가 혼란스런 목소리로 "동수가 현이를 때리고 밖으로 뛰어나갔어요. 분명 복도 어딘가에 있을 건데, 난 동수를 찾기 위해서 여기를 떠날 수 없어요." 비서가 "미안해요. 하지만 사무실에 저밖에 없어서 지금 당장은 아이를 찾으러 갈 수 없겠어요." 라고 대답했다. 메시지 알림판에 기대서 대화를 들은 관리인이 자원했다. "제가 데려올께요." 그녀는 안심하며 도서관에 다시 전화해서 "아저씨가 동수를 찾으러 가겠대요, 찾으면 연락할게요."라고 말했다.

관리인은 말을 안 듣고 제멋대로인 동수를 데려오기 위해 복도를 큰 걸음으로 걸었다. 1층에는 없어서 위로 올라가 봤다. 그래도 찾을 수 없었다. 운동장에도 가 보았다. 제기랄. 이제 조금 있으면 점심식사 준비를 해야 했다. 이 아이가 어디 있지? 그때 화장실이 생각났다. 아니나 다를까 화장실 구석의 문 안에 발 두 개가 보였다. "이리 나와!" 아저씨가 명령했다. 동수는 관리인이 자기를 볼까 걱정돼서 얼어붙었다. "지금 나오라니까!" 다시 말했다. 화장실에 있던 다른 아이들은 아저씨가 화장실 문 밑으로 몸을 쭈그리고 "어서 나와!" 라고 말하는 것을 보고 낄낄거리며 웃었다. 동수는 천천히 화장실 문을 열고, 붙잡혀가는 동물처럼 재빨리 주위를 둘러봤다. 동수는 친구인 민호와 동현이가 자기가 잡힌 것을 보고 놀릴까봐 걱정되었다. 화장실을 나서자 아저씨는 동수를 들어올렸다. 그는 도서관 앞을 지날 때 동수가 내려 달라고 팔을 휘두르며 때릴 동안 그를 세게 잡아 당겼다. 동수의 반 친구들이 그 광경을 보기 위해 문 주위로 몰려들었다. 굴욕감에 동수는 화가 머리끝까지 치솟았다. 그는 아저씨의 다리 뒷부분을 세게 쳤지만 아저씨는 자신의 성공적인 임무 완성을 자랑스러워하며 더 단단히 동수를 잡고 사무실로 향했다. 그는 동수를 타임아웃을 위한 방에 넣고는, "여기 물어뜯는 짐승이 있소!" 하고 큰소리로 전했다. 동수는 아저씨가 화장실에서 있었던 일을 비서에게 말하는 동안 화가 머리끝까지 났다. 그리고 동수는 카운터에서 그 이야기를 듣고 있는 사람이 자신의 친구 수희의 엄마인 것을 알게 됐다. 동수는 자기가 보이지 않기를 바랐다!

불행하게도, 이처럼 아이를 존중하지 않는 태도로 다루는 것은 흔히 일어나는 일이다. 아동의 자존감에 입히는 손상은 헤아릴 수조차 없을 정도이다. 어른과 아동 사이의 상호존중의 아이디어는 이 시나리오와 정반대이다.

⑷ 두려움

　벌은 두려움을 통해 통제한다(Brady, Forton, & Porter, 2011). 이런 두려움은 어떤 아동들을 부정적인 활동뿐만 아니라 긍정적인 활동도 하지 못하게 한다. 어떤 행동이 잘못된 것인 줄 모르고 했는데 경고 없이 벌을 받는다면, 많은 아이들이 어떤 새로운 활동도 하지 않으려 할 것이다. 그들의 전략은 문제를 일으킬 가능성이 있는 어떤 것이라도 조심시키는 것이다. 탐색과 주도성이 안정과 안전에 대한 필요에 희생된다. 그러므로 벌에 대한 공포는 학업을 방해할 수 있다. 9장에서, 우리는 주장 훈육의 사용에 대한 시나리오를 기술한바 있다. 그 사례에서, 칠판에 이름이 적혀서 체크 당하는 것과 항아리 속에 구슬이 없다고 아이들의 비난을 받는 것을 두려워하던 숙희는 다른 아이들과 대화를 하려고 하지 않았고, 활동에 거의 참여하지 않았다. 아래 철호의 사례는 이와는 다른 접근법의 결과를 보여 준다.

사례 10-5

　실수로 숙희의 팔찌를 부러뜨린 철호는 놀란 얼굴이 되었다. 그것을 본 오 선생님은 철호가 고의로 그런 것이 아니라는 걸 알았다. 선생님은 숙희의 염려를 인정하고 철호가 실수했다고 하는 말을 받아들였다. 그리고 둘이 서로의 이야기를 들어보도록 했다.
　　그날 저녁 선생님은 철호의 부모님께 전화를 걸어 무슨 일이 일어났는지를 말했다. 철호가 잘못했다기보다는 그저 팔찌를 다루는데 서툴렀을 뿐이라고 정확히 말해 주었다. 선생님은 손해보상에 관해 이야기했고, 부모님에게 숙희의 손실을 보상하기 위한 방법을 철호가 찾는데 도움을 줄 수 있다고 생각하는지를 물었다.
　　몇 주 뒤, 철호는 조그만 아동 사이즈의 팔찌 세트를 학교에 가져와서 놀라워하는 숙희에게 건네주었다. 철호는 숙희에게 줄 팔찌를 사는데 필요한 돈을 벌고, 팔찌를 사고, 포장하느라 몇 주의 시간을 보냈다. 선생님은 숙희의 "고맙다"는 말에 대해 철호의 진심어린 "천만에!" 라는 말은 벌의 결과로서는 절대 나올 수 없다는 것을 알고 있다. 철호는 부주의의 중요성을 알았지만, 일을 제대로 처리한 것에 대한 자부심도 느꼈다. 그는 자신을 나쁜 아이로 보지 않고 좋은 아이로 생각했다.

　슬프게도, 많은 어른들이 벌을 받은 적이 있고 그것 때문에 고통스러워 했음에도 불구하고, 아이들을 통제하기 위해서 벌을 사용한다. 그들은 그것이 자신에게 해로웠다는 것을 알고 있지만 그 모델이 아주 강하게 자신에게 각인되어 버린 것이다(Cassidy, 2014).

(5) 기만

벌에 대한 두려움을 억제하고자 하는 많은 사람들은 대단히 비열해진다(Kamii, 1982). 그들은 거짓말과 기만의 다른 형태에 능숙해진다. 당신은 인생을 삶에 있어 이런 정직하지 않은 방법을 택한 사람들을 아마 알고 있을 것이다. 그들은 사람들의 등 뒤에서 자신이 원하는 것을 얻는다. 간혹 그들이 결백하게 행동하더라도 다른 사람들은 그들을 믿지 않게 된다. 확실히, 이런 행동은 훈육의 바람직한 결과물이 아니다.

최근의 주요 뉴스에서는 청소년 범죄가 놀랄 정도로 증가하고 있다고 말하고 있다. 이에 대한 국민들의 반응은 그들의 부모를 벌함과 동시에 그들에 대한 처벌을 강화하라는 것이다. 청소년 범죄자의 이름을 발표하자는 제안은 대부분의 사람들이 어떻게 행동을 개선시킬 수 있는가에 대해 잘 이해하고 있지 못하고 있다는 증거이다(Edelman, 2014). 어떻게 젊은 사람에게 '나쁘다'라는 꼬리표를 공공연하게 붙이는 것이 이들의 행동을 개선하는데 도움이 될 수 있겠는가? 이러한 제안이 벌을 주는 것보다도 청소년 범죄의 예방에 초점이 맞춰져 있을 때에도, 그러한 계획은 이미 문제를 가지고 있는 나이가 든 아동들을 목표로 한다. 그러나 유치원 교사들은 5살짜리 아이들이 필요한 도움을 제 때 받지 못한다면 이 아이들이 마지막에는 감옥에가 있을지도 모른다고 말할 수 있다. 즉, 문제는 일찍 시작되므로 일찍부터 문제제기가 되어야 하는 것이다.

처벌적인 조치를 통해 문제를 해결해야 한다고 말하는 사람들은 벌을 받은 아이들이 그렇지 않은 아이들에 비해 범죄에 의지할 가능성이 높다는 것을 보여주는 연구를 읽어 볼 필요가 있다(M. Straus, 2013). 2011년 현재, 미국 성인 100명 당 거의 3명이 교도소에 있거나 가석방 상태에 있다고 한다. 덧붙여, 2010년에 70,792명의 청소년이 구금되어 있다고 한다. 미국에서의 구속 비율은 다른 산업화된 나라에 비해 상당히 높다. 벌은 명백히 효과가 없다. 왜냐하면, 점점 더 많은 교도소를 짓고 점점 더 많은 사람들 구속시켜도 범죄는 의미 있게 감소하지 않기 때문이다.

(6) 배움의 기회를 놓침

벌은 실제로 아이들이 적절한 행동과 부적절한 행동을 배우는 것을 방해한다. 아이들이 문제를 야기한 행동에 관해서 생각하게 하기 보다는 벌을 받는데 대해 분하게 생각하도록 만든다. 벌은 또한 무엇을 해야 하는지 보다는 무엇을 하지 말아야 하는지에 초점을 둔다. 어린 아이들은 수용 가능한 행동을 배우는 것에 대한 정보가 필요하며, 왜 어떤 행동이 다른 행동보다 나은 지를 이해하는 데 도움이 필요하다(M. Straus, 2013). 다시 말하면, 그들에게는 벌보다 가르침이 필요하다는 것이다.

사례 10-6

 지역아동센터의 송 원장님은 오후 선택 시간에 교실 뒤에서 슬픈 얼굴을 하고 있었던 아이들이 걱정이 되었다. 홍 선생님은 다른 아이들과 잘 지내지 못하는 아이들을 놀이에서 배제하는 방침을 세웠다. 송 원장님은 이 방침에 관해서 홍 선생님과 상의하기로 마음먹었다.

송 원장님은 홍 선생님을 만나 사회적 기술을 특히 더 많이 연습해야 할 아이들이 그런 연습을 하지 못하는 것에 대한 걱정을 나누었다. 아이들이 놀이에 참가하지 못하게 하면, 그들은 더 이상 사회적 기술을 습득하지 못하게 된다. 원장님은 선생님에게 아이들을 놀이에 참여시키지 않게 하는 대신에 친구들과 잘 지내도록 어떻게 도와줄 수 있을지 자신과 함께 문제를 풀어 보자고 부탁했다.

아이들에게 필요한 여러 가지 학습 경험에 대해 논의한 결과 홍 선생님은 벌 대신에 가르치는 것을 생각하게 되었다. 그러나 선생님은 그러기 위해서는 커다란 놀이방에 한 명 이상의 어른이 요구된다는 알게 되었다. 선생님은 "송이와 민수에게 선택 시간 동안 나와 함께 일을 하는 것에 대해 물어보아야겠다." 라는 계획을 세웠다. 그러나 그러한 변화는 아이들이 가질 수 있는 선택권이 거의 없음을 의미하는 것이었다. 홍 선생님은 목공 영역과 그리기 영역을 교대로 개방해야 했다. 선생님은 그런 희생이 가치가 있다고 결정했다. 결과적으로 두 명의 어른이 함께 참여하고, 교사들은 아이들이 개별적으로 자신의 문제를 해결하도록 도움을 줄 수 있었다. 송 원장님은 홍 선생님과의 논의 결과에 만족했다. 송 원장과 홍 선생님은 사회적 기술을 가르치는데 가장 도움이 되는 본보기와 문제 해결을 할 수 있는 다양한 종류의 역할을 검토하였다. 홍 선생님은 이번 주의 새로운 계획을 검토하기 위해 자신을 보조해 줄 사람들과 만날 약속을 잡아놓았다.

① 비판적 사고의 결여

벌은 수용 가능한 행동에 관한 학습만을 제한하는 것이 아니라 일반적인 학습도 제한한다. 뇌에 관한 연구는 두려움이나 불안 또는 굴욕감을 느끼게 하는 사건은 정신적 성장에 부정적인 영향을 미친다는 것을 보여준다(M. Straus, 2013). 뇌에 관한 연구는 또한 벌로 인한 스트레스가 행동에 대한 현명한 선택을 하는데 필요한 집행 기능 능력의 개발을 방해한다는 것도 보여준다(Talwar, Carlson, & Lee, 2007). 심지어 피상적이고 자동적인 반응을 요구하는 엄격한 환경도 정신적 성장을 방해할 수 있다(Galinsky, 2010). "들은 대로 해!"와 같은 거칠고 위협적인 명령과 지속적인 복종에 대한 기대는 이런 유형의 환경의 예이다. 이런 유형의 훈육을 받고 자라난 아이들은 대개 뜻도 모르고 앵무새처럼 외운 답을 하는 것 외의 사고를 할 동기 수준이 낮다. 그들은 스스로 생각하는 것을 배우는 대신에 다른 사람이 말한 것을 무비판적으로 수용하고 다른 사람의 생각에 복종하는 경향이 있다(DeVries & Zan, 2012). 만약 부모가 그러한 복종이 아이가 십대가 되었을 때 또래 압력에 굴복하는 것을 의미할 수도 있다는 것을 깨닫지 못한다면 그런 부모들에게는 좋게 들릴 수도 있을 것이다.

이와는 대조적으로, 반추와 다른 사고를 장려하는 것은 정신적 건강과 지적 능력을 향상시킨다. 사고를 장려하는 것의 한 예가 앞에서 언급한 철호와 부러진 팔찌 이야기이다. 거의 경험을 통해 철호는 자신의 행동과 부러진 팔찌 사이의 관계를 깨닫게 되었고 이후에는 돈을 벌기 위해 자신이 한 일과 손해 배상 간의 관계를 깨닫게 되었다. 이런 유형의 훈육은 아이들이 스스로 생각하고 세계를 이해하고자 노력하게끔 북돋운다(DeVries & Zan, 2012). 이런 식으로 사용된 뇌는 더욱 강해지고 유능해진다.

② 내적 통제의 결여

어떤 아이들에게는, 벌에 대한 두려움이 사회적으로 수용되는 방식으로 행동하는 유일한 이유가 된다. 이런 아이들은 자기를 붙잡을 누군가가 있을 때만 적절하게 행동한다. 그때조차도 벌의 심각성은 종종 부적절한 행위가 가져다주는 잠재적인 즐거움 때문에 과소평가된다. 종종 아이들은 자신의 부적절한 행동을 그대로 밀고 나가고 나중에 벌을 받는 것을 선택한다. 벌을 받아들이는 것은 심지어 그들의 용기에 대한 일종의 도전일 수도 있다. 잡히지 않는 것이 또 다른 도전이 될 수 있다. 콜버그(1984)의 도덕성 발달에 대한 방대한 연구의 결론은 처벌은 도덕성 발달에 효과가 없고, 성인의 힘을 사용하는 것을 강조하지 않는 접근은 아동의 내면화된 양심 발달에 도움이 된다는 것이다(예: DeVries & Zan, 2012; Kohn, 2011).

훈육에 대한 처벌적 접근은 바람직하지 않은 행동의 원인을 무시하고 아동이 향후 더 잘 행동하도록 돕기 위한 어떤 조치도 하지 않는다. 진정한 변화를 위한 기회를 잃게 된다(Kohn, 2011). 〈표 10-1〉에 처벌의 결과를 요약하여 제시하였다.

〈표 10-1〉 처벌의 결과

• 분노와 공격성	• 관계 손상
• 자존감의 손상	• 두려움
• 배움의 기회를 놓침	• 비판적 사고의 결여
• 자기 통제의 결여	• 기만

2 왜 벌이 사용되는가?

벌의 결과가 자기훈육과 자율성의 목표와 완전히 모순되는 것은 명확하다. 벌은 책임감의 발달을 저해한다. 벌에 의존하는 어른들은 빠른 해결책을 찾지만, 그런 결과를 얻지 못할 수 있다. 왜냐하면 어떤 아이들은 쉽게 굴복하지 않기 때문이다.

아이들의 반항은 벌의 강도를 높이는 결과를 낳고 그 결과로 아이들은 더 강하게 반항하게 된다. 벌이 행동을 그만두게 하지 못한다는 것이 명백함에도, 많은 부모와 교사는 다른 방법을 모르기 때문에 벌의 사용을 계속 고집한다. 이 장의 나머지 부분에서, 우리는 이러한 훈육 기술의 부족과 몇몇 어른들이 처벌을 사용하는 다른 이유에 대해 살펴 볼 것이다.

(1) 성인 스트레스

벌을 신뢰하지 않고 벌을 사용하는 것 보다 더 나은 방법을 알고 있는 어른들조차도 간혹 벌에 의지할 때가 있다. 부모가 자신의 이상에 맞추어 삶을 살지 못하는 많은 이유가 있다(Barnett, Shanahan, Deng, Haskett, & Cox, 2010). 간혹 사소한 삶의 스트레스도 인내하지 못하는 경우가 있다. 만약 이런 일들이 자주 발생한다면 상담이 필요하다. 이런 일이 드물게 발생한다면, 스스로를 용서하고 아래 사례에서와 같이 상황을 만회

벌이 행동을 그만두게 하지 못한다는 것이 명백함에도, 많은 부모와 교사는 다른 방법을 모르기 때문에 벌의 사용을 계속 고집한다.

하려고 노력하는 것이 최선이다.

　화가 날 때마다, 당신은 자기훈육을 가르치기보다 행동을 벌하는 위험을 무릅쓴다. 관련된 결과에 대한 논의에서 결과를 사용할 때 화를 내면, 화가 갖는 불가피한 부정적인 목소리 톤과 몸짓 때문에, 결과가 벌로 변한다고 말한 바 있다. 또한 분노는 아이들이 스스로를 진정시키기 위한 기술을 파괴시킨다. 당신이 화가 많이 났을 때, 아이를 제지하는 것은 통제하지 못하는 아이들을 포용하여 안심시키는 것과 다르다. 뇌에 관한 연구는 화가 합리적인 사고를 방해한다는 것을 명확하게 보여준다. 당신이 정서적으로 아이들에게 도움이 되는 지도를 할 수 없을 때를 알고 새로운 관점을 가진 누군가를 부르는 것이 중요하다. 아이들이 자신의 감정을 조절하도록 돕기 위해서는, 당신이 아이의 요구와 관련하여 자신의 감정 상태를 이해하는 것이 필요하다.

사례 10-7

 오 선생님은 몇 년 전 여름 방학 때 자녀들에게 여러 활동을 시키면서 자신이 보였던 태도에 대해 여전히 죄책감을 느끼고 있다. 축구 캠프에서 체조 수업으로, 수영 캠프에서 댄스 수업으로 아이들을 급하게 데리고 다니는 동안에, 아이들에게 소리를 지르고 뒤쳐진데 대해 위협하고 있는 자신을 발견했다. 예컨대, 어느 날 민지가 체조 수업을 하는 언니를 기다리면서 자신이 그리고 쓴 것을 보여주려 하고 있었다. 그러나 선생님은 신발을 신기기 위해 민지를 잡으려고 하였고, 수지는 더 놀고 싶다고 울고 있었다. 수지의 캠프 시작 시간이 임박하여 선생님은 모든 아이들이 서둘러 움직이도록 했다. 그러나 수지는 계속해서 선생님의 관심을 요구했고, 마침내 선생님은 고함을 질렀다. "그만! 내가 지금은 그것을 할 수가 없어!" 그런 다음 아이들에게 협조해 주지 않는다고 소리를 질렀다. 스케줄이 너무 빡빡하여 선생님도 스트레스를 받았고 아이들도 마찬가지였다. 아무도 여름을 즐기고 있지 않았다.

　작년 여름에는, 시간을 융통성 있게 운영함으로써 돈도 절약하고 스트레스도 덜 받았다. 선생님은 언어적 벌로써 관계를 손상시키는 대신에 아이들과의 관계를 강화시킴으로써 아이들이 원하는 것에 맞출 수 있었다.

　그런 경우는 통제된 환경인 오 선생님의 교실에서는 덜 발생할 것이다. 그러나 간혹 아이가 선생님의 인내심의 한계를 넘는 행동을 할 때가 있다. 오 선생님은 전문가가 지켜야 할 윤리를 준수한다. 선생님은 절대로 아이를 때리지 않는다. 화가 날 때에도 아이를 움켜잡지 않는다. 선생님은 훈육 문제를 효과적으로 다룸에 있어 스스로를 통제하는 것이 중요함을 안다.

　용우가 스페인어 시간 동안 쉿소리로 소음을 내기 시작했다. 스페인어 교사는 스페인어 노래와 학급 아이들에게 들려준 이야기에 아동들이 흥미를 느낄 수 있도록 노력했지만 집단은 용우의 괴상한 행동에 의해 주의가 분산되고 있었다. 오 선생님은 그와 눈을 맞추고 의사소통을 하려고 노력했지만 그는 선생님을 보지 않으려 했다. 마침내 선생님은 옆자리로가 용우를 진정시키려 했지만 혼란만 더 커졌다.

스페인어 교사를 생각해서 오 선생님은 용우를 집단에서 데려나가야겠다고 생각했다. 그러나 용우는 그 생각에 동의하지 않았고 오 선생님이 그를 데리고 가는 것에 대해 비협조적으로 굴었다. 그는 그 과정 중에 크게 소리를 지르고 이리저리 팔을 휘두르며 선생님을 발로 찼다. 그것은 유쾌하지 않은 상황이었고 오 선생님은 굉장히 화가 났다.

오 선생님은 그 순간에 용우를 그렇게 다루지 말았어야 했다는 것을 깨달았다. 대신에, 선생님은 개인적으로 용우에게 말했다. "나는 지금 너무 화가 나서 이 문제에 대해 너에게 말을 할 수가 없어. 내가 좀 진정되면 그때, 우리 그 문제에 대해 이야기해 보자."

〈표 10-2〉 체벌을 제거하는 전략

교실에서의 전략	학교 차원의 예방 전략
• 나이에 맞는 한계를 설정하라. • 갈등 해결 및 중재 전략을 가르쳐라. • 인내, 공감, 친절 및 협동의 본보기가 되어라. • 아이들이 문제 해결을 실행해보도록 기회를 주어라. • 적절한 행동을 격려하라. • 지역사회의 지침을 만들 때 아이들도 포함시켜라. • 구조, 연속성 및 예언가능성을 제공하라.	• 부모에게 아동 발달에 대한 정보를 주어라. • 행동 관리에 대한 양육 수업을 제공하라. • 학생에 대한 교사와 직원의 행동에 대한 학교 차원의 지침을 만들어라. • 교사를 대상으로 하여 적절한 교사 훈육의 적절상과 부적절성에 대한 논의의 시간을 가져라. • 지역사회 기반 상담 및 정신건강 프로그램과 파트너십을 수립하라. • 아이들을 대신하여 통일 된 옹호 시스템을 제공하라.

(2) 오해

일부 어른들은 벌을 신뢰하지 않는다고 말하지만 일상적으로는 벌에 의지한다. 분명히 그들은 자신의 행동을 벌이라고 생각하지 않는다. 일부 교사들은 친구들 앞에서 아이들에게 창피를 주고는 '또래 압력'이라 부른다. 다른 교사들은 빈정대는 반응으로 아이들의 마음을 상하게 하고는 자신의 유머를 자랑스러워한다. 문제 행동과 전혀 관계가 없는 아동의 특권을 빼앗고는 그것을 결과라고 부르는 사람들도 있다(American Academy of Pediatrics, 2015). 이 모든 반응이 아이에게 상처를 주고 분노를 일으키고 제대로 가르치지 못하게 한다. 사실, 그 모든 것은 정서적 고통을 주기 때문에 벌이다(Durrant & Ensom, 2012; M. Straus, 2013).

사례 10-8

> 동호는 단체 활동시간 전에 청소 시간에 동작을 아주 느리게 한다. 사실은 그가 단체 활동을 좋아하지 않아 발을 질질 끌고 다닌다. 조 선생님은 동호처럼 단체 활동에 참여하지 않는 아이 때문에 고민이다. 어느 날 선생님은 동호의 버릇을 고쳐주기로 결심했다. 선생님은 교실에서 아주 큰 소리로 아이들에게 말했다. "우리는 동호가 우리 집단에 참여하면 그 때 우리 단체 활동을 시작할거예요"
>
> 모든 아이들이 동호를 응시했기 때문에 동호는 당황했고 서둘렀다. 동물 상자와 트럭 바구니를 동시에 옮기려고 하다가 동호는 그것을 모두 바닥에 떨어뜨렸고 그것은 사방으로 흩어졌다. 친구들이 크게 웃었고, 그는 더 당황하며 트럭 몇개를 동물 박스에 넣었다. 선생님은 그의 잘못을 보고는 물었다. "동호에게 트럭을 어떤 박스에 넣어야 하는지 누가 한번 말해볼까?" "오렌지 박스요" 몇몇 아이들이 마치 선생님이 동호를 괴롭히는 것을 허락했다는 듯 즐기듯이 놀렸다. 동호는 울기 직전이었지만 선생님은 그의 얼굴은 볼 수 없었다. 선생님은 동호가 청소를 제 시간에 하도록 하기 위해 본인이 또래 압력이라고 부르는 것을 사용하는 노력을 했다. "동호야, 우리는 3분 더널 기다릴 거야, 그런 다음 우리는 단체 활동을 시작할거야. 네 친구들을 기다리게 하는 건 공정하지가 않거든." 아주 화가 난 동호는 나머지 장난감을 더듬거리면서 치웠다. 마침내 선생님이 말했다. "시간 끝. 미안하구나. 하지만 넌 느림보가 되어 우리의 시간을 너무 많이 써버렸어" 몹시 화가 난 듯 동호는 생각했다. "선생님은 전혀 미안해하는게 아냐. 난 선생님이 미워!"

(3) 훈육 기술의 부족

많은 사람들은 벌의 두려움이 없으면 아이들이 제멋대로 행동할 것이라고 우려한다. 벌은 이런 어른들이 이해하고 있는 유일한 훈육 방법이다(Cassidy, 2014; Kohn, 2011). 그들은 다른 훈육 방법이 한계를 어떻게 설정하고 바람직한 행동에 대한 기대를 어떻게 전달하는지에 대해 잘 모른다. 이런 다른 훈육 방법을 이해하지 못하고 있기 때문에, 그들은 벌 아니면 훈육 하지 않기의 둘 중 하나를 선택해야 한다고 생각한다. 이것은 서구 문화에 만연한 단순한 양자택일의 사고의 한 예이다(Hatch & Benner, 2011).

많은 사람들에게, 훈육은 처벌을 의미한다. 이 점은 오 선생님에게 "더 이상 그 아이에게 어떻게 해야 할지 모르겠어요. 그 아이를 때리는 것도 효과가 없어요."라고 말한 아버지의 사례가 명확히 보여준다.

생활지도와 훈육의 부족에 대한 어떤 염려도 정당화된다(Feld, 2005). 지나치게 허용적으로 아이를 기르는 것은 벌로써 접근하는 것만큼 상처를 입힐 수 있다(Feldman et al., 2010). 제한이나 책임감이 없는 자유는 혼란스럽고 위험하다. 어른들이 아이의 학습을 돕고 안전을 지키기 위해 개입해야 할 때가 있다. 아이들은 다른 사람의 권리를 존

자기훈육은 강요된 행동으로부터 나오지 않을 뿐만 아니라 저절로 생기는 것
도 아니다. 자기 훈육은 구성주의 훈육을 통한 주의깊은 가르침의 산물이다.

중하고 사회적으로 수용되는 행동을 배울 수 있도록 도움을 받아야 한다. 이것은 그 아
이 주위의 다른 아이들 뿐 아니라 그것을 배우는 아이에게도 유익하다. 사회적으로 인
정되는 행동을 배우지 않은 아이가 주위에 있는 것은 유쾌한 일이 아니다. 그들은 남의
소유물에 손해를 입히고 무례하며 사려 깊지 못하다. 당연히 누구도 그들과 함께 시간
을 보내려 하지 않고 이것은 그 아이들에게 거부의 느낌으로 다가가 그들의 자존감에
상처를 준다. 다른 사람의 권리와 욕구를 이해하는 것은 또한 자기 훈육의 발달에 있어
필수적이다. 자기 훈육은 강요된 행동으로부터 생기지도 않고 저절로 생겨나지도 않는
다. 그것은 구성주의적 훈육을 통한 세심한 가르침의 결과이다.

(4) 가족과 사회 규범

아이를 진심으로 사랑하고 돌보는 많은 사람들도 벌은 장기적으로 긍정적인 효과를
가져다 줄 것이라 굳게 확신한다. 그들은 벌의 좋은 점을 염두에 두고 있는 것이겠지
만, 그들의 믿음은 증거보다는 전통에 근거를 두고 있다. 그들은 단순히 그들의 부모님
이 자신들에게 했던 것을 하고 있으며, 벌이 자신의 발달에 미쳤던 부정적인 영향은 인
식하지 못하고 있다(Powell, Cooper, Hoffman, & Marvin, 2007). 그들은 벌을 받았음에
도 불구하고 결과적으로 잘되었다고 말할 것이다. 이런 말을 들었을 때, 당신은 만약
벌을 받지 않고 자랐더라면 얼마나 더 잘 되었을까 라고 질문할 것이다.

어떤 문화에서는 벌을 돌봄의 표시로 여겨지고(Delpit, 2006), 벌이 문화 규범이었던 곳에서는 부정적인 결과가 덜했다(Berlin et al., 2009; Gershoff et al., 2010). 만약 모든 다른 아이들이 집에서 맞는다면, 아이가 맞는 것에 대해 그렇게 나쁘게 느끼지 않을 것이 분명하다. 가정에서 벌로 훈육된 아이들은 학교에서 이루어지는 다른 훈육을 이해하는데 어려움을 겪을 것이니 준비하라.

당신이 알다시피, 벌은 가정에서만 일어나지 않는다. 때때로 아이들은 아이들에게 창피를 주고 위협하기 위해 자신의 힘을 사용하는 교사를 만난다(McEvoy, 2014). 교사에게 괴롭힘을 당한 아이들은 종종 또래에게도 괴롭힘을 당한다. 학교 문화는 이러한 교사의 부적절한 행동을 무시하는 경향이 있고 가해 교사는 그것을 훈육이라고 부른다. 그러나 우리는 훈육은 아이들을 좀 더 바람직한 행동을 하도록 가르치는 것이고 지원하는 것임을 안다. 두려움과 창피를 유발하는 것은 정반대의 결과를 낳는다.

교육은 이 책에서 설명하고 있는 보다 유용한 접근법을 부모와 교사가 배울 수 있도록 도와주는 도구로 사용될 수 있다. 생활지도나 훈육에 대한 대부분의 책은 연구를 바탕으로 하고 있고, 벌의 사용을 단호하게 거부한다. 불행히도 관련 연구에 대한 지식과 아동의 발달에 대한 배경 없는 사람이 쓴 책이 적은 수이지만 있다. 아마도 부모들은 그 차이를 알지 못하고 잘못된 길로 갈 수 있을 것이다. 구성주의적 훈육 책이나 이것에 기초한 양육 수업을 당신이 소개하면, 덜 처벌적인 방식으로 훈육을 하고자 하는 부모들에게 도움이 될 것이다. 이 장의 마지막에 우리가 추천하는 양육서를 제시하였다.

어떤 사람들은 벌은 우리의 법체계의 모델에 기반을 두고 있고 규칙이 위반되었을 때 필요한 것이라고 정당화하기도 한다. 그러나 우리의 법체계는 단지 행동을 통제하기 위해 고안된 것이지 행동을 가르치거나 시민을 사회화시키기 위해 만들어진 것이 아니다. 죄수의 기록을 보면, 벌이 사람들이 더 나은 방식으로 행동하도록 만들지 못한다는 것을 명확하게 보여준다. 석방된 죄수의 거의 2/3가 3년 내에 다시 투옥된다.

우리 사회의 폭력적인 전통은 많은 사람들이 훈육에 대한 처벌적인 접근을 포기하는 것을 힘들게 한다. 영화와 TV는 선한 사람이 이기기 위한 정당한 방법으로 폭력을 부추긴다. 많은 스포츠 행사가 열렬히 갈채를 보내는 폭력을 포함하고 세계의 지도자들도 차이를 해결하기 위해 여전히 힘에 의존하고 있다. 힘의 사용은 계속적으로 찬양되어지고 있다.

하지만 사회는 아동을 훈육하기 위해 힘을 사용하지 않아야 한다는 가치 또한 인지하고 있다. 모든 사람들의 권리에 대한 존중은 법과 사람들의 태도에서 점차 입증되고 있다. 소수민족 집단들은 자신들의 존중받을 권리를 주장하고 목소리를 높이고 있다. 아마도 가장 눈에 들어나지 않는 집단은 가장 적은 목소리를 지니고 있는 아이들일 것이다. 미국 헌법은 모든 사람의 평등, 권리, 보호를 보장하고 있다. 아마도 아이들 역시 이러한 보장의 내용 속에 포함될 것이다. 교사들은 아동의 권리에 대해 효과적으로 대변해 줄 수 있다. 유아교사들의 전문조직인 NAEYC에서는 벌을 주제로 목소리를 내고 있다. 교사로서 당신은 전문 조직에 가입하여 벌이 아닌 효과적인 훈육의 옹호자가 될 기회가 있을 것이다.

3 결론

우리는 벌이 훈육의 합리적인 방법으로 고려되어지지 않길 바란다. 우리는 부모나 교사들이 벌의 위험성에 대해 이해하고 아동의 생활지도를 좀 더 효과적으로 할 수 있는 방법을 배울 때 세상이 좀 더 나은 곳이 될 것이라 믿는다. 자기 스스로 무가치하다고 믿게 되는 사람들이 줄어들 것이고, 부정직한 사람도 줄어들 것이며, 체포되지 않기 위해 에너지를 덜 쓰게 될 것이다. 개인 내적 통제와 다른 사람에 대한 관심이 도덕적으로 자율적인 사람들의 행동 규범이 될 것이다.

4 요약

- 수십 년간의 연구는 벌이 분노와 공격성, 관계 손상, 자존감 상실, 두려움, 기만, 학습능력 감소 등의 부정적인 결과를 낳는다는 것을 확실히 보여준다. 이에 덧붙여, 벌은 많은 정신 건강 문제와도 관련이 있다.
- 왜 어떤 부모와 교사는 아직도 벌을 사용하는가? 어떤 사람은 과도한 스트레스 때문에, 또 어떤 사람은 창피를 주고 조롱하는 것이 벌이라는 것을 모르기 때문이다. 다른 방법을 몰라서 벌을 사용하는 사람도 있다. 벌을 받으면서 자란 사람들은 종종 그것이 옳은 방식이라고 믿는다.

5 논의 및 숙고

1. 당신은 어릴 때 어떤 훈육을 받고 자랐는가? 그것이 당신의 삶, 태도 그리고 자존감에 어떤 영향을 주었는가?

2. 당신은 벌과 훈육의 근본적인 차이를 어떻게 설명하겠는가? 당신은 이러한 차이점들을 도덕적 자율성 및 타율성과 관련시킬 수 있는가?

6 현장 활동

3. 놀이터에 있는 아이들을 관찰하라. 어떤 아이가 사회적으로 유능해 보이고 어떤 아이가 지나치게 공격적이게 보이는지를 결정하라. 그들의 상호작용에 주목하라. 성인 모델이 어떻게 두 집단의 유능감 수준에 영향을 미쳤는지 말해보라.

7 추천도서

Gottman, J. (2004). *What am I feeling?* Seattle, WA: Parenting Press.

Kamii, C. (1984). Obedience is not enough. *Young Children*, 39(4), 11~14.

Kohn, A. (2011) *Feel-bad education: And other contrarian essays*. Boston: Beacon Press Nelson, J.,

Erwin, C., & Duffy, R. A. (2007). *Positive discipline for preschoolers: Raising children who are responsible, respectful and resourceful*. New York: Three Rivers Press.

Piaget, J. (1965). *The moral judgment of the child*. New York: Free Press. (Original work published 1932)

Straus, M. (2013). *The primordial violence*. London: Routledge.

제3부
훈육 원인에 따른 훈육 방식

이 책의 2부에서는 훈육에 대한 다양한 접근 방식에 대해 설명하였다. 이러한 정보가 꼭 필요한 것이기는 하지만, 2부의 구성이 현실 세계에 가장 유용한 형식으로 되어 있지는 않다. 현실 세계에서 우리가 먼저 직면하는 것은 훈육 방식이 아니라 행동이다. 3부는 훈육을 현실 세계의 관점에서 본다. 우리는 행동에 대해 살펴본다. 그런 다음 1부에서 살펴보았던 관련된 신체적, 지적, 정서적, 사회적 발달 문제를 검토한다. 아이들에 대한 그러한 정보는 우리가 행동의 원인을 발견하는 데 도움을 준다. 가능한 원인이 결정되면, 적절한 생활지도 및 훈육 방식을 선정한 후 그것을 이행할 수 있다. 3부에서는 생활 지도 및 훈육 방식을 행동의 원인과 매치시키기 위해 1부와 2부에 제시되어 있는 정보를 종합한다.

제11장
어린애 같은 행동

학습 목표

- 아이들의 행동 원인을 알아내기 위해 관찰과 기록을 활용할 수 있다.
- 어린 아이들의 미숙한 신체 통제 능력이 어떻게 어떤 행동의 어려움을 초래하는지를 기술하고, 학습 상황이 아이들의 신체적 성숙 단계에 적합할 수 있도록 만드는 전략을 규명할 수 있다.
- 아이처럼 감정을 표현하는 것이 어떻게 갈등을 초래하는지 설명한다. 또한 아이들이 자신의 감정을 긍정적으로 소통하고 충동을 통제하도록 하기 위해 교사가 어떻게 도울 수 있는지 설명할 수 있다.
- 아이들이 친구 관계를 형성하기 위해 사용하는 몇 가지 어린애 같은 접근법을 규명할 수 있다.
- 사회적으로 유능하고자 하는 아이들의 노력을 지원하기 위해 교사가 사용할 수 있는 성공적인 접근법을 열거할 수 있다.
- 어린애 같은 이해의 결과로 발생하는 상황들을 기술하고 아이들의 지적 성숙을 돕기 위해 교사가 사용할 수 있는 효과적인 방법을 열거할 수 있다.

'미성숙한'이라는 단어는 충분히 자라지 않음을 의미한다. 그러므로 어리다는 것은 미성숙함을 의미한다. 종종 단지 어리다는 것 자체가 문제의 원인이 되곤 한다. 아이가 어릴수록 더욱 그렇다. 아이들이 일상생활을 잘 하는데 필요한 기술이 부족하다는 것을 보여줄 때마다 유아 교사들은 이 문제를 매일 직면하게 된다. 경험이 풍부한 교사들은 아이들이 매일 흘리고, 넘어지고, 침을 뱉고, 물고, 때리고, 울고, 소리를 지를 것이라는 것을 알고 있다. 이러한 행동 문제의 직접적인 원인은 미숙한 조정력, 덜 발달한 의사소통 능력, 정교하지 못한 사회적 기술과 다른 지극히 정상적인 유아들의 특성에서 찾을 수 있다. 아이의 전형적인 발달에 대해 잘 알고 있는 어른들은 문제 행동과 어린애 같은 행동을 구분할 수 있다. 도움이 되는 지도를 하고자 한다면 이 구분은 필수적이다. 대부분의 사람들은 영아를 무력하다고 인식한다. 그래서 우리는 욕구가 충족되지 않았을 때 영아가 울 것이라고 예상한다. 이렇게 무력하게 울던 신생아가 능력 있는 더 큰 아이로 성장하는 과정은 복잡하며 꽤 시간이 걸린다. 어른들은 신생아, 걸음마기 아기, 그리고 어린 아이들이 독립을 향해 나아가는 동안 인내심을 가지고 부드럽게 대할 필요가 있다.

사례 11-1

 모두가 바쁜 유치원의 놀이 시간이다. 대부분의 아이들은 협력적으로 놀고 있지만, 몇몇 아이들은 여전히 배우는 중이다. 민서가 방금 수연이를 때렸고, 경철이는 혜지의 장난감을 빼앗았고, 세정이는 바지에 오줌을 쌌으며, 민호는 무엇 때문인지 흥분해서 울고 있었다. 이것은 아이들과 함께 하는 평범한 하루를 흘깃 본 것에 불과하다. 이러한 행동은 아직 배울 것이 많은 어린 아이들이 보이는 전형적인 행동들이다. 그러한 미성숙은 아이들의 많은 문제 행동의 원인이 된다. 이 장에서는 "아이가 아이처럼 행동할 때" 미성숙으로 인해 발생하는 어린애 같은 행동을 검토한다. 이 장에서는 또한 미성숙의 구체적인 예에 대한 몇 가지 적절한 대응법도 제시한다.

미성숙이 자연스럽게 많은 문제를 초래할 것이라는 것을 인식하는 것은 당신에게 문제를 다루는 보다 생산적인 방법을 제시해준다. 당신의 과제는 적절한 가르침을 제공하거나 프로그램에 대해 적절한 변화를 줄 수 있도록 문제의 정확한 원인을 알아내는 것이다. 완전히 똑같아 보이는 행동도 다른 원인을 가지고 있을 수 있으므로, 원인을 찾아내기 위해 노력해야 한다. 이것은 연구 과정을 필요로 한다. 해답은 입학 원서와 같은 문서를 재검토하거나 아이를 잘 아는 환경에 있는 가족 구성원이나 다른 어른과의 대화 속에서 발견될 수 있다. 교사 또한 아이들의 행동 패턴을 면밀하게 관찰하고 아이가 상황을 어떻게 이해하는지를 판단한다.

행동을 관찰하는 것은 행동의 패턴을 발견하고 문제의 근원을 찾기 위한 유일한 방법이다. 이 장의 핵심은 몇몇 어른들을 속상하게 만들지만, 아이들의 미성숙한 능력 수준에 비추어 볼 때 불가피한 아이들의 전형적인 행동을 분석하는 것이다. 이 장에서는 교사들이 어떻게 그런 행동의 원인을 구체적인 능력이나 이해의 부족으로 연결시키는지에 대해 설명한다. 그런 다음, 교사들이 그러한 원인을 어떻게 최선으로 다룰 수 있는지에 대해 설명한다. 어떤 경우에는 그것이 아이들의 능력에 맞게 기대를 바꾸는 것을 의미하고, 또 다른 경우에는 부족한 정보를 제공하거나 아이들이 아직 갖고 있지는 않지만 필수적인 기술을 배우도록 돕는 것을 의미하기도 한다.

1 원인 결정을 위한 행동의 관찰과 기록

아이들의 행동 패턴에 대한 자료를 수집하는 것은 아이들의 발달적 요구를 충족시키는 데에 필수적이다. 모든 유능한 교사들은 그들의 수업 계획을 알리기 위해 자료를 활용한다. 아이들의 사회적, 정서적 발달을 충족시키기 위한 장기 목표 달성을 위해 준비하는 것도 다르지 않다. 교사들은 아이들의 행동을 관찰하기 위해 서면 기록, 비디오테이프, 오디오테이프, 사진 등을 포함한 다양한 기법을 활용한다. 아이들의 행동 원인 규명을 위한 가장 흔한 형태의 관찰은 서면 기록이다. 서면 기록의 유형에는 일화 기록, 표본 기록, 사건 표집과 시간 표집 등이 있다.

(1) 일화 노트

교사들이 널리 사용하는 한 가지 유용한 관찰 기법은 일화 노트를 쓰는 것이다. 일화 노트는 특정 상황에서 아이들의 행동과 말을 짧게 기록한 것이다. 대부분의 일화 노트는 상황에 대해 객관적으로 간략하게 기술할 뿐만 아니라 관찰 날짜, 관찰 장소, 관찰 시간(예: 과학 영역, 이야기 나누기 시간, 도착) 또한 포함한다. 사건의 객관적인 기술은 그 상황에서 아이가 사용한 구체적인 말과 행동을 포함한다. 그러나 그 사건에 대한 당신의 감정이나 아이의 행동에 대한 당신의 해석과 같은 주관적인 정보는 포함되지 않는다. 아래는 객관적 일화 노트와 주관적 일화 노트의 예시이다.

- **객관적**: 버스 기사가 교실 문 앞에 S를 내려주고 가자 옮. S는 도서관에 있는 의자에 앉아 약 8분 동안 어떠한 상호작용에도 반응하지 않음. 아침 모임에 와서 '엉뚱한 셸리'라는 동화를 읽어줄 수 있는지 물음.
- **주관적**: 오늘 학교에 왔을 때 S는 슬펐음. S는 아마 오늘 아침에 집에서 힘든 일이 있었을 지도 모름.

알아챘겠지만, 객관적인 관찰은 아이의 행동에 대한 기술뿐만 아니라 아이로부터 나온 직접적인 인용도 포함한다. 아마도 그 자리에 있었던 모든 사람이 기록된 행동의 정확성에 동의할 수 있을 것이다. 주관적인 관찰은 아이의 기분과 아이의 행동에 대한 실체 없는 해석을 한다. 이에 대해 수많은 다른 해석이 있을 수 있다. 어떤 사람은 그 행동을 슬프다고 해석하겠지만, 다른 사람은 겁에 질렸다고 볼 수도 있고, 또 다른 사람은 그 원인을 아이가 배가 고프거나 피곤해서였다고 할 수도 있다. 우리는 충분한 정보를 모으기 위해 객관적인 정보를 사용하고 이를 바탕으로 행동 이면의 원인에 대한 추측을 꽤 정확하게 하고자 한다. 수차례의 관찰을 바탕으로 패턴이 드러날 수 있으며 이것은 더 정확한 해석을 할 수 있도록 도와준다. 오늘날에는 많은 교사들이 전화나 교실 비디오카메라를 활용하여 행동에 대한 관찰을 기록할 수 있다. 이것은 교사가 정확하고 세밀하게 행동의 모든 측면을 기록할 수 있도록 도울 수도 있지만, 부모의 허락을 받고 내용을 비밀로 유지하는 것이 필수적이다.

(2) 표본 기록

표본 기록 또한 객관적 정보와 주관적 정보 모두를 기록한다. 관찰자는 세 행으로 기록한다. 첫 번째 행은 아이의 활동이나 같이 노는 아이가 바뀌는 시간을 반영한다. 두 번째 행은 관찰자가 보고 들은 것을 객관적으로 기록한다. 여기에는 세부 사항과 인용이 포함된다. 세 번째 행은 두 번째보다 작고 단지 몇 개의 주기적이고 주관적인 생각이나 질문을 포함한다. 표본 기록은 〈표 11-1〉과 같다.

〈표 11-1〉 표본 기록

시간	객관적 관찰	주관적 해석 혹은 행동 단계
8:15	S가 오늘 가게 놀이로 설정되어 있는 극놀이 영역으로 빠르게 걸어간다. S는 앞치마와 모자를 쓰고 계산대로 가서 계산대를 열고 게임 돈을 집어 든다. S가 말한다. "내가 이 돈 가질 거야!"	
8:19	T가 극놀이 영역에 합류한다. S는 얼굴을 찌푸리면서 크게 말한다. "너는 돈을 가질 수 없어." T가 응답한다. "나는 내 아기들을 위해 아이스크림을 사는걸." T는 S에게 게임 돈 몇 장을 준다. S는 웃으면서 돈을 받아 자신의 주머니에 넣는다.	S는 사실과 환상을 구분하는 데에 도움이 필요할지도 모른다. 다 같이 모였을 때에 그 돈을 유치원 밖으로 가져가서는 안 된다고 말해야 할 것이다.

⑶ 사건 표집

사건 표집은 당신이 아이들의 행동 패턴을 볼 수는 있으나, 여전히 원인을 특정 지을 수 없을 때에 사용하기 유용한 또 다른 관찰 방법이다. 예를 들어, 만일 당신이 민규가 교실이 아닌 놀이터에서만 다른 아이들을 때린다는 것을 알아챘다면, 당신은 놀이터에서 일어나는 사건을 관찰할 계획을 세울 수 있다. 사건 표집을 실행하기 위해서는, 그 행동이 일어나는 동안 민규에게 계속해서 집중해야 한다. 그 행동을 보는 즉시 당신은 그 행동의 직전과 직후의 사건을 기록해야 한다.

사건의 계열을 기록하는 것은 행동의 결과나 목표뿐만 아니라 행동의 원인도 알아낼 수 있도록 도와준다. 그 행동 이전에 일어난 것이 정서 반응에 대한 도화선이 된다. 어른들은 종종 이 도화선을 잘 알아채지 못한다.

도화선을 뒤따르는 것은 행위의 목적과 관련이 있다. 하지만 그것이 꼭 행위의 원인이라고 볼 수는 없다. 예를 들어, 만일 민규가 다른 아이들이 서로에게 공을 주고받는 것을 관찰하다가 자신이 공을 받기 위해 누군가를 민다면, 우리는 그 행동이 공을 가지기 위한 것이었다고 추론할 수 있다. 하지만, 우리는 확실하게 알지는 못한다. 이 시점에서 우리가 스스로 물어봐야 할 것은 민규가 다른 아이를 밀고 공을 빼앗기 전에 무엇을 하고 있었는지를 아는 것이다. 아이들 무리를 보고 있었나? 그 아이가 공을 요청했나? 눈에 보이는 다른 공이 있었나? 놀이에 참여하려고 했는가? 다른 아이들이 공을 가지고 놀다가 실수로 그 아이가 공에 맞았나? 다른 아이들이 그 아이에게 놀이에서 빠

세심한 관찰과 자료 수집은 아동의 바람직하지 않은 행동의 원인을 결정하는 데 종종 필요하다. 수집된 정보는 당신이 처치 계획을 짜는 데 길잡이 역할을 해줄 것이다.

지라고 했나? 그들이 그 아이에게 같이 놀자고 먼저 말했나? 도화선은 종종 아이들의 행동의 원인을 밝혀내며 의도에 대해 제대로 된 판단을 우리가 내릴 수 있도록 돕는다.

일화 기록과 마찬가지로, 아이들의 행동 패턴을 밝혀내기 위해서는 수차례의 사건 표집을 수집할 필요가 있다. 만약 며칠 동안 놀이터를 관찰한 후에 민규가 또 다른 무리의 아이들이 노는 것을 볼 때마다 다른 아이를 밀치는 행동 패턴을 보기 시작한다면, 당신은 그 아이가 아직 놀이터에서 놀이에 참여하는 방법을 완전히 익히지 못했다는 결론을 내릴 수 있을 것이다. 아이들은 고르게 발달하지 않는다. 그렇기 때문에, 모든 상황에서 자신이 가지고 있는 모든 기술을 잘 활용할 것이라고 기대할 수 없다는 것을 기억해라. 몇몇 아이들은 상호작용이 차분한 교실 안에서의 놀이에 참여하는 것은 잘 하지만, 술래잡기나 공차기처럼 높은 강도의 활동에 참여하는 것에는 어려움을 느낀다. 민규 역시 야외 환경에서 집단 게임에 참여할 기회가 없었고 어떻게 놀이에 참여해야 하는지 확실하게 알지 못했을 수 있다.

예컨대, 사건 표집은 걸음마기 아기가 자꾸 사람을 물 때 종종 사용된다. 사건 표집은 반복되는 피해자가 있는지, 붐비는 교실 구석에서 일어나는지, 혹은 아이가 배가 고프거나, 피곤하거나, 좌절감을 느낄 때 사용되는지 등을 정확히 짚어내도록 도와주기 때문이다. 같은 행동의 발생을 수차례 기록함으로써, 교사는 때때로 물기를 촉발하는 환경을 바꿀 수도 있다. 예컨대, 붐비는 교실 구석에 있을 때마다 하민이가 사람들을 무는 것이 밝혀졌다면, 하민이가 있는 장소에 아이들이 모이기 시작하는 것을 목격하면 도우미 중 한 명이 하민이와 다른 아이들 사이에 서 있어 줄 수 있을 것이다. 교사가 편안한 인간 방어벽이 되어줌으로써 하민이가 자신의 장난감을 가지고 놀 충분한 공간을 확보해 줄 수 있다. 하민이의 언어 능력이 더 발달하면, 그는 자신의 좌절감을 다른 사람을 물지 않고도 표현할 수 있게 될 것이다.

(4) 시간 표집

시간 표집은 아이의 발달을 바라보는 광범위한 관점을 제공할 수 있는 또 다른 관찰 기법으로, 얼마나 자주, 어떠한 상황에서 특정한 행동이 발생하는지를 판단할 때 특히 유용하다. 많은 경우에, 어른들은 아이들의 행동을 일반화하여 수지는 부끄럼이 많다든가 준호는 공격적이라던가 하는 말을 한다. 그러나 수지가 모든 상황에서 부끄러워하지는 않을 것이며 준호의 공격성의 경우에도 마찬가지일 것이다. 때때로 시간 표집은 보다 정확한 관점을 제공할 수 있다.

시간 표집에서는, 행동이 미리 정해진 시간 프레임에 따라 기록된다. 예를 들어, 만일 교사가 상호가 학급에 잘 적응하지 못한다는 막연한 느낌을 가지고 있다면, 그는 알람이나 시계나 핸드폰을 활용하여 알람이나 진동을 매 10분이나 15분마다 설정한다. 각각의 시점마다, 그는 시간을 기록하고 상호가 하고 있는 어떤 행동이든 간략하게 쓴다. 둘째 혹은 셋째 날의 마지막에, 상호가 특정 친구들이나 특정 활동을 할 때에 더 긍정적으로 참여한다는 것이 더 명백하게 드러날지도 모른다. 이 정보는 교사가 실험실 짝꿍을 배정하거나, 활동을 고르거나, 혹은 상호의 자신감을 향상시키기 위한 시간표를 배치하는 데에 도움을 줄 수 있다. 의식하고 있어라! 그 행동이 일어나지 않는 상황에 세심한 주의를 기울여라. 왜냐하면 그것이 종종 바람직하지 않은 행동을 줄이기 위해 어떻게 환경을 바꿔야 하는지를 판단하는 데 필요한 열쇠를 제공해 줄 수 있기 때문이다.

(5) 관찰 수집 전략

당신은 하루 중 어느 때나 관찰을 수집할 수 있다. 관찰을 하기 가장 용이한 시간은 아이들이 혼자서 혹은 작은 무리로 활동하고 있을 때이다. 놀이터, 급식실, 등원 혹은 하원 시간에 행동을 관찰하는 것은 어른이 근처에 없을 때 아이들이 어떻게 상호작용 하는지를 알 수 있도록 해준다. 당신은 또한 당신이 소집단 활동을 하고 있는 동안에 아이들에 대한 간략한 기록을 할 수도 있다. 만일 아이들이 당신이 무엇을 적고 있냐고 물어본다면, 아이들에게 "선생님은 너희가 읽기 시간에 무엇을 하는지에 대한 이야기를 적고 있단다."라고 사실대로 말하라.

(6) 자기 평가

자기 자신을 점검하는 것 또한 평가의 중요한 영역이다. 당신이 각각의 아이들과 형성한 관계를 평가하라. 교실 환경이 질서정연하고 예측가능한가? 2~5세 아이들에게 적절한 행동에 기대를 명확하게 제시하였는가? 당신이 보인 반응에 일관성이 있었는가? 이것이 교사가 규칙적으로 점검해야 할 필수적인 자기 평가 중 일부이다(Hancock & Carter, 2016)

(7) 가족과의 연계

이 책에서는 아이들의 행동 문제의 원인을 찾아내기 위해서 아이들의 부모로부터 정보를 얻는 것이 중요함을 자주 언급했다. 아이들을 가장 잘 아는 사람들에게서 듣는 것은 아이들을 이해하는 데에 필수적이다. 당신이 부모와 형성한 관계는 그들이 아이들의 발달을 지지할 수 있도록 돕는 데에 핵심적인 역할을 한다. NAEYC는 부모와 소통을 할 때에 아이디어를 동등하게 공유할 것을 권고한다. 여러 연구에 의하면, 아이들은 엄마에 의해 비계가 제공될 때 여러 발달 영역에서 향상된 수행을 초래하는 기술들을 배운다(Hustedt, 2015). 부모에게 아이들의 집에서의 행동 패턴에 대해 묻는 것은 당신이 아이들을 도울 최선의 방안을 마련하는 데 도움을 줄 수 있다. 많은 부모가 아이들이 유치원에서 보이는 행동에 대해 이야기를 나누는 것을 좋아하며, 잘하는 것뿐만 아니라 개선이 필요한 영역에 초점을 맞추는 경우 더욱 그러하다. 학교가 전형적인 아이들의 행동을 부모가 더 잘 이해하도록 도울 수 있다면 매우 도움이 많이 될 것이다. 이것은 아이를 기르면서 좌절을 경험한 사람들에게 그 상황에 대해 더 나은 관점을 가질 수 있도록 해줄 수 있다. 어린 아이들은 그들을 있는 그대로 이해해 줄 교사뿐만 아니라 그들을 이해하고 수용해 줄 부모도 필요하다.

2 신체적 미성숙

신체적 미성숙과 관련된 전형적인 문제를 살펴보는 것으로 시작해 보자. 우리는 바람직하지 못한 행동의 원인으로 정서적, 사회적, 인지적 발달 또한 면밀히 검토할 것이다. [표 11-2]에 이러한 행동을 요약하여 제시하였다.

(1) 가만히 앉아있을 능력의 부족

아이들은 종종 돌아다니지 말아야 할 때 돌아다녀서 문제를 일으킨다. 오랫동안 가만히 앉아있지 못하는 것은 아이들이 어리기 때문에 발생하는 신체적 한계의 또 다른 예시이다(Bredekamp, 2010). 어린 아이들에게 가만히 앉아있거나 오랜 시간 동안 자신의 몸을 통제하도록 강요하는 것은 문제를 발생시킬 수 있다. 어린 아이들은 이러한 교사의 비합리적인 기대를 충족시킬 수 없기 때문에 교사가 무엇을 원하던지 간에 돌아다닌다. 그러한 아이들의 욕구를 충족시키기 위한 방법을 좀 더 면밀히 살펴보자.

첫째로, 교사는 아이들이 가만히 앉아 오랫동안 조용히 있을 것을 요구하는 계획이나 활동을 포기하여야 한다. 교사가 아이들의 움직이고자 하는 신체적 욕구를 이해하고, 수용하고, 이에 순응한다면, 많은 잠재적인 행동 문제들을 피할 수 있다. 교사는 당연히 이러한 문제의 원인이 되고 싶지 않을 것이다. 그러나 만일 당신이 문제를 발생시키고 있다는 것을 알게 된다면, 스스로의 행동을 바꾸는 것이 다른 누군가의 행동을 바꾸는 것보다 훨씬 더 쉬울 것이다.

〈표 11-2〉 미성숙으로 인한 행동

아래 영역의 부족이	아래의 결과를 발생시킨다.
• 대근육 통제	• 부딪히기
• 주목	• 집단 시간 방해
• 소근육 조정	• 흘리기
• 방광 통제	• 오줌 싸기
• 표현적 언어 기술	• 때리기, 차기, 물기
• 감정 조절	• 짜증, 눈물
• 사회적 기술	• 꽉 쥐기, 때리기, 차기, 물기
• 조망 수용	• 거짓말하기, 이기적으로 행동하기, 싸우기
• 소유권 이해	• 묻지 않고 가져가기
• 규칙 따르기	• 속이기

다음으로, 당신의 교실과 프로그램을 아이들의 신체적 활동의 수준에 근거해 분석할 필요가 있다. 아이들은 많은 대근육 활동을 필요로 한다. 질병 통제 및 예방 센터(Centers for Disease Control and Prevention, 2010)는 최근 신체적 활동이 학업 성취에 미치는 영향에 관한 많은 문헌을 종합적으로 검토한 후, 학업 성취와 교실에서의 신체 활동, 쉬는 시간, 학교 기반 체육 교육, 과외 체육 활동의 증가 간에는 유해한 관련성은 없으며 오히려 많은 긍정적인 연계성이 존재한다고 결론을 내렸다.

좋은 교사는 아이들의 신체적인 균형을 증진하는 활동을 포함하는데, 이것은 대단히 중요하다. ADHD와 난독증은 평형 장애와 관련이 있다(Brooks, Tinkler, Nicholson, & Fawcett, 2010). 균형은 중력의 세 면(즉 수직, 수평, 대각선)으로 구성된다. 구르고, 돌고, 공중제비하고, 흔들 기회는 아이들의 뇌 속의 시냅스 간의 연결을 향상시키는 데에 도움을 줄 수 있다. 또한 팔, 어깨, 몸통 근육은 대체로 하체 근육보다 덜 사용되기 때문에 반드시 포함시켜라. 연장을 잘 갖추고 있다면 목공 영역이 그러한 활동을 하기에 좋다. 만일 당신의 프로그램이 그런 것들을 갖추고 있지 않다면, 할로우 코어, 나무 블록이나 큰 통나무는 좋은 투자가 될 것이며, 그것들은 상체 발달에도 좋다. 그것들을 사용할 충분한 시간과 공간을 확보하라. 건축 재료와 함께 사용하는 소품의 종류를 바꾸는 것은 아이들의 흥미를 향상시킨다. 가장 놀이 또한 신체 활동을 조장할 수 있다.

사례 11-2

 민 선생님은 아이들의 놀이를 위한 휘트니스 센터를 설치했다. 아이들의 부모들은 대부분 출근 전후에 운동을 하기 위해 체육관에 가기 때문에 아이들은 이러한 유형의 활동에 친숙하며 자신들만의 운동 공간이 있음에 신나한다. 오 선생님은 유치원이나 어린이집에서 흔히 볼 수 있는 평균대나 인공암벽을 갖다 놓았고, 나머지는 직접 제작했다.

부모들 중 한 명이 자원하여 오래된 세발자전거를 사용한 정식 페달 밟기 운동기구로 운동할 수 있는 공간으로 바꾸었다. 민아와 수영이는 아령으로 사용하기 위해 플라스틱 병에 모래를 채워 넣었다. 미용 체조를 위해 요가 메트를 깔아 놓았고, 에어로빅 때 쓸 활기찬 음악 CD를 가져왔다. 안정적인 어린이용 계단식 걸상 덕분에 아이들은 스텝 에어로빅을 할 수 있게 되었다. 남자 아이들과 여자 아이들 모두 이 장소를 매우 좋아했고, 바깥 활동이 어려운 겨울 내내 교실의 한 자리를 차지하였다. 교사들은 아이들이 이 운동 센터를 이용한 이후로 아이들이 둥글게 모여 앉을 수 있게 되었고, 책을 읽을 수 있게 되었고, 더 높은 집중력으로 성공적으로 지시를 따를 수도 있게 되었다는 것을 알아차렸다.

아이들이 교실을 자유롭게 돌아다니고 자신이 편안한 자세를 찾을 수 있도록 허락하는 것은 그들의 움직이고자 하는 욕구를 충족시킬 수 있도록 해준다. 아이들의 신체발달에 대해 알고 있는 교사들은 아이들이 움직이는 의미 있는 이유를 제시한다. 이 교사들은 또한 집단의 에너지 수준에도 민감하다. 이런 교사들은 아이들이 꼼지락거리고 물을 먹고 싶다거나 화장실에 가고 싶다거나 하는 요구를 자주 하는 것은 아이들이 움직이고 싶다는 욕구를 나타내는 것이라는 것을 안다. 이 교사들은 때때로 탁자를 뒤로 물리고, 에너지를 많이 요하는 게임을 하거나 움직임이 있는 노래를 부르는 것이 그 시간에 맞는 유일한 활동이라는 것을 안다.

움직임은 교육과정의 많은 영역으로 통합될 수 있다. 아이들은 큰 종이와 도구를 필요로 하는 미술 활동을 할 때 대근육을 사용할 수 있다. 예를 들어, 아이들이 깃털로 된 먼지털이를 활용해 큰 판지 상자를 칠하도록 권장할 수 있다. 아이들이 수가 적혀 있는 큰 조형물을 사용하거나 몸을 움직여 일 대 일 대응을 연습하는 것과 같은 수학 활동도 움직임을 제공할 수 있다. 아래 사례는 책읽기와 같이 일상적으로 앉아서 하는 활동이 어떻게 유아의 움직임 욕구를 채워줄 수 있는지를 보여준다.

사례 11-3

 오 선생님은 교생에게 아이들을 도서관의 한 구석으로 데려가서 함께 '아기 돼지 삼형제'를 읽으라고 부탁하였다. 대부분의 아이들은 자리를 잡고 앉았으나 영수, 동구, 민수는 자리를 잡을 수가 없었다. 이들은 서로 밀치면서 자리싸움을 했다. 아이들은 펄럭이거나 간혹 떨어뜨리기도 하면서 책을 위로 던지고 받았다. 교생은 아이들을 조용히 시켜 읽기에 집중하게 하는데 애를 먹고 있었다. 교생은 이런 상황에서 어떻게 책읽기를 마칠 수 있을까? 도움을 요청하기로 결정한 교생은 교실에서 잠시 나와 오 선생님에게 자신이 겪고 있는 어려움을 말했다.

아침에는 아이들의 에너지 수준이 높다는 것을 알고 있는 선생님은 교생에게 이야기를 행동으로 표현해 보도록 해보라고 제안했다. 교생은 아이들이 극놀이를 하고 싶은지를 알아보았다. 아이들은 그것에 대해 긍정적이었다. 교생은 영수, 동구, 민수에게 세 마리 돼지 역할을 부여했다. 이들은 집을 짓기 위해 인접해 있는 블록 영역으로 갔다. 교생은 글을 잘 읽는 명희에게 나레이터 역할을 맡겨 함께 보냈다. 명희는 이야기의 해당되는 부분이 나올 때 집을 짓는 곳으로 책을 가져갔다. 교생은 연극을 돕기 위해 늑대가 나오는 부분을 읽었다. 나레이터가 읽는 동안 이들은 열심히 집을 지었다. 이들은 자신이 맡은 역할에 해당되는 부분을 열정적으로 읽었다. 그런 다음 이들은 재미있어 낄낄거렸고 교생이 후~ 불자 다음 집으로 급히 뛰어갔다. 더 이상 밀거나 책을 떨어뜨리지 않았고 모든 아이들이 참여했다.

교생은 아이들의 표면적인 행동을 통제하기 위해 많은 에너지를 낭비했을 수도 있었다. 다행히도, 오 선생님은 아이들이 하는 과제를 벗어난 행동이 움직이고자 하는 욕구를 나타내는 것으로 정확히 인지했다. 오 선생님이 권유한 훈육 방법이 하고자 했던 수업을 포기함이 없이 문제의 원인을 직접적으로 다루었다.

오 선생님은 자기 반 아이들을 잘 알고 있고 왜 영수, 동구, 민수가 가만히 앉아 있는데에 어려움을 겪는지에 대한 행동의 원인을 알 수 있는 위치에 있다. 그러나 같은 행동이라도 원인이 다를 수 있다. "문제아"가 비협조적인 것은 자료를 읽을 수 없기 때문일 수 있고, 어쩌면 책이 너무 쉬어 아이들이 그랬을 수도 있다. 문제 행동은 많은 경우에 여러 원인이 복합적으로 작용하여 발생하며, 그것은 도움이 되는 어른의 개입을 훨씬 더 어렵게 만든다.

관련 아동들에 대한 정보 없이 문제를 정확하게 진단하는 것은 불가능하다. 정확한 진단 없는 훈육 방법은 방향을 잃고 헤매게 될 수 있다. 문제의 원인을 꽤 정확하게 추측할 수 있을 정도로 아이들에 대해 잘 아는 것은 아이들 및 그들의 부모들과 얼마나 진솔한 관계를 형성하는지와 관련되어 있다.

⑵ 조정능력의 미숙

간식 시간에 주스가 엎질러지는 것은 유치원이나 어린이집에서 매일 일어나는 일이다. 대개 그것은 어린 아이들에게는 자연스러운 미성숙한 조절 능력 때문이다. 이들에게 어린이용 주전자와 용기를 주면 주스 엎지르는 것을 줄일 수 있다. 하지만 엎지르는 것을 완전히 없앨 수는 없다. 현실적인 기대를 하는 어른은 수건을 준비하여 이런 불가피한 결과에 대비한다. 아이들로 하여금 자신이 한 실수를 수습하도록 하는 것을 피아제(1965)는 "배상하기"라고 부른다. 우리는 그것을 아이들이 자신에 대해 나쁜 감정을 가지지 않고 스스로 책임질 수 있도록 도와주는 것이라고 부른다. 교사는 씻을 수 있는 바닥에 간식 테이블을 놓아둠으로써 엎지르는 것이 문제가 되는 것을 또한 방지할 수 있다. 이러한 준비는 교사가 차분한 상태로 있도록 하는데 도움을 주고 실수에 대해 생산적인 반응을 준비하도록 하는데 도움을 준다.

안타깝게도, 모든 어른들이 액체를 쏟는 것이 액체를 붓는 것을 배우는 과정의 자연스러운 일부라는 것을 깨닫고 있지는 않다. 어떤 어른들은 크게 야단쳐 모욕감을 느끼도록 하는 것이 아이들의 물 붓기 능력을 향상시킬 것이라고 생각하는 것처럼 행동하

어린 아이들은 신체적 기술을 연습하는 것이 필요하다. 그러는 과정에서 뭔가를 쏟는 일이 자주 발생한다. 그러나 연습을 할수록 아이들은 신체적 기술을 더 잘 사용하게 된다.

기도 한다. 물을 엎지르는 것에 대한 일반적인 어른들의 반응은 "다시는 그러지마!" 또는 "벌써 오늘 세 번째야, 조심 해"이다. 또 다른 어른들은 아이에게 연습할 기회를 주지 않고 그냥 엎질러 진 것을 치운다. 이 두 가지 반응은 모두 아이들의 기술 발달에 도움이 되지 않는다. 이 두 접근은 또한 아이의 자존감에 상처를 주고 자율성 발달을 방해하기도 한다. 어른이 고함을 지르는 것은 아이들로 하여금 자신을 창피하다고 느끼게 만들고 새로운 시도를 두려워하게 만든다. 아이들의 일을 대신 해주는 것은 아이들이 자신을 서툴고 성공할 수 없다고 느끼도록 만든다. 두 가지 반응은 모두 무력감을 만들어낸다. 이와는 대조적으로, 쏟은 것을 치우는 것과 관련된 결과는 아이들이 스스로를 유능하고 자랑스럽게 느끼도록 돕는다.

어린 아이들은 해당 연령대에서는 자연스러운 서투름에 대한 부정적인 피드백을 자주 경험한다. 교사로서, 당신은 다른 어른들뿐만 아니라 아이들의 또래들로부터도 세심함의 부족을 보게 될 수도 있다. 아래의 예시는 배상을 위한 기회를 제공하는 것이 어떻게 사건과 관련된 모두가 더 나은 감정을 느끼게 만드는가를 보여준다. 이것은 관련된 결과의 또 다른 예이다.

사례 11-4

 은희와 현주는 발명 테이블에 앉아 카탈로그에 있는 사진을 오려내고, 리본, 조개껍질과 스티로 폼을 가져다가 더 큰 종이에 붙이느라 바쁘다. 현주가 실수로 끈적끈적한 풀을 은희의 종이에 약 간 흘렸다. 은희는 자신의 작품이 망쳐진데 대한 절망감과 분노로 고함을 지르기 시작했다. 현주 는 거듭해서 미안하다고 말했다. 그러나 은희는 계속해서 소리를 질렀다.

조 선생님은 상황 정리를 위해 재빨리 이들에게 갔다. 현주는 선생님이 가까이 다가오자 벌을 받을까봐 무서워하는 것 같았다. 선생님은 그런 일은 일어날 수 있다고 현주를 안심시키고, 소리 를 지르고 있는 은희에게 다가갔다. "은희야 선생님은 네가 왜 화가 났는지 알아. 하지만 그렇게 크게 소리를 지르면 모든 사람의 귀가 아프게 되거든. 네 작품을 어떻게 하면 고칠 수 있을지 한 번 생각해 보자. 현주도 너의 종이에 풀을 흘린데 대해 기분이 좋지 않아. 선생님은 현주가 흘린 풀을 치우는데 도움을 줄 것이라고 확신해. 무엇으로 그 풀을 닦아내면 좋을까?"

현주는 진정으로 돕기를 원했다. 현주는 티슈가 그 풀을 닦는데 효과가 있을 것이라고 제안했 다. 현주와 은희는 함께 조심스럽게 쏟은 풀을 치웠고, 은희의 종이는 거의 새것이나 다름없게 되 었다. 그런 다음 그들은 함께 서로 도와가며 작업을 계속할 수 있었다.

이런 사건들은 아이들이 성장함에 따라 점차 발생 빈도가 줄어 들겠지만, 여전히 어른들이 미리 예상할 수 있는 정상적인 발달의 일부이다.

사례 11-5

 장 선생님 반의 2학년 아이들 몇 명이 학급 프로젝트를 위해 색칠을 하느라 분주하다. 아이들이 어질러야 하는 프로젝트를 위해 지정된 방의 카펫이 깔려있지 않은 부분에 있는 주방 조리대에 서 작업을 하고 있었다. 아이들이 주방 조리대에서 작업을 하고 있었던 것은 다행이었다. 왜냐하 면 작업을 한 지 얼마 지나지 않아 파란색 페인트가 조리대에 엎질러져 케비넷 아래 부분으로 흘 러든 후 바닥으로 뚝뚝 떨어졌기 때문이다. 아이들은 타일로 된 바닥 전체에 파란 신발 자국을 만들면서 계속해서 즐겁게 색칠을 했다.

장 선생님이 그 장면을 보고 말했다. "페인트가 많이 흘렀네, 페인트칠을 마친 후 흘린 페인트를 깨끗이 하려면 일이 엄청나게 많겠는데. 어떻게 하는 것이 가장 좋은 방법일까?" 선생님은 또한 어떻게 하면 신발에서 나오는 페인트의 흔적을 없앨 수 있는지에 대해서도 물어보았다. 선생님 은 아이들이 그렇게 하는데 필요한 스펀지와 종이 수건을 찾는 것을 도와주었다. 그러나 페인트 를 지우는 작업은 아이들에게 맡겼다. 선생님은 아이들이 모든 페인트를 깨끗하게 하는 방법뿐 만 아니라 신발에 묻은 페인트를 지우는 방법을 스스로의 힘으로 알아내는 것을 발견하고는 기 뻤다. 사실, 청소 프로젝트가 페인트칠을 하는 것보다 훨씬 더 재미있었고 페인트칠을 하지 않는 많은 아이들로부터 도움을 이끌어 내는 결과를 낳았다. 얼마 시간이 지나지 않아 파란 페인트 자 국이 모두 사라졌다.

(3) 다른 신체적 한계

"누가 바닥에 오줌 쌌어요!" 신체적 미성숙은 때때로 어린 아이들이 제때에 화장실에 가서 볼 일을 보지 못한다는 것을 의미한다. 이런 일은 아이의 자존심에 심각한 타격이 될 수 있다. 따라서 자존심을 지킬 수 있게 조심스럽게 다루어야 한다. 민 선생님은 동료인 유 선생님이 오줌을 싼 아이들을 공개적으로 어떻게 망신을 주었는지 기억한다. 유 선생님은 오줌을 싼 아이들에게 속옷을 씻도록 했고, 그런 다음 모든 아이들이 볼 수 있도록 교실 위에 걸어서 말렸다. 민 선생님은 오줌을 싼 아이를 다루는 유 선생님의 방법을 개선할 수 있다고 확신했다. 민 선생님은 이것이 훈육 문제라기보다는 성숙과 관련된 문제로 본다. 아래 사례에서 민 선생님의 주된 초점은 민아를 존중하는 마음으로 대하는 것이었다.

사례 11-6

 민아는 자유선택시간에 퍼즐 놀이를 하고 있는데 갑자기 화장실이 가고 싶어졌다. 매우 급했지만, 아직은 화장실에 갈 수 있는 휴식 시간이 아니었다. 원할 때는 언제나 허락을 구하고 가면 된다는 것을 알고 있었지만, 그러기에는 너무 창피했다. 만약 그렇게 한다면, 모든 아이들이 민아가 어디에 가는지를 알 게 될 것이기 때문이다. 민아는 정해진 시간까지 기다리기로 결심했다. 그런데 이를 어쩌나. 민아는 더 이상 소변을 참을 수 없어 마루에 소변을 누고 말았다. 민아는 굴욕감을 느꼈다. 그러나 다행히도 아무도 의자 주변의 마루가 젖어 있다는 것을 눈치채지 못했다. 민아는 재빨리 일어나 그 자리를 떠났다. 민아의 치마는 많이 젖지 않은 것 같았고, 아마 어떤 사람도 민아의 속옷이 젖었다는 것을 보지 못 할 것이다. 민아는 만약 누군가가 이 사실을 알게 된다면 그것을 견딜 수 없을 것이라고 생각했다.

"선생님, 누가 바닥에 오줌 쌌어요!" 유미가 분개해서 소리쳤다. 손 선생님은 차분하게 대답했다. "그걸 닦아내야 할 것 같구나. 지금은 그곳으로 가지 마라." 선생님은 민아의 치마가 젖어있고 표정이 수상쩍다는 것을 알아차렸다. 선생님은 재빨리 퍼즐 조각을 맞추었고, 부끄러움이 많은 민아가 현재 몹시 고통을 받고 있을 것임을 알고 있었다. 선생님의 과제는 바닥을 깨끗이 닦고, 민아의 옷을 말리도록 도우면서 동시에 민아의 프라이버시와 품위를 지켜주는 것이었다. 선생님은 10분 후면 휴식 시간이라는 것을 알고, 관리인이 와서 치울 때까지 기다리기로 결정했다. 그렇게 하는 것이 훨씬 덜 번잡스러울 것이다. 휴식 시간은 또한 민아를 한쪽으로 데려와 조용히 젖은 옷을 담기 위한 비닐과 새 속옷을 주기에 좋은 시간이 되었다.

만약 오줌을 싸는 사건이 잦아진다면, 민 선생님은 그 아이의 부모와 접촉하여 원인을 찾기 위한 작업을 추가적으로 더 할 것이다. 하지만, 이 단 하나의 사건은 단순히 너무 오래 참아서 생긴 일로 보였다.

3 정서적 미발달

때리고, 물고, 침을 뱉는 행동을 생각해 보라. 이것은 받아들여질 수 없는 행동이지만, 이런 행동은 욕구와 감정을 표현하는 보다 생산적인 방법을 배울 필요가 있음을 보여주는 것이기도 하다. 그런 행동을 하는 아이는 자신의 충동을 통제하는 법뿐만 아니라 자신의 감정을 보다 생산적으로 표현하는 방법 또한 배우지 못했다. 그 아이들에게 방법을 가르쳐 주는 것이 우리가 해야 할 일이다.

(1) 의사소통 기술의 개발

취학 전 아이들이 보여주는 이런 식의 행동의 한 가지 대표적인 원인은 의사소통 능력의 부족이다. 어린 아이들은 언어사용에 있어 초보자이다. 그들은 자신이 필요로 하는 정확한 단어를 찾는 연습을 충분히 하지 못했고, 스트레스 상황에서는 알고 있는 것도 제대로 떠올리지 못한다. 화가 났거나, 좌절감을 느끼거나 속상한 아이는 흔히 자신의 감정을 말로 표현하는데 어려움을 겪는다. 이런 아이들은 말로 표현하는 대신 의사를 전달하기 위해 때리거나, 발로 차거나, 물어뜯거나 침을 뱉는다.

생산적인 훈육은 행동을 단지 그만 두게 하는 것에 그치지 않고 아이들에게 무엇을 해야 하는지를 가르쳐 준다. "소파에서 뛰지 마!"라고 말하는 대신에 우리는 다음과 같이 말한다, "여기 와서 뛰렴. 여긴 안전하단다!" 의사소통 기술의 부족이 문제 행동의 원인이라고 생각되면, 어른들은 아이들이 말로 자신을 표현할 수 있도록 도울 필요가 있다. 유아 교사는 아래와 같은 상황에서와 같이 "자신의 언어를 사용해라."와 같은 말로 아이들에게 상기시켜 줄 수 있다.

사례 11-7

 세 명의 아이들이 흔들리는 배에서 즐겁게 낚시놀이를 하고 있다. 3살짜리 희경이가 이들에게 가서는 배 옆에 섰다. 아이들은 계속해서 배를 흔들며 놀고 있다. 희경이는 울면서 이들에게 소리쳤다. 하지만 어떤 말도 하지 않았다. 아이들이 희경이를 바라보았지만 하는 것을 멈추지 않았다. 희경이는 계속해서 울며 소리쳤다.

민 선생님이 이 문제를 해결하기 위해 이들에게 갔다. 선생님은 허리를 굽혀 희경이에게 말했다. "화가 많이 났구나." 희경이는 선생님의 반영적 경청에 고개를 끄덕였고 선생님에게 보트에서 놀고 싶다고 말했다. 선생님은 희경이에게 네가 원하는 것을 다른 아이들에게 말로 표현했는지를 물었다. 희경이는 머리를 가로저으며 "아니요"라고 대답했다. 그래서 선생님은 희경이에게 어떤 말을 사용할 수 있을지에 대해 생각해 보도록 했다. 희경이는 선생님에게 미소를 보냈고 배를 타고 있는 아이들에게 "나도 타고 싶어"라고 말했다.

고맙게도 그것은 통했다! 배를 타고 있던 아이들은 멈췄고 희경이를 배에 태웠다. 그런 다음 네 명의 아이들은 배를 흔들며 낚시놀이를 계속했다. 선생님은 이 성공적인 경험이 앞으로 희경이가 고함을 지르는 대신 말로 표현해야 한다는 것을 기억하는데 도움이 되기를 기대했다.

언어 기술의 부족이 행동 문제를 야기했다면, 적절한 훈육 방법은 부족한 기술을 가르치는 것이다. 김 선생님이 진아가 자신을 표현하는 더 나은 방법을 찾도록 어떻게 돕는지에 주목하면서 아래 사례를 보라.

사례 11-8

진아가 방 한쪽 구석 조용한 곳에서 혼자 책을 읽고 있었다. 학교에서 힘든 하루를 보냈기 때문에 혼자 있고 싶었다. 그런데 갑자기 정환이가 진아 옆에 털썩 주저앉아서는 낄낄 웃으면서 큰소리로 책을 읽기 시작했다. 진아는 기분이 나빴고 그래서 그를 발로 찼다. 정환이는 소리를 질렀고 분개하면서 선생님에게 불평했다. "난 진아에게 아무 짓도 안했어요!" 정환이를 위로하면서 오 선생님은 왜 이 일이 일어났는지에 대해 생각했다.

선생님은 진아가 오늘 많은 갈등을 겪었고 그로 인해 아이들과 같이 어울리고 싶지 않아 할 것이라는 것을 알고 있었다. 선생님은 진아가 편안하게 쉬기 위해 교실에 마련되어 있는 조용한 장소를 잘 활용하는 것을 보고 기뻤다. 그러나 진아는 정환이가 오는 것을 알아채지 못했다. 선생님은 이 상황을 가르침의 기회로 사용할 수 있었다.

선생님은 정환이와 함께 팔짱을 낀 채 얼굴을 찌푸리며 뿌루퉁해 있는 진아가 있는 곳으로 갔다. 선생님은 진아가 어떤 감정이었는지를 확인하기 위해 반영적 경청을 사용하였다. "혼자 여기에 있고 싶었던 모양이구나." 선생님이 이렇게 말하자 진아가 고개를 끄덕였다. 여전히 얼굴을 찌푸리긴 했지만 좀 더 합리적으로 생각할 수 있을 것 같아 보였다. 그래서 선생님은 나 전달법을 가르치기로 결정했다. 선생님은 정환이에게 진아에게 차였을 때 어떤 기분이었는지를 진아에게 말해보도록 했다. "네가 나에게 상처를 입혔고 기분을 나쁘게 만들었어."라고 정환이가 말했다. 그때 선생님은 진아에게 자신의 감정을 나-전달법을 사용하여 표현해 보도록 했다. "혹시 네가 원하는 것이 무엇이었는지를 정환이가 알도록 하는 더 좋은 방법이 있을까?" 진아는 "나는 혼자 있고 싶었어."라고 말할 수 있었다. 그런 다음 자발적으로 한 마디를 덧붙였다. "화를 내고 너를 발로 차서 미안해."

만약 원인이 달랐더라면 다른 훈육 방법이 이 행동에 적절했을 것이다. 아이가 배우길 원할 것이라고 당신이 생각하는 것에 근거하여 당신의 훈육 방식을 선택한다는 것을 기억하라. 발로 차는 것은 상처를 준다는 것을 진아가 이미 알고 있었다고 믿을만한 이유가 명확히 있었기 때문에 김 선생님은 의사소통 기술을 가르치는 것이 필요하다고 생각했다. 혼자만의 시간이 절실했던 아이는 그 당시에 양육적 도움을 받을 최상의 상태에 있지 않았기 때문에 오 선생님은 정환이가 진아의 상처를 치유할 수 있도록 돕는 보상이 일어나도록 권유하지 않았다. 훈육방법의 선택은 아이의 현재 인지적 및 정서적 욕구에 대한 교사의 지각에 기초한다.

(2) 미성숙한 정서 조절

때리기, 차기, 물기, 침 뱉기, 고함지르기, 울기와 그 밖의 통제를 벗어난 행동 또한 감정을 조절할 수 있는 능력의 부족 때문에 야기될 수 있다. 감정을 생산적으로 표현하는 방법은 저절로 배워지는 것이 아니며, 어떤 아이들은 다른 아이들에 비해 더 많은 도움이 요구되기도 한다. 정서 조절은 걸음마기 아기와 어린 아이들에게 가장 중요한 과업 중 하나이다. 왜냐하면 감정은 협동과 학습을 향상시킬 수도 차단할 수도 있기 때문이다. 어른은 아이들이 감정을 다루고 감정을 생산적으로 표현할 수 있도록 배우는 어려운 과정을 지원하고 코치할 수 있다.

정저 조절을 코치한다는 것은 감정적인 순간을 가르침의 순간으로 인식한다는 것을 의미한다. 이것은 아이들이 자신의 많은 감정을 잘 처리하도록 돕는 쪽으로 나아감에 있어 중요한 첫 번째 단계이다. 아이들의 감정을 수용하는 것 또한 아이들의 대처를 돕는 과정에서 핵심이 되는 부분이다. 당신은 감정을 싣고 소리를 지르거나 때리는 것과 같은 미성숙한 행동을 수용할 필요는 없다. 하지만 감정의 타당성은 인정할 필요가 있다. 반영적 경청은 공감을 보여주고 아이의 감정이 정당하다는 것을 입증해 주는 확실하고 믿을만한 방법이다. 그것은 또한 아이를 말로 돕고, 감정을 분류하고, 감정을 표현하는 보다 유용한 방법을 생각하는데 있어 아이를 지원할 기회를 제공해 준다. 여기서 한 가지 기억해야 할 것은 우리가 말하고자 하는 것은 아이들이 자신의 감정을 표현하지 말도록 하자는 것이 아니라 합리적인 방식으로 표현하도록 하자는 것이다. 종종 우리는 아이들이 감정에 라벨을 붙이는 것을 도와야 한다. 다음 사례에서 오 선생님이 민수를 어떻게 다루는지에 주목하라.

사례 11-9

 오 선생님이 5분 내에 정리를 하고 점심 먹을 준비를 하라는 말을 하였을 때, 민수는 한창 수학 게임을 하고 있었다. 그 소리를 듣자마자 민수는 가지고 놀던 카드와 게임판을 공중으로 내던지고는 울부짖으며 말했다. "아직 게임을 끝내지 못했어요!" 그런 다음 자리에서 일어나 교실 밖으로 나가버렸다. 선생님은 민수가 새빨개진 얼굴로 눈을 감은 채 주먹을 꽉 지고 문 옆 복도에 서 있는 것을 발견했디. 선생님은 민수가 자신을 통제하려고 애쓰고 있으며 지금 상황에서 그가 이성적으로 생각하도록 하는 것은 소용이 없을 것이라고 생각했다. 선생님은 아이들이 교실을 잘 정리하고 있는지 계속해서 지켜보고 있었다. 몇몇 아이들은 민수가 어질러 놓은 것까지 말끔히 정리했다. 정리를 끝낸 아이들은 점심을 먹기 위해 식당으로 갔다. 점심을 먹으로 가는 아이들을 향해 선생님은 말했다. "점심 맛있게 먹어."

아이들이 떠나자 오 선생님은 민수를 도울 시간을 갖게 되었다. 민수는 더 이상 주먹을 쥐고 있지 않았고, 눈을 뜨고 있었으며 얼굴도 이전만큼 상기되어 있지 않았다. 약간의 눈물 자국이 있기는 했지만. "너 정말 그 게임을 하고 싶었구나. 그렇지?" 선생님이 공감적으로 말했다. "예~~~~~~~~~, 지금까지 한 번도 그 게임을 해본 적이 없어요. 그 게임을 하고 싶어요." 민수가 화난 목소리로 대답했다.

오 선생님은 민수에게 교실로 돌아가서 함께 달력을 보자고 말했다. 선생님은 이번 주에도, 다음 주에도, 그 다음 주에도 수학 게임을 한다고 적혀있는 달력을 민수에게 보여주었다. 달력을 본 민수는 내일 그 게임을 할 수 있을 것이라는 것을 알게 되었고 안심하는 모습이었다. "이제 점심 먹으러 가도 되죠?" 훨씬 좋아진 기분으로 선생님에게 물었다.

민수와 함께 식당으로 내려가면서, 선생님은 민수에게 게임기를 집어던지니까 기분이 나아졌는지 물었다. "예, 그러나 내가 그렇게 해서는 안되는 거죠. 그렇죠?" 라고 대답했다. "어떻게 생각하니?" 선생님이 미소를 지으며 다시 물었다. "안돼요."라고 민수가 대답했다. 그런 다음 선생님은 민수에게 왜 그렇게 하면 안 된다고 생각하는지에 대해 물었다. 민수가 대답했다. "게임기를 망치고 싶지 않아요." 선생님은 민수의 대답이 완벽하지는 않다고 생각했다. 하지만 민수는 학교에 온 이후로 지난 첫 3주 동안 많이 발전했다. 지난주에는 화가 났을 때 침을 뱉었다.

오 선생님은 민수가 감정 조절을 할 수 있도록 도와야 하고 그렇게 하는 데는 많은 시간이 걸릴 것이라고 생각했다. 아마도 빡빡한 학교 일정의 중압감 때문에 민수가 자신의 감정을 통제하는 데 어려움을 겪었을지도 모른다. 다음 날, 선생님은 5분 경고를 주기 조금 전에 민수에게 다가가 경고 신호로 손전등을 비추는 일을 맡겼다. 이것은 민수에게 자신을 화나게 했던 상황을 통제할 수 있는 힘을 주었다.

오 선생님이 민수가 보인 감정 폭발의 원인에 대한 진단에 기초하여 몇 가지 방법을 혼용했다는 점에 주목하라. 선생님은 민수의 감정을 확인하기 위해 반영적 경청을 사용했고, 민수가 자신의 감정을 말로 표현하도록 했으며, 문제를 전체적으로 볼 수 있도록 도왔다. 이 모든 반응이 민수가 자신의 감정을 조절하는데 도움이 되었다. 선생님은 민수가 자신의 유능감 및 탄력성 개발의 중요한 특징인 상황에 대한 지배력을 경험할 수 있도록 해 주었다. 여기서 한 가지 더 주목할 것은 선생님이 다른 아이들이 점심을 먹으러 간 후에야 감정 조절 코칭을 했다는 것이다. 서둘거나 다른 사람이 주위에 있을 때 그렇게 하는 것은 현명하지 않다.

민수가 정서 조절을 할 수 있도록 코칭 하는 것에 덧붙여, 오 선생님은 그동안의 관찰에 기초하여 민수가 자신의 감정을 통제한다는 것이 어렵다는 것과 자신의 일과를 좀 더 통제할 수 있다는 느낌을 통해 도움을 받을 수 있을 것이라고 결정을 내렸다. 많은 요인이 상호작용하여 행동 문제의 원인이 되는 경우가 많으며, 따라서 모든 원인을 다루는 것이 필요하다.

대부분의 아이들은 자신의 감정을 조절하는 데 도움이 필요하다. 이런 이유로 좋은 교사는 예방 조치로 자신의 교육과정에 이 주제를 포함한다. 감정적으로 예민한 순간에 아이들의 정서 조절을 코칭하고 비계를 설정하는 것은 아주 중요하다. 그러나 좀 진정된 후 함께 이야기를 나누는 것도 도움이 될 수 있다. 손 인형을 가지고 역할 놀이를 하는 것 또한 아이들에게는 자신의 감정을 표현하는 보다 나은 방식을 연습하는 재미있는 방법이다. Hyson과 Biggar Tomlinson(2004)은 아이들이 정서에 관해 생각하고 이야기하는데 도움이 되는 게임을 제안했다. 표현의 예술적 모드를 사용하는 것 또한 어린 아이들의 정체성을 지지해 주고 아이들이 자신의 생각과 감정을 표현하는 데 힘이 된다(참조: Binder & Kotsopoulos, 2011).

함께 사용하는 것을 배우는 것은 어린 아이들에게는 힘든 과제이다. 교사는 이런 상황을 활용하여 아이들이 소통, 공감 및 충동 통제를 위한 기술을 구축하는 것을 조력해야 한다.

아이들과 정서에 관한 책을 읽는 것은 감정과 감정에 대처하는 방법에 대한 중요한 토론으로 이어질 수 있는데, 이것은 특히 남자 아이들에게 도움이 된다(Hansen & Zambo, 2010). 감정 표현을 다루는 어린이용 도서를 얼마나 알고 있는가? 어떤 아이들은 수상작인『소피가 화나면, 정말 화나면(Bang, 1999)』이라는 동화책으로부터 배운다.『부루퉁한 스핑키(Steig, 1988)』라는 책을 아이들과 읽어 본 적이 있는가?『우리 선생님이 최고야!(Henkes, 1996)』라는 동화책은 아이들의 화를 보는 다른 관점을 제공한다. 이들 책은 모두 느낌을 표현하지 않는 방법의 예를 제공하지만, 아이들에게 책 속의 인물보다 더 현명해질 기회를 제공하고 향상을 위한 조언을 해 준다. 이 책들은 아주 오래되었으나 오늘날에도 독서치료자들에 의해 추천된다. 추가적으로, 아이들이 감정을 이해하고 표현하는 것을 도울 수 있는 최근 동화책에 대해 도서관의 사서들에게 문의해 보라.

수업 시간에 종종 감정에 대한 이야기를 하는데, 이를 통해 교사는 개별 아동의 생각에 대한 귀중한 통찰을 얻는다. 어떤 교사는 다양한 정서를 보여주는 얼굴 사진을 가지고 와서는 아이들에게 자신의 감정과 일치하는 사진을 고르도록 한다. 매우 어린 아이들에게는 단지 화남, 슬픔, 기쁨의 세 가지 감정만 제공되기도 한다. "만일 네가 행복하고 네가 그걸 안다면, 손뼉 쳐"와 같은 노래는 어린 아이들이 화가 나서 발을 구르거나 슬퍼서 가짜로 우는 척을 하면서 감정에 대한 이해를 설명하는 것을 도와준다. 미술 활동은 감정을 표현하는 방법을 제공해 주고 일기쓰기는 나이가 좀 더 많은 아이들을 대상으로 사용할 수 있다. 가장 놀이는 아이들에게 자신의 감정을 탐색하고 표현할 수 있는 귀중한 출구를 제공해 준다. 아이들의 가장 놀이를 관찰함으로써 어른들은 아이들의 감정에 대한 귀중한 정보를 얻을 수 있다.

감정이 통제하기 힘든 정도가 되었을 때 자신을 어떻게 진정시킬 것인가에 대해 미리 계획을 세우는 것은 가치 있는 일이다. 자신의 감정을 진정시키고자 하는 아이들에게는 잠시 물러나 있을 장소가 꼭 필요하다. 이러한 장소의 예로는 아늑한 장소, 수족관 앞에 있는 의자, 손 인형을 담아두는 종이 상자 등을 들 수 있다. 어느 어린이집 원장은 아이들이 자신의 감정을 그리고 싶을 때 사용할 수 있는 특별한 미술 책상을 만들어내기도 했다. 위안을 줄 수 있는 물건을 집에서 가져오도록 권장할 수도 있다. 어떤 아이에게는 그것이 담요가 될 수도 있고, 또 다른 아이에게는 인형이 될 수도 있다. 곰 인형을 가지고 아이들과 떨어진 곳에 있는 푹신한 의자에 앉아 있는 것도 나이에 맞는 자기 진정 방법일 수 있다.

정서를 조절하도록 아이를 돕기 위해서는 풍부한 지식을 갖춘 교사가 필요하다. 이 책에서 정서 조절에 대해 설명을 하긴 했지만, 최선의 결과를 만들어내기 위해서는 교사가 이 주제에 대한 구체적인 전문성을 발달시켜야 한다(Charlesworth, 2010).

4 미숙한 사회적 기술

(1) 공유

사람들 간의 상호작용의 복잡성을 배우는 것은 평생이 걸려도 어렵다. 그러므로 경험이 거의 없는 아이들이 사람들 간의 관계에서 종종 문제를 갖게 되는 것은 놀랄 일이 아니다. 설상가상으로, 사회는 이러한 미숙한 존재들이 한정된 공간과 자원을 위해 다투어야 하는 집단의 구성원이 되도록 한다. 몇몇 아이들은 초등학교에 입학하기 전까지는 이러한 상황에 직면하지 않지만, 대부분의 아이들은 아주 어린 나이에 어린이집이나 유치원 등 집단 보호시설이나 교육 시설에 맡겨진다. 이런 아이들은 장난감을 공유하고 자신의 놀이 공간에 다른 아이들이 침범해도 사이좋게 지내게 된다. 아이들이 이러한 요구를 잘 감당할 수 없을 때, 어른들은 일반적으로 그것을 훈육 문제로 여긴다. 훈육을 가르침으로 이해하는 사람과 훈육을 행동을 통제하는 것으로 보는 사람은 이 문제에 서로 다르게 반응한다(DeVries & Kohlberg, 1987). 훈육 문제에 대한 반응에 있어서의 이러한 차이점을 다음 두 사례를 통해 볼 수 있을 것이다.

사례 11-10

 "선생님! 철우가 내 케익을 엉망으로 만들고 있어요!" 영자가 소리쳤다. 영자가 점토로 케익을 만들고 있었는데 철우가 그것으로 다른 것을 만들려고 했다. 영자의 소리를 듣고 홍 선생님이 달려왔다. "철우야, 영자가 사용하고 있는 점토를 가져가면 안돼."

"영자를 돕고 싶었어요!" 철우가 고함을 질렀다. 선생님은 철우의 해명을 무시했다. 선생님은 철우에게 다른 점토를 주고는 다른 탁자에서 작업을 하도록 했다. 선생님이 "다시 영자를 괴롭히면 타임-아웃을 시킬 거야."라고 말하자 철우는 영자와 노는 것을 포기했다. 풀이 죽은 철우는 점토를 주먹으로 내려치고는 이러 저리 돌아다녔다.

보조 교사인 방 선생님이 이 장면을 흥미롭게 지켜보고 있었다. 자신의 근무 시간이 오전 10시부터 오후 4시까지였기 때문에, 방 선생님은 오전반 선생님과 오후반 선생님의 대조적인 훈육 방식을 볼 수 있었다. 홍 선생님의 방식이 문제를 빠르게 해결했다. 그러나 민 선생님이 맡고 있는 오전 반 아이들이 훨씬 사이좋게 잘 지냈다. 다음 날 아침, 방 선생님은 비슷한 상황을 민 선생님이 어떻게 다루는지를 주의 깊게 관찰했다.

혜정이가 서로 엉켜있는 큰 튜브로 타워를 만들고 있었다. 그런데 갑자기 혜정이가 영수에게 울면서 "안돼! 안돼! 나빠!"라고 소리를 지르는 것을 민 선생님이 들었다. 선생님은 영수가 혜정이의 울음을 무시한 채, 혜정이가 결합해 두었던 튜브를 떼려고 하고 있는 것을 보았다.

"잠깐만" 선생님이 영수를 감싸 안고는 행동을 멈추게 했다. "무슨 일이니?" 선생님이 물었다. 영수는 당황해 하는 모습으로 혜정이가 타워 만드는 것을 도와주고 싶었다고 말했다.

"네가 하고 있는 것을 혜정이가 좋아하니?" 민 선생님이 물었다. 영수는 어깨를 움츠렸다. "혜정이의 얼굴을 봐라.", "혜정이가 지금 무엇을 말하고 있는지 잘 들어봐라." 선생님이 영수에게 말했다.

선생님은 혜정이가 소리 지르며 우는 것을 멈추게 하였다. 그러고는 '나-전달법'을 사용하여 자신의 기분이 어떠한지를 영수에게 말하도록 했다. 그런 다음, 선생님은 영수에게 가서 혜정이에게 네가 타워 만드는 것을 도와주고 싶었다고 말하도록 했다. 사태가 협상을 진행시킬 수 있을 만큼 진정되었다. 선생님은 영수에게는 자신이 어떻게 혜정이를 도와줄 수 있는지에 대해 제안하도록 하고, 혜정이에게는 자신이 결합하고 있던 것을 분리하지 않고도 도와줄 수 있다는 것을 명확하게 하도록 함으로써 과정을 스캐폴딩했다. 얼마 시간이 지나지 않아, 두 아이는 함께 즐겁게 작업을 할 수 있었고 민 선생님은 다른 아이들을 도와주기 위해 자리를 옮겼다.

위의 사례에서 민 선생님은 감정의 전달을 스캐폴딩했을 뿐만 아니라 혜정이가 자신의 감정을 통제하도록 도왔고, 그런 다음 서로의 감정을 이해하도록 아이들을 조력했다는 점에 주목하라. 이것은 또래 수용과 직접적으로 관련된 중요한 사회적 기술이다.

사례 11-11

 방 선생님은 영수가 민 선생님과의 대화 이후 또래 관계에서 영자와 점토로 같이 노는 데 실패한 철우보다 더 협조적임을 볼 수 있었다. 그러나 민 선생님은 그 문제로 아이들과 좀 더 많은 시간을 보내야 했다. 박 선생님은 민 선생님에게 그냥 영수에게 혜정이를 괴롭히지 말라고 말하지 않고 그 문제로 왜 그렇게 많은 시간을 보내는지에 대해 물어 볼 기회를 갖게 되었다.

민 선생님은 기쁜 마음으로 방 선생님과 자신의 훈육 방식에 대해 이야기를 나누었다. 방 선생님은 아이들과 래포를 잘 형성하고 있는 것처럼 보였고 민 선생님은 방 선생님이 보조 교사 자리에 좀 더 있기를 기대했다. 민 선생님은 만약 교사가 잘못된 방식으로 아이들을 다루게 되면, 아이들은 친구 사귀는 법을 배우지 못하게 된다고 설명했다. 민 선생님은 아이들이 친구들과 잘 지내도록 가르치고 다른 아이들의 감정을 고려하는 것을 배우도록 돕는 것이 자신의 목표라고 말했다. 민 선생님은 방 선생님에게 이 지식을 갖추도록 하는 것이 유아교육의 가장 중요한 목표 중의 하나로 생각하기 때문에 아이들과 그 문제로 시간을 보내는 것이 기쁘다고 말했다.

민 선생님은 시간에 대해 좀 더 언급을 하였는데, 그는 학년이 올라감에 따라 아이들 간의 논쟁에 보내는 시간이 점차 줄어드는 것 같다고 말했다. 방 선생님은 민 선생님의 말에 동의했다. 아이들 사이에서 발생하는 문제로 점점 더 많은 시간을 보내는 홍 선생님과는 달리 민 선생님은 아이들의 개인적 문제에 더 많은 시간을 보냈다.

(2) 놀이에 참여하기

때때로 아이들 간의 문제는 장난감이나 물건을 나누어 가지는 것에 관한 것처럼 보인다. 그러나 실제 문제의 근원은 다른 데 있다. 앞의 사례에서 보듯이, 많은 아이들이 다른 아이들과 놀이를 어떻게 시작하는지를 모른다. 이런 아이들이 같이 놀고 싶은 아이가 가지고 있는 물건을 빼앗는 것은 흔히 있는 일이다. 때때로 이런 아이들은 친구로 사귀고 싶은 누군가의 주목을 받기 위해 때리거나 밀친다. 이 행동은 "나는 네가 좋아."라고 말하는 원시적인 방법이다. 아이들의 사회성 발달을 이해하지 못하는 어른들은 그 행동을 단순히 중지시키려 할 것이다. 반면에 문제의 원인을 아는 어른들은 아이들이 친구를 사귀는 보다 생산적인 방법을 배울 수 있도록 도울 것이다. 현재의 행동을 대신할 다른 행동을 배우도록 아이들을 돕지 않는다면 수용할 수 없는 행동을 중지하기는 어렵다. 아래의 사례에서, 은수는 놀이에 참여하는 방법 중의 하나를 사용하는 것에 관하여 무언가를 배운다.

사례 11-12

 아주 조용한 4살짜리 은수가 강아지 놀이에 몰두해 있는 3명의 여자 아이를 지켜보고 있었다. 한 아이가 강아지가 되고, 나머지 두 아이는 강아지를 끈으로 매어 이리저리 데리고 다녔다. 은수가 이들에게 다가가서는 이들이 가지고 있는 끈을 잡으려고 했다. "안돼, 저리가!" 여자 아이들이 은수에게 말했다.

　은수가 비효과적인 방법으로 강아지 놀이에 합류하려는 것을 본 민 선생님이 이들에게 다가갔다. "은수가 이 아이들이랑 같이 놀고 싶은 모양이네. 그렇지?" 선생님이 은수에게 물었다. 은수가 그렇다고 말하자 민 선생님은 놀이에 참여하는 방법을 제안했다: "끈은 두 개가 있는데 강아지는 한 마리밖에 없네. 네가 강아지가 되겠다고 하면 아이들이 그렇게 하라고 할 걸. 아이들에게 한번 물어 볼래."

　은수가 여자 아이들에게 갔다. 그러나 그들에게 말하기를 주저했다. 그래서 선생님이 "은수가 강아지가 되어 너희들 놀이에 끼고 싶은데"라고 대신 말해 줌으로써 부끄럼 많은 은수를 지원했다. "내가 강아지가 될게." 은수도 한 마디 거들었다. 아이들은 그렇게 하라고 했다. 그러고는 강아지

역할을 맡고 있는 아이에게 매어 두었던 끈 하나를 풀어 은수의 허리끈에 묶었다. 선생님은 간식 시간이 될 때까지 아이들이 서로 협력하면서 잘 어울려 노는 것을 보고 기뻤다. 이것이 은수에게 하나의 큰 돌파구가 되었다.

모든 아이들이 초등학교 입학 때까지 성공적으로 놀이에 참여하는 방법을 배우는 것은 아니다. 초등학교 저학년생 중에는 여전히 놀이 친구를 사귀기 위해 부적절한 방법을 사용하는 아이들이 많다. 초등학교 1학년 아이들이 같이 놀고 싶은 아이를 떠 밀거나 그 아이로부터 무언가를 빼앗는 것은 특이한 일이 아니다. 이런 아이들은 여전히 자신의 사회적 목표를 달성하는 방법을 알아내는데 많은 도움을 필요로 한다. 아이들은 배워감에 따라 계속해서 갈등을 경험할 것이다. 놀이에 참여하는 기술 부족이 원인으로 진단된다면, 부족한 기술을 가르침으로써 갈등을 줄여나갈 수 있다. 아래에 아이들이 놀이에 참여하도록 좋은 방법 몇 가지를 제시했다.

- 요구 없이 잠시 동안 아이들이 노는 것을 지켜보는 것은 놀이에 도움이 되는 방식으로 참여하는 방법을 아이가 알도록 도울 수 있다.
- 위의 사례에서 '다른 강아지'가 되기 위한 같은 새로운 역할을 찾는다.
- 강아지용 모형 음식과 같은 새로운 자료를 놀이에 가져온다.
- 다른 아이들 근처에서 교사와 놀이를 한다. 이것은 종종 현재 놀이 중인 아이들이 놀이에 거부당한 아이를 보다 쉽게 환영하도록 해 준다.

특정 아이를 배제하는 아이들은 그 아이의 이전 행동에 기초해서 그럴만한 충분한 이유를 가지고 있는 경우가 가끔 있다. 대부분의 성인과 마찬가지로, 아이들도 공격적인 사람 주변에 있는 것을 좋아하지 않는다. 그래서 만약 어떤 아이가 이전에 자신들이 하던 놀이를 엉망으로 만들었다면, 놀이를 하고 있는 아이들과 협상을 하고 놀이에 참여하기를 원하는 아이의 입장에서 어떻게 놀이에 긍정적으로 기여를 할 것인지에 대한 이해가 필요할지도 모른다. 이것은 교사가 코치가 되어 아이들을 성공으로 안내할 좋은 기회이다.

(3) 이기심 또는 자기중심성

아이들은 자신의 방식대로 하길 원한다. 그리고 그것을 당장 하고 싶어 한다. 어른도 마찬가지다. 하지만, 그렇게 하는 것을 고집해서는 안 된다는 것을 배웠다. 어른들은 다른 사람들이 원하는 것과 자신이 원하는 것이 꼭 일치하지는 않는다는 것을 안다. 어른들은 또한 주고받는 것이 다른 사람과 사이좋게 지내기 위해 필요한 부분이라는 것을 배웠다. 아이들은 이러한 것을 배우는데 도움이 필요하다. 그러는 동안에, 아이들의 행동은 종종 이기적이고 상대를 배려하지 않는 것처럼 보이며(DeVries & Zan, 2012), 다루기도 어렵다. 아이들은 집단 시간에 이리저리 돌아다니고 산만한 행동을 하며 자신이 원하는 것은 누가 그것을 사용하고 있던지 간에 가져가 버리고 일반적으로 다른 사람을 도외시한다. 아이들이 이렇게 행동하는 이유는 자신이 원하는 것에만 관심이 집중되어 있어 다른 사람이 원하는 다른 것에 대해서는 생각할 수 없기 때문이다.

아이들의 그런 행동은 벌을 받아야 한다고 많은 어른들은 믿고 있다. 그러나 아동발달을 이해하고 있는 어른들은 다른 방식으로 접근한다. 이기적인 행동을 처벌한다고 해서 아이들을 더 사려 깊게 만들 수는 없다. 그것은 아이들로 하여금 잡히지 않도

아이들은 원래 자기중심적이다. 다른 사람의 욕구와 감정을 고려하는 것을 배우는 데에는 성숙과 코칭이 요구된다.

록 좀 더 조심하게 만들고 서로 나누어 가지는 것에 대해 더 분개하도록 만들 뿐이다 (Kamii, 1982). 구체적으로 말하면, 아이들의 엉덩이를 때리는 것은 공격성을 증가시키고 아이들이 범죄 행위를 하고 정신건강 문제를 가질 가능성을 높이는 것으로 알려져 있다(Gershoff, 2013). 다른 아이들도 자신과 마찬가지로 소중한 욕구와 감정을 가지고 있다는 것을 이해할 수 있을 때에만 아이들은 좀 더 남을 배려할 수 있게 되고 덜 이기적이 될 것이다. 아이들이 이것을 이해하는 데에는 시간이 걸리며 경험이 요구된다. 구성주의적인 훈육은 아이들에게 시간과 경험 모두를 제공해 준다.

사례 11-13

 영준이는 정말 타보고 싶었던 새로운 장난감 자동차를 보고 흥분이 되어 기다릴 수가 없을 지경이었다. 자동차를 이리저리 몰고 다니는 영준이의 얼굴에는 웃음이 가득했다. 영준이가 자동차를 몬 지 약 15분쯤 지나자 다른 아이들이 언제 자기 차례가 돌아 오냐고 묻기 시작했다. 자기 차례를 기다리기가 어려웠던 수한이가 마침내 자동차의 뒷 부분에 올라타서는 자기가 원하는 대로 장난감 자동차를 강제로 몰려고 했다.

보조 교사인 김 선생님은 상황이 심각함을 보고 이들이 부상을 입는 것을 방지하기 위해 급히 아이들에게 달려갔다. 선생님은 수한이를 차에서 조심스레 내리도록 하면서 "한 번에 한사람씩"이라고 주의를 주었다. 선생님은 자동차를 타고 싶은 너희들의 마음을 알고 있다고 말하면서 수한이와 차례를 기다리던 다른 아이들을 안심시켰다. 이와 동시에 선생님은 영준이의 기분도 헤아려주려고 했다. 네가 운전하고 있을 때 다른 아이가 너의 차에 타면 너는 어떤 기분이 들겠니? 선생님이 물었다. 그러나 어린 아이가 다른 사람의 감정을 이해하기는 어려운 일이다. 수한이가 아는 것은 자기도 자동차를 타고 싶다는 것뿐이었고, 영준이가 아는 것은 계속해서 자동차를 타고 싶다는 것뿐이었다.

모두 자기 차례가 되면 자동차를 탈 수 있을 것이라는 것을 아이들에게 안심시키기 위해 선생님은 누가 다음 차례인지를 보여주는 서명용지를 아이들이 만들도록 도왔다. 이들은 다른 상황에서 이 시스템을 사용해 보았기 때문에 자신의 이름을 서명용지에 쓰는 것이 중요하다는 것을 알고 있었다. 그러나 병우는 "영준이가 너무 오래 타요!"라고 계속 불평했다. 선생님은 매력적인 새로운 장난감(장난감 자동차)을 사용하기 원하는 많은 아이들과 함께 할 수 있는 무언가가 필요함을 느꼈다.

선생님은 아이들에게 자동차를 탈 때 얼마만큼의 시간을 주는 것이 좋을지에 대해 아이들에게 물었다. CD에 들어있는 노래 한 곡의 시간으로 하는 건 어때? 아니면 계란 시계(egg timer: 달걀 삶는 시간을 재는 약 3분 내지 5분 정도의 소형 시계 또는 모래시계)를 사용할까? 다른 의견 있어요?라고 물었다. 선생님은 시계가 이 아이들에게는 아무런 의미가 없다는 것을 알고 있었고, 자신이 시간을 기록하고 싶지도 않았다. 선생님의 도움으로 아이들은 이런 갈등을 해결하는 방법을 배우기 시작했다. 학기가 끝나갈 무렵 아이들은 스스로 서명용지를 만들었고 시간을 재기 위해 CD 플레이어를 틀었다.

만약 김 선생님이 다른 방식을 취했다면 어떻게 되었을까? 만약 선생님이 강제로 영준이가 차를 수한이에게 양보하도록 하거나 수한이를 타임-아웃을 시켜 쫓아 버림으로써 그 문제를 해결하였다면? 혹은 다른 활동으로 수한이의 관심을 돌려보려고 했다면? 많은 사람들이 이것을 좋은 해결책이라고 생각할 것이다. 그러나 이런 방식은 아이들이 유용한 어떤 것을 배우는 데 도움이 되지 않는다. 어른들이 하는 잘못에 주목하면서 아래 상황을 살펴보자.

사례 11-14

> 몇몇 유아들이 발바닥 찍기 활동을 하기 위해 줄을 서서 기다리고 있었던 한수는 더 이상 기다릴 수 없었다. 한수는 줄을 서서 기다리고 있는 다른 아이들을 뚫고 나가서 친구들을 밀어 제치고 발 씻는 대야에 발을 집어넣었다. 다른 아이들이 그를 보고 화를 내면서 불평을 했다. 홍 선생님은 재빨리 그리고 단호하게 반응했다. 선생님은 한수를 끌어내고는 줄 맨 뒤로 가라고 말했다. 한수는 큰소리로 울기 시작했다. 엉망진창이 된 활동을 원래대로 되돌릴 필요를 느낀 선생님은 보조 교사인 조 선생님에게 한수를 조용히 시키도록 했다. 이 문제를 어떻게 해결해야 할지 몰라 고민하고 있던 조 선생님의 시선이 한수 옆에 있는 애완용 쥐 우리에 멈추었다. "한수야 네가 핑키(쥐 이름)를 놀라게 하고 있는 것 같구나." 조 선생님이 울고 있던 한수에게 말했다. 한수의 관심이 성공적으로 쥐에게로 옮겨졌고, 이 문제는 순식간에 종료되었다.

이것이 자신의 감정 다루기에 관해 우리가 아이들에게 가르치고자 하는 것인가? 한수가 줄을 서있는 아이들 속에 밀고 들어갔을 때 다른 아이들의 감정은? 홍 선생님과 조 선생님 중 어느 누구도 줄을 서서 기다리고 있는 아이들의 입장을 한수가 이해할 수 있도록 도와주려는 시도를 하지 않았다. 한수는 자신의 감정과 다른 사람의 감정을 다루는 방법을 배우는데 도움이 필요하다. 이런 방법은 아이들이 사회에서 효과적으로 기능하도록 준비시키는데 있어 중요한 현실인 반면, 애완용 쥐의 감정에 대한 거짓 염려는 단지 속임수에 불과하다.

한수의 문제를 다루는 보다 생산적인 방법은 교사의 반응을 약간 바꾸는 것과 관련이 있다. 선생님은 페인트 팬을 좀 더 준비하여 아이들이 덜 기다리도록 함으로써 문제를 피할 수 있었을 것이다. 또한 선생님은 한수가 관련된 결과를 이해하도록 도울 수 있었을 것이다. 그러나 일단 문제가 발생했기 때문에, 홍 선생님은 한수를 끌어내는 대신에 그에게 자신의 순서를 기다릴 것이란 결심을 할 때까지 줄 밖에 나가 있으라고 말할 수도 있었다. 이 방법은 한수에게 자신의 상황에 대한 어느 정도의 통제력을 발휘하게 해 주며, 자신의 관심을 문제에 좀 더 집중할 수 있게 해 준다. 선생님이 얼마나 비열한가에 대해 생각하는 대신에 한수는 자기 차례를 갖기 위해 자신의 행동을 어떻게 변화시킬 수 있는지에 관해 자유롭게 생각할 것이다. 관련된 결과는 당면한 문제를 다룬다. 하지만 다른 방법으로 부충할 필요가 있다.

한수는 또한 다른 사람의 감정을 이해하는 것 즉, 조망 수용에도 도움이 필요하다. 그러므로 한수에게 줄을 서서 기다리고 있는 아이들을 밀치고 들어갔을 때 다른 아이들의 기분이 어떠했을지에 대해 귀를 기울이도록 하는 것은 유용하다. 기다리면 자기 차례가 온다는 것을 한수가 알도록 하여 안심시켜주는 것 또한 도움이 된다. 위의 상황에서는 서명용지와 계란 시계도 아이들의 욕구를 충족시키는데 도움이 될 것이다. 다양한 원인을 가진 문제를 다루기 위해서는 다양한 방법을 결합하여 활용해야 한다.

아주 어린 아기도 다른 사람에 대한 공감과 부드럽게 대응하는 법을 배울 수 있다. 움직일 수 있는 아기에게 움직일 수 없는 아기 위로 기어가는 것을 피하는 방법과 부드러운 손을 사용하는 방법을 가르치는 것은 공감에 대한 조기 가르침을 제공해 줄 수 있다. 머리카락을 잡아당기거나 무는 것은 상처를 줄 수 있다는 것을 걸음마기 아기가 배우도록 돕는 것은 다른 사람의 관점에 대해 배우는 시작이 된다.

초등학교에 들어갈 무렵이 되면, 아이들은 대개 다른 아이들의 욕구에 대해 인식할 수 있는 능력이 약간 생긴다. 그러나 자신이 원하는 것과 다른 아이들이 원하는 것이 갈등을 일으키는 경우, 다른 아이들이 원하는 것에 대해 생각해 보기 위해서는 여전히 도움이 필요하다. 이 단계에서 아이들은 "나-전달법"을 통해 입장을 교환함으로써 보다 진전을 이룰 수 있다. 초등학교 저학년 아이들은 아래 사례에 나오는 2학년 남자 아이들이 하는 것처럼, 갈등 해결을 협상하는 출발점으로 "나-전달법"을 효과적으로 사용하도록 도움을 받을 수 있다.

다른 사람의 입장을 고려해 보도록 아이들을 돕는데 학급 토론, 교실에서 발생한 문제에 대한 인형극, 어린이용 이야기책 등이 사용되어 질 수 있다. 이러한 기법을 사용하는 과정은 정서 조절을 위해 이 기법을 사용할 때와 마찬가지다. 그러나 초점이 다르다. 정서 조절은 아이들이 자신의 감정을 관리하도록 하는데 도움을 주나, 관점 수용은 아이들이 다른 사람의 감정을 헤아리는데 도움을 준다.

감정에 대한 토론을 촉발시키기 위한 책을 고를 때 고려해야 할 것은 선정한 책이 그냥 도덕적이고 단순해서는 안 되고 읽을 만한 가치가 있는 것이어야 한다는 것이다. 생동감 있고 신뢰할만한 인물, 그럴듯한 줄거리에 명확한 딜레마 그리고 만족스런 결론이 있는지를 보라. 정서 교육을 위한 이야기의 가치는 그 이야기가 비판적 사고를 얼마나 촉진시키는가 하는 것과 역할 놀이나 미술과 같은 후속 활동을 얼마나 수반하는가에 달려 있다(Binder & Kotsopoulos, 2011).

사례 11-15

 지성이, 천수, 명보가 큰 상자 안에서 공을 차는 게임을 하고 있었다. 이들이 공놀이를 하고 있는 것을 지켜보고 있던 영표가 자기도 같이 하면 안 되느냐고 물었으나 거절당했다. 영표는 운동장에 있던 민 선생님을 발견하고는 다가가 "저 아이들이 같이 안 놀아줘요."라고 말했다. 공놀이를 하고 있던 아이들은 "너는 너무 거칠게 놀고, 항상 공을 상자 바깥으로 차버리잖아."라고 말하면서 자신들을 방어했다. 영표는 "지성이 보다는 공을 바깥으로 차지 않았잖아."라며 응수했다. 그때 지성이가 "지난 번 휴식 시간에 네가 친구들이랑 놀 때 우리를 끼워주지 않았기 때문에 우리도 너를 끼워줄 수 없어."라고 응답했다. 명보와 천수도 동의의 뜻으로 고개를 끄덕였다.

장 선생님은 영표에게 친구들이 놀이에 끼워주지 않으니까 기분이 어떠냐고 물었다. 영표는 기분이 나쁘다고 말했다. 이번에는 선생님이 다른 아이들에게 영표가 놀이에 끼워주지 않았을 때 기분이 어떠했냐고 물었다. 그들도 기분이 나빴다고 말했다. 특히 지성이가 앙갚음이 필요하다고 느끼는 것 같았다. 선생님은 "기분이 나쁘다고 느끼는 것은 즐거운 일이 아니지."라고 말하며 모든 아이들의 기분을 인정했다. 선생님은 영표의 얼굴 표정을 통해 자기가 이전에 놀이에 끼워주지 않았을 때 친구들의 기분이 어떠했을지에 대해 영표가 깨달았다는 것을 알 수 있었다.

장 선생님은 문제해결전략을 사용해 이 문제를 해결하기로 마음먹고 명보에게 "이 문제를 해결하기 위해 너희들 네 명이 할 수 있는 어떤 것을 생각해 낼 수 있겠니?"라고 물었다. 선생님이 명보에게 먼저 질문을 한 것은 그의 몸짓으로 보아 명보가 이전 휴식 시간에 일어났던 일에 대해 화가 덜 난 것처럼 보였고 그래서 아마도 보다 합리적으로 생각할 수 있을 것이라고 생각했기 때문이었다. 명보는 뒤로 한 발 물러서서 깊은 심호흡을 하고는 말했다. "글쎄요, 협상을 할 수 있지 않을까요. 만약 우리가 영표를 놀이에 끼워주면, 영표도 우리를 놀이에 끼워줘야 한다는 식으로 말이에요." 영표는 명보의 의견에 동의했고 명보와 천수도 영표를 기꺼이 끼워줄 태세였다. 그러나 지성이는 "다음 휴식시간 때부터 그렇게 하고 이번에는 우리끼리 할 거야."라고 말하면서 버티었다. 그 때 천수가 지성이에게 귓속말로 속삭였다. "이번이 오늘 마지막 휴식 시간 인데." "그래." 지성이가 말했다.

영표가 기회다 싶어 소리를 높였다. "지성아! 부탁해, 2대2로 하자. 나랑 너랑 한 팀이 되어 제들과 한판 붙어보자" 천수가 말했다. 지성이의 마음이 누그러졌고 4명의 아이들이 상자 안에 들어가 함께 공놀이를 하였다. 공놀이를 하던 중 명보가 넘어졌다. 그때 영표가 달려가 그를 잡아 일으켜 주었다. 영표는 자신이 앞서 친구의 기분을 상하게 했던 것을 만회하고 싶어 하는 것 같았다.

5 지적 미성숙

거짓말하기, 훔치기, 심지어 속이기까지도 아이들의 이해 부족에 의해 야기될 수 있다. 당신은 감당하기 어려운 예비 범죄자(budding criminal)를 데리고 있다고 결정하기 전에 아이들이 규칙을 배우도록 돕는데 힘을 써야 한다.

(1) 거짓말하기

아이들은 종종 사실과 환상을 혼동한다(Piaget, 1932/1965). 아이들이 거짓말을 한다고 생각될 때 어른들은 대개 매우 화를 낸다. 그러나 그러한 문제는 아이들이 부도덕하기 때문이라기보다는 어리기 때문에 생기는 결과라고 볼 수 있다. 그럼에도 불구하고, 거짓말을 하는 것은 사회에서 받아들여지지 않는 행동이다. 아이들은 진실과 거짓을 분별하는 방법을 배울 필요가 있다. 아이들은 또한 왜 진실이 더 바람직한가에 대해서도 배울 필요가 있다. 효과적인 의사소통 전략은 우리가 이 두 가지를 가르치는 데 도움을 줄 수 있다.

사례 11-16

 용호가 만화에 나오는 영웅들이 하는 놀라운 묘기를 했다고 계속해서 자랑하고 있었다. 민 선생님은 용호를 거짓말쟁이라고 부르고 싶지는 않았지만 용호가 배웠으면 하는 게 있었다. 그래서 선생님은 상대방의 마음을 읽어서 이야기하는 적극적 경청을 사용해서 반응했다. "영호야! 너는 아주 크고 힘이 세어 무슨 일이든지 다 할 수 있는 그런 사람이 되었으면 좋겠다고 말하는 것처럼 들리는구나." 이 반응은 용호로 하여금 이후의 대화에서 현실로 돌아오도록 만들었다.

용호가 이 이야기를 유치원 친구들에게 했을 때, 아이들은 그렇게 호의적이지 않았다. 그들은 용호에게 "너는 그렇게 안했잖아."라고 말하면서 반박했다. 그러자 용호가 다시 반박하면서 자신의 믿을 수 없는 말을 변호했다. 좀 더 구체적인 피드백이 용호에게 필요하다고 판단한 선생님은 용호를 데리고 와서 친절하게 그렇지만 솔직하게 그에게 말했다. "너의 친구들은 네가 한 말을 믿을 수 없는가 보구나." 선생님은 계속해서 말을 이어갔다. "만약 네가 사실이 아닌 것을 사람들에게 말하면, 네가 사실을 말할 때에도 너를 믿지 않을지 몰라." 용호가 이 말을 이해하기 위해서는 시간이 필요했다. 하지만 선생님은 용호의 성장을 계속해서 도왔다. 선생님의 목표는 용호가 가장(pretending)의 즐거움을 잃어버리지 않으면서 사실과 거짓간의 차이를 구분할 수 있도록 돕는 것이었다. 반 전체가 이 주제에 대한 논의를 통해 배울 것이 있겠다고 생각한 선생님은 집단 시간에 아이들에게 '양치기 소년'이라는 책을 읽어주어야겠다고 결심했다.

(2) 훔치기

거의 모든 사람들은 성장하면서 훔치는 것을 경험하게 되는데, 4~5세경에 처음 경험하는 경우가 많다. 자기 소유가 아닌 것을 가져가는 것은 우리 사회에서 심각한 범죄 행위이다. 많은 어른들은 아이들을 범죄의 삶으로부터 구하기 위해서는 남의 물건을 훔쳤을 때 엄하게 처벌해야 한다고 믿고 있다. 하지만 이 나이의 아이들은 이해하지 못하는 개념이 많다는 것을 기억하라. 그들은 돈을 이해하지 못한다. 이것은 부모들이 신용카드로 결제를 하거나 온라인 쇼핑을 하는 오늘날 특히 그러하다. 누군가는 구입을 하고 배달 준비를 해야 한다는 것을 이해할 수 없다. 마찬가지로 아이들은 소유 개념을 완전히 이해하지 못한다. 그렇기 때문에 아이들이 자신이 보고 원하는 것을 가져가는 것은 놀랄 일이 아니다. 아이들의 발달에 대한 지식을 갖고 있는 부모와 교사들은 아이들에게 소유에 대해 가르칠 필요가 있다는 것을 안다. 벌은 아이들에게 잡힐지도 모른다는 생각을 하게 하여 아이들이 물건을 훔치지 않도록 해줄 수 있을지도 모른다. 하지만 왜 자기 것이 아닌 물건을 가져가는 게 받아들일 수 없는 것인지를 아이들에게 이해시키는 데에는 도움이 되지 못할 것이다. 왜 훔쳐서는 안 되는지를 알게 될 때까지, 아이들은 그냥 훔치는 것을 더 잘 할 가능성을 높일 것이다. 관련된 결과는 아이들이 이 개념을 배우는데 도움을 줄뿐만 아니라 강요할 사람이 주위에 없어도 다른 사람의 소유물을 존중할 가능성을 증가시켜 줄 것이다. 남의 물건을 훔친 것에 대한 관련된 결과는 훔친 물건을 다른 물건으로 대체하거나 훔친 물건의 값을 변상하게 하는 것을 포함한다. 아래 사례에서, 준규는 왜 가위를 들고 가는 것이 문제가 되는지를 이해하는데 도움을 받았다. 준규는 처벌을 당하지 않고 가위를 제자리에 갖다 두도록 허락을 받았다.

사례 11-17

 상기는 새로 산 가위가 남은 것이 하나도 없다고 불평했다. 민 선생님은 의아해 했다. 단 두 명만이 가위를 사용하고 있었기 때문에 가위 세 개가 남아 있어야 했기 때문이다. 선생님은 사물함을 살펴보다가 준규의 사물함에서 종이 뭉치를 발견했다. 아마 준규가 작업을 하다가 무심코 종이와 함께 가위를 자신의 개인 사물함에 넣었을 것이라고 생각한 선생님은 사물함 안을 자세히 살펴보았다. 사물함 안에 있는 준규의 가방을 열자 가위 한 개가 가방 깊숙한 곳에 들어 있었다. 준규가 자기 집에서 가져온 가위 일지도 모른다고 생각했지만 그런 것 같진 않았다. 아마 준규는 그냥 집에 가위를 가져가고 싶었을 것이다.

민 선생님은 준규에게 화를 내거나 훔치는 것에 대해 비난함으로써 죄의식을 느끼게 하거나 하지 않고 잠시 모임 시간을 가졌다. 선생님은 가위 한 개를 찾을 수가 없어 수업에 사용할 가위가 충분하지 않다고 알렸다. 선생님은 가위를 꼭 찾게 될 것이라는 자신감을 표현했다. 선생님은 "만약 누구라도 가위를 보게 되면, 그것을 복도 뒤에 있는 분실물 보관함에 넣어 주세요."라는 말로 이야기를 마쳤다. 선생님이 모임을 시작했을 때, 준규는 주위의 시선을 의식하는 것처럼 보였고, 곤경에 빠진 듯이 보였다. 그러나 선생님의 마지막 말에 준규는 다소 안도하는 것 같았다. 교실에서는 아무도 분실물 보관함을 볼 수 없었다. 그것은 사물함 뒤에 있었다. 준규는 아무도 모르게 가위를 그 곳에 가져다 놓을 수 있었다.

1시간 후에, 선생님은 분실물 보관함을 힐끗 쳐다보았다. 가위 한 개가 거기에 있었다. 선생님은 그 가위를 교실로 가져와 정리함에 올려놓았다. 준규가 가위를 주시하고 있는 것을 본 선생님이 준규에게 제안했다. "저 가위 한번 써 보지 않을래?" 준규가 가위를 잡으려고 할 때, 선생님이 물었다. "준규야! 집에 좋은 가위 있니?" "아니요," 준규가 얼굴을 찡그리며 대답했다. 선생님은 준규에게 이렇게 응답했다. "그렇다면 선생님이 너의 부모님께 어디에 가면 이런 가위를 살 수 있는지 알려 줄게. 알겠지?"

(3) 속이기

당신은 아이들로부터 얼마나 자주 다른 아이가 속임수를 쓴다고 불평하는 소리를 듣는가? 속이는 것이 무엇인지를 배우고 속이지 않게 되는 데에는 시간이 걸린다. 아이들은 자신을 먼저 생각하고 규칙을 이해하는 것이 어렵기 때문에 속인다. 아이들은 초등학교에 입학할 무렵이 되면, 속이는 것은 나쁜 것이라는 생각을 하게 된다. 하지만 자신의 행위를 지속적으로 제지할 능력을 갖고 있지 못하다. 아이들은 자신이 가지고 싶은 것을 그냥 가지거나 하고 싶은 것을 그냥 하는 충동을 통제하는 힘이 부족하다. 초등학교 저학년 시기 동안에 전조작기에서 구체적 조작기로 이동함에 따라, 아이들은 놀이를 공정하게 하는데 필요한 세 가지 중요한 측면을 결합하는 능력을 갖기 시작한다. 즉 아이들은 복잡한 규칙을 이해하고 기억할 수 있고, 소망하는 것 이상을 생각할 수 있으며, 원하는 것을 갖고자 하는 충동을 통제할 수 있게 된다. 다양한 연령의 아이들이 함께 게임을 하는 경우 성숙 수준이 다름으로 인해 종종 갈등이 생긴다.

사례 11-18

남자 아이 3명이 교통놀이 게임을 하고 있다. 이 게임은 주사위를 굴려서 나온 숫자만큼 게임 말을 옮겨, 교통수단이 그려진 그림 위에 말이 놓이면 카드를 한 장씩 뽑는 것이다. 그래서 만약 땅에서 사용되는 육지용 교통수단에 말이 놓여 육지용이라고 쓰여 있는 카드를 뽑게 되면 그 카드를 가지게 되는 것이다. 가장 많은 카드를 가지는 사람이 이기는 것이다.

갑자기 영준이가 "선생님, 선생님, 수한이가 속여요!"라고 소리쳤다. 민 선생님이 와서 보니 수한이가 5개의 해상용 카드를 가지고 있었다. 수한이는 "나 속임수 안 썼어요."라고 말하면서 자신을 방어했다. 선생님이 수한이에게 자신이 생각하는 게임규칙이 무엇인지 물어보았다. "내가 배(게임 말)를 가지고 있어서 모든 해상용 카드를 가졌어요." 수한이가 설명했다. 영준이가 그 설명에 화를 내면서 "네가 가지고 있는 게임 말이 네가 말을 옮긴 자리랑 일치하지 않으면 그 카드를 가지고 있으면 안 돼." 라고 주장했다. 이 게임을 하는 다른 아이들도 영준이의 말에 동의했다.

민 선생님은 세 아이들에게 게임에 쓰여 있는 규칙을 보여주었는데 그 규칙에 의하면 영준이의 말이 옳았다. 선생님은 씌어있는 규칙에 따라 게임을 하길 원하는지 아니면 수한이의 말처럼 다른 규칙을 만들어서 게임을 하고 싶은지 아이들에게 물었다. 씌어있는 규칙대로 하자는 의견이 많았고, 수한이 역시 그 게임을 자신이 잘못 이해하고 있었다는 것을 깨달았다. 수한이는 실망했지만 씌어있는 규칙에 따라 노는 것에 동의했다.

민 선생님은 아이들을 비난하기보다는 아이들의 이해를 명확하게 하는데 초점을 맞추었다. 민 선생님은 아이들이 이해하지 못하고 한 일을 비난하는 것은 아무런 도움이 되지 않는다는 것을 알고 있다. 어린 아이들에게 규칙은 어렵고, 아이들이 좋아하는 방식대로 규칙이 되어 있지 않은 경우 특히 그러하다. 아이들은 규칙을 자신이 원하는 대로 조정하는 경향이 있다. 어린 아이 두 명이 함께 놀이를 할 때, 이것은 대개 문제가

속이는 것이 무엇인지를 배우고 속이지 않게 되는 데에는 시간이 걸린다.

되지 않는다. 왜냐하면 두 아이 모두 자신이 원하는 대로 조정할 것이기 때문이다. 나이 차이가 있는 아이들이 함께 놀이를 할 때, 어린 아이가 정해진 규칙을 따르지 않을 경우 갈등이 종종 유발된다. 자기중심성이 이런 문제에 영향을 주며, 명백히 시간과 어른의 지지가 요구되는 성숙의 문제이다. 이것이 3세 아이가 나이가 많은 또래보다는 어른들에게서 게임을 배우는 것을 선호하는 이유일 가능성이 높다(Rakoczy, Hamann, Warneken, & Tomasello, 2010).

경험이 많은 교사는 아이들과 게임을 성공적으로 하기 위해서는 처음부터 끝까지 교사나 다른 성인의 참여가 종종 필요하다는 것을 안다. 이렇게 하면 게임을 하는 과정에서 많은 협력적인 가치를 불어넣는 것이 또한 가능해 진다. 참여하는 성인은 아이들에게 자신의 차례를 지키고 규칙을 따르는 것을 가르칠 뿐만 아니라 게임은 즐거운 것이고 이길 필요가 없다는 생각을 표현해 준다. 이기는 것에 초점을 두지 않을 때, 속이는 행동은 줄어든다. 모든 아이들이 게임을 마치고 승자가 될 때까지 놀이를 하는 집단에서는 첫 번째 승자, 두 번째 승자, 세 번째 승자가 있다. 그리고 모든 승자가 축하를 받는다.

6 결론

이 장에서는 단지 아이들이 어리기 때문에 직면하게 되는 문제 상황의 몇 가지 예만 제시하였다. 때때로 이러한 문제는 아이들이 오줌을 싸거나 주스를 쏟은 상황을 당신이 다룰 때와 같이, 단지 아이들의 본질을 존중하는 태도로 수용할 것을 요구한다. 만약 문제를 해결하는 과정에 아이들이 한 부분을 차지할 수 있다면, 그것은 아이들이 자신에 대해 좋은 감정을 가지도록 하는 데 도움이 된다. 때때로 이러한 문제는 아이들이 더 이상 앉아 있을 수 없을 때 당신의 계획을 조절하는 것과 같이, 당신의 기대를 아이의 능력에 맞게 변화시킬 것을 요구하기도 한다. 또 어떤 경우에는, 당신이 친구 사귀는 전략이나 "나-전달법"을 사용하여 자기를 표현하는 방법을 모델링 하는 것과 같은 기술을 아이들에게 가르쳐 줌으로써 아이들의 성장을 도울 수도 있다. 어른들은 아이들에게 대인간 갈등 해결 협상 절차의 한 부분인 조망 수용을 아이들이 이해하도록 도와줌으로써 아이들의 사회적인 성숙을 상당히 도와줄 수 있다. 효과적인 아동 지도는 또한 거짓말을 하거나 남의 물건을 훔치는 것처럼 보이는 행동이 실제로는 단지 아이들의 관점을 반영한 것이라는 것을 아는 것과 관련이 있다.

훈육문제의 원인을 찾고자 하는 경우 당신은 미성숙을 하나의 가능성으로 반드시 고려해야 한다. 교사로서의 당신의 역할은 아이들이 배우는데 필요한 경험을 제공할 뿐만 아니라 그들이 성장하는 데 필요한 시간을 주어야 한다는 것을 기억하라. 만약 당신이 아이들이 미숙한 것은 그들의 잘못이 아니고 성장해감에 따라 능력이 향상될 것이라는 것을 또한 기억할 수 있다면, 당신이 좌절에 부딪혔을 때 그것에 대처하는데 도움을 줄 것이다. 때때로 동심의 순간은 그러한 순간이 지나고 나면 특히 소중해진다. 우리는 힘든 시절이었지만 어린 시절을 향수와 유머로 되돌아보곤 한다. 그러니까 할 수 있을 때 아이들과의 시간과 그들의 천진난만한 행동을 즐기라고 충고하고 싶다.

7 요약

- 관찰은 행동 문제 해결의 시작이다. 이 장에서는 유아 교사가 사용하는 다양한 관찰 유형을 간략하게 설명하고 각 방법의 세부 목적을 예와 함께 제시하였다.

- 아이들은 자신이 신체를 어른처럼 통제할 수 없다. 그러한 통제 능력은 시간의 흐름에 따라 발달한다. 그런 결과로, 아이들은 몸을 가만히 있지 못하고, 물을 쏟거나 대소변 실수를 한다. 이 장은 교사들이 자신의 훈육 방식을 아이들의 신체적 성숙 수준에 맞추어 조정하는데 도움을 준다. 성숙하면 아이들은 통제력을 갖게 될 것이다.

- 아이들이 고함을 지르거나 좌절하여 우는 경우가 있는데, 자신을 표현할 단어를 몰라 그렇게 표현했을 수 있다. 때때로 아이들은 화가 많이 날 경우 자신의 감정과 원하는 바를 보다 적절하게 전달하는 것을 알지 못해 잡거나 땅바닥에 들어 누울 수 있다. 이 장은 유아 교사가 아이들이 자신의 감정을 긍정적으로 전달하고 자신의 충동을 통제하도록 조력하는 것을 돕는다.

- 만약 교사가 "넌 놀 수 없어!"라는 말을 들었다면, 그것은 또래들이 같이 어울려 노는데 도움이 필요하다는 표시이다. 우정을 구축하거나 놀이에 참여하는 유치한 방법은 때때로 거절을 불러온다. 이 장은 교사가 놀이에 참여하여 친구들과 사이 좋게 지내려는 아이들의 노력을 지원하도록 돕는다.

- 아이들의 미성숙한 지적 발달에 대해 잘 모르는 어른들에게는 아이의 거짓말이나 훔치거나 속이는 행동이 매우 거슬릴 수 있다. 아동 발달에 대해 잘 아는 유아 교사는 아이들이 자신의 지적 성숙을 개발하고 자신이 행동에 대한 결과를 이해하도록 돕기 위해 이 장에 기술되어 있는 기법을 사용한다.

8 논의 및 숙고

1. 당신이 알고 있는 아이가 다니는 유치원이나 어린이집에서 실제 행동 문제와 지도 방법을 분석하라. 당신이 지도하는 성인이 되는 사례가 아마도 교육적으로 가장 유익할 것이다.
   a. 상황을 기술하라.
   b. 관련 아동에 대한 관찰과 정보에 기초하여 가능한 원인을 기술하라. 힌트: 아동 발달의 어떤 측면이 성숙하고 있는가?
   c. 아동이 이 영역에서 능력과 기술을 얻도록 어른이 돕기 위해 무엇을 할 수 있는가?
   d. 당신이 목표로 한 발달 영역이 옳은지 그리고 효과적인 전략을 사용했는지의 여부를 어떻게 알 수 있는가?
   e. 간혹 한 가지 이상의 원인이 있거나 한 가지 이상의 전략이 필요한 경우가 있다. 어떤 원인이 이 상황과 관련이 있겠는가? 당신이 추가적으로 사용할 수 있는 전략은?
2. 이 장에서는 신체적, 정서적, 사회적, 지적 미성숙에 근거하여 아이 같은 행동을 다루었다. 이 중 집단에 속해 있는 어린 아이들에게 가장 흔한 것은 어떤 것이라고 생각하는가? 어떤 영역의 능력과 기술이 지도하기에 가장 쉽다고 생각하는가? 어떤 영역이 가르치기에 가장 어렵다고 생각하는가? 환경이나 성인의 기대가 어떻게 아이의 능력과 성숙에 대한 인상을 바꾸는가?

9 도전

3. 해결해야 할 문제: 동훈이가 진호와 성민이가 가지고 놀던 공을 잡아가지고 웃으면서 도망쳤다. 진호와 성민이는 마음의 상처를 받았고 몹시 화가 나 있다.

   a. 이 아이들이 4살이라고 가정하고 문제의 원인을 기술해 보라. 이제 이 아이들이 8살이라고 가정하라. 문제의 원인은 어떻게 다르겠는가? 이제 이 아이들이 2살이라고 가정하라. 당신은 어떻게 다르게 하겠는가?

   b. 행동에 대한 원인이 아이들의 나이에 따라 왜 변하겠는지를 설명하라. 각 상황에 대한 당신의 답변을 아이들의 성숙도에 근거하여 정당화하라.

4. 해결해야 할 문제: 어린이집의 집단 놀이 시간이다. 14명의 3~5세 아이들이 노래를 부르거나 책을 읽거나 그들이 지난주에 심어 이제 막 발아하기 시작하는 씨앗에 대해 이야기를 하고 있다. 이들 중 몇 명은 주변을 돌아다니다가 근처 선반에 있는 장난감을 꺼내려 한다. 대부분의 아이들은 여전히 집단에서 노래를 부르고 책 읽는 것을 즐기고 있다. 하지만 몇 명의 아이들이 어린 아이들의 움직임 때문에 방해를 받기 시작한다. 보조 교사가 선생님이 책 읽어주는 것을 마치고 다음 활동을 할 수 있도록 하기 위해 그 아이들을 다시 원래 자리로 데리고 오려하고 있다.

   a. 아이들의 성숙이라는 측면에서 이 문제의 원인을 기술하라.

   b. 이 책 내용에 기초하여 이 문제의 원인을 최소 3가지 열거하라.

5. 해결해야 할 문제: 승호는 3살이고 유치원은 처음이다. 유치원의 자유 선택 시간에 승호가 칠판대에서 그림을 그리고 있는 윤수를 밀치고는 칠판대를 가리키며 울고 있다. 윤수는 자기 자리에 서서 고함을 지르기 시작했다.

   a. 이 문제의 원인은 무엇인가?

   b. 승호는 무엇을 배워야 하는가? 교사는 어떻게 승호를 도울 수 있나?

   c. 윤수는 무엇을 배워야 하는가? 교사는 어떻게 윤수를 도울 수 있나?

🔟 현장 활동

6. 이 장의 시작 부분에 기술되어 있는 것을 사용하여, 다음과 같은 방식으로 서로 다른 아이들을 관찰하라.

    a. 한 아이를 표본 기록 방법을 사용하여 15분 동안 관찰하라.

    b. 최소 하루 반나절 이상 동안 아이에 대한 사건 표집을 하라. 여러 번 발생할 것이라고 예상되는 사건을 선택하라.

    c. 30분 동안 매 5분마다 아이의 활동을 기록하기 위해 시간 표집법을 사용하라.

    d. 자유선택 활동 시간에 방의 특정 장소에서의 놀이를 매 15분마다 기록하기 위해 시간표집법을 사용하라.

7. 부모와 아이의 발달에 대해 이야기를 나누어라. 부모들이 더 잘 해야 한다고 생각하는 아이의 발달 영역이 있는가? 아이들은 천천히 성장하고 지도를 통해 그들의 기술과 능력을 향상시킬 수 있다고 부모들이 생각하도록 어떻게 도울 수 있는가? 아이의 발달을 돕도록 하기 위해 부모에게 어떤 전략을 제공할 수 있는가?

8. 교실에서 어려움을 겪고 있는 아이를 관찰하라. 그 아이의 신체적, 정서적, 사회적, 지적발달 수준을 그 반에 있는 다른 아이들과 비교한 후 그 아이에게 도움이 필요하다고 생각되는 발달 영역을 확인하라. 이 아이에게 도움이 필요한 발달 영역에서의 능력을 향상시키도록 돕기 위해 당신이 시도해보고 싶은 전략을 최소 3가지 들어라.

🔟 추천도서

Bronson, M. B. (2001). *Self-regulation in early childhood*: Nature and nurture. New York: Guilford Press.

Goddard Blythe, S. (2006). *The well-balanced child*: Movement and early learning (2nd ed.). Gloucestershire, UK: Hawthorn Press.

Hyson, M., & Tomlinson H. (2014). *The Early Years: Education care and well-being of children*, birth to 8. New York/Washington, DC: Teachers College Press and the National Association for the Education of Young People.

Landy, S. (2009). *Pathways to competence: Encouraging healthy social and emotional development in young children*. Baltimore: Paul H. Brookes.

Nefertit B., & Cairone, K., with the Devereux Center for Resilient Children. (2009). *Socially strong, emotionally secure: 50 activities to promote resilience in young children*. Lewisville, NC: Gryphon House.

❧ 제12장 ❧
충족되지 못한 욕구

학습 목표

- 아이들의 개별적 욕구가 어떻게 그들의 행동에 영향을 주는지를 기술할 수 있다.
- 자신이 소중한 존재라고 느끼고픈 아이들의 욕구가 어떻게 그들의 행동에 영향을 주는지를 고려할 수 있는 능력을 입증할 수 있다.
- 좋은 교사는 아이들의 안전에 대한 욕구를 만족시켜 주기 위해 어떻게 계획하는지를 설명할 수 있다.
- 사랑과 수용으로 아이들에게 접근하는 것의 중요성을 이해할 수 있다.

아기가 울 때, 대부분의 어른들은 아이가 배가 고프거나, 피곤하거나, 기저귀를 갈아주기를 원하거나, 안아주거나, 같이 놀아주기를 원해서 그렇다는 것을 알고 있다. 아기의 울음처럼, 아이의 행동은 충족되지 못한 자신들의 다양한 욕구를 알리는 신호일 수 있다. 비록 몇 마디 말은 할 수 있을지라도, 아이들은 자신의 문제를 명료하게 전달하지 못한다. 종종 아이들은 자신이 필요한 것을 의식하지 못할 수도 있다. 게다가 아이가 자신이 원하는 것이 무엇인지를 알고 그것을 말로 표현할 수 있다 하더라도, 그것에 관해서 무엇을 해야 할지를 모를 수도 있다. 그러므로 어른들의 역할은 세 가지이다. 아이들이 자신의 욕구를 알도록 돕고, 아이의 욕구에 대해 의사소통하는 법을 배우도록 도우며, 문제해결을 촉진하여 아이의 욕구가 충족되도록 하는 것이 그것이다. 이 장에서는 충족되지 않으면 행동 문제를 야기하는 몇 가지 전형적인 문제에 대해 살펴본다.

사례 12-1

 토요일이다. 방 선생님이 정원을 가꾸고 있다. 따뜻한 날씨와 흙냄새 그리고 새로운 식물을 즐기면서, 방 선생님은 민 선생님과 어린이집에서 하는 일에 대해 생각해 본다. 정원을 가꾸는 것과 아이들을 돌보는 것에는 몇 가지 유사점이 있는 것 같다. 문제의 원인에 초점을 맞추지 않는 훈육은 잡초를 뽑을 때 그 뿌리를 제거하지 않는 것과 같다. 정성들여 심은 씨앗이 기대한 대로 자라지 않을 때, 그에 대한 정원사의 반응을 생각해 보자. 아무리 초보 정원사라 할지라도 식물이 자랄 때 기본적으로 필요한 것이 빛과 물이라는 것은 안다. 따라서 이러한 것들을 먼저 점검해보는 것이 순서일 것이다. 만일 테라스의 탁자 우산이 빛을 가린다면 탁자를 치우고, 처마 때문에 비를 못 맞는다면 호스를 가지고 와서 물을 주자. 만일 문제의 원인이 무엇인지 모르겠다면 전문가의 조언을 듣자. 그러나 우리는 결코 식물이 자라지 않는다고 해서 식물을 "벌하지"는 않는다. 당신은 최선을 다해 그들의 필요를 채워주고 계속적으로 영양을 공급해준다.

때때로 식물은 당신이 원하는 대로 자라지 않는다. 만약 당신이 스위트피를 위해서 시렁을 만들었음에도 지면을 따라 자란다면? 스위트피에게 화낼 것인가? 아니면 새싹들을 시렁으로 안내할 것인가? 아이의 성장을 지도하는 것은 식물을 기르는 것보다 훨씬 더 복잡하고 까다로운 일이다. 하지만 방 선생님은 교실에서 문제 행동에 직면했을 때 정성을 다하는 정원사와 같이 행동하리라고 결심한다. 방 선생님은 이 접근이 자신에게 그들의 행동을 향상시키기 위해 아이들의 욕구를 충족하는 것의 중요성을 상기시켜 줄 것이라 믿고 있다. 이것은 또한 방 선생님이 아이들의 부모와 나눌 수 있는 아이디어이기도 하다.

1 욕구의 개인차

서로 다른 식물들은 서로 다르게 가꾸어야 하듯이 각각의 독특성을 가진 아동들도 서로 다른 지도를 요한다. 성, 신체적 특성, 생체적 반응, 성격 및 환경의 차이점 때문에 개개인들은 서로 구별되는 일련의 요구들을 가지게 된다. 공평하게 대한다고 해서 각각의 아동들을 정확히 똑같이 대한다는 것은 잘못된 일이다. 공평성이란 각각의 아동들이 가진 독특한 요구들을 만족시키는 것이다. 이것이 바로 우리가 경고하는 서로 다른 아동들에 대한 내용이 아닌, 아동들의 서로 다른 행동들에 대해 어떻게 반응할 것인가를 다루는 "모두에게 맞는 같은 크기"의 훈육 프로그램의 문제이기도 하다.

개개 아동들은 서로 다른 요구와 서로 다른 환경에 반응하는 독특한 생활경험을 가지고 있다. 한 학급 내에서도 이혼을 하려는 부모를 가진 아동, 사랑하는 할아버지가 방금 죽게 된 아동, 경제적 이유 때문에 이사를 해야 하는 아동 그리고 동생이 태어나 거기에 적응해야 하는 아동 등 많은 서로 다른 요구를 가진 아동들이 있다. 그리고 학대받는 아동, 부모가 알코올 중독자인 아동, 감옥에 있는 부모를 가진 아동 그리고 집 없는 아동들이 있다. 심각한, 장기적인 문제를 가진 아동에 대한 지도는 14장에 논의되어 있다. 그러나 자주 일상적인 가족의 문제에 직면하는 아동은 가족과 교사가 함께 그 문제해결을 지원하여야 한다.

모든 아동은 각자 독특한 기질과 성격을 가지고 있다. 아동의 특성은 2장에서 언급한 것처럼 출생할 때부터 나타난다. 새로운 상황에 쉽게 적응하는 아동들에게는 문제 행동이 거의 나타나지 않는다. 대개 이런 아동들은 표정들이 밝고, 정서반응도 부드럽게 나타난다. 그러나 쉽게 상황에 적응이 안 되고, 최선보다는 최악의 결과를 생각하고 정서반응이 거친 아동들도 있다(Landy, 2002). 이런 아동들은 요구가 대단히 많으며, 그 요구에 대처하는 학습을 위해서는 성인들의 조력이 필요하다. 아동 각자의 개인차를 생각하면서, 대처되지 못한 요구들 때문에 일어나는 행동 문제의 유형을 살펴보기로 하자.

(1) 긍정적인 기대

교사의 태도는 긍정적 또는 부정적 행동을 조장하는 환경을 만들 수 있다(DeVries & Zan, 2012). 당연한 이야기이지만 어떤 교사도 의도적으로 부정적인 행동을 장려하지는 않을 것이다. 그러나 보내지 않았으면 좋았을 메시지를 무의식적으로 보낼 가능성은 있다. 비언어적 의사소통은 특히 내적 감정을 노출시킬 가능성이 많다. 신체 언어, 목소리 억양 그리고 강도는 종종 말 그 자체보다 더 많은 것을 전달한다. 보호자가 아기와의 개별적인 접촉을 고대하면서 기저귀를 갈거나, 어른들이 자신이 독립된 존재임을 주장하는 걸음마기 아기에게서 기쁨을 느낀다면, 그 날은 모두에게 보다 기쁜 날이다. 이런 어른들은 아이들의 발달을 관찰하고 지원하는 것을 진심으로 즐긴다. 만약 당신이 아이들은 생산적으로 공부하고 놀기를 원한다고 믿는다면, 당신이 그들과 함께하는 방식이 그러한 기대를 전달한다. 그러나 아이들은 놀려고만 하고 공부에는 관심이 없다고 믿을 수도 있다. 이러한 기대 또한 아이들과 이야기 할 때의 목소리 억양과 아이들에게 주는 자유의 정도에 의해 전달될 것이다. 아이들이 당신의 기대대로 행동할 것이라고 믿어도 좋다.

사례 12-2

 오 선생님의 1학년 교실은 막 휴식 시간을 마쳤고, 아이들은 다음 활동을 준비하기 위해 교실을 이리저리 돌아다니고 있다. 아이들에게는 여러 활동 영역 중에서 어떤 활동을 할 것인지를 선택할 자유와 간식을 지금 먹을 것인지 나중에 먹을 것인지를 결정할 자유가 있다. 교실은 여러 가지 결정을 하는 소리로 생기가 넘쳤다. 어떤 아이들은 간식을 먹기 전에 먼저 손을 씻고 그런 다음 휴식을 취하고 간식을 먹을 편안한 자리를 찾는다. 혜민이와 초롱이는 배가 고팠다. 하지만 휴식 시간 전에 하고 있던 블록 쌓기를 끝내고 싶었다. 블록 영역에서 음식 먹는 것은 금지되어 있다. 그래서 이들은 간식 먹는 것을 뒤로 미루었다. 진아와 혜정이는 음식 먹는 것이 허용되는 놀이집으로 간식을 가지고 갔고, 간식 시간을 극놀이의 한 부분으로 활용하였다. 아이들은 그동안 하루 일상과 학급 규칙을 배워 왔기 때문에 오 선생님은 가끔 자신의 도움이 이 아이들에게 더 이상 필요하지 않다는 생각을 한다. 선생님은 이 시간을 아이들의 성장을 관찰하고 기록하는데 사용할 수 있다.

오 선생님은 자기 반의 아이들이 자유 선택 시간을 자기 주도적으로 활용할 것이라고 믿었고, 아이들도 선생님의 기대에 부응했다. 이로 인해 교실은 선생님과 아이들에게 보다 즐거운 곳이 되었다. 오 선생님의 교실과 박 선생님의 교실을 비교해 보라. 옆 반의 박 선생님은 아이들을 관찰할 시간이 거의 없다. 박 선생님은 모든 아이들의 행동을 지시하고 통제하느라 바쁘다. 박 선생님의 교실에서는 모든 아이들이 배가 고프든 안고프든 휴식 시간이 시작되면 무조건 간식을 먹어야 한다. 이러한 스케줄로 인해 아이들은 손을 씻기 위해 서로 밀면서 길게 줄을 선다. 쉬운 일이 아님에도, 박 선생님은 모든 아이들이 간식을 다 먹을 때까지 다음 활동을 준비하지 못하게 하면서 아이들을 자리에 조용히 앉혀 놓는다. 그런 다음 박 선생님은 아이들에게 특정 영역을 지정해 주고 다음 영역으로의 이동을 알리는 손전등을 켤 때까지 그 곳에 반드시 머물도록 한다. 이런 식의 학급 운영에 대해 많은 아이들이 어려움을 겪는다. 윤주는 항상 지정된 영역에서 빠져 나와 블록 영역으로 가려고 하고, 유미는 자신의 테이블에 같이 있는 아이들과는 함께 놀고 싶지 않다고 말하며 운다. 박 선생님은 언쟁이나 싸움을 해결해 달라는 끊임없는 요구에 시달리며 아이들이 지정된 자리에 머물도록 하기 위해 정신이 없다. 박 선생님은 이 상황을 아이들이 스스로 무언가를 할 수 있는 능력이 없다는 것을 보여주는 명백한 증거로 본다. 사실은, 박 선생님이 아이들의 자기 주도성을 방해하고 있는 것이다.

불행하게도 많은 교사들이 박 선생님이 하듯이 학급을 운영하며 스스로 훈육 문제를 야기한다. 아이들이 현명한 결정을 할 것이라는데 대한 신뢰 부족은 아이들을 과잉 통제하게 만들며, 이러한 과잉 통제로 인해 아이들은 자신의 개별적 욕구를 충족시키지 못한다.

(2) 개인과 상황에 구체적인 반응

아이들은 독특한 기질과 성격 특성을 가지고 태어난다. 행동 문제는 새로운 환경에 쉽게 적응하고 정서적 반응이 부드러운 아이들에게는 덜 발생한다. 그러나 이들과 달리, 쉽게 적응하지 못하고 정서적 반응이 강렬한 아이들이 있다는 것을 우리 모두는 알고 있다. 이런 아이들은 더 큰 욕구를 가지고 있고 이런 욕구를 충족시키는 것을 배우는데 더 많은 어른의 도움이 필요하다. 아이들의 서로 다른 욕구를 충족시키기 위해 보이는 성인의 반응은 아이마다 변할 수 있다. 개인차를 염두에 두고 충족되지 못한 욕구와 일반적으로 관련이 있는 행동 문제의 몇 가지 유형을 살펴보자.

사례 12-3

 명수는 어린이집이 처음이다. 그래서 규칙을 따르고 다른 아이들과 함께 지내는데 많은 어려움이 있다. 민 선생님과 다른 어른들이 명수가 다른 아이들을 때리고, 좌절감에 폭발하여 의자와 블록을 던지려는 것을 막기 위해 자주 개입했다. 어느 날 아침 청소를 하는 동안, 명수는 청소는 하지 않고 탁자 모서리에 앉아 있었다. 민 선생님이 그것을 보았다. 하지만 명수의 행동을 교정하려는 시도를 하지 않았다. "명수는 돕지 않아요."라고 진규가 불평을 했다. 선생님이 응답했다. "나도 알고 있다. 명수가 너희들이 하는 것처럼 청소하는 것을 배운다면 선생님이 기쁠 것 같구나." 진규가 고개를 끄덕이고는 계속해서 청소를 한다. 선생님은 만약 아이들이 교사를 믿고 그들에 대한 기대가 결국에는 동일하다는 것을 안다면, 어느 순간에 서로 다른 요구를 해도 대개 수용한다는 것을 알고 있다. 시간이 지나, 아이들이 모두 취침할 때, 진규가 선생님에게 청소를 하지 않고 탁자 모서리에 앉아 있는 것은 규칙 위반인데 왜 명수가 그렇게 하도록 내버려 두는지 물었다. 선생님은 어린 아이들의 행동을 한꺼번에 모두 교정하는 것은 항상 가능한 것은 아니라고 말해준다. 선생님은 이 번에는 명수가 분노를 폭발적으로 표출하는 것을 멈추도록 하는 데 집중하길 원한다. 그 행동이 통제되면, 규칙을 따르는 문제를 다룰 기회가 있을 것이다.

(3) 사생활 욕구

아이들뿐만 아니라 어른들도 종종 사생활 욕구를 정확하게 인식하는데 어려움을 겪는다. 일반적으로 아이들이 까다롭게 구는 것은 종종 혼자 있고 싶은 욕구를 표시하는 것이기도 하다. 다음의 사례에서, 아이의 반사회적인 행동의 원인은 조금 더 빨리 인지되었어야 했다. 그러나 그 아이는 결국 자신의 욕구를 충족시키는 방법을 알아내는데 도움을 받았다.

사례 12-4

 태식이가 소리쳤다. "말 좀 하지 마! 난 집중해야 한단 말이야!" 다른 세 명의 아이들은 그가 책상에 앉았을 때 자신들이 쓴 그 날의 일지를 소리 내어 읽고 있었다. 다른 아이들은 각자 자기의 소리가 들리도록 또 어떤 글이 적혔는지 알도록 아주 큰 소리로 각각의 단어들을 발음했다. 태식이는 그의 일지에 뒤얽힌 글자들을 쓰기에 바빴고 매우 정신이 없었다. 그는 몇 번이나 조용히 해 달라고 한 뒤 결국 일지를 쓰기 위해 책상 밑으로 들어갔다.

유감스럽게도 지숙이가 과제를 선생님께 보여드리려고 자리에서 일어났을 때, 태식이의 다리에 부딪혔고 "미안해."라고 말했다. 부딪히면서 태식이의 연필은 멀리 날아갔다. 그는 흐느껴 울며 소리를 질렀다. "아, 열 받아! 난 여자애들이 싫어! 난 쟤가 싫어!"

오 선생님이 와서 태식이에게 "네가 그렇게 하고 싶으면 책상 밑에 좀 더 있어도 되고 필요하다면 좀 더 울어도 된다. 좀 진정되면 문제를 어떻게 풀 수 있을지 생각해 보자. 네가 준비되면 선생님이 도와줄게."라고 말했을 때 그는 화가 머리끝까지 나 있었다. 그러고 나서 선생님은 태식이가 화가 났고 곧 해결할 것이라고 탁자에 있던 다른 아이들을 조용히 안심시켰다. 선생님은 또한 지숙이와 태식이가 부딪힌 것을 우연히 일어난 일로 인정했다.

일 분도 채 되지 않아 태식이가 울음을 멈추고 책상 아래에서 기어 나왔다. 선생님은 개인적으로 이야기하기 위해 태식이를 다른 곳으로 데려 갈 때, "나는 어린 여자애들이 싫어요!"하고 다시 소리쳤다. 선생님은 태식이의 감정을 반영적으로 경청했고, 다음과 같은 공감어린 말을 했다. "다른 아이들이 주변에 있어서 집중하기가 몹시 힘들었겠구나." 또 "일지에 막 휘갈겨 쓰게 된 것이 매우 화가 났을 것 같아." 선생님은 태식이가 스스로 자신의 문제를 해결하도록 했다. 선생님은 태식이에게 학교에서 혼자 활동하고 싶을 때 어떻게 그것을 할 수 있을지에 대해 물었다. 그리고 또 그가 흘려 쓴 일지를 어떻게 할지에 대해서도 물었다.

> 선생님이 그의 감정을 받아들였을 때, 태식이는 문제해결에 대해 생각할 수 있었고, 혼자 책상에서 활동하기를 원한다는 것을 알게 되었다. 선생님은 태식이가 수용할 수 있는 방법을 찾도록 도왔다. 그리고 태식이는 또한 연필로 작업을 했기 때문에 막 휘갈겨 쓴 글씨를 지울 수 있다는 것도 받아들였다. 그는 차분해졌고 다시 활동을 하러 갔다.

오 선생님은 태식이의 상호작용에 대한 관찰 자료를 모았고, 수집된 자료는 선생님이 태식이가 홀로 있을 시간을 필요로 한다고 인식하는데 도움을 주었다. 선생님은 자신이 일이 이렇게 악화되기 전에 더 빨리 개입하여 태식이가 혼자 있을 수 있는 곳을 찾도록 돕지 못했던 점에 대해 반성했다. 선생님은 또한 태식이가 아주 사소한 문제로 감정을 드러내는 것이 이번이 처음이 아니었기 때문에 태식이가 감정조절에 도움을 필요로 한다는 점에도 주목했다. 태식이는 자신의 기질 때문에 보통 아이들보다 정서통제가 어렵다. 왜냐하면 그의 정서적 반응은 대다수의 아이들보다 강하기 때문이다. 물론, 충족되지 못한 사적인 욕구가 태식이가 자신의 감정을 통제하는 것을 어렵게 했다. 종종 그렇듯이, 이런 문제 행동에는 서로 뒤얽힌 다양한 원인이 있다.

⑷ 힘에 대한 욕구

때때로 당신이 아이로 하여금 무엇인가를 하게하면 할수록 당신은 더 많은 저항에 부딪히게 된다. 아이는 부츠를 신지 않을 것이며, 먹지 않을 것이다. 그리고 낮잠 시간은 싸움의 연속일 것이다. 그러한 행동은 자신의 삶을 통제하고 싶어 하는 아이들이 가지는 건강한 욕구의 징후인 경우가 많다. 일어나는 갈등은 아무 이득이 없는 힘 싸움으로 쉽게 바뀔 수 있다. 만약 책임을 맡고 있는 어른이 아이에게 "넌 점심을 먹어야 해."라고 윽박지르면, 아이는 "전 배고프지 않다고요!"라고 응대할 것이다. "안 돼! 부츠를 신지 않고는 밖에 나갈 수 없어. 그네 아래에 흙 웅덩이가 있어."와 같이 제한은 "난 저 빨간 부츠가 싫어요!"와 같은 반응을 불러일으킬 것이다. "네 어머니는 여전히 네가 낮잠 자기를 원하신단다."라는 말에 아이는 "전 피곤하지 않아요!"라고 응답한다.

배고픔이나 부츠 색깔은 전혀 문제가 되지 않을 수 있다. 그 아이는 실제로 매우 지쳤을지도 모른다. 이러한 반응은 아이의 개인적인 힘에 대한 욕구의 표현일 수 있다. 이러한 욕구를 인정한다면, 어른들은 합리적인 범위 안에서 아이들에게 가능한 많은 선택의 기회를 줄 수 있다. 반드시 먹어야 한다면 사과와 샌드위치 중 어떤 음식을 먼저 먹기 원하는가? 사과를 먹기 원한다면, 벌레처럼 조금씩 뜯어먹기 원하는가 아니면 애벌레처럼 주변을 동그랗게 갉아먹기 원하는가? 그가 쉬어야 한다면, 낮잠 잘 때 어떤 이야기를 들려주기를 원하는가? 등을 문질러주기 원하는가 아니면 달래어 재워 주는 것을 원하는가? 아이가 흙탕물 웅덩이가 있는 그네에서 놀려면 부츠를 신어야 하지만 만일 성채나 장난감 집에서 놀기 원한다면 광택 나는 신발을 신고 나가도 된다.

방금 언급한 것들은 아이들에게 바람직하고 어른들에게도 수용 가능한 현실적인 선택들이다. 이러한 것들은 아이들에게 그들이 아직 이해하지 못하는 많은 규칙들에 의해 지배되는 세상에서 스스로 조절하고 싶은 욕구를 만족시켜 줄 기회를 준다. 아이의 수준에 맞는 조절을 스스로 할 수 있게 함으로써 당신은 아이들이 어른들이 내린 결정에 더 잘 따른다는 것을 알게 된다. 아이들이 자신이 바라는 힘을 경험하게 되면, 그들은 또한 가치 있는 문제해결 기술을 개발한다. 다음의 상황은 한 아이의 문제를 해결하는데 있어서 어떤 힘과 선택, 그리고 기회가 허락된 예이다.

실제적인 선택은 아이들에게 그들이 아직 이해하지 못하는 많은 규칙들에 의해 지배되는 세상에서 스스로 조절하고 싶은 욕구를 만족시켜 줄 기회를 준다. 실제적인 선택은 누구랑, 언제, 무엇을 하며 놀지를 선택하는 것을 포함한다.

사례 12-5

 아동센터에 있는 아이들이 놀기 위해 밖에 나가고 있었다. 그들은 좋지 않은 날씨 때문에 실내에만 있다가 밖에 나가게 되어 몹시 흥분했다. 그런데 미희가 울부짖는 바람에 나갈 채비를 하던 시끌벅적한 실내 분위기가 조용해졌다. 미희는 장화를 마루에 벗어던지고 코트도 그 위에 벗어버렸다. 그리고 마룻바닥에 앉아 울면서 발버둥을 쳤다. 보조교사인 방 선생님이 미희에게 무슨 문제가 있는지 알아보기 위해 다른 선생님에게 밖에 나가서 다른 아이들을 돌봐 달라고 부탁했다. 미희가 그런 행동을 한 이유는 미희가 최근에 새로 산 신발을 신고 바깥에 나가고 싶은데, 바깥이 비로 인해 젖어 있어 그럴 수 없었기 때문이었다.

방 선생님은 만일 미희가 새 신발을 신고 진흙탕에 들어가게 되면 신발이 엉망이 될 것이라고 그녀에게 조심스럽게 말했다. 미희는 계속 울면서 새 신발을 신고 밖에 나가고 싶다고 말했다. 선생님은 장화를 신지 않고는 밖에 나갈 수 없다는 것에 대해 미희에게 설명하려고 노력했지만 미희는 더 크게 울었다. 선생님은 문득 원장 선생님에게 배운, 아이들에게 선택권을 주는 방법을 기억해냈다. 선생님은 계획을 바꾸어 만약 그 새 신발을 신는다면 그 신발을 보호할 수 있는 방법에 대한 그녀의 생각을 물어보았다.

미희가 자신의 생각과 가능한 해결책에 대해 이야기하기 시작하면서 울음은 잦아들었다. 선생님은 다른 아이들이 담당 선생님과 무리지어 밖으로 나갈 때까지 미희와 함께 있었다. 마침내 미희는 자신의 예쁜 새 신발위에 꼭 맞을 만큼 커다란 장화를 긴급물품 박스에서 꺼내 신기로 결심했다. 미희는 이 해결책에 무척 기뻐하고 행복해하며 그 커다란 장화를 신고 밖으로 당당히 걸어 나갔다. 잠시 뒤에 미희는 선생님에게 도움을 청했다. 미희는 다른 짝과 함께 뛰는 것이 힘들다는 것을 설명하며 원래 장화를 신기로 했다. 선생님은 미희가 스스로 결정할 수 있는 기회를 갖게 되자, 새 신발을 신는 것에 대해 가졌던 걱정이 사라졌음을 알게 되었다.

① 실제적인 선택

아이들에게 제시된 선택이 실제적인 것들이라는 점에 주목하라. 가끔 어른들은 아이들에게 바람직하지 않은 두 가지 선택 중 하나를 선택하라고 한다. 그것은 실제적인 선택이 아니다. 어른이 아이에게 선택을 하게하고는 아이가 특정 결정을 하도록 설득하는 것을 본 적이 있는가? 이것은 아이의 힘을 무효화하는 것이다. 어른들이 아이들에게 좋은 어른으로 비치고 싶어, 아이에게 선택권이 전혀 없음에도 아이들에게 무엇이 하고 싶으냐고 묻는 경우가 있다. 만일 이때 "동물원에 갈래?"라고 묻는다면, 아이들의 대답은 "아니요"라고 준비되어 있는 것이다. 이와 유사하게 많은 어른들은 "우리 모두 지금 점심 준비 하자, 좋지?"라고 말한다. 이 때 당신이 아이의 대답으로 "아니요."라고 듣고 싶지 않다면 "좋지?"라는 질문을 하는 것은 진실한 의사소통이 아니다. 우리는 아이들에게 우리가 진짜 결정할 수 있는 선택만을 주어야 한다.

② 신체 통제

우리는 특히 아이들의 신체와 관련하여 그들과 힘겨루기를 피하고 싶어 한다. 우리는 아이들로 하여금 강제로 잠을 자게 하거나, 먹게 하거나 화장실을 사용하게 할 수 없다. 아이들이 자신의 신체 기능을 관리한다. 아이들에게 매트 위에 조용히 누울 것을 요구할 수 있고, 주변 환경을 수면에 도움이 되도록 만들 수 있다. 하지만 실제로 잠을 잘 것인지는 그들에게 달려 있다. 마찬가지로, 화장실을 사용하고 음식을 먹는 것도 개인적인 신체적 기능이다. 현명한 어른은 그것을 통제하려고 시도하지 않는다. 아이들의 섭식 장애가 증가 일로에 있다(Rosen, 2010). 소아 비만도 한 세대 전에 비해 3배 이상 증가하였다(Centers for Disease Control and Prevention, 2010). 간혹 부모 그리고 심지어 교사들조차도 아이들이 음식을 먹지 않으려고 완강히 버틸 때 강제로 먹이거나 위협을 가한다. 그들이 건강을 유지하는 한, 우리는 아이들 자신의 신체 기능에 대한 힘을 수용하고 존중할 필요가 있다. 화장실 사용법과 식사에 대해 아이들이 스스로 조절하도록 허락한다면, 보다 조화롭고 성공적인 결과가 나올 것이다. 성공했을 때, 아이들은 자신이 수행한 것을 매우 자랑스러워 할 것이다. 우리의 규칙은 그들의 진전에 기뻐하면서 격려하고 지지하는 것이다.

⑸ 소유 욕구

"숙희가 나눠주지 않아요!" 이런 울음소리는 유아들과 하루를 보내는 모든 이들에게 친숙한 소리이다. 3장에서 우리는 미발달된 사회적 기술과 자기중심성으로 인해 아이들이 서로 나누어 가지는데 문제가 생길 수 있다고 언급한 바 있다. 그렇지만 아이들에게 나누는 것이 필요한지 아닌지를 생각해 보게 하는 것도 매우 중요하다(Gonzalez-Mena & Widmeyer-Eyer, 2014). 아이들뿐만 아니라 어른들도 소유물과 자신의 영역에 대한 소유 욕구가 있다. 사무실 직원들은 자신만의 공간을 원하며, 각 개인의 책상에 놓여 있는 것도 개인적이고 사적인 것이다. 어른들은 아무도 직장 일을 수월하게 하려고 집에서 가져온 개인적인 물건들을 공유하도록 요구받지 않는다. 그러나 우리는 일상적으로 어린 아이들에게 나눠 쓰기를 요구한다. 소유 욕구는 공유에 대한 사회적 기대와 균형을 유지해야 한다.

사례 12-6

 민 선생님은 유치원에서 일어나는 개인 소유물에 관한 문제를 "귀중한 장소"라고 쓴 큰 박스를 고안해 냄으로써 해결하였다. 집에서 물건을 가져왔지만 다른 아이들이 만지는 것을 원치 않는 아이들은 자신의 물건을 그 안에 둘 수 있었고, 그것들은 안전하게 보관되었다. 물건 주인인 아이의 결정이 있을 때에만 그 물건을 사용할 수 있었다.

오 선생님은 개인 물건에 아이들의 이름을 써놓는 것이 아이들의 나누는 행동을 도와줄 수 있다는 것을 발견하였다. 오 선생님은 아이들의 물건에 꼬리표를 붙여 그들의 것임을 나타냄으로써 아이들의 소유 욕구를 충족시켜주었고, 이에 자유로워진 아이들이 더 관대해 진다는 것을 알았다. 먼저 아이들은 꼬리표 붙이는 것을 즐거워했다. 이것은 나중에 아이들의 기초적인 읽고 쓰는 활동 중 하나가 되었다. 그들은 일시적으로 수업 교구에까지 그렇게 했다. 그래서 영호가 퍼즐을 가지고 놀다가 잠시 쉬러 나가야 했을 때 그는 "만지지마. 영호."라고 써 놓았다. 반 아이들은 그렇게 씌어 있는 것을 존중해 주었고, 이를 통해 많은 잠재적인 갈등을 해결할 수 있었다.

　　민 선생님과 오 선생님은 아이들의 일시적인 또는 영속적인 소유 권리를 지켜주었다. 이들의 권리에 대한 옹호는 아동들을 이기적으로 만들기보다는 실제로 아이들이 더 관대해 지도록 돕는다. 아이들이 자신의 권리에 대해 존중받을 때, 다른 사람의 권리를 존중하는 방법을 배운다. 아이들이 자신의 물건에 대해 그들의 권리를 존중받을 때, 그것을 자발적으로 내놓고 싶어 하는 것이다. 어린이집 교사들 중에는 개별 아동의 이름과 전화번호가 적혀져 있는 카드를 가지고 있는 경우가 있다. 아이들은 자신이 하고 있던 활동이 그대로 유지되길 원할 경우, 자신의 이름 카드를 가지고 와서 자신이 하고 있는 활동 위에 둘 수 있다. 다른 아이들은 이름 카드가 무엇을 의미하는지 알고 있다. 만약 영호의 카드가 있다면, 그것은 영호가 잠시 자리를 비웠는데 곧 돌아올 것이라는 것을 의미한다.

2 소중한 존재로 느끼고픈 욕구

　　아이들이 교실 도우미 일을 하도록 해 달라고 조르는 것을 본 적이 있는가? 아이들이 '줄반장'과 같은 직책을 맡기 위해 경쟁하고 심지어 싸우기조차 하는 것을 본 적이 있는가? 아이들은 본인이 소중한 존재라고 느끼고 싶어 한다. 아이들은 교실의 "스타"가 되고 싶어 한다. 아이들은 교실의 선생님을 부러운 마음으로 쳐다보고 선생님이 갖고 있는 힘과 비중을 갈망한다. 아이들이 가장 존경하는 교사들이 사용하는 방법은 아이들이 긍정적인 기여를 통해 스스로를 소중한 존재로 느끼도록 할 기회를 많이 만드는 것이다. 한 연구에 의하면, 사용되는 언어조차도 중요했다. 그냥 "돕기"가 아니라 "돕는 이"로 명명되었을 때, 아이들은 더 열심히 도왔다. 연구자들은 아이들은 긍정적인 아이덴티티를 추구하도록 동기화된다고 결론 내렸다(Bryan, Master, & Walton, 2014).

(1) 주목을 받고 싶은 요구

스스로를 소중한 존재로 느낄 기회가 적절하게 주어지지 않으면, 아이들은 그렇게 느끼기 위해 다른 방법을 찾을 것이다. 종종 혼란을 일으키는 행동이 실제로는 주목해 달라는 간청이거나 도와달라는 외침일 수 있다. 아동의 거슬리는 행동이 주목해 달라는 외침이라는 것을 깨닫기 위해서는 성찰의 시간이 필요하다. 아이들이 흐느끼고 매달릴 때, 우리는 때때로 그 아이들을 떼어내어 나가 놀라고 말하고 싶어 한다. 우리가 그들을 떼어내면 낼수록 상황은 더 악화된다. 대신에 만약 우리가 그들의 요구를 인정하고, 그들의 말에 귀 기울이고, 놀아주고, 안아주거나 잠시라도 같이 이야기를 나누어 준다면, 아이들은 종종 흐느끼는 것을 멈추고 스스로 놀러 가는 것을 선택한다.

① 퇴행

주목받고자하는 행동을 하는 가장 흔한 이유는 아이가 이전 발달 단계로 퇴행할 때이다(Freud, 1930). 기저귀를 완전히 뗐거나 젖병이나 고무젖꼭지를 포기했던 아이가 그것을 필요로 하는 시기로 돌아갈 수 있다. 취학 전 아동은 자신의 욕구를 협상하고 전달하는 능력을 잃어버리고 차고, 때리고, 물고하던 시기로 되돌아갈 수 있다. 이러한 유형의 행동은 부모 부재, 병, 이사, 출산과 같은 충격적인 변화의 결과인 경우가 종종 있다. 친척 방문을 위한 여행과 같은 긍정적인 변화조차도 간혹 스트레스를 줄 수 있고 그 결과 아이가 퇴행 행동을 할 수 있다. 대개 퇴행은 정서적 욕구를 나타낸다. 최선의 방법은 아이의 나이와 좋아하는 것에 맞추어 안아주고, 이야기하고, 함께 활동하면서 아이와 시간을 보냄으로써 안정과 신뢰를 재설정하는 것이다.

② 부정적인 주목 추구

당신은 자랑함으로써 주목을 받고자 하는 아이들을 알고 있을 것이다. 또한 당신은 아마도 잘못된 행동에 대한 질책을 의도적으로 추구하는 것 같은 아이들도 본 적이 있을 것이다. 부정적인 주목도 결국 주목인 것이다.

> 순주는 조그만 일에도 엄살을 심하게 피운다. 아주 조금 다쳤을 뿐인데도, 반창고를 붙여 달라, 냉찜질을 해 달라, 뽀뽀를 해달라고 조른다. 오 선생님은 순주가 자신이 소중한 존재이고 사랑받는 존재임을 느낄 수 있는 좀 더 나은 방법을 찾도록 돕기를 원한다. 순주는 글을 잘 쓴다. 그래서 선생님은 자신의 쓴 글을 다른 사람과 공유함으로써 관심과 인정을 받도록 돕는다. 점차로 순주의 엄살이 줄어든다.
>
> 오 선생님은 소희의 고자질하는 행동 역시도 주목을 받고자 하는 욕구에서 비롯되었다고 생각한다. 선생님은 소희가 대가족에서 성장했기 때문에 집에서 많은 주목을 받지 못했을 것이라는 것을 안다. 선생님은 소희가 등원할 때 개인적으로 인사하고, 활동에 대해 코멘트 해주며, 해낸 일에 대해 관심을 나타내 줌으로써 자신이 중요한 존재라는 것을 소희가 알도록 하고 있다. 선생님은 아이들 각자에게 개별적으로 관심을 주려고 굉장히 애쓰고 있다. 하지만 학급 당 원아수가 너무 많아 그렇게 하는 것이 너무 힘이 든다. 그래서 선생님은 자신을 복제하고 싶다는 생각도 했다.

주목을 받고자 하는 아이들의 욕구는 정당하다(Hartwell-Walker, 2013). 그들에게 정당한 방법으로 그것을 획득하도록 가르치는 것은 우리의 임무이다. 그러나 대집단 환경에서 이러한 욕구를 적절히 충족시키는 일은 쉬운 일이 아니다. 10명 또는 그 이상의 유아당 교사 1인의 비율은 가장 성실한 유아교사 조차도 각각의 아동들에게 충분한 개인적인 관심을 기울이는 것을 어렵게 할 수 있다. 교사 대 아동 비율이 1:25 또는 그 이상인 공립학교는 불가능한 도전을 만들어낸다. 무릎위에 한 번에 앉힐 수 있는 아이의 수에는 한계가 있다. 욕구의 수준은 아동의 성격유형과 발달 단계에 따라 다르다. 욕구의 수준은 또한 그날그날 다르며 아이들의 휴식이나 스트레스 수준과 관련이 있는 경우가 종종 있다. 게다가 때때로 가정생활은 아이들에게 적절한 관심을 제공하지 못할 수도 있다.

아이들의 현재의 가정 상황에 대한 교사의 인식은 소중한 정보를 제공해 줄 수 있다. 이것은 최고 좋은 가정 환경에 있는 아동의 경우에도 마찬가지이다. 부모의 부재나 근로 시간의 증가, 형제의 출생, 심지어 손님의 방문조차도 아이에게 추가적인 주목 욕구를 야기할 수 있다. 다음의 사례에서, 교사는 태호의 알 수 없는 행동을 해결하기 위하여 가정으로부터 얻은 정보와 학교에서 관찰한 내용을 종합하였다.

사례 12-8

 태호는 큰소리로 콧노래를 부르며 자리를 돌아다녔다. 태호의 옆자리에 앉아 있는 수희는 읽기 선생님의 목소리를 들을 수 없다고 불평했다. 선생님은 태호에게 소희의 불평을 들었는지 못 들었는지를 물었다. 태호는 잠시 동안 조용히 했지만 곧 다시 큰소리로 콧노래를 부르고 몸을 배배 꼬기 시작했다. 읽기 선생님은 마음이 급해졌고, 태호가 왜 교실로 돌아왔는지 담임선생님에게 말해술 쪽지와 함께 그를 원래 공부하는 교실로 돌려보냈다.

　　방과 후, 오 선생님은 읽기 선생님과 대화를 했고, 태호에 관해서 물어보았다. 선생님은 문이 열리는 소리를 듣자마자 태호가 나가는 것임을 알았다고 말했다. 태호는 하루 종일 같은 문제 행동을 보였다. 몇 가지를 점검해 본 결과, 태호 어머니가 일을 위해 집을 다시 비우게 되었다는 사실을 알게 되었다. 선생님은 어머니가 집을 비웠을 때 태호가 항상 이런 문제 행동을 보였다는 사실을 기억했다. 선생님은 태호의 문제 행동의 원인을 더 빨리 알았어야 했다. 어머니의 여행에 대해서 알았더라면 그것은 분명히 유용했을 것이다.

　　태호가 다음날 학교에 왔을 때, 선생님은 태호에게 개인적인 관심을 보여주기 위해 특별히 노력했다. 선생님은 태호 어머니가 언제 돌아오시느냐고 물었고, "어머니가 집을 비우셨을 때, 어머니가 무척 그리웠겠구나. 그렇지?"라고 말했다. 읽기 교실로 갔을 때 읽기 선생님 또한 태호를 옆자리로 초대해서 어머니의 여행에 관한 야기기를 나누었다. 태호는 선생님들의 이러한 조언과 특별한 관심으로 충족되지 못한 욕구(어머니에게 관심을 받고자 하는 욕구)를 잘 처리할 수 있었다. 콧노래를 부르고 몸을 배배꼬는 행동이 멈추었다.

③ 의도적인 소란

　　몇몇 아이의 경우, 주목을 받기 위해서 소란을 피우는 행동은 일시적인 문제가 아니다. 일부 아이들은 소란스러운 교실에서 주목을 받고 지위를 얻기 위해서 할 수 있는 학습된 행동 패턴을 가지고 있다. 당신의 학창시절을 되돌아보면 교실에서 이런 광대 같은 행동을 하는 아이들을 틀림없이 떠올릴 수 있을 것이다. 이러한 행동은 낮은 자존감과 도움을 요청하는 애처로운 모습이다(Dreikurs, 1966). 한 가지 전략은 아래 사례에서 보듯이 부적절한 행동을 무시하는 것이다.

사례 12-9

 한 무리의 아이들이 새에 대한 책 내용을 따라가면서 녹음테이프를 듣고 있었다. 아이들은 책과 녹음테이프를 즐기고 있었다. 생생하고 섬세한 삽화들이 아이들의 관심을 사로잡았다. 그러던 중 정수가 듣는 것을 멈추고는 책을 시끄럽게 덮었다 펼쳤다 했다. 다른 아이들이 정수 때문에 듣는 것이 방해를 받는다고 불평을 했다. 오 선생님이 정수에게 가서 조용히 그만하라고 말했다. 그러나 선생님이 가자마자 정수는 또다시 같은 행동을 했고 비슷한 불평들이 쏟아졌다. 이번에는

> 선생님이 정수의 행동에 관심을 주기보다는 아무 말 없이 테이프의 볼륨만 조금 높였다. 정수는 흠칫 놀라는 듯 보였다. 더 이상 친구들이나 선생님의 주목을 받지 못했기 때문에, 정수는 다시 책 내용을 따라가기 시작했고, 나중에는 책에 있어 새에 대해 많은 이야기를 했다.

오 선생님은 정수와 정수의 문제를 이해하려고 노력을 많이 했기 때문에, 정수가 한 행동의 원인에 대해 효과적으로 반응할 수 있었다. 선생님은 정수의 부적절한 행동이 무시되도록 할 필요가 있었을 뿐만 아니라 주목을 받고 싶어 하는 그의 욕구를 다른 방식으로 충족되도록 할 필요가 있었다는 것을 알았다. 선생님은 부적절한 행동에 대한 반응이 아닌 다른 방법으로 정수가 간절히 원하는 주목을 해 주길 원했다. 선생님은 현재 진행 중인 문제에 대해 부모와 협력했고, 그가 학교생활을 잘 해 나갈 때 그를 주목하기 위해 노력하였다. 선생님은 사소한 사건에 신경 쓰기보다는 그의 부적절한 행동이 점점 덜 자주 일어난다는 사실에 감사했다. 그들은 정수의 문제 행동이 최초의 고비를 넘겼고, 선생님은 정수의 부적절한 행동을 무시했을 때의 첫 번째 효과를 알게 되었다. 그들은 최악의 상태를 견뎌냈으며 회복을 향한 길로 접어들었다.

④ 너무 조용한 아이들

주목받으려는 부적절한 노력을 무시하는 것이 일부 아이들의 성장을 돕는 최선의 방법일 지라도, 이로 인해 무심코 무시당하는 아이들이 많이 있다. 아주 조용한 아이들은 간과하기 쉽다. 지나치게 조용한 아이들은 포기 상태에 있을 수 있기 때문에 지나치게 시끄러운 아이들보다 더 심각한 문제를 야기할 수 있다. 그런 아이들은 자신의 욕구를 충족시키려는 시도를 그만두었는지도 모른다. 그들은 종종 멍해 보이거나 슬퍼 보이고 활동에 참여하지 않으며 대체로 성공적이지 못하다. 때때로 이런 아이들은 희생양이 되기도 하지만, 배경으로 사라지는 경우가 더 많다. 당신은 그들이 어떤 일에 대해 적극적으로 반대의사를 개진하거나, 화를 내거나 강한 감정을 표현하기를 희망할 것이다. 그러한 행동이 혼란을 일으킬지라도 말이다. 이런 종류의 문제의 근본적인 원인은 대개 학교 밖에 있다. 이 문제에 관해서는 취약성을 다루는 14장에서 논의할 것이다.

(2) 성공과 도전 욕구

정아가 학습 자료를 만지고 다른 아이들을 관찰하면서 교실을 이리저리 돌아다닌다. 하지만 놀이에 참여하지는 않는다. 유아교육기관에서 계획된 활동에 참여하지 않는 아이들은 교사와 부모 모두를 걱정시킨다. 그들의 행동에는 이유가 있다. 아이에게 요구에 따르기를 강요하거나 요구에 따르지 않는 것에 대해 벌을 주는 것이 그러한 이유를 말해주지는 않는다. 정원에 있는 비협조적인 식물과 달리, 학교에서 과제를 완수하지 않는 아이들은 종종 곤경에 처한다. 과제를 완수하지 못했을 때 휴식시간을 빼앗는 것은 비생산적인 훈육의 고전적인 예이다. 그렇게 하는 대신에 무엇을 해야 하는가? 대답은 행동의 원인에 달려있다.

사례 12-10

 만약 준기가 책이 너무 어려워 읽지 않는다면 유용한 한 가지 대처 방안은 준기의 수준에 맞는 책을 찾도록 도와주는 것이다. 다른 대처 방안은 준기에게 매일 책을 읽어주는 자원봉사자를 초대함으로써 준기의 읽기 능력을 신장시킬 수 있도록 도와주는 것이다. 아마 자신보다 조금 더 잘 읽는 친구와 함께 글을 읽는 것은 보다 생산적일 뿐만 아니라 재미도 있을 것이다.

만약에 준호가 지루해서 수학 시간에 장난을 친다면 그 아이에게 좀 더 적당한 도전 과제를 주어라. 준호가 개인적인 흥미를 가지고 있는 주제와 관련이 있고 그의 수준에 맞는 자료를 찾도록 도와라. 그렇다. 수학 또한 마찬가지다. 오늘날 많은 교사들이 학생들이 실제 생활에서 수학을 발견하고 그것을 실제 문제 해결에 사용하도록 돕는다.

만약에 지혜가 유치원에서 두려움 때문에 대근육을 전혀 사용하지 않는다면, 자신의 신체 능력에 대한 자신감을 증진시킬 활동을 찾도록 도와라. 아마도 좀 더 활동적인 경미와 친구가 되도록 도와주는 것은 지혜를 고무시켜 줄 것이다. 지혜는 장난감 집에서 많은 시간을 보낸다. 당신은 지혜가 하는 가장 놀이에 맞는 대근육 활동을 제시할 수 있을 것이다.

만약 정아가 지루해하면, 그 아이의 발달 수준에서 가장 높은 도전 과제를 찾아보라. 아마도 정아는 펜을 사용하여 좁게 줄이 쳐져 있는 종이 위에 쓰거나, 그 방에 있는 퍼즐의 조각 수보다 두 배 많은 퍼즐을 맞출 준비가 되어 있을 것이다. 아마도 정아는 자신이 좋아하는 이야기책 인물이 있고 다른 아이들과 친숙한 이야기를 공연하고 싶을 것이다.

① 학업적인 욕구 파악을 위한 관찰

아이들의 특별한 행동을 관찰하고 그 문제를 둘러싼 주변 상황을 기록함으로써 당신은 단서를 얻을 수 있다. 아이가 과제에 직면했을 때 분개하거나 불안해 보이는가? 흥미를 보이지 않거나 마음이 심란해 보이는가? 그 대신 다른 어떤 것에 의해 흥미가 유발되는가? 만약 그렇다면, 그가 흥미를 보이는 것은 무엇인가? 어떤 종류의 과제가 완성되지 않았는가? 예컨대, 아이가 단지 글 쓰는 것만을 피하는가? 또는 모든 활동을 피하는가? 이러한 질문에 대한 답을 근거로 당신은 아이가 과제를 성공적으로 할 수 있는 능력이 부족한지 또는 과제가 그 아이에게 충분히 도전적이지 못한 건지에 대한 판단을 내릴 수 있을 것이다. 당신은 아이가 수학은 잘하지만 과학 활동을 완성하기 위한 자료는 읽을 수 없다는 것을 발견하게 될 수도 있다. 이러한 상이한 발견은 각각 상이한 반응을 제안한다. 목표는 아이가 자신의 활동을 성공적으로 수행하고 만족감을 느끼도록 도와주는 방식으로 문제를 다루는 것이다. 아이를 개별적으로 다루는 것은 이러한 목표에 이르는 중요한 열쇠이다.

② 학업적인 것을 뛰어넘는 도전

도전적인 과제를 제공한다는 것이 반드시 학업적이거나 단순 암기를 의미하는 것은 아니다. 만약 당신이 뛰는 아이를 책읽기와 같은 조용한 활동을 하도록 시도한다면, 얼마 지나지 않아 읽기 영역에서 문제를 가지게 될 가능성이 많다. 영호의 발달적 욕구는 그에게 움직이라고 말하고 있다. 그런데 만약 조용히 앉아 있는 활동을 하게 하면, 영호는 아마도 소파 위로 기어 올라가거나 책을 집어 던질 것이다. 영호에게 자신의 움직이고자 하는 현재의 욕구와 일치하도록 신체적으로 도전적인 활동을 하도록 하는 것이 훨씬 효과적일 것이다. 이야기 시간은 영호가 앉아 책을 읽을 준비가 되어 있음을 보여줄 때를 위해 남겨 두어라.

도전적인 과제를 제공한다는 것이 반드시 학업적이거나 단순 암기를 의미하는 것은 아니다. 최고의 도전 과제는 종종 아이들이 물리적으로 실험하고 구체적인 자료나 행위를 통해 성공을 발견하도록 허락한다.

움직임을 허락하면서도 성공을 증진시킬 수 있는 또 다른 도전으로는 지적인 기술과 소근육 기술 모두를 자극하기 위한 작은 클립보드를 사용하여 정원에 있는 무당벌레의 움직임을 기록하는 것을 들 수 있다. 실내외를 막론하고 어른들은 도전적인 과제를 제 공하고 아이들의 성공을 증진시키기 위해 환경, 자료 및 스케줄을 세심하게 계획한다. 한 영역의 자료가 다른 영역의 자료와 쉽게 결합될 수 있을 때, 보다 복잡한 놀이와 문 제 해결이 일어날 가능성이 많다. 이것은 아이들이 성공적이 되고 자신이 중요한 사람 이라고 느끼도록 하는데 도움이 된다.

사례 12-11

> 민 선생님 반의 아이들은 서로 다른 유형의 운송 수단에 대한 공부를 마음껏 즐긴다. 오래된 냉 장고 박스를 가지고 버스를 만드는 것이 그들이 가장 좋아하는 활동이다. 집안 살림 영역에서 아 이들이 하는 놀이를 관찰하던 선생님은 소정이와 아림이가 만기가 운전하는 버스로 집을 떠나 는 것을 보았다. 만기는 운전수 모자를 쓰고 있었고, 여자 아이들은 만기에게 마트에 간다고 말했 다. 그들은 각자 의자에 앉기 전에 접시에서 동전을 꺼내 동전 투입구에 넣었다. 만기가 핸들을 약간 움직이고 경적을 울린 후 마트에 도착했음을 알렸다. 여자 아이들이 버스에서 내렸다. 버스 로 사용된 냉장고 박스는 이제 마트로 사용된다. 아이들이 조심스럽게 모형 음식을 골라 쇼핑백 에 넣는다. 얼마 지나지 않아, 그들은 버스를 타고 집으로 돌아와서는 저녁을 준비했다.

아이들이 극 놀이를 위한 요소를 두 가지 이상 가지고 있을 때, 당신은 훨씬 복잡한 놀이를 할 수 있다. 마찬가지로, 과학 영역은 감각적 탐색을 위한 기회를 증진시키기 위해 모래 놀이 테이블 옆에 위치시킬 수 있다. 수학과 과학 영역은 아이들이 과학 실 험을 하는 동안 자료를 수집하기 위해 수학 도구(예, 자, 유니픽스 큐브 등)를 쉽게 사용 할 수 있도록 하기 위해 인접하게 위치시킬 수 있다. 이것은 모두 교사가 아이들이 도 전 과제를 성공적으로 완수함으로써 자신이 중요한 존재라고 느끼고픈 욕구를 충족시 키기 위해 할 수 있는 방법이다.

③ 성숙을 통한 변화

성장함에 따라 성공 욕구는 적절한 도전 욕구와 함께 계속된다. 아동별로 올바른 균 형을 찾는 것이 지루함이나 좌절에 의해 야기되는 문제 행동을 피하는데 필수적이다. 실패와 좌절로부터 아이들을 보호하는 것이 목표가 아니다. 어느 정도의 좌절은 종종 배움의 일부분이고 어려움에 대처하는 방법을 배움에 있어 유용한 교훈을 제공해 줄 수 있다.

④ 평가

교사와 아동간의 협의는 두 사람 모두에게 개별적으로 주목하도록 해 주고 개별 아동의 성공과 가능한 도전에 초점을 맞추는 것을 가능하게 해 준다. 김 선생님은 대개 반 아이들을 일 대 일로 만난다. 그 만남은 일주일에 한번 5~10분 정도이다. 김 선생님이 갖는 아이들과의 일 대 일 시간은 매일 집단으로 아이들을 만나는 것보다 훨씬 가치가 있다. 아이들과 개별적으로 상호작용하는 것은 또한 교수-학습 과정에 중요한 그들간의 관계를 구축하는 데도 도움을 준다.

사례 12-12

오 선생님은 조용한 읽기 시간에 교실을 쭉 둘러본 후 유주와 이야기 할 시간을 가졌다. 이야기를 하는 동안, 유주는 선생님에게 자신이 최근에 읽었던 책에 대해 말했고, 그가 그동안 읽은 책의 목록을 보여주었다. 그런 다음 "그런데 임금님이 꿈쩍도 안 해요."라는 제목의 책의 내용 중 특히 재미있는 부분을 읽었다. 유주는 또한 3학년 때 자신의 펜팔 친구에게 썼던 편지를 선생님에게 보여주었다. 그들은 유주의 편지가 교실에 있는 뱀이 허물을 벗은 방식을 분명하게 설명했는지에 대해 이야기를 나누었다. 최종 마무리한 편지의 복사본은 유주의 쓰기 포트폴리오에 넣었다. 선생님은 유주가 관심을 보이는 뱀에 대한 책 몇 권을 추천했다. 나중에, 선생님은 유주가 보인 진전과 다음을 위해 준비한 기술에 대해 간단하게 메모해두었다.

오 선생님과 유주 간의 만남과 같은 개인적인 만남이 아이들의 지식에 대한 형성 평가 방법으로 사용되는 빈도가 점차 증가하고 있다(Riley-Ayers, 2014). 이런 유형의 평가는 학습 준거에 대한 아이들의 진전에 대한 즉각적이고 진솔한 피드백을 교사에게 제공한다. 전통적이고, 경쟁적인 평가 방식은 단지 최고 잘하는 아이만이 긍지와 성취감을 느끼도록 한다. 최상위의 몇몇 아이들을 제외한 나머지는 정반대의 감정을 느낀다. 덧붙여, 문화적 배경이 다른 많은 아이들이 문화 차이나 언어 차이에 대한 고려 없이 평가를 받는다. 이중 언어 사용자인 아이들을 평가하는 것은 교사에게 도전일 수 있다. 아이와 부모가 사용하는 언어와 동일한 언어를 사용할 수 없는 경우 특히 그러하다(Santos, 2013). 아이가 발전하고 학습하는 데 추가적인 지원이 필요한지의 여부를 결정하는 것은 모든 교사의 책무이다. 심사는 아이에게 특수 교육과 같은 특화된 수업 방식과 서비스가 필요한지 여부를 결정하기 위한 추가적인 평가의 필요성을 교사가 아는데 도움을 준다. 계속 진행 중인 평가는 교사가 개별 아동의 진전과 발달을 모니터링하고, 자신의 수업 방식을 조정하며, 주요 개념에 대한 아동의 학습을 추적하는데 도움을 준다.

3 안전 욕구

어른들이 아이들의 신체적 안전을 지키기 위해 충실하게 자신의 임무를 할지라도, 아이들이 정서적으로 충분히 안전감을 느끼지 못하면, 그들의 행동은 악화된다(Koplow, 2014). 안전감을 느끼는 것은 건강한 성격 형성에 필수적이다. 안전감, 세상에 대한 신뢰 혹은 불신은 대개 생애 초기에 형성된다. 안전감의 부족은 학교 활동에 참여하지 않거나 반사회적 행동의 원인이 될 수 있다(Erikson, 1994).

(1) 예측가능성

아이들은 자신이 기대하는 것이 무엇이고, 자기들에게 기대되는 것이 무엇인지를 알 때 안전감을 더 느낀다. 그 한 예로서 예측가능한 하루 일과를 들 수 있다. 필요한 학교 학습 자료가 어디에 있는지를 아는 것과 같이, 자신의 사물을 두는 장소를 아는 것 또한 중요하다.

사례 12-13

 아이들이 유치원에 도착했을 때, 민 선생님은 아이들을 개별적으로 따뜻하게 맞이하기 위해 교실 문 앞에 서 있다. 아이들은 각자 재킷과 개인 사물을 넣기 위한 보관함을 가지고 있다. 그래서 아이들은 자기 물건을 그 곳에 넣어둘 수 있다. 아이들은 다양한 활동들 중 선택할 수 있고, 그 활동들을 탐색할 충분한 시간을 갖는다는 것을 알고 있다. 블록이나 놀이집을 포함한 많은 활동은 매일 할 수 있다. 그러나 매일매일 새롭고 다른 것들 또한 아이들에게 제공된다. 예를 들어, 발 그림이나 간식 준비하기 등이 특별한 행사로 진행될 수 있다.

아이들은 자유 선택 시간 후에 집단 시간이 주어지고 그 후에는 간식이 주어진다는 것을 알고 있다. 그들은 간식 시간 후에 바깥 놀이가 진행되고 다시 교실로 돌아왔을 때는 이야기 시간이 있을 것이라는 것을 안다. 이러한 계획을 수정할 필요가 생기면, 박 선생님은 아이들과 그것에 대해 이야기를 나누고 아이들에게 변화에 대해 미리 알려준다.

① 학교의 시작

아이들은 입학 후 한 달 정도만 지나면 방금 언급한 이러한 일과를 잘 인지하게 되고 편안해 진다. 그러나 학교생활의 시작은 다른 문제이다. 아이들에게 학교 환경에 대해 안내해 주는 것은 아이들이 안전감을 느끼는 데 매우 중요하다(Driscoll, Mashburn, Wang, & Pianta, 2011).

사례 12-14

 민 선생님은 아이들이 처음 학교에 오기 전에, 아이들과 그의 부모들을 개별적으로 만나려 한다. 어떤 부모들은 선생님이 서로 친해지기 위해 가정을 방문하는 것을 고맙게 여기는 반면, 다른 부모들은 학기가 시작되기 전에 있는 학교 방문의 날에 선생님을 만나기를 원한다. 최초 만남에서 선생님은 아이들이 나중에 학교에 올 때 자신을 낯설어 하지 않도록 하기 위해 친밀감을 느끼도록 노력한다. 또한 선생님은 이 만남을 아이의 이전 경험과 부모의 기대를 알 수 있는 기회로 활용한다.

입학 후 첫날에는 아이들이 잠시 동안 부모와 함께 머물도록 한다. 선생님은 또한 아이들이 새로운 상황으로 전환하는데 도움이 되는 아이디어를 제시한다. 여기에는 가족사진을 가져오게 하거나 자신이 가장 좋아하는 담요나 인형을 가져오게 하는 것이 포함된다. 선생님과 보조 교사는 아이들이 새로운 상황에 잘 적응하도록 지원해 준다.

② 예측할수 있는 제한

또 다른 유형의 예측가능성은 수용가능한 행동과 그렇지 않은 행동을 알려주는 학급 지침을 아는 것과 관련된다. 아이들에게 자신에게 기대되는 행동을 명확하게 전달해 줄 필요가 있다. 아이들이 자신의 행동 제한을 넘어서려고 시도하는 것은 자연스럽다. 아이들의 그러한 시도는 자신의 행동 제한이 어디까지인지 그리고 그 제한에 융통성이 있는 것인지를 아이들이 알도록 하는데 도움을 준다.

7내지 8세 미만의 어린 아이들은 자신을 넘어서는 것에 대해 생각하는 것을 어려워하고, 학급 규칙을 쉽게 만들 수 없다. 교사가 이 과정에 아이들을 참여시키려 할 때, 아이들은 종종 자신이 보았던 모든 부당함을 생각해내고 해서는 안 되는 것에 대한 긴 목록을 만들고 싶어 한다. 이에 대한 예로는, 침을 뱉으면 안 된다. 다른 사람의 신발을 가져가서는 안 된다. 다른 사람의 종이에 색칠을 해서는 안 된다. 수학 시간에 말을 해서는 안 된다. 놀이터에서 남자 아이를 쫓아가서는 안 된다 등을 들 수 있다. 이 목록은 끝이 없는 것처럼 보이고, 일반적으로 아이들이 기억하기에는 너무 길다. 규칙을 아무리 길게 만들어도 예외적인 상황은 일어나기 마련이다. 그런 상황이 발생하면, 아이들은 그 행동이 규칙인지의 여부를 놓고 다투게 된다. 현명한 교사들은 긴 목록의 지침을 만드는 대신에 학급 규칙에 대한 단순하고 명료한 지침을 설정한다. 예컨대, 박 선생님은 교실에 있는 모든 사람과 동물에 대한 친절과 안전에 대해 단호하다. 박 선생님은 또한 장비와 재료를 책임감 있게 다루는 것을 강조한다. 박 선생님의 기대는 기억하기 쉬운 2개의 지침(즉, 친절 하라. 사람과 물건을 소중하게 다루어라.)으로 요약할 수 있다.

나이가 많은 아이들과 일하고 상호존중을 위해 노력하는 교사는 적절한 제한을 결정함에 있어 아이들을 참여시키고, 아이들이 제한을 가하는 이유를 이해하도록 돕는다. 개인의 결정과 선택에 많은 자유를 주는 것은 현명한 일이다. 그러나 그 자유는 다른 사람에게 피해를 주지 않는 범위 내여야 한다.

③ 스트레스

"선생님, 선생님, 소희가 내 그림을 찢었어요!" 아이들이 집단에서 안전감을 느끼려면, 다른 아이들이 자신을 괴롭히거나 창피를 주거나, 위협하는 것이 허락되지 않을 것이라는 것을 알아야 할 필요가 있다. 역경에 대처하는 방법을 배우는 것은 건강한 아동 발달의 중요한 부분이다. 그러나 연구(Sparks, 2013)에 의하면, 만성적인 불안정과 스트

일상이 설정되어 있지 않고 예측가능성과 연속성에 대한 아이들의 합리적인 기대가 충족되지 못할 때, 학습과 사회적 관계는 손상을 입는다. 만성적인 불안정성과 스트레스를 겪은 아이들은 작업기억과 자기통제력이 낮을 뿐만 아니라 스트레스에 보다 공격적으로 반응한다.

레스를 겪고 있는 아이들은 작동 기억과 자기통제력이 낮을 뿐만 아니라 스트레스에 보다 공격적으로 반응한다. 위협을 받을 때 인체는 나이에 상관없이 신체적으로 심장 박동수, 혈압 그리고 코르티졸과 같은 스트레스 호르몬을 증가시키는 반응을 보인다. 어린 아동의 스트레스 반응 시스템이 지지해 주는 어른들이 있는 교실에서 활성화되었을 때, 그 영향은 최소화되고, 화학적 변화는 곧 기준선으로 되돌아온다. 결과는 건강한 스트레스 반응 시스템의 개발이다. 그러나 만약 스트레스 반응이 극심하고 오래 지속되며 보호 관계가 그 아이에게 형성되어 있지 않다면, 그 결과로 평생에 걸쳐 영향을 미치는 시스템은 손상되어 약화될 수 있다(Harvard University, 2016). 아이들이 위협적인 행동을 하는 것을 본 어른들은 그런 행동을 한 아이가 자신의 행동이 어떻게 다른 아이들의 감정에 영향을 미치는지를 인식하도록 돕기 위해 개입할 필요가 있다. 이때가 아이들의 안전한 학습 환경을 유지하기 위해 어른이 교사로서의 권한을 발휘하고 제한을 설정할 때이다.

④ 성질을 부림

성질을 부리는 아이는 제한을 통한 안전감이 필요한 아이일지도 모른다. 아이들은 누군가가 스스로를 통제하도록 도움을 줄 것이라는 것을 앎으로써 정서적 안정을 가지는 것이 필요하다. 아이들은 아직 자신의 감정을 조절하는 법을 배우는 중이기 때문에, 강한 감정에 압도당할 수 있고 그 감정에서 벗어나지 못할 수 있다. 당신의 개입은 아이들이 자신이나 타인을 헤치는 것을 당신이 허락하지 않을 것이라는 것을 아이들이 알게 하여 안심시킴으로써 실제로 위안이 될 수 있다. 아이들의 자신의 행위를 통제하기 위해 애쓸 때, 아이들은 자신의 외부에 한계가 존재한다는 사실을 앎으로써 위안을 얻는다.

걸음마기 아기가 처음으로 성질을 부리는 경우 종종 그것을 그냥 무시하는 것이 최선이다. 아이들은 바닥에 누워 발로 차고 소리를 지르며 성질을 부리는 것이 그들이 원하는 것을 얻는 방법이 아니라는 것을 빠르게 배운다. 물론 아이들은 자신이나 타인 또는 환경에 해를 가하는 것으로부터 보호되어야 한다. 정말 고통스럽고 자신을 표현할 능력이 부족한 아이의 경우, 만약 보살펴주는 어른이 아이의 생각과 감정을 그들을 대신해서 말해 줄 수 있다면, 아이의 성질부리는 행위는 피할 수 있을 지도 모른다. "저 장난감을 가지고 놀고 싶은데 그러지 못해 화가 나는구나." 간혹 아이를 조용히 꼭 안

아주면서 그 아이의 감정을 헤아려주는 것이 그 아이를 진정시키는데 도움이 될 수 있다. "트럭이 부서져서 슬펐구나." 만약 아이가 그럴 의사가 있다면, 아이에게 마실 물을 주는 것도 스트레스를 줄이는 빠르고 효과적인 방법이 된다. 어떤 경우에는 아이들이 어른이 하는 어떤 개입도 수용하지 않을 것이다. 그런 경우에는 아이들이 진정되고 평정을 찾는 동안에 그들로부터 좀 떨어져서 관찰할 필요가 있다.

⑤ 교사 연속성

아이들이 학교에 갔을 때 선생님 대신에 낯선 사람이 있다면 어떻게 될까? 아이들에게는 매우 무서울 수 있다. 아이들이 의지할 담임교사가 거기에 있을 것이라는 것을 아는 것은 아이들의 안전감에 매우 중요하다. 아동 보호 기관의 교사들의 이직률이 매우 높다는 것은 아이들의 정서적 안전과 학업에 심각한 위협이 된다(Prochner & Howe, 2011). 대체 교사를 배치하는 것도 트라우마가 될 수 있다. 그러한 변화가 아이들에게 미치는 영향에 대해 민감하게 반응하고 정서적 안전감을 주기 위해 노력하는 학교는 아이들의 대처를 돕는다. 가능하다면, 교사가 아이들에게 교사 대체에 대해 미리 말해 주고 그들이 아는 사람을 대체 교사와 함께 거기에 있도록 조정하는 것이 좋다. 교사가 바뀌는 경우 교사가 아이들에게 작별 인사를 하는 것이 좋고, 현 교사와 새 교사를 갑작스럽게 바꾸기 보다는 점진적으로 교체하는 것이 좋다. 연속성을 지원하고 현재의 관계를 유지하기 위해 오늘날 많은 기관에서는 1년 이상 교사와 아동이 함께 하도록 한다. 이렇게 하면 교사, 아동, 부모가 서로를 잘 알게 된다는 큰 이점이 있다(Minkel, 2015).

4 사랑과 수용 욕구

사랑받지 못하고 배척당하는 기분을 느끼는 것은 어떤 끔찍한 행동을 유발할 수 있다. 호감받기를 원하는 사람은 호감이 가는 방식으로 행동을 할 것이라고 생각하지는 않는가? 그러나 그것은 아니다. 그것은 그런 식으로 진행되지 않는다. 사랑받지 못한다고 느끼는 아이들은 다른 사람들에게 친절하게 행동하는 기술과 자기 확신이 부족하다.

(1) 교사와 아동 관계

과학을 가르치든 사회적 기술을 가르치든 상관없이 긍정적인 교사-아동 관계는 필수적이다. 교사가 아이들의 행동과 생각에 영향력을 발휘하기 위해서는 아이들과 긍정적인 관계를 구축할 필요가 있다 아이들과 좋은 관계를 발달시키는 접근법은 또한 학습에 도움이 되는 조화로운 교실을 만든다. 이에 덧붙여, 아이들의 자존감, 확신 및 안전감을 위해서는 교사와의 지지적인 관계가 중요하다. 아이들은 당신이 그들을 좋아하고, 안전하게 보호할 것이며, 그들이 성공하도록 도울 수 있다는 것을 알 필요가 있다. 아이들이 이런 것을 알 때, 그들은 문제 행동을 덜 한다. 우리는 개별 아동의 장점에 대해 더 알 필요가 있고, 우리의 일상생활에서 그 지식을 사용할 필요가 있다. 사회·정서적 유능감을 증진시킴으로써 우리는 후일 사회·정서적 도전을 예방한다.

① 진정한 관계

당신의 아이들이나 애완동물의 사진을 보여주어라. 당신의 주말에 한 활동에 대해 이야기하라. 그리고 아이들이 자신의 경험에 대해 이야기할 때 당신의 관련 경험을 나누어라. 이것이 교사가 교실 외의 삶이 있다는 것을 아이들이 배우는 한 가지 방법이다. 아이들은 어른들이 그들과 함께 있고 싶어 하는지를 알 수 있다. 그러므로 유아 교사는 실제로 아이들을 좋아하고 그들이 성장하는 것을 즐기는 것이 필요하다.

② 함께하기

아이들은 또한 당신이 진정으로 그들에게 주목하는지의 여부를 알 수 있다. 신체적으로 함께하는 것과 정신적으로 함께하는 것은 같지 않다. 어른들은 너무 바빠서 그냥 주목하는 체하는 경우가 종종 있다. 놀이에서 가상 휴대폰으로 자주 통화를 하는 걸음마기 아기들이 증명하듯이, 최근에 휴대폰을 이용한 문자 메시지 주고받기 때문에 이런 문제가 증가했다. 3세 아이가 친구와 놀면서 말한다. "잠깐만, 나 이메일 체크해야 해." 그런 다음 그렇게 하는 척 했다. 다른 유아는 놀이에 사용할 장난감을 더 가져오기 위해 가는 동안 어른에게 "저기서 기다려, 저기 있어."라는 말을 반복했다. 아이들은 우리가 그들을 주목하지 않을 때 그것을 알아챘다.

사랑받고 있다고 느끼고 다른 사람들이 자신을 좋아할 것으로
기대하는 것은 부모나 보호자와의 성공적인 애착의 결과이다.
애착은 신뢰 발달을 위해 필요하다. 애착을 통해 아이들은 그
들이 타인에게 의지할 수 있다는 것을 배운다.

③ 애착

애착과 신뢰가 파괴된 아이들은 당신의 조력을 너무나 필요로 한다. 하지만 아이들
은 모두 교사에 의해 사랑받고 받아들여진다고 느낄 필요가 있다. 교사와 아동간의 좋
은 관계는 많은 행동 문제를 예방할 수 있고 발생한 행동 문제를 해결하도록 돕는다.
아이들과 개별적으로 관계를 맺기 위해 보낸 시간은 잘 보낸 시간이다.

사례 12-15

민 선생님은 자유 선택 시간에 아이들이 원을 돌게 하면서 잠시 동안 멈추게 하고는 그림, 블록
만들기 또는 학교 밖에서의 신났던 일들에 관하여 말하게 하였다. 아이들이 이러한 활동을 할 때
선생님은 아이들의 등에 글로 된 표시를 붙이거나 손가락으로 표시를 하면서 아이들에게 개별
적으로 미소를 지어주었다. 아이들은 선생님이 자신을 알고 애정을 가지고 있다는 것을 느낀다.
아이들이 집단시간을 위하여 모였을 때, 박 선생님은 가장놀이의 주제나 진흙으로 만든 것들에
대하여 그가 관찰했던 것을 이야기해 준다. 선생님은 모든 아이들, 특히 자신의 시선을 가장 많이
필요로 하는 아이들에게도 자신들이 선생님에게 주목받고 있다는 것을 느낄 수 있도록 했다. 집
단 시간에는 종종 아이들이 스스로 가치롭고 중요한 사람이라고 느낄 수 있도록 노래를 부른다.
이 때 가장 좋은 것 중의 하나는 아이들의 이름을 가지고 부르는 "이름 게임"이다.
토리, 토리 보 보리
페 피 모리-토리

> 또 다른 것으로는 "작은 상자" 노래를 들 수 있다.
>> 내가 만일 작고 붉은 상자라면
>> 나의 숙희를 거기에 넣을 텐데
>> 나는 그녀를 꺼내어 키스, 키스, 키스를 할거야.
>> 그리고 다시 그녀를 상자 속에 넣을 거야.

(2) 좋아하기 힘든 아이들

교사에게 모든 아이들을 사랑으로 돌보아 달라고 부탁하는 것은 비현실적인 이야기가 될지도 모르겠다. 그러나 교사에게 아이들을 열정적으로 대할 것을 기대하는 것은 합리적이다. 이 열정은 모든 아이들이 가지고 있는 욕구를 충족시켜주는 교육 환경과 교육과정을 만들려는 노력을 통해 보여줄 수 있다. 당신의 노력은 사랑을 주는 한 가지 방법이다. 실제로 아이들을 좋아하든지 그렇지 않든지 간에 말이다. 중요한 것은 개별 아동의 독특성과 잠재력을 존중하면서 모든 아이들을 있는 그대로 받아드리는 것이다. 교사의 역할은 아이들이 성장함에 따라 모든 아이들을 돌보고 지도하며 격려하는 것이다. 그런데 그냥 좋아하기가 힘든 아이들이 있다. 어떤 아이들만 특별히 좋아하지 않으려고 노력하라. 다른 아이에 비해 특별히 호감이 가는 아이들이 있다. 그것은 어른의 경우도 마찬가지이다.

좋아하기 가장 힘든 아이들은 당신의 수용을 가장 필요로 하는 아이들이다. 그들의 충족되지 못한 사랑에 대한 욕구는 강렬하고 다루기 매우 힘든 행동을 야기한다. 만약 아이들의 욕구를 만족시키는 것이 불가능하다고 느낀다면 아이들은 당신에게 짜증스럽고 귀찮은 존재가 될 것이다. 아이들은 또한 당신에게 힘든 존재가 될 수도 있다. 모든 것은 당신의 태도에 달렸다.

사례 12-16

> 상희는 자꾸만 다른 친구들에게 고함을 쳤다. 그래서 박 선생님은 교실에서 나가서 들어오지 못하게 했다. 얼마나 선생님을 성가시게 했는지… 상희는 다른 아이들과 항상 다투었고 끊임없이 말을 했다. 하지만 선생님의 질문에는 일체 답을 하지 않았다. 그런 것만으론 충분하지 않은 것처럼, 상희는 모든 걸 잃어버렸다. 상희는 연필도 없었고, 읽기 책이 어디에 있는지도 몰랐으며, 도시락 가방도 항상 잃어버렸다.

선생님은 모든 걸 다 시도해 보았다. 상희는 다투고 남을 방해한 이유로 항상 타임-아웃을 받은 것처럼 보였다. 선생님은 마침내 상희가 잃어버릴 것 같은 모든 걸 상희에게서 아예 뺏기 시작했다. 상희는 입을 삐죽 내밀고 울상이 되었지만, 선생님은 눈물이 흘러내리지 않았기 때문에 애처롭게 보이기 위한 연기라고 생각했다. 자 이제 상희를 보자. 상희는 의자에 앉지 않고 탁자 밑을 기어 다닌다. 다음은 어떻게 되겠는가?

박 선생님은 분명히 상희를 좋아하지 않는다. 그런 결과로 다른 아이들도 상희를 좋아하지 않는다. 상희의 행동은 또래로부터 계속해서 배척을 받는다. 이 거부의 결과로, 상희는 자신이 나쁜 아이라는 것을 배운다. 이 교훈을 믿을수록 그녀는 그에 따른 행동을 한다. 이상하게 들릴지 모르겠지만, 그녀의 반응은 정상적이고 도전적이다. 사랑받지 못한다고 느끼는 사람들은 사랑받지 못하게 행동하는 경향이 있고, 이로 인해 그들은 더 나쁘게 느끼고 더 나쁘게 행동하게 된다(Lickerman, 2010). 악순환의 연속일 수밖에 없다. 상희에게 있어 유일한 희망은 자신을 긍정적으로 볼 수 있는 경험을 통해 악순환의 연결고리를 끊는 것이다. 자기 이미지를 바꾸는 것은 쉬운 일이 아니다. 먼저 긍정적인 피드백이 상희에게는 불편하기 때문에, 상희는 이전보다 더 부정적으로 행동할 수도 있다. 이런 행동은 자존감이 낮은 사람이 보이는 일반적인 반응이다. 자신이 가진 자아상과 모순된 방식으로 대우를 받는 것이 이상하기 때문일 것이다. 그러므로 긍정적인 피드백에 대해서 보이는 상희의 첫 반응은 실제로 자신이 어떤 사람인지를 다른 사람들에게 보이기 위해 더 심한 행동을 할 것이다. 아이가 자신에 대해 부정적인 자아상을 습득하지 않도록 도움을 주기 위해서는 인내와 헌신이 필요하다. 아이들이 성공적으로 삶을 살기 위해서는 자신에 대한 긍정적인 상을 확립하는 것이 필수적이다.

사랑받고 있다고 느끼고 다른 사람이 자신을 좋아하리라고 기대하는 것은 부모나 보호자와의 성공적인 애착을 맺은 결과이다. 애착은 살아가면서 당신이 다른 사람에게 의지할 수 있는 신뢰의 발달에 필요하다. 기억하라. 애착과 신뢰는 영아의 첫 번째 발달 과업 중 하나이고, 향후 건강한 정서 발달에 기초가 된다.

교사-아동 관계가 약하면, 아이들은 학교 적응과 사회적 기능 및 학습에 어려움을 겪는다. 어린 아이들이 충분히 기능하는 사람으로 성장하기 위해서는 그들에게 중요한 성인들로부터 사랑과 수용을 받는 것이 꼭 필요하다.

① 태도 변화

전문가로서 우리는 모든 아이들에게 사랑과 애정을 보여주기 위해 애쓴다. 일부 교사들이 사용하는 한 가지 전략은 각 아동별로 좋아하는 한 가지를 찾는 것이다. 아래 예시는 교사가 보다 긍정적인 관점을 취함으로써 어떻게 그 과정을 시작할 수 있는지를 보여준다.

사례 12-17

> 동수는 항상 다른 아이들의 보관함에 있는 도시락을 꺼내 먹는다. 어느 날, 민 선생님은 동수가 높은 선반으로 올라가 그날 아침에 아이들이 장식해 놓은 생강 과자로 만든 집을 먹는 것을 보았다. (만약 그 집이 그레이엄 크래커로 만들어져 있다면 누가 상관 하겠는가?) 선생님은 동수가 높은 곳을 아주 빠르게 올라가는 모습을 보고 놀랐다. 그리고 재차 다른 아이들의 권리를 침해하고 소유물에 손을 댄 것에 대해 화 또한 났다. 선생님은 동수의 잘못된 행동에 초점을 두고 그 아이가 싫은 이유 한 가지를 추가할 수도 있었겠지만, 그렇게 하는 대신에 동수가 아주 가난한 집에서 홀어머니와 산다는 사실을 고려했다. 선생님은 동수의 어머니가 매일 아침 일찍 동수를 학교에 버스로 데려다 준 후 다시 직장을 향해 되돌아 걸어가는 것을 본 것을 상기했다. 고심 끝에, 선생님은 동수가 의도적으로 나쁜 행동을 하려고 한 것이 아니라 아마도 배가 고파 그렇게 하였을 것이라고 결정했다. 아침 식사를 좀 더 일찍 준비하고 식사 메뉴에 단백질을 추가할 뿐만 아니라 음식의 가지 수를 늘렸다. 그런 후 선생님은 동수의 행동에서 놀랄만한 변화를 보았다. 배가 고프지 않을 때 동수는 친구들을 공손하게 대했고 어른들의 생각과 지도를 아주 쉽게 수용하는 것 같았다. 결과적으로 선생님은 긍정적인 측면에서 그의 생존 기술을 이해할 수 있었고 놀이 기구의 높은 곳을 빠르게 올라가는 능력도 볼 수 있었다.

② 감정과 행동의 분리

또 하나의 전략은 문제 아동에 대한 우리의 감정과 그 아동의 행동을 분리하는 것이다. 아래 사례에서 보는 바와 같이, 아이들의 행동에 의해 좌절되거나 실망하지만 우리는 항상 아이들을 좋아하려고 노력한다.

사례 12-18

> 부경 아동 센터의 교사 회의 시간에 태우가 자주 바람직하지 못한 행동을 한다고 모든 선생님들이 불평을 털어놓았다. 원장 선생님은 부정적인 초점을 누그러뜨리기 위해 한 가지 연습을 제안했다. 태우의 진짜 좋은 점 한 가지만 모두 생각하게 했다. 선생님들은 태우의 긍정적인 면에 초점을 맞추는데 힘들어하는 자신의 모습에 당황했다.

그럼에도 불구하고 점차 선생님들은 태우에 관해 실제로 좋아하는 것을 하나씩 말하게 되었다. 민 선생님은 태우의 노래를 좋아한다고 했다. 음악시간을 자주 망치기는 해도 적어도 음정은 맞다. 김 선생님은 태우의 눈을 좋아했다. 태우의 두 눈은 조금도 쉬지 않고 함께 장난을 칠 누군가를 찾기 위해 두리번거렸으나 김 선생님의 어머니 눈같이 밝고 아름다운 갈색 이었다. 조 선생님은 태우의 자신감있는 태도를 높게 평가했다. 태우에게는 두목 행세를 하려는 면이 있기는 해도 그것은 조 선생님이 보기에 가치있는 능력이었다.

칭찬 목록이 많아짐에 따라 선생님들은 자신들이 이전에 불평해왔던 한 아이를 새롭게 보게 되었다. 그렇다고 성가시게 생각했던 태우의 행동을 잊어버린 것은 아니다. 그렇지만 이러한 연습이 태우를 보다 긍정적인 관점으로 보도록 했다. 이제 선생님들은 태우의 행동과 성품을 구별할 수 있었고 그를 도울 방법에 대해 더 잘 브레인스토밍 할 수 있었다.

까다로운 아이들을 지도하는 것은 흥미로운 일이 될 수 있다. 비록 그들이 당신의 에너지를 거의 고갈시킨다 해도 그들이 당신에게 가장 큰 보람을 주는 존재일 수도 있다. 화가 날 경우 남을 때리던 아이가 분노를 처음으로 말로 표현하였을 때 당신은 기쁨을 맛볼 것이다. 그 중요한 순간에 지도의 성과를 볼 수 있다. 습관적으로 소란을 피우던 아이가 집단에 부정적인 영향을 주지 않고 하루를 보낼 때, 당신은 그 아이가 자신의 에너지를 보다 생산적으로 발산할 수 있도록 도와주었다는 점에 대해 스스로를 축하해야 한다.

⑶ 가족사

어떤 아이들은 애착을 해치고 신뢰감을 손상시키는 경험을 했을 수도 있다. 아이들의 정서 발달은 이혼, 군복무, 질병, 죽음, 감금이나 또 다른 이유로 인한 가족구성원의 일시적 또는 영구적 상실에 의해 황폐해질 수 있다. 출생 후 1년 동안 어린이집 교사에게 보살핌을 받은 어린 아이는 만약 그 교사가 직장을 그만둔다면 앞서 언급한 것과 비슷한 고통을 받을 수 있다. 기질이 까다로운 아이의 경우, 동생이 태어남으로써 부모에 대한 애착과 신뢰에 손상을 받을 수 있다. 아이들의 부모와의 지지적인 관계 또한 효과적인 유아교육 프로그램에 필수적이다. 어린 아이들은 부모와 밀착되어 있고, 그들의 부모는 아이들의 지금까지의 삶에 대한 주요 정보원이다.

① 가정 방문

부모와 관계를 어떻게 구축할 것인가? 가정 방문은 부모와 관계를 시작하는 아주 좋은 방법이다. 헤드 스타트 교사들의 경우 가정 방문은 일상적인 것이다. 다른 유아 교사들 심지어 초등학교 교사들까지도 가정 방문을 자신이 담당할 아이들을 더 잘 알기 위한 귀중한 방법으로 채택되기 시작했다. 가정 방문은 부모로부터 아이들에 대해 많은 것을 들을 수 있는 좋은 기회이다. 아이들이 교육적 경험을 통해 무엇을 배우기를 부모들이 원하는지를 알 수 있고, 아동에 대한 특별한 정보를 들을 수도 있다. 예를 들어, 집에서 부르는 아이의 애칭, 아이가 가장 좋아하는 가족 활동, 애완동물, 형제자매, 좋아하는 음식 등에 대해 아는 것은 당신이 그 아이와 좀 더 개인적인 관계를 맺는데 도움을 줄 것이다. 부모에게 아이 편으로 가족사진을 보내주도록 부탁할 수도 있다. 부모는 아이들과 자신에 관한 모든 것을 담은 책을 만드는 작업에 도움을 줄 수 있을 것이다.

부모와 교사가 같은 언어를 사용하지 않으면 이런 식의 계획을 세우기가 어렵다. 통역사가 이 간극을 메울 수 있다. 지역사회의 자원봉사자, 전문 통역사 또는 가족의 친구 등이 필요한 도움을 줄 수 있다. 공식적인 교사 협의회는 물론이고 비공식적인 대화를 나눌 때에도 통역사는 있어야 한다. 어떤 부모는 당신이 그들의 가정을 점검하고자 하는 건 아닌 가해서 의심할지도 모른다. 가정 방문은 아이가 당신을 교사로서 뿐만 아니라 가족의 친구로 보도록 하기 위해 하는 친선 방문일 뿐이라고 부모들을 안심시킬 필요가 있다.

② 부모와 학교간의 연계

아이들의 부모를 아는 교사는 아이들과 훨씬 더 잘 관계를 구축할 수 있다. 교실을 방문하는 학부모들에게 편안한 공간을 제공하는 것은 부모들의 참석을 장려하기 위한 좋은 전략이다.

사례 12-19

 민 선생님은 교실 입구에 편안한 성인용 의자를 두었다. 하루 일과 동안에, 아이들은 친구와 책을 읽을 때 종종 그 의자를 이용한다. 선생님은 부모들이 아이들을 데리러 왔을 때, 아이들이 자신이 그린 그림과 재킷을 챙기는 동안 앉아서 기다릴 수 있으면 더 오래 머물고 더 자주 방문하는 것을 보았다. 부모들이 그렇게 하도록 장려하기 위해, 선생님은 재미있는 잡지와 간식 시간에 다 먹지 못한 과일과 과자, 물 주전자와 컵 그리고 쿠폰 교환 상자를 테이블 위에 두었다. 이전에는 부모들이 아이들을 재촉하여 하던 놀이를 멈추게 하고 즉시 갈 준비를 하도록 하는 경우가 가끔 있었다. 그런 결과로 아이들은 크게 울거나 부모와 싸웠다. 하지만 요즘은 부모들이 아이들을 데리고 가기 전에 잠시 휴식을 취하기 위해 이 공간을 사용하는 것을 종종 본다. 아이들도 놀이를 급하게 중단하지 않아도 되고 친구들에게 인사도 할 수 있게 되어 집으로 갈 준비를 할 때 더 협조적이었다. 그렇게 함으로써 선생님은 또한 부모와 담소를 나누고, 그것을 통해 부모와 중요한 연계를 구축할 기회를 갖게 되었다. 또한 선생님은 아이들이 집단에서 하는 행동과 반응을 이해하는데 도움이 되는 정보를 얻기도 한다. 이를 통해 선생님은 개별 아동을 보다 진정성 있게 지도하는데 도움을 받는다.

③ 교실 문 개방

부모를 학교 행사나 야외 견학에 초대하는 것은 부모와 연계할 수 있는 또 하나의 방법이다. 저녁 행사는 직장을 다니는 부모들의 참여를 가능하게 해 준다. 저녁 행사로 각자 한 가지씩 음식을 가져와 저녁 식사를 같이 하는 것 또한 부모들 간의 유대감을 형성하는데 아주 좋다. 어디에서 만나든 관계 구축에 있어 핵심은 다른 사람이 알고 원하고 믿는 것을 존중해 주는 것이다. 부모를 아는 것은 아이를 아는 창이고 이해, 수용 그리고 사랑을 향한 긍정적인 발걸음이다.

(4) 또래 수용

아이들은 성인들과의 친한 관계뿐 아니라 다른 아이들로부터의 수용과 우정도 필요로 한다. 앞에서 안전과 사회적 발달이라는 측면에서 또래 관계를 언급한 바 있다. 이

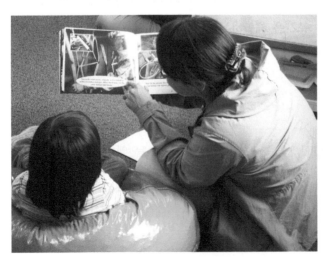

아이들의 교육에 참여한 부모를 둔 아이들은 그렇지 않은 아이들에 비해 보다 긍정적인 태도와 행동을 보이고, 학업성적도 높으며, 고등교육을 받을 가능성도 높다. 교사들은 학교 활동에 부모를 기꺼이 받아드릴 필요가 있다.

책에서는 아이들이 다른 사람들은 자신과 다른 감정과 생각을 가지고 있다는 것을 이해하도록 돕는 것이 중요함을 강조하였다. 그러나 가끔 당신은 다른 사람들이 어떻게 느끼는가에 대해 개의치 않는 아이를 만나게 될 것이고, 당신이 그런 아이들에게 이 중요한 기술을 가르치기 위해 한 모든 노력이 아무런 효과를 보지 못할 수도 있을 것이다.

사례 12-20

 유치원에서의 첫 주 마지막 날에 오 선생님은 종호를 지도하는 것이 자신에게 큰 도전이 될 것임을 알았다. 종호는 일주일 내내 문제를 일으켰다. 친구들의 물건을 뺏고, 다른 친구들 앞에서 밀치거나 당기는 행동을 하고, 친구들에게 마음의 상처를 준 데 대해 사과나 반성도 하지 않았다. 오 선생님은 수희로 하여금 종호에게 그가 자기를 잡아당겼을 때 마음의 상처를 받았다고 말하도록 했다. 그러나 종호는 들은 척도 하지 않았다.

오 선생님은 곧 종호의 문제는 자신의 행동의 결과를 몰라서가 아니라 다른 친구들이 화가 난 것에 대해 개의치 않는다는 것을 알았다. 이것은 아이가 지식이 부족하다는 것보다 훨씬 더 큰 도전이었다. 선생님이 교사로서 해야 할 일은 왜 종호가 개의치 않는지를 알아내고 그런 다음 그 원인을 다루는 것이었다.

오 선생님은 그런 아이들은 전형적으로 또래에게 거부당한 경험이 있다는 것을 발견하였다(DeVries & Zan, 2012). 그들은 친구가 없고 친구를 기대하지도 않는다. 이것은 그들로 하여금 친구들에게 마음의 상처를 주더라도 잃을 것이 아무 것도 없다는 입장을 취하게 한다. 앞에서 설명한 바와 같이, 친구를 사귀는 것은 사회적 기술의 발달에 매우 중요하다. 종호가 명수는 어쨌든 자기와 놀지 않을 것이라고 생각하지 않았다면, 명수가 찰흙을 뺏긴데 대해서 얼마나 화가 났을까보다는 찰흙을 얼마나 많이 빼앗았는가에 대해 더 관심이 갈 것이다. 그러므로 다른 친구들이 어떻게 생각하는가에 대해 무관심한 것은 지금까지 또래들로부터 수용받고 싶은 요구가 제대로 충족되지 못했다는 것에 그 원인을 둘 수 있다. 물론, 이것은 자기 영속적인 문제이다. 종호가 다른 친구들의 감정을 고려하지 못하면 못할수록 친구들은 점점 종호를 자신들 속으로 수용하지 않을 것이다.

사례 12-21

 오 선생님은 종호에게 가장 필요한 것은 친구라고 생각했다. 선생님은 봉수가 종호를 돌봐 줄 수 있을지 궁금했다. 봉수는 종호에게 유용한 역할모델이 될 수 있을 것이라 생각했다. 봉수는 사회적 기술이 뛰어난 학급에서 인기가 많은 아이였다. 선생님은 개인적으로 봉수에게 종호와 같이 놀아주고 그에게 친구와 사귀는 기술을 가르쳐 줄 수 있는지 물었다. 봉수는 사람들에게 인정을 베푸는 품성을 가지고 있었고 선생님의 뜻에 따라주었다.

　학급에서 인기가 많은 친구인 봉수에게 책을 같이 읽는 친구로 선택을 받고, 운동장에서 놀 때 한 팀으로 같이 놀게 된 것은 종호에게는 큰 변화였다. 봉수가 지지해 준 덕분에 종호는 친구들에게 받아들여지기 시작했다. 그러나 봉수는 종호에게 계속 같이 놀기를 원하면 공을 함께 사용해야 한다는 것을 상기시켰다. 지금 종호는 다른 친구들의 감정을 무시하면 잃어버리게 될 무언가가 생긴 것이다. 그런 결과로 선생님은 종호가 타인에 대한 조망수용을 학습할 수 있도록 도울 수 있는 기회를 가지게 되었다. 종호의 생활은 지금 막 새로운 전기를 맞이하게 된 것이다.

5 결론

　아이들이 충족되지 못한 욕구 때문에 문제 행동을 일으키는 경우, 유능한 교사는 생산적이고 수용할 수 있는 방법으로 그들의 욕구가 해결되도록 도울 수 있다. 충족되지 못한 아이의 정서적 욕구를 정확하게 결정하고 그 욕구에 반응함으로써 많은 비생산적인 훈육을 제거할 수 있다. 이에 덧붙여, 당신은 아이들이 아직 어릴 때 문제에 개입하여 그 문제가 더 커지지 않도록 함으로써 그들의 미래를 바꿔 놓을 수도 있다.

　아이들의 욕구가 충족되도록 돕는데 힘씀으로써, 당신은 진짜 문제아를 이해할 수 있게 될 것이다. 그들은 말 그대로 도와달라고 아우성치고 있다. 교사라면 결코 그런 말들을 무시해서는 안 된다. 그런데 그런 아이들의 문제는 대개 해결된다. 너무 조용한 아이들이 실은 더 큰 문제다. 이 책을 읽어나가면서 이 아이를 떠 올려보라.

6 요약

- 충족되지 못한 다양한 욕구가 바람직하지 못한 행동을 야기할 수 있다. 교사는 아이들의 욕구가 충족되도록 도움으로써 그 행동을 향상시킬 수 있다.
- 자신이 소중한 존재라고 느끼고픈 욕구는 아이들의 행동에 영향을 미친다. 교사는 아이들이 성공적으로 과제를 완수할 수 있는 기회를 많이 주어 부적절한 주목을 추구하지 않도록 할 필요가 있다.
- 이 장에서는 아이들의 안전감 개발을 위한 생활지도 방법으로 한계 설정과 연속성 유지에 대해 살펴보았다. 예측가능성은 아이들의 안전에 대한 욕구를 충족시키도록 돕기 위해 교사가 사용할 수 있는 특히 중요한 방법이다.
- 아이들은 사회적으로 바람직한 행동을 하기 위해서는 사랑받고 수용받는 느낌을 받을 필요가 있다. 부모와 연계하고 좋아하기 힘든 아이들에 대한 태도를 바꾸는 것은 모든 아이에 대한 사랑과 수용을 개발하는 데 필수적이다.

7 논의 및 숙고

1. 아이의 도전적인 행동을 효과적으로 다루지 못했던 때를 생각해 보라. 이 장에서 무엇을 배웠는가? 즉, 당신이 그동안 사용해왔던 생활지도 방법을 바꾸게 하였고 보다 성공적으로 생활지도를 하게 한 이 장의 내용은 무엇이었나?
2. 우리 모두는 사랑받지 못했거나 수용받지 못했던 때가 있다. 당신이 그러했던 때를 생각해 보라. 무엇이 그런 기분을 느끼게 했나? 그 당시에 그러한 감정을 느끼고 있는 사람에게 친절하게 접근할 수 있었는가? 당신은 무슨 일로 성공과 자신감을 느꼈는가? 당신에게 도움을 준 사람이 있었는가? 비슷한 상황에 있는 다른 사람을 어떻게 도울 수 있겠는가?

8 도전

3. 해결해야 할 문제: 4살 상훈이가 청소 시간에 장난감 자동차를 치우기를 거부한다.

   a. 충족되지 못한 욕구를 한 가지만 말해보라. 그것을 다룰 생활지도 방법에 대해 말해 보라.

   b. 충족되지 못한 또 다른 욕구를 말해보라. 그것을 다룰 다른 생활지도 방법에 대해 말해 보라.

   상훈이가 18개월이고 여전히 장난감 자동차를 치우기를 거부한다고 가정해 보라. 그의 충족되지 못한 욕구를 사정하는 방법과 그것을 다루는 생활지도 방법이 어떻게 다른가? 만약 상훈이가 2살이라면? 아동의 발달 수준이 충족되지 못한 욕구의 평가와 그것을 다루는 생활지도 방법을 어떻게 변화시키는가?

4. 해결해야 할 문제: 1학년 정희는 수업시간에 사용한 종이를 사물함에 넣으라는 말을 들으면 항상 선생님께 도움을 요청한다. 다른 수업용 자료들을 정리할 때는 그런 요청 없이 아주 즐겁게 잘 한다.

   a. 정희의 어떤 욕구가 충족되지 못했을까? 다른 경우는 그렇게 않은데 왜 종이를 사물함에 넣으라고 할 때만 그렇게 할까? 이 문제를 다룰 생활지도 방법에 대해 말해보라.

   b. 또 다른 원인은 무엇일까? 그것을 다룰 생활지도 방법에 대해 말해보라.

9 현장 활동

5. 당신이 알고 있는 아이가 다니는 유치원이나 어린이집에서 실제 행동 문제와 지도방법을 분석해 보라. 당신이 지도할 사례가 아마도 교육적으로 가장 유익할 것이다.

   a. 상황을 기술하라.

   b. 관련 아동에 대한 정보에 기초하여 가능한 원인을 기술하라.

   c. 그 원인을 다루는 성인의 개입 전략을 기술하라.

   d. 처치에 대한 아이들의 반응을 기술하라.

e. 사용한 지도 방법이 도움이 되지 않았다면, 그 이유가 문제의 원인을 제대로 파악하지 못해서인가 아니면 처치가 충분하지 못해서인가?

f. 원인이 다른 데 있다고 생각되면, 다음을 대비해서 그 원인에 맞는 다른 처치 전략을 세워보라.

🔟 추천도서

Howes, C., & Ritchie, S. (2002). *A matter of trust: Connecting teachers and learners in the early childhood classroom*. New York: Teachers College Press.

Hyson, M. C. (2008). *Enthusiastic and engaged learners: Approaches to learning in the early childhood classroom*. New York: Teachers College Press.

Katz, L. G., & McClellan, D. E. (1997). *Fostering children's social competence: The teacher's role*. Washington, DC: National Association for the Education of Young Children.

Koplow, L. (2007). *Unsmiling faces: How preschools can heal*. New York: Teachers College Press.

Landy, S. (2009) *Pathways to Competence: Encouraging healthy social and emotional development in young children*. Baltimore: Paul H Brookes.

Music, G. (2011) *Nurturing natures: Attachment and children's emotional, sociocultural and brain development*. New York: Psychology Press.

Rosen, K. (2016) *Social and emotional development: Attachment relationships and the emerging self*. Basingstoke, UK: Palgrave Macmillan.

Sax, L. (2007). *Boys adrift*. New York: Basic Books.

Sax, L. (2010). *Girls on the edge*. New York: Basic Books.

Worral, H., Templeton S., Roberts, N., Frost, A., Golding K., Durrant E., et al. (2013). *Observing children with attachment difficulties in school: A Tool for identifying and supporting emotional and social difficulties in children aged 5~11*. London: Jessica Kingsley.

제13장
다양한 욕구:
학업적, 사회적, 문화적, 언어적

학습 목표

- 인지적인 욕구나 사회적인 욕구 때문에 문제 행동을 야기하는 아이들을 돕기 위한 방법을 계획할 수 있다.
- 부모 또는 다른 전문가와 협력하는 것이 교사가 어떻게 다양한 배경, 언어 및 능력을 가진 아이들을 지원하는데 도움이 되는지를 설명할 수 있다.
- 문화적 불일치와 언어적 불일치가 아이들의 행동에 어떠한 영향을 미칠 수 있는지를 요약할 수 있다.

교사로서 살아오는 동안, 당신은 문화, 경험, 능력이 당신 자신이나 대부분의 사람들과 다른 아이들을 보살피거나 교육했을 것이다. 다양한 집단의 아이들의 욕구를 충족시켜주는 것은 유아교사로서 당신이 다루어야 할 가장 중요한 과업 중의 하나이다. 그러므로 당신이 아이들의 행동 지도 계획을 세울 때 개인차를 고려하는 것이 중요하다. 이러한 개인차를 무시하고 모든 아이들이 동일한 방식으로 행동할 것이라고 기대하는 것은 아이들의 독특성, 신념, 가치를 무시하는 것이고 그들이 할 수 있는 것과 할 수 없는 것을 무시하는 것이다. 그렇게 하는 대신에, 당신은 개인차를 인정하고 존중해 줌으로써 아이들의 독특한 욕구를 충족시키기 위해 아이들과 상호작용하는 방식을 조정할 수 있을 것이다.

사례 13-1

 양미는 선생님이 간식을 먹기 위해 탁자를 닦으라는 말을 여러 번 했음에도 불구하고 선생님의 요청을 무시하고 있다. 양미의 선생님은 양미와 이전에도 비슷한 경험을 여러 번 한 적이 있고 양미가 보여주는 이러한 행동의 원인을 설명하는데 도움이 될 행동 패턴을 찾고 있다. 이 장에서는 전형적인 아동 행동 문제의 원인과 다른 원인을 탐색하고자 한다.

이 장에서, 우리는 바람직하지 못한 행동의 원인을 계속해서 분석할 것이고, 다양한 학업적, 사회적, 언어적 욕구가 행동 문제를 야기하고 있는 아이들을 지도하는 방법에 대해 논의할 것이다. 우리는 이런 원인을 전형적인 욕구와 분리하여 논의할 것이다. 왜냐하면 우리는 특별한 욕구가 있는 아이들을 지도할 때 교사가 추가적인 지원을 받는 것이 중요함을 강조하고 싶기 때문이다. 먼저, 우리는 유아 교사가 다루기 가장 힘든 행동을 살펴 볼 것이다. 특별한 욕구가 있든 없든 상관없이 아이들은 이 장의 첫 번째 부분에서 살펴 볼 행동을 간혹 보여줄 것이다. 그러나 주목이나 의사소통, 정서 문제 또는 학습 지체가 있는 아이들은 교실에서 기대되는 것에 대한 좌절이나 불쾌함을 전달하는 수단으로 이런 유형의 행동에 더 의지할 가능성이 많다. 다음으로 우리는 행동의 문화적 고려 사항에 대해 살펴볼 것이다. 즉, 아이들의 행동에 대한 교사의 오해나 성인의 기대에 대한 아이들의 오해가 어떻게 교실에서의 문제 행동으로 이어질 수 있는지에 대해 살펴 볼 것이다.

1 문제 행동 보기

앞서 논의한 바와 같이, 불복종, 부주의, 공격성과 짜증은 어린 아이들이 보여주는 흔한 행동이다(Wakschlag et al., 2007). 시간과 지지적인 지도가 이루어진다면, 대부분의 어린 아이들은 자신의 욕구를 사회적으로 수용되는 방식으로 표현하는 것을 배울 수 있다. 그러나 자기 조절의 학습을 어렵게 만드는 장애나 어려움을 가진 아이들도 있다. 이런 아이들이 사회적 기술을 배우기 위해서는 부모나 교사 또는 전문가들로부터의 추가적인 지원이 필요하다.

당신은 유아 교육자로서 아이들에게 지속적으로 행동 지원을 제공할 준비를 해야 한다(Sugal & Homer, 2008). 대부분의 아이들은 경험과 모델링을 통해 교실에서의 행동 지침을 배우지만, 이런 지침을 내면화하는 데 추가적인 도움이 필요한 아이들도 있다. 유아특수교육협의회(CEC/DEC; 2005)와 학자들(예; Eber, Hyde, & Suter, 2011; Sayeski & Brown, 2011)은 학교가 사회적 또는 정서적으로 어려움이 있는 아이들이 사회적으로 유능하도록 돕기 위해 이들에게 제공할 수 있는 3수준의 지원에 대해 기술하였다. 1수준은 예방이고, 2수준은 의도적인 수업이며, 마지막 수준은 개별화 수업이다. 이들 각 수준에서의 처치와 관련하여 우리가 추천하는 것은 이 책의 이론적 기초와 일치한다. 따라서 상이나 처벌에 기초한 처치는 배제한다. 우리와 다른 이론적 토대를 가진 저자들은 다른 유형의 전략을 추천할 것이다(Hall, 2009).

우리는 이 책에서 예방적 전략을 많이 논의했다. 아동 발달을 이해하는 것, 조직적이고 고무적인 교실을 설계하는 것 그리고 매력적이고 의미가 있는 교육과정을 계획하는 것 등이 교실에서의 행동 문제를 예방하는 것으로 알려진 전략이다. 당신 아이들 중 대다수는 이런 1수준의 예방적 조치를 통해 학교에서 잘 생활하는 데 필요한 사회적 기술을 배울 것이다.

당신이 가르치는 아이들 중 대략 10% 정도는 교실에서 잘 생활하는 데 필요한 사회적 기술을 의도적으로 가르칠 필요가 있다(Epstein, 2007). 이런 아이들은 예방적인 방법이나 전체를 대상으로 하는 방법에는 반응하지 않는다. 그러므로 2수준의 조력이 요구된다. 이런 아이들을 효과적으로 지도하기 위해서는, 보다 집중적으로 가르치는 것이 필요할 것이다. 이러한 가르침은 대개 소집단으로 진행된다. 의도적인 수업의 예로는 친구를 사귀고 친구 관계를 유지하는 방법이나 또래와의 갈등을 해결하는 방법과 같은 구체적인 사회적 기술을 가르치는 것을 들 수 있다. 당신은 이런 영역에서의 경험이 제한적인 아이들로 구성된 소집단에게 이런 기술을 가르치는 계획을 의도적으로 세워야 한다. 시간적 여유를 가지고 몇 번 상기시켜 주면, 대부분의 아이들은 기술을 내면화하여 교실에서 잘 생활할 수 있을 것이다.

당신 반의 아이들 중 5% 정도는 또래와 잘 상호작용하거나 교실 지침을 이해하기 위해 집중적인 개별화 수업이 필요할 것이다. 그들이 수용되는 방식으로 다른 사람과 상호작용하는 법을 배우거나 학급 규칙을 준수하는 법을 배우기 위해서는 일 대 일 도움이 필요하다. 일반적으로 전문가(예, 특수 교육자, 학교상담자)가 이런 아이들을 위한 생활지도 전략을 계획하는 데 도움을 준다. 어떤 사람들은 보상을 주고 처벌을 하는 방식이 이 시점에서 필요함을 주장할 것이다. 당신은 왜 그런 방법이 아이들에 대한 당신의 목표와 부합하지 않는지를 명확하게 설명할 필요가 있다(예, Hall, 2009; Kohn, 2011). 그렇게 하기 위해 당신은 보상과 처벌을 분석한 9장을 재검토해 보길 원할지도 모르겠다. 이 주제와 관련하여 추천한 책과 논문 또한 도움이 될 것이다.

사회적 기술에 집중적인 가르침이 필요한 아이들은 자신의 욕구를 충족시키는 사회적으로 수용되는 방식을 배우는데 집중할 것이다. 이런 아이들이 교실에서 잘 생활하도록 돕기 위해서는, 사회적으로 수용되는 방식으로 자신의 욕구를 충족시키는 방법, 즉 대체 행동을 가르칠 필요가 있다. 예컨대, 만약 윤주가 자신의 욕구를 충족시키기 위해 고함을 지른다면, 당신은 윤주에게 도움을 청하는 방법을 가르쳐야 할 것이다. 만약 형기가 자신의 방식대로 할 수 없을 때 짜증을 낸다면, 당신은 형기에게 스스로를 진정시키는 방법과 제한을 수용하는 방법을 가르쳐야 한다. 한 가지 행동을 버리고 다른 행동을 학습하는 데는 시간이 걸린다는 것을 기억해라. 손톱 물어뜯기 중지나 금연 시도와 같이, 당신이 고치려고 시도했던 나쁜 행동에 대해 생각해 보라. 만약 당신이 사회적으로 수용되지 않거나 당신에게 좋지 않은 어떤 것을 하는 것을 멈추려고 시도했다면, 당신은 그렇게 하는 데는 시간, 노력 그리고 지원이 필요하다는 것을 알았을 것이다. 어린 아이들이 한 행동을 다른 행동으로 대체하려고 할 때 그들은 변함없는 지원을 필요로 한다. 그리고 당신은 교실에서 성공하기 위해 필요한 지속적인 격려를 이 아이들에게 제공해야 하는 사람이다.

(1) 라벨링없이 이해하기

우리는 아이들의 장애(예, 자폐증, ADHD, 반항장애)에 대한 명칭을 사용하는 것을 경계한다. 왜냐하면 아이들이 보이는 어려움을 특정 장애로 설명하는 것에는 한계가 있고 특정 명칭을 부여받는 아이들이 걱정되기 때문이다. 대신에, 우리는 아이들이 다른 사람과의 관계를 방해하거나, 새로운 것을 배우는 아이들의 능력을 저해하거나, 교실 활동에 참여하는 것을 제한하는 구체적인 행동을 다루는 전략에 초점을 맞출 필요가 있다(Murphy, 2014). 예컨대, 다양한 분야에 능력이나 장애를 갖고 있는 아이들은 그들의 욕구를 충족시키기 위해 공격성을 사용하고, 많은 장애를 가진 아이들은 교실에서 과제에 주목하지 못하거나 부주의한 행동을 보인다. 이런 이유로, 우리는 여기서 교사가 다루기 힘든 구체적인 행동에 초점을 둔다.

(2) 과제에 집중하지 못하거나 부주의한 아동 지도

어린 아이들은 힘든 학업적 과제를 수행할 때 그 과제가 재미있는 것이라 하더라도 휴식 시간을 자주 갖는 것이 필요하다. 아이들은 과제 이외의 할 것을 찾는 행동으로 정신적으로 휴식이 필요하다는 신호를 보낸다. 교사는 아이들이 스스로 선택한 휴식을 과제에 집중하지 못하는 행동이나 부주의라고 부른다. 아이들이 흥미를 유지하는 활동과 활동을 지속하는 시간은 아이들마다 다르다. 개별 아동의 흥미 유지 활동과 활동 지속 시간은 어른도 마찬가지이지만 집중하고 집중을 방해하는 것을 견뎌내는 능력 스펙트럼의 어딘가에 있다. 이 스펙트럼의 극단에 있는 아이들의 행동에는 신경학적 이유가 있다. 그들의 뇌의 전두엽은 그들이 자신의 충동을 통제하는데 필요한 신경전달물질을 충분히 수용하지 못한다(Hallowell & Ratey, 2011). 그들은 종종 문제에 연루된다. 왜냐하면 행동이나 말 전에 생각할 충동 통제를 갖고 있지 않기 때문이다. 이것은 의도적인 행동이 아니다. 이 아이들이 일반 아이들에 비해 훨씬 더 많은 인내와 지도가 요구되며, 동일한 기술을 학습하는데 더 많은 연습과 시간이 필요하다(Murphy, 2014).

주목결핍장애가 있는 아이들이 주목할 수 없다는 것은 오해이다. 이 아이들은 자신의 주목 수준을 조절할 수 없거나 자신의 주목의 끄는 자극에 저항할 수 없고, 종종 특정 주제, 광경, 소리 또는 생각에 고도로 집중한다(Hallowell & Ratey, 2011; Murphy, 2014). 그런 결과로, 주목 문제가 있는 아이들은 위축되거나 아주 말을 많이 한다. 그들은 끊임없이 움직이거나 아주 활기가 없어 보인다. 이런 아이들은 부주의하거나, 지나치게 활동적이거나. 또는 이 둘 사이를 왔다 갔다 할 수 있다. 주목 문제는 종종 오해를 받는다. 그리고 배워야 할 것이 여전히 많다. 주목 문제는 난독증과 같은 학습장애나 불안과 같은 기분 장애와 아주 자주 결합된다(Goldrich, 2016). 당신이 맡고 있는 학급에 주목 문제가 있는 아이들이나 다른 학습 장애가 있는 아이들이 있을 수 있다. 이 아이들은 진단을 받았을 수도 있고 그렇지 않을 수도 있다. 아이들이 학교생활을 잘 하도록 돕는데 진단 여부가 필요하지는 않다. 아이들을 지도할 때 사용할 수 있는 효과적인 전략과 처치를 배우는 것은 아이들이 과제에 집중하게 하고 그들이 학교생활을 잘 하는데 필요한 사회적 기술을 개발하는데 도움이 될 것이다.

　주목 수준에 대해 더 잘 알면 모든 아이들을 지도하는데 도움이 될 수 있지만, 주목 문제로 어려움을 겪고 있는 아이들에게 특히 중요하다. 윌스(Wills, 2008)는 주목의 세 가지 수준에 대해 언급하였는데, 1)생존을 위한 주목, 2)흥미로운 것에 대한 주목, 3)선별적 주목이 그것이다. 생존을 위한 주목은 안전에 대한 우리의 필요를 어떻게 충족시킬 것인가 하는 것이다. 우리는 주변 환경으로부터 모든 정보를 수집한 후 우리의 안전 여부를 결정한다. 이것은 또한 투쟁-도피 반응이라고 부르기도 한다. 활동 때문에 스트레스를 받거나 당황한 아이들은 종종 생존을 위한 주목 방식으로 활동을 한다. 아이들

학교 공부에 대해 불안한 아이는 그 불안 때문에 훨씬 더 어려움을 겪는다. 이런 아이들에게 필요한 것은 성취 압력이 아니라 학업 지원이다.

이 이 방식으로 활동을 할 때, 그들은 중요하지 않은 정보로부터 중요한 정보를 걸러낼 수 없다. 그들은 현재 상태를 유지하고 무엇에 집중해야 하는지를 아는데 어려움을 겪는다. 아이들이 이렇게 느낄 때는 학습이 제대로 이루어지지 않는다. 그래서 학교 공부에 대해 불안한 아이는 그 불안 때문에 훨씬 더 어려움을 겪는다. 이런 아이들에게 필요한 것은 성취 압력이 아니라 학업 지원이다.

사례 13-2

민 선생님은 짧은 글에서 글의 요지를 찾는 법을 설명하고 있었다. 하지만 민지는 머리 속이 복잡하여 선생님의 목소리를 들을 수조차 없었다. 선생님은 학급 아이들에게 곧 이 기술에 대한 시험이 있을 것이기 때문에 이 기술이 매우 중요하다고 말했다. 민지는 자신이 시험에 떨어질 것이라는 걸 알고 있었다. 왜냐하면 그 시험은 읽기와 민지가 읽으려했을 때 머리 속에 남아있지 않던 단어에 대한 것이었기 때문이었다. 민지는 자신이 바보처럼 느껴졌고, 친구들이 그걸 알까봐 두려웠다. 그래서 그 이후로는 더 이상 친구를 사귀려고 하지 않았다. 그것이 민지가 생각할 수 있는 모든 것이었다.

흥미로운 것에 대한 주목은 좀 더 중점을 둔다(Murphy, 2014). 이 주목 상태에서, 아이들은 신기한 물건이나 놀라운 일에 끌린다. 교사들은 수업을 시작할 때 아이들의 흥미를 끌기 위해 종종 이런 유형의 주목을 사용한다. 당신 중 대부분은 교사가 아이들에게 특이한 물건을 보여준 후 그것에 대해 아는 것을 질문함으로써 수업을 시작하는 것을 보았을 것이다. 우리는 이런 유형의 수업 전략을 갈고리(hook)라고 부른다. 교사들은 수업을 시작할 때 아이들의 주목을 끌고 수업을 아이들의 배경 지식과 연결시키기 위해 갈고리를 사용한다. 오 선생님은 아이들을 수업으로 끌어들이는 것이 그들이 계속해서 과제를 하도록 돕는데 중요하다는 것을 안다.

사례 13-3

오 선생님이 손에 파리채를 들고 있다. 선생님이 아이들에게 물었다. "이 도구를 어떻게 사용할 수 있을까?" 아이들이 재빨리 대답했다. "벌레를 죽이는데요!" 선생님이 또 물었다. "왜 우리는 벌레를 죽여야 하지?" 아이들이 수없이 많은 대답을 했다. "벌레는 물어요!" "벌레는 무서워요." "벌레는 못생겼어요!" 선생님은 그들의 대답을 방 앞에 있는 큰 종이위에 적었다. 그런 다음 선생님은 아이들에게 물었다. "우리가 벌레를 죽이지 않고 구해야 하는 이유가 있을까?" "아니요" 아이들이 대답했다. 선생님이 반응했다. "오늘 선생님이 벌레들이 우리를 위해 하는 좋은 것들에 대해 이야기 하려고 해요. 이야기를 들으면서, 벌레를 구해야 하는 이유를 발견할 수 있을지 생각해 보아요." 선생님이 화이트보드와 마커를 아이들에게 나누어주었다. "만약 당신이 내가 이야기를 읽을 때 벌레에 대해 좋은 것을 들으면, 그것을 당신 화이트보드에 적거나 그림을 그려요. 다 읽고 난 후, 우리의 아이디어를 나눌 것예요."

갈고리를 사용하는 것은 주목 하는데 문제가 있는 아이들을 지도하는데 특히 도움이 된다. 앞서 언급한 바와 같이, 주목하는데 문제가 있는 아이들은 자신의 주목 수준을 조절하는데 도움이 필요하다. 특히 재미있어 하는 주제나 정말 즐기는 활동에 과하게 주목하는 그들의 경향은 그들에게 도움이 되게 사용될 수 있다. 아이들과 좋은 관계를 구축한 교사들은 그들이 재미있어 하는 것과 그들이 즐기는 것을 알아 낼 수 있다. 특별히 재미있어 하는 주제와 활동은 주목하는데 애로가 있는 아이들의 관심을 끌고 유지하는데 매우 유용할 수 있다. 그러나 활동이 끝나갈 무렵 이 아이들에게 그것을 미리 알려주고 준비시켜야 한다는 것을 기억하는 것이 중요하다. 왜냐하면 이 아이들은 그들이 아주 몰두하고 있을 때 그들이 주목하고 있는 것을 그만두는 것을 힘들어 하기 때문이다. 그들의 경우 과하게 주목하는 것은 전환을 매우 어렵게 만들 수 있다. 미리 다음 활동을 준비시키는 것이 중요한 것처럼, 이 아이들에게 활동이 끝나가고 있음을 미리 알려주는 것은 매우 유용하다. 이 아이들의 경우 뇌가 기어를 바꾸는데 추가적인 시간이 필요하다.

선택적 주목은 다른 것은 무시하고 특정 과제에만 집중하게 하는 것이다. 이 수준은 주목 문제가 있는 아이들에게는 더 어려울지 모르겠지만, 도움을 줄 수 있는 전략이 있다. 오 선생님은 아이들에게 몰두할 수 있는 활동을 제공함으로써 아이들이 과제에 집중할 수 있는 능력을 개발하도록 돕는다. 오 선생님은 자신이 어떻게 활동을 설계하는 지가 아이들이 환경에 있는 다른 모든 것을 걸려 내고 특정 과제에만 계속해서 집중할 수 있도록 하는데 영향을 미친다는 것을 알고 있다. 〈사례 13-3〉의 경우, 오 선생님은 아이들이 벌레가 어떻게 환경에 기여하는지를 배우는데 집중하도록 하였고 아이들은 계속해서 집중할 수 있었다. 왜냐하면 오 선생님이 그들에게 이야기를 경청하는 동안에 집중할 구체적인 관계를 제공했기 때문이다. 이 처치와 이 장의 나머지 부분에서 추천하는 처치들은 기본적으로 모든 아이들에게 좋은 가르침이 된다. 하지만 정서적·행동적 어려움이 있는 아이들은 특히 최선을 다해 노력해야 한다는 것을 잘 알기 바란다.

① 예방 – 수준 1

당신은 교사가 주도하는 활동 또는 장시간 하는 활동 동안에 의도적으로 정신적인 휴식 시간이나 3분 휴가를 계획함으로써 부주의를 줄일 수 있다(Willis, 2008). 당신은 긴 강의 중에 전화 호출에 계속 집중하면서 낙서를 하거나 몽상에 잠겨있는 어른을 본 적이 있을 것이다. 이것이 우리가 주목하도록 돕는 3분 휴가의 예이다. 당신은 아이들이 이러한 전략을 배우도록 도울 수 있다. 많은 교사들은 이야기 나누기 시간이나 어려운 프로젝트를 할 때 아이들에게 손으로 꽉 질 수 있는 폼볼(foam ball)을 제공한다. 잠시 동안 공을 꽉 지는 것은 아이들로 하여금 다른 아이들을 방해하지 않고 다시 활동에 주목하도록 돕는다. 다른 유형의 3분 휴가로는 수업 시간 사이에 잠시 동안 스트레칭을 하거나 짧은 노래를 부르는 것을 들 수 있다.

당신은 또한 부주의한 아이에게 이야기 나누기 시간에 앉을 다리가 하나인 의자나 작은 공을 줄 수 있다. 공이나 의자 위에서 균형을 유지한 상태로 머무는 것은 몇몇 아이들의 경우 계속해서 집중하는데 도움이 된다(Pfeiffer, Henry, Miller, & Witherall, 2008). 아이들에게 생각을 가다듬을 수 있는 개인적인 공간을 주는 것 또한 일시적으로 활동에 주목할 수 없는 아이들에게는 효과적이다. 조용하고 덜 자극적인 장소에서 책을 보거나 과제를 하는 것도 이 아이들에게 진정이 된다. 교실에 다른 어른이 있다면, 지속적으로 주목해야 하는 활동 동안에 그 아이 근처에 앉도록 하라. 아이의 손을 잡거나 어깨를 부드럽게 토닥임으로써 그 아이가 집중하도록 도움을 줄 수 있다.

■ 활동의 균형

앞서 논의한 바와 같이, 균형 잡힌 일과는 협동적인 교실 분위기를 설정하는데 중요하다. 하루 일과에서 에너지를 많이 요구하는 활동과 그렇지 않은 활동을 교대로 하는 것은 아이들이 과업에 집중하는데 도움이 될 것이다. 협동 작업을 요구하는 대집단 활동, 교사 주도 활동, 소집단 활동과 개별 활동을 혼합하여 계획하라(Mardell, Rivard, & Krechevsky, 2012). 아이들을 일과에 맞추어 지도하고, 활동을 끝내기 전에 활동이 곧 끝날 것이라는 것을 반드시 알려라.

■ 움직임

주목하는데 어려움이 있는 아이들 중에는 집중 상태를 유지하기 위해서 움직여야 하는 아이들이 많이 있다. 이런 아이들은 특히 휴식 시간이 필요하고 우리는 학교에서 휴식 시간을 줄이거나 없애려는 대세에 맞서 싸울 필요가 있다. 어른들도 집중하기 위한 전략으로 종종 움직인다. 전화를 받을 때 서성거리거나 줄을 서서 기다릴 때 앞뒤로 왔다 갔다 하는 어른을 본 적이 있는가? 그들은 현재 하고 있는 과제에 집중하기 위해 움직임을 사용하고 있는 것이다. 당신이 학교 책상이나 자리가 제한되어 있는 바닥에 앉을 때 느꼈던 모든 불편한 순간을 생각해 보라. 편안하게 과업을 수행할 수 있도록 하기 위해 어떻게 하였는가? 당신은 아마도 발을 이리저리 움직이거나 앉아 있는 방식을 조정하려고 했을 것이다. 당신은 다시 일을 시작하기 전에 다리를 좀 펴기 위해 일어서기까지 했을 것이다.

아이들은 불편함을 느끼면 주목하기가 어렵다. 교사로서, 당신은 아이들이 편안하게 할당된 과업을 완성하도록 도와야 한다. 아이들이 과제를 할 때 서서 또는 무릎을 꿇거나 심지어 누워서 하는 것도 허락해라. 당신은 아이들이 뛸 수 있도록 교실에 매트나 작은 트램펄린이 있는 공간을 만들어야 할지도 모른다. 많은 교사들은 아이들이 작업대 주변에 눈에 보이지 않는 경계를 만들어 아이들이 자신의 공간에서 움직일 수 있도록 한다. 하지만 하루의 특정 시간 동안에 다른 아이들의 공간에는 들어갈 수 없다. 다시 말하지만, 이런 유형의 전략은 아이들의 움직임 욕구를 묵살하기보다는 아이들에게 자신의 신체에 대한 통제권을 준다.

② 의도적 가르침 – 수준 2

부주의한 아이들을 지도할 때, 그들의 주목 능력을 향상시키는 활동을 계획하는 것이 중요하다. 바바라 쉬어(Barbara Sher, 2006)는 아이들이 주목하는 것을 배우는데 도움을 주는 '주목 게임'이라는 책을 제공한다. 이 책에 있는 게임은 나이에 따라 분류되며 학교에서 사용하기에 좋다. '아이 스파이' 같은 게임을 하거나 '월리를 찾아라.'같은 책을 읽는 것 또한 아이들의 집중력을 높이는데 도움이 된다. 소집단으로 이런 게임을 하거나 아이와 일 대 일로 하라. 아이와 개별적으로 하면, 아이가 좌절하지 않고 집중하도록 돕는 것을 목표로 개별적인 지원을 제공할 수 있다. 당신은 또한 아이들이 참여하는 소집단 활동을 시작할 때 주목 게임을 하는 것을 계획할 수도 있다. 어떤 유형의 움직임 활동이라도 집중력을 향상시키는데 도움을 주지만(Helgeson, 2011), 많은 교사들은 수업을 시작할 때 '브레인 짐 훈련'을 사용한다.

③ 개별화된 지원 – 수준 3

예방 전략과 의도적 가르침을 시도했음에도 불구하고 여전히 집중하는데 어려움이 있는 아이들이 있다면, 부족한 기술을 구체적으로 가르칠 필요가 있다. 주목하는데 어려움이 있는 아이들 중 일부는 조직 기술에 도움이 필요하다(Fei & Timler, 2008). 시각적 단서나 서면 안내를 사용하여 구체적인 활동 단계를 제공하는 것은 이 아이들에게 정말 도움이 많이 된다. 예를 들어, 만약 윤주가 손을 씻고, 컵과 냅킨을 가져오고, 간식 테이블에 앉는 것을 기억하는데 도움이 필요하다면, 당신은 이러한 순서에 대한 사진을 찍어 윤주가 따라하도록 하는 '상기 카드(reminder card)'를 만들 수 있다. 당신은 교실 활동에 대해서도 동일하게 할 수 있다. 이 경우 당신은 책을 읽고, 책상에서 마커와 종이를 가져오고, 마지막으로 종이 위에 글을 쓰는 순서로 아이 사진을 갖게 될 것이다. 시각적 단서 카드를 사용하면 어떻게 행동해야 하는지에 대해 매번 말해 줄 필요가 없다.

당신은 또한 일과의 순서를 가르치기 위해 '먼저, 그 다음에 보드(First Then Boards; Fox, Lentini, & Dunlap, 2006)'를 아이들에게 제공할 수 있다. '먼저, 그 다음에 보드'는 아이들이 짧은 시간 동안 충동을 모니터하고 통제하는 것을 배우도록 돕는다. 예컨대, 당신은 양탄자에 앉아있는 아이들 사진, 이야기 문제를 읽고 있는 당신 사진, 화이트보드에 글을 쓰고 있는 아이들 사진, 그리고 마지막으로 수학 영역에서 문제를 풀고 있는 아이들 사진을 가질 것이다. 만약 아이들이 이 계열의 어느 단계에서 산만해지면, 당신은 보드를 가리켜 아이들에게 현재 해야 할 활동과 다음에 해야 할 활동을 상기시켜 줄 수 있다.

(3) 순응하지 않는 아동 지도

우리 모두는 때대로 요구나 명령에 따르지 않는 아이를 만난다. 지시를 따르지 않거나 청소를 하라는 요구를 무시하는 것은 어린 아이들에게서 볼 수 있는 전형적인 불복종의 예이다. 요청에 응하는 것은 다른 사람과 협력하는 것을 배우는 것에 다름 아니다. 아이들은 아주 어린 시기에 자신의 욕구와 다른 사람의 욕구 사이에 균형을 잡는

과업을 완수하는 데 필요한 여러 가지 요청을 거부하고 일상적인 학교 활동에 참여하도록 요구받을 때 화를 내거나 따지는 아이들은 추가적인 지도가 필요하다.

것을 배우기 시작한다. 부모는 아이들에게 불을 꺼라, 잠자리를 정돈하라, 옷을 세탁기에 넣어라, 식탁을 차려라, 또는 다른 허드렛일을 하는 것을 도우라고 요청함으로써 이러한 유익한 행동을 아이들에게 가르친다. 이런 내포되어 있는 학습 기회는 아이들이 가족과 학교에 기여하는 것은 즐거운 경험이라는 것을 이해하도록 돕는다. 그러나 어떤 아이들은 과업을 완수하는데 필요한 여러 가지 요청을 거부하고, 일상적인 학교 활동에 참여하도록 요구받을 때 화를 내거나 따진다. 이런 아이들은 추가적인 지도가 필요하다.

① 예방 – 수준 1

교실에서 순응하지 않는 행동을 막기 위한 많은 방법이 있다. 가장 쉬운 것은 아이들로 하여금 학급 규칙을 만드는 것을 돕도록 하는 것이다. 일부 교사들은 이런 유형의 통제를 아이와 공유하는 것에 대해 염려한다. 하지만 대개의 경우 아이들이 어른들보다 더 엄격한 규칙을 만든다. 학급 규칙을 만드는 과정에 참여할 때, 아이들은 그 규칙을 더 잘 이해하고 더 잘 따를 것이다. 규칙을 가르치는 것 또한 중요하다. 만약 아이들이 '친구들에게 잘 대하라.'라는 규칙을 만들 때, 당신이 그들에게 이 규칙이 교실에서 어떤 모습일지에 대해 가르치는 것이 중요하다. 이 개념을 생동감 있게 만들기 위해 당신은 서로를 돕는 우정에 대한 이야기를 읽어주거나, 문제를 해결하는 친구에 대한 촌극을 실연하거나, 우정에 대한 노래를 부를 수 있을 것이다.

당신은 기대에 대해 명확히 지시를 하는 것 또한 중요하다(Smith & Bondy, 2007). 요구하는 과제를 아이들에게 말할 때는 짧고 명료한 문장을 사용하는 것이 좋다. 아이들은 문장의 시작 부분보다는 마지막 부분에 더 집중한다는 것을 기억하라. "청소를 할 시간이야. 왜냐하면 점심을 먹으러 가야 하니까."라고 말하기 보다는 "점심을 먹으러 가야해. 다 같이 어질러진 것을 치우자."라고 말하는 것이 좋다. 지시를 할 때는 아이들의 이름을 사용하는 것 또한 중요하다. 당신이 "주목할 시간이에요."와 같은 일반화된 진술을 하면, 많은 경우 아이들은 당신이 그들에게 하는 말인지조차 알지 못한다. "자영아, 선생님 말 잘 들어."라고 말하는 것이 더 좋다. 당신이 아이들에게 지시할 때 그들이 주목하도록 그들의 어깨를 부드럽게 두드리는 것이 필요한 아이들도 있다. 이것은 기대를 말하기 전에 주목을 끌기 위해 일어나 아이에게 가라는 의미이다.

■ 감각 자극에의 민감성

어떤 아이들은 감각 과부화로 스트레스를 겪기 때문에 반항한다. 이 아이들은 어떤 소리, 감촉 또는 냄새에 노출되었을 때 불편함을 느낀다. 만약 아이가 대집단 활동 동안에 당신의 말에 순응하지 않는다면, 그들을 불편하게 만드는 소리, 공간 부족 또는 카펫의 느낌 때문일 수 있다. 이 경우에는, 행동의 원인을 알아보기 위해 제거 과정을 사용하는 것이 가장 좋다. 먼저, 집단 활동 시간에 아이들이 앉는 자리에 다른 촉감의 방석을 제공하라. 만약 이것이 통하지 않으면, 에어컨이나 선풍기 소리와 같은 주의를 산만하게 하는 다른 것을 찾아보라. 특정 소음이 아이들을 짜증나게 하는 지를 알아보기 위해, 평소와 다른 장소에서 모임을 가져보라.

많은 교사들은 대집단 활동 시간에 자신의 지시를 따르지 않은 아이들이 반항적이라고 생각한다. 하지만 실제는 그렇지 않다. 어떤 아이들은 당신이 말을 할 때 아이들이 볼 수 있는 곳에 있지 않으면 그들은 당신이 자신에게 말을 하고 있다는 것조차 알지 못한다. 아이들에게 지시를 하거나 주목할 것을 요구할 때 아이들과 눈을 마주치는 것이 가장 좋다. 만약 대집단 모임 시 당신은 의자에 앉아 있고 아이들은 바닥에 앉아 있다면, 바닥으로 이동하라. 많은 교사들은 순응하지 않는 아이들에게 자신 옆에 앉도록 요구한다. 이것이 항상 가장 좋은 자리 배열은 아니다. 왜냐하면 그 아이는 당신을 보기 위해 옆으로 몸을 돌려야 하기 때문이다. 순응하지 않는 아이는 당신을 정면으로 보도록 집단의 중간에 앉도록 하는 것이 눈맞춤을 위해 보다 나은 방법이다.

사례 13-4

 박 선생님은 근모 때문에 극도의 좌절 상태에 빠졌다. 근모는 자신이 무엇을 해야 하는지를 아는 경우가 거의 없을 뿐만 아니라 주의를 산만하게 만들어 다른 아이들도 알지 못하게 한다. 교실 앞에 서서 큰 소리로 이야기를 함에도 불구하고, 다음 활동에 대해 자세히 설명하는 것은 근모와 근모 주변에 있는 아이들에게는 완전히 시간 낭비. 주목하지 않는 것에 대해 근모를 질책하면, 근모는 당황해 하며 미안히디고 밀힌다. 근모는 선생님이 무슨 말을 했는지에 대해 모르고 있다.

■ 활동량 관리

당신의 요구에 대해 아이들이 많은 부담을 느낀다면, 아이들은 당신의 말에 순응하지 않을 가능성이 많다. 과제를 완수하지 못하는 아이들이 있다면, 과제를 부분으로 나누어 수행하도록 하라. 아이들에게 애완동물에 대해 2단락을 쓰도록 요구하기 보다는 한 번에 1~2문장씩 쓰도록 하라. 블록 영역 전체를 정리하는 것을 거부한다면, 전체 블록 중에서 삼각형 블록만 모아서 당신에게 가져오도록 하라. 과제를 몇 부분으로 나누면 다루기가 쉬워진다. 어린 아이들은 한 번에 한 가지에만 주목하는 경향이 있음을 기억하라. 몇 단계를 거쳐야 하는 과제는 아이들을 압도할 수 있다.

아이들의 활동량을 분배하는 또 하나의 방법은 협동 학습 과제를 만드는 것이다. 이런 유형의 활동의 경우, 조사를 완수하기 위해 아이들은 소집단으로 작업을 한다. 당신이 아이들에게 함께 활동할 기회를 주면, 아이들은 서로의 학습에 도움을 줄 수 있다.

② 의도적 가르침 – 수준 2

어린 아이들은 복잡한 지시보다는 단순한 지시를 더 잘 따른다. 당신은 의도적인 가르침을 통해 다단계로 구성된 지시 사항을 따르는 아이들의 능력을 향상시킬 수 있다. 지시를 따르는 것이 요구되는 게임을 하는 것은 이러한 목표를 달성하기 위해 할 수 있는 한 가지 재미있는 방법이다. "사이몬이 아이들이 다단계 지시를 따르도록 가르치라고 말한다."와 같은 게임을 수정하라. 이렇게 하기 위해서는, "사이몬이 당신의 머리를 만지고 뒤로 돌아라고 말한다."와 같이 지시하라. 아이들이 게임의 단계별 지시를 하나씩 숙달함에 따라, 점차로 수를 늘여라. 당신은 또한 간식 시간 동안에 다단계 지시를 따르는 아이들의 능력을 향상시킬 수 있다. 새해 초에, 당신은 아이들에게 바구니에서 냅킨을 가져오라고 요구할지도 모른다. 아이들이 이 지시를 따를 수 있을 때, 그들에게 냅킨과 컵을 가지고 오라고 요구하라. 아이들이 간식 시간에 필요한 모든 것을 모을 수 있을 때까지 계속해서 아이들에게 요구 항목을 추가하라.

음악은 아이들이 지시를 따르도록 가르치기 위해 당신이 사용할 수 있는 또 하나의 수단이다. 아이들에게 특정 과제를 하도록 요구하는 엘라 젠킨스(Ella Jenkins)의 "악기를 연주하라와 예쁜 소리를 내 봐(1995)."와 같은 노래가 아이들이 특정 과제 관련 요구를 따르도록 가르치는데 좋다. 노래는 듣는 사람으로 하여금 악기를 선택하도록 지시하고, 자신의 악기를 연주할 순서를 기다린 후 마지막으로 자신의 악기를 치운다. 대부분의 아이들은 악기를 가지고 노는 것을 좋아하며 게임을 위한 지시를 기꺼이 따른다. 사회적 기술 학습을 의미 있고 매력적이게 유지하려면 이 같은 활동을 사용하라.

■ 조력 요청

어떤 아이들은 도움이 필요할 때 그것을 어떻게 요청하는지 모른다. 일과 중에 하는 활동이나 절차를 혼동하면 교사의 요구에 응하지 못할 수 있다. 도움을 요청하거나 아이들이 당신의 지시를 이해했는지의 여부를 알려주는 통상적인 순서와 방법을 꼭 설정하라. 그냥 엄지손가락을 올리거나 내리는 신호는 기억하기 쉽다. 지시를 한 후, 아이들에게 이해 여부를 신호로 표시하도록 요구하라. 만약 어떤 아이가 당신의 요구를 이해하지 못했다면, 그 아이와 개별적으로 만나 요구를 다시 설명하라. 만약 여러 명의 아이들이 당신의 지시를 이해하지 못했다는 신호를 보낸다면, 당신은 아마도 전체 집단을 대상으로 다시 지시를 할 필요가 있을지도 모른다.

③ 개별화된 지원 – 수준 3

어떤 아이들은 당신이 요구를 따르기 위해 개별화 수업이 필요할지도 모른다. 예컨대, 휴식 후 실내로 들어가야 할 시간인데 실내로 들어가지 않고 멀리 도망가는 아이가 있을 수 있다. 당신의 요구를 피하기 위해 달아나는 아이를 따라 가는 것은 거의 아무런 소용이 없다. 누군가가 자신을 잡으러 달려오는 것은 그 아이에게 아주 재미있는 일일 수 있다. 교사보다 더 빠른 아이의 경우 특히 그러하다. 많은 아이들은 어른에게서 도망친다. 왜냐하면 그들이 현재 활동을 정말 즐기고 있고 그 활동을 다시 못하게 되지나 않을까 두려워하기 때문이다. 이것이 자신의 주목을 통제할 수 없고 자신이 즐기는 어떤 것에 지나치게 몰두하는 아이들의 전형적인 모습이다. 이런 아이들의 경우에는 활동이 끝날 때 추가적인 준비가 필요하고 그들이 좋아하는 활동을 매일 하게 될 것이라고 안심시킬 필요가 있다. 이런 유형의 불복종을 다루기 위해서는 아이를 개별적으로 지도할 필요가 있다.

 오 선생님은 선호가 휴식 시간 후 놀이터를 떠나는 것을 힘들어 한다는 것을 알고 있다. 선호는 벨이 울리자마자 놀이터에서 도망친다. 이러한 일이 발생하는 것을 막기 위해, 선생님은 벨이 울리기 직전에 선호 옆에 위치를 잡는다. 실내로 들어가라는 신호를 듣자마자, 선생님은 즉각적으로 선호가 가지고 놀았던 놀이도구를 선호와 함께 정리하기 시작한다. 그렇게 하면서, 선생님은 방과 후 활동에서 대해 이야기를 나누고 선호가 방과 후 활동 시간에 할 프로젝트에 대한 계획을 세우는 것을 돕는다.

오 선생님은 선호가 하루 일과의 다음 단계를 준비하도록 돕는 것이 중요함을 알고 있다. 선생님은 선호가 활동을 바꾸라는 요구를 따르는 것을 힘들어 한다는 것을 알고 있고, 개별적으로 주목해 줌으로써 한 활동에서 다른 활동으로 전환하는 법을 선호에게 가르치기 위해 애쓰고 있다. 선생님은 끝나는 활동보다는 다음에 있을 활동에 초점을 둔다. 선생님은 또한 아이들에게 그들이 재미있어 할 과업을 도울 기회를 주는 것이 요구를 따르고자 하는 마음을 증가시킨다는 것을 발견했다. 아이들이 청소기로 청소를 하게 하거나 물을 엎질렀을 때 바닥을 닦도록 하는 것은 그렇게 하도록 요구받을 때 아이들이 돕도록 가르치는 좋은 방법이다. 미술 활동 후 탁자를 씻기 위해 비누가 묻은 스펀지를 아이들에게 주는 것은 협동을 장려하는 또 하나의 활동이다. 과제하는 것을 멈추지 않는 아이들에게 반 친구의 활동지를 모으도록 부탁하는 것은 그들이 다음 활동을 준비하도록 돕는 좋은 방법이다.

이런 유형의 전략은 아이들에게 집단에 기여해야 하는 것에 대한 책임감을 가르친다. 그들은 또한 공통의 과업을 완수하기 위해 다른 사람과 협력하는 것은 즐거운 경험이 될 수 있음을 아이들에게 가르친다. 이런 아이들은 학교에 입학하기 전에는 이런 교훈을 배우지 못했을 것이다.

⑷ 자신의 욕구를 충족시키기 위해 공격적인 행동을 하는 아동 지도

지속적으로 하는 공격적인 행동(예; 때리기, 물기, 던지기)은 아이들의 발달에 가장 문제가 되고 교실 공동체에 가장 방해가 된다. 일부 교사들은 아이들이 초등학교에 입학하기 전까지는 그들이 스스로 갈등을 해결할 것을 기대한다(Lane, Faulk, & Wehby, 2006). 아이들이 그렇게 할 수 없을 때, 교사들은 아이들이 바람직하지 못한 행동을 다룰 능력이 없다는데 대해 좌절할 뿐만 아니라 공격적인 행동을 하는 그 아이에 대해 염려도 한다.

심하지 않은 공격적인 행동(예; 쿡 찌르기, 잘못한 행동에 대해 고함지르기)을 간헐적으로 사용하는 것은 또래 갈등에서 흔히 있는 일이다. 그러나 또래를 향해 지속적이고 강렬하게 공격적인 행동을 하는 것은 아이들이 전형적으로 하는 행동이 아니다. 자주 때리거나 물거나 차는 것은 우려할만한 일이다. 공격적인 행동은 아이들의 우정에 영향을 미친다. 친구가 없으면 아이들은 학교에서 잘 생활할 수 없다(Hanish, Laura-Martin, Fabes, & Bercelo, 2008). 자신의 욕구를 충족시키기 위해 공격적인 행동을 하는 아이들은 정서 조절이나 충동 통제에 어려움이 있기 때문에 그렇게 한다(smith-bonahue, Smith-Adcock, & Ehrentraut, 2015). 이런 아이들은 종종 먼저 행동을 하고 그런 다음 자신의 행동의 결과에 대해 생각한다는 것을 알게 될 것이다. 공격적인 행동에 의존하는 아이들은 조망 수용과 공감에 도움을 필요로 한다. 왜냐하면 그들은 자신의 행동이 다

공격적인 행동은 아이들의 우정에 영향을 미친다. 친구가 없으면 아이들은 학교에서 잘 생활할 수 없다.

른 사람에게 미치는 영향을 상상할 수 없기 때문이다.

① 예방 – 수준 1

■ 일일 점검

감정 폭발을 막는데 도움이 되는 한 가지 방법은 일일 점검을 통해 그날의 기분을 당신에게 말할 수 있는 기회를 아이들에게 주는 것이다. 글을 읽지 못하는 아이들의 경우에는 다양한 감정(예; 행복한, 슬픈, 피곤한, 화난, 놀란)을 보여주는 얼굴 그림을 일일 점검 게시판에 포함해야 한다. 아이들이 교실에 들어올 때, 그들에게 현재의 기분을 보여주는 얼굴을 지적하도록 하라. 글을 쓸 수 있는 아이들의 경우에는, 출석부에 그들의 감정 상태를 나타내는 말을 쓰도록 할 수 있다. 이 정보를 획득했다면, 당신은 개별 아동의 욕구를 충족시키기 위해 아이들과의 상호작용을 조절할 수 있다. 만약 문주가 슬프다고 말하면, 당신은 연주가 속상한 이유를 알아보기 위해 연우와 잠시 개인적인 시간을 가질 수 있다. 만약 광휘가 피곤하다고 표시하면, 당신은 광휘가 평소처럼 빨리 작업을 하지 못할 것이라는 것을 알게 될 것이다. 피곤한 아이들은 또한 아주 예민해진다. 이것은 당신이 그들이 또래 상호작용을 할 때 추가적인 지지를 제공할 필요가 있을 것이라는 것을 의미한다.

느낌 단어 차트는 아이들에게 그들의 느낌을 이야기할 또 다른 기회를 준다. 아이들에게 각자의 이름이 적힌 빨래집게를 주어라. 아이들에게 게시판에 당신이 게시한 느낌 단어 목록에 그들의 이름을 붙이도록 하라. 당신은 이것을 하루에도 여러 번 할 수 있다. 예를 들어, 아침에 하도록 할 수 있고, 휴식 시간 후에도 할 수 있으며, 하루 일과를 마무리 할 때도 할 수 있다. 아이들로 하여금 자신의 감정을 모니터링 하도록 돕는 것은 감정 폭발을 막는 좋은 방법이다. 자신의 감정을 인식하는 것을 배울 때, 아이들은 다른 사람을 공격하고자 하는 충동을 더 잘 통제할 수 있다.

■ 알고 차분하게 행동하기

당신이 공격성에 대해 알아야 할 가장 중요한 것은 그것이 시작되고 진행되는 방식이다. 세심하게 관찰해 보면, 아이들은 대개 공격적인 행동을 하기 전에 어떤 조짐을 보인다는 것을 알 수 있을 것이다. 이런 조짐은 숨을 거칠게 쉬기, 가만히 있지 못하고 왔다 갔다 하기, 발을 동동 구르기와 같이 모호할 수도 있고, 고함지르기와 같이 보다

명시적일 수도 있다. 아이가 공격적인 행동을 하기 전에 어떻게 행동하는가를 아는 것은 당신의 예방 노력에 중요하다. 자신의 분노를 통제하려고 애쓰는 모습을 보면, 도움이 필요한지를 조용히 물으면서 아이들을 지지해 주라. 민 선생님은 선모와 홍구 간의 다툼이 신체적인 싸움이 되지 않도록 개입하는 것이 중요하다는 것을 알고 있다.

사례 13-6

 선모와 홍구가 함께 모래 상자에서 놀고 있다. 둘이 동시에 삽을 잡으려고 손을 뻗었다. 두 아이는 서로 삽을 가지려고 삽을 끌어당기면 고함을 질렀다. 민 선생님은 재빨리 아이들에게 가서는 그들에게 덤프트럭을 주었다. 선생님은 아이들에게 삽으로 덤프트럭을 채우는 방법을 보여주었다. 그런 후 그들이 만들고 있었던 언덕 위에 모래를 쏟았다. 선생님은 아이들과 함께 누가 삽을 들고 누가 덤프트럭을 운전할지에 대한 계획을 세웠다. 아이들은 덤프트럭 운전은 선모가 하고 모래 푸기는 홍구가 하기로 결정했다. 선생님의 도움으로, 아이들은 큰 모래 언덕을 협력해서 만들 수 있었다.

민 선생님은 선모의 고함지르고 싸우는 행동을 교정하기보다는 선모가 다른 놀이 방식을 찾도록 도왔다. 공격적인 행동에 의지해서 자신의 욕구를 충족시키려 하는 아이들은 일상적으로 발생하는 다툼에 대한 해결책을 찾는 것을 어려워한다. 그들은 문제 해결책을 찾는 데 어른의 도움을 필요로 한다.

예방은 공격적인 아동 지도의 일차적인 목표이다. 왜냐하면 일단 그들이 분노하게 되면, 그들을 진정시키기 위해 당신이 할 수 있는 것이 별로 없기 때문이다. 만약 당신이 지도하고 있는 아이가 아주 심하게 공격적인 행동을 하거나 분노발작을 하면, 당신은 침착하게 행동해야 하고 그 아이와의 상호작용을 제한해야 한다. 그 아이와 상호작용을 하는 경우에는, 사실적인 목소리 톤을 사용하고 그 아이의 감정을 인정하라. 만약 당신이 아이에게 목소리 톤을 높이면, 그 아이를 더 화나게 할 가능성이 많다. 아이의 문제 행동을 멈추도록 요구하는 것 또한 같은 결과를 얻게 될 것이다. 이 시점에서 가장 중요한 것은 교실에 있는 다른 아이들의 안전을 확보하는 것이다. 그 아이를 제지하려는 시도를 절대 해서는 안 된다. 그렇게 하는 대신에 다른 선생님의 도움을 요청해야 한다.

아이가 진정되면, 일어난 일에 대해 이야기하라. 만약 아이가 누군가에게 상처를 입혔거나, 재물을 파손했다면, 3장에서 논의한 바와 같이, 배상할 기회를 주어라. 왜 공격적인 행동을 했는지를 물어보는 것은 대개 생산적이지 못하다. 대신에 아이에게 그가 원하는 것이 무엇이었는지를 묻거나 화가 났을 때 교사에게 말하고자 했던 것이 무엇이었는지 물어라. 공격성은 의사소통의 한 형태라는 것을 기억하라. 그것은 소망, 욕구 또는 감정의 표현이다. 공격성 이면의 이유를 밝혀내는 것이 교사로서의 당신의 책임이다. 그렇게 하기 위해 감정 폭발 전에 일어난 일에 대해 생각해 보라. 행동이 발생했을 당시에 무슨 일이 진행되고 있었고, 누가 그 아이와 함께 있었으며, 그 아이가 완수하고자 했던 것은 무엇이었는가? 그 아이가 하기 싫은 과업을 피하고자 했던 것은 아니었는가? 공격적인 행동이 유발되었는가 아니면 이유 없이 발생했는가? 만약 유발되었다면, 누가 그 공격적인 행동의 대상이었는가? 그 아이가 다른 아이의 행동을 오해했는가? 체계적인 관찰 계획을 세우는 것은 당신이 이런 질문에 대한 답을 찾고 그것에 근거하여 처치 계획을 세우는데 도움을 줄 것이다.

② 의도적 가르침 – 수준 2

자신의 욕구를 전달하기 위해 공격적인 행동을 하는 아이들을 위한 사회적 기술 수업을 계획하는 경우, 그 수업은 대체 행동을 가르치는데 초점을 두어야 한다(Hyson & Tomlinson, 2014). 만약 이 아이들이 자신을 충족시키는 다른 방법을 배우지 않는다면, 공격적인 행동은 계속되고 악화될 가능성이 많다. 당신이 공격성에 의지하는 경향을 감소시킬 것이라고 알고 있는 한두 가지 행동을 가르치는 것이 중요하다. 예컨대, 만약 당신이 지우는 좌절했을 때 공격적인 행동을 한다고 판단했다면, 지우에게 도움을 구하는 방법을 가르치는 활동을 계획하라. 만약 동주가 우연히 부딪히거나 의도하지 않은 신체적 접촉에 대한 반응으로 공격적인 행동을 한다면, 동주에게 다른 사람의 의도를 해석하는 법을 가르치는 수업을 계획하라. 여기서의 목표는 아이들에게 소망, 욕구 또는 사회적 상호작용에 대한 혼동을 사회적으로 수용되는 방식으로 전달하는 법을 가르치는 것이다.

역할 놀이

드라마는 아이들이 자신의 공격적인 성향을 통제하는 방법을 배우도록 돕는데 유용한 매체이다. 아이들에게 공격적인 행동이 벌어지는 이야기를 들려주는 것은 그들이 자신의 감정을 인식하고 다른 사람의 관점에 대해 배우는데 도움이 된다. 예를 들어, 만약 당신 반의 아이가 물품을 서로 가지려고 할 때 공격적인 행동을 하는 경향이 있다면, 교대로 물품을 사용하는 방법을 협상하는데 초점을 둔 대본을 작성할 수 있을 것이다. 역할 놀이를 할 때는 소수의 이질적인 집단을 구성하여, 서로가 서로의 모델이 될 수 있게 하는 것이 가장 좋다. 글을 읽지 못하는 아이들과 역할 놀이를 할 때는 이야기의 내레이터 역할을 하라. 나이가 좀 있는 아이들은 혼자서 대본을 읽을 수 있다.

공격적인 아이들은 종종 사회적 단서를 오해한다는 것을 기억하라. 각본이 실행된 후, 모든 인물의 의도와 감정 그리고 구성이 학급 생활과 어떻게 관련되는지에 대해 이야기를 나누어 보는 것이 중요하다. 이렇게 하는 것은 아이들이 조망 수용과 공감을 구축하는데 도움이 된다. 그것은 또한 아이들이 극에서 배운 교훈을 실제 상황에 일반화하는 데도 도움이 된다.

■ 사회적 기술 교육과정

갈등해결 프로그램은 공격적인 행동이 특별한 도움이 필요한 아이들에게서 일어날 가능성을 줄여준다(Garner, 2008; Jones & Bodtker, 2001). '화목하게 지내는 법 배우기 시리즈(Learning to get along series; Meiners, 2005)'와 같은 자료는 취학 전 아동에게 사용하기 적절하고, '갈등해결 게임의 큰 책(Big book of conflict-resolution games; Scannell, 2010)'과 같은 자료는 초등학생에게 도움이 된다. 갈등해결 프로그램은 문제해결 기술을 연습하는 것을 목적으로 하는 내용과 아이들이 자신의 감정과 타인의 감정을 찾는 것을 돕도록 설계되어 있는 일련의 내용을 담고 있다. 만약 판매용 사회적 기술 교육과정이나 갈등해결 활동집을 구입할 수 없다면, 사회적 기술 수업을 문학이나 사회과 교육과정에 포함시킴으로써 당신 스스로 설계할 수 있다. 이렇게 하기 위해서는, 작품을 선정하여 아이들이 배울 필요가 있는 구체적인 사회적 기술을 중심으로 논의를 조절할 필요가 있다. 읽기 시간에 사회적 기술을 가르친다면, 아이들이 갈등을 해결하도록 돕는 인물 특성에 초점을 두라. 사회적 기술 교육과정을 사회과 수업과 통합한다면, 좋은 시민성의 측면이나 이야기 속 인물이 서로의 갈등을 해결하도록 어떻게 협력하는지를 강조하라. 갈등해결 기술을 배우는 것은 시간이 걸린다는 것을 기억하라. 학습 장애가 있는 아이들의 경우 특히 그러하다. 만약 당신 스스로 교육과정을 만들고자 한다면, 상호 연속적인 일련의 교훈을 계획하고 새로 습득한 기술을 연습할 충분한 기회를 제공할 필요가 있다.

③ 개별화된 지원 – 수준 3

많은 교사들은 공격적인 아이들의 문제에 관여하지 않으려고 한다(Milner, 2006). 이해할 수는 있다. 하지만 그것은 당신이 할 수 있는 최악의 행동이다. 이런 아이들은 더 많은 관심을 필요로 한다.

■ 좋은 시간 함께 보내기

이런 아이들에게 공격적인 행동에 대한 대안 행동을 가르치기 위해 당신이 일차적으로 할 수 있는 것은 매일 그들과 개인적인 시간을 갖는 것이다. 물론 이러한 것은 아이가 문제 행동을 하지 않을 때에도 해서 바람직하지 않은 행동을 강화하지 않도록 해야 한다. 목표는 아이와 관계를 구축하여, 그 아이가 자신의 감정을 통제하는 것을 당신이 돕는 것을 허락하도록 동기화하는 것이다. 자유 선택 활동 시간이나 놀이터 또는 구내식당에서 아이와 시간을 보내는 것은 공격적인 행동을 줄이는데 큰 도움이 된다.

사례 13-7

 허 선생님은 문제 행동을 하는 아이들에게 다가가려는 자신의 노력이 가져다주는 장기적인 결과를 볼 수 있을 만큼 교육 경력이 많다. 특히 인호라는 아이가 마음에 뚜렷이 남아 있다. 인호 어머니는 인호를 임신했을 때, 약물에 중독되어 있었다. 현재 그녀는 약물 남용 때문에 수감되어 있다. 불쌍한 인호는 두려움과 분노로 가득했고 통제가 불가능한 아이처럼 보였다. 인호는 모든 사람에게 폭언을 퍼 부었고 끊임없이 교실을 벗어나려고 시도했다. 이로 인해 선생님은 항상 인호를 주목해야 했다. 선생님은 수업 시간 중에 흔들의자에 앉아 인호를 잡고 진정시켰다. 선생님이 인호를 흔들 때, 인호는 선생님에게 좋지 않은 말을 했다. 하지만 선생님은 계속해서 인호에게 자신이 인호를 좋아한다고 말했다. 아주 천천히 인호의 난폭한 행동이 줄어들기 시작했지만, 일반 아이들에 비해서는 여전히 거리가 멀었다. 하지만 다음 몇 년 동안 학교에서 문제가 생기면, 안전감을 느끼기 위해 선생님에게 달려오곤 했다. 인호가 학교를 바꾼 후에도, 선생님은 인호를 아주 가끔씩 동네에서 마주치곤 했고, 그들은 만날 때마다 매우 반가워했다. 선생님을 볼 때면 선생님이 그를 사랑한다는 것을 아는 듯이 인호의 얼굴은 환해졌고, 선생님에게 자신의 최근 성취한 것에 대해 말하곤 했다.

■ 사회 상황 이야기

당신은 또한 공격성을 통제하는 방법을 아이들에게 가르치기 위해 사회적 이야기를 사용할 수 있다. 사회 상황 이야기는 아이들의 입장에서 쓴 짧고 구체적인 이야기로 구

체적인 사회적 기술을 다룬다(More, 2008). 교사와 다른 어른들은 나이에 적합한 단어
와 개별 아동의 욕구를 다루는 구체적인 문장 구조를 사용하여 이야기를 쓴다. 이야기
는 사회적 상황에서 취할 구체적인 단계를 진술하고 설명 언어와 기술 언어를 포함한
다. 이야기에 추가되는 삽화는 내용에 대한 관심을 유지시키는데 도움이 된다. 화가 났
을 때 느긋해 지는 방법에 대한 사회적 상황 이야기는 아래 내용이 포함되어 있을지 모
른다.

사례 13-8

 간혹 나는 화가 나.
화를 내는 건 괜찮아. 하지만 다른 사람을 아프게 할 수는 없어.
사람들은 화가 나면 진정하려고 노력하지.
나는 숨을 깊게 들이마시거나 아늑한 장소에 감으로써 진정할 수 있어.
진정하는데 도움이 필요하면, 나는 선생님께 부탁할 수 있어.
선생님이 도와주실 거야.
진정이 되면, 나는 친구들과 다시 놀 수 있어.
아이들이 나를 기다릴 거야.

■ 이완 기법

요가와 다른 부드러운 운동이 종종 공격적인 행동을 하게 만드는 긴장을 줄이는 데
도움이 된다. 10까지 세기와 행동 전에 심호흡을 깊게 하는 것은 당신이 아이들에게 가
르칠 수 있는 두 가지 긴장 완화 방법이다. 신체 활동 또한 긴장을 감소시킨다. 아이가
짜증이 났거나 좌절하고 있음을 보면, 아이에게 심부름을 보내거나 에너지를 발산하
는 과업 수행을 돕도록 해라. 근육을 긴장시키고 이완시키는 운동을 하는 것 또한 스트
레스를 완화시켜준다. 아이들의 상체 근육을 긴장시키고 이완시키는 것부터 시작하라.
그런 다음 점차 모든 근육이 이완될 때까지 아래쪽으로 이동하라. 활동이 끝난 후 당신
과 아이들 모두 마음이 보다 편해질 것이다.

색칠하기, 조각하기, 그림그리기 또한 아이들이 편안함을 느끼는 데 도움이 된다. 이
렇게 하는데 아무런 제한이 없을 때 특히 그러하다. 아이들은 미술과 음악을 통해 자
연스럽게 자신의 감정을 표현한다. 춤이 특히 효과적이다. 왜냐하면 신체 움직임이 억
압된 에너지를 방출시켜주기 때문이다. 이완하는 방법을 배우는 데는 시간이 걸린다는

근육을 긴장시켰다가 이완시키는 요가나 운동과 같은 움직임은 스트레스를 줄이는 한 가지 방법이다. 어떤 신체 활동도 도움이 된다.

것을 명심하라. 사실, 아직도 이 기술을 마스터하지 못한 어른들이 많다.

■ 접촉

낮잠 시간에 등을 5~10분 정도 문질러주는 것은 취학 전 아동의 공격적인 행동과 부주의를 감소시키는데 도움이 된다(von Korring, Soderberg, Austin, & Uvnas-Moberg, 2008). 공격적인 아동과의 신체 접촉은 스트레스를 줄여주고 당신이 그들을 지지한다는 것을 알도록 하는데 도움이 된다. 갈등 후에 친숙하거나 장난스럽게 신체 접촉을 하는 것은 공격성을 줄이고 협력 및 관용을 증가시키는데 도움이 된다(von Korring et al., 2008). 그래서 만약 당신이 낮잠을 자지 않는 나이가 좀 있는 아이들을 맡고 있다면, 갈등 후에 부드럽게 등을 두드려 주거나, 미소를 지어보이거나, 약간의 이완 놀이를 하는 것이 공격성을 감소시키는데 큰 도움이 될 것이다.

(5) 수용과 우정의 증진

통합 학급에서는, 교사가 서로 배려하는 공동체를 구축하는데 특히 중요한 역할을 한다(Kennedy, 2013). 행동 장애가 있는 아이들은 친구를 사귈 가능성이 적다. 그리고 이것이 대개 그들의 행동을 악화시킨다(Willis & Schiller, 2011). 3장에서, 아이들의 사회·정서적 발달에 우정이 얼마나 중요한지와 결핍된 사회적 기술을 가르치는 것의 중요성에 대해 언급한 바 있다. 간혹 교사는 모든 아이들이 있는 데서 아이의 잘못을 끊임없이 지적함으로써 무심결에 아이를 따돌림 받게 만든다. 특정 아이의 행동 때문에 격한 감정에 휩싸인 교사가 그 아이에게 빈정대거나 모욕적으로 말하는 것을 본 적이 있는가? 아이들은 다른 아이들을 대함에 있어 교사가 하는 행동을 본보기로 삼는다.

만약 당신이 다른 아이들과 친해지는 아이의 능력을 방해하고 있지 않다는 것을 확신한다면, 아이들이 친구를 사귀는데 도움이 되도록 하는 첫 단계는 반 친구의 이름을 외우는 것을 목적으로 하는 활동을 계획하는 것이다. 당신은 아이들의 이름을 사용한 노래를 부르거나 아이들의 이름표를 사용한 게임이나 활동을 만들어 이것을 할 수 있다. 예컨대, 당신은 출석을 확인하는 동안 바구니에서 이름표를 꺼낼 수 있다. 각자의 이름을 바구니에서 꺼낼 때, 아이들에게 누구의 이름이 이름표에 있는지 그리고 그 아이가 오늘 학교에 왔는지 물어라. 만약 그 아이가 그 날 결석했다면, 결석 이유에 대해 이야기를 나누어라. 그리고 만약 아이들이 그 이유를 안다면, 언제 그 아이가 돌아올 것인지에 대해 이야기를 나누어라. 이러한 활동은 공동체 구축뿐만 아니라 공감을 증진시킨다.

당신은 또한 우정을 쌓을 기회를 일과 속으로 통합하는 계획을 세울 수도 있다(Kennedy, 2013; Ostrosky & Meadan, 2010). 줄을 세울 때 아이들을 쌍으로 부른 후, 다음 활동 장소로 함께 가도록 하라. 활동 재료를 제공할 때, 두 명당 하나씩 나누어 줌으로써 우정을 북돋울 수 있다(예; 두 명당 막대 풀 하나). 우정을 북돋우는 또 다른 방법은 책 짝꿍 또는 그림 짝꿍(한 명이 책을 읽거나 그림을 그리면 다른 한명은 듣거나 지켜본다. 그런 다음 역할을 바꾼다.)을 통해서이다. 짝 활동을 하는 동안 생각하고 그 생각을 나누는 것 또한 우정을 북돋운다. 이런 상황에서, 당신은 아이들에게 자신의 짝꿍에게 의지하고 활동이나 논의에 대한 그들의 생각을 나누도록 요구한다. 이 모든 경우에, 아이들이 매일 다른 급우와 짝을 이루도록 하여 어느 시점에서는 아이들 각자가 모든 반 친구들과 짝이 될 기회를 반드시 갖도록 하는 것이 중요하다. 문제아와 짝이 되었을 때, 다른 아이들이 그 아이를 밀어내며 '우웩'이라고 말하지 않기를 기대해 보자. 만약 이런 일이 일어난다면, 당신이 해야 할 일이 많다(Hyson & Taylor, 2010). 만약 이것이 지속된다면, 그 아이의 행동은 점점 더 악화되어 참담한 결과를 낳을 수 있다(예; Palmen, Vermande, Dekovic, & van Aken, 2011; Willis & Schiller, 2011). 당신은 행동 문제를 다루고, 그 아이를 재활시키려고 노력하는 복잡한 과정에서 진전을 위해 노력할 때 그 아이와 당신 자신을 위해 도움을 받아야 한다. 다음 장에서는 복잡한 행동 문제를 다룸에 있어 부모 및 다른 전문가와의 협력에 대해 살펴볼 것이다.

2 부모 및 다른 전문가와의 협력

서로 다른 유형의 활동이 아이들의 행동에 어떻게 영향을 미치는가를 발견하는 것은 중요하다. 11장에서, 행동의 원인을 결정하기 위해 아이들의 상호작용을 관찰하는 방법에 대해 논의하였다. 부모로부터 협력을 얻는 것 또한 중요하다. 부모에게 아이가 가장 집중했거나 가장 순응적이었던 상황에 대해 말해달라고 요청하라. 이것은 부모에게 아이가 학교에서 부주의했거나 공격적인 행동을 했다고 말하는 것과는 다르고 당신에게 문제에 대한 해결책을 제공해달라고 그들에게 요청하는 것과 다르다. 만약 당신이 아이의 강점을 중심으로 처치를 계획하길 원한다면, 강점을 알아내고 그것을 기반으로 할 필요가 있다. 만약 부모가 당신에게 아이가 컴퓨터를 할 때 가장 집중한다고 말하면, 당신이 계획하는 활동에 기술을 반드시 포함하도록 한다. 만약 당신이 아이가 일대 일 상황에서 가장 순응적이라는 것을 알게 되었다면, 전체 학급에게 했던 요구를 그 아이에게 직접적으로 반복해서 요구하라. 만약 당신이 어른이 근처에 있을 때는 친구들에게 공격적이지 않았다는 것을 알게 되었다면, 소집단 활동을 할 때 그 아이와 함께 활동을 할 필요가 있을 지도 모른다. 목표는 다른 아이들을 보호할 방법으로 그 아이를 그림자처럼 따라다니는 것이 아니다. 그것은 아이에게 상호작용 기술을 가르치는 것이다. 공격적인 행동을 지켜보고 있다가 그것이 발생했을 때 그 행동을 중단시키는 것은 당신이 상호작용이나 갈등을 해결하는 적절한 방법을 가르치지 않는다면 아이에게 별다른 도움이 되지 않는다. 목표는 당신이 아이들의 행동을 외적으로 통제하는 것이 아니라 그들이 스스로를 통제할 수 있도록 돕는 것이라는 것을 명심하라.

(1) 부모 중심 실제

부모와 협력하는 것은 모든 아이들의 좋은 행동을 증진시키는데 필수적이다. 교사와 부모가 아이들에게 일관된 기대를 하게 되면, 아이들은 더 성공적으로 생활하게 된다.

이렇게 하기 위해서는 부모와 교사가 가정과 학교에서 아이들에게 요구하는 것에 대해 솔직하고 정직하게 이야기해야 한다(Summer & Summer, 2014). 아이들의 행동을 지원하기 위해 부모와 협력할 수 있는 방법은 많지만, 당신에게 도움이 될 것이라 생각되는 몇 가지만 제시한다.

먼저, 행동 문제가 발생하지 않도록 하기 위해 당신이 수행하고 있는 전략을 부모가 알고 그것에 대해 편안해하는 것이 중요하다. 당신은 여러 가지 방식으로 부모와 이것에 대해 의논할 수 있다. 당신이 아이들과 함께 학급 규칙을 만든 후에 그 규칙을 부모가 읽어보도록 집으로 보내라. 오픈 하우스를 할 때, 아이들을 초대하고 그들의 부모에게 아이들이 만든 학급 규칙에 대해 말하도록 요청하라. 당신 학교의 사회-정서적 기준을 부모와 검토하는 것을 잊지 마라. 이런 규칙을 함께 검토하는 것은 학교와 가정에서 기대하는 행동에 대한 논의를 위한 문을 열어준다.

만약 당신이 사회적 기술에 의도적인 가르침이 필요한 아이들이 몇 명 있음을 알게 되었다면, 당신이 이 아이들에게 가르치고자 하는 것에 대해 부모와 의논하라. 부모가 교실에 와서 도움을 줄 수 있는 경우에는, 당신이 아이들에게 가르치는 언어와 전략에 부모가 친숙해질 수 있도록 부모에게 수업을 하도록 요청할 수 있다. 부모가 교실을 방문하는 것이 불가능할 경우에는, 그들에게 활동을 위한 재료를 제공해서 그들이 집에서도 같은 내용을 가르치도록 할 수 있다.

특정 아동에게 개별화된 수업을 제공해야 할 필요가 있는 경우에는, 처음부터 부모를 참여시켜라. 부모는 아이들이 학교 외의 장소에서 다른 아이들과 어떻게 상호작용하는지에 대한 정보를 제공함으로써 행동 문제의 원인을 밝히려는 당신의 시도에 도움을 줄 수 있다. 많은 교사들이 교실에서 발생하는 행동에 대해서만 염려를 하지만, 당신이 지속되는 행동 문제를 아이들의 생활의 한 부분만을 다룸으로써 해결할 수 있다고 생각하는 것은 현명하지 못하다. 지속되는 행동 문제가 있는 아이들은 대개 모든 생활 장면에서 비슷한 방식으로 행동한다. 만약 당신이 지속되는 행동 문제가 있는 아이에게 다른 생활 장면에도 일반화할 수 있는 새로운 전략을 가르칠 의도라면, 가능한 한 많은 생활 장면에서 이러한 행동의 원인을 밝힐 필요가 있다.

조금만 준비시켜주면 대부분의 부모는 11장에 기술되어 있는 관찰 전략을 이해할 수 있을 것이다. 부모에게 학교 밖에서의 아이들의 행동을 주의하여 보도록 요청하는 것은 아이의 욕구를 최고로 충족시킬 수 있는 전략을 고안할 때 그들이 당신을 조력하는

데 도움이 된다. 만약 부모가 이렇게 하는 것을 불편해 하면, 가정이나 다른 학교 밖 장면에서 아이를 관찰해 보도록 제안할 수 있다. 아이를 관찰하도록 당신이 부모를 교실로 초대하는 것 또한 중요하다. 부모는 당신이 관찰할 때 놓쳤던 행동을 볼 수 있을지도 모른다. 그러나 부모는 자녀가 학교에서 문제 행동을 한다는 것을 부인할지 모른다. 만약 당신의 의견을 입증하기 위해 부모를 학교에 초대한다면, 아이가 부모가 있는 데에서 완벽한 천사처럼 행동할 가능성에 대비해야 한다. 그럼에도 불구하고, 당신은 부모가 그 문제를 이해하도록 할 필요가 있다. 부모와 교사는 아이들이 학교와 그 밖의 삶의 장면에서 잘 생활하는 데 필요한 사회적 기술을 습득하도록 돕기 위한 발달적으로 적합하고 지속적인 방법을 고안하기 위해 협력해야 할 필요가 있다.

(2) 팀 작업과 자문

아이들로 가득 찬 교실의 요구를 충족시킴과 동시에 지속되는 행동 문제가 있는 아이들이 요구하는 강력한 지원을 관리하는 것은 매우 어렵다. 그러나 아이들의 지속되는 행동 문제를 다루는 팀 접근이 도움이 된다. 기억해야 할 가장 중요한 점은 당신이 문제 행동에 어떻게 반응하느냐가 모든 아이들의 사회적·학업적 성공의 열쇠라는 것이다. 간혹 외부의 도움을 구하는 것이 지속적인 행동 문제가 있는 아이에게 당신이 제공할 수 있는 가장 적절한 반응인 경우가 있다. 그러나 아이들에 대한 당신 자신의 목표를 명심할 필요가 있다. 만약 컨설턴트가 보상 및 처벌과 관련된 행동관리 기법을 추천한다면, 아이들에 대한 당신의 장기 목표가 그러한 압력에 저항하는데 도움이 될 것이다.

당신이 행동 문제가 있는 아이들을 지도할 때 학교상담자나 정신건강전문가와 같은 행동 전문가가 당신을 지원할 수 있다(Hyson & Tomlinson, 2014). 많은 교사들은 행동 문제를 다룰 때 외부의 도움을 구하는 걸 꺼린다. 왜냐하면 외부 사람들이 그들을 학급 관리도 하지 못하는 사람으로 보지나 않을까 하는 염려 때문이다. 그러나 우리 모두는 때때로 지원을 필요로 한다. 아이들은 학교에 근무하는 모든 성인들의 전문성으로부터 혜택을 본다(Kaiser & Rasminsky, 2012). 당신이 아이를 도울 수 있는 유일한 전문가가 아니라는 사실을 기억하라. 아이들이 문제 행동을 야기하는 것을 당신이 보도록 돕는 객관적인 눈이 필요하다. 덧붙여, 정신건강 전문가나 학교상담자의 조력을 구하는 교사의 반에는 문제 행동을 하는 아이가 상대적으로 적다(Gilliam & Shabar, 2006). 그러니 당신 혼자의 힘으로 다룰 수 없는 행동 문제에 직면했을 때는 그들의 전문성을 활용하라. 처치가 효과가 없을 때는 특수 서비스를 받을 자격이 되는지를 알아보기 위해 공식적인 특별 교육 평가를 실시하는 것이 좋다.

개별 교육 계획(individual education plan : IEP)은 특수한 욕구가 있는 것으로 확인된 아이들을 위해서 제공된다. 하지만 실제로는 모든 아이가 독특하고 아이의 강점과 욕구에 맞춘 개별화된 접근을 통해 서비스를 가장 잘 받을 수 있다. 동화와 조절이 IEP의 열쇠이다. IEP는 행동 처치 계획(behavior intervention plan : BIP)을 포함한다. 문제 행동을 하는 아이가 개별 교육 계획이나 행동 처치 계획을 가지고 있느냐의 여부에 상관없이, 만약 당신이 아이의 고유한 욕구에 적응하고 그 후 아이가 성공하도록 돕는 기대와 과정에 맞추어 조정한다면 아이를 가장 성공적으로 도울 것이다. 아이를 달성할 수 없는 기준에 맞추려고 하는 것은 실패하는 확실한 방법이다.

3 문화적·언어적 불일치 보기

문화에 대해 말하기에 앞서 먼저 문화의 정의에 대해 분명히 하자. 우리는 아래 정의를 선호한다.

> 문화는 인종이나 민족성과 같은 하나의 특성이 아니다. 그 이상이다. 문화는 집단 내 개인들의 특성을 독특하게 혼합한 것을 반영하고 사회경제적 지위, 생활 경험, 성별, 언어, 교육, 성적 성향, 심리적 상태와 정치적 견해와 같은 변인들을 포함한다.(Utley, Obiakor, & Bakken, 2011, p.8)

이 정의에서 우리 모두는 다양한 문화적 영향의 혼합이라는 것을 명확히 하며, 개별 아동에게 있어 "올바르게 하라"는 말의 문화적 복잡성을 보여준다. 반 편견 교육에 관해 이해하고 이해한 것을 아이들과의 일상적인 상호작용 속으로 통합하는 것은 보다 순조롭게 기능하는 교실이라는 결실을 맺어줄 것이다(Kuh et al., 2016).

소수 민족 배경의 아이들이 유럽계 미국인 아이들에 비해 교장실로 불려가거나 문제 행동으로 인해 퇴학을 당할 가능성이 더 높다는 것을 아는가(Cartledge, Singh, &

Gibson, 2008; Edelman, 2015)? 아프리카계 미국인, 라틴계 미국인, 미국 원주민 또는 다른 비 유럽계 미국인 배경의 아이들이 문제 행동을 더 빈번하게 하기 때문에 이런 일이 발생하는 것은 아니다. 교사의 행동 기대, 생활지도 기법과 아이들의 문화적 배경에 불일치가 있기 때문에 이런 일이 발생한다. 예를 들어, 거친 신체 놀이와 말다툼은 아프리카계 미국 남성 문화의 일부이지만(Weinstein, Tomlinson-Clarke, & Curran, 2004), 많은 교사들은 이 놀이를 안전하지 않거나 위험한 것으로 본다(Carlson, 2011). 아이들이 가정에서 배운 것과 학교에서 기대되는 것 간의 이러한 불일치는 종종 교사와 아동 간에 갈등을 유발시킨다(예; Gozalez-Mena, 2008; Rothstein-Risch & Trumbell, 2088; Utley et al., 2011). 니토와 보더(Nieto & Border, 2008)에 따르면, 미국의 주류 문화와 문화적 배경이 다른 아이들은 미국 학교에서 지속적으로 불공평하게 대접을 받는다.

(1) 문화적 인식

그래서 당신은 이 불일치가 발생하는 것을 어떻게 막겠는가? 문화가 어떻게 아이들의 행동에 영향을 미치는지를 이해함에 있어 중요한 첫 번째 단계는 그들 문화 집단의 의사소통 실제에 대해 배우는 것이다(Gonzalez-Mena, 2008). 만약 당신이 아이와 문제 행동에 대해 이야기를 나누는데 그 아이가 너에게 미소를 짓는다면, 그것은 어떤 의미이겠는가? 그 아이가 당신에게 예의 없는 행동을 하고 있는가? 그 아이는 당신의 염려가 웃긴다고 생각하는가? 그 아이는 당신에게 존중하는 태도로 사과를 하고 있는 것인

문화가 어떻게 아이들의 행동에 영향을 미치는지를 이해함에 있어 중요한 첫 번째 단계는 그들 문화 집단의 의사소통 실제에 대해 배우는 것이다.

지도 모른다. 만약 당신이 과제를 돕기 위해 무릎을 굽혀 그 아이에게 가깝게 다가가는데, 그 아이가 뒤로 물러난다면, 그것은 당신의 도움을 원하지 않는다는 의미일까? 또는 당신의 그 아이의 개인 공간을 침입했는가? 만약 당신이 책을 읽어주거나 수학 활동을 설명하는데, 아이가 허락도 받지 않고 대화에 갑자기 끼어든다면? 그것은 그 아이가 충동적이거나 경청하는 법을 배우지 못했다는 것을 의미하는가? 아니면 열심히 듣고 자신이 나누고 싶은 것과 관련 짓고 있는가? 교실 스케줄에 따른 시간제한을 따르지 않는 아이 즉 항상 순간에 사는 것처럼 보이며 한 가지 활동을 하면 그 활동에서 벗어나지 못하는 아이는 어떤가? 이 아이는 반항하는 것인가, 아니면 그 아이가 속한 문화에서의 양육이 그 아이가 미래보다는 현재를 더 지향하도록 만들었는가(Gonzalez-Mena, 2008)?

　　3장에서 논의했듯이, 문화는 행복이나 회한을 표현하기 위해 당신이 미소를 지을지의 여부에 영향을 주고, 당신이 다른 사람과 하는 눈 맞춤의 유형에 영향을 주며, 당신이 다른 사람을 맞이하는 방식에 영향을 준다. 문화는 또한 힘이 더 많은 성인이나 다른 사람에게 말하거나 반응하는 방법에 대한 결정에 영향을 주며, 시간의 중요성에 대한 당신의 지각에 영향을 준다. 이런 문화의 일부에 대해서는 책에서 배울 수 있겠지만, 판단하지 않고 세심하게 한 관찰이나 질문을 통해 직접적으로 배우는 것이 제일 좋다(Gonzalez-Mena, 2010).

(2) 부모에게 경청

　　부모의 우선순위를 이해하는 것은 아이들의 행동을 이해하는 데 매우 중요하다(Gonzalez-Mena, 2010; Michael-Luna, 2015). 아이들은 가족이라는 맥락에서 상호작용 패턴과 행동 기준을 배운다. 어떤 가족은 집단주의가 규준이다. 이런 가족의 아이들은 집단의 이익을 위해 추가적인 과업을 떠맡게 된다할지라도 서로 도우라고 배운다. 그들은 또한 도움이 필요할 때 상호 의지하도록 배운다. 다른 가족은 개인주의가 규준이다. 이런 가족의 아이들은 독특한 존재가 되고 자신의 일을 하도록 권장된다. 집단 구성원에 대한 책임을 덜 강조하고 개인적 책임을 더 강조한다. 이런 아이들은 자신의 성공에 대해 책임을 스스로 지도록 배운다. 이런 포괄적인 일반화에 대한 예외가 있을 것이다. 하지만 교사는 부모가 가치를 두는 것과 자식에 대해 갖고 있는 목표를 이해하는 것은 중요하다.

부모와 교사는 아이들의 학습에 대해 서로 다른 우선순위를 가질 수 있다. 학교는 아이들의 인지발달을 더 중요시하는 반면 많은 부모들은 아이들의 사회성 발달에 대해 더 관심이 많다. 부모가 아이들이 읽기나 수학을 잘 하고 있는지보다는 교사 및 또래와 사이좋게 잘 지내는지에 대해 더 많은 질문을 한다고 해서 부모가 공부에 가치를 두지 않는다는 것을 의미하는 것은 아니다. 이런 유형의 질문은 아마도 부모가 그들 자녀가 존중을 받고 교사와 또래에게 도움이 되기를 원하고 그들로부터 사랑받기를 원한다는 것을 의미할 것이다. 이런 특성은 집단주의적 관점을 가진 부모들에게 중요하다(Trawick-Smith, 2010).

다른 부모는 사회·정서적 발달보다 아이들의 성적에 더 많은 관심을 보인다. 이런 부모는 학업 성적이 좋은 것과 성공을 동일시한다. 이런 부모는 사회성 발달이나 행동 문제를 얼버무리고 넘어간다. 자신의 아이들이 완벽하고 잘못을 하지 않는다고 생각하기 때문에 그렇게 하는 것은 아니다. 그들은 학교를 배우는 장소로 보고 자신의 아이들이 학업에 충실해서 향후 좋은 대학에 입학하고 궁극적으로 좋은 직업을 가질 수 있도록 준비하기를 원하기 때문에 그런 것이다. 이런 부모에게는 아이들이 자기 자신을 돌볼 수 있도록 준비시키는 것이 우선순위이다.

교사가 그들 아이들에 대한 부모의 목표에 대해 배우고 교실에서 이런 목표를 다루는 것은 중요하다. 이것은 문화적 인식이 일방통행이라고 말하려는 것이 아니다. 그렇지 않다(Summer & Summer, 2014). 교사가 학교의 목표와 기대를 부모와 공유하는 것 또한 중요하다. 그러나 교사는 교육과 행동에 대한 적절한 기대와 관련하여 부모의 견해에 개방적일 필요가 있다.

사례 13-9

> 오 선생님은 연 초에 학부모 상담 계획을 세운다. 선생님은 아이들의 배경을 이해하는 데 도움이 되는 몇 가지 질문을 준비한다. 선생님은 "○○에 대한 당신의 올해 목표는 무엇입니까?"라는 질문으로 상담을 시작한다. 그런 다음 부모에게 "그 목표를 달성함에 있어 교사나 학교가 어떤 식으로 도와주길 바라나요?"라고 묻는다. 이런 유형의 질문으로 학부모 상담을 시작함으로써, 선생님은 부모에게 자신은 부모의 우선순위를 중요하게 생각하고 그것을 충족시키기 위해 노력할 것이라는 메시지를 보낸다. 오 선생님과 부모가 부모의 목표에 대한 논의를 끝내면, 선생님이 부모에게 학교의 학습 기준에 대한 유인물을 제공하고 그 기준에 대해 질문할 기회를 준다. 선생님은 부모에게 가정에서 아이들을 지도할 때 비슷한 목표를 달성하려고 하는지와 아이들의 행동

을 지도하기 위해 어떤 전략을 사용하는지에 대해 꼭 질문한다. 그런 다음 선생님은 자신의 훈육 철학을 부모와 나누고 아이들이 사회-정서적 기준을 달성하도록 어떻게 도울 것인지에 대해 설명한다. 상담을 끝내기 전에, 오 선생님은 부모에게 자신이 ○○의 사회적·학업적 욕구를 더 잘 충족시켜줄 방법과 관련하여 제안할 것이 있으면 언제든 연락하라고 말해 준다.

오 선생님은 자기반 아이들의 학부모와 편안하게 지도 방식을 공유한다. 선생님은 연 초에 가정과 학교가 상호 존중하는 동반자 관계를 구축하는 것이 자기반 아이들이 사회적·학업적 성장을 도울 것이라는 것을 잘 알고 있다. 여러 해 동안 아이들을 가르치면서, 오 선생님은 또한 부모와 힘을 공유하는 것이 부모가 자신에게 학교 프로그램에 대해 질문하고 도움을 제공할 수 있을 만큼 그들을 편안하게 만들어준다는 걸 알게 되었다.

4 결론

이 장에서는 당신의 지원이 대부분의 어린 아이들보다 더 필요한 아이들에 초점을 두었다. 이들은 자신의 통제 밖에 있는 요인 때문에 바람직하지 못한 행동을 보이는 아이들이다. 이런 행동 때문에 당신이 인내심을 더 발휘해야 할지 모르겠지만, 아이들은 당신의 이해와 지원을 간절하게 필요로 한다.

왕과 알드리지(Wang & Aldridge, 2007)는 "정상적인" 아동 발달에 대한 당신의 인식과 아이들의 학습 또는 이해 방식이 당신 자신의 그것과 어떻게 다른지에 대해 생각해 볼 것을 권하면서, 아이들의 행동이나 행위에 대해 성급하게 결론내리기 전에 스스로에게 세 가지 유형의 질문을 해 볼 것을 제안한다.

1. 이 나이 또래의 아이들이 할 수 있어야 하는 것과 해서는 안 되는 것에 대한 나의 기대가 어떻게 이 행동에 대한 나의 반응에 영향을 미치는가?
2. 재료를 사용할 때 내가 아이들에게 기대하는 방식이 그들이 실제로 그것을 어떻게 사용하는 가에 대한 나의 인식에 어떻게 영향을 미치는가?

3. 과제의 소개와 완수에 대한 나의 기대는 아이들이 내가 소개한 개념을 이해하는
   방식과 어떻게 다른가?

    아이들의 행동에 대한 당신의 인식은 긍정적인 교실 분위기 조성에 중요하다. 아이
들의 이전 경험이 그들이 교실에서 하는 상호작용에 어떻게 영향을 미치는가를 이해하
려고 시도하는 것은 당신이 적절한 생활지도 전략을 계획하도록 준비시켜 줄 것이다.
당신이 아이들을 독특한 욕구를 지닌 개인으로 존중해준다면, 당신은 그들을 위한 적
절한 생활지도 전략 계획을 더 잘 준비시켜 줄 것이다.

5 요약

- 이 장에서는 과제에 집중하지 못하는 행동, 순응하지 않는 행동, 공격적인 행동과
  같은 문제 행동을 하는 아이들의 지원 방법 계획에 대한 지침을 제공하였다. 전체적
  인 책의 구성에 맞추어, 먼저 행동의 가능한 원인을 찾고, 다음은 처치로 예방에서
  시작하여 의도적인 가르침 그리고 마지막으로 개별화된 지원에 대해 다루었다.
- 부모 및 다른 전문가와의 협력은 교사가 다양한 배경, 언어 및 능력을 가진 아이
  들을 지원하는데 도움이 된다. 부모는 자기 자식에 관해서는 전문가이고 교사에게
  아주 중요한 정보를 제공해 줄 수 있다. 행동 전문가는 아주 심각한 행동 문제를
  다루어야 하는 교사에게 소중한 지원과 지침을 제공해 줄 수 있다.그러나 교사는
  해결책을 보상과 처벌에 의지하는 동료에 대해 방어할 필요가 있다.
- 문화적 · 언어적 불일치는 행동 문제의 원인이 될 수 있다. 아이들은 부모의 기대,
  가치 및 언어가 학교의 그것과 다를 때 혼란스러워진다. 그들의 혼란이 순응하지
  않는 것으로 오해될 수 있다. 이 상황은 좌절로 인한 공격성의 원인이 될 수 있다.

6 논의 및 숙고

1. 자국어가 아닌 언어로 공부하는 아이들의 부모와 면담을 하라. 부모에게 아이가 학교에서 경험하는 성공과 어려움에 대해 질문하라. 교사가 아이의 행동을 오해했던 경우가 있었는가? 만약 그렇다면, 상황과 그것을 어떻게 다르게 다루어졌어야 했을지에 대해 기술하라. 부모에게 아이에 대한 그들의 목표에 대해 질문하라. 부모의 목표와 학교가 아이에 대해 갖고 있는 목표와 다른가? 만약 당신이 그 아이의 교사라면, 부모의 목표가 당신의 가르침에 포함시키기 위해 어떻게 하겠는가?

7 도전

2. 아이들에게 사회적 기술을 가르치기 위한 소집단 수업을 계획하기 위해 이 장에서 언급한 전략 중 하나를 사용하라. 수업 계획을 짜보고 아이들이 이 수업으로 배운 것에 대해 반추해보라.

8 현장 활동

3. 장애가 있는 아이들은 교실 어디에 포함되는지를 관찰해 보라. 교사는 아이의 욕구를 충족시켜주기 위해 어떻게 편의를 도모해 주는가? 아이가 교실 공동체에 협력적이고 기여하는 구성원이 되도록 돕기 위해 교사가 사용한 전략은 효과적이었다고 생각하는가? 만약 그렇다면, 이 전략을 효과적으로 만든 것은 무엇이라고 생각하는가? 만약 아니라면, 아이가 교실 생활을 보다 더 잘 하도록 돕기 위해 교사가 실행할 수 있는 다른 전략에는 어떤 것이 있는가?

9 추천도서

ADDitude Magazine. Additudemag.com

Barnett, D. W., Elliott, N., Wolsing, L., Bunger, C. E., Haske, H., McKissick, C., et al. (2006). Response to intervention of young children with extremely challenging behaviors: What it might look like. *School Psychology Review*, 35(4), 568~582.

Evans-Santiago, B. & Lin, M. (2016). Inclusion with sensitivity: Teaching children with LGBTQ families. *Young Children.* 71(3) pp 56~63.

Kennedy, A. S. (2013). Supporting peer relationships and social competence in inclusive preschool programs. *Young Children*, 68(5), 18~25.

Murphy, S. (2014). Inclusive strategies for students with characteristics of ADHD. *Young Children*, 69(3), 66~71.

Nemeth, K., & Brillante, P. (2011). Dual language learners with challenging behaviors. *Young Children*, 66(4), 12~17.

Stockall, N. & Dennis L. (2012). The Daily Dozen: Strategies for enhancing social communication of infants with language delays. *Young Children.* 67(4) pp 36~41.

Winless, S. & Crawford, P. (2016). Reading your way to a culturally responsive classroom. *Young Children.* 71(3). pp 8~13.

제14장
스트레스와 취약성

학습 목표

- 삶 속에서 폭력을 경험한 아이들의 적응을 지원하기 위해 권장되는 방법을 적용할 수 있다.
- 분리나 상실이 어떻게 아이들의 사회적, 정서적 발달과 행동에 영향을 미치는가를 설명할 수 있다.
- 빈곤과 관련된 아동의 행동을 알 수 있다.
- 만성적 건강 문제를 가지고 있는 아이들에게 지지적인 반응 보여줄 수 있다.
- 이 책에서 논의된 일반적인 지도 원칙들이 특히 취약한 아이들의 회복 탄력성을 촉진하는데 어떻게 도움이 될 수 있는지를 요약할 수 있다.

이 책의 3부에서 우리는 전형적인 아동 발달 문제에서 시작하여 점차 심각한 원인에 이르기까지 행동 문제의 다양한 원인에 대해 논의하고 있다. 이 장에서 우리는 가장 심각한 원인을 검토하고 아이들이 삶을 잘 살아갈 수 있도록 하기 위해 아동, 부모 및 교사가 직면해야 할 도전 과제를 탐구해 볼 것이다.

사례 14-1

 학년 초 아이들을 알아가는 과정 중에 있는 손 선생님은 두 명의 유치원생에 대해 걱정하고 있다. 연희는 매우 내향적이고 학교의 활동에 대해 흥미가 없어 보이며, 선주는 다른 아이들과의 놀이에 참여하는 것을 두려워하는 것 같다. 이 아이들을 더 잘 이해하고자 하는 노력의 하나로 선생님은 그 아이들의 부모와 접촉했고 그 결과 아이들에 대해 새로운 사실을 알게 되었다. 연희의 주 양육자이고 연희가 매우 좋아했던 할머니가 최근에 돌아가셨다. 선주의 부모님은 선주가 천식 환자이며 학교가 시작하기 몇 주 전에 심각한 발작이 있었다고 설명했다. 이 장에서 우리는 연희와 선주 같은 아이들을 지원하는 방법을 고민해 볼 것이다.

교사로서 당신은 때때로 반항적인 행동, 화로 인한 폭발 그리고 아이의 삶에서 아주 슬픈 스트레스원으로부터 발생하는 두려움의 신호를 보게 된다(Hong, 2010). 아주 어린 아이들조차도 아이들을 압도하거나 정신 건강상의 문제를 일으킬 수 있는 경험이 있을 수 있다. 당신이 가르치고 보살필 아이 중에는 집이 없는 가정의 아이들, 부모가 없는 아이들, 폭력을 경험한 아이들은 물론 다른 여러 유형의 트라우마를 겪고 있는 아이들 역시 있을 수 있다. 미국에서는 수백만 명의 아이들이 그들을 취약하게 만드는 부정적인 사회적, 경제적, 가정적 환경을 경험한다(Bornstein, 2013). 여러 연구에서 제시된 증거는 잘 다루어져야 할 어린 시절의 인종/민족 및 사회경제적 역경의 패턴을 보여준다(Slopen et al., 2016). 아브라함 매슬로우(Abraham Maslow)의 욕구 위계에 관한 영향력 있는 글은 상위 수준의 정서 및 지적 기능이 발달하려면 음식, 은신처와 안전을 포함하는 기본적인 욕구가 갖추어져야 함을 잘 보여준다(Maslow, 1954).

다른 여러 환경 중에서도 학대, 빈곤, 상실, 부모로부터의 분리, 만성 질환 등은 모두 아이의 사회 및 정서 발달에 부정적인 영향을 미친다. 그러한 스트레스는 뇌의 발달을 해친다. 불안정성은 뇌가 투쟁-도피 방식(fight-or-flight mode)으로 작동하도록 하며, 이것은 배우는 능력에 심각한 영향을 미친다. 한 교사는 그것이 마치 아이의 머리카락이 타고 있는 와중에 자신의 이름을 써보라고 하는 것과 같다고 말하기도 했다. 또한 스트레스는 공격 행동(acting-out behaviors)을 초래하며, 이는 많은 경우 아이가 자신에게 필요한 도움을 얻는 것이 아니라 거절당하고 퇴학당하는 것으로 이어진다. 어린 아이들의 신체와 뇌는 코르티솔이나 노르에피네프린과 같은 스트레스 호르몬에 너무 많은 노출로 인해 손상을 입을 수 있다(Klass, 2013). 아이들은 이제 막 필요한 생각 및 정서 기술을 개발하는 중이기 때문에 부정적인 유년기의 경험에 어떻게 대처해야 할지를 알아내는 데에 어른보다 더 미숙하다. 아이들은 종종 트라우마로 인해 자신의 감정으로부터 단절되어 있으며 자신에게 무엇을 필요로 한지, 자신이 무엇을 원하는지, 자신이 무엇을 느끼는지 모른다. 당연히 '당신이' 무엇을 필요로 하고, 원하고, 느끼는지도 알지 못한다.

아이들의 삶 속의 불안정성이 아이들을 사회 및 정서적 어려움에 더 취약하게 만들지만, 취약함이 자동으로 행동 장애로 이어지지는 않는다는 것을 기억하는 것이 중요하다. 이들 중 일부가 사회적 · 정서적으로 차질을 겪게 될 것이라는 사실을 부인할 수는 없지만, 그 외의 아이들은 자신의 삶 속의 어려움을 극복하고 행복하고 자신감 있는 어른으로 성장할 수 있는 회복 탄력성을 개발할 것이다. 우리는 당신이 이 탄력성에 기여하는 방법을 배우는 데에 도움을 주고자 한다. 자신을 돌보아주는 어른과의 지지적인 관계를 형성하는 것은 아이의 정서적 생존에 핵심적일 수 있다(Espinosa, 2010). 우리가 아이들을 강점 기반 관점(strengths-based perspective)에서 바라보면, 우리는 아이들에게 그들이 겪는 어려움에도 불구하고 우리가 아이들의 성공할 수 있는 능력을 믿고 있음을 보여줄 수 있다. 우리는 또한 그 아이들에 대한 기대감을 낮춤으로써 아이들의 자신감과 사회적 경쟁력을 낮출 확률을 줄일 수 있다.

이 장에서 우리는 아이들의 삶의 환경이 어떻게 그들의 사회적, 정서적, 신경적 발달에 영향을 미치며 궁극적으로 행동에까지 영향을 미치는지를 논한다. 우리는 지도 전략, 자원, 교수 아이디어 등을 공유하며 이것들은 당신이 이 아이들이 절실하게 필요로 하는 부가적인 감정적 지원을 제공할 수 있도록 준비해줄 것이다. '지지적인 가족'은 당신이 역경에 처해 있는 아이들의 사회 및 정서적 발달을 촉진하기 위해 사용할 수 있는 전략 중 가장 좋은 것의 하나이기 때문에 우리는 취약한 상황 속에 있는 아이들의 가족과 어떻게 함께 작업할 수 있는지 역시 논할 것이다. 당신이 이 아이들에 대해 가지고 있는 믿음과 그 아이들이 가지고 있는 능력이 그 아이들의 인생에 있어 오래도록 지속되는 영향을 줄 수 있음을 기억하라.

1 폭력에 노출된 아이들

아이들은 폭력에 노출됨으로써 트라우마를 경험한다. 우리는 폭력을 특정한 동네에서만 일어나는 것으로 생각하고 싶어 하지만, 사실은 모든 유형의 공동체에 만연할 수 있다. 우리 사회에 총기류가 만연하기 때문에, 폭력은 우리의 문화의 일부라고 할 수 있는데, 아이들은 학교에서의 총격 사건을 들은 이후에는 학교에 가기를 두려워할지도 모르며 그 공동체 내에 총격이나 폭격이 일어난 다른 장소가 있을지도 모른다. 어쩌면 당신의 학급에 전쟁을 피해 도망치는 과정에서 가족을 잃은 난민 이민자 아이가 있을지도 모른다. 아이들을 대상으로 하는 또 다른 유형의 폭력은 보통 그들의 집에서 그들이 믿어야 할 사람들 사이에서 일어난다.

(1) 아동 학대

당신은 뉴스에서 아동 학대의 여러 사례를 들어보았을 것이다. 불행하게도, 이러한 이야기는 점점 더 흔해지고 있다. 미국의 건강 및 인간서비스 국(2010)에 따르면, 아동 학대 신고는 매 10초마다 한 건씩 이루어지고 있으며, 매일 5명 이상의 아이들이 아동 학대로 사망한다. 당신이 학대를 당하는 아이를 마주하게 될 가능성이 크다는 뜻이다.

대부분의 사람들은 아기를 학대하는 것을 상상조차 하지 못하겠지만, 신생아들은 더 나이가 많은 아이들보다 학대를 경험할 가능성이 더 높으며, 학대로 인해 사망하는 아이들의 80%는 4세 미만이다. 방임은 아동 학대의 훨씬 더 흔한 형태이며, 신체적, 심리적, 성적 학대가 그 뒤를 잇는다(U. S. Department of Health and Human Services, 2010). 아동방임은 아이의 주목 요구를 무시하는 것, 지켜보는 사람이 없는 채로 아이를 버려두는 것, 아이들의 음식, 주거, 안전을 위한 신체적 욕구에 주의를 기울이지 않는 것 등을 포함한다. 신체 학대는 아이에게 해를 끼칠 정도로 엉덩이를 때리거나 뺨을 때리는 것을 포함하지만 다들 이보다 더 심각한 이야기를 많이 들어보았을 것이다. 정서 학대는 일반적으로 언어적 협박, 욕하기, 거절, 고립 등을 포함한다. 부모가 트라우마의 원천인 경우, 주된 안전과 보안의 원천은 사라지고 세상은 아이에게 무서운 곳이 되어버린다(Wright, 2014).

학대당한 아이들은 학교에서 친구를 사귈 가능성이 적다. 몇몇 아이들은 급우와의 관계에서 공격성을 보이지만, 상당한 수의 아이들은 급우와 상호작용을 하지 않는다

(Wright, 2014). 당신도 짐작했겠지만, 공격적이거나 또래 상호작용을 철회하는 아이들은 학교 친구가 적으며, 이것은 아이들의 자존감에 영향을 미친다.

친구와 상호작용을 하지 않으려는 아이들이 친구를 사귀도록 돕는 것은 매우 중요하다. 이러한 아이들에게 소집단 환경에서 학급 친구들과 함께 작업할 기회를 많이 제공함으로써 아이들이 집단에서의 상호작용을 편안하게 느낄 수 있도록 하라. 이런 아이들이 친구에게 책 읽어주기나 또래 교수와 같은 일대일 활동에서 이끄는 역할을 맡도록 함으로써 아이들이 자존감을 키울 수 있도록 하라. 또한 놀이 집단에 들어가고 다른 사람들과의 상호작용에 참여하는 방법을 당신이 모델링함으로써 아이들에게 다른 사람들과 노는 방법을 보여줄 수도 있다. 동시에, 이러한 문제를 아이들에게 강요하지 않고 아이들이 자신의 자기방어적인 반응에 대해서 죄책감을 느끼지 않게 해주는 것 역시 중요하다(Wright, 2014).

학대 경험이 있는 아이들은 자신의 욕구를 충족하기 위해서 공격성을 사용할 확률이 높기 때문에 당신이 갈등해결 기술, 적절한 감정표현 방법, 좌절에 대처하는 전략을 가르쳐주는 것은 특히 더 중요하다. 몇몇 아이들은 그들이 폭력성의 피해자이기 때문에-그들에게 폭력성은 삶의 방식이었기 때문에-폭력적일 수밖에 없었음을 기억하라. 당신은 이 아이들을 대할 때 인내심을 가져야 하며 그 아이들이 무엇을 하고 어떻게 행동하든지 간에 당신이 그들을 해치지 않을 것임을 보여주어야 한다. 그 아이들은 또한 당신이 그들이 학교에서 다치는 일이 없도록 할 것이라는 것을 알아야 한다. 그 아이들이 당신을 한 번 믿음직스럽고 자신을 돌보아주는 어른으로 인식하게 되면, 아이들은 점점 덜 방어적이게 될 것이며 폭력에 기대지 않고 어떻게 자신의 욕구를 충족시키는지를 배우는 데에 더 열린 자세를 취할 것이다.

사례 14-2

 방 선생님은 재호가 집놀이 영역에서 놀 때에 아기들에게 매우 공격적임을 목격했다. 선생님이 그 놀이를 좀 더 지켜보았는데, 재호가 아기의 엉덩이를 때리기 시작하고 그 아기가 나쁜 아기라고 말할 때에는 더 걱정이 되었다. 선생님은 놀이 상황에 들어가기로 결정하고, 할머니 역할을 맡았다. 할머니가 된 선생님이 말했다. "네가 아이랑 같이 노는데 도움이 필요한 시점에 내가 들어온 것 같구나. 화가 났구나. 아기가 어떻게 너를 화나게 했니?" 재호가 선생님에게 아기가 울음을 멈추지 않으며 그것은 매우 나쁜 행동이기 때문에 아기가 엉덩이를 맞아야 한다고 말했다. 선생님이 응답했다. "아기가 울음을 그치도록 하는 데에 내가 도와주는 건 어떨까? 선생님은 네가 아기 엉덩이를 때려서 아기가 더 세게 울진 않을까 걱정이 되는구나." 선생님이 부드럽게 재호에게서 아기를 받아들고는 아기를 달래는 노래를 부르기 시작했다. 그런 다음, 선생님은 아기가 새 기저귀가 필요한 건 아닌지 확인하고 재호에게 이 아기를 위해 파우더를 가져다 달라고 부탁했다.

학대를 경험한 아이들이 문제 해결을 위해 폭력을 사용하는 것은 흔한 일이다. 방 선생님은 이를 깨닫고 재호가 인형에게 하는 폭력적인 대응에 대한 긍정적인 대안을 제공했다. 6장에서 논의한 바와 같이, 아이들은 긍정적인 역할 모델을 필요로 한다. 역할 모델이 아주 대단한 사람일 필요는 없다. 사실, 당신이 역할 모델로서 떠올리는 사람들을 보면 다들 착하고, 공감적이고, 당신이 도움을 필요로 할 때 기꺼이 도와줄 의향이 있으며, 무엇보다도 자신의 일과 당신과의 관계에 전념하는 사람들일 가능성이 높다. 선생님은 재호와의 상호작용을 통해 이러한 특성을 전부 보였다. 그렇게 하면서, 선생님은 다른 사람들을 어떻게 대하고 어떻게 친구가 되는지를 보여주었다.

학대당한 아이가 하고 싶은 말을 단지 들어주는 것이 당신이 할 수 있는 가장 도움이 되는 일일 수도 있다. 물론, 당신은 의심되는 학대에 대해서 그것이 아직 확인되고 다루어지지 않은 경우에는 법적으로 신고할 의무가 있다. 7장에서 설명한 것처럼, 아이들

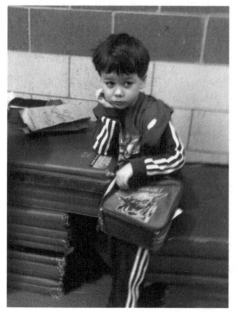

또래들과 잘 어울리지 못하는 아이들이 우정을 형성하도록 돕는 것은 중요하다.

에게 경청하고 같이 시간을 보내는 것은 아이들로 하여금 당신이 새로운 긍정적인 관계를 형성하는 데에 전념하고 있으며 형성된 유대를 끊어내지 않을 것이라는 것을 이해하도록 돕는다. 하지만, 이런 아이들은 당신이 교사로서 할 수 있는 것에 덧붙여, 훈련된 전문가의 도움이 필요할 가능성이 매우 높다.

⑵ 공동체 폭력

아이들이 급속도로 가정, 학교, 공동체 내 폭력에 노출되고 있다(Kennedy, Bybee, Sullivan, & Greeson, 2009). 부모와의 갈등과 집단 폭력은 아이들의 사회·정서적 발달에 심각하게 부정적인 영향을 미친다. 폭력에의 노출은 아이들을 두려움에 떨게 하고, 불안하게 만들며, 어떤 경우에는 외상 후 스트레스 장애를 야기하기도 한다(Bassuk, Konnath, & Volk, 2006). 장기적인 스트레스는 뇌의 가지돌기에 손상을 입히며 아이들의 감정 통제 능력을 손상시킨다. 그러한 트라우마를 겪는 아이들은 신체적, 정서적, 학업적, 관계적 어려움을 보인다(Honig, 2010). 그들은 종종 두통이나 복통과 같은 신체적 아픔을 호소하며 학교에서 과도하게 긴장된 모습을 보일 수도 있다. 새로운 상황에 대한 두려움과 일상의 변화에 대한 비협조적인 태도는 폭력에 노출된 아이들의 일반적인 행동이다.

폭력에 노출된 아이들이 학교를 안전하고 편안하게 느끼기 위해서는 추가적인 지원이 필요하다. 만약 당신에게 그런 아이들이 있다면, 당신이 할 수 있는 몇 가지가 있다(Wright, 2014). 교실에 부드럽고 진정되는 장소를 마련해서 아이들이 필요할 때에 그 곳에서 쉴 수 있도록 하는 것이다. 앞서 모든 아이들을 위해 이러한 장소 방법을 제안한 바 있지만, 이러한 장소는 상처가 있는 아이들에게 가장 도움이 많이 될 것이다. 이에 덧붙여, 당신은 이 아이들이 속상하거나 긴장될 때에 말할 대상을 찾는 것을 도와줄 수 있다. 이것은 이 환경에 있는 다른 어른들이 그 아이의 욕구를 이해하고 있음을 확신시켜 줄 것이다. 그것은 또한 당신이 트라우마가 있는 아이들이 학교생활을 하는 동안 자신에게 기대되는 것이 무엇인지를 확실히 알 수 있도록 하고자 할 때, 그들이 안전감을 느끼는데 도움이 된다. 이것은 예상 가능한 루틴이 존재한다는 것뿐만 아니라 새로운 무언가가 발생하기 훨씬 전에 사전 공지를 해 준다는 의미 역시 될 수 있다. 몇몇 아이들에게는 어떤 종류의 변화라도 두려움을 만들어낸다.

폭력을 경험한 많은 아이들은 어른들에 대해서 회의적이며 그럴 만도 하다. 2장에서 언급된 바가 있듯이, 자신의 욕구가 충족되지 못한 아이들은 불신을 배운다. 교사들은 이러한 아이들과의 관계를 형성하기 위해 추가적인 시간을 쏟아야만 한다. 놀이 시간에 일대일로 주목하기, 개별적으로 책 읽어주기, 또래 상호작용 중의 부가적인 격려는 폭력에 노출된 아이가 당신을 믿을 수 있도록 도와줄 것이다. 하지만 상처가 있는 아이에게 더 적절한 도움을 제공하기 위해 외부 전문가가 필요할 수도 있다.

2 상실과 분리를 경험하고 있는 아이들

⑴ 가정에 위탁되거나 입양된 아이들

당신이 위탁 가정의 아이들이나 입양을 통해 새로운 가정의 일원이 된 아이들을 가르치게 될 확률은 매우 높다. 입양 및 가정 위착 분석 및 보고 시스템(AFCARS)에 의하면, 2014년 현재 미국에서 400,000명이 넘는 아이들이 위탁 가정에서 살고 있으며 위탁 가정으로부터 입양된 아동이 50,000명이 넘는다. 미 국무부에 의하면, 2013년에 7,000명의 아이들이 다른 나라에서 미국으로 입양되었다. 이러한 아이들은 일반적으로 학대, 유기, 빈곤, 기관 위탁, 부모의 약물 남용, 정신 건강 문제와 같은 많은 어려움을 겪었다. 캐린 퍼비스(Karyn Purvis) 박사와 동료들은 이러한 힘든 곳에서 온 아이들의 고군분투에 대해 연구해 왔으며 그들 중 다수가 복잡한 발달적 트라우마를 가지고 있음을 밝혀냈다. 아이들의 보호자와 안전하고 신뢰하는 관계가 형성되지 않으면 뇌가 영구적으로 두려움의 상태에서 기능하는 결과를 초래한다(Purvis, Cross, Dansereau, & Parris, 2013). 세심한 개입이 이루어지지 않는다면 이 아이들은 또래에 비해 훨씬 더 심각한 사회·정서적 문제를 겪을 가능성이 크다.

힘든 곳에서 온 아이들은 극도로 위축되어 있거나 종종 감당하기 힘든 격한 행동을 보일 수도 있다. 다른 아이들이 일상적으로 있는 혼란스러운 상황 속에서 자신의 통제감을 유지하기 위해 결과와 관계없이 자신의 의견을 유지하는 것을 배우는 동안에, 그들은 자신이 경험한 상실, 전환과 가혹한 환경을 통해 이러한 행동을 생존 수단으로 배웠을 것이다. 이 아이들은 다른 사람을 신뢰할 수 없거나 일과 속의 단순한 변화나 활동 사이의 전환에 대해 큰 불안감과 두려움을 느낄지도 모른다. 이 아이들이 표현하는 예측불가능한 정서 반응은 그들의 어린 시절의 학대 혹은 유기 경험과 관련이 있으며 교사와 보호자의 이해와 동정심을 요구한다.

트라우마가 있는 아이들은 어떻게 자신의 감정을 표현해야 하는지 알지 못하기 때문에, 당신이 그 아이들에게 자신의 감정을 적절한 방식으로 표현하는 것을 목적으로 하는 경험을 제공해 주는 것이 매우 중요하다. 6장에서 논의한 것처럼, 어른들은 긍정과 부정의 감정 모두에 대해서 예시를 보여야 하고 아이들이 자신의 감정에 대해 이야기할 다양한 기회를 제공해야 한다. 당신은 노래, 동화, 학급 모임 등을 통해 아이들에게 자신의 감정을 이야기할 기회를 제공할 수 있다. *Follow a Dream, Getting better at getting along*(1996)을 포함하고 있는 잭 하트만(Jack Hartman)의 CD는 분노관리, 평정 유지, 문제해결을 가르쳐주는 노래를 포함하고 있다.

새로운 가정의 아이들 역시 예상가능한 일과의 안정성으로부터 도움을 받을 수 있다. 위탁 가정의 많은 아이들은 주거 변화를 여러 번 경험한다. 한 보호자를 막 알고 믿게 될 즈음에 그들은 다른 환경으로 옮겨진다. 다른 나라에서 입양된 아이들은 일반적으로 애착 형성이 어려운 고아원에서 생활한 후 새로운 사람들과 함께 새로운 곳으로 가게 된다. 학교에서 예측할 수 있는 하루일과를 보내는 것은 이 아이들의 삶에서 부분적으로 불확실함을 완화하는 데에 도움이 된다. 오 선생님은 예측가능성 제공의 일환으로 자신이 언제 학교에 오지 않는지를 아이들이 확실히 알도록 했다. 그리고 만약 자신이 계획에 없는 결석을 해야 할 때에는 아이들을 위해 대체 교사에게 메시지를 남긴다. 메시지의 예는 다음과 같다.

사랑하는 우리 반 친구들,

선생님이 오늘 학교에 못 온다고 미리 말하지 못해서 미안하구나. 오늘 아침에 선생님이 일어났더니, 목이 너무 가렵고 열이 났어. 오늘 아침에 의사 선생님을 만나러 가서 어떻게 하면 빨리 나을지 봐야겠구나. 내일은 학교에 돌아올 수 있으면 좋겠어. 선생님이 없는 동안 국 선생님과 함께 잘 지내렴.

사랑한다, 오 선생님이

아이들에게 결석에 대해서 알리는 것은 신뢰를 조장하고 공동체 의식을 구축하는데에 도움이 된다. 오 선생님은 아이의 결석도 꼭 학급 친구들에게 알린다. 장기간 치료가 필요한 경우에는, 학급 차원에서 빠른 쾌유를 기원하는 카드를 만들어서 그 아이에게 보내도록 한다. 이러한 행위는 아이들에게 그들은 모두 집단의 소중한 구성원이며 결석하는 동안에 다른 아이들이 그리워할 것이라는 생각을 할 수 있도록 도와준다.

학급 스크랩북 또한 공동체 의식을 향상시킨다. 위탁 가정의 아이들은 많은 보호자를 접했기 때문에 자신들의 성취를 기록했을 확률이 낮다. 학교에서 아이의 사진을 찍고, 교실에서의 일상의 기억하고 싶은 기록을 모은 후 그것을 스크랩북에 넣어 정리하는 것은 위탁 가정의 아이들이 어려웠던 면만을 기억하기보다는 유년 시절의 즐거웠던 순간을 기억할 수 있도록 도와줄 것이다. 아이들이 했던 활동의 결과물을 모으는 것은 배움을 문서화해 줄 뿐만 아니라 성취감과 학습 공동체의 일원이었음에 대한 기억을 떠올릴 수 있도록 해줄 것이다.

(2) 이혼 혹은 별거 가정의 아이들

당신은 아마 이혼 가정을 알 것이다. 당신은 분명히 이러한 상황에 있는 아이들을 만나게 될 것이다. 2010년 미국에서는 결혼한 부부의 절반 이상이 이혼했다(National Vital Statistics System, 2010). 연구에 의하면, 이혼은 단기적으로 아이들의 복지에 부정적인 영향을 끼친다. 하지만 이혼이 아동 발달에 미치는 장기적인 영향은 상황과 관여한 사람에 따라 다르다 (amato, 2014). 부모가 처음 별거를 했을 때 아이들은 상당한 변화를 겪는다. 새로운 가정이나 학교 또는 이웃으로 이사하는 것, 하루 일과의 변화 그리고 부모 중 한 명과의 접촉의 상실은 아이들의 삶에 큰 변화를 야기한다. 이러한 변화는 아이들이 다른 사람과의 애착 형성이 덜 안정적이게 만든다. 이것은 종종 유기에 대한 두려움을 초래하기도 한다.

사례 14-3

 버스가 차도를 벗어나자 민우는 불안해 보였다. 민 선생님은 민우의 손을 부드럽게 잡고는 말했다. "네가 오늘 이모 집에 가기 때문에 엄마가 차로 너를 데리러 온다는 거 기억하렴. 엄마가 퇴근하기 전에 꼭 마무리해야 할 일이 있을 거야. 나도 끝내야 할 일이 있거든. 나는 핑키가 잠을 잘 깨끗한 장소를 마련해 주어야 하기 때문에 기니피그 집을 청소해야 해.

> 엄마를 기다리는 동안에 우리 청소하는 걸 도와줄 수 있겠니? 네가 기니피그 집을 어떻게 청소하는지를 안다고 하면 엄마는 깜짝 놀랄걸!"

어린 아이들은 일상에 변화를 줄 수 있는 많은 가능성을 이해하는데 도움이 필요하다. 그들은 또한 불안하거나 초조할 때 시간을 보내는 생산적인 방법을 찾는 데에도 노움이 필요하다. 민 선생님은 민우에게 두 가지 모두 제공했다.

① 부모-자녀 관계 지원하기

우리 모두는 관계 붕괴가 얼마나 불편할 수 있는지를 잘 안다. 우리는 모두 양부모와 강력한 관계를 갖고자 하는 아이의 욕구에 대해서는 생각하지 않고, 갈등 중인 부모의 아이를 어느 한 쪽으로 데려오거나 다른 사람 쪽으로 떠넘기려 하는 부모에 대한 이야기를 들었을 것이다. 불행하게도, 어른들의 양육 분쟁은 종종 학교와 교실에 넘쳐흐른다. 아이에게 있을 잠정적인 위해를 제거하기 위해서는 교사가 별거 혹은 이혼한 부모를 비방하는 것을 피해야 한다. 그리고 모두가 아이와 아이의 욕구에 계속 초점을 맞추도록 노력해야 한다.

당신은 학교 상황에서 부모가 자신의 아이에게 초점을 유지하도록 하기 위해 몇 가지 전략을 사용할 수 있다. 아이와 부모 중 한 사람 간의 접촉에 법적 제한이 있지 않은 이상, 양 부모 모두에게 학교 행사에 대한 정보를 제공하고 양 부모 모두를 당신의 이메일 목록에 포함시켜라. 아이가 만든 작품이나 포트폴리오를 항상 한 부 더 복사해서 각 부모가 하나씩 가질 수 있도록 하라. 공개 수업을 하는 날에 할 수 있는 다음과 같은 활동을 부모에게 제시하라.

- 아이에게 자신이 가장 좋아하는 활동이나 교실에서 가장 좋아하는 장소를 보여 달라고 요청하라. 부모가 그 활동을 아이와 5~10분간 함께 하도록 지시하라.
- 아이와 부모에게 아이가 제일 좋아하는 책을 엄마와 아빠가 번갈아 가면서 한쪽씩 함께 읽도록 요청하라.
- 부모와 아이에게 함께 가족 게시판에 구역을 만들도록 하거나 자신을 소개하는 책을 함께 만들도록 하라.

- 아이들이 부모에게 교실에서 지내고 배우는 데에 필요한 행동 수칙을 말하도록 하라.
- 교실 생활에 대해 이메일이나 편지를 보내거나, 메시지를 남길 수 있도록 최신 연락처를 모으라.

아이를 대신해서 당신이 선도적이고 중립적인 입장을 취하는 것은 아이가 당신의 주된 관심사라는 분명한 메시지를 보내며, 그와 동시에 당신이 그들을 지원하는 데에 똑같이 헌신적이라는 것을 알림으로써 부모에게 자신의 아이를 최대한 잘 지원하도록 한다. 이렇게 하는 것이 당신의 입장에서는 추가적인 시간을 필요로 하는 일이지만, 아이와 부모 모두가 당신의 노력으로 인해 혜택을 볼 것이다.

⑶ 부모 재혼에 대한 적응 지원하기

어떤 사람들은 부모가 이혼했을 때보다 다른 사람과 재혼했을 때에 더 상처를 받는다는 보고가 있다. 아이들은 부모가 분리된 두 장소에 따로 있으며 매일 두 사람을 다 볼 수 없다는 사실을 감당해야만 한다. 하지만 새로운 혹은 잠정적인 배우자가 눈앞에 나타나게 되면 부가적인 적응이 필요하다. 아이들은 이제 자신의 부모를 새로 온 사람과 공유해야 하며 엄마 혹은 아빠의 관심을 가져가는 그 사람을 좋아하고 친절하게 대하도록 압박을 받는다. 새로운 배우자가 아이와 함께 나타나면 어떤 일이 생기는가? 이것은 정말로 문제를 복잡하게 만든다. 엄마나 아빠가 새로운 아이들을 소개할 때 아이가 상처를 받거나 화가 나는 것은 놀라운 일이 아니다. 만일 이 감정들이 집이나 학

어떤 상황에서든 부모와의 분리는 아이들이 불확실성과 정서적 고통을 겪도록 만든다. 때때로 그냥 들어주는 것이 최고의 지지가 된다.

교에서 무례한 행동으로 표출된다고 하더라도 놀랍지 않다.

교사와 부모가 함께 협력해야 하는 것은 또 다른 일이다. 당신의 아이들 중 한 명이 그러한 상황 때문에 학교에서 고군분투하고 있다면, 부모가 이 문제에 세심한 주의를 기울이도록 하기 위해 그들이 이 상황을 알아야 한다. 이러한 상황에서 아이들은 당신의 배려가 담긴 관심으로부터 혜택을 받는다.

⑷ 구금된 부모의 아이들

부모가 교도소에 있음으로 인해 삶과 행동에 영향을 받는 아이를 당신이 지도해야 하는 상황이 있을 수 있다. 평균적으로 28명의 아이들 중 1명의 부모가 구금되어 있다. 미국에서는 하루에 270만 명이 넘는 아이들이 구금으로 인해 부모 중 한 명 혹은 둘 다와 분리되어 있다(Rutgers University, 2014). 대략 이들 중 절반이 10세 미만이다. 이들 중 다수는 가난하며 소수 민족 집단이다(Wildeman, 2010).

부모로부터의 분리는 어떤 상황에서라도 아이에게 불확실성과 정서적 고통을 야기한다. 구금된 부모의 자녀들은 악몽을 꾸는 경향이 있으며 새로운 상황에 두려움을 느끼고 예상치 못한 학교 일과에 슬픔을 표출한다(Philips & Gleeson, 2007). 이 아이들은 또한 이해할 수 없는 공격적인 행동을 하고 학교에서 집중하는 데에 어려움을 겪는다(Phillips & Gleeson, 2007; Wildman, 2010). 또래 아이들이 부모가 한 잘못된 행동에 대해 그 아이를 놀릴지도 모른다. 이것은 아이들이 더 낮은 자존감을 가지며 학교에 대한 더 낮은 소속감을 가질 위험에 처하게 만든다.

교사들은 부모에 대한 판단 없이 아이들의 말을 경청함으로써 구금된 부모의 자녀들을 도와줄 수 있다. 어린 아이들은 자신의 부모를 긍정적으로 보며 종종 자신의 부모가 무언가 나쁜 일을 해서 교도소에 보내질 때 혼란스러워한다. 부모의 잘못된 행동에 대해 토론하는 것은 상황을 더 나쁘게 만든다. 이런 상황에 있는 교사들은 아이의 상실을 인정하고 아이에 대한 부모의 사랑에 초점을 두는 것이 가장 도움이 많이 된다. 또한 이러한 상황에 있는 아이에게 당신이 교실에서 일관된 일과를 제공하는 것은 정말 중요하다. 이것이 삶 속에서 극단적인 변화를 경험한 이 아이들에게 안정감을 제공해 줄 것이다.

부모가 구금된 아이들을 지도할 때 가장 어려운 것은 부모가 돌아오는 것에 대한 질문에 답하는 것이다. 이런 상황에서는 가능한 한 솔직하게 답변하는 것이 좋다. 당신

역시 아마도 이러한 질문에 대한 답을 알지 못할 것이기 때문에 부모가 언제 돌아올지 당신도 모른다고 답해도 괜찮다.

① 부모 지원하기

추측했겠지만, 구금된 부모의 자녀들은 일반적으로 동거 형태에 극단적인 변화를 겪으며 긍정적인 부모-자녀 관계를 유지하는 데에 어려움을 겪는다. 남성이 여성에 비해 구금될 가능성이 크다. 아빠가 감옥에 갔을 경우, 엄마가 일반적으로 아이 양육에 대한 책임을 떠안는다. 이것은 아이와 엄마 모두에게 스트레스이다. 싱글 맘이 구금된 경우, 아이의 양육은 더 어려워진다. 이런 상황에는 조부모나 다른 친척이 주로 양육의 책임을 지는데, 많은 아이들은 결국 위탁 가정에 맡겨지게 된다. 많은 경우에, 그 가족은 떨어지게 되며 구금된 부모의 자녀들은 자신의 형제자매로부터도 분리되게 된다.

부모가 구금된 자녀들을 보살피는 데에 가장 어려운 것 중의 하나는 부모-자녀 관계를 유지하는 것이다. 부모-자녀간의 접촉 부족은 아이들의 애착과 전반적인 삶의 질을 위기에 처하게 만든다. 대부분의 아이들은 부모가 거주하는 감옥에서 160킬로미터 이상 떨어진 곳에서 산다(LaVinge, Davis & Brazzel, 2006). 그러므로 정기적으로 아이가 부모를 방문하는 것은 어렵고 돈도 많이 든다. 감옥에 있는 부모를 방문할 수 있다고 하더라도, 그 아이들은 부모가 철창 속에 갇힌 것을 볼 때 종종 트라우마를 경험한다. 감옥에서는 아이가 부모와 신체적인 접촉을 할 수 없도록 만드는 접촉 금지 규칙을 따라야 하기 때문에 어린 아이들의 방문은 특히 더 어려워진다(Greenberg, 2006).

교사는 아이의 보호자에게 『Visiting Mom or Dad』과 같은 자료를 제공함으로써 도움을 줄 수 있다(Adalis-Estrin, 2003). 이것은 감옥을 방문할 동안에 어떤 일이 일어날지를 아이가 이해할 수 있도록 만들어진 책자이다. 많은 유사한 자료들이 인터넷으로 제공된다. 당신은 또한 아이가 학교에서 한 활동들을 사진이나 작품 모음의 형태로 기록함으로써 아이가 감옥을 방문하는 동안에 자신의 성취를 부모와 공유할 수 있도록 도울 수 있다. 방문 동안에 부모와 아이가 집중할 수 있는 구체적인 무언가를 제공함으로써 당신은 그 경험이 더욱 생산적이 되도록 도울 수 있다.

(5) 부모의 죽음

아이들은 죽음을, 특히 부모의 죽음을 예상하지 못한다. 하지만 18세 미만 어린이들의 약 3.5%가 부모의 죽음을 경험할 것으로 추정된다(Haine, Ayers, Sandler, & Wolchick, 2008). 많은 경우에, 허구적 이야기는 아이들에게 죽음이 영구적이지 않다는 잘못된 생각을 심어준다. 사실, 취학 전 아이들이 사망한 부모가 돌아오지 않는다는 것을 깨닫는 데에 3달 정도 걸릴 수 있다(Christ & Christ, 2006). 아이들은 사랑하는 사람의 상실에 대처할 때 외로움, 슬픔, 죄책감, 분노, 불안을 포함하는 다양한 감정을 경험한다(Eppler, 2008). 부모의 상실을 경험한 아이들은 퇴행, 분리불안, 짜증과 악몽을 겪을 수 있다(Haine et al., 2008).

부모의 사망 후에 초등학생이 부모 역할을 맡는 경우가 종종 있는데, 이것은 전형적인 상호작용 패턴을 방해한다(Eppler, 2008). 이 아이들이 어린 시절의 중요한 경험을 놓치지 않도록 하기 위해 당신은 외부 활동에 대한 정보를 부모에게 제공할 수 있다. 아이들이 레크리에이션 활동에 몰두할 수 있도록 하는 것은 부모의 상실과 관련된 강렬한 감정에서 벗어날 수 있는 휴식을 제공할 뿐만 아니라 생존 부모에게 스트레스가 없는 환경에서 아이와 시간을 즐길 기회를 제공한다.

많은 부모가 죽음에 대해 말하기를 꺼리는데, 어린 아이들인 경우 특히 그렇다. 사별 훈련을 받는 것이 도움이 될 수 있다(American Federation of Teachers, 2012). 어린 아이들이 부모에 대해 말하거나 생각할 때 행복감을 보고한다는 것을 당신이 안다면 도움이 될 것이다(Eppler, 2008). 아이들이 사별한 부모와의 기억에 대해 이야기하도록 하고 그 부모와 함께 했던 가장 좋았던 시간이나 가장 재미있었던 활동 등에 대해 질문함으로써 기억의 정교화를 도모하라.

사례 14-4

 손 선생님은 안나와 아주 가깝게 지내던 할머니가 최근에 돌아가셨다는 사실을 알게 되었다. 안나는 학교에서 슬퍼보였고 조용했다. 선생님은 토미 드파올라(Tomie dePaola; 2000)의 책 『위층 할머니, 아래층 할머니』를 읽어주기로 결심했다. 그 책은 어린 소년의 할머니와의 좋은 추억을 강조하고 있었다.

책을 다 읽어주었을 때, 선생님은 안나의 눈가에 눈물이 맺힌 것을 발견했다. 선생님은 재빨리 아이들이 음악을 준비하도록 보내주었는데, 전략적으로 안나를 맨 마지막에 불렀다. 안나를 보내주기 전에, 선생님은 책이 슬펐냐고 물었다. 안나는 그 책이 자신을 슬프게도 했지만 기쁘게도 했다고 대답했다.

손 선생님은 책 속의 어린 소년이 그랬듯이, 안나에게 할머니에 대한 이야기를 만들어 볼 것을 제안했다. 안나는 좋은 계획이라고 생각했다.

손 선생님이 안나와 가졌던 것과 같은 순간들은 좋은 가르침의 특징이다. 모든 아이들 특히 어려운 환경 속에 있는 아이들은 교사와 따뜻하고, 반응적이며, 사랑이 담긴 상호작용을 하는 것이 필요하다. 교실에 있는 모든 아이와 이러한 관계를 형성하는 것은 잠정적인 행동 문제를 제거하는 데에 큰 도움이 될 것이다. 아이들에게 부가적인 도움이 필요한지를 알아채고 아이들에게 그 도움을 제공한 시간을 가지는 것은 교사와 아이 간의 긍정적인 관계를 형성하는 데에 필수적이다.

부모를 잃은 아이들을 돕기 위한 몇 가지 다른 전략이 도움이 될 것이다(Haine et al., 2008). 긍정적인 태도는 오래 지속된다는 것을 기억하라. 아이에게 지속적으로 긍정적인 태도를 보일 수 있도록 하고, 특히 미래를 이야기할 때에는 더 그렇게 하라. 아이가 말을 하고 싶을 때나 사적 공간이 필요할 때에 갈 수 있는 사적인 공간을 제공하라. 매일 아이들과 양질의 일대일 시간을 보냄으로써 당신이 그들에게 관심을 가지고 있음을 보여주어라. 몇 분이라도 시간을 함께 보내는 것이 그들이 당신을 필요로 할 때에 당신이 그곳에 있어 줄 것이라는 메시지를 전달해준다. 가끔 부모로 인해 큰 슬픔을 느끼는 아이들을 위해 외부 전문가의 도움이 필요할 수 있다(Honig, 2010). 많은 공동체가 그러한 도움을 제공하는 기관을 가지고 있다. 아이들을 위한 슬픔 지원 서비스 리스트를 www.foundationforgrievingchildren.og.에서 찾아볼 수 있다.

슬픔에도 불구하고, 행동 기대를 일관되게 유지하는 것이 중요하다. 우리는 모두 상실을 경험한 사람들에 대해 안타까워한다. 이것은 자연스러운 반응이다. 하지만 기대의 변화는 종종 충격적인 경험이 있는 아이들이 더 많은 혼란을 느끼도록 한다. 만일 아이들이 그들의 상실에 대해 간헐적으로 격렬한 감정을 분출한다면, 아이들을 차분하게 만들고 그 상황을 잠시 잊을 수 있도록 도와주는 대안적인 활동을 제공해 주어라. 사랑하는 부모의 죽음 후에 나머지 가족들은 압도당하기 마련이라는 것을 기억하고 학교 프로젝트나 학교 활동을 위한 요구를 가능한 한 쉽게 하는 것 또한 중요하다.

3 빈곤 가정 아이들

훈육 문제를 예방하는 것은 유아 교육자들에게는 긴급하고 중요한 목표이다. 연구에 따르면, 그들이 필요로 하는 조기 개입과 영속성 및 안정성을 경험하지 못한 아이들은 생활을 잘 하기 위한 필요한 기술이 부족하기 때문에 말썽을 피우거나 학교생활을 잘 하지 못할 가능성이 많다. 이는 특히 빈곤 가정 아이들에게 결정적이기 때문에, 빈곤은 심각한 유년기 질병이라고 불리운다(Klass, 2013). 대다수가 소수 민족인 가난 속에 살고 있는 수많은 아이들은 종종 체포, 기소, 감금, 심지어는 죽음까지도 이르게 할 수 있는 삶의 경로와 연결되어 있다.

어린 아이들은 빈곤의 영향에 특히 더 취약하다. 적절한 주거, 의료 서비스, 사회 및 교육 서비스의 부족은 아이의 전반적인 복지에 심대한 영향을 미치며 결정적 시기에는 특히 그러하다(Wadsworth & Santiago, 2008). 놀랍게도 미국에서 아이 다섯 명 중 한 명 이상이 빈곤 속에 살고 있다(Kids Count, 2014). 중산층인 또래에 비해서, 빈곤 가정의 아이들은 유치원 입학 그리고 그 이후로도 낮은 수준의 학업 성취와 사회적 경쟁력을 보인다(Aikens & Barbarin, 2008). 그들은 유급할 가능성이 크고, 특수 교육에 배치될 가능성이 높으며, 궁극적으로 중퇴할 확률이 높다(Macartney, 2011). 뇌 과학자들은 심지어 뇌의 크기가 가족의 수입 수준과 상관관계가 있고, 가장 가난한 수준의 부모의 아이들이 더 높은 수준의 수입이 있는 부모의 아이들보다 6% 작은 뇌를 가지고 있음을 밝혀냈다(Balter, 2015). 가장 큰 차이를 보이는 뇌의 영역은 읽기와 공간 기술뿐만 아니라 지극히 중요한 실행 기능을 지원하는 영역을 포함한다. 이 연구가 어린 아이들을 위한 환경 개선이 새로운 뇌 성장을 도울 수 있음을 분명히 했다는 것에 주목하는 것 또한

가난 속에 생활하고 있는 아이들을 위한 양질의 교육 프로그램은 그들의 사회적, 정서적, 신체적, 지적 욕구를 다루어야 한다.

매우 중요하다.

가난 속에 살아가는 아이들은 또한 양질의 유아 보육 프로그램(Aikens & Barbarin, 2008), 경험이 많고 잘 훈련된 교사(Scherer, 2008), 적절한 의료 지원, 알맞은 영양, 놀 수 있는 안전한 동네(Cauthen & Fass, 2008)에 접근할 수 있을 가능성이 낮다.

사례 14-5

 아동 센터는 부모들이 서로를 돕는 것을 지원하기 위한 목적으로 키즈클로젯(Kids Closet)으로부터 시작했다. 부모와 공동체 구성원들은 클로젯에 옷을 기부하고 자신이 필요한 것을 무엇이든 가져갈 수 있다. 그들은 또한 지역의 세탁소와 동반자 관계를 형성하고 있으며 무료 빨래 바우처를 받는 대신 센터에서 매달 발간하는 뉴스에 광고를 무료로 실어준다. 이 바우처들은 필요한 부모들에게 전달된다. 가장 최근에 센터는 지역 헬스 센터와 동반자 관계를 맺었고, 한 달에 한 번 토요일에 건강한 어린이 박람회를 후원한다. 관계자와 가족 구성원들은 그 행사를 지원한다. 그들은 등록을 돕고 간호사 만나기를 원하는 아이들을 위한 활동을 제공한다. 행사 동안에 공동체에 놀이터가 개방되므로 건강 박람회에 참여하지 않더라도 모든 아이들은 운동을 할 기회를 가진다.

만일 보육 프로그램의 질이 높고 증거 기반 교육과정 및 교수 실제가 행해진다면, 그 프로그램은 빈곤이 아이의 삶에 미치는 부정적인 영향을 완화할 수 있다(Neuman, 2007). 빈곤 속에 살고 있는 아이들을 위한 양질의 교육 프로그램이라면 마땅히 그들의 사회적, 정서적, 신체적, 지적 욕구를 다루어야 한다(Santiago, Ferrara, & Blank, 2008). 발달의 한 측면에만 초점을 맞춘 프로그램은 우리의 도움을 가장 필요로 하는 아이들의 욕구를 충족시켜주지 못할 것이다(Seith & Kalof, 2011). 궁극적으로, 우리는 빈곤으로 인한 학업 및 사회적 차이에 대해 아이들을 탓하는 것을 멈추고 부모와 어린 자녀들이 학교생활을 잘 하는데 필요한 자원과 연결해주는 정책을 지지해야한다(Dryfoos, 2008).

빈곤의 문화로부터 아이들이 벗어날 수 있도록 도와주는 것은 단순히 아이들에게 다른 규칙을 가르치는 것 이상의 것을 필요로 한다. 아이들은 빈곤에서 벗어날 수 없도록 만드는 공공 정책과 사회적 신념에 맞서는 것도 필요하다. 가난한 부모와 아이들이 필요한 사회적 서비스에 접근할 수 있도록 돕고 그들에게 교육 자료 특히 사회·정서적 발달을 지원하는 자료에 접근할 수 있도록 함으로써 가난하게 살고 있는 아이들과 부모들을 위한 옹호자로서 봉사할 수 있다. 그들의 요구에 대해 학교에서 그 아이를 특정 짓거나 아이들이 수치심을 느낄 수 있는 방식으로 반응하지 않아야 함을 기억해야 한다(Constantin, 2014).

교실 수준에서, 당신은 문학 작품이나 사회적 상호작용이나 감정에 대한 대화, 구체적인 사회적 기술을 증진할 수 있는 게임으로 채워진 "가족 즐거움" 배낭을 제공할 수 있다. 배낭에 게임을 추가하는 것은 가족에게 차례 지키기, 공유하기, 조망수용을 가르칠 자연스러운 기회를 제공할 것이다(Perry, Mitchell-Kay, & Brown, 2008). 부모와 아이들이 교실이나 학교에서 주말이나 저녁 시간대에 컴퓨터를 사용할 수 있는 기회를 제공하는 것 역시 아이들의 사회적 발달을 증진할 수 있다. 가족들이 가족 그림을 그릴 수 있도록 그리기 프로그램 사용법을 가르치거나 온라인 게임을 함께 할 수 있도록 하는 것은 가족 간의 단란함을 촉진해주며 부모와 자식 간의 애착을 강화한다.

당신은 또한 부모에게 사회적 발달을 촉진하는 공동체 수준의 프로그램에 대한 정보를 제공할 수 있다. 많은 공동체 레크리에이션 프로그램은 미술과 드라마 프로그램을 저렴한 비용 혹은 무료로 제공한다. 이러한 유형의 프로그램은 아이들이 예술을 통해 자신의 생각, 정서, 감정을 표현하도록 격려한다. 공공 도서관에서 활용할 수 있는 자원에 대한 정보를 공유하는 것은 당신이 빈곤 가족과 그 아이들에게 도움을 줄 수 있는 또 다른 방법이다. 대부분의 공공 도서관들은 책 읽어주는 시간과 적절한 어른과 아이 혹은 아이들 간의 상호작용을 촉진하는 가족 활동을 제공한다. 도서관은 또한 공동체 축제나 아이들이 어떻게 다양한 집단 상황에서 상호작용을 하는지를 배울 수 있도록 도와주는 행사와 같은 아이들과 가족들이 즐길 수 있는 다른 저가의 공동체 이벤트들에 대한 정보를 제공한다. 그러나 빈곤이 수반하는 스트레스라는 것이 어쩌면 많은 부모가 어떠한 자재나 기회를 활용하기에도 너무 압도되어 있다는 것을 의미할 수도 있다는 사실을 인지해야 한다. 많은 부모는 아이들을 먹여 살리기 위해 한 개 이상의 직장을 가져야 하며 생존을 위한 기초적인 것 이외에는 아무런 시간이나 에너지도 없다.

(1) 부모 참여에 대한 신화와 전략

널리 알려진 신념과는 달리, 가난하게 살고 있는 아이들은 대부분 일을 하는 부모가 적어도 1명 이상 있다. 2013년 현재, 미국의 아이들 4명 중 1명인 1,870만 명이 저소득 노동 가구였다(Kids Count, 2014). 두 부모가 모두 일을 하는 경우에도, 급여가 종종 가족의 생계를 유지하기에 충분하지 않으며, 많은 부모는 한 개 이상의 직장에 다닌다. 이 부모들도 자녀들의 교육에 대해 중류층 부모들만큼 많은 관심을 가진다. 하지만 그들은 일 때문에 학교 행사나 학급 봉사에 참석할 가능성이 낮다(Gorski, 2008). 가족 참여에 대한 장벽으로는 여러 가지 일을 하거나 야간 및 주말 근무를 들 수 있다. 교사들은 이러한 장벽을 완화시킬 수 있다.

당신은 수많은 방법을 활용해 근로 가족이 자녀들의 학습에 참여할 수 있도록 하는 기회를 제공할 수 있다. 학급 신문을 만들어서 이를 가정에 발송하라. 빈곤 가족은 컴퓨터나 일관된 주소를 가지고 있지 않을 수 있으므로 아이가 이를 가져갈 수 있도록 하라. 부모에게 소식지에 도움을 제공하거나 학교 혹은 가정의 컴퓨터를 활용하여 출판을 도울 기회를 제공하라. 학교 행사를 동영상으로 촬영하고 복사본을 교실 도서관에 놓고 대여해주는 것은 부모가 학교에 참여할 수 있도록 하는 또 다른 유용한 전략이다.

학교로 올 수 없는 가족은 다른 방법으로 도울 수 있는데, 교실에서 사용할 수 있는 화장실용 휴지 롤, 리본, 천, 포장지, 버튼과 같은 유용하지만 사용하지 않는 물건을 모으도록 하는 것이다. 부모들은 또한 자신들의 고용주에게 학급을 위한 자료 기부를 요청할 수도 있다. 이러한 자료는 꽤 흥미로울 수 있다. 자동차 공장으로부터 온갖 모양과 크기의 가죽 조각을 구할 수 있고, 기계 공장에서 구해진 너트, 볼트, 나사를 가지고 분류 작업을 할 수 있으며, 다양한 크기와 모양의 열쇠가 호텔로부터 올 수 있고, 약간 닳은 수건과 시트는 교실의 예술 영역에 많은 도움이 될 수 있다. 레스토랑에서 일하는 부모는 소꿉놀이 영역에서 사용할 수 있는 오래된 메뉴판이나 흥미로운 모양의 상자, 냅킨, 앞치마, 이름표 등을 제공할 수도 있다.

조이스 엡스타인(Joyce Epstein, 2008)은 참여를 증가시키기 위한 방법으로 부모에게 긍정적인 전화를 많이 거는 방법을 권장한다. 이러한 통화는 부모에게 자녀가 교실에서 잘 하고 있음을 알려주는 것을 목적으로 한다. 만일 당신이 매달 20명 혹은 그 이상의 부모와 통화하기 어렵다고 생각한다면, 부모가 직장에 있을 것으로 추측되는 시간에 전화를 걸고 긍정적인 메시지를 남기거나 이메일을 보내라. 길고 고된 하루의 끝에 자신의 자녀에 대한 긍정적인 정보를 받는 것은 저녁을 시작하기 위한 아주 좋은 방법이다. 메시지는 "도훈이에 대한 이야기를 드리려고 전화를 걸었어요. 도훈이는 교실에 있는 동생들이 필요한 걸 정말 잘 챙겨준답니다. 오늘 도훈이가 은지를 가르치느라고 20분이나 걸려서 은지가 제일 좋아하는 인형을 넣을 수 있는 동물원을 만드는 방법을 가르쳐줬어요. 도훈이가 동생들을 돌보는 것을 보는 것이 정말 즐거웠어요. 가르치는 것이 천직인 것 같아 보였어요!"

부모와 동반자 관계를 형성하는 것은 빈곤 가정의 아이들을 지원하기 위한 가장 좋은 전략 중 하나이다. 부모와 존중하는 관계를 형성할 때에야 우리는 그들에게 우리가 그들이 학교에 있기를 바라며, 우리가 그들을 아이들의 첫 번째 교사로 존중하며, 우리가 그들의 자녀를 위해 가지고 있는 공통된 목표를 달성하기 위해 함께 노력하고 싶다는 것을 보여줄 수 있다(Summer&Summer, 2014).

4 만성적인 건강 문제가 있는 아이들

건강한 또래와 비교했을 때에, 만성적인 건강 문제가 있는 아이들은 사회·정서적 어려움을 겪을 위험성이 더 높다(Guell, 2007). 만성적인 건강 문제는 3개월 이상 지속되는 증상을 가진 모든 질병으로서 기술된다. 병(예, 암)과 만성 질병(예, 천식)이 이에 포함된다. 만성적인 건강 문제가 어떻게 정의되느냐에 따라, 미국의 15~18%의 아이들이 영향을 받는다(Boyse, Boujaoude, & Laundy, 2008).

만성적인 건강 문제를 가진 아이들은 빈번하고 고통스러운 의료 절차, 투약에 따른 부작용 및 높은 피로율에 직면할 수 있다. 매주 의사가 방문하고, 주사를 맞고, 수술을 받고, 입원하고, 원치 않는 투약 하에 있는 상태에 직면한 아이들은 상당한 불안을 경험한다(Boyse, Banjaoude, & Laundy, 2008). 이 불안은 처치의 유형, 아이의 기질 및 아이의 연령에 따라 다르다. 아이가 어릴수록 자신에게 어떤 일이 일어나고 있는지에 대한 이해가 낮으며 두려움과 불안정성을 극복하기 위한 지원이 더 필요하다.

하지만 만성적인 질병이 있는 많은 아이들은 아주 어릴 때부터 자신들에게 필요한 건강관리와 관련된 부작용을 다루는 방법을 배운다. 당뇨가 있는 취학 전 아동들은 자신의 혈당을 체크하는 방법을 매우 빠르게 배우며 천식이 있는 어린 아이들은 자신에게 언제 약물이 필요한지를 잘 감지할 수 있다. 이러한 아이들은 자신들의 능력과 한계를 이해하고 있다. 그러므로 이 아이들에게 그들이 참여할 수 있는 혹은 할 수 없는 활동에 대한 선택을 주는 것이 중요하다(Guell, 2007).

사례 14-6

 손 선생님은 쉬는 시간에 차분한 활동이 필요한 준이와 다른 아이들을 배려해서 여러 개의 놀이터 가방을 만들었다. 한 가방에는 마커와 물감, 구성 종이, 돋보기, 공책, 식물과 야생동물 가이드를 넣어서 아이들이 놀이터에서 식물학자처럼 놀 수 있도록 했다. 다른 가방에는 보드게임과 공예품을 넣어서 예술 작품을 만들 수 있도록 했다. 세 번째 가방에는 어린이용 이야기책과 놀이용 복장을 넣어서 아이들에게 극을 통해 이야기를 확장 시킬 기회를 제공했다. 이러한 물품은 아이들이 자유롭게 섭근할 수 있는 자전거나 다른 더 활동적인 장난감과 함께 저장고에 보관된다. 이런 식으로 하면 아무도 재료를 사용하기 위해 허가를 받거나 자신이 다른 활동 말고 그 활동을 선택한 이유를 설명하지 않아도 된다.

(1) 우정

만성적인 질병을 앓는 아이들은 학교에서 친구를 사귈 가능성이 적다. 부분적으로는 그 아이들이 자주 결석을 하기 때문인데, 이것이 또래 상호작용의 기회를 줄인다. 또 다른 이유는 그 아이들이 보이는 가시적인 징후들이 다른 아이들을 놀라 달아나도록 만들기 때문이다(King, MacDonald & Chambers, 2010). 우리가 아는 것처럼, 우정은 아이들의 건강한 사회 및 정서 발달에 결정적이다.

이 아이들이 교실 공동체의 일부가 되도록 어떻게 도울 수 있을까? 연구 결과에 의하면, 교사가 다른 아이들에게 정보를 제공함으로써 도움을 줄 수 있다. 두 유형의 정보가 유용한 것으로 증명되었는데, 아이의 징후 이면의 의학적 이유에 대한 설명과 그 아이의 강점 혹은 능력에 대한 기술이 바로 그것이다(Elias, 2013; King et al., 2010). 다른 접근법은 사진, 예술 작품 전시, 비디오 등을 포함하는 아이들의 현재의 프로젝트 작품을 가지고 살아있는 박물관을 만들어 아이들이 장기 결석 아동들이 교실에서 일어나는 일들을 알 수 있도록 하는 것을 포함한다. 당신은 또한 이러한 아이들에게 장기 결석 기간 동안 교실 마스코트 인형을 제공하여 아이들이 학교에 있는 아이들과 선생님들의 사랑과 지지를 상기할 수 있는 매개체를 가지도록 할 수도 있다.

또한 자주 결석하는 아이들에게 수업 주제와 대응되는 그림, 책, 사진 등을 집에서 보내도록 요청하여 교실에서의 생활에 기여할 수 있는 기회를 제공하는 것 역시 도움이 된다. 이러한 기증품은 택배나 이메일을 통해 전달될 수 있다. 화상 회의나 학급 웹페이지는 질병으로 인해 높은 결석률을 보이는 아이들을 학급과 연결되도록 하는 다른 방법이다. 만일 아이의 건강 상태가 이러한 유형의 기여를 허락하지 않는다면, 부모와 꾸준히 연락함으로써 학급 아이들이 그 아이의 진척에 대해서 알 수 있도록 해야 한다.

(2) 만성적인 건강 문제가 있는 아이들의 부모 지원하기

만성적인 건강 문제를 가진 아이들의 부모들은 일상생활을 유지하면서 아이들의 질병에 대처하려고 노력함에 따라 엄청난 스트레스를 경험한다. 질병이 있는 아이에 대한 걱정은 일을 하고, 다른 아이를 돌보는데 써야 할 에너지를 소비하게끔 한다. 또한 어떤 부모들은 건강 보험이 없다. 건강 보험이 없는 부모들은 아마도 수입의 상당한 부분을 보험이 처리해주지 못하는 의료 행위를 위해 사용하고 있을 것이다. 짐작했겠지만, 이러한 경제적인 고민의 영향이 자녀의 신체 및 정서적 건강에 대한 부모의 고민에 더해진다.

만성적인 건강 문제를 겪는 아이들의 부모들은 종종 자신의 아이를 놀릴지도 모를 아이들이나 질병을 둘러싼 자신의 환경들을 이해하지 못할지도 모르는 교사로부터 자신의 아이를 지키려고 한다. 이러한 행동은 상황을 고려했을 때 이해할만한다. 많은 교사들은 자신이 만성적인 건강 문제가 있는 아이들의 학업적·사회적 요구를 지원하기 위한 준비가 되지 않았다고 느낀다고 보고한다(Nabors, Little, Akin-Little & I obst, 2008). 대부분의 보육 제공자들은 이러한 아이들의 다양한 요구를 맞춰주는 것을 도와줄 보건 교사나 다른 건강관리 컨설턴트에게 접근할 수 없다.

당신은 만성적으로 아픈 아이들의 요구를 충족시켜주기 위해 다양한 방법을 준비할 수 있다. 온라인에서 접근 가능한 많은 자료는 다양한 의학적인 문제를 도울 수 있는 정보와 자료를 제공한다. 당신의 지역 건강 센터에는 만성 건강 문제를 가지고 있는 아이들의 가족을 위한 소아 건강 도서관이 있을 것이다. 애리조나에 있는 The Emily House in Phoenix는 이러한 유형의 자원 센터의 한 예시이다. The Children's Place Association in Chicago는 HIV나 AIDS 혹은 중풍과 정신 질환 문제를 포함하는 삶에 중대한 영향을 미치는 건강 문제의 영향을 받는 가족들과 그들의 아이들을 위한 프로그램의 또 다른 예시이다(Jordan&Lee, 2014). 지역의 지원 단체들은 교사뿐만 아니라 부모의 질문도 기꺼이 받는다. 그중 많은 단체가 네트워킹, 상담, 공동체 형성의 목적을 달성하기 위해 아이들과 부모들에게 서비스를 지원한다. 교사들이 이러한 지원 단체들로부터 출판된 정보를 활용하는 것은 중요하다. 대부분은 *When Your Student Has Arthritis* (Arthritis Foundation, n.d.)와 같은 짧은 지침을 제공하며 몇몇은 *Wisdomkit*

(American Diabetes Association, 2006)과 같은 게임 키트를 제공하는데 *Wisdomkit*는 당뇨에 대해 설명하며 학교 상황에서 당뇨인 아이들을 지원하기 위한 제안을 한다. 아이의 만성적인 건강 문제에 대해 제대로 이해하는 것은 아이의 사회 및 학업 발달을 향상하기 위해 노력하면서 부모들도 지원할 수 있게 되는 첫걸음이다.

5 취약한 아동의 회복탄력성과 자존감 높이기

교사는 아이들의 회복 탄력성을 증진하는데 중요한 역할을 한다(Jensen & Fraser, 2011). 벤지와 미차시욱(Benzies and Mychasiuk, 2009)은 아이들이 삶 속에서 어려운 상황들을 극복할 수 있도록 도와주는 몇 가지 보호 요인을 규명하였다. 당신이 교실에서 제공할 수 있는 가장 중요한 요인들 중 두 가지는 아이들의 애착과 우정을 강화하는 것이다. 이러한 과제를 어떻게 달성할 것인가에 대해서는 2장과 3장에서 논의하였다. 여기서 우리는 아이들의 사회 및 정서 발달을 증진시키는 다른 두 가지 보호 요인을 구축하는 방법에 대해 논의할 것이다. 아이들의 재능과 흥미를 발견하는 것과 아이들의 자존감과 자기 확신을 증가시키는 것이 그것이다. 이것은 종종 강점 기반 접근이라고 불린다(Fenton & McFarland-Piazza, 2014).

(1) 아이의 재능 찾기

모든 아이는 재능을 가지고 있다. 교사로서 그 재능을 발견하는 것이 당신의 역할이다. 아이들 개개인의 재능을 발견하는 가장 좋은 방법 중 하나는 선택지를 주는 것이다. 어떤 프로젝트를 완수하는 과정에서 아이가 몇 가지 방법 중 하나를 선택할 수 있도록 하거나 소집단의 아이들이 활동을 하는 과정에서 협력할 수 있도록 기회를 제공하라. 협력적으로 작업을 하면 아이들은 자연스럽게 자신의 강점에 따라 과제를 나눈다. 만일 당신이 이러한 유형의 활동들을 주의 깊게 관찰한다면, 당신은 각각의 아이들의 강점을 알게 될 것이다. 교실의 다른 사람들이 아이들 개개인의 강점을 알 수 있도록 돕기 위해 일과 중에 개개인의 성공을 인지할 수 있는 시간을 제공하라. 예를 들어, 집단 프로젝트에서 토론할 때에, 각각의 아이들이 이 프로젝트를 완수하거나 문제를 해결하는 과정에서 어떻게 도움을 주었는지를 묻도록 하라. 또한 일과가 끝나갈 무렵에 아이들이 그들이 한 작업을 다른 아이들과 공유할 수 있도록 상기할 수 있는 시간을 제공하라.

아이들의 재능이 드러날 수 있도록 하는 또 다른 방법은 아이들을 다른 아이들에게 연결해 주는 것이다. 예를 들어, 만일 어떤 아이가 신발을 신기 위해 당신에게 도움을 요청한다면 당신은 그 일에 능숙한 또 다른 아이에게 그 일을 맡겨볼 수 있다. 아이들은 자신이 잘하는 것을 다른 아이와 나누는 것을 즐긴다. 만일 당신이 아이들에게 소개하는 활동을 하는 것을 어려워하는 아이들이 있다면, 필요한 경우 도움을 줄 지원자를 구하라. 교실의 각 영역에 "제가 도울 수 있어요" 표시를 해 놓음으로써 누가 자원하고자 하는지 알 수 있다. 아이들이 그 날에 해당 영역에서 도움을 주기를 원한다면, "제가 도울 수 있어요" 표시 밑에 그 아이의 사진이나 이름을 붙여놓아라. 도움이 필요한 아이들은 그 표시를 보고 누가 도움을 줄 수 있는지 알 수 있다. 아이들을 아이들에게 맡김으로써 당신은 집단의 융합을 꾀할 수 있으며 아이들에게 자신이 가진 재능을 자기 방식으로 다른 사람들과 나누는 기회를 제공할 수 있다. 도움 제공자의 역할을 하는 기회를 제공하는 것은 아이들에게 그들이 그 집단에서 귀중하다는 사실을 깨닫도록 도와준다. 이것은 그들의 자기 가치와 자기 확신을 향상시켜 준다.

⑵ 자존감

일반적으로 자존감은 두 가지 요소로 구성되어 있다고 본다. 첫 번째 요소는 우리가 개인으로서 자기 자신에 대해서 어떻게 느끼는지(자기 가치)이다. 자존감의 두 번째 요소는 우리가 자신의 능력에 대해서 어떻게 느끼는지(자기 확신)와 관련이 있다(Mruk, 2010). 이를 "나는 ~이다."와 "나는 ~할 수 있다."의 관점에서 볼 수도 있다. 수업을 해 보면, 높은 자존감과 높은 자기 확신이 있는 아이들이 보일 것이다. 그 아이들은 자기 자신과 자신의 능력에 대해서 좋게 생각한다. 반면에, 낮은 자존감과 낮은 자기 확신을 가진 아이들과 함께해야 할 때도 있을 것이다. 이 아이들은 학급 활동에 참여하기를 꺼리며 아주 간단한 과제를 수행해야 할 때조차도 종종 도움을 요청한다. 이 요청에 대해 빨리 개입하여 도움을 제공하는 것은 아이가 스스로에 대해서 느끼는 부적절감을 확신시키는 것이 될 수도 있다.

당연히 아이들 중에는 높은 수준의 자기 가치와 낮은 수준의 자기 확신을 가지고 있는 경우도 있고 반대의 경우도 있다. 이 아이들은 방어적 자존감이라고 불리는 것을 갖고 있다(Mruk, 2010). 낮은 자기 가치감과 높은 자기 확신감을 가지고 있는 아이들은 자신의 나이에 적절한 과제를 완수하는 데에 있어 자신의 능력에 대해 확신을 갖지만 개인으로서의 자기 자신에 대해서는 좋게 느끼지 않는다. 그들은 간단한 과제를 스스로 해결하겠지만, 자신의 자기 가치를 누군가가 공격한다고 생각하면 방어적인 태도를 취할 것이다. 이 아이들은 종종 "쟤가 저를 쳐다봐요!"라던가 "쟤가 저를 놀려요!"와 같은 말들을 한다.

높은 자기 가치감과 낮은 자기 확신감을 가지고 있는 아이들은 나이에 적합한 과제를 스스로 완수하기를 요청받으면 공격적인 태도를 보인다. 그 아이들은 자기 자신에 대해서 좋게 느끼지만, 실패를 두려워한다. 이 아이들은 "저 이거 못해요"와 같은 말을 한다. 그들은 쉽게 좌절하며 어떠한 도전을 제기하는 과제에 대해서도 쉽게 포기한다. 학대를 당한 아이들의 경우 방어적 자존감을 가지게 될 가능성이 더 커진다.

교사가 취약한 아이들의 자존감이 특히 또래와의 상호작용을 통해 교실에서 어떻게 전개되는지를 이해하는 것은 중요하다. 오 선생님은 교실에서의 갈등을 해결하는 과정에서 아이들의 자존감을 고려한다.

아이들의 재능과 흥미를 발견하는 것은 어려운 상황을 극복하는 데 특히 필요한 자존감과 자기 확신을 증진시키는 데 도움이 된다.

사례 14-7

 아영이와 자영이가 예술 영역에서 새집을 만들고 있었다. 아영이가 갑자기 책상에 있던 막대기를 들고 쓰레기통으로 향했다. 자영이가 소리쳤다. "야, 나 아직 그거 안 끝냈어!" 오 선생님은 쓰레기통 근처에서 아영이를 마주치고는 물었다. "자영이가 하는 말 들었니? 선생님 생각에 너한테 하는 말 같은데." "저는 저 바보 같은 새집 만들기 끝냈어요." 아영이가 답했다. 선생님이 대답했다. "그래, 만일 네가 새집을 만드는 걸 끝냈다면, 너는 컴퓨터로 선생님이 새 찾는 걸 도와줄 수 있단다. 하지만 그 이전에, 우리는 네가 그랬던 것처럼 자영이도 자기 새집 만들기를 끝낼 수 있도록 막대기를 돌려줘야 해." 그들이 예술 영역에 갔을 때, 선생님은 아영이의 새집이 산산조각이 나 있는 것을 알아챘다. 그 새집을 고치라고 요청하는 대신에, 선생님은 말했다. "우리 컴퓨터로 가서 새집이 부서지면 새들이 어떻게 하는지를 한번 찾아봐도 되겠다!"

오 선생님은 아영이가 종종 방어적인 자존감을 보인다는 것을 알았다. 아영이는 자신의 과제를 완성할 수 없을 때 쉽게 좌절했으며, 심지어는 구체적인 지시 사항이나 제한이 없는 경우에도 그랬다. 선생님은 아영이의 자존감을 지켜주기 위해서 새집과 관련된 아영이의 어려움에 대해서 주의를 기울이지 않았다. 대신에 그녀는 아영이에게 불행한 일이 일어날 수 있으며 친구가 문제를 해결하는 데에 도움을 줄 수 있다는 것을 보여주고자 했다. 트라우마의 경험이 있는 많은 아이들이 스스로의 경쟁력이나 자기 가치에 대해 의문을 가지기 때문에 교실에서 교사들이 "할 수 있다"는 태도를 북돋아 주는 것은 중요하다.

6장에서, 우리는 위험 감수하기와 다른 사람에 대한 배려를 모델링하는 것의 중요성을 논의하였다. 이 두 가지는 자기 가치에 대해 의문을 품는 아이들에게 가르쳐야 할 중요한 기술들이다. 이 책을 통해 우리는 아이들의 정서 발달을 지원하기 위해 문학 작품을 사용할 것을 권했다. 〈표 14-1〉은 어려운 삶의 상황을 겪고 있는 아이들을 지원하기 위해 사용할 수 있는 아동용 문학 작품 목록이다. 당신은 또한 『사회적으로 강력하고, 정서적으로 안정된, 어린 아이들의 회복탄력성을 증진시키는 50가지 활동(Bruce & Cairone, 2011)』에 기술되어 있는 제안 활동을 고려해 볼 수도 있을 것이다.

〈표 14-1〉

이혼 및 별거	• Was It the Chocolate Pudding? A Story About Divorce for Little Kids(Levins, 2005) • Mum and Dad Glue (Gray, 2010) • Molly and Her Dad (Ormerod, 2008)
빈곤	• Those Shoes (Boelts, 2009) • A Day's Work (Bunting & Kimler, 2004) • Uncle Willie and the Soup Kitchen (Disalvo-Ryan, 1997)
죽음	• A Bunch of Balloons (Ferguson, 2006) • The Lonely Tree (Halliday, 2015) • Harry and Hopper (Wild & Blackwood, 2011)
회복 탄력성	• A Good Day (Henkes, 2007) • The Invisible Boy (Ludwig, 2013)

6 결론

외부의 영향은 종종 아이들의 삶에 부정적인 영향을 미치며, 이는 일반적으로 바람직하지 않은 행동을 야기한다. 아이들은 이러한 상황을 통제할 수 없으며 학급 교사 역시도 마찬가지이다. 하지만 유아 교육자들은 교실에서 일어나는 것을 통제할 수 있다. 아이들의 문제 행동이 일반적으로 도움을 요청하는 외침이라는 것을 이해한다면 우리는 문제가 있는 아이들을 처벌하는 대신에 도움을 제공할 수 있다(Minhan & Rappaport, 2013). 교사가 되기로 했을 때, 우리는 아이의 발달의 조각이나 부분에 대한 책임만을 받아들인 것이 아니다. 우리는 이 아이의 전체를 돌보고 교육하기로 맹세한 것이다. 이는 곧 교육과정이나 아이들 및 그 가족과의 상호작용을 계획할 때에 그 아이의 삶의 환경에 대해 고려해야 함을 의미한다. 이것은 또한 우리가 교실에서 아이들의 다양한 요구를 충족시키기 위해 일상적으로 하는 방식을 변경할 수 있을 만큼 충분히 유연한 태도를 보여야 한다는 것을 의미하는 것이기도 하다. 이것이 아마도 가르침의 가장 어려운 측면이겠지만, 동시에 가장 성취감을 주는 것이기도 하다.

7 요약

- 이 장은 폭력이 아이에게 트라우마로 작용하는 몇 가지 방식을 검토하고 아이들의 건강한 발달을 지원하는 방법을 제안한다. 그렇게 하는 것이 그 아이들의 행동을 향상하는 데에 있어 최상의 방법이다.

- 이 장에서는 아이들이 경험하는 여러 유형의 별거나 상실이 각각과 관련된 행동 문제와 더불어 논의되었다. 이 정보는 당신이 이러한 유형의 트라우마를 가지고 있는 아이들에게 편안함을 제공하는 데에 도움을 줄 것이다.

- 빈곤과 이것이 아이들과 그 부모의 삶에 미치는 광범위한 영향이 이 장에서 분석되었다. 우리는 빈곤의 본질과 이것이 행동에 영향을 미치는 방식을 이해하는 것이 빈곤 속에 사는 놀랍도록 많은 아이들을 당신이 지원하는 데에 도움을 주기를 바란다.

- 이 장은 간질, 천식, 당뇨와 같은 만성 질병들과 암이나 낭포성 섬유증과 같은 만성 질환으로부터 발병하는 질병들로 인해 발생하는 사회 및 정서적 어려움을 검토하였다. 우리는 당신에게 이러한 문제 속에 사는 아이들과 가족들을 지원하는 방법에 대한 통찰을 제공할 수 있도록 설계된 정보를 제공한다.

- 이 장의 마지막 부분은 모든 트라우마를 가진 아이들이 성공적으로 앞으로 나아갈 수 있도록 회복탄력성을 발달시키도록 돕는 방법들을 탐구한다. 이전의 내용에 차곡차곡 쌓여가는 형식을 따라 이 책을 읽음에 있어서, 몇몇 접근법들은 이전의 장에서 언급되었다. 이 장에서는 우리의 가장 취약한 아이들을 돕기 위한 방법이 추가되었다.

8 논의 및 숙고

1. 이전 장들에서 제시된 아이들의 사회 및 정서 발달을 지원하는 전략들을 검토하여라. 그중에 폭력 혹은 상실을 경험했거나, 만성적인 질병을 앓고 있거나, 빈곤 속에 살고 있는 아이들을 지원하기에 가장 유용할 것이라 생각되는 전략들을 찾아라. 이러한 전략들의 실행이 취약한 아이들과 삶 속에서 어려움을 겪지 않은 아이들에게 어떻게 다르게 작용할 것인지를 논하라.

2. 감금된 적이 있거나 이전에 아이를 학대한 적이 있는 부모들과 상호작용하게 될 때 당신이 어떻게 느낄지를 생각해 보아라. 아이들에게 도움이 되도록 하기 위해 부모와 긍정적인 상호작용을 유지할 수 있도록 하려면 당신이 어떤 것들을 할 수 있겠는가?

9 현장 활동

3. 아이들이 보는 몇몇 영화나 만화를 보아라. 각각에 죽음이 어떻게 묘사되어 있는지를 기록하라. 어떤 상황들이 죽음을 둘러싸고 있는가? 미디어에 나타난 죽음에 대한 묘사가 중요한 사람의 상실에 대한 아이들의 생각에 어떤 영향을 미칠지 논하라.

10 추천도서

Algozzine, B., & Yesseldyke, J. (2006). *Teaching students with medical, physical, and multiple disabilities: A practical guide for every teacher.* Thousand Oaks, CA: Corwin Press.

Brinamen, C. and Page, F. (2012). Using relationships to heal trauma: reflect practice creates a therapeutic preschool. *Young Children* 67(5), 40~49.

Bruce, N., & Cairone, K. (2011), *Socially strong, emotionally secure: 50 activities to promote resilience in young children.* Villanova, PA: The Devereaux Foundation.

Honig, A. (2010). *Little kids, big worries: Stress-busting tips for early childhood classrooms.* Baltimore: Paul H. Brookes.

Jensen, J., & Fraser, M. (Eds.). (2011). *Social policy for children and families: A risk and resilience perspective.* Thousand Oaks, CA: Sage.

Minahan, J., & Rappaport, N. (2013). *The Behavior code: A practical guide to understanding and teaching the most challenging students.* Harvard Education Press.

Purvis, K., Cross, D., & Sunshine, W. (2007). The connected child. New York: McGraw-Hill.

Walsh, F. (2006). Strengthening family resilience. New York: Gilford Press.

Wright, T. (2014). Too scared to learn: teaching young children who have experienced trauma. Young Children, 69(5), 88~93.

제15장
훈육 문제 분석

학습 목표

- 문제 행동의 원인과 관련된 생활지도 방식을 매치시킬 수 있다.
- 바람직하지 못한 행동에 대한 사려 깊고 조리 정연한 반응을 계획할 수 있다.

이 책에서 훈육에 대한 많은 접근법과 훈육 문제의 많은 원인들을 살펴보았다. 살펴본 내용들이 머릿속에서 정리가 잘 안되고 실생활에서 어떻게 활용해야 하는지 확신이 서지 않는 경우를 대비하여, 이 책의 마지막 장인 15장에서는 그동안 학습한 내용을 모두 종합하여 유용하게 사용할 수 방법에 대한 지침을 제시하고자 한다. 이 장을 통해 당신이 그동안 학습한 생활지도와 훈육에 대한 정보를 종합할 수 있기를 바란다. 논의와 분석 때문에 앞 장에서는 생활지도와 훈육에 대한 내용을 분리하여 제시하였다. 하지만 이제 당신이 배경 지식을 가지고 있기 때문에, 이 장에서는 문제 행동의 분석을 위한 몇 가지 방식뿐만 아니라 그 내용을 다시 검토하고 요약하여 제공한다.

사례 15-1

 당신의 아이들 중 한 명이 몹시 화가 난 상태로 유치원에 왔다. 그 아이는 학급 활동에 참여할 수 없거나 참여하려 하지 않았다. 이 문제에 대해 대처 방법을 어떻게 결정하겠는가? 이 장에서는 그러한 결정을 하는데 필요한 단계를 요약하여 제시한다.

그렇지만 우리는 실패 없는 훈육을 위한 비결을 제공하는 것이 아니라, 훈육 문제를 분석하고 그 문제에 맞는 적절한 훈육 방법을 매치시키는 어려운 과업을 도와줄 뿐이다. 모든 문제에 효과적인 생활지도 방법이라는 것은 없다. 아동과 상황은 모두 각자 독특하며, 훈육에 대한 당신의 전문적인 판단을 요구한다.

문제를 판단하기 위한 첫 번째 단계는 당신의 훈육 목표를 검토하는 이 책 전체를 통해, 우리는 훈육 전략을 계획할 때 장기적인 목표를 세우는 것이 중요하다는 것을 반복해서 강조했다. 이 책은 자존감의 증진, 자기훈육 및 도덕적 자율성 신장이라는 장기적인 목표를 강조한다. 어떤 훈육 방법도 이러한 영역에서 아이들의 성장을 저해해서는 안 된다는 것이 중요하다. 우리는 부적절한 훈육 형태가 이러한 장기적인 목표 신장을 어떻게 방해하는지 설명하고자 했다. 보상, 벌, 다른 강압적인 훈육 방법이 지금까지 훈육의 주된 관행이 되어왔다. 교사는 이러한 관행들이 장기적인 목표들을 방해한다는 것을 이해해야 한다.

장기적인 목표와 서로 상충되지 않는 단기적인 목표 또한 중요하다. 매우 파괴적이고 위험해서 즉시 저지되어야 하는 행동들이 있다. 이러한 행동들은 훈육을 할 때 다음 단계로 넘어가는 것을 방해한다. 만약 아이들의 행동이 자신이나 타인을 위험에 빠 뜨린다면, 재빠르고 단호하게 행동하는 것이 필수적이다. 관련된 아이에게 직접적으로 이야기하는 것이 방에서 지시 사항을 큰 소리로 말하는 것보다 훨씬 생산적이다. 긴급한 상황에서는 소리 지르며 경고하는 것이 필요할지도 모른다. 이 경우, 교사의 목소리가 차분하고 절제되어 있으면 특히 유용하다. 그러나 아이들을 통제하기 위해서 끊임없이 언성을 높이는 교사는 그렇게 하는 것의 효과가 빨리 사라져버린다는 것을 알게 될 것이다.

1 문제의 원인과 생활지도 방법의 매칭

만약 상황이 위급하지 않거나 위급한 상황이 끝난 후라면, 당신은 장기적인 목표 달성을 위해서 가장 적절한 훈육 방법이 어떤 것인가에 대해서 자유롭게 생각할 수 있다. 이 단계는 훈육 문제의 원인에 대한 탐색을 요구한다. 많은 경우에 당신은 몇 가지 상호 관련된 원인을 발견할 것이다. 이것이 의미하는 바는 당신이 효과적인 도움을 제공하기 위해서는 몇 가지 원인을 다루어야 할 필요가 있다는 것이다. 문제 행동의 원인보다는 증상만을 다루는 훈육은 실패할 수밖에 없다. 문제 행동은 그 원인이 해결될 때까지 계속적으로 나타난다. 교사들은 너무나 자주 행동의 원인 대신에 그 행동 자체에 대해서만 반응을 한다. 이러한 접근은 일련의 규칙이 게시되어 있고 규칙을 어겼을 때에 받는 처벌이 미리 계획되어져 있는 학교에서 잘 볼 수 있다.

그러나 학교는 처벌을 하는 전통적인 훈육이 아이의 문제 행동의 원인을 다루지 않기 때문에 효과가 없다는 것을 알아가고 있다(Rowe, 2015). 교사들은 아이들의 문제 행동을 보는 새로운 방식을 발견했다. 폭발 행동이 아이의 신경학적 상태를 보여주는 창이라는 것을 교사들이 이해할 때, 그들은 그런 행동을 개인적인 공격으로 보는 대신에 그 아이의 욕구에 초점을 두게 된다. 아동의 욕구에 대한 이러한 초점은 아이들의 문제 행동이 의사소통의 방식이라는 우리의 입장을 강조하는 새로운 연구에 의해 지지된다(Minahan & Rappaport, 2013). 그 의사소통에 귀 기울이는 것이 문제 행동의 뿌리를 발견하는데 필수적이다.

문제의 원인이 항상 분명한 것은 아니며, 근본적인 원인을 찾기 위해서는 진지한 연구가 필요하고 시행착오를 겪어야 할 수도 있다. [그림 15-1]은 개별 아동의 훈육 문제 유형을 분석하는 과정에 도움이 될 수 있을 것이다. 이 그림은 이 책의 조직 구성에 따라 문제 행동 해결에 대한 최소한의 개입 전략에서부터 시작하여 점점 더 많은 개입 전략을 사용하는 순서로 되어있다.

[그림 15-1] **문제의 원인과 해결책의 매칭**

(1) 또래의 전형적인 행동

아이의 문제 행동의 원인을 찾기 시작할 때는 먼저 그 행동이 아이들의 발달 단계에 맞는 전형적인 행동인지를 자문해야 한다. 어떤 어른들은 2살 된 아이가 바지에 오줌을 누는 것은 말을 안 듣는 것이 아니라는 것을 모른다. 이러한 어른들은 그 아이에게 벌을 주거나 이러한 행동을 변화시키기 위한 아이의 노력에 보상을 준다. 그 어른들은 배변을 스스로 조절하지 못하는 2살 난 아이의 행동은 지극히 정상적인 것임을 알지 못한다. 그 아이는 나이가 더 들 때까지 그 행동을 바꿀 수 없다. 11장에서는 어른들을 좌절시킬 수도 있는 아동의 나이에 맞는 다른 행동을 살펴보았다. 당신의 자아 성찰은 "문제"라는 것이 사실은 아이다운 행동에 대한 어른들의 참을성 부족과 오해였음을 보여 준다(Landy, 2009). 그런 경우 문제의 원인은 어른의 태도이다. 그러므로 변할 필요가 있는 것은 아이의 행동이 아니라 어른의 태도이다.

(2) 부적절한 성인의 기대

문제 행동의 원인을 찾는 다음 단계는 어른의 부적절한 기대가 문제를 일으킨 건 아닌지 알아보는 것이다. 부적절한 성인의 기대는 개별 아동의 기질과 양립될 수 없는 기대, 가족 문화와 상충하는 기대, 성차를 반영하지 못하는 기대, 아이들의 성숙 수준과 잘 맞지 않는 기대를 포함한다.

2장에서 우리는 아동의 기질과 그것이 행동에 미치는 영향에 대한 관련 정보들을 요약하였다. 우리가 돌보는 아이들의 독특한 성격 특성을 생각해 보면, 모든 아이들에게 동일한 기대를 할 수 없다는 것은 명백하다. 3장에서 우리는 또한 문화, 계층 및 성차에 기초하여 다양성의 행동 관련 문제들에 대해 논의하였다. 우리가 아이들의 경험을 잘 이해하고 그에 반응할 수 있는 다양한 방안들을 보다 잘 인식할수록 아동과 상호작용하고 아동에 대한 보다 적절한 기대를 할 수 있을 것이다.

학습 환경과 교육과정에 대한 4장과 5장에서는 선의의 교사와 보호자가 어떻게 우발적으로 훈육 문제를 야기하는지에 대해 서술하였다. 어른들은 어린 아이들에게 제자리에 가만히 앉아 있도록 하거나, 몇 분 이상 조용히 하도록 하거나, 아무 것도 하지 않고 기다리게 하거나, 자기보다 나이가 많은 아이들을 위해 고안된 학습활동을 하게 함으로써 문제를 야기한다. 미국의 유아교육학회와 유아교육전문가 연합회는 훈육 문제가 부적절한 환경에 의해 야기되지 않도록 하기 위해 교사들이 참고할 수 있는 적절한 프로그램을 위한 지침과 교육과정을 제공한다.

환경이 원인이 되어 아이들이 부정적으로 반응한다고 생각되면, 그 해결책은 아이를 변화시키는 것이 아니라 그 상황을 변화시키는 것이다. 이러한 예방적 훈육 방식은 교사와 아이들 모두에게 많은 고민을 덜어준다. 아래 사례에 나오는 어른의 반응은 아이의 욕구를 더 잘 충족시키기 위해서 계획을 세우는 것이 중요함을 보여준다.

사례 15-2

 아동보호센터에 있는 아이들은 점심을 먹은 후에 흐트러진 자신의 테이블을 치워야 하며 자리에 돌아와 앉아서 선생님이 자신들에게 이를 닦으러 가라고 부를 때까지 기다려야 한다. 가끔 기다릴 시간이 없지만 아이들 몇 명이 식사를 끝내는가에 따라 몇 분의 시간이 생긴다. 신 선생님은 이것이 이상적인 상황이 아니라는 것은 알지만 현실적으로 두 개의 세면대로 20명의 아이들의 이를 닦게 하는 유일한 방법이라고 여긴다.

진수를 제외하면 아이들은 이런 규칙을 따르는데 문제가 없어 보인다. 진수는 10초간 앉아 있다가 일어서는 교실을 돌아다닌다. 가끔 그 과정에서 소동을 피우거나 부엌을 돌아다니는 등의 허락되지 않는 행동을 한다.

신 선생님은 서둘러 진수에게 앉아서 자신의 차례를 기다리라고 주의를 준다. 진수는 자신에게 기대되는 것이 무엇인지 아는 것 같아 보였지만, 선생님의 말대로 할 것처럼 보이지는 않았다. 신 선생님은 이 상황이 진수에게 적절하지 않다는 결정을 내리고 그의 욕구에 맞도록 계획을 세웠다. 점심 식사 후에 바닥을 쓸기 위해서는 의자를 쌓아야 한다. 이 일은 대개 아이들이 학교를 떠난 후 직원들이 한다. 그러나 신 선생님은 진수에게 도움을 요청하여 점심 식사 후에 의자 쌓는 것을 부탁했다. 진수는 실제적이고 중요한 일을 맡았고, 가만히 앉아 있는 대신 근육을 사용하며, 이리저리 돌아다닐 수 있게 되어 뛸 듯이 기뻤다. 이제 진수는 매일 문제를 일으키는 아동이 아니라 공식적으로 의자를 쌓는 사람으로서 자부심을 느끼고 있다. 이것이 아이의 자존감에 얼마나 큰 차이를 만들었는가!

좋은 소식은 바람직하지 못한 행동에 대한 대부분의 해결책은 성인의 기대와 전반적인 교실 상황을 재고함으로써 발견될 수 있다는 것이다.

(3) 기술의 부재

만약 당신이 아이들을 성숙 정도에 따라 수용하고 적절한 환경과 교육과정을 제공했다고 생각되면, 훈육 문제의 다른 이유를 찾아볼 수 있다. 어린 아이들은 다른 사람과 사이좋게 지내는 법, 자신의 감정을 다루는 법 그리고 효과적으로 의사소통하는 법에 대해 배워야 할 것이 많다. 만약 이런 측면의 기술 부족이 문제를 야기한다고 의심한다면, 아이들에게 필요한 기술을 다루는 훈육 방식이 그 해결책이 될 것이다. 우리들은 대부분 삶 속에서 이러한 기술을 습득한다. 따라서 어린 아이들은 이러한 기술을 습득하는 데 도움이 필요할 것으로 보인다.

3장과 7장에서 우리는 아이들이 사회적 기술과 효과적인 의사소통 기술을 배우도록 돕는 여러 가지 방법을 제시하였다. 어른들은 아이들이 바람직한 자기표현 방식과 타인과의 상호작용 방식을 배움에 있어 시범을 보이거나 도움을 줄 수 있다(DeVries, Zan, & Hildebrandt, 2002). 아마도 이 중 가장 중요하고도 어려운 것은 타인의 관점을 이해하는 조망 수용 능력을 기르는 것일 것이다. 이를 위해서는 의사소통과 사회적 기술이 필요하다. 왜냐하면 견해의 교환을 촉진시키기 위해서는 자신의 감정을 명확하게 표현할 필요가 있기 때문이다. 교사들은 아이들이 그들 자신의 관점과 감정을 또래와 공유하고, 그럼으로써 자기중심성을 감소할 수 있도록 적당한 단어를 찾는 것을 도울 수 있다. 아이들에게 조망수용 기술을 가르칠 때 아이들이 다른 또래들과 노는 방법과 친구를 만드는 방법 또한 배우도록 돕는다. 다른 유용한 방법은 나-전달법의 사용과 효과적인 갈등해결을 위한 문제 해결 기술이다(Gordon, 2003).

정서 조절은 의사소통 능력과 조망수용 기술을 높이는 것과 관련이 있다. 아이들이 자신의 슬픔과 좌절을 표현하는 단어를 찾을 수 있을 때, 그들은 지지를 얻는 방법과 기분을 발산하는 수용 가능한 방법을 갖게 된다. 처해 있는 상황에는 다른 측면도 있다는 것을 이해하기 시작할 때, 아이들은 종종 안정된다. 예를 들어, 어떤 아이가 실수로

아이들에게 조망수용 기술을 가르칠 때 아이들이 다른 또래들과 노는 방법과 친구를 만드는 방법 또한 배우도록 돕는다.

그들에게 욕을 했다는 것을 아이들이 이해할 수 있게 되면, 그것은 진정 효과를 가진다. 마찬가지로, 다른 사람들도 역시 그들의 방식대로 하길 원하기 때문에 자신의 방식대로만 모든 일을 할 수 없다는 것을 아이들이 배우는 것은 아이들은 자신의 실망에 대처할 수 있도록 도움을 줄 수 있다. 게다가, 대부분의 아이들은 스스로를 위로하는 방법과 만족을 지연하는 방법을 배우는데 특별한 도움을 필요로 한다. 아이들에게 사회적 기술, 조망 수용, 효과적인 의사소통, 정서 조절을 가르치는 것은 일생동안의 조화로운 사회적 상호작용을 증진시키기 위한 중요한 훈육 전략이다.

⑷ 이해 부족

아이들은 필요한 기술은 갖추고 있지만 그것을 사용하지 않는 선택을 할 수도 있다. 때때로 아이들은 왜 하지 말아야 하는지 이해하지 못하기 때문에 허용될 수 없는 방식으로 행동을 한다. 아이들의 문제는 어떤 행동을 해야 하는지 또는 어떤 행동의 결과에 대한 지식의 부족 때문에 발생할 수 있다. 어린 아이들은 원인과 결과 간의 관계를 배우는데 도움을 필요로 한다. 아이들은 그들의 행동이 어떤 결과를 가져오는지에 대해 배울 필요가 있다(Brady, Forton, & Porter, 2011).

8장에서 우리는 자연적 결과와 관련된 결과가 어떻게 아이들로 하여금 왜 그러한 행동이 바람직하거나 또는 바람직하지 않은가를 이해하도록 도움을 주는지에 대해 설명했다. 어른들은 종종 아이들을 보호하고 싶은 바람 때문에 아이들이 경험을 통해 배우도록 허락하는데 어려움을 겪는다. 아이들을 위험으로부터 보호할 필요가 있더라도, 아이들이 배움의 기회를 상실하도록 보호하고 싶지는 않을 것이다. 날씨에 맞게 옷을 입지 않아서 감기에 걸리게 되고, 먹지 않아서 배고프게 되는 것을 깨닫는 것은 교육적으로 귀중한 것이다. 이것은 자연적 결과의 예이다(Dreikurs, 1964). 관련된 결과는 어른들이 부과한다. 하지만 어른들은 아이들의 행동을 왜 그 행동이 바뀔 필요가 있는지를 보여주는 결과와 연계시킨다. 어른들은 너무 자주 아이들이 훈계를 통해 배우길 기대하고, 경험이 가장 좋은 교사라는 사실은 잊어버린다. 자연적 결과와 관련된 결과는 아이들이 자신의 행동을 스스로 통제하도록 돕는 지식을 습득하도록 돕는 효과적인 훈육 방법이다.

⑸ 잘못된 학습

아이들은 때때로 잘못된 것을 배운다. 행동수정을 다룬 장에서 아이들이 어떻게 바람직하지 못한 행동으로 주목을 받게 되는지 그리고 이러한 주목이 어떻게 바람직하지 않은 행동을 지속시키는지에 대해 살펴보았다. 이런 아이들은 자신의 정서적인 욕구를 비생산적인 방법으로 충족시키는 것을 배워왔다. 이런 경우에 필요한 훈육 방법은 다시 가르치는 것이다. 아이들은 주목을 받기 위해 자신들이 했던 이전의 방법을 버리고 새로운 방법을 배울 필요가 있다. 행동수정 기법의 신중한 사용은 교사들이 아이들의 바람직하지 않은 행동은 무시하고 바람직한 행동은 조장하도록 안내한다.

당신은 또한 앞에서 행동수정의 또 다른 측면인 칭찬이 부정적인 결과를 낳을 수 있다는 것을 배웠다. 당신 반에 새로운 과제를 하는 것을 거부하는 아이들이 있다면, 칭찬이 실패에 대한 두려움을 어떻게 야기하는지에 대한 연구를 참고해야 한다(Bronson & Merryman, 2011). 이런 아이들을 지도할 때 칭찬과 격려의 차이점을 명심하라.

아이들이 잘못된 학습을 하는 또 하나의 유형은 바람직하지 못한 역할 모델의 결과이다. 6장에서 대중매체의 폭력성 문제와 그것이 아동과 청소년의 행동에 얼마나 큰 영향을 끼치는지에 대해서 살펴보았다. 이러한 부정적인 영향에 대응할 필요성은 아무리 강조해도 지나치지 않다(Wilson, 2008). 간혹 나이가 많은 아동이나 가족 구성원 또는 스포츠 스타들이 바람직하지 못한 역할 모델이 된다. 이에 덧붙여, 교육자들은 자주 "힘 있는 자가 옳고 그름을 결정한다."라는 바람직하지 못한 접근의 본보기가 되기도 한다.

누가 되었는지 간에, 아이들과 신뢰 관계를 형성하는 긍정적인 역할 모델은 행동 수정을 위해 꼭 필요하다. 교사들은 도덕적이고, 배려심이 있고, 사교적이어서 아이들에게 말과 행동으로써 중요한 기술과 이해를 보여줄 수 있어야 한다(Hillman, 2010). 가장 효과적인 모델은 자신에게 큰 소리로 말하고 그러한 행위 이면의 사고 과정을 보여줌으로써 바람직한 행동의 본보기가 되는 것이다.

⑹ 충족되지 않은 정서적 욕구

더 잘 알고 더 잘 행동할 수 있음에도 아이들이 그렇게 행동하지 않는다고 확신한다면, 그 원인에 대해 보다 깊이 생각해 볼 필요가 있다. 때때로 바람직하지 못한 행동은 아이들이 정서적인 결핍을 가져온 경험들을 숨기고 아무렇지도 않은 척 하려는 데서 동기화된다(Landy, 2009). 강한 생존 본능은 아이들로 하여금 자신의 욕구를 충족하기 위해 노력하도록 동기를 유발시키며, '완전함'을 향한 잘못된 노력으로써 매우 파괴적인 행동을 자주 하도록 한다. 정서적으로 결핍되어 있는 또 다른 아이들은 포기하고 자신의 껍질 안으로 숨는다. 후자가 다루기 더 쉬울 수 있다. 하지만 종국에는 당신의 더 큰 관심과 주목을 요구할 것이다.

12장에서는 신뢰, 자신, 사랑, 힘과 같은 영역에서의 충족되지 않은 욕구가 어떻게 훈육 문제를 야기하는지에 대해 살펴보았다. 만약 충족되지 않은 욕구가 문제의 원인이라면, 아이들의 그런 욕구를 충족시켜주려는 시도가 가장 효과적인 훈육 방법이 될 것이다. 이러한 시도는 증상을 좀 더 쉽게 다룰 수 있도록 해 주는 관련된 결과와 같은 다른 방법과 함께 이루어질 수 있다. 문제의 원인을 염두에 두고 아이의 욕구가 충족되도록 돕는 일을 지속적으로 해 나가는 것이 중요하다.

⑺ 특별한 욕구

교사들은 담당 하고 있는 아이가 충족되지 못한 욕구나 스스로 적절하게 다룰 수 없는 다른 문제를 가지고 있는 것을 자주 발견한다. 3장과 14장에서 다양한 배경을 가진 아이들과 사회적·정서적 어려움에 취약하게 만드는 심각한 심리적 상처를 경험한 아이들을 지도하는 방법에 대해 살펴보았다. 이 책에서 제시한 생활지도 및 훈육 방법 중에는 이들 아이들에게도 적용가능한 것들이 많이 있다. 아이들은 모두 양육적인 교사, 유연한 교실 환경, 도전적인 교육과정과 친구를 필요로 한다. 당신이 만나는 아이들 중 대부분은 이 책에서 논의된 생활지도 전략으로부터 도움을 받을 것이다. 하지만 사회적 기술 훈련이 필요한 아이도 있고 전문가나 상담자로부터의 일대일 도움이 필요한 아이도 있다.

간혹 교사들은 아이들을 지도함에 있어 부모들이 선호하는 방법과 자신의 방법이 다름을 알게 되고, 그 같은 상황에서 어느 쪽을 택할 것인가에 대해 망설일 때가 있다. 이 같은 경우에는 NAEYC의 윤리 강령을 참고하는 것이 좋다.

⑻ 가족 의사소통과 원인의 복합성

[그림 15-2]에서 볼 수 있는 바람직하지 못한 행동의 원인에 대한 목록은 하나의 문제 행동에 하나의 원인이 있는 것처럼 보이게 만들 수 있다. 그러나 실제 인간은 그렇게 단순하지 않다. 그렇지 않은가? 아동이 보이는 부적절한 행동은 전형적으로 서로

다른 원인들이 함께 작용하여 발생한다. 1장과 11장에서, 우리는 교사가 행동의 원인을 결정하기 위해 관찰을 어떻게 사용할 수 있을지에 대해 설명했다. 우리는 또한 가족 중심의 실제의 중요성에 대해 살펴보았고 당신이 행동 문제의 가능한 원인을 알기 위해 어떻게 부모와의 파트너십을 형성할 수 있는지에 대해 몇 가지 제안을 했다. 아래의 예시에서, 우리는 왜 아이가 학교에 적응하는데 어려움을 겪는지를 알아내기 위해 교사와 어머니가 어떻게 협조하고 아이에 대한 정보를 공유하는지를 살펴본다.

[그림 15-2] 원인 분석 모형의 복합성

사례 15-3

경희는 오늘 유치원에서 끔찍한 하루를 보냈다. 유치원이 시작할 무렵, 경희는 소리를 지르고 울며 엄마에게 매달렸다. 경희의 어머니는 경희에게 집에 있는 동생이 낮잠을 자도록 돌봐야하기 때문에 경희와 함께 있을 수 없다고 설명했다. 하지만 경희는 계속 울면서 엄마에게 함께 있자고 떼를 썼다. 엄마는 결국 떠났다. 엄마가 떠난 후 경희는 선생님 주변을 맴돌았고 다른 아이들과는 놀지 않았다.

박 선생님은 그 날 저녁 경희가 보인 행동 문제의 원인을 파악하고 경희 어머니가 더 이상 경희에게 애를 먹이지 않도록 하기 위해 경희 어머니에게 전화를 걸어 그 문제에 대하여 이야기하였다. 그들은 경희의 성숙 수준을 고려하였다. 경희는 다른 사람의 욕구를 이해하기에는 너무 어렸다. 그래서 어머니가 해야 하는 것에 대한 설명에 자연스럽게 반응하지 못했다. 그들은 또한 유치원 아이들은 자신의 정서를 통제하고 그것을 적절하게 표현하는 것을 배우기에는 아직 갈 길이 멀다는 것을 인정했다. 어린 아이들은 순간적인 좌절과 진짜 비극을 분간하지 못 한다. 그래서 아이들은 화가 나는 일에 대해 극단적으로 반응하는 경향이 있다.

경희의 교사와 부모는 경희의 선천적인 기질에 대하여 이전에 이야기한 바 있다. 경희는 정서적으로 민감하고 변화에 느리게 적응한다. 경희는 일반적인 아이들과는 달리 정서적으로 아주 민감하여, 감정을 깊게 경험하므로 정서적으로 통제하는 것이 경희에게는 훨씬 더 어렵다. 경희는 화가 나면 그것을 극복하기가 상당히 어렵다. 경희의 또 다른 기질적 특성은 변화에 적응하기 어렵다는 것이다. 그래서 스케줄의 변화는 경희를 화나게 만든다. 그러므로 오늘이 경희가 2주간의 가족 휴가를 마치고 유치원에 온 첫날의 일이라는 점은 매우 중요하다.

박 선생님과 경희의 어머니가 대화를 하는 동안, 어머니는 경희가 여행 후 매우 피곤해 했으며, 여행 기간 중 자주 아팠다는 것에 주목했다. 사실 경희의 어머니는 그 날 일 때문에, 경희가 아직 기분이 좋지 않을까봐 걱정하고 있다.

경희 어머니는 경희 때문에 좌절했었지만, 이제는 여러 가지 요인을 종합적으로 볼 때 경희의 그런 행동이 불가피했을 것이라 생각하고 있다. 그 날의 좋지 못한 사건은 경희의 개인적 기질과 성숙상의 한계 그리고 충족되지 못한 신체적 욕구가 종합적으로 작용한 결과였다.

[그림 15-2]처럼 행동 문제를 분석하는 데에는 목록을 나열하는 것보다는 일련의 원들로써 표현하는 것이 더 좋은 방법이다. 우리는 가운데 작은 원에서부터 문제의 원인을 생각해 볼 수 있으며 그 원을 둘러싼 다음의 원은 행동이 일어나게 된 맥락을 설명하는 것이다. 이렇게 행동을 분석하는 것은 다중적이고 서로 얽혀 있는 원인들을 연결시켜 보는데 도움이 된다.

행동 주변의 첫 번째 원은 우리에게 행동이 발생한 상황을 생각하게 한다. 다음 큰 원은 행동과 관련된 성숙상의 한계에 대해 생각하는데 사용된다. 어린 아이들은 대개 조망수용, 정서조절 또는 논리적 사고가 미숙하다. 그 원 주변의 큰 원은 기질과 문화적 차이와 같은 아이의 독특한 특성을 보여준다. 다음 원은 관련된 학습 경험에 관한 것이다. 행동과 관련된 어떤 기술이 부족한가? 그 행동이 왜 부적절한지에 대해 아이가 이해할 수 있도록 도와야 하는가? 부적절한 역할 모델의 부족이나 문제 행동의 강화 때문에 부적절한 행동을 학습한 것인가? 마지막 큰 원은 문제 행동과 관련하여 충족되지 못한 신체적 또는 정서적 욕구에 관한 것이다. 예를 들어, 아이가 피곤하거나, 배가 고프거나, 아픈가? 아이가 걱정을 하고 있는가, 슬픈가? 두려워하고 있는가? 이것은 [그림 15-1]에 제시되어 있는 행동의 원인을 검토해 보는 또 다른 방법이다. 위의 모형은 행동 원인들이 어떻게 서로 상호작용하는지를 당신이 보다 쉽게 발견할 수 있도록 도울 것이다.

2 바람직하지 못한 행동에 대한 사려 깊고 조리 정연한 반응의 계획

이 책에 기술되어 있는 다양한 생활지도 및 훈육 방법을 사용하려 할 때, 각각의 방법은 그문제의 원인을 다루는 정도까지만 유용함을 기억해야 한다. 각 훈유 방법은 가기 다른 유형의 원인들을 다루고 있다. 원인을 찾기 위해 이용 가능한 모든 증거를 사용하는 것이 첫 번째 단계이고 가장 어려운 단계이다. 해결책은 문제를 해결하려면 원인을 파악하는 것이 필요하다는 것을 명심한다면 대개 꽤 분명해진다. 사람들은 너무나 자주 해결책을 위해서는 원인을 파악해야 함을 잊어버리고, 과거로 거슬러 올라가 원인보다는 행동에 반응하는 낡은 방법을 사용한다.

(1) 한 가지 예

아마도 [그림 15-2]를 사용하면 실제적인 문제 행동을 분석하는데 도움이 될 것이다. 김 선생님이 문주의 문제에 대한 원인을 발견하기 위해 어떻게 탐정처럼 일했는지 살펴보자.

사례 15-4

문주는 오늘 아침 늦게 도착했고, 아침 활동 시간 동안 매우 조용했다. 그 반에서 쓰기 활동을 함께 시작했을 때 문주는 혼자 앉아 있었다. 문주는 항상 쓰기 집단에 참여했었기 때문에, 김 선생님은 문주의 행동에 당황했다.

주어진 예문에서, 문주의 행동이 그 나이 또래 아이들의 전형적인 행동이라고 생각하는가, 아니면 문주에 대한 선생님의 기대가 부적절하다고 생각하는가? 다른 아이들이 참여하고 있고, 문주도 항상 그렇게 하였기 때문에 이 두 가능성 모두 문제의 원인으로 보이지 않는다.

김 선생님은 문주가 함께 활동할 누군가를 찾도록 격려하였지만, 문주는 다른 친구들이 자신을 좋아하지 않는다고 주장한다. 선생님은 문주가 잠시 동안 혼자만의 시간을 가지도록 하였다. 잠시 후, 선생님은 문주가 슬픈 표정으로 탁자 아래에 앉아있는 것을 보았다.

김 선생님은 문주에게 무슨 일이 있어나고 있는지 알아내려고 자신이 이전에 관찰했던 것을 회상해 보았다. 문주는 평소에 친구들과 노는 것을 즐겨하고 다른 아이들로부터 잘 받아들여지는 것으로 보였다. 그러므로 선생님은 의사소통이나 사회적 기술의 결여를 그 문제의 원인으로 생각하지 않았다. 김 선생님은 다른 가능성을 계속 탐색해 보았다. 김 선생님은 문주가 쓰기 활동을 왜 해야 하는지 알기 위해서 자신의 행동의 한계를 시험해보고 있는 것은 아닐까 생각했다.

김 선생님은 문주에게 금요일 연극을 위해서 반 아이들이 연극 대본을 쓰고 있다는 것을 알려

주고, 연극에서 각자 배역을 맡아서 연극을 할 것이라고 말해준다. 그리고 문주가 연극에 참여하지 않을까봐 걱정된다고 표현하였다. 문주는 아무런 반응을 하지 않았다.

김 선생님은 자신이 문주의 부정적인 행동에 너무 많은 관심을 보이고 있다고 판단했다. 김 선생님은 자신의 지나친 관심이 문주가 뿌루퉁하게 반응하는 걸 조장하고 있는 건 아닐까 하고 생각해 보았다. 김 선생님은 자신의 관심을 글을 쓰고 있는 다른 아이들에게로 옮겼다.

잠시 후, 문주가 김 선생님에게 매우 슬프게 울고 있는 소녀가 그려진 그림을 가지고 왔다. 이 그림 옆에 문주는 자신의 이름을 썼다. 문주가 매우 슬퍼 보여서 선생님은 걱정이 되었다. 김 선생님은 이것이 충족되지 못한 정서적 요구를 보여주는 것이라 생각했다. 김 선생님은 문주에게 무슨 일이 있는지를 알아내야 한다고 생각했다. 선생님은 문주를 안아주고 문주에게 그림에 대해 물어 보았다. 문주는 "저 그림에 있는 슬퍼하고 있는 아이가 나예요."라고 말할 뿐이었다.

점심시간에 김 선생님은 문주의 집으로 전화를 해서 알아본 결과, 전날 밤 문주 집에 가정 폭력이 있었다는 사실을 알게 되었다. 경찰이 왔고 문주는 문제가 일어났다는 것을 알고 있었다. 김 선생님은 문주의 문제 행동의 원인을 충족되지 못한 정서적 욕구가 아닌 심각한 정서적 욕구로 바꾸었다. 김 선생님은 학교에서 자신이 문주에게 사랑과 안정감을 제공해주는 것이 무엇보다도 중요하다는 것을 알고 있다.

이 예에서는 교사가 [그림 15-2]에 있는 모든 가능성에 대해 생각했지만, 대부분의 경우 심각한 문제 행동에 대한 분석으로까지 가지 않는다. 하지만 심각한 사회-정서적 문제가 있는 아이들을 다루는 데는 많은 시간이 소요될 수 있기 때문에, 당신이 접하게 되는 훈육 문제의 대부분이 심각한 원인을 가진 것처럼 보일 수 있다. 그러나 실제로 당신은 매일 조망수용 능력의 부족이나 놀이에 참여하는 능력의 부족 또는 의사소통 기술의 부족으로 야기되는 경미한 훈육 문제들을 많이 겪게 된다. 우리는 당신이 부적절한 기대로 인해 많은 문제를 겪지 않기를 바란다. 그러나 만약 그런 일이 발생한다면, 이제 당신은 그것을 어떻게 다루어야 하는지 알 것이다(Landy, 2009).

(2) 누구의 문제인가?

훈육 문제를 분석하는 또 다른 방법은 자신에게 "그것이 누구의 문제인가?"라고 물어보는 것이다. 토마스 고든(Thomas Gordon, 2003)은 아이가 소유한 문제와 어른이 소유한 문제를 구분하는 것의 유용함을 제안했다. 실제로는 당신 문제인데 얼마나 자주 아이가 그것을 해결하도록 했는지를 알면 아마 놀랄 것이다. 누구의 문제인지 알게 되면, 문제를 어떻게 해결해야 할지 시작점을 찾은 것이다([그림 15-1] 참조). 문제의 소유자가 누구인지를 알아보기 위해서는 누가 그 행동으로 인해 방해를 받는지를 보면 된다.

〈표 15-1〉누구의 문제인가?

성인의 문제	아동의 문제
훈육 방식	훈육 방식
"나-전달법"으로 표현 기대 변화 환경변화 교육과정 변화 물러나기	반영적 경청 관련된 결과 기술 코칭 충족되지 못한 욕구 조력 좋지 않은 행동 강화하지 않기
공유 문제	
문제 해결 협상 갈등 해결 단계	

① 당신의 문제

만약 아이는 상황에 완전히 만족해하는데 당신이 만족하지 못한다면, 당신이 그 문제의 소유자일 가능성이 높다. 만약 당신이 아이들이 주위를 어지럽혀 놓는 것, 들떠있는 것, 또는 논리가 부족한 것에 불평한다면, 당신이 문제를 소유한 것임이 틀림없다. 이것은 어린 아이들이 보이는 발달상의 특징 중의 일부이며, 좀 더 성장하기 전까지는 변화하지 않을 가능성이 많다. 이런 유형의 문제는 당신에게 단 하나의 합리적인 해결

대부분의 문제 행동의 경우 심각한 문제 행동에 대한 분석으로까지 가지 않는다. 당신은 매일 조망수용 능력의 부족이나 놀이에 참여하는 능력의 부족 또는 의사소통 기술의 부족으로 야기되는 경미한 훈육 문제들을 많이 겪게 된다.

책을 남겨준다. 당신 자신을 변화시키는 것이다. 아이들을 수용하기 위해서 아동에 대한 이해를 높여야 한다. 몇몇 교사에게는 더 성숙한 아이들을 다루는 직업을 찾아보는 것이 해결책이 될 수도 있다.

교사가 소유한 훈육 문제의 다른 보편적인 예로는 아이들이 지정된 구역 외의 다른 구역에서 블록 쌓기를 하는 것, 모둠 시간에 나가버리는 것, 자기 차례가 아닌데 불쑥 말하는 것 등을 들 수 있다. 이런 행동을 보이는 아이들은 자신의 행동으로 인한 불편함이 없으며, 다른 아이들도 이러한 행동에 불편함을 느끼거나 불평을 하는 경우는 거의 없다. 만약 이것이 교사에게 문제가 된다면, 그 문제에 대한 해결책을 찾도록 동기화되는 사람은 교사일 뿐이다.

② 당신의 문제에 대한 해결책

만약 당신이 문제의 소유자라면, 당신에게는 몇 가지 선택지가 있다. 첫째는 당신의 기대를 바꿔 더 이상 아이들의 행동을 받아들일 수 없는 것으로 인식하지 않는 것이다. 예를 들어, 당신이 아이들이 다 놀고 난 후 지정된 장소에 갖다 놓기만 한다면 다른 영역에서 블록을 가지고 놀 수 있도록 허락하는 것이다. 당신은 또한 모둠 시간에 다른 아이들을 방해하지 않는 한 모둠 활동 참여를 아이가 선택하도록 허락하는 것이다. 또한 당신은 말을 할 때 반드시 손을 들도록 하지 않고 격의 없이 하도록 허락할 수 있다.

당신은 또한 그 문제가 반복되는 것을 막기 위해 상황을 바꿀 수 있다. 당신은 블록이 자주 가장 놀이에 이용되기 때문에 블록을 아이들의 가장 놀이 영역 옆에 둘 수 있다. 모둠 시간을 줄이고 생동감 있게 만들어, 아이들이 더 잘 주목할 수 있도록 할 수 있다. 또 대집단 활동보다는 소집단 활동을 더 장려하여 이야기 시간에 자기 순서가 빨리 그리고 여러 번 오도록 할 수 있다. 이런 해결책은 모두 앞에서 살펴본 바와 같이 어린 아이들을 위한 발달적으로 적합한 학습 환경을 만드는 것과 관련이 있다.

만약 당신이 그러한 행동을 간과할 수 없거나 상황을 수정함으로써 변화시킬 수 없다면, 다른 방법을 선택할 수도 있다. 만약 아이들이 그 행동을 변화시킬 수 있는 능력이 있다면, "나-전달법"을 사용할 수 있다(Gordon, 2003). "네가 내 등을 기어오르면 나는 책을 읽을 수가 없어."라고 사실적으로 말하는 것은 아이들에게 상황과 당신이 원하는 것에 대한 정보를 제공해 준다. 이렇게 하는 것은 그 아이가 '나쁘다'는 것을 뜻하지 않을 뿐 아니라 아이의 부주의한 행동을 강화하지도 않는다. 만약 당신이 주변의 아이들과 보살핌과 배려의 관계를 형성해 왔고 그들의 감정을 존중해 왔다면, 아이들도 "나–전달법"으로 표현함으로써 교사의 감정을 존중할 것이다. "나는 맞고 싶지 않아." 라고 말하는 것은 당신이 다른 문제를 처리하는 방법일 수 있다. 이러한 방법은 또한 아이들에게 자신의 대인관계 문제를 다루는 방법을 시범적으로 보여준다.

　　만약 그 방법이 효과가 없다면 당신이 선택할 수 있는 다른 방법 또한 있다. 만약 당신이 다른 방법들도 시도해 보았는데 실패했다면, 그 행동에는 주목을 요하는 원인이 있다고 생각해도 좋다. 릴리안 카츠(Lillian Katz)가 말했듯이, 동일한 아동에게 같은 훈육 방법을 2~3번 이상 시도했는데도 효과가 없다면 그 방법이 그 아이에게는 효과가 없다고 생각해도 좋다(Katz & McClellan, 1997). 이럴 경우, 주목받는 방법을 잘 못 배운 것이 문제의 원인일 가능성을 검토해 볼 필요가 있다. 만약 그렇다면, 문제 행동을 하는 아이에게 더 이상 관심을 쏟지 않는 것이 당신의 욕구를 충족시킬 수 있을 뿐만 아니라 문제 행동의 원인도 다룰 수 있다. 부적절한 행동에 주었던 당신의 주목을 철회하는 것이 아이가 잘못된 행동을 고치도록 도울 것이다.

　　그러나 무시하기에는 너무 파괴적이거나 위험한 행동들이 있다. 이런 행동이 발생했을 때는 왜 그 행동이 문제가 되는지를 가르치는 관련된 결과를 사용할 수 있는 좋은 기회가 된다. 이 전략은 문제 해결 과정에 아이를 참여시킴으로써 문제가 아이에게도 속하도록 한다. 이 방법은 처벌과 아주 유사하기 때문에 사용할 때 처벌이 되지 않도록 주의를 요한다.

③ 아동의 문제

　　처음에는 아이들의 문제였는데, 어른들이 그 문제를 떠맡게 되는 경우가 자주 있다. 점심을 강제로 먹은 아이가 나중에 배고픔을 느끼지 못하는 것이 한 좋은 예이다. 아이들은 자신에게 문제가 되지 않는 행동은 고치려 하지 않는다는 것을 기억하라. 그러므로 문제의 소유자가 아동이라는 것을 인정하는 것이 매우 중요하다. 자연적 결과와 관련된 결과는 아동들이 자신의 문제를 경험하도록 내버려둔다. 이러한 방법은 아이들에게 어떤 행동이 수정될 필요가 있는지 신속히 가르쳐준다. 자연적 결과와 관련된 결과를 통해서, 아이들은 문제를 경험하고 원인을 이해하며 문제를 해결할 동기를 부여받는다.

　　만약 아이의 문제가 사회적이거나 정서적인 것이라면, 7장에서 설명한 반영적 경청이

유용하다. 당신이 아이의 말을 경청하고 반영해 준다면, 당신은 그 문제를 떠맡지 않고 해결책을 제시해 주게 된다(Gordon, 2003). 이 방법은 아이들이 자신의 문제가 무엇인지 배우고, 자신을 위한 효과적인 의사소통 기술을 실제로 경험해보는 것에 도움이 된다. 반영적 경청은 아이들의 문제 해결 능력을 존중한다. 그리고 이를 통해서 아이들의 자존감을 증진시킬 뿐만 아니라 자율적인 의사 결정을 연습할 기회 또한 제공해 준다.

④ 상호 문제

때때로 많은 사람들을 기분 나쁘게 하는 상황이 발생한다. 어떤 상황이 두 사람을 기분 나쁘게 만들지 모르지만 문제는 모두가 공유한다.

아이들이 수학 게임에서 누가 먼저 할 것인가를 합의하지 못해 게임을 시작하지 못하는 경우가 있다. 이럴 경우 상호 문제 해결 기술이 요구된다. 이 기술은 관련된 모든 사람들이 받아들일 수 있는 해결책을 찾는데 중요하다. 7장에서 어떻게 해결책을 브레인스토밍하고 모두가 만족하는 해결책을 찾아가는지 살펴보았다. 이 과정은 큰 집단에서 사용하기에는 형식적이고 시간 소비가 많겠지만, 두 명의 아이들이나 어른과 아이 사이에서는 협상 과정을 빠르게 진행할 수 있다. 이 과정을 사용하면 많은 훈육 문제를 해결할 수 있고, 아이들에게 평생 동안 사용할 수 있는 기술을 가르쳐 준다(Levin, 2003).

(3) 훈육을 위한 시간 가지기

어떤 교사와 부모들은 문제를 너무 빨리 해결하길 원한다. 그들은 문제 해결이라는 시간이 많이 걸리는 방법을 사용하길 원치 않는다. 그들은 반영적으로 경청하기 보다는 해결책을 제시하며, 보상이나 위협적인 방법을 통해 바람직한 행동을 강요하기 조차 한다. 이런 어른들은 구성주의적 훈육과는 대조적인 단기간의 해결책을 선호한다(Chang & Munoz, 2006). 이러한 태도는 아이들이 자율적이고 스스로를 훈육하도록 돕는 대신에 의존적이고 반항적이며 비열하게 되도록 만든다(Kamii, 1984).

① 아이들이 배우기 위한 시간

바람직한 행동을 가르치는 것은 아이들이 복잡한 개념과 기술을 배우도록 돕는 과정이다. 어른들은 행동과 사회적 상호작용에 대한 아이들의 탐색이 새로운 장난감이나 재미있는 물건을 조립하거나 탐험하는 것만큼 그들에게는 자연스러운 것이라는 것을 이해할 필요가 있다. 아이들은 자신의 행동이 자신과 타인에게 어떤 영향을 미치는지를 알아보기 위해 어떤 행동을 시험해 볼 필요가 있다. 충분한 연습, 안내, 시간과 함께 예측할 수 있는 환경이 주어지면, 아이들은 탐색을 통해 행위에는 논리적 패턴이나 결과가 존재함을 발견할 수 있다. 아이들은 자신의 행동과 그에 따른 결과 사이의 관계를 반복적으로 경험하는 것이 필요하다. 아이들은 이런 경험을 반추해 봄으로써 생산적인 행동에 대한 자신의 지식을 구성하며, 그 지식은 결국 아이들이 도덕적 자율성을 지닌 사람으로서 자신의 행동을 스스로 통제하도록 만든다. 방금 살펴본 바와 같이, 아주 중요한 과정은 빨리 일어나지 않는다. 시간의 흐름에 따라 경험과 정보를 내면화함으로써 아이들의 이해는 점차적으로 증진된다. 그러나 결과는 기다릴만한 가치가 있다.

② 진정하는 시간

서두르는 것을 멈추게 하는 것은 힘들다. 때때로 교사들은 훈육 상황에서 효과적인 교수 기법을 바쁘게 시행한다. 두 명의 아이가 서로 싸우고 있다고 하자. 교사는 아이들이 그들의 감정을 표현하기 위해 말을 해야 하며, 그런 다음 문제해결 과정을 통해 해결책을 모색해야 하다는 것을 알고 있다. 당신은 싸우는 아이들을 분리시켜 놓자마자 즉각적으로 이 중요한 가르침을 시작하고 싶은 유혹을 받을 수 있다. 하지만 아이들의 얼굴은 빨개졌고, 숨은 가쁘고, 아직도 서로 주먹질을 하고 있다. 이 상황에서 당신

현명한 교사는 아이들에게 보다 수용 가능한 사회적 기술을 가르치려고 하기 전에 진정할 시간을 먼저 준다. 물론 교사들 또한 가끔 최고의 생활지도를 행하기 전에 먼저 진정할 필요가 있다.

의 이성적인 목소리가 들리겠는가? 현명한 교사는 아이들에게 보다 수용 가능한 사회적 기술을 가르치려고 하기 전에 진정할 시간을 먼저 준다. 물론 교사들 또한 가끔 최고의 생활지도를 행하기 전에 먼저 진정할 필요가 있다.

③ 어른들이 훈육을 계획할 시간

어른들은 대개 문제 행동에 대해 반추해 보거나 효과적인 훈육을 계획하는 시간을 갖지 않는다. 즉각적인 피드백을 강조하는 행동 수정은 훈육은 즉시에 이루어져야 한다는 일반적인 견해가 형성되는데 기여했다. 그런 까닭에 어른들은 아이가 용납하기 어려운 행동을 하면 즉시 반응을 하려는 압박감을 느낀다. 그러나 어떤 주제라도 사려 깊고 조리 정연한 반응을 하기 위해서는 시간이 필요하다. 우리 중 누구도 숙고할 시간도 갖지 않고 최고의 생각을 해 낼 수는 없다. 많은 교사와 부모들은 훈육 문제가 일어났을 당시에 더 나은 방법을 생각해 내지 못했기 때문에, 아이들을 훈육할 때 자신들이 좋아하지 않는 훈육 방법을 사용하게 된다고 고백한다. 훈육을 효과적으로 계획하기 위한 충분한 시간이 있는 경우는 거의 없다.

만약 당신이 언어 발달에 문제를 가진 아이를 발견했다면, 당신은 상황에 대해 연구할 것이며, 적절한 중재 전략을 신중하게 계획함에 있어 다른 사람에게 자문을 구할 것이다. 그러나 학습해야할 주제가 적절한 행동과 관련되면, 어른들은 생각 없이 행동하는 경향이 있다. 다음에 즉각적으로 답을 할 수 없는 훈육 문제에 직면하면, 관련된 아이 또는 아이들에게 당신이 그것에 대해 생각할 시간이 필요하다고 말하라. 그러한 반응은 상황의 심각성을 보여주는 것이며 문제 해결을 위해서는 사려 깊은 반추가 필요하다는 본보기를 보여주는 것이다.

지속적이고 예측할 수 있는 훈육 문제에 대해서는 미리 계획을 짜서 바로 실행될 수 있도록 생활지도 계획을 세우는 것이 가능하다. 이 장에 제시되어 있는 문제의 원인을 발견하기 위한 안내는 반추하면 유용할 내용을 제공해 준다. 문제의 맥락을 반추해 보고 당신이 이전에 했던 반응을 평가해 보는 것은 당신의 차후의 아동에 대한 반응을 증진시키는데 도움이 될 것이다.

우리들 대부분은 아동기 때의 역할 모델로부터 매우 부적절한 훈육 방법을 배웠다. 깊이 생각하지 않고 즉각적으로 보이는 반응은 과거의 모델로부터의 영향인 경우가 종종 있다. 이러한 자동화된 반응은 일반적으로 우리를 가르쳤던 선생님들이 주로 사용

했던 방법이다. 효과적인 훈육을 보다 잘 실행하기 위해서는 우리의 자동적인 반응을
합리적인 반응으로 대체하려는 노력을 지속적으로 해야 한다. 신중하고 여유를 가져라.

④ 부모와의 의사소통을 위한 시간

아동기 때 존중을 받으면서 훈육을 받았던 경험을 가진 사람은 거의 없을 것이다. 그
러므로 우리는 아이들에게 존중을 보여준다는 것이 무엇을 의미하는지를 모를 수도 있
다. 미국 주류 사회에는 그들이 아이들을 가치롭게 여긴다고 말하고 있긴 하지만, 아이
들에 대한 존중을 보여주기 위해 하는 것은 별로 없다. 많은 사람들이 인격 발달과 인
지 발달에 해가 되는 강압적인 방법인 처벌과 행동수정을 경험하였다(DeVries & Zan,
2012). 어른들은 또한 우리의 행동을 개선하고 싶을 때 우리를 꾸짖었다. 많은 부모들
은 꾸짖는 것이 사람들을 향상시키는데 도움이 된다고 믿는다. 그러나 사실 꾸중은 우
리를 낙담하게 만들 뿐 우리의 행동을 개선시키지 못한다. 아이들의 노력이 자신의 단
점에 대한 피드백으로 끝나면, 아이들은 낙담하게 된다. 낙담은 더 노력하지 않고 포기
하게 만든다. 반면에 격려(9장에 칭찬에 대한 대안으로 기술되어 있는)는 아이들을 더욱 더
노력하도록 이끈다. 부모들은 이러한 사실을 알 필요가 있으며 교사들은 그것들을 소
통할 수 있어야 한다.

어떤 가족은 아이들을 존중하는 것은 아이들을 불완전한 어른이 아니라 아이들 그
자체로 받아들이는 것이라는 것을 인식하는데 도움이 필요하다(Hillman, 2010). 아이들
을 존중한다는 것은 또한 아이들이 나이에 맞게 행동하면서 잘 자랄 수 있는 환경을 제
공해 주어야 한다는 것을 의미하는 것이기도 하다. 그것은 또한 아이들에게 가능한 한
많은 선택의 기회를 주는 것이기도 하다. 아이들을 존중할 때 우리는 아이들을 우리의
의지대로 굽히게 하기 위해서 아이들에게 강요하거나 상황을 조작하지 않는다. 그러나
그것이 아이들이 제멋대로 뛰어다니는 것을 허용하거나 훈육을 하지 않아도 된다는 것
을 의미하는 것은 아니다. 아이들에 대한 존중은 그들이 효과적인 행동을 배우고 그렇
게 행동해야 하는 이유를 이해하도록 돕도록 우리를 안내해 준다. 우리가 아이들을 존
중할 때, 우리는 그들이 스스로를 존중하도록 돕는다. 그 결과로 아이들의 자존감이 자
율적인 자기훈육과 결합되어 우리 사회가 절대적으로 필요로 하는 도덕적 자율성을 지
닌 사람을 양성해 낸다.

(4) 안전 우선

아이에게 부족한 기술과 이해력을 가르치는 목적으로 하는 훈육 방식은 아이들을 안전하게 지키는 것과는 다르다.

비상시에 당신은 안전하지 못한 행동을 중단시키거나 부상당한 아이를 도와야 한다. 아이들이 위험에 처해 있거나, 부상을 당했거나 화가 나 있을 때는 "가르칠 수 있는 순간"이 아니다. 그러나 이것이 필요한 가르침을 무시하라는 의미는 아니다. 위기가 지난 후에 아이들이 편안해지고 안정되었을 때, 그런 문제들이 다시 발생하지 않도록 관련된 기술이나 이해력을 높여 줄 수 있다.

(5) 생활지도 프로그램의 평가

많은 상품화된 생활지도 프로그램은 일련의 훈육 방법을 제공해 준다. 우리는 당신이 이러한 방법을 평가하기 위하여 이 책에서 지금까지 배운 것을 적용해 보기를 바란다. 우리는 또한 당신이 행동의 원인을 무시하거나 보상을 사용하건, 아이들을 존중하지 않는 아이디어는 수용하지 않기를 바란다.

최근에 발생한 몇 건의 비극적인 학교 폭력으로 인해, 생활지도와 훈육을 위한 현재의 교육과정 자료의 대부분은 폭력 예방과 관련이 있다. 많은 폭력 예방 프로그램은 행동을 관리하는데 초점을 맞추고 있고, 이로 인해 부적절한 행동의 원인보다는 증상에만 초점을 맞추는 경향이 있다. 충족되지 않은 관심의 욕구 때문에 다른 아이들을 괴롭히는 아이들에게 똑같은 규칙을 적용하는 것은 도움이 되지 않는다. 사회적 기술에 대한 아주 자세한 가르침은 낮은 자존감 때문에 소리를 지르는 아이들에게는 도움이 되지 않는다. 진정한 변화는 아이들의 욕구가 충족되고 자존감이 지켜질 때만 나타난다. 증상에 초점을 맞춘 결과로 나타나는 피상적인 변화는 진정한 문제를 가리게 하고 문제가 더 심각해지도록 만들 수 있다. 이런 문제는 결국 다시 나타날 것이고 보다 심각한 부정적인 행동으로 나타날 것이다.

어린 아이들을 지도하는 교사나 보호자들에게는 차이를 만들 수 있는 절호의 기회가 있다. 자기 자신과 자신의 세계에 대한 아이들의 태도는 유아기 동안에 변화가능성이 많다. 아이들이 성장하여 청년이 되었을 때, 그들의 관점이나 행동을 바꾸는 것은 많은 경우 너무 늦다.

3 결론

이러한 정교한 훈육 방법을 실행하는데 필요한 지식과 보살핌의 마음을 가진 교사
는 사회에서 가장 높은 존경을 받을만하다. 어린 아이들에게 자연스럽게 적용될 수 있
는 프로그램을 마련하기 위해서는 얼마나 많은 노력과 사고가 필요한지에 대해서 인식
하고 있는 사람은 별로 없다. 교사들은 교육환경과 프로그램에 대해서 중요한 결정들
을 수도 없이 내리고, 프로그램을 실행하여 아동들이 계속 효과적으로 참여하도록 하
기 위해서 매일 매일 더 많은 결정을 내려야 한다. 우리는 이 책이 어린 아이들을 훈육
하는 데 최선의 가능한 방법들을 실행할 수 있도록 하여 교사들의 전문적인 성장을 도
울 수 있기를 바란다. 우리는 또한 이 책이 교사들이 민주주의와 인간의 존엄성을 지킬
수 있는 교육적인 인간관계에 대하여 사고하고 그것을 창조해 가는 데 도움이 되기를
바란다.

4 요약

• 이 마지막 장은 행동 분석을 위한 틀을 제공해 줌으로써 당신이 문제 행동의 원인
과 관련된 생활지도 방법을 매치시키도록 돕는다. 분석은 아이의 바람직하지 못한
행동의 원인을 찾는 것에 대해 이 책에서 이전에 제공했던 모든 정보에 근거한다.
두뇌 발달뿐만 아니라 신체적, 정서적, 사회적 그리고 지적 발달의 일반적인 패턴
이 아이들의 발달과 생활 경험에 대한 정보와 결합하여 반드시 고려되어야 한다.

• 바람직하지 못한 행동에 대한 사려 깊고 조리 정연한 반응을 계획하는 것은 당신
이 한가지 방법으로 모든 문제를 해결하려는 훈육 기법을 시도하기 보다는 개별
아동에 초점을 둘 것을 요구한다. 기질, 기술 배경에 있어서의 차이는 서로 다른
아이들이 보이는 문제 행동에는 상이한 원인이 있을 것이라는 것을 의미한다. 원
인을 확인한 후에라야 우리가 장기적인 정서적 건강에 도움이 되는 것으로 언급한
생활지도 방법 중에서 적절한 방법을 선택할 수 있다. 이 과정은 시간이 걸리지만
관련이 없거나 역효과를 낳는 훈육 방식을 사용했더라면 낭비되었을 시간을 절약
해 준다.

5 논의 및 숙고

1. 당신의 생활지도 및 훈육의 목표에 대해 생각해 보라. 당신이 성취하고자 하는 것이 명확한가?

6 도전

2. [그림 15-1]과 그에 따른 설명을 참고하여 현재 진행 중인 훈육 문제를 분석하라. 이 분석이 훈육 문제의 원인으로써의 당신 자신의 가능한 역할을 고려하는데 도움을 주는가? 이전에는 고려하지 않았던 원인을 발견했는가? 외부의 도움에 대한 필요성을 발견했는가? 이 분석이 훈육 문제의 원인과 그에 맞는 훈육 방식을 찾는데 도움이 되었는가?

3. [그림 15-2]를 사용하여 다른 훈육 문제를 분석해 보라. 이 방법이 행동의 다중 원인을 고려하는데 도움이 되는가?

4. 〈표 15-1〉를 사용하여 또 다른 훈육 문제를 분석해 보라. 아이들이 당신의 문제에 대해 책임을 지도록 잘 못 시도한 적이 있는가? 그들의 문제를 무심결에 당신이 책임진 적은 없는가? 이 방법이 당신이 상황에 보다 효과적으로 반응하는데 도움이 되는가?

7 현장 활동

5. 시간을 갖고 바람직하지 않은 행동에 대한 반응 연습을 하라. 진정하는 시간을 갖고 시간을 계획하라. 아이들의 반응은 어떠한가? 당신의 시범으로부터 배우는 것 같은가? 여러분의 처치가 보다 효과적인가?

8 추천도서

Anderson, C. A. (2007). *Violent video game effects on children and adolescents: Theory, research, and public policy.* Oxford, UK: Oxford University Press.

Elias, M. J., & Arnold, H. (2006). *The educator's guide to emotional intelligence and academic achievement: Social-emotional learning.* Thousand Oaks, CA: Corwin Press.

Lines, D. (2008). *The bullies: Understanding bullies and bullying.* London: Jessica Kingsley.

Minahan, J., & Rappaport, N. (2013). *The Behavior code: A practical guide to understanding and teaching the most challenging students.* Cambridge, MA: Harvard Education Press.

National Association for the Education of Young Children. (2011). *Code of ethical conduct and statement of commitment.* Available at http://naeyc.org/positionstatements/ethical_conduct.

Roberts, W. B. (2008). *Working with parents of bullies and victims.* Thousand Oaks, CA: Corwin Press.

Smith, C. (2013). Beyond "I'm sorry": The educator's role in preschoolers' emergence of conscience. *Young Children* 68(1): 76~82.

참고문헌

CHAPTER 1

Baumrind, D. (1967). Child care practices anteceding three patterns of preschool behavior. *Genetic Psychology Monographs, 78*, 43–88.

Baumrind, D. (1989). Rearing competent children. In W. Damon (Ed.), *Child development today and tomorrow*. San Francisco: Jossey-Bass.

Brady, K., Forton, M., Porter, D., & Wood, C. (2010). *Rules in schools.* Turner Falls, MA: Northeast Foundation for Children.

Brooks, R., & Goldstein, S. (2007). *Raising a self-disciplined child: Help your child become more responsible, confident and resilient.* New York: McGraw-Hill.

Canter, L. (2010). *Assertive discipline: Positive behavior management for today's classroom.* Bloomington, IN: Solution Tree Press.

Center on the Developing Child at Harvard University. (2010). *The foundations of lifelong health are built in early childhood.* Available at www.developingchild.harvard.edu.

Charney, R. S. (2002). *Teaching children to care: Classroom management for ethical and academic growth K–8.* Greenfield, MA: Northeast Foundation for Children.

Damon, W., Lerner, R., & Eisenberg, N. (2006). *Handbook of child psychology: Volume 3. Social, emotional and personality development* (6th ed.). New York: Wiley.

DeVries, R. (1999). Implications of Piaget's constructivist theory for character education. In M. M. Williams & E. Shapes (Eds.), *Character education: The foundation for teacher education* (pp. 33–39). Washington, DC: The Character Education Partnership.

DeVries, R., & Zan, B. (2012). *Moral classrooms, moral children* (2nd ed.). New York: Teachers College Press.

Dobson, J. (2011). *Parenting collection.* Carol Stream, IL: Tyndale House.

Elkind, D. (2001, September/October). Instructive discipline is built on understanding: Choosing time-in. *Child Care Information Exchange, 141*, 7–8.

Garrett, J. (2006). Educating the whole child. *Kappa Delta Pi Record, 42*(4), 154–155.

Gurian, M. (2011). *Boys and girls learn differently: A guide for teachers and parents.* San Francisco: Jossey-Bass.

Hanish, L., Barcelo, H., Martin, C., Fabes, R., Holmwall, J., & Palermo, F. (2007). Using the Q-connectivity method to study frequency of interaction with multiple peer triads: Do preschoolers' peer group interactions at school relate to academic skills? *New Directions for Child and Adolescent Development, 118*, 9–24.

Jablon, J., Dombro, A., & Dichtelmiller, M. (2007). *The power of observation.* Washington, DC: National Association for the Education of Young Children.

Kaiser, B., & Rasminsky, J. (2012). *Challenging behavior in young children: Understanding, preventing, and responding effectively* (3rd ed.). Upper Saddle River, NJ: Pearson.

Kamii, C. (1982). Autonomy as the aim of education: Implications of Piaget's theory. In C. Kamii (Ed.), *Number in preschool and kindergarten* (pp. 73–87). Washington, DC: National Association for the Education of Young Children.

Kamii, C. (1984). Obedience is not enough. *Young Children, 39*(4), 11–14.

Kamii, C., & Ewing, J. K. (1996). Basing teaching on Piaget's constructivism. *Childhood Education, 72*(5), 260–264.

Knafo, A., & Plomin, R. (2006). Parental discipline and affection and children's prosocial behavior: Genetic and environmental links. *Journal of Personality and Social Psychology, 90*(1), 147–164.

Kohn, A. (2005). *Unconditional parenting: Moving from rewards and punishment to love and reason.* New York: Atria Books.

Kohn, A. (2011). *Feel bad education: And other contrarian essays on children and schooling.* Boston: Beacon Press.

Kragh-Muller, G., & Gloeckler, L. (2010). What did you learn in school today?: The importance of socioemotional development—a comparison of U.S. and Danish child care. *Childhood Education 87*(1), 46–55.

Landy, S. (2009). *Pathways to competence: Encouraging healthy social and emotional development in young children* (2nd ed.). Baltimore: Brookes.

Lapsley, D. (2006). Moral stage theory. In M. Killen & J. Smetana (Eds.), *Handbook of moral development* (pp. 37–66). Mahwah, NJ: Erlbaum.

McEvoy, A. (2014). Abuse of power. *Teaching Tolerance, 48*, 51–53.

Minahan, J., & Rappaport, N. (2013). *The behavior code: A practical guide to understanding and teaching the most challenging students.* Harvard Education Press.

Montessori, M. (1964). *The Montessori method*. New York. Schocken Books. (Original work published 1912)

Nelson, J. (2006). *Positive discipline*. New York: Ballantine Books.

Nemeth, K., & Brillante, P. (2011) Dual language learners with challenging behaviors. *Young Children, 66*(4), 12–17.

Noddings, N. (2005). *The challenge to care in schools: An alternative approach to education* (2nd ed.). New York: Teachers College Press.

Piaget, J. (1965). *The moral judgment of the child*. New York: Free Press. (Originally work published 1932)

Rowe, C. (2015). You are more than your mistakes: Teachers get at the root of bad behavior. *Seattle Times* (May 16, 2015)

Smetana, J. (2006). Social-cognitive domain theory: Consistencies and variations in children's moral and social judgments. In M. Killen & J. Smetana (Eds.), *Handbook of moral development* (pp. 119–154). Mahwah, NJ: Erlbaum.

Thompson, R., & Newton, E. (2010). Emotions in early conscience. In W. F. Arsenio & E. A. Lemerise (Eds.), *Emotions, aggression and morality in children: Bridging development and psychopathology* (pp. 13–31). Washington, DC: American Psychological Association.

Turiel, E. (2006). Thought, emotions, and social interactional processes in moral development. In M. Killen & J. Smetana (Eds.), *Handbook of moral development* (pp. 7–36). Mahwah, NJ: Erlbaum.

Tzuo, P. (2007). The tension between teacher control and child freedom in a child-centered classroom: Resolving the practical dilemma through a closer look at the related theories. *Early Childhood Education Journal, 35*(1), 33–39.

Weinstock, M., Assor, A., & Broide, G. (2009). Schools as promoters of moral judgment: The essential role of teachers' encouragement of critical thinking. *Social Psychology of Education, 12*(1), 137–151.

Willis, E., Dinehart, L., & Bliss, L. (2014) Teachers don't always do what they think they should: A preliminary validation of the early childhood educators' knowledge of self-regulation skills questionnaire. *Journal of Early Childhood Teacher Education, 35*, 168–184.

CHAPTER 2

Adler, A. (1917). *Study of organ inferiority and its psychological compensation*. New York: Nervous Disease Publications.

Ainsworth, M. D. S., Blehar, M. C., Waters, E., & Wall, S. (1978). *Patterns of attachment*. Hillsdale, NJ: Erlbaum.

Bailey, B. (2015). *Conscious discipline: Building resilient classrooms*. Oviedo, FL: Loving Guidance.

Berk, L. E., & Meyers, A. B. (2015). *Infants, children, and adolescents* (8th ed.). Upper Saddle River, NJ: Pearson.

Bowlby, J. (1951). *Maternal care and mental health*. World Health Organization Monograph (Serial No. 2).

Bowlby, J., Ainsworth, M., Boston, M., & Rosenbluth, D. (1956). The effects of mother–child separation: A follow-up study. *British Journal of Medical Psychology, 29*, 211–247.

Bruce, N., & Cairone, K., with the Devereux Center for Resilient Children. (2011). *Socially strong, emotionally secure: 50 activities to promote resilience in young children*. Lewisville, NC: Gryphon House.

Buss, A. H., & Plomin R. (2014). *Temperament (PLE: Emotion): Early developing personality traits*. Psychology Press. Abingdon, UK Taylor and Francis

Carlson, F. (2011). *Big body play: Why boisterous, vigorous, and very physical play is essential to children's development and learning*. Washington, DC: National Association for the Education of Young Children.

Cozolino, L. (2006). *The neuroscience of human relationships: Attachment and the developing social brain*. New York: Norton.

Denham, S. A. (2007). Dealing with feelings: How children negotiate the worlds of emotions and social relationships. *Cognition, Brain, Behaviour, 11*(1), 1–48.

Denham, S. A., Bassett, H. H., Zinsser, K. (2012). Early childhood teachers as socializers of young children's emotional competence. *Early Childhood Education Journal, 40*(3), 137–143.

Dreikurs, R. (1964). *Children: The challenge*. New York: Hawthorne Books.

Dykas, M., & Cassidy, J. (2011). Attachment and the processing of social information across the life span: Theory and evidence. *Psychological Bulletin, 137*(1), 19–46.

Eisenberg, N. (2004). Emotion-related regulation: An emerging construct. *Merrill-Palmer Quarterly, 50*(3), 236–259.

Elkind, D. (2015). *Giants in the nursery: A biographical history of developmentally appropriate practice*. St. Paul, MN: Red Leaf Press

Elliott, E., & Gonzalez-Mena, J. (2011). Babies' self-regulation: Taking a broad perspective. *Young Children, 66*(1), 28–32.

Erikson, E. (1963). *Childhood and society* (2nd ed.). New York: Norton.

Gartrell, D., & Sonsteng, K. (2008). Guidance matters: Promote physical activity—it's proactive guidance. *Young Children, 63*(2), 51–53.

Goleman, D. (2011). *The brain and emotional intelligence: New insights*. North Hampton, MA: More than Sound, LLC.

Gordon, M. (2009). *Roots of empathy: Changing the world child by child*. New York: The Experiment, LLC.

Gottman, J. M. (1997). *Raising an emotionally intelligent child*. New York: Fireside.

Gottman, J. M. (2004). *What am I feeling?* Seattle, WA: Parenting Press.

Graziano, P., Reavis, R., Keane, S., & Calkins, S. (2007). The role of emotion regulation in children's early academic success. *Journal of School Psychology, 45*(1), 13–19.

Gurian, M. (2010). *Boys and girls learn differently*. San Francisco: Jossey-Bass.

Honig, A. (2015). *The best for babies: Expert advice for assessing infant toddler programs*. Lewisville, NC: Grypon House.

Jelalian, E., & Steele, R. G. (Eds.). (2008). *Handbook of childhood and adolescent obesity: Issues in clinical child psychology*. New York: Springer.

Koplow, L. (Ed.). (2007). *Unsmiling faces: How preschools can heal*. New York: Teachers College Press.

Levin, D., & Carlsson-Paige, N. (2005). *The war play dilemma: What every parent and teacher needs to know* (2nd ed.). New York: Teachers College Press.

Macklem, G. L. (2010). *Practitioner's guide to emotion regulation in school-aged children*. New York: Springer Science.

Magnusson, K. R., Hauck, L., Jeffrey, B. M., Elias, V., Humphrey, A., Nath, R., et al. (2015). Relationships between diet-related changes in the gut microbiome and cognitive flexibility. *Neuroscience*. doi:10.1016/j.neuroscience.2015.05.016

Main, M., & Solomon, J. (1990). Procedures for identifying infants as disorganized/disoriented during the Ainsworth Strange Situation. In M. T. Greenberg, D. Cicchetti, & E. M. Cummings (Eds.), *Attachment in the preschool years* (pp. 121–160). Chicago: University of Chicago Press.

National Association for the Education of Young Children (NAEYC). (2009). *NAEYC position statement on developmentally appropriate practice in early childhood programs serving children birth through age 8*. Washington, DC: Author.

O'Connor, E., & McCartney, K. (2006) Testing associations between young children's relationships with mothers and teachers. *Journal of Educational Psychology, 98*(1), 87–98.

Perry, B., & Szalavitz, M. (2011). *Born for love: Why empathy is essential and endangered*. New York: HarperCollins.

Riley, D., San Juan, R., Klinkner, J., & Ramminger, A. (2008). *Social and emotional development: Connecting science and practice in early childhood settings*. St. Paul, MN: Redleaf Press.

Siegel, D., & Bryson, T. (2011). *The whole-brain child: 12 revolutionary strategies to nurture your child's developing mind*. New York: Delacorte Press.

Sterry, T., Reiter-Purtill, J., Gartstein, M., Gerhardt, C., Vannatta, K., & Noll, R. (2010). Temperament and peer acceptance: The mediating role of social behavior. *Merrill-Palmer Quarterly, 56*(2), 189–219.

Thomas, A., Chess, S., & Birch, H. (1968). *Temperament and behavior disorders in children*. New York: New York University Press.

Thomas, A., Chess, S., & Birch, H. (1970). The origin of personality. *Scientific American*, pp. 102–109.

Tomporowski, P. D., Lambourne, K., & Okumura, M. S. (2011). Physical activity interventions and children's mental function: an introduction and overview. *Preventive Medicine, 52*(1), S3–S9.

CHAPTER 3

Ahern, E. C., Lyon, T. D., & Quas, J. A. (2011). Young children's emerging ability to make false statements. *Developmental Psychology, 47*(1), 61–66.

Bloom, A. (2007, September 7). Insight into the minds of 5-year-olds. *The Times Educational Supplement, 4753*, 12.

Bodrova, E., & Leong, D. J. (2007). *Tools of the mind: The Vygotskian approach to early childhood education* (2nd ed.). Upper Saddle River, NJ: Merrill/Pearson.

Bowman, B. (2013). The state of the black child. In *Being black is not a risk factor: a strengths-based look at the state of the black child*. Washington, DC: National Black Child Development Institute.

Brooker, L. (2010). Constructing the triangle of care: Power and professionalism in practitioner/parent relationships. *British Journal of Educational Studies, 58*(2), 181–196.

Brown, C., Weber N., & Yoon, Y. (2015). The practical difficulties for early educators who tried to address children's realities in their high-stakes teaching context. *Journal of Early Childhood Teacher Education, 36*(1), 3–23.

Carlson, F. (2011). Rough play: One of the most challenging behaviors. *Young Children, 66*(4), 18–25.

Copple, C., & Bredekamp, S. (Eds.). (2009). *Developmentally appropriate practice in early childhood programs serving children from birth through 8*. Washington, DC: National Association for the Education of Young Children.

Cozolino, L. (2006). *The neuroscience of human relationships: Attachment and the developing social brain*. New York: Norton.

Crone, E. A., & Ridderinkhoff, K. R. (2011). The developing brain: From theory to neuroimaging and back. *Developmental Cognitive Neuroscience, 1*, 101–109.

Denham S., Mason, T., Caverly, S., Schmidt, M., Hackney, R., Cameron, D., et al. (2001). Preschoolers at play: Co-socialisers of emotional and social competence. *International Journal of Behavioral Development, 25*(4), 290–301.

Derman-Sparks, L., & Ramsey, P. (2011). *What if all the kids are white? Anti-bias multicultural education with young children and families.* New York: Teacher's College Press.

Derman-Sparks, L., LeeKeenan, D., & Nimmo, J. (2015). *Leading anti-bias early childhood programs.* New York: Teachers College Press.

DeVries, R., & Zan, B. (2012). *Moral classrooms, moral children.* New York: Teachers College Press.

Eisenberg, N., & Eggum, N. D. (2007). Empathy-related and prosocial responding: Conceptions and correlates during development. In B. A. Sullivan, M. Snyder, & J. L. Sullivan (Eds.), *Cooperation: The political psychology of effective human interaction* (pp. 53–74). Malden, MA: Blackwell.

Ernst, J. (2014). *The welcoming classroom: Building strong home-to-school connections for early learning.* Gryphon House.

Espinosa, L. (2010) *Getting it right for young children from diverse backgrounds.* Upper Saddle River, NJ: Pearson Education.

Evans, A. N. D., Xu, F., & Lee, K. (2011). When all signs point to you: Lies told in the face of evidence. *Developmental Psychology, 47*(1), 39–49.

Feldman, R., Derdikman-Eiron, R., & Masaiha, S. (2010). Conflict resolution in the parent–child, marital, and peer contexts and children's aggression in the peer group: A process-oriented cultural perspective. *Developmental Psychology, 46*(2), 310–325.

Galinsky, E. (2010). *Mind in the making.* New York: HarperCollins.

Gilliam, W. (2005). *Prekindergarteners left behind: Expulsion rates in state prekindergarten systems.* New Haven, CT: Yale Child Study Center, Yale University.

Glick, G. C., & Rose, A. J. (2011). Prospective associations between friendship adjustment and social strategies: Friendship as a context for building social skills. *Developmental Psychology, 47*(4), 1117–1132.

Gordon, M. (2009). Toward a pragmatic discourse of constructivism: Reflections on lessons from practice. *Educational Studies, 45,* 39–58.

Gonzalez-Mena, J. (2008). *Diversity in early care and education: Honoring differences.* New York: McGraw-Hill.

Gredler, M., & Shields, C. (2008). *Vygotsky's legacy: A foundation for research and practice.* New York: Guilford Press.

Gunnar, M. R., Herrera, A., & Hostinar, C. E. (2009). Stress and early brain development. In R. E. Tremblay, R. D. Peters, M. Bolvin, & R. G. Barr (Eds.), *Encyclopedia on early childhood development.* Available at www.child-encyclopedia.com/documents/Gunner-Herrera-HostinarANGxp.pdf.

Gurian, M . (2003). *The boys and girls learn differently action guide for teachers.* San Francisco: Jossey-Bass.

Honig, A. (2014) *The best for babies.* Lewisville, NC: Gryphon House.

Hyson, M., & Taylor J. (2010). Research in review: Caring about caring: What adults can do to promote young children's prosocial skills. *Young Children, 66*(4), 74–83.

Hyson, M., & Tomlinson, H. (2014). *The early years matter: Education, care, and the well-being of children, birth to 8.* New York: Teachers College Press.

Iruka, I. U., Winn, D-M., Kingsley, S. J., & Orthodoxou, Y. J. (2011). Links between parent–teacher relationships and kindergartners' social skills: Do child ethnicity and family income matter? *Elementary School Journal, 111*(3), 387–408.

Jablon, J., Dombro, A., & Dichtelmiller, M. (2007). *The power of observation.* Washington, DC: National Association for the Education of Young Children.

Jalongo, M. (2014). Humane education and the development of empathy in early childhood: Definitions, rationale, and outcomes. In M. Jalongo (Ed.), *Teaching Compassion: Humane education in early childhood.* New York: Springer.

Jones, E., & Reynolds G. (2011). *The play's the thing.* New York: Teachers College Press.

Kaiser, B., & Rasminsky J. (2012). *Challenging behavior in young children.* Upper Saddle River NJ: Pearson Education.

Kamii, C., & Russell, K. (2010). The older of two trees: Young children's development of operational time. *Journal for Research in Mathematics Education, 41*(1), 6–13.

Kemple, K. M. (2004). *Let's be friends: Peer competence and social inclusion in early childhood programs.* Upper Saddle River, NJ: Merrill/ Pearson.

Kohn, A. (2005). *Unconditional parenting: Moving from rewards and punishment to love and reason.* New York: Atria Books.

Kohn, A. (2015). *Schooling beyond measure, and other unorthodox essays about education.* Portsmouth, NH: Heinemann.

Kovach, B., & Da Ros-Voseles, D. (2008). *Being with babies: Understanding and responding to the infants in your care.* Beltsville, MD: Gryphon House.

Lake, V., Al Otaiba, S., & Guidry, L. (2010). Developing social skills training and literacy instruction pedagogy through service learning: An integrated model of teacher preparation. *Journal of Early Childhood Teacher Education, 31,* 373–390.

Landy, S. (2009). *Pathways to competence: Encouraging healthy social and emotional development in young children.* Baltimore: Brookes.

Lane, J., Wellman, H. Olson, S., LaBounty, J., & Kerr, D. (2010). Theory of mind and emotion understanding predict moral development in early childhood. *British Journal of Development and Psychology, 28,* 871–889.

Lapsley, D. (2006). Moral stage theory. In M. Killen & J. Smetana (Eds.), *Handbook of moral development* (pp. 37–66). Mahwah, NJ: Erlbaum.

Malti, T., Gasser, L., & Gutzwiller-Helfenfinger, E. (2010). Children's interpretive understanding, moral judgments, and emotion attributions: Relations to social behaviour. *British Journal of Developmental Psychology, 28*(2), 275–292.

National Association for the Education of Young Children (NAEYC). (2005). *Code of Ethical Conduct & Statement of Commitment*. Washington, DC: Author.

Noddings, N. (2005). *The challenge to care in schools: An alternative approach to education* (2nd ed.). New York: Teachers College Press.

Noddings, N. (2008). All our students thinking. *Educational Leadership, 65*(5), 8–13.

Paley, V. G. (1999). *The kindness of children*. Cambridge, MA: Harvard University Press.

Palmen, H., Vermande, M. M., Deković, M., & van Aken, M. A. G. (2011). Competence, problem behavior, and the effects of having no friends, aggressive friends, or nonaggressive friends. *Merrill-Palmer Quarterly, 57*(2), 186–213.

Pentimonti, J., & Justice, L. (2010). Teachers' use of scaffolding strategies during read alouds in the preschool classroom. *Early Childhood Education Journal, 37*(4), 241–248.

Piaget, J. (1960). *The child's conception of the world*. Totowa, NJ: Littlefield, Adams. (Original work published 1929)

Piaget, J. (1964). *Judgment and reasoning in the child*. Totowa, NJ: Littlefield, Adams. (Original work published 1928)

Piaget, J. (1965). *The moral judgment of the child*. New York: Free Press. (Original work published 1932)

Ramsey, P. G. (1991). *Making friends in school: Promoting peer relationships in early childhood*. New York: Teachers College Press.

Richardson, S. (2015). *Gender lessons: Patriarchy, sextyping and schools*. Dordrecht, The Netherlands: Sense.

Riley, D., San Juan, R., Klinkner, J., & Ramminger, A. (2008). *Social and emotional development: Connecting science and practice in early childhood settings*. St. Paul, MN: Redleaf Press.

Saracho, O. (2012). *An integrated, play-based curriculum for young children*. New York: Routledge.

Sax, L. (2006, Spring). Six degrees of separation: What teachers need to know about the emerging science of sex differences. *Educational Horizons, 84*, 190–212.

Saxe, R. (2006). Uniquely human social cognition. *Current Opinion in Neurobiology, 16*(2), 235–39.

Selman, R. L. (1980). *The growth of interpersonal understanding*. New York: Academic Press.

Selman, R., & Schultz, L. (1990). *Making a friend in youth: Developmental theory and pair therapy*. Chicago: University of Chicago Press.

Shonkoff, J. P., & Phillips, D. A. (Eds.). (2000). *From neurons to neighborhoods: The science of childhood development*. Washington, DC: National Academies Press.

Sousa, D. (2011). *How the brain learns* (4th ed.). Thousand Oaks, CA: Corwin Press.

Spinrad, T. L., & Eisenberg, N. (2008). Empathy, prosocial behavior, and positive development in the schools. In R. Gilman, E. S. Heubner, & M. Furlong (Eds.), *Handbook of positive psychology in the schools*. Mahwah, NJ: Erlbaum.

Spivak, A. L., & Howes, C. (2011). Social and relational factors in early education and prosocial actions of children of diverse ethnocultural communities. *Merrill-Palmer Quarterly, 57*(1), 1–24.

Vaughn, B. E., Shin, N., Kim, M., Coppola, G., Krzysik, L., Santos, A. J., et al. (2009). Hierarchical models of social competence in preschool children: A multisite, multinational study. *Child Development, 80*(6), 1775–1796.

Vygotsky, L. S. (1962). *Thought and language* (E. Hanfmann & G. Vokar, Trans.). Cambridge, MA: MIT Press. (Original work published 1934)

Vygotsky, L. S. (1978). *Mind and society: The development of higher mental processes*. Cambridge, MA: Harvard University Press.

Weinstock, M., Assor, A., & Broide, G. (2009). Schools as promoters of moral judgment: The essential role of teachers' encouragement of critical thinking. *Social Psychology of Education: An International Journal, 12*(1), 137–151.

CHAPTER 4

Bullard, J. (2010). *Creating environments for learning*, Upper Saddle River, NJ: Pearson Education.

Derman-Sparks, L., LeeKeenan, D., & Nimmo, J. (2015). *Leading anti-bias early childhood programs: A guide for change*. New York: Teachers College Press.

DeVries, R., & Zan, B. (2012). *Moral classrooms, moral children*. New York: Teachers College Press.

Forschungsinstitut zur Zukunft der Arbeit Institute for the Study of Labor. Retrieved July 2015 from http://ftp.iza.org/dp5015.pdf.

Galinsky, E. (2010). *Mind in the making: The seven essential life skills every child needs*. New York: Morrow.

Gonzalez-Mena, J., & Eyer, D. (2014). *Infants, toddlers, and caregivers*. New York: McGraw-Hill.

Greenman, J. (2007). *Caring spaces, learning places: Children's environments that work* (2nd ed.). Redmond, WA: Exchange Press.

Hildebrandt, C., & Zan, B. (2014). Constructivist approaches to moral education in early childhood. In L. Nucci, D. Narvaez, & T. Krettenaur (Eds.), *Handbook of moral and character education*. Mahwah, NJ: Erlbaum.

Honig, A. S. (2010). *Little kids, big worries: Stress busting tips for early childhood classrooms*. Baltimore: Brookes.

Jenson, E. (2014). *10 most effective tips for using brain based teaching & learning*. Availabe at www.jensenlearning.com.

Kalutskaya, I. N., Archbell, K. A., Moritz Rudasill, K., & Coplan, R. J. (2015). Shy children in the classroom: From research to educational practice. *Translational Issues in Psychological Science, 1*(2), 149–157.

Katz, L., Chard, S., & Kogan, Y. (2014). Engaging children's minds: The project approach in the early years (3rd ed.). Santa Barbara, CA: ABC-CLIO.

Kovalik, S. J. (2008). *Gender differences and student engagement.* Rexford, NY: International Center for Leadership in Education.

Nichols, S., & Sullivan, J. (2009). *Cooperation and competition in small groups.* Retreived July 2015 from www.education.com/reference/article/competition/.

Palmen, H., Vermande, M., Deković, M., & Aken, M. (2011). Competence, problem behavior, and the effects of having no friends, aggressive friends, or nonaggressive friends: A four-year longitudinal study. *Merrill-Palmer Quarterly, 57*(2), 186–213.

Prescott, E. (2008). *The physical environment: A powerful regulator of experience.* Redmond, WA: Exchange Press.

Spivak, A. L., & Howes, C. (2011). Social and relational factors in early education and prosocial actions of children of diverse ethnocultural communities. *Merrill-Palmer Quarterly, 57*(1), 1–24.

Sutter, M., & Rutzler, D. (2010). Gender differences in competition emerge early in life.

Torelli, L. (2015). *Enhancing development through classroom design in early head start.* Available at www.childdevelopmentmedia.com.

Torelli, L., & Durrett, C. (2011). Landscape for learning: The impact of classroom design on infants and toddlers. Retrieved from www.spacesforchildren.com/articles/landc2.pdf.

Trawick-Smith, J. (2013). *Early childhood development: A multicultural perspective* (6th ed.). Upper Saddle River, NJ: Pearson Education.

Vitiello, V., Booren, L., Downer, J., & Williford, A.P. (2012). Variations in children's classroom engagement throughout a day in preschool: Relations to classroom and child factors. *Early Childhood Research Quarterly, 27*(2), 210–220.

White House Task Force on Childhood Obesity: Report to the President. (2010) pp. 65–86.

CHAPTER 5

Association for Supervision of Curriculum Development. (2011). *Whole Child Initiative.* Available at www.ascd.org/whole-child.aspx.

Binder, M., & Kotsopoulos, S. (2011). Multimodal literacy narratives: weaving the threads of young children's identity through the arts. *Journal of Research in Childhood Education, 25,* 339–363.

Brown, C., Feger, B., & Mowry, B. (2015). Helping others understand academic rigor in teachers developmentally appropriate practices. *Young Children, 70*(4), 62–69.

Burts, D., Buchanan, T., Benedict, J., & DiCarlo, C. (2005). Developmentally appropriate educational practices in early childhood programs: An economic investment for the future. *Louisiana Agriculture Magazine, 48*(3).

Cannon J., & Lipscomb S. (2011). Early grade retention and school success. Public Policy Institute of California. Retrieved September 30, 2015, from www.ppic.org/content/pubs/report/R_311JCR.pdf.

Cass, J. (2013). Children of hard times. Available at *www.childrensdefense.org.*

Child Trends. (2013). Parental involvement in schools. Available at: www.childtrends.org/?indicators=parental-involvement-in-schools

Christie, J., Enz, B. J., & Vukelich, C. (2011). *Teaching language and literacy: Pre-school through the elementary grades* (3rd ed.). Boston: Allyn & Bacon.

Church, E. (2015). Building community in the classroom. Retrieved September 30, 2015, from www.scholastic.com/teachers/article/building-community-classroom.

Denworth, L. (2015). The social power of touch. *Scientific American Mind, 26*(4), 30–39.

de Schipper, E., Riksen-Walraven, J., Geurts, S., & de Weerth, C. (2009). Cortisol levels of caregivers in child care centers as related to the quality of their caregiving. *Early Childhood Research Quarterly, 24,* 55–63.

DeVries, R. (2001). Constructivist education in pre-school and elementary school: The sociomoral atmosphere as the first educational goal. In S. L. Golbeck (Ed.), *Psychological perspectives on early childhood education: Reframing dilemmas in research and practice* (pp. 153–180). Mahwah, NJ: Erlbaum.

DeVries, R., & Zan, B. (1994). *Moral classrooms, moral children.* New York: Teachers College Press.

Egbert, J., & Roe, M. F. (2014). The power of why: connecting curriculum to students' lives. *Childhood Education, 90*(4), 251–258.

Feeney, S., Moravick, E & Nolte, S. (2014). *Who am I in the lives of children?* (10th ed.). Upper Saddle River, NJ: Merrill/ Prentice Hall.

Fields, M., Groth, L., & Spangler, K. (2008). *Let's begin reading right: A developmental approach to emergent literacy.* Columbus, OH: Merrill/Prentice Hall.

Gropper, N., Hinitz, B. F., Sprung, B., & Froschl, M. (2011). Helping young boys be successful learners in today's early childhood classrooms. *Young Children, 66*(1), 34–41.

Helm, J., & Katz, L. (2011). *Young investigators: The project approach in the early years* (2nd ed.). New York: Teachers College Press.

Hirsh-Pasek, K., & Golinkoff, M. (2015). Introduction. In *Spotlight on young children exploring play* (pp. 1–4). Washington DC: National Association for the Education of Young People.

Jalongo, M. R., & Isenberg, J. P. (2011). *Exploring your role: A practitioner's introduction to early childhood education* (4th ed.). Columbus, OH: Merrill/Prentice Hall.

Jenson, E. (2010). 10 most effective tips for using brain based teaching & learning. Available at www.jensenlearning.com.

Kamii, C. (2000). *Young children reinvent arithmetic: Implications of Piaget's theory*. New York: Teachers College Press.

Katz, L. (2011). Words of wisdom from Dr. Lilian Katz. Retrieved September 30, 2015, from www.empoweredbyplay.org/2011/06/words-of-wisdom-from-dr-lilian-katz/.

Morris, B., Croker, S., Zimmerman, C., Gill, D., & Romig, C. (2013) Gaming science: the "Gamification" of scientific thinking. *Published Front Psychol.* 2013; 4: 607. Retrieved March 17, 2016 from http://www.ncbi.nlm.nih.gov/pmc/articles/PMC3766824/

Ostrosky, M., & Jung, E. (2015). *What Works Briefs #12: Building positive teacher child relations*. Nashville, TN: Center on the Social and Emotional Foundations for Early Learning, Vanderbilt University. Retrieved September 19, 2015, from http://csefel.vanderbilt.edu/briefs/wwb12.pdf.

Piaget, J. (1970). *The child's conception of time* (A. J. Pomerans, Trans.). New York: Basic Books.

Pizzolongo, P. (2015). Reflecting, discussing and exploring. In *Spotlight on young children exploring play* (p. 123). Washington, DC: National Association for the Education of Young People.

Reys, B. (2010). *Mathematics curriculum: Issues, trends and future directions*. Reston VA: National Council of Teachers of Mathematics.

Summer, M., & Summer, G. (2014). Creating family learning communities. *Young Children, 69*(4): 8–14.

Trawick-Smith, J., Wolff, J., Koschel, M., & Vallarelli, J. (2015) Which toys promote high quality play? In *Spotlight on young children exploring play* (pp. 65–74). Washington, DC: National Association for the Education of Young People.

Vygotsky, L. S. (1978). *Mind and society: The development of higher mental processes*. Cambridge, MA: Harvard University Press. (Original work published 1933)

Watson, J. (2013). *Is kindergarten the new first grade?: Increased academic rigor in America's public school kindergarten classrooms*. Presentation at the American Institutes for Research, Washington, DC.

Wood, L. (2015). Holding on to play. In *Spotlight on young children exploring play* (pp. 87–97). Washington, DC: National Association for the Education of Young People.

CHAPTER 6

American Academy of Pediatrics Policy Statement (2013). *Children, Adolescents, and the Media*.

Arthur-Banning, S., Wells, M. S., Baker, B. L., & Hegreness, R. (2009). Parents behaving badly? The relationship between the sportsmanship behaviors of adults and athletes in youth basketball games. *Journal of Sport Behavior, 32*(1), 3–18.

Baiocco, R., D'Alessio, M., & Laghi, F. (2009). Discrepancies between parents' and children's attitudes toward TV advertising. *Journal of Genetic Psychology, 170*(2), 176–192.

Bandura, A. (1986). *Social foundations of thought and action: A social cognitive theory*. Upper Saddle River, NJ: Prentice Hall.

Benerjee, R., Bennett, M., & Luke, N. (2010). Children's reasoning about the self-presentational consequences of apologies and excuses following rule violations. *British Journal of Developmental Psychology, 28*, 799–815.

Berger, K. S. (2007). Update on bullying at school: Science forgotten? *Developmental Review, 27*, 90–126.

Betts, L. R., & Rottenberg, K. J. (2007). Trustworthiness, friendships and self-control: Factors that contribute to young children's school adjustment. *Infant and Child Development, 16*, 491–508.

Bleakley, A., Romer, D., & Jamieson, P. (2014). Violent film characters' portrayal of alcohol, sex and tobacco-related behaviors. *Pediatrics, 133*, 71–77.

Buchanan, C. (2009). 5 gifts to teach. *Scholastic Parent and Child, 17*(4), 67–71.

Byrne, R. W. (2005). Special cognition: Imitation, imitation, imitation. *Current Biology, 151*(3), 498–500.

Coloroso, B. (2011). Bully, bullied, bystander . . . and beyond: Help your students choose a new role. *Teaching Tolerance, 39*, 51–53.

Darling-Kuria, N., & Bohlander, A.H. (2014). Promoting social-emotional development: Helping infants learn about feelings. *Young Children, 69*(3), 94–95.

Derman-Sparks, L., LeeKeenan, D. & Nimmo, J. (2015). *Leading anti-bias early childhood programs*. New York/Washington, DC: Teachers College Press & National Association for the Education of Young Children.

De Schipper, E. J., Riksen-Walraven, J. M. A., Geurts, S. A. E., & Derksen, J. (2008). General mood of professional caregivers in child care centers and the quality of caregiver–child interactions. *Journal of Research in Personality, 42*(3), 515–526.

De-Souza, D., & Radell, J. (2011). Superheroes: An opportunity for prosocial play. *Young Children, 66*(4), 26–31.

DeVries, R., & Zan, B. (1994). *Moral classrooms, moral children*. New York: Teachers College Press.

Dweck, C. S. (2007). The perils and promises of praise. *Educational Leadership, 65*(2), 34–39.

Dweck, C. S. (2009). Prejudice: How it develops and how it can be undone. *Human Development, 52*(6), 371–376.

Erikson, E. (1963). *Childhood and society* (2nd ed.). New York: Norton.

Fields, M., Groth, L., & Spangler, K. (2008). *Let's begin reading right: A developmental approach to emergent literacy.* Upper Saddle River, NJ: Merrill/Pearson.

Fred Rogers Center for Early Learning and Children's Media at Saint Vincent College. (2012). *A framework for quality in digital media for children: Considerations for parents, educators, and media creators.* Latrobe, PA: Author.

Grace, D. M., David, B. J., & Ryan, M. K. (2008). Investigating preschoolers' categorical thinking about gender through imitation, attention, and the use of self-categories. *Child Development, 79*(6), 1928–1941.

Hyson, M. C. (2004). *The emotional development of young children: Building an emotion centered curriculum.* New York: Teachers College Press.

Hyson, M. C. (2008). *Enthusiastic and engaged learners: Approaches to learning in the early childhood classroom.* New York: Teachers College Press.

Kamii, C. (2009). Jean Piaget. In E. Anderman (Ed.), *The psychology of classroom learning: An encyclopedia* (pp. 690–692). Detroit, MI: Macmillan Reference.

Kamii, C., & Kato, Y. (2006). Early childhood education based on Piaget's constructivism. In M. Takeuchi & R. Scott (Eds.), *New directions in early childhood education and care in the 21st century: International perspectives* (pp. 236–251). Cedar Falls, IA: Martin Quam Press.

Kochenderfer-Ladd, B., & Pelletier, E. M. (2008). Teachers' views and beliefs about bullying: Influences on classroom management strategies and students' coping with peer victimization. *Journal of School Psychology, 46*(4), 431–453.

Landy, S. (2009). *Pathways to competence: Encouraging healthy social and emotional development in young children.* Baltimore: Brookes.

Lerner, C. (2015). Screen sense: Making smart decisions about media use for young children. *Young Children, 7*(1), 102–103.

Levin, D., & Kilbourne, J. (2009). *So sexy so soon: The new sexualized childhood and what parents can do to protect their kids.* New York: Ballantine Books.

McEvoy, A. (2014). Abuse of power. *Teaching Tolerance, 48,* 51–53.

Meltzoff, A. N. (2007). "Like me"—A foundation for social cognition. *Developmental Science, 10*(1), 126–134.

Milner, H. R. (2010). *Start where you are, but don't stay there: Understanding diversity, opportunity gaps, and teaching in today's classroom.* Cambridge, MA: Harvard University Press.

National Association for the Education of Young Children & Fred Rogers Center for Early Learning and Children's Media at Saint Vincent College. (2012). *Technology and interactive media as tools in early childhood programs serving children from birth through age 8.* Washington, DC/Latrobe, PA: Authors.

Nielson, M., & Christie, T. (2008). Adult modeling facilitates young children's generation of novel pretend acts. *Infant and Child Development, 17,* 151–162.

Paley, V. (2004). *A child's work: The importance of fantasy play.* Chicago: University of Chicago Press.

Paley, V. (2010). *Boy on the beach: Building community through play.* Chicago: University of Chicago Press.

Pfeifer, J. H., Iacoboni, M., Mazziotta, J. C., & Dapretto, M. (2008). Mirroring others' emotions relates to empathy and interpersonal competence in children. *NeuroImage, 39*(4), 2076–2085.

Rakoczy, H., Hamann, K., Warneken, F., & Tomasello, M. (2010). Bigger knows better: Young children selectively learn rule games from adults rather than from peers. *British Journal of Developmental Psychology, 28*(4), 785–798.

Rimm-Kaufman, S. E., Fan, X., Chiu, Y., & You, W. (2007). The contributions of the responsive classroom approach on children's academic achievement: Results for a three-year longitudinal study. *Journal of School Psychology, 45*(4), 401–421.

Rogers, J. (2009). *Kids under fire: Seven simple steps to combat the media attack on our child.* Lowell, MA: Adibooks.

Sharapan, H. (2015) A tool for social-emotional development. In C. Donohue (Ed.), *Technology and digital media in the early years* (pp. 12–20). New York/Washington DC: Routledge & National Association for the Education of Young People.

Shayla-Holub, C., Tisak, M., & Mullins, D. (2008). Gender differences in children's hero attributions: Personal hero choices and evaluations of typical male and female heroes. *Sex Roles, 58*(7), 567–578.

Skidmore, M., Dede, Y. U., & Moneta, G. B. (2009). Role models, approaches to studying, and self-efficacy in forensic and mainstream high school students: A pilot study. *Educational Psychology, 29*(3), 315–324.

Smith, C. E., Chen, D., & Harris, P. L. (2010). When the happy victimizer says sorry: Children's understanding of apology and emotion. *British Journal of Developmental Psychology, 28*(4), 727–746.

Takeuchi, L. (2011). *Families matter: Designing media for a digital age.* The Joan Ganz Cooney Center at Sesame Workshop.

Thompson, R., & Thompson J. (2015). Reading minds and building relationships: This is social studies. *Young Children, 70*(3), 32–39.

Truceteachers.org (n.d.). Truce Guides. Retrieved from *www.Truceteachers.org/guides.html.*

Vietz, D., & Hildebrandt, E. (2009). Multiculturally conscious parenting: Promoting peace and teaching tolerance to young children. *Encounter, 22*(4), 33–37.

Vygotsky, L. S. (1978). *Mind in society: The development of higher psychological processes* (M. Cole, V. John-Steiner, S. Scribner, & E. Souberman, Eds.). Cambridge, MA: Harvard University Press.

White House Press Release—First Lady Unveils Let's Move! Child Care to Ensure Healthy Start for Youngest Children. (2011, June 8). Retrieved from www.whitehouse.gov/the-press-office/2011/06/08/first-lady-unveils-lets-move-child-care-ensure-healthy-start-youngest-children.

Wilson, B. J. (2008). Media and children's aggression, fear, and altruism. *Future of Children*, *18*(1), 87–118.

Willis, C., & Schiller, P. (2011). Preschoolers' social skills steer life success. *Young Children*, *66*(1), 42–49.

Williams, M. (November, 2010). Mean girls and boys. Children's Voice. Retrieved from http://www.cwla.org

CHAPTER 7

Arcavi, A., & Isoda, M. (2007). Learning to listen: From historical sources to classroom practice. *Educational Studies in Mathematics*, *66*, 111–129.

Brackett, M., & Rivers, S. (2015). Transforming students' lives with social and emotional learning. In R. Pekrun & L. Linnenbrink-Garcia (Eds.), *International handbook of emotions in education* (pp. 368–388). New York: Routledge.

Breeding, K., & Harrison, J. (2007). *Connected and respected: Vol. 1. Lessons from the Resolving Conflict Creatively Program, grades K–2*. Cambridge, MA: Educators for Social Responsibility.

CASEL. (2015). 4R's Program (Reading, Writing, Respect, and Resolution). Retrieved from www.casel.org/guide/programs/4rs-reading-writing-respect-and-resolution/.

Cromwell, S. (2012). Conflict resolution education compare approaches. Retrieved from www.educationworld.com/a_curr/curr171.shtml.

Curwin, R. L., Mendler, A. N., & Mendler, B. (2008). *Discipline with dignity: New challenges, new solutions*. Alexandria, VA: Association for Supervision and Curriculum Development.

Faber, A., & Mazlish, E. (2012). *How to talk so kids will listen and listen so kids will talk*. New York: Scribner/Simon & Schuster.

Galinsky, E. (2010). *Mind in the making: The seven essential life skills every child needs*. New York: HarperCollins.

Garner, N. (2008). Conflict resolution programs in the schools. *ACA Professional Counseling Digest–19*. Alexandria, VA: American Counseling Association.

Ginott, H. (1965). *Between parent and child*. New York: Macmillan.

Gordon, T. (1970). *P.E.T.: Parent effectiveness training*. New York: Wyden.

Gordon, T. (1974). *T.E.T.: Teacher effectiveness training*. New York: Wyden.

Gordon, T. (1989). *Teaching children self-discipline: At home and at school*. New York: Random House.

Gordon, T. (2000). *P.E.T.: Parent effectiveness training*. New York: Three Rivers/Random House.

Gordon, T. (2003). *T.E.T.: Teacher effectiveness training*. New York: Three Rivers/Random House.

Harris, I., & Morrison, M. (2013). *Peace education* (3rd ed.). Jefferson, NC: McFarland.

HighScope Educational and Research Foundation. (2012). Preschoolers not too young to develop the skills of conflict resolution, say HighScope experts [Press release]. Retrieved from www.highscope.org/Content.asp?ContentId=284.

Jones, S., Brown, J., & Aber, J. (2011). Two-year impacts of a universal school-based social–emotional and literacy intervention: An experiment in translational developmental research. *Child Development*, *82*(2), 533–554.

Kreidler, W. J. (1999). *Teaching conflict resolution through children's literature*. New York: Scholastic.

Lantieri, L. (2003). Waging peace in our schools: The resolving conflict creatively program. In M. J. Elias, H. Arnold, & C. S. Hussey (Eds.), *Best leadership practices for caring and successful schools* (pp. 76–88). Thousand Oaks, CA: Corwin Press.

Lonberger, R., & Harrison, J. (2008). *Links to literature: Teaching tools to enhance literacy, character, and social skills*. Cambridge, MA: Educators for Social Responsibility.

Martin, A. (2011). Two problem-solving approaches. Retrieved from www.morningsidecenter.org/teachable-moment/lessons/two-problem-solving-approaches.

Piaget, J. (1965). *The moral judgment of the child*. New York: Free Press. (Original work published 1932)

Porter, L. (2008). *Young children's behavior: Practical approaches for caregivers and teachers* (3rd ed.). Baltimore: Paul H. Brookes.

Rogers, C. (1951). *Client-centered counseling*. Boston: Houghton-Mifflin.

Sellman, E. (2011). Peer mediation services for conflict resolution in schools: What transformations in activity characterise successful implementation. *British Education Research Journal*, *37*(1), 45–60.

Siegel, D. J., & Bryson, T. P. (2012). *The whole brain child: 12 revolutionary strategies to nurture your child's developing mind*. New York: Bantam Books.

Spiegel, C. (2010). *Book by book: An annotated guide to young people's literature with peacemaking and conflict resolution themes*. Cambridge, MA: Educators for Social Responsibility.

Trawick-Smith, J. (2013). *Early childhood development: A multicultural perspective* (6th ed.). Upper Saddle River, NJ: Pearson.

CHAPTER 8

Brady, K., Forton, M., & Porter, D. (2011). *Rules in school: Teaching discipline in the responsive classroom*. Greenfield, MA: Northeast Foundation for Children.

Charney, R. S. (2002). *Teaching children to care: Class-room management for ethical and academic growth, K–8.* Greenfield, MA: Northeast Foundation for Children.

Curwin, R., Mendler, A., & Mendler, B. (2008). *Discipline with dignity: New challenges, new solutions* (3rd ed.). Alexandria, VA: Association for Supervision and Curriculum Development.

DeVries, R., & Zan, B. (2012). *Moral classrooms, moral children* (2nd ed.). New York: Teachers College Press.

Dreikurs, R. (1964). *Children: The challenge.* New York: Hawthorne Books.

Dreikurs, R., Cassel, P., & Ferguson, E. D. (2004). *Discipline without tears: How to reduce conflict and establish cooperation in the classroom.* Hoboken, NJ: Wiley.

Dreikurs, R., Grunwald, B. B., & Pepper, F. C. (1998). *Maintaining sanity in the classroom: Classroom management techniques* (2nd ed.). London: Taylor & Francis.

Elkind, D. (2001). Instructive discipline is built on understanding. *Child Care Information Exchange, 141,* 7–8.

Goodman, J. F. (2006). School discipline in moral disarray. *Journal of Moral Education, 35*(2), 213–230.

Hyson, M., & Tomlinson H. (2014). *The early years matter.* New York: Teachers College Press.

Kaiser, B., & Rasminsky, J. (2012). *Challenging behavior in young children.* Upper Saddle River, NJ: Pearson Education.

Kamii, C. (1982). Autonomy as the aim of education: Implications of Piaget's theory. In C. Kamii (Ed.), *Number in preschool and kindergarten* (pp. 73–87). Washington, DC: National Association for the Education of Young Children.

Piaget, J. (1965). *The moral judgment of the child.* New York: Free Press. (Original work published 1932)

Reynolds, E. (2006). *Guiding young children: A problem-solving approach* (4th ed.). New York: McGraw-Hill.

Riley, D., San Juan, R., Klinkner, J., & Ramminger, A. (2008). *Social and emotional development: Connecting science and practice in early childhood settings.* St. Paul, MN: Redleaf Press.

Seuss, Dr. (1954). *Horton hears a Who!* New York: Random House.

Smith, R. (2004). *Conscious classroom management: Unlocking the secrets of great teaching.* San Rafael, CA: Conscious Teaching Publications.

Thornberg, R. (2008). School children's reasoning about school rules. *Research Papers in Education, 23*(1), 37–52.

Weinstock, M., Assor, A., & Broide, G. (2009). Schools as promoters of moral judgment: The essential role of teachers' encouragement of critical thinking. *Social Psychology of Education: An International Journal, 12*(1), 137–151.

CHAPTER 9

Brady, K., Forton, M. B., Porter, D., & Wood, C. (2003). *Rules in school.* Greenfield, MA: Northeast Foundation for Children.

Butchart, R. E., & McEwan, B. (Eds.). (1998). *Classroom discipline in American schools: Problems and possibilities for democratic education.* Albany: State University of New York Press.

Canter, L., & Canter, M. (1976). *Assertive discipline: A take charge approach for today's educators.* Los Angeles: Lee Canter and Associates.

Canter, L. (2010). *Assertive Discipline: Positive behavior management for today's classroom.* Bloomington, IN: Solution Tree Press.

Canter, L., & Canter, M. (1992). *Assertive discipline. Positive behavior management for today's classroom.* Santa Monica, CA: Lee Canter & Associates.

DeVries, R. (1964). *Children: The challenge.* New York: Hawthorne Press.

DeVries, R., & Zan, B. (2012). *Moral classrooms, moral children* (2nd ed.). New York: Teachers College Press.

Dweck, C. S. (2007). The perils and promises of praise. *Educational Leadership, 65*(2), 34–39.

Feinberg, T., Lewis, V. E., & Williams, B. B. (2005). Ethical issues regarding behavior management in the schools. In *Encyclopedia of behavior modification and cognitive behavior therapy.* Thousand Oaks, CA: Sage. Retrieved July 30, 2008, from http://sage-ereference.com/cbt/Article_n3061.html

Gartrell, D. (2010). *A guidance approach for the encouraging classroom.* Clifton Park, NY: Cengage Learning.

Goodman, J. F. (2006). School discipline in moral disarray. *Journal of Moral Education, 35*(2), 213–230.

Gordon, T. (1970). *P.E.T.: Parent effectiveness training.* New York: Wyden.

Gordon, T. (1989). *Teaching children self-discipline: At home and at school.* New York: Random House.

Graham, B. (2015, April 7). These 19 states still allow corporal punishment (spanking) in schools. Available at *mcrtv.org.*

Hall, P. (2009). Beyond rewards. *Reclaiming Children and Youth, 18*(3), 49–53.

Hemmeter, M. L., Ostrosky, M., & Fox, L. (2006). Social and emotional foundations for early learning: A conceptual model for intervention. *School Psychology Journal, 35*(4), 583–601.

Hemmeter, M., Snyder, P., Kinder, K., & Artman, K. (2011). Impact of performance feedback delivered via electronic mail on preschool teacher's use of descriptive praise. *Early Childhood Research Quarterly, 26*(1), 96–109.

Hitz, R., & Driscoll, A. (1988). Praise or encouragement? New insights into praise: Implications for early childhood teachers. *Young Children, 43*(5), 6–13.

Hymes, J. (1996). *Teaching the child under six* (4th ed.). West Greenwich, RI: Consortium Publishing.

Kaiser, B., & Rasminsky, J. (2012). *Challenging behavior in young children*. Upper Saddle River, NJ: Pearson.

Kamii, C. (1982). Autonomy as the aim of education: Implications of Piaget's theory. In C. Kamii (Ed.), *Number in preschool and kindergarten* (pp. 73–87). Washington, DC: National Association for the Education of Young Children.

Kohn, A. (1999). *Punished by rewards*. New York: Houghton Mifflin.

Kohn, A. (2005). *Unconditional parenting: Moving from rewards and punishment to love and reason*. New York: Atria Books.

Kohn, A. (2011). *Feel-bad education: And other contrarian essays on children and schooling*. Boston: Beacon Press.

Landrum, T. J., & Kauffman, J. M. (2006). Behavioral approaches to classroom management. In C. M. Evertson & C. S. Weinstein (Eds.), *Handbook of classroom management: Research practice and contemporary issues* (pp. 47–72). Mahwah, NJ: Erlbaum.

Noddings, N. (2005). *The challenge to care in schools: An alternative approach to education* (2nd ed.). New York: Teachers College Press.

Piaget, J. (1965). *The moral judgment of the child*. New York: Free Press. (Original work published 1932)

Pianta, R. (2006). Classroom management and relationships between children and teachers: Implication for research and practice. In C. M. Evertson & C. S. Weinstein (Eds.), *Handbook of classroom management: Research practice and contemporary issues* (pp. 685–710). Mahwah, NJ: Erlbaum.

Ravitch, D. (2010). Merit pay fails another test. Retrieved August 25, 2011, from blogs.edweek. org/edweek/BridgingDifferences/2010/09/ merit_pay_fails_another_test posted September 28, 2010.

Reeve, J. (2006). Extrinsic rewards and inner motivation. In C. M. Evertson & C. S. Weinstein (Eds.), *Handbook of classroom management: Research practice and contemporary issues* (pp. 645–664). Mahwah, NJ: Erlbaum.

Reynolds, E. (2006). *Guiding young children: A problem-solving approach*. New York City: McGraw-Hill.

Skinner, B. F. (1948). *Beyond freedom and dignity*. New York: Knopf.

Smith-Bonahue, T., Smith-Adcock, S., & Ehrentraut, J. (2015). Preventing and responding to relational aggression in preschool classrooms. *Young Children, 70*(1), 76–83.

Weinstock, M., Assor, A., & Briode, G. (2009). Schools as promoters of moral judgment: The essential role of teachers' encouragement of critical thinking. *Social Psychology of Education: An International Journal, 12*(1), 137–151.

Weiss, N. R., & Knoster, T. (2008). It may be non-aversive, but is it a positive approach? Relevant questions to ask throughout the process of behavioral assessment and intervention. *Journal of Positive Behavior Interventions, 10*(72), 72–78.

Willis, E., Dinehart, L., & Bliss, L. (2014). Teachers don't always do what they think they should: A preliminary validation of the early childhood educators' knowledge of self-regulation skills questionnaire. *Journal of Early Childhood Teacher Education, 35*, 168–184.

CHAPTER 10

Afifi, T., Mota, N., Dasiewics, P., MacMillan, H., & Sareen, J. (2012). Physical punishment and mental disorders: results from a nationally representative U.S. sample. *Pediatrics, 130*(2), 184–192.

American Academy of Pediatrics. (2015). *What about punishment? Caring for your baby and young child: birth to age 5*. Elk Grove Village, IL: Author.

Barnett, M. A., Shanahan, L., Deng, M., Haskett, M. E., & Cox, M. J. (2010). Independent and interactive contributions of parenting behaviors and beliefs in the prediction of early childhood behavior problems. *Parenting: Science and Practice, 10*(1), 43–59.

Berlin, L. J., Ispa, J. M., Fine, M. A., Malone, P. S., Brooks-Gunn, J., Brady-Smith, C., et al. (2009). Correlates and consequences of spanking and verbal punishment for low-income white, African American, and Mexican American toddlers. *Child Development, 80*(5), 1403–1420.

Borg, K., & Hodes, D. (2014). Spare the rod, spoil the child? A literature review of outcomes of physical punishment in relation to recent changes in Maltese Law. Available at https://www.um.edu.mt/library/oar//handle/123456789/1670.

Brady, K., Forton, M. B., & Porter, D. (2011). *Rules in school*. Greenfield, MA: Northeast Foundation for Children.

Cassidy, S. (2014, June 4). Should you ever spank your kids? Pediatricians say no, but parents still do. *Lancaster Online*. Available at www.lancasteronline.com.

Delpit, L. (2006). *Other people's children: Cultural conflict in the classroom*. New York: New Press.

Devries, R., & Zan, B. (2012). *Moral classrooms, moral children: Creating a Constructivist atmosphere in early education*. New York: Teachers College Press.

Durrant, J., & Ensom, R. (2012). Physical punishment of children: Lessons from 20 years of research. *Canadian Medical Association Journal, 184*(12), 1373–1377.

Edelman, M. W. (2014, September 26). Decriminalizing school discipline. *Child Watch Column*. Available at childrensdefense.org.

Edwards, A. C., Dodge, K. A., Latendresse, S. J., Lansford, J. E., Bates, J. E., Pettit, G. S., et al. (2010). MAOA-uVNTR and early physical discipline interact to influence delinquent behavior. *Journal of Child Psychology and Psychiatry, 51*(6), 679–687.

Feld, S. (2005). Difficulties of making rational choices concerning corporal punishment of children. In M. Donnelly & M. A. Straus (Eds.), *Corporal punishment of children in theoretical perspective* (pp. 152–164). New Haven, CT: Yale University Press.

Feldman, R., Derdikman-Eiron, R., & Masaiha, S. (2010). Conflict resolution in the parent–child, marital, and peer contexts and children's aggression in the peer group: A process-oriented cultural perspective. *Developmental Psychology, 46*(2), 310–325.

Galinsky, E. (2010). *Mind in the making: The seven essential life skills every child needs.* New York: Harper.

Gershoff, E. T., Grogan-Kaylor, A., Lansford, J. E., Chang, L., Zelli, A., Deater-Deckard, K., et al. (2010). Parent discipline practices in an international sample: Associations with child behaviors and moderation by perceived normativeness. *Child Development, 81*(2), 487–502.

Hatch, A., & Benner, S. (2011). From the editors: On the complex balancing act of preparing early childhood teachers, *Journal of Early Childhood Teacher Education, 32*(3), 197–199.

Incarceration in the United States. (2011). Retrieved October 2011 from http://en.wikipedia.org/wiki/Incarceration_in_the_United_States.

Kamii, C. (1982). Autonomy as the aim of education: Implications of Piaget's theory. In C. Kamii (Ed.), *Number in preschool and kindergarten* (pp. 73–87). Washington, DC: National Association for the Education of Young Children.

Kohlberg, L. (1984). *Essays in moral development: Vol. 2. The psychology of moral development.* New York: Harper & Row.

Kohn, A. (2011) *Feel-bad education: And other contrarian essays.* Boston: Beacon Press.

MacKenzie, M., Nicklas, E., Waldfogel, J., & Brooks-Gunn, J. (2013). Spanking and child development across the first decade of life. *Pediatrics.* Published online. doi: 10.1542/peds.2013-1227

McEvoy, A. (2014). Abuse of power. *Teaching Tolerance, 48,* 51–53.

National Association for the Education of Young Children (NAEYC). (2011). *NAEYC code of ethical conduct and statement of commitment: A position statement of the National Association for the Education of Young Children.* Washington, DC: Author.

Nauert, R. (2011). Negative parenting style contributes to child aggression. *Psych Central.* Retrieved February 19, 2012, from http://psychcentral.com/news/2011/10/27/negative-parenting-style-contributes-to-child-aggression/30813.html.

Powell, B., Cooper, G., Hoffman, K., & Marvin, R. (2007). Circle of security project: A case study—"It hurts to give that what you did not receive." In D. Oppenheim & D. F. Goldsmith (Eds.), *Attachment theory in clinical work with children: Bridging the gap between research and practice* (pp. 172–202). New York: Guilford Press.

Straus, M. (2013). *The primordial violence.* New York: Routledge.

Strauss, V. (2014, September 18). 19 states still allow corporal punishment in school. *Washington Post.*

Talwar, V., Carlson, S. M., & Lee, K. (2011). Effects of a punitive environment on children's executive functioning: A natural experiment. *Social Development.*

United States imprisonment rate. (2011). Retrieved September 27, 2011, from http://en.wikipedia.org/wiki/United_States_imprisonment_rate.

CHAPTER 11

Bang, M. (1999). *When Sophie gets angry, very very angry.* New York: Scholastic.

Binder, M., & Kotsopoulos, S. (2011). Multinodal literacy narratives: Weaving the threads of young children's identity through the arts. *Journal of Research in Childhood Education, 25*(4), 339–363.

Bredecamp, S. (2010). *Effective practices in early childhood education: Building a foundation.* Upper Saddle River, NJ: Pearson.

Brookes, R., Tinkler, S., Nicholson, H., & Fawcett, A. (2010). Striking the right balance: Motor difficulties in children and adults with dyslexia. *Dyslexia: An International Journal of Research and Practice, 16*(4), 358–373.

Centers for Disease Control and Prevention (CDC). (2010). *The association between school-based physical activity, including physical education, and academic performance.* Atlanta, GA: U.S. Department of Health and Human Services.

Charlesworth, R. (2010) *Understanding child development* (8th ed.). Belmont, CA: Wadsworth, Cengage Learning.

DeVries, R., & Kohlberg, L. (1987). *Constructivist early education: Overview and comparison with other programs.* Washington, DC: National Association for the Education of Young Children.

DeVries, R., & Zan, B. (2012). *Moral classrooms, moral children* (2nd ed.). New York: Teachers College Press.

Gershoff, E. T. (2013). Spanking and child development: We know enough now to stop hitting our children. *Child Development Perspectives, 7*(3), 133–137.

Goddard Blythe, S. (2006). *The well balanced child: Movement and early learning* (2nd ed.). Gloucestershire, UK: Hawthorn Press.

Hancock, C., & Carter, D. (2016) Building environments that encourage positive behavior. *Young Children, 71*(1) 68–73

Hansen, C., & Zambo, D. (2010) Boys in the club: Exploring positive male archetypes with preschool males. *Literacy Research & Instruction, 49*(1), 40–55.

Henkes, K. (1996). *Lilly's purple plastic purse.* New York: Greenwillow.

Hustedt, J. (2015). The role of previous mother–child scaffolding in Head Start: Children's structuring of problem solving tasks with a peer. *Journal of Research in Childhood Education, 29,* 287–304.

Hyson, M., & Biggar Tomlinson, H. (2014). *The Early Years: Education care and well-being of children, birth to 8.* New York/Washington, DC: Teachers College Press and National Association for the Education of Young Children.

Kamii, C. (1982). Autonomy as the aim of education: Implications of Piaget's theory. In C. Kamii (Ed.), *Number in preschool and kindergarten* (pp. 73–87). Washington, DC: National Association for the Education of Young Children.

National Association for the Education of Young Children (NAEYC). (2009). *NAEYC position statement on developmentally appropriate practice in early childhood programs serving children birth through age 8.* Washington, DC: Author.

Piaget, J. (1965). *The moral judgment of the child.* New York: Free Press. (Original work published 1932)

Rakoczy, H., Hamann, K., Warneken, F., & Tomasello, M. (2010). Bigger knows better: Young children selectively learn rule games from adults rather than from peers. *The British Journal of Developmental Psychology, 28*(4), 785–798.

Steig, W. (1988). *Spinky sulks.* New York: Scholastic.

CHAPTER 12

Bryan, C. J., Master, A., & Walton, G. M. (2014). "Helping" versus "being a helper": Invoking the self to increase helping in young children. *Child Development, 85,* 1836–1842.

Centers for Disease Control and Prevention (CDC). (2010). Public Health Grand Rounds. *Presentation: The childhood obesity epidemic: Threats and opportunities* [PowerPoint slides]. Retrieved from the CDC website: http://www.cdc.gov/about/grand-rounds/archives/2010/06-June.htm.

Devries, R., & Zan, B. (2012). *Moral classrooms, moral children.* New York: Teachers College Press

Driscoll, K. C., Mashburn, A. J., Wang, L., & Pianta, R. C. (2011). Fostering supportive teacher–child relationships: Intervention implementation in a state-funded preschool program. *Early Education and Development, 22*(4), 593–619.

Dreikurs, R. (1966). *Psychology in the classroom.* New York: Harper & Row.

Freud, S. (1930). *Civilization and its discontents.* Berlin: Verlag.

Erikson, E. (1994). *Identity and the life cycle.* New York: Norton.

Gonzalez-Mena, J., & Widmeyer-Eyer, D. (2014). *Infants, toddlers, and caregivers: A curriculum of respectful, responsive, relationship-based care and education* (10th ed.). New York: McGraw-Hill.

Gurian, M. (2011). *How do I help him?* Colorado Springs, CO: Gurian Institute Press.

Hartwell-Walker, M. (2013). What to do about attention-seeking kids. *Psych Central.* Retrieved January 18, 2016, from http://psychcentral.com/lib/what-to-do-about-attention-seeking-kids/.

Harvard University, Center on the Developing Child. (2016). Toxic stress. Retrieved January 25, 2016, from http://developingchild.harvard.edu/science/key-concepts/toxic-stress.

Koplow, L. (2014). *Our children and their teachers in score-driven times.* Parker, CO: Outskirts Press.

Lickerman, A. (2010). Happiness in this world when you don't like yourself. Retrieved December 20, 2016, from https://www.psychologytoday.com/blog/happiness-in-world/201008/when-you-dont-yourself.

Minkel, J. (2015). Why looping is a way underappreciated school-improvement initiative. Retrieved January 25, 2016, from http://www.edweek.org/tm/articles/2015/06/17/looping-a-way-underappreciated-school-improvement-initiative.html.

Prochner, L., & Howe, N. (2011). *Early childhood care and education in Canada: Past, present, and future.* Vancouver: University of British Columbia Press.

Riley-Ayers, S. (2014). *Formative assessment: Guidance for early childhood policymakers (CEELO Policy Report).* New Brunswick, NJ: Center on Enhancing Early Learning Outcomes.

Rosen, D. (2010). Management of eating disorders in children and adolescents. *Pediatrics: Official Journal of the American Academy of Pediatrics, 111*(1), 204.

Santos, R. (2013). Teaching and parenting young dual language learners: Screening and evaluating children who are dual language learners: What every teacher should know. Retrieved January 25, 2016, from http://illinoisearlylearning.org/blogs/ell/rs-eval2lang.htm.

Sparks, S. (2013). Students' social, emotional needs entwined with learning, security research and schoolroom practice show a supportive environment can promote achievement—and stress can be a hindrance. Retrieved January 19, 2016 from http://www.edweek.org/ew/articles/2013/01/10/16environment.h32.html.

CHAPTER 13

Amaro-Jimenez, C. (2014). Lessons learned from a teacher working with culturally and linguistically diverse children. *Young Children, 69*(1), 32–37.

Asher, J. (1969). The total physical response approach to second language learning. *Modern Language Journal, 53*(1), 3–17.

Carlson, F. (2011). Rough play: One of the most challenging behaviors. *Young Children, 66*(4), 18–25.

Cartledge, G., Singh, A., & Gibson, L. (2008). Practical behavior-management techniques to close the accessibility gap for students who are culturally and linguistically diverse. *Preventing School Failure, 52*(3), 29–38.

Cheatham, G., & Santos, R. (2011). Collaborating with families from diverse cultural and linguistic backgrounds. *Young Children, 66*(5), 76–82.

Council for Exceptional Children, Division for Early Childhood (CEC/DEC). (2005). *Concept paper on identification of and intervention with challenging behavior*. Arlington, VA: Author.

Dennison, P., & Dennison, G. (2010). *Brain gym*. Ventura, CA: Edu-Kinesthetics, Inc.

Eber, L., Hyde, K., & Suter, J. (2011). Integrating wraparound into a schoolwide system of positive behavior supports. *Journal of Child and Family Studies, 20*, 782–790.

Edelman, M. W. (2015, July 10). Redlined for failure and the prison pipeline. *Child Watch*. Available at www.childrensdefense.org.

Epstein, A. S. (2007). *The intentional teacher: Choosing the best strategies for young children's learning*. Washington, DC: National Association for the Education of Young Children.

Espinosa, L. M. (2005). Curriculum and assessment considerations for young children from culturally, linguistically, and economically diverse backgrounds. *Psychology in the Schools, 42*(8), 837–853.

Espinosa, L. M. (2010). *Getting it right for young children from diverse backgrounds*. Upper Saddle River, NJ: Pearson Education.

Espinosa, L. (2013, August). PreK–3rd: Challenging common myths about dual language learners. *PreK–3rd Action Brief*, 10. Available at www.fcd-us.org.

Fei, L., & Timler, G. R. (2008). Narrative organization skills in children with attention deficit hyperactivity disorder and language impairment: Application of the causal network model. *Clinical Linguistics and Phonetics, 22*(1), 25–46.

Fox, L., Lentini, R., & Dunlap, G. (2006). *Individualized intensive interventions: Developing a behavior support plan*. Nashville, TN: Vanderbilt University, Center on the Social and Emotional Foundations for Early Learning. Retrieved July 13, 2008, from http://www.vanderbilt.edu/csefel/modules/module3b/script.pdf

Garner, N. (2008). *Conflict resolution programs in the schools* (ACAPD-19). Alexandria, VA: American Counseling Association.

Gilliam, W. S., & Shabar, G. (2006). Preschool and child care expulsion and suspension: Rates and predictors in one state. *Infants and Young Children: An Interdisciplinary Journal of Special Care Practices, 19*(3), 228–245.

Goldrich, C. (2016, April 9) You can't learn If you're anxious, stressed, or scared. ADDitudemag.com

Gonzalez-Mena, J. (2008). *Diversity in early care and education: Honoring differences*. Washington, DC: National Association for the Education of Young Children.

Gonzalez-Mena, J. (2010). *Foundations of early childhood education: Teaching children in a diverse society*. New York: McGraw-Hill.

Hall, P. (2009). Beyond rewards. *Reclaiming Children and Youth, 18*(3), 49–53.

Hallowell, E., & Ratey, J. (2011). *Driven to distraction: Recognizing and coping with attention deficit disorder from childhood through adulthood*. New York: Random House.

Hanish, D., Laura-Martin, C. L., Fabes, R. A., & Bercelo, H. (2008). The breadth of peer relationships among preschoolers: An application of the connectivity method to externalizing behavior. *Child Development, 79*(4), 1119–1136.

Helgeson, J. (2011). Four simple ways to add movement in daily lessons. *Kappa Delta Pi Record, 47*(2), 80–84.

Hyson, M. (2004). *The emotional development of young children: Building an emotion-centered curriculum*. New York: Teachers College Press.

Hyson, M., & Taylor J. (2010). Research in review. Caring about caring: What adults can do to promote young children's prosocial skills. *Young Children, 66*(4), 74–83.

Hyson, M., & Tomlinson, H. (2014). *The early years matter*. New York: Teachers College Press.

Jenkins, E. (1995). *Play your instruments and make a pretty sound* [Song]. Washington, DC: Smithsonian Folkways Recordings.

Jones, T. S., & Bodtker, A. (2001). Mediating with heart in mind: Addressing emotion in mediation practice. *Negotiation Journal, 17*(3), 217–244.

Kaiser, B., & Rasminsky, J. (2012). *Challenging behavior in young children*. Upper Saddle River NJ: Pearson.

Kennedy, A. S. (2013). Supporting peer relationships and social competence in inclusive preschool programs. *Young Children, 68*(5), 18–25.

Kohn, A. (2011). *Feel-bad education: And other contrarian essays on children and schooling*. Boston: Beacon Press.

Konishi, C. (2007). Learning English as a second language: A case study of a Chinese girl in an American preschool. *Childhood Education, 83*(5), 267–272.

Kuh, L., LeeKeenan, D., Given, H., & Beneke, M. (2016). Moving beyond anti-bias activities: Supporting the development of anti-bias practices. *Young Children, 71*(1) 58-65.

Lane, K., Falk, K., & Wehby, J. (2006). Classroom management in special education classrooms and resource rooms. In C. M. Evertson & C. S. Weinstein (Eds.), *Handbook of classroom management: Research, practice, and contemporary issues* (pp. 439–460). Mahwah, NJ: Erlbaum.

Mardell, B., Rivard, M., & Krechevsky, M. (2012). Visible learning, visible learners: The power of the group in a kindergarten classroom. *Young Children, 67*(1), 12–16.

Meiners, C. (2005). *Talk it out and work it out: Learning to get along.* Minneapolis, MN: Free Spirit Publishing.

Michael-Luna, S. (2015). What parents have to teach us about their dual language children. *Young Children, 70*(5), 42–47.

Milner, H. R. (2006). Classroom management in urban classrooms. In C. M. Evertson & C. S. Weinstein (Eds.), *Handbook of classroom management: Research, practice, and contemporary issues* (pp. 491–522). Mahwah, NJ: Erlbaum.

More, C. (2008). Digital stories targeting social skills for children with disabilities: Multidimensional learning. *Intervention in School and Clinic, 43,* 168–177.

Murphy, S. (2014). Inclusive strategies for students with characteristics of ADHD. *Young Children, 69*(3), 66–71.

Nemeth, K., & Brillante, P. (2011). Dual language learners with challenging behaviors. *Young Children, 66*(4), 12–17.

Nieto, S., & Boder, P. (2008). *Affirming diversity: The sociopolitical context of multicultural education* (5th ed.). Boston: Allyn & Bacon.

Ostrosky, M., & Meadan, H. (2010). Helping children play and learn together. *Young Children, 65*(1), 104–110.

Palmen, H., Vermande, M. M., Deković, M., & van Aken, M. A. G. (2011). Competence, problem behavior, and the effects of having no friends, aggressive friends, or nonaggressive friends. *Merrill-Palmer Quarterly, 57*(2), 186–213.

Pfeiffer, B., Henry, A., Miller, S., & Witherell, S. (2008). The effectiveness of Disc'o'Sit cushions on attention to task in second-grade students with attention difficulties. *American Journal of Occupational Therapy, 62,* 274–281.

Ramsey, P. (2015). *Teaching and learning in a diverse world.* New York: Teachers College Press.

Rothstein-Fisch, C., & Trumbull, E. (2008). *Managing diverse classrooms: How to build on students' cultural strengths.* Alexandria, VA: Association for Supervision and Curriculum Development.

Sayeski, K. L., & Brown, M. R. (2011). Developing a classroom management plan using a tiered approach. *Teaching Exceptional Children, 44*(1), 8–17.

Scannell, M. (2010). *Big book of conflict resolution games: Quick, effective activities to improve communication, trust and collaboration.* New York: McGraw-Hill.

Sher, B. (2006). *Attention games: 101 fun, easy games that help kids learn to focus.* San Francisco: Jossey-Bass.

Smith, A., & Bondy, E. (2007). "No! I won't!"—Understanding and responding to student defiance. *Childhood Education, 83*(3), 151–157.

Smith-Bonahue, T., Smith-Adcock, S., & Ehrentraut, J. (2015). Preventing and responding to aggression in preschool classrooms. *Young Children, 70*(1), 76–83.

Sugai, G., & Homer, R. H. (2008). What we know and need to know about preventing problem behavior in schools. *Exceptionality, 16*(2), 67–77.

Summer, M., & Summer G. (2014). Creating family learning communities. *Young Children, 69*(4), 8–14.

Trawick-Smith, J. (2010). *Early childhood development: A multicultural perspective.* Upper Saddle River, NJ: Pearson.

Utley, C., Obiakor, F., & Bakken, J. (2011). Culturally responsive practices for culturally and linguistically diverse students with learning disabilities. *Learning Disabilities: A Contemporary Journal, 9*(1), 5–18.

von Korring, A., Soderberg, A., Austin, L., & Uvnas-Moberg, K. (2008). Massage decreases aggression in preschool children: A long-term study. *Acta Paediatrica, 97*(9), 1265–1269.

Wakschlag, L. S., Briggs-Gowan, M. J., Carter, A. C., Hill, C., Danis, B., Keenan, K., et al. (2007). A developmental framework for distinguishing disruptive behavior from normative misbehavior in preschool children. *Journal of Child Psychology and Psychiatry, 48*(10), 976–987.

Wang, D. X., & Aldridge, J. (2007). Re-examining diversity issues in childhood education. *Childhood Education, 83*(5), 250–260.

Weinstein, C. S., Tomlinson-Clarke, S., & Curran, M. (2004). Toward a conception of culturally responsive classroom management. *Journal of Teacher Education, 55*(1), 25–38.

Willis, C., & Schiller, P. (2011). Preschoolers' social skills steer life success. *Young Children, 66*(1), 42–49.

Willis, J. (2008). *Brain-friendly strategies for the inclusion classroom: Insights from a neurologist and classroom teacher.* Alexandria, VA: Association for Supervision and Curriculum Development.

CHAPTER 14

Adalis-Estrin, A. (2003). *Visiting mom or dad.* Palmyra, VA: Children of Prisoners

Aikens, N. L., & Barbarin, O. (2008). Socioeconomic differences in reading trajectories: The contribution of family, neighborhood, and school contexts. *Journal of Educational Psychology, 100*(2), 235–251.

Allen, M., & Staley, L. (2007). Helping children to cope when a loved one is on military deployment. *Beyond the Journal: Young Children on the Web.* Available online at http://journal.naeyc.org/btj/200701/pdf/BTJAllen.pdf.

American Diabetes Association. (2006). *Wizdomkit®.* Rocky Hill, CT: Author.

American Federation of Teachers/New York Life Foundation. (2012, September 10). Grief in the classroom: Groundbreaking survey of educators shows overwhelming interest in helping grieving students – and strong demand for training, more support. Available at https://www.newyorklife.com/nyl-internet/file-types/release_bereavement.pdf.

American Psychological Association. (APA). (2007). *The psychological needs of U.S. military service members and their families: A preliminary report.* Washington, DC: Author.

Arthritis Foundation. (n.d.). *When your student has arthritis.* Atlanta, GA: Author.

Balter, M. (2015). Poverty may affect the growth of children's brains. *Science.*

Bassuk, E. L., Konnath, K., & Volk, K. T. (2006). *Understanding traumatic stress in children.* Needham, MA: National Center on Family Homelessness.

Benzies, K., & Mychasiuk, R. (2009). Fostering family resiliency: A review of the key protective factors. *Child and Family Social Work, 14,* 103–114.

Bornstein, D. (2013, November 13). Schools that separate the child from the trauma. *New York Times Opinionator.* Available at http://opinionator.blogs.nytimes.com/2013/11/13/separating-the-child-from-the-trauma/?_r=0.

Boyse, K., Boujaoude, L., & Laundy, J. (2008). *Children with chronic conditions.* Retrieved from http://www.med.umich.edu/1libr/yourchild/chronic.htm

Bruce, N., & Cairone, K. (2011), *Socially strong, emotionally secure: 50 activities to promote resilience in young children.* Villanova, PA: The Devereaux Foundation.

Bureau of Consular Affairs. (2014). Intercountry adoption. Available at https://travel.state.gov/content/adoptionsabroad/en/about-us/statistics.html.

Cauthen, N., & Fass, S. (2008). *10 Important questions about child poverty & family economic hardship.* New York: Columbia University, National Center for Children in Poverty.

Children's Defense Fund. (2008). *Cradle to Prison Pipeline Campaign.* Available at www.childrensdefense.org.

Child Welfare Information Gateway. (2014). Foster care statistics 2013. Available at http://www.acf.hhs.gov/sites/default/files/db/afcarsreport11.pdf.

Christ, A., & Christ, G. (2006). Current practices to helping children cope with a parent's terminal illness. *CA—A Cancer Journal for Clinicians, 56,* 197–212.

Clever, M., & Segal, D. (2013). The demographics of military children and families. *Future of Children, 23*(2).

Constantin, D. (2014, Fall). Lunch lines: Inequitable cafeteria practices stigmatize low-income students. *Teaching Tolerance,* p. 48.

dePaola, T. (2000). *Nana upstairs and Nana downstairs.* London: Puffin.

Dryfoos, J. G. (2008). Centers of hope. *Educational Leadership, 65*(7), 38–43.

Educational Opportunities Directorate of the Department of Defense. (2011.) *Educator's Guide to the Military Child during Deployment.*

Educator's Guide to the Military Child during Deployment. (n.d.). Retrieved from http://www2.ed.gov/about/offices/list/os/homefront/homefront.pdf.

Educator's Guide to the Military Child During Deployment. Toolkits, http://www.charterschoolcenter.org/resource/educator's-guide-military-child-during-deployment

Elias, M. (2013, Fall). The shame game: Reducing the stigma surrounding mental illness. *Teaching Tolerance,* pp. 50–52.

Eppler, C. (2008). Exploring themes of resiliency in children after the death of a parent. *Professional School Counseling, 11*(3), 189–196.

Epstein, J. L. (2008). *School, family, and community partnerships: Your handbook for action* (3rd ed.). Thousand Oaks, CA: Corwin Press.

Espinosa, L. (2010). *Getting it right for young children from diverse backgrounds.* Upper Saddle River, NJ: Pearson Education.

Fenton, A., & McFarland-Piazza, L. (2014). Supporting early childhood preservice teachers in their work with children and families with complex needs: A strengths approach. *Journal of Early Childhood Teacher Educators, 35*(1), 22–38.

Gorski, P. (2008). The myth of the "culture of poverty." *Educational Leadership, 65*(7), 32–37.

Greenberg, R. (2006). Children and families: Mothers who are incarcerated. *Woman and Therapy, 29*(3/4), 165–179.

Guell, C. (2007). Painful childhood: Living with juvenile arthritis. *Qualitative Health Research, 17*(7), 884–892.

Gurwitch, R., Fernandez, S., Pearl, E., & Chung, G. (2013, Winter). Utilizing parent–child interaction therapy to help improve the outcome of military families. *CYF News.*

Haine, R. A., Ayers, T. S., Sandler, I. N., & Wolchick, S. A. (2008). Evidence-based practices for parentally bereaved children and their families. *Professional Psychology Review and Practice, 39*(2), 113–121.

Hartman, J. (1996). *Follow a dream* [CD]. Saint Petersburg, FL: Hop 2-It Music. Available at http://www.jackhartmann.com/contactjack.htm

Hartman, J. (n.d.). *Getting better at getting along* [CD]. Saint Petersburg, FL: Hop 2-It Music. Available at http://www.jackhartmann.com/contactjack.htm

Honig, A. (2010). *Little kids, big worries: Stress-busting tips for early childhood classrooms.* Baltimore: Paul H. Brookes.

Interstate Compact on Educational Opportunity for Military Children Report to the Legislature. (2009). Report developed by the California Task Force as required by Assembly Bill 2049 (2008).

Jensen, J., & Fraser, M. (Eds.). (2011). *Social policy for children and families: A risk and resilience perspective.* Thousand Oaks, CA: Sage.

Johnson, P. (2013, Winter). Military children and families: addressing the social-emotional-behavior needs of military-connected children and youth. *CYF News.*

Jor'dan, J., & Lee, R. (2014). The Children's Place Association: Supporting families impacted by HIV/AIDS. *Young Children, 69*(4), 50–53.

Kennedy, A., Bybee, D., Sullivan, C., & Greeson, M. (2009). The effects of community and family violence exposure on anxiety trajectories during middle childhood: The role of family social support as a moderator. *Journal of Clinical Child and Adolescent Psychology, 38*(3), 365–379.

Kids Count. (2014). *Children in poverty.* Baltimore: Kids Count Data Center, Annie E Casey Foundation.

King, S., MacDonald, A., & Chambers, C. (2010). Perceptions of healthy children toward peers with a chronic condition. *Children's Health Care, 39,* 199–213.

Klass, P. (2013, May 13). Poverty as a childhood disease. *New York Times.* Available at well.blogs.nytimes.com.

LaVinge, N. G., Davies, E., & Brazzel, D. (2006). *Broken bonds: Understanding the needs of incarcerated parents.* Washington, DC: Urban Institute Justice Policy Center.

Macartney, S. (2011). Child poverty in the United States 2009 and 2010: Selected race groups and Hispanic origin. *American Community Survey Briefs.* United States Census Bureau. November, 2011. Retrieved from http://www.census.gov/prod/2011pubs/acsbr10-05.pdf.

Maslow, A. (1954). *Motivation and personality.* New York: Harper.

Mruk, C. (2010). Integrated description: A qualitative method for an evidence-based world. *The Humanistic Psychologist, 38,* 305–316.

My Goodbye Book. (n.d.). Retrieved from http://www.publicsafety.ohio.gov/odps_military_heroes/.flash_image_libary/PDF%20files/My_Goodbye_Book_coloringbook.pdf

Nabors, L. A., Little, S. G., Akin-Little A., & Iobst, E. A. (2008). Teacher knowledge and confidence in meeting the needs of children with chronic medical conditions: Pediatric psychology's contribution to education. *Psychology in the Schools, 45*(3), 217–226.

National Vital Statistics System. National marriage and divorce rate trends: Provisional number of marriages and marriage rate: United States, 2000–2010. Retrieved from http://www.cdc.gov/ndhs/nvss/marriage_divorce_tables.htm.

Neuman, S. (2007). Changing the odds. *Educational Leadership, 65*(2), 16–21.

Payne, R. (2005). *A framework for understanding poverty* (4th ed.). Highlands, TX: Aha! Process, Inc.

Perry, N. J., Mitchell-Kay, S., & Brown, A. (2008). Continuity and change in the home literacy practices of Hispanic families with preschool children. *Early Child Development and Care, 178*(1), 99–113.

Phillips, S. D., & Gleeson, J. P. (2007). *What we know now that we didn't know then about the criminal justice system's involvement in families with whom child welfare agencies have contact.* Chicago: Jane Addams Center for Social Policy and Research, Jane Addams College of Social Work, University of Illinois at Chicago.

Purvis, K., Cross, D., Dansereau, D., & Parris, S. (2013). Trust-based relational intervention (TRBI): A systemic approach to complex developmental trauma. *Child and Youth Services, 34,* 360–386.

Rutgers University. (2014) Children and families of the incarcerated fact sheet. Available at https://nrccfi.camden.rutgers.edu/files/nrccfi-fact-sheet-2014.pdf.

Santiago, E., Ferrara, J., & Blank, M. (2008). A full-service school fulfills its promise. *Educational Leadership, 65*(7), 44–47.

Scherer, M. (2008). Harnessing our power. *Educational Leadership, 65*(7), 7.

Seith, D., & Kalof, C. (2011, July). Who are America's poor children? *National Poverty Institute Report.*

Slopen, N., Shonkoff, J., Alvert, M. A., Yoshikawa, H., Jacobs, A., Stoltz, R., et al. (2016). Racial disparities in child adversity in the US: interactions with family immigration history and income. *American Journal of Preventive Medicine, 50*(1), 47–56.

Summer, M., & Summer G. (2014). Creating family learning communities. *Young Children, 69*(4), 8–14.

U.S. Department of Health and Human Services, Administration for Children and Families, Administration on Children, Youth and Families, Children's Bureau. (2010). *Child maltreatment 2009.* Available from http://www.acf.hhs.gov/programs/cb/stats_research/index.htm#can.

Wadsworth, C. D., & Santiago, M. E. (2008). Risk and resiliency processes in ethnically diverse families in poverty. *Journal of Family Psychology, 22*(3), 399–410.

Wildeman, C. (2010). Paternal incarceration and children's physically aggressive behaviors: Evidence from the Fragile Families and Child Wellbeing Study. *Social Forces, 89*(1), 285–309.

Wright, T. (2014). Too scared to learn: teaching young children who have experienced trauma. *Young Children, 69*(5), 88–93.

CHAPTER 15

Brady, K., Forton, M., & Porter, D. (2011). *Rules in school: Teaching discipline in the responsive classroom.* Turners Falls, MA: Northeast Foundation for Children.

Bronson, P., & Merryman, A. (2011). *Nurture shock: New thinking about children.* New York: Twelve.

Chang, F., & Munoz, M. A. (2006). School personnel educating the whole child: Impact of character education on teachers' self-assessment and student development. *Journal of Personnel Evaluation in Education, 19*(1–2), 35–49.

DeVries, R., Zan, B., & Hildebrandt, C. (2002). Issues in constructivist moral education. *Early Education and Development, 13*(3).

DeVries, R., & Zan, B. (2012). *Moral classrooms, moral children: Creating a Constructivist atmosphere in early education*. New York: Teachers College Press.

Dreikurs, R. (1964). *Children: The challenge*. New York: Hawthorne Books.

Gordon, T. (2003). *T.E.T.: Teacher effectiveness training*. New York: Three Rivers/Random House.

Hillman, C. (2010). *Teaching 4 year-olds: A personal journey*. Redmond, WA: Exchange Press.

Kamii, C. (1984). Obedience is not enough. *Young Children, 39*(4), 11–14.

Katz, L. G., & McClellan, D. E. (1997). *Fostering children's social competence: The teacher's role*. Washington, DC: National Association for the Education of Young Children.

Landy, S. (2009). *Pathways to competence: Encouraging healthy social and emotional development in young children*. Baltimore: Paul H. Brookes.

Levin, D. E. (2003). *Teaching young children in violent times: Building a peaceable classroom* (2nd ed.). Washington, DC: National Association for the Education of Young Children.

Minahan, J., & Rappaport, N. (2013). *The Behavior code: A practical guide to understanding and teaching the most challenging students*. Cambridge, MA: Harvard Education Press.

National Association for the Education of Young Children. (2011). *Code of ethical conduct and statement of commitment*. Available at http://naeyc.org/positionstatements/ethical_conduct

Rowe, C. (2015, May 16). You are more than your mistakes: Teachers get at root of bad behavior. *Seattle Times*.

Wilson, B. J. (2008). Media and children's aggression, fear, and altruism. *Future of Children, 18*(1), 87–118.

찾아보기

제7판 구성주의 유아생활지도 및 훈육

1판 1쇄 발행 2019년 07월 20일
1판 6쇄 발행 2024년 08월 10일
저   자 Marjorie V. Fields · Patricia A. Meritt · Deborah M. Fields
옮 긴 이 이희영
발 행 인 이범만
발 행 처 **21세기사** (제406-2004-00015호)
　　　　　경기도 파주시 산남로 72-16 (10882)
　　　　　Tel. 031-942-7861　　　Fax. 031-942-7864
　　　　　E-mail : 21cbook@naver.com
　　　　　Home-page : www.21cbook.co.kr
　　　　　ISBN 978-89-8468-835-3

정가 28,000원